KB195556

# 근현대 독본류의 분포와 우리말 교과서 연구

이 책은 2021년 대한민국 교육부와 한국연구재단의 지원을 받아 수행된 연구임
(2021S1A5A2A01069847)

# 근현대 독본류의 분포와 우리말 교과서 연구

허재영 지음

경진
출판

머리말

　'읽기, 쓰기, 계산하기(讀書算)'는 모든 교육의 기초를 이룬다. 문자를 해득하고 글씨를 쓰며, 셈을 할 수 있는 능력으로부터 인간은 의사를 주고받으며, 사고를 확장하고, 문화를 창조해 나간다.

　이 책은 근대식 학제 도입 이후 등장한 '독본(讀本)'이라는 명칭의 교과서를 중심으로, 우리말 교육의 역사와 교과서 변천사를 규명하는 데 목표를 둔 책이다. 연구자는 오래전부터 '독본'과 관련된 연구를 진행해 왔다. 흥미로운 것은 우리나라에서 '독본'이라는 명칭이 교과서에 사용된 배경이라고 할 수 있다. 엄밀히 말하면 1895년 소학교령 공포와 더불어 학부에서 편찬한 『국민소학독본』은 갑오개혁이라는 시대 상황 속에서 일본의 영향을 받아 탄생한 교과서임에 틀림없다. 그러나 당시의 교과서 제도가 일본과 밀접한 관련을 맺을지라도, 한국 교육의 역사가 전통과 완전히 단절된 것인가는 별개의 문제라고 할 수 있다.

　이 책은 연구자가 수행한 2021년 한국연구재단 지원의 '중견 연구자 지원 사업' 결과를 종합한 것이다. 이 연구에서는 독본 개념의 형성과 근대 이후의 독본 유형, 근대식 학제 도입 이전의 학교와 교과서 등을 통해, 전통적인 우리말 교육과 근대 이후의 독본 문화의 상관성을 규명하고자 시도했다. 이와 같은 시도는 학제 도입기 교과서 변화,

광학회 서목에 대한 선행 연구, 헐버트 시리즈 교과서 등과 관련한 연구자의 선행 연구를 종합한 성격을 띤다. 이를 고려하여 이 책에서는 연구자가 그동안 발표해 왔던 다수의 논문을 수정하고 다시 편집했다. 이 책의 제1부 제2장, 제2부 제1장, 제3~5장의 논문, 제3부 제1장부터 제4장까지의 논문은 중견 연구 이전 또는 중견 연구 수행 과정에서 발표한 것들이다. 제3부 제5장의 일제강점기 교과서 비판 담론과 제4부 제1~2장의 언어침탈과 대응 방식 등은 교과서 연구 방법뿐만 아니라 사회언어학적 이론과도 밀접한 관련을 맺고 있다. 분명한 것은 근대의 독본 탄생 이후, 일제강점기 조선어독본은 광복 이후의 국어문제와 교과서에도 적지 않은 영향을 미쳤다는 점이다. 그렇기 때문에 제4부 제3장은 광복 이후의 국어문제와 교과서를 다루고자한 것이다.

  이 책에서 다룬 내용은 광복 이후 오늘날의 우리말 교육과 교과서의 역사를 체계화하기에는 충분하지 않다. 특히 광복 이후 사회교육 차원의 독본이나 교본에 대한 다차원적 분석, 각 교육과정기 국어과에 해당하는 교과서에 대한 실증적 분석 등은 연구자가 지속해 나가야 할 연구 분야이다. 이처럼 다수의 문제를 남겨둔 상태에서 한 권의 책을 발행하는 일은 용기가 필요한 것으로 보인다. 기존에 발표한 논문도 다수 포함되어 있지만, 분량으로 볼 때 반 이상은 별도로 집필했다. 여러 가지 문제는 수정판을 내면서 보완할 예정이다. 늘 아쉬움이 많은 책이지만, 각종 부담을 무릅쓰고 책을 만들어 주는 경진출판 양정섭 사장에게 또 한 번의 고마운 뜻을 전한다. 이 책의 한계는 모두 저자의 책임일 따름이다.

2024년 10월 17일
허재영

머리말 ____ 4


## 제1부 근현대 독본과 우리말 교과서 연구 방법

**제1장 연구 목적과 방법** ···································· 11
  1. 연구의 필요성과 목적 ······························ 11
  2. 근현대 독본과 교과서 연구 방법 ················· 13
  3. 선행 연구 ········································· 16
**제2장 독본 개념의 형성과 근대 이후 독본의 유형** ······ 20
  1. 서론 ·············································· 20
  2. 독본의 탄생과 개념사 ···························· 23
  3. 근대 이후 독본의 두 가지 유형 ·················· 34
  4. 결론 ·············································· 47


## 제2부 근대의 교과서와 독본

**제1장 근대식 학제 도입 이전(1880~1894)의 학교와 교과서** ········ 53
  1. 서론 ·············································· 53
  2. 근대 교육 형성기의 학교와 교육 내용 ············ 56
  3. 근대 교육 형성기의 지식 유통과 교과서 문제 ····· 74
  4. 결론 ·············································· 83
**제2장 학제 도입기의 교과서 변화** ···················· 85
  1. 근대식 학제와 교과 ······························ 85
  2. 근대의 교과서의 변천 ···························· 87
  3. 근대의 교과서 목록 ······························ 90
**제3장 광학회 서목과 (언역본)『태서신사남요』** ········ 95
  1. 서론 ·············································· 95

2. 광학회 서목과 근대 지식의 수용 양상 ·········· 98

3. 『태서신사』의 근대 지식 수용과 의미 ·········· 107

4. 결론 ·········· 117

**제4장 조 헤버 존스(조원시)의 『국문독본』의 기능과 내용** ·········· 119

: 텍스트의 출처 ·········· 119

1. 들어가기 ·········· 119

2. 『국문독본』의 저술 동기 ·········· 121

3. 『국문독본』의 내용 ·········· 125

4. 『국문독본』 텍스트의 출처와 교과서 지식 유통의 특징 ·········· 130

5. 나오기 ·········· 140

**제5장 근대 지식 수용 과정에서 헐버트 시리즈 교과서의 의의** ·········· 143

1. 서론 ·········· 143

2. 헐버트 시리즈의 실체와 탄생 배경 ·········· 145

3. 헐버트 시리즈의 특징과 근대성 ·········· 154

4. 결론 ·········· 163


## 제3부 일제강점기 조선어 교과서와 독본

**제1장 조선어 교과서와 식민 침탈 계획** ·········· 167

1. 서론 ·········· 167

2. 보통학교 학도용 국어독본의 내용과 성격 ·········· 170

3. 강제 병합과 조선어과 교과서 ·········· 182

4. 결론 ·········· 196

**제2장 청년운동과 청년 독본** ·········· 199

1. 서론 ·········· 199

2. 일제강점기 청년사상과 청년 운동 ·········· 202

3. 청년독본류의 특징 ·········· 213

4. 청년독본류의 의의와 한계 ·········· 222

**제3장 농민독본류의 발행 실태와 내용** ·········· 225

1. 서론 ·········· 225

2. 노농운동과 농민독본 ·········· 228

3. 식민지 노농 정책을 반영한 농민독본류 ·········· 243

**제4장 조선총독부 사회교육정책과 조선문 자료** ·············· 253

1. 서론 ········································································· 253
2. 조선총독부의 사회교육정책 ············································ 256
3. 사회교육 차원의 독본류 교재와 언어 문제 ····················· 276
4. 결론 ········································································· 309

**제5장 일제강점기 교과서 비판 담론과 전개 양상** ·············· 312

1. 서론 ········································································· 312
2. 일제강점기 교과서 정책과 비판 담론의 성격 ················· 314
3. 교과서와 조선어독본 비판 담론의 내용과 그 의미 ·········· 325
4. 결론 ········································································· 342


## 제4부 일제강점기 언어침탈과 광복 이후의 우리말 교과서

**제1장 일제강점기 언어침탈과 우리말 순화운동** ·············· 347

1. 시작하기 ··································································· 347
2. 일제강점기 언어정책과 언어침탈의 메커니즘 ················· 349
3. 언어침탈의 대응 방식으로서 한국어 정화운동이 갖는 사회언어학적 의미 ·· 363
4. 마무리 ······································································ 382

**제2장 언어침탈에 대한 대응 방식으로서 최현배의 한국어 연구** ·········· 384

1. 시작하기 ··································································· 384
2. 식민주의 언어침탈과 조선어 연구에 대한 사회언어학적 접근 ··········· 386
3. 언어 침탈에 대한 외솔 최현배의 대응 방식 ·················· 394
4. 남은 문제 ································································· 414

**제3장 광복 이후의 국어문제와 우리말 교과서** ·············· 418

1. 서론 ········································································· 418
2. 미군정기와 정부 수립기 교육정책과 교과서 ·················· 421
3. 미군정기로부터 정부 수립기까지의 우리말 교과서 ·········· 437
4. 결론 ········································································· 471


참고문헌 ____ 473

제 **1** 부

**근현대 독본과 우리말 교과서 연구 방법**

# 제1장 연구 목적과 방법

## 1. 연구의 필요성과 목적

이 연구는 근현대 독본류의 분포와 우리말 교과서 내용 분석을 통해 우리말 교육의 특징과 성격, 변화 과정을 규명하는 데 목표를 둔다. 독본(讀本)은 근대식 학제의 도입과 함께 교과서로서의 기능뿐만 아니라 일반 대중의 지식 보급을 위한 교재로서 널리 활용되었다. 1895년 학부 편찬『국민소학독본』,『소학독본』을 비롯하여, 1908년 장지연의 『여자독본』등과 같이 국어 교과의 교과서 명칭에 '독본'이라는 용어가 많이 쓰인 것은 근대식 학제에서의 교과 설정과 밀접한 관련을 맺는다. 즉 1895년 소학교령의 교과에 '독서, 작문, 습자'가 설정되었고, 이들 교과에서 사용할 교과서를 개발하면서 '독본'이라는 명칭을 사용하게 된 것이다.

교과서로 개발된 독본은 '읽기'를 통한 지식 보급의 수단이라는 점에서 계몽용 독서물을 지칭하는 개념으로 그 의미가 확장되었다. 일제강점기에는 '시문독본', '대중독본', '청년독본', '농민독본' 등과 같이 계몽의 수단으로 개발된 독서물에 일반적으로 '독본'이라는 명칭을 사용한 경우가 많았다. 이 용어는 광복 이후의 독서물에서도 자주 발견되는데 '성인독본', '성교육독본' 등과 같이 읽기를 통한 사회계몽서까지 널리 쓰였다.

지금까지 독본에 관한 연구는 일제강점기 조선어독본과 일본어(그 당시 국어)독본 및 시문독본, 대중독본, 농민독본류에 한정되어 왔다. 그러나 독본의 유래나 형태, 분포 등에 대한 종합적 연구나 독본류의 내용 분석에 대한 체계적인 연구가 충분하지는 않았다. 이 연구에서는 독본이 출현한 근대식 학제 도입기로부터 일제강점기까지의 독본 개발의 역사 및 분포를 조사하고, 그 가운데 우리말 교육과 밀접한 관련을 맺고 있는 근대 독본(1895~1910) 및 일제강점기의 조선어과 교과서(조선어·조선어급한문 독본)와 일본어(그 당시 국어) 독본, 시문·청년·대중·농민독본류의 내용을 분석하여, 근대 계몽기로부터 일제강점기까지의 우리말 교육 변천사를 살피고자 한다. 그 과정에서 독본이라는 명칭을 사용하지는 않았지만, 실질적으로 대중들의 독서물로 인식되어 온 일부 문헌을 포함한다.

이 연구는 지원자가 지금까지 진행해 온 국어 교육사 및 교과서 변천사 연구를 기반으로 '독본'의 역사와 분포, 내용을 실증적으로 검증함으로써, 시대별 교육의 목표와 내용, 방법 등의 특성을 규명하는 데 중점을 둔다. 독본의 역사는 교과서의 역사와 밀접한 관련을 맺는데, 근대식 학제의 도입과 함께 '독본' 형태로 개발된 교과서는 국권 침탈기 교과서 통제 정책에 따라 그 내용이 변화하며, 일제강점기 조선어과 및 일본어과 독본은 식민 교육을 고착화하는 도구로 사용된다. 더욱이 1908년 교과용도서 검정 규정과 교과서 조사를 통한 서적 통제 정책은 우리말 교육의 왜곡을 시작하는 출발점이었으며, 그 경향은 일제강점기 조선어 교육까지 이어진다. 근대 이후의 교육사 연구나 교과서 연구와 관련하여 비교적 다수의 성과가 축적되었지만, 역사적 사실태로서 독본의 역사와 분포, 내용을 실증적·종합적으로 연구한 성과는 많지 않다. 특히 교과서로서의 독본과 필수 읽기 텍스트로서 의미가 확장된 대중 독본들은 근대식 교육 및 국권 침탈, 식민시기의 우리말 교육의 실상을 보여주는 적절한 자료들이다. 따라서 독본의 출현과 변화, 유형과 분포, 각 독본의 내용 분석 등을 통한 우리말 교육 연구는 체계적이고 종합적인 연구를 시도해야 할 분야라고 할 수 있다.

## 2. 근현대 독본과 교과서 연구 방법

이 연구는 근대식 학제 도입 이후 교과서로서 독본의 개념이 형성되는 과정과 독본의 유형, 근대로부터 일제강점기까지의 교과서 변천사 등을 연구 대상으로 삼는다. 이 연구에서는 근대 계몽기로부터 일제강점기의 독본을 6개 유형으로 구분하고, 주요 독본의 내용과 구성 원리를 밝히는 데 중점을 둔다. 이를 위해 두 시기의 독본에 대한 최대한의 조사를 실시하고, 이를 유형화하며, 각 독본의 구성 방식과 내용과 관련한 데이터베이스를 구축하고, 이를 분석한다. 따라서 이 연구는 독본 관련 조사, 유형 분류, 종합적인 데이터베이스 구축 단계를 거친다.

첫째, 독본 관련 조사는 학제 도입기부터 일제강점기까지 '독본'이라는 명칭을 사용한 문헌과 대중을 독자로 한 독서물을 최대한 조사한다. 현재까지 근대 계몽기 독본 자료는 한국학문헌연구소 편(1977) '한국개화기교과서총서'에 수록된 근대 계몽기 '국어' 교과서가 대표적이다. 이 총서는 '국어' 10권, 역사 10권으로 구성된 총서로, 독본에 해당하는 것은 권1~8의 국어 관련 17종이며, 권9~10은 수신서, 권11~20은 역사서이다. 넓은 의미에서 수신서와 역사서도 독본류에 포함시킬 수 있으나 이는 소학교나 중학교(1906년 보통학교, 고등학교, 고등여학교)의 교과목을 고려할 때 '독서' 또는 '국문' 교과와 관련된 독본은 아니다. 일제강점기의 독본은 박붕배(2003), 강진호·허재영(2011)에서 영인한 조선어독본류 62종, 김순전 외(2011b)의 초등학교 일본어독본(제1기), 보통학교 국어독본, 조선총독부 편찬 보통학교 국어독본 제2기, 조선총독부 편찬 초등국어독본, 조선총독부 편찬 제3기 보통학교 국어독본 등의 조선어과 및 일본어과 교과서류 등이 있다. 또한 구자황·문혜윤 편(2009) 등에서 출판한 '근대독본총서'에 일제강점기 시문독본, 문예독본, 청년독본류가 다수 포함되어 있다. 다만 이 총서에서도 작문 교재와 시문(時文) 편지 관련 문헌이 포함되어 있는데, 엄밀히 말하면 작문과 편지 교본 등은 순수한 독본류는 아니다. 그럼에도 이들 교재를 독본에 포함한 것은 독본이 '독법, 국문, 조선어과, 일본어과' 교과서뿐만 아니라 대중 독서물로 의미가 확장되고 이에 따라 '음악교육독본', '취미독본' 등과 같이 독서물 전반에 걸쳐 '독본'이라는 용어가 책명으로 사용되기도 하였음을 고려한다면, 작문 관련 교재를 넓은 의미의 독본에 포함시킬 가능성도 존재한다. 다만 이 연구에서는 독본의 본질적인 의미를 고려하여 '독법'(또는 국문, 일제강점기의 경우 조선어 및 일본어) 교과와 관련된 교과서 및 대중 계몽 차원의 독서물로 한정한다.

둘째, 독본의 유형은 근대 계몽기와 일제강점기로 시대를 나누며,

근대 계몽기에는 (1) 학부 편찬의 '독법' 교과서(습자와 작문 교과에서도 사용되었을 것으로 추정)로서의 독본류, (2) 1900년대 개인 저술의 교과서로서의 독본류, (3) 1900년대 애국 계몽운동 차원에서 저역한 다수의 독서물로 유형을 설정한다. 학부 편찬 독본은 8종에 불과하나 학제 도입부터 국권 침탈기까지의 근대 지식을 반영하며, 개인 저술의 독본류는 근대식 학교 보급과 지식 계몽운동의 성격을 규명하는 데 적절하다. 또한 애국 계몽기의 독서물은 국권 침탈 과정에서 등장한 교과서 통제 정책이 어떤 성격을 띤 것인지를 검증하는 데 유용한 독본류로 볼 수 있다. 일제강점기는 (4) 조선 교육령에 따라 설치된 각급 학교의 '조선어과' 및 '일본어과(당시 국어)'의 교과서류, (5) 시문, 청년, 노농, 대중독본 등 계몽운동 관련 독본류, (6) 조선총독부 산하 행정기관이나 금융조합, 강습회 관련 독본 등 식민정책과 관련을 맺는 독본류로 구분한다. 이 가운데 교과서는 조선총독부 발행본을 대상으로 한다. 허재영(2009b)에서 밝힌 바와 같이 일제강점기 식민 조선에서의 교과서 정책은 조선총독부 저작 또는 조선 총독의 검정을 통과한 것만을 사용하도록 하였는데, 1938년 단선 학제 도입과 전시 상황에서 조선총독부는 교과서 편찬이 어려워지자 문부성 저작물을 복각하여 사용한 예가 많다. 대표적인 예가 식민 조선의 '소학교'(1941년 이후 국민학교)에서 사용한 '소학국어독본'(일본어독본)인데, 이 독본은 우리말 교육의 역사를 규명하는 작업과 일정한 관련을 맺고 있다. 계몽독본류와 식민정책 관련 독본은 같은 '농민독본'이라도 편찬 주체와 목적에 따라 내용이 다르다. 특히 식민정책 관련 독본은 '방공독본', '징병독본', '청년교본', '연성교본' 등과 같이 특정 정책을 홍보하거나 행정기관의 농민독본류와 같이 농업 생산성을 높이고 모범촌 또는 자력갱생운동을 홍보하고자 하는 목적을 갖는 경우가 대부분이다. 이 점에서 민중 계몽독본과 식민정책 관련 독본을 구별할 필요가 있다.

셋째, 독본의 구성 방식과 내용 분석을 위한 데이터베이스를 구축한다. 현재까지 독본에 관한 연구는 교과서 조사, 개별 독본의 내용 분석 등에 치우쳐 있었다. 다수의 독본 자료가 발굴되어 연구에 활용되었지만, 개별 독본의 구성 체제나 내용을 종합한 데이터베이스 구축 작업이 진행된 적은 거의 없다. 독본의 구성 방식은 읽기 교과서의 특징에 맞게 과별 편제가 일반적이나 대중 독서물로서의 독본은 장절식 또는 문종(장르별) 편제를 한 것도 있다. 편제 방식의 다양성은 저작 주체와 대상 독자, 또는 지식 분야의 특징을 반영할 때가 많으므로, 근대 계몽기와 일제강점기의 지식 계몽운동의 성격을 규명하는 데 도움을 준다. 이와 함께 각 독본의 '과(課)', '장절(章節)', '문종(장르)'의 기준에 따라 입력하고 해당 단위의 내용, 문체, 주제와 주제어를 입력하여 시기별 교육 내용 선정 기준을 계량화한다. 이 작업은 두 시기 우리말 교육의 내용 변화, 정전화(正典化) 경향뿐만 아니라 우리말 교육의 질곡과 이에 대처해 온 방식 등을 이해하는 데 적절하다.


## 3. 선행 연구

이 연구의 기반이 되는 선행 연구는 '국어과 교과서의 역사', '독본 연구' 두 가지 차원으로 정리할 수 있다.

국어과 교과서의 역사는 강윤호(1973), 박붕배(1987), 이종국(1992), 윤여탁 외(2005) 등이 대표적인 성과라고 할 수 있다. 강윤호(1973)에서는 개화기의 교과서를 주제로 교과서 발행 실태를 객관적으로 기술하고자 하였으며, 박붕배(1987)에서는 근대 계몽기부터 광복 이후 교육과정기까지의 국어과 교육의 성격, 내용, 교재 분석 등을 체계적으로 정리하였다. 이종국(1992)에서는 교과서 연구 경향을 '교육과정 연구에 집중성을 두고 그 결과물인 교과서와 연결시켜 논의하는 경향', '단위 교과서에 대한 내용을 분석하는 경향', '교과서의 모형 개발·구조 및 개선 방안에 대한 연구 경향'으로 정리하면서, 우리나라 교과서의 역사 전반에 걸친 연구를 진행하였다. 윤여탁 외(2005)에서는 교과서뿐만 아니라 국어 정책, 교육과정, 외국인을 대상으로 한 한국어교육 등 우리말 교육과 관련된 전반적 역사를 연구 대상으로 삼았다. 이와 같은 흐름에서 교과서 발행 실태 조사 및 교과서 자료에 관한연구도 축적되었다. 예를 들어 국립중앙도서관(1982), 한국교과서연구재단(2001) 등의 조사 결과물이나 허재영 엮음(2017)의 교과서 목록등이 이에 해당한다.

근대 계몽기나 일제강점기 개별 교과서에 대한 연구도 비교적 많은 진척이 이루어졌다. 개화기 초등 교과서를 대상으로 한 하상일(1990), 국어 교과서 형성 과정과 관련된 임순영(2016), 1910년대 조선어과 교과서와 관련된 김성기(2017a) 등의 박사학위 논문이 발표되었으며, 근대 계몽기 독본류를 대상으로 국어학적 분석을 시도한 이안구(2020) 등의 박사학위 논문도 독본 자료의 발굴과 정리를 바탕으로한 성과들이다. 또한 일제강점기 교과서 정책과 조선어과 교과서와 관련된 허재영(2009b), 김혜련(2011), 통감시대 교과서와 관련된 허재영(2010), 근대 교과서 내용을 대상으로 한 강진호(2015) 등도 국어과교과서 역사와 관련한 연구 결과물이다. 이뿐만 아니라 '근대 독본'이나 '조선어 독본' 또는 다수의 계몽독본을 대상으로 한 학술지 논문은헤아리기 힘들 정도로 많은데, 예를 들어 『국민소학독본』의 경우 김만곤(1979), 윤치부(2002), 전용호(2005), 강진호(2012) 등 50여 편의 논문이 발표되었는데 발표 연도를 고려하더라도 학계에서 지속적인 관심을 갖는 교과서임을 증명한다.

'독본 연구' 차원에서 주목할 성과는 독본 텍스트의 발굴 및 정리 작업이다. 한국학문헌연구소(1977)의 '개화기교과서총서'를 비롯하여, 박붕배(2003)의 '침략기 교과서', 강진호·허재영(2011)에서 영인한 조선어독본류 62종, 김순전 외(2011b)의 초등학교 일본어독본(제1기), 보통학교 국어독본, 조선총독부 편찬 보통학교 국어독본 제2기, 조선총독부 편찬 초등국어독본, 조선총독부 편찬 제3기 보통학교 국어독본, 2009년 경진출판에서 펴낸 '근대독본총서' 등은 독본 자료 발굴·정리의 대표적인 성과이다. 이러한 자료를 바탕으로 구자황(2004), 배수찬(2009), 박선영(2015), 이정찬(2015) 등의 독본 연구가 활발히 진행되었으며, 허재영 편(2012)와 같이, 일제강점기 계몽운동과 문자보급 자료의 영인 작업도 이루어졌다. 이와 같은 흐름에서 농민독본에 대한 허재영(2004), 조정봉(2007), 송기섭(2007) 등이 발표된 바 있고, 문자보급 및 농민독본 자료와 관련하여 정진석(1999), 허재영 편(2012)의 『농민독본 및 갱생운동』 1~2(역락) 등이 출간되기도 하였다.

이와 같이 국어 교과서 역사나 독본 연구의 주된 경향은 거시적인 차원에서 정책사나 사회문화사와 관련을 맺으며, 미시적인 차원에서는 개별 교과서나 독본에 관심을 기울이는 경향이 있다는 점이다. 이 점에서 근대 계몽기 독본이나 일제강점기 독본의 구성과 내용 전반을 대상으로 한 데이터 구성과 분석 작업이 진행된 경우는 찾기 어렵다. 예를 들어 근대 계몽기 소학 교육용 독본과 일제강점기 교육령기별 소학(보통학교)용 교재의 체제(조선어와 한문), 구성 방식(과별, 장절별, 장르 또는 주제별), 구성 단위별 내용 등을 종합하여 우리말 교육의 역사를 체계화한 연구 성과는 많지 않다. 따라서 이 연구에서는 독본 발행 실태뿐만 아니라 291종 독본의 과별(장절, 장르) 내용 분석 데이터를 구축하고, 이를 바탕으로 우리말 교육의 성격과 내용 변화의 의미를 규명하는 데 중점을 둔다.

# 제2장 독본 개념의 형성과 근대 이후 독본의 유형

## 1. 서론

　『표준국어대사전』에 따르면 '독본(讀本)'은 '글을 읽어서 그 내용을 익히기 위한 책'(국어 독본, 영어 독본, 한문 독본) 또는 '주로 일반인에게 전문 분야에 대한 기초적인 지식을 전달하기 위하여 지은 입문서나 해설서'(의학 독본)라는 두 가지 풀이가 들어 있다. 앞의 풀이는 1947년 조선어학회에서 편찬한 『우리말 큰사전』의 풀이를 이어받은 것으로, 독본이 '학습' 또는 '지식 전달'과 밀접한 관련을 맺고 있음을 의미한다.

　사전 편찬의 역사를 고려할 때 우리나라에서 한국어 관련 사전이 본격적으로 편찬되기 시작한 것은 1880년 파리외방전교회·펠릭스 클레르 리델의 『한불자전』 이후로 볼 수 있다. 그 이후 제임스 스카트 게일(1897)의 『한영자전』을 비롯하여 선교사들이 편찬한 다수의 사전이 있다. 그러나 이들 사전에서는 '독본'이라는 표제어를 찾을 수 없는

데, 이는 1920년 편찬된 조선총독부의 『조선어사전』도 마찬가지이다. 한국어 사전에서 '독본'이라는 표제어는 제임스 스카트 게일(1931)의 『한영대자전』이나 문세영(1938)의 『조선어사전』 이후에 등장하는데, 이는 '독본'이라는 용어가 근대 이후의 산물임을 보여주는 증거가 될 수 있다.

우리나라에서 '독본'이 책명에 등장하기 시작한 것은 근대식 학제가 도입된 직후인 1895년 학부에서 편찬한 『국민소학독본』이 처음으로 보인다. 이 독본은 총 41과로 편제된 국한문 혼용의 소학도용 교과서로 학년급 개념이 적용되지 않은 교과서이다. 이 교과서는 1895년 칙령 제46호에 따라 학부 관제가 공포되고, 이에 따라 학부 편집국에서 처음 간행하였다. 즉 이 교과서 이전에는 근대식 학제에 따른 교과서 편찬이 이루어진 적이 없으며, 교과서로서의 '독본'도 존재하지 않았음을 의미한다. 이를 고려할 때 '독본'은 근대식 학제의 도입과 함께 교과서로서의 기능과 일반 대중을 상대로 한 지식 보급을 위한 교재로서의 기능을 담당한 독서물을 총칭하는 개념으로 볼 수 있다.

근대 이후의 독본에 관한 연구는 한국학문헌연구소편(1977)의 '한국개화기 교과서총서' 영인 이후 박붕배(1987)의 『한국어교육전사』에서 본격적으로 이루어진 것으로 볼 수 있다. 이 저서는 책명과 같이, 근대 이후 한국어교육과 관련된 시대 개관과 제도, 교육과정, 교재를 체계화했는데, 그 과정에서 주요 교재인 독본류의 흐름이 정리되었다. 그 후 박붕배(2003)의 '침략기의 교과서' 영인 자료가 출간되었고, 강진호·허재영(2011)의 『조선어독본』 영인, 김순전 외(2011b)의 『초등학교 일본어독본』 번역 해제, 강진호 편역(2009)의 『국민소학독본』을 비롯한 '한국개화기 국어교과서'에 대한 번역 해제 작업 등 다수의 연구 성과가 축적되었다. 그뿐만 아니라 근대 계몽기나 일제강점기 개별 교과서에 대한 수많은 연구 성과가 축적되었는데, 개화기 초등 교과서를 대상으로 한 하상일(1990), 국어 교과서 형성 과정과 관련된 임순영(2016), 1910년대 조선어과 교과서와 관련된 김성기(2017a) 등의 박사학위 논문이 발표되었으며, 근대 계몽기 독본류를 대상으로 국어학적 분석을 시도한 이안구(2020) 등의 박사학위 논문도 독본 자료의 발굴과 정리를 바탕으로 한 성과들이다. 또한 일제강점기 교과서 정책과 조선어과 교과서와 관련된 허재영(2009b), 김혜련(2011), 통감시대 교과서와 관련된 허재영(2010), 근대 교과서 내용을 대상으로 한 강진호(2015) 등도 국어과 교과서 역사와 관련한 연구 결과물이다. 이뿐만 아니라 '근대 독본'이나 '조선어 독본' 또는 다수의 계몽독본을 대상으로 한 학술지 논문은 매우 많다.

그러나 기존의 독본 연구에서는 교과서로서의 독본과 대중 독서물로서의 독본의 관계, 시대별 독본의 분포와 영향 등에 대한 관심이 상대적으로 많지 않았다. 특히 독본의 유래와 변화, 근대 독본의 특징과 분포 등에 대한 전반적인 연구가 충분하지 않은데, 그 이유는 독본이 근대식 교육과 독서의 산물이라는 점 때문일 것이다. 그러나 근대 이전에도 '소학', '계몽(啓蒙)', '격몽(擊蒙)', '지남(指南)', '요해(要解)', '편록(編錄)', '보감(寶鑑)', '초략(抄略)' 등의 용어가 포함된 다수의 서적이 간행되었는데, 이러한 책들은 교육적인 목적이나 독서 경향을 고려할 때 근대 이후의 '독본'과 일정한 관련을 맺고 있다고 볼 수 있다. 이와 같은 차원에서 이 연구는 코젤렉의 기본 개념 구조사의 방법을 고려하여, 독본 개념의 형성과 변화 과정 및 근대 이후 교과서로서의 독본과 대중 교화물로서의 독본 유형이 갖는 특징을 기술하는 데 목표를 둔다.

## 2. 독본의 탄생과 개념사

### 2.1. 독본의 탄생과 개념 형성

앞서 밝혔듯이, 우리나라에서 책명 또는 교과서명으로 '독본'이라는 용어가 등장한 것은 1895년 학부에서 편찬한『국민소학독본』이후의 일이다. 이 교과서는 근대식 학제의 도입과 함께 소학교용 '독서', '작문', '습자' 교과에 사용할 목적으로 편찬되었는데, 이 시기 편찬된 다른 교과서와 마찬가지로 일본의 영향을 받은 교과서로 알려져 있다.[1] 이 교과서 편찬 이전에는 '독본'이라는 명칭을 포함한 서적을 찾기 어려우며, 1881년 조사시찰단의 일원이었던 조준영의『문부성소할목록』에서는 일본의 학제를 소개하면서 다수의 '독본'이 교과서로 쓰이고 있음을 보고한 기록이 있다. 이 보고서에 따르면 1872년 문부성 학제가 도입된 이후 소학교 교과목으로 '독서', '습자', '실물', '수신', '괘화', '창가', '체조' 등을 두고 '독서' 교과에서『소학독본』을 편찬하여 교과서로 사용한 것으로 나타난다. 또한 근대 이후 교과서나 대중독서물로서 '독본'이라는 명칭을 사용했던 중국의 경우도 근대 이전 '독본'이라는 명칭을 사용한 책명이 등장하지 않는다는 점에서, 근대 독본의 탄생은 일본의 근대식 교육에서 비롯된 것으로 볼 수 있다.

그런데 일본에서의 '독본(讀本)'은 두 가지 독법이 존재한다. 하나는 문학 양식으로 알려진 '요미혼(讀本)'이며, 다른 하나는 한자음으로

---

1) 현전하는『국민소학독본』에는 일본인의 영향과 관련된 내용이 나타나지 않으나, 이 시기 편찬된『신정심상소학』(1896) 서문에서는 다카미가메(高見龜)와 아사카와마쓰지로(麻川松次郞)라는 일본인이 보좌원(補佐員)으로 편찬에 참여했음을 밝히고 있다.

읽는 '도쿠혼(讀本)'이다. 구글 웨브리오 사서(weblio 辭書)에 수록되어
있는 '독본(讀本)'의 의미는 다음과 같다.


[구글 웨브리오 사서 '독본']
도쿠혼(とくほん, 讀本): 읽고 배우기 위한 책. 특히 '초등학교 독본'이라고
총칭되는 국어 교과서를 의미하기도 하고, 교과서 일반을 말하는 경우도
있다. 『유학독본(幼學讀本)』(니시다사다시, 西邨貞) "나는 독본의 하나를
맡아서 합니다." [보주] '독서(讀書)', '독자(讀者)' 등은 중국 오나라 지방의
음이 일본에 전해진 것으로 '도쿠'로 읽는 것이 일반화되었다. '독본'도
근년에는 '도쿠혼'이라고 읽는다.
요미혼(よみほん, 読本):
　① 읽고 배우기 위한 서물(書物). 아쓰시모집(痛寐集, 1626경), 나는 요미
　　혼 앞에 있으므로, 머리를 낮추어 보고 또 생각에 잠긴다.
　② 에도(江戶) 후기 소설의 한 양식. 그림을 주로 한 구사조지류(草双紙
　　類)에 비해 삽화가 적고, 읽는 것을 주로 한다는 뜻으로, 넓은 의미에
　　서는 팔문자옥(八文字屋)의 부세초자(浮世草子)와 골계본(滑稽本), 인
　　정본(人情本)을 포함하지만, 문학사에서는 관연·보력(寛延·宝暦,
　　1748~64) 무렵까지 이어진 소설을 말한다. 중국 소설의 영향을 강하
　　게 받아, 괴이성(怪異性)과 전기성(傳奇性)이 농후하고, 한문조(漢文
　　調) 의고적(擬古的) 문장으로 표현한 점이 특색이다. 가미가타(上方)
　　의 쓰가데쇼(都賀庭鐘), 우에다아키나리(上田秋成), 에도의 야마도쿄
　　전(山東京伝), 타키자와마코토(滝沢馬琴) 등이 대표적 작가이다.
　③ 고사본이나 고문서를 알기 쉽게 현대의 문자에 쓴 것. 음역한 것 또는
　　그러한 책.
　④ 읽을거리 ①(よみもの, 読物 ①)[2]

이 사전의 풀이에 따르면, '도쿠혼'은 '읽기'를 의미하는 '독(讀)'의 일본식 한자음으로 읽기용 학습서를 의미하는 것으로 나타난다. 이에 비해 '요미혼'은 에도 후기의 소설 양식의 하나이다. 이 점에서 일본에서의 '요미혼'과 '도쿠혼'이 어떤 관계에 있는지를 살피는 것은 근대식 교과서로서의 독본 개념이 출현하는 과정을 이해하는 데 중요한 의미를 갖는다.

일본의 근대 사전을 살펴보면 '도쿠혼'이 '요미혼'에서 유래되었을 가능성을 추론할 수 있는 다수의 자료가 나타난다. 다음을 살펴보자.

[근대 일본 사전에서의 도쿠혼과 요미혼]

ㄱ. 오오츠키후미히코(大槻文彦), 『언해(言海)』(1908, 大阪寶文館)

　　도쿠스유(讀誦, とくすゆ): 읽고 읊다(讀ミ誦フル).

　　도쿠쇼(讀書, とくすよ): 서물을 읽다(書物ヲ讀ム).

　　요미가키(讀書, よみかき): 글을 읽는 것과 글자를 쓰는 것(書ヲ讀ムト字ヲ書クト).

　　요미혼(讀本, よみほん): 읽어서 배우기 위한 서물(讀ミ習フベキ書物).

　　요미모니(讀物, よみもの): 읽기 위한 물건 즉 서물(讀ムベキ物 卽チ書物).

ㄴ. 하세카와세이야(長谷川誠也), 『신수백과신사전(新修百科新辭典)』(1933, 博文館)

　　요미혼(よみほん, 讀本): (문학용어). 관연·보력 즉 도쿠가와 시대 후반기에 유행한 일종의 소설. 회초지(繪草紙)에 대해 문장을 주로 하는 것으로, 미농지(美濃紙)를 반으로 접어 각권에 여러 장의 삽화를 넣는

---

2) 웨브리오 사서(https://www.weblio.jp).

다. 안영(安永) 5년 긴로교자(近路行者)가 지은 『영초지(英草紙)』를 최초로 본다. 우에다아키나리(上田秋成)의 『우게쓰모노가타리(雨月物語)』, 다케베아야타리(建部綾足)의 『니시야마모노가타리(西山物語)』, 바킨(馬琴, 교쿠테이바킨 曲亭馬琴)의 『난소우사토미핫겐덴(南總里見八犬傳)』, 『친세츠유미하리츠키(椿說弓張月)』 등이 있다. 그 가운데 바킨은 요미혼 계의 왕자로 이름이 높다.3)

이 두 사전을 참고하면 일본에서의 '독본(讀本)'은 도쿠가와 시대 후반기의 소설 양식인 '요미혼'과 근대식 학제 도입 이후 교과서로 개발된 '도쿠혼' 두 가지 유형이 존재한 것으로 보인다. 바킨의 요미혼을 주제로 한 홍성준(2016)에 따르면, 일본 근세에는 데라코야(寺子屋)이라는 교육기관이 존재했으며, 이에 따라 서적 유통이 활발해진 결과 소설 장르 중 구사조시(草双紙)로 불리는 일종의 그림책이나 초등 교육용 교과서인 '오라이모노(往來物)'이라는 서간체 형식의 교재가 존재했던 것으로 추정된다.4) 이와 같은 배경에서 1868년 메이지 유신과 1872년 문부성 설치 이후 1874년 이후 『쇼와가쿠도쿠혼(小學讀本)』을 처음 편찬한 것으로 보인다.5) 그 이후 일본에서는 『고토쇼와가쿠

3) (文). 寬延 寶歷 以後 卽ち 德川時代の後半期に行はれた一種の小說. 繪草紙に對し 文章を主としたものて, 美濃紙よには半紙二つ析, 各卷に數葉の揷畫を有した. 安永五年の近路行者作〈英草紙〉を最初した. 上田秋成の〈雨月物語〉, 建部綾足の〈西山物語〉, 馬琴の〈南總里見八犬傳〉, 〈椿說弓張月〉 等かそれて, 就中馬琴は江戶讀本界の王者として名高い.

4) 홍성준(2016), 「바킨 요미혼에 나타난 교훈성과 서민 교화적 태도」, 『일본사상』 31, 한국일본사상사학회, 267~290쪽.

5) 국내에서 일본에서 도쿠혼이 처음 편찬된 시점과 편찬 과정에 대해서는 연구된 바가 없다. 그러나 일본의 사범학교편찬(師範學校) 편찬(1874), 『쇼와가쿠도쿠혼(小學讀本)』(文部省刊行)은 그 실체를 구글에서 확인할 수 있다. 이 판본은 일본 각 지역에서 번각(飜刻)된 것으로 보이는데, 연구자가 소장하고 있는 판본은 마에현하(三重縣下) 계운당(桂雲堂) 번각본이다.

도쿠혼(高等小學讀本)』, 『고토도쿠혼(高等讀本)』, 『니혼도쿠혼(日本讀本)』 등의 교과서가 지속적으로 편찬되었다.

그러나 일본의 근대 교육에서도 요미혼이 도쿠혼으로 변화하는 데에는 근대식 학제와 교과서 제도의 영향이 컸던 것으로 보인다. 왜냐하면 근대 일본의 대역사전류를 살펴보면, 영어 Reader 또는 Reading-book에 해당하는 용어가 등장하지 않기 때문이다. 예를 들어 1871년 편찬된 『*English-Japanese Pronouncing Dictionary*(和譯英辭林)』의 경우 Read와 관련한 표제항을 다음과 같이 번역하고 있다.

> [화역영사림(和譯英辭林)의 Read 관련 표제항과 풀이]
> Read adj. 讀ミタル.
> Readable adj, 讀マルベキ.
> Reader s, 讀ム人. 說法者.
> Reading s, 讀ムコ 讀ミ聞セルコ 讀書(シヨ).6)

이 사전은 근대 중일 교류가 활발했던 1870년대 초 상하이에서 발행된 사전이므로, 그 당시 일본의 어휘를 망라한 것으로 보이지는 않는다. 그러나 이 사전의 풀이대로라면 그 당시 일본에서는 읽기자료와 관련된 '도쿠혼' 개념은 존재하지 않았던 것으로 보인다. 참고로 이 사전의 표제항 가운데 교재를 의미하는 Text는 '본문(本文)' 또는 '경문의 장(經文ノ章)'이라고 풀이하였으며, Text-book은 '행간을 넓고 밝게 한 책(行ノ間ヲ廣タ明タル書)'이라고 풀이하였다. 그런데 이보다

---

6) Money, Weight and Measure(1871), *English-Japanese Pronouncing Dictionary*(和譯英辭林), American Presbyterian Mission Press, Sanghai. 이 책에서 s는 subject의 약어로, 명사를 대신한다.

나중에 편찬된 사전에서는 Reader 또는 Reading-book을 '도쿠혼'으로 번역하고 있다. 1912년 편찬된 산세이도(三省堂) 출판사의 『모범영화사전(模範英和辭典)』에서는 reading book을 '도쿠혼', reading desk를 '도쿠쇼다이(讀書臺)', text-book을 '교과서(敎科書)'로 번역하였다.[7]

중국의 경우 '독본'이라는 용어가 언제부터 쓰였는지 고증하기 어려우나, 독서 대상물을 편찬한 전통은 비교적 오래된 것으로 보인다. 1938년 일본인 곤토모쿠(近藤杢)가 편찬한 『지나학예대사휘(支那學藝大辭彙)』를 살펴보면, 수나라 왕소(王劭)가 편찬한 『독서기(讀書記)』, 명나라 설선(薛瑄)이 편찬한 『독서록(讀書錄)』, 청나라 왕념손(王念孫)이 편찬한 『독서잡지(讀書雜誌)』 등의 서목이 보이며, 원대 정단계(程端禮)가 편찬한 『독서분년일정(讀書分年日程)』은 주자(朱子)의 독서법으로부터 소학의 학과표(學科表)에 이르기까지 근대 이전의 교과과정을 담은 책이라는 설명이 들어 있다.[8] 이러한 흐름에서 유자징이 편찬한 것으로 알려진 『소학』은 근대 이전 중국의 전형적인 소학도용 교재였으며, 후대에는 이를 '소학독본'이라고 부르기도 한 것으로 추정된다. 그러나 중국에서 '독본'이 교과서명으로 쓰인 것은 1900년대 이후로 추정되는데[9] 이는 『만국공보』 1907년 8월 제224책 소재 '광학회서목'에 몽학(蒙學) 교재로 『계몽독본(啓蒙讀本)』이라는 책명이 등장하기 때문이다. 중국의 경우 1911년 중화민국 건국 이전 체계적인 소학교육이

---

7) 神田乃武 外(1912), 『模範英和辭典』, 東京: 三省堂 發行.
8) 近藤杢(1938), 『支那學藝大辭彙』, 東京: 立命館出版部.
9) 중국에서 '소학'을 '소학독본'으로 지칭하는 사례는 양주송(楊洲松, 2000), 『교육대사서(敎育大辭書)』(國家敎育研究院辭書)를 들 수 있다. 이 사전에서는 1187년 남송 때 주희가 편찬한 최초의 소학 교재가 『소학독본』이라고 하였다. 그러나 이 사전에 설명한 대로 그 당시 책명에 '독본'이 쓰였는지는 확인하기 어렵다. 이와 관련한 자료는 피디아 클라우드 (https://pedia.cloud.edu.tw)에서도 검색된다.

이루어진 것으로 보이지 않는데,10) 광학회 서목에서 '독본'을 책명으로 사용한 것은 서구와 일본식 학제의 영향에 따른 것으로 추정된다. 이처럼 한중일 삼국의 소학교육과 독서물의 역사 개괄할 때, '독본'이라는 용어는 근대식 학제가 도입되면서 읽기를 목표로 한 교과에 사용할 목적으로 개발한 교과서의 일종으로 출발하여 점차 그 의미가 확대되어 간 것으로 규정할 수 있다.

## 2.2. 독본의 개념과 기능 변화

독본은 전통적인 '읽기자료'에서 유래한 것이지만, 근대식 학제 도입 이후 교과서의 하나로 재구성된 것은 틀림없다. 일본의 『소학독본』이나 1895년 근대식 학제 도입 직후 한국 학부에서 편찬한 『국민소학독본』, 『소학독본』이 대표적이다. 이들 교과서는 근대식 학제 도입과 함께 소학교용 독서 관련 교과의 교과용도서들이다.

이처럼 '독본'은 근대식 학제의 '독서' 또는 '국어', '외국어' 등의 교과 개념이 도입됨에 따라 교과용도서의 하나로 인식되었는데, 이는 교과서 제도가 도입된 뒤 각 교과의 교과서는 대부분 해당 교과명을 사용하는 것이 일반적이었다는 사실을 통해서도 확인할 수 있다. 다음 기사를 살펴보자.

---

10) 이와 같은 상황은 량치차오(梁啓超, 1904), 『음빙실문집(飲氷室文集)』, 廣智書局. '교육정책 사의(教育政策私議)'에서 "근래 조정의 조칙과 진주(陳奏)에서 힘써 독려한 것을 보면 주현(州縣)의 소학, 부(府)의 중학, 성(省)의 대학, 경사(京師)의 대학에 대한 논의가 없는 것은 아니로되, 소학, 중학이 지금까지 설치된 것을 보지 못했다(頃者朝廷之詔飭 督撫之所 陳奏 莫不有州縣小學 府中學 省大學 京師大學之議 而小學中學至今未見施設)."이라고 하였다. 이 논설은 량치차오가 '경사대학당' 설립 소식을 듣고 쓴 논설이다.

['읽기' 교과를 목표로 한 '독본' 개념]

ㄱ. 現世 各國이 皆以自國文成語ᄒ고 日本은 兼漢文國文以成語ᄒ야 <u>自小學</u>
<u>校教科書로 國語讀本을 集成ᄒ야 教科에 最先必要로 講習이거늘</u> 我韓은
惟獨言文二致로 大相逕庭者ㅣ 多有ᄒ니 自今以往은 宜釐正國文ᄒ야 <u>另</u>
<u>作我韓國語讀本</u> 而教授於各學校ᄒ면 庶幾無岐異之端矣라(지금 세계 각
국이 모두 자국문으로 국어를 삼고 일본은 아울러 일본문을 국문으로
하여 국어를 삼아 소학교 교과서에서『국어독본』을 집성하여 교과의
가장 먼저 강습하는데, 우리 한국은 오직 언문(言文)이 둘로 나뉘어,
서로 크게 어그러진 것이 많으니, 지금은 마땅히 국문을 정리하여 우리
한국의『국어독본』을 만들어 각학교에서 가르치면 어느 정도 차이가
없어질 것이다.

—이종준(李鍾濬), 방언속소(方言續貂),『대한자강회월보』제6호(1906.12)

ㄴ. 無論某國ᄒ고 國民을 教育홈이 必自國의 言語를 先習ᄒ여야 自國의 精神
을 培養홀것이오 <u>自國의 精神을 培養ᄒ여야 忠愛의 目的을 到達ᄒᄂ니</u>
<u>故로 教科書 第一課에 國語讀本이</u> 是니라. 我國의 言語와 文字가 裕足지
아님은 不是로디 國內를 統論ᄒ면 均一타 謂키 難ᄒ니 此ᄂ 國語讀本이
無홍 緣故라. 然則三千里에 不過홍 區域內에셔도 方言이 互異ᄒ야 文理
上 辨論에 齟齬홍을 因ᄒ야 聽者로 ᄒ야곰 雖象譯은 不求홀지라도 或誤
解홈이 亦多ᄒ도다.(어느 나라를 물론하고 국민을 교육함에 반드시 자
국의 언어를 먼저 가르쳐 자국의 정신을 배양할 것이며, 자국의 정신을
배양해야 충애의 목적에 도달하니, 그러므로 교과서 제1과에『국어독
본』이 그것이다. 우리나라의 언어와 문자가 충분하지 않은 것은 아니
나, 국내를 모두 살펴보면 균일하다고 보기 어려우니 이는『국어독본』
이 없는 까닭이다. 그러므로 삼천리에 불과한 지역 내에서 방언이 서로
달라 문리상 변론에 어긋나기 때문에 청자로 하여금 비록 상대의 말을

번역하지는 않더라도 혹 오해함이 적지 않다.

—(논설) 「교육의 관계」, 『황성신문』, 1908.2.13

이 두 편에 나타난 '독본'은 교과 개념과 밀접한 의미를 갖는다. 즉 '자국문으로 국어를 삼고', '교과서로 『국어독본』을 만들며', 교과서 가운데 가장 먼저 만들어야 하는 것이 『국어독본』이라는 것이다. 이처럼 '국어 교육'과 관련한 교과서 명칭에 '독본'을 사용한 것은, 전통적인 교육으로부터 근대식 학제 도입기까지의 국어 교육이 '읽기'를 중심으로 진행되었기 때문이라고 할 수 있다. 즉 '독서산(讀書算)'은 교육의 근간을 이룬다고 볼 수 있는데, 그 가운데 중심이 되는 것은 '독(讀)'이다. 그렇기 때문에 '독서'라는 용어는 전통적인 교육에서도 가장 많이 등장하는 용어의 하나인데, 조선왕조실록의 경우 '독서'를 검색하면 1866건의 다양한 용례가 나타난다. 이러한 흐름은 근대식 학제의 도입과 국가 및 국어 개념이 확립되면서, '독서' 또는 '독법'을 중심으로 한 언어 교육에서 '독본'이라는 교재의 탄생을 가져오게 된 것이다.

이 '독본' 개념은 근대식 학교가 충분하지 않은 상황에서 교과뿐만 아니라 교육 목적을 가진 '중요한 읽을거리'라는 개념으로 쓰이기 시작한다. 다음을 살펴보자.

['독본' 개념의 확장]

ㄱ. 三國史와 高麗史는 吾東의 歷史오 本朝에 至ᄒ야는 史家者流가 稍稍遺傳
   ᄒ되 曰 國朝寶鑑 曰 燃藜述 曰 朝野記聞 曰 秋江冷話 曰 旬五誌 曰 芝峰類
   說 曰 陰厓雜記 曰 於于野談 等 百餘種에 不下ᄒ고 國史로 一代秘書의
   職이 撰定ᄒ바 名山石室에 深藏ᄒ 史牒이 寢備ᄒ의 國民의 訓詁와 考據

와 資治와 讀本을 作ㅎ기 不許홀 쑨 아니라 中古에ᄂᆞᆫ 野史類ᄂᆞᆫ 文人의
書案에 著存ㅎ기 不敢ㅎ고 或 史案을 因ㅎ야 刑辟에 陷흔 者ㅣ 有ㅎ니
(삼국사와 고려사는 우리나라의 역사이요, 본조(조선)에 이르러 역사
가들이 다소 전해온 바 『국조보감』, 『연려술(연려실기술)』, 『조야기
문』, 『추강냉화』, 『순오지』, 『지봉유설』, 『어우야담』' 등을 일컬으
나 백여 종에 미치지 않고, 국사(國史)는 일대 비서(秘書)의 직분으로
찬정한 것이니 명산 석실에 깊이 감추어 사첩(史牒)이 완비함에 국민이
훈고(訓詁)와 독본(讀本)을 만드는 것을 허락하지 않을 뿐 아니라, 중고
의 야사류는 문인의 서안에 감히 저작하기 어렵고, 혹 사안(史案)으로
인해 가혹한 형벌에 빠지는 경우도 있으니

—『황성신문』 1899.11.24, 서호거사 기서

ㄴ. 團體二字로 爲國民讀本ㅎ야 如塾師之訓蒙에 其意義를 反覆辨論ㅎ노니
團字ᄂᆞᆫ 讀曰〈둥글단〉ㅎ니 團結團合之意를 含有ㅎ고 體字ᄂᆞᆫ 讀曰〈몸톄〉
ㅎ니 壹體全體之義가 自在흔 則曰國民團體者ᄂᆞᆫ 國民이 結合全壹흔 後에
可以爲國이오.(국체 두 자로 국민의 독본을 삼아. 숙사에서 아이들을
가르침에 그 뜻을 반복하여 변론하니, '단'이라는 글자는 '둥글 단'으로
읽으니 단결 단합의 뜻을 포함하고, '체'라는 글자는 '몸체'라고 읽으니
일체 전체의 뜻이 들어 있으니, 즉 국민 단체라는 것은 국민이 하나로
결합한 뒤에 가히 국가를 이루는 것이다.

—정우택(鄭禹澤), 단체의 의의, 『대한매일신보』 1909.4.24

인용문 가운데 서호거사의 논설은, 국가가 역사책 집필을 전담하면
서 국민이 역사를 훈고(訓詁)하거나 읽을거리(독본)를 만드는 것을 허
락하지 않았다는 뜻이며, 정우택의 논설에서는 '단체'라는 의미를 '국
민'의 '독본(꼭 읽어야 할 것 또는 알아야 할 것)'으로 삼아야 한다는 것이

다. 이 두 용례의 '독본'은 교과서 명칭으로서의 '독본'이 아니다. 이와 같이 독본 개념이 확장된 데에는 '독본'이 교과용도서로서의 기능뿐만 아니라 전통적인 독서산 교육에서의 '독서 대상물'로서의 기능을 담당할 수 있고, 근대식 학교가 충분하지 않은 상황에서 학교 이외의 교육 교재나 대중 교화 차원에서 독본류가 그 기능을 담당할 수 있었기 때문이다. 이와 같은 변화는 1900년대 후반부터 본격적으로 나타나기 시작하는데, 유길준(1907)의 『노동야학독본』과 장지연(1908)의 『여자독본』 등이 이에 해당한다. 전자는 유길준이 고문으로 참여한 '노동야학회'의 강습용 수신서이며, 후자는 장지연이 편찬한 여학도용 수신서이다.[11]

이와 같은 차원에서 '독본'이라는 명칭을 사용하지 않은 독본류도 존재함을 고려할 필요가 있다. 예를 들어 근대식 학제 도입 직후 편찬된 『초등소학』, 『신정심상소학』 등은 '독본'이라는 명칭을 사용하지 않았지만, '읽기'를 중심으로 한 소학도용 교과서였다. 또한 1897년 이후 학부에서 몇 차례 걸쳐 출간한 『서례수지(西禮須知)』의 경우, 서양 예법에 대한 수신용 교과서에 해당한다. 이뿐만 아니라 현채(1907)의 『유년필독(幼年必讀)』, 『유년필독석의(幼年必讀釋義)』 등은 독서를 중심으로 한 교재류이다. 이처럼 '독본'이라는 명칭을 사용하지 않은 독본류 교재는 '독본'의 의미 확장을 이루는 배경이 되기도 하였다.

'독본' 개념의 확장은 일제강점기 더 활발하게 이루어졌다. 그 중 하나가 1917년 최남선이 편찬한 『시문독본(時文讀本)』이다. 이 책은 '예언(例言)'에서 "시문을 배우는 이의 계제(階梯)되게 하여 하여, 옛것

---

11) 유길준 지음, 조윤정 편역(2012), 『노동야학독본』, 경진출판; 장지연 지음, 문혜윤 편역(2012), 『여자독본』, 경진출판.

과 새것을 모으기도 하고, 짓기도 하여 적당한 줄 생각하는 방식으로 편차"한 책임을 밝히고 있다. 이는 '독본'이라는 개념이 교과 이외의 학습용 독서물이라는 의미로 쓰였음을 의미한다.

독본의 의미가 확장되면서 이 용어는 두 가지 경우에 사용되는 경향이 있다. 하나는 학습할 내용(읽어야 할 내용)과 관련된 용어이며, 다른 하나는 독자와 관련된 용어이다. 국어독본(國語讀本), 조선어독본(朝鮮語讀本), 국문독본(國文讀本), 시문독본(時文讀本), 역사독본(歷史讀本), 가정독본(家庭讀本), 수양독본(修養讀本), 성교육독본(性教育讀本) 등과 같은 책명은 전자에 해당하며, 여자독본(女子讀本), 대중독본(大衆讀本), 청년독본(靑年讀本), 농민독본(農民讀本), 경찰관독본(警察官讀本) 등은 후자에 해당한다. 주목할 점은 두 가지 모두 편제 방식에서 교과서와 같은 과별, 또는 장절식 편제를 한다는 점이다. 이는 독본이라는 개념 속에 '읽기 학습', '필수 지식'이라는 의식이 작용하고 있음을 의미한다. 즉 독본은 교과서처럼 반드시 알아야 할 지식을 체계화하여 독자가 읽고 이해하며 내면화할 수 있도록 편찬한 도서를 일컫는 개념으로 쓰인 셈이다.


## 3. 근대 이후 독본의 두 가지 유형

### 3.1. 교육용 독서물의 전통과 교과서로서의 독본

독본이 '필수 지식', '읽기용', '학습용'이라는 개념을 포함한다고 할 때, 근대 이전에도 독본류와 유사한 형태의 독서물이 없었던 것은 아니다. 조선왕조실록에는 '지남(指南), 수지(須知), 초략(抄略)' 등의 용

어를 사용한 다수의 책명이 등장한다. '지남'은 말 그대로 지침을 나타
내는 책이며, '수지'는 반드시 알아야 할 지식을 요약한 책이다. 또한
'초략'은 간추려 수록한 책을 말한다. 이는 다음 기사를 통해서도 확인
된다.

[지남, 수지, 초략의 의미]

ㄱ. 지남(指南): 봉산(鳳山) 사람 장가순(張可純)은 본래 조행(操行)과 효우
   (孝友)가 있었는데 중종의 국상 때 사랑채에 혼자 거처하며 학생을 모
   아 가르쳤고 또 옛사람의 고사를 모아 한 권의 책을 만들어 『인사지남
   (人事指南)』이라 이름하였습니다.12)

ㄴ. 수지(須知): 경연에서 『소학(小學)』을 진강하는 것은 아름다운 일입니
   다. 들으니 원자(元子)는 지금 겨우 3세인데 독서를 한다고 하니, 역시
   신민(臣民)의 복입니다. 경상도 관찰사 김안국이 『동몽수지(童蒙須知)』
   를 산음현(山陰縣)에서 간행하였는데, 이 책은 어린이가 할 일을 발췌
   한 것으로 음식·의복 등 일용의 일이 모두 기록되었으니, 이 책으로
   원자를 가르치기를 청합니다 하니, 상이 이르기를, 『소학』을 모르는
   사람들은 반드시 어린이가 배울 글이라 하여 경홀히 여기고 또 그것을
   배우는 사람을 가소롭게 생각하니 참으로 괴이하다. 이것은 종신토록
   배우고 평생 행할 것으로 이보다 더 좋은 것이 없다. 『동몽수지』는
   어린이가 배워야 할 글이라고 하였다.13)

---

12) 『명종실록』 권9, 명종4년(1549) 6월 14일. "鳳山人張可純, 素有操行, 孝友亦至, 值中宗國恤,
   獨處於外, 聚學者教誨, 又撰古人之事爲一集, 名曰人事指南." 국사편찬위원회 조선왕조실록
   (http://sillok.history.go.kr) 검색. 이하 실록 자료는 검색 자료임.

13) 『중종실록』 권31, 중종12년(1517) 윤12월 14일. "且於經筵, 進講小學, 乃美事也. 聞元子今纔
   三歲, 能於讀書, 是亦臣民之福. 慶尙道觀察使金安國以童蒙須知, 刊於山陰縣. 是書撮其童幼
   之所爲, 飲食衣服, 凡所日用之事, 靡不錄之. 請以此書, 教誨元子. 上曰 小學一書, 不知者必謂

ㄷ. 초략(抄略): 좌찬성 김전(金詮), 이조 판서 남곤(南袞), 호조 판서 안당
(安瑭)이 아뢰기를, 신 등은 모두 보잘것없고 또 덕망도 없는데, 이처럼
중요한 직임을 제수하시니, 항시 보양의 방법을 잘못할까 염려하여
매우 공구하옵니다. 신 등은 원자의 천품이 비범함을 보았습니다. 다만
지금 나이가 어리므로 신 등이 자주 가면 싫증을 낼까 염려되오니,
3일 만에 한 번씩 가서 모시려 합니다. 가르치는 방법은 지금『소학초
략(小學抄略)』을 읽으니, 그『초략』을 다 읽어서 문리(文理)가 나면 비
로소 전서(全書)(『소학대전(小學大全)』)를 가르치려 합니다 하니, 전교
하기를, 3일 만에 한 번씩 가서 학문을 권면하는 것이 좋다고 하였다.[14]

인용문에서 확인할 수 있듯이, '지남, 수지, 초략'은 읽기 목적의
독서물이다.『인사지남』은 학생들을 가르치기 위해 고사를 모아 엮은
책이며,『동몽수지』는 어린이가 할 일을 발췌하여 엮은 책이다. 또한
『소학초략』은『소학대전』을 읽기 전 아동을 가르치기 위한 목적에서
저술한 책임이 분명하다. 이뿐만 아니라 실록에서는 '편록(編錄), 보감
(寶鑑), 요해(要解), 요결(要訣), 초략(抄略), 계몽(啓蒙)' 등의 용어를 포함
한 서적명도 다수 등장한다. 다음과 같은 것들이 대표적이다.

---

童稚之學而忽之、又笑其學者、甚可怪也. 此乃終身之學, 平生可行, 無踰此矣. 童蒙須知, 童稚之
學也."

14)『중종실록』권31, 중종13년(1518) 1월 20일. "左贊成金詮、吏曹判書南袞、戶曹判書安瑭啓
曰 臣等皆無狀, 且無德望, 而授此重任, 常慮輔養失方, 至恐且懼. 臣等見元子, 天資超凡, 但今
最幼稚. 臣等若數往, 則恐見厭倦, 欲於三日一往侍坐. 若教之之方, 則時讀小學抄略, 欲俟其畢
讀抄略, 文理漸至於該通, 則方可教之以全書也(即小學大全也). 傳曰 三日一往勸學, 可也."

**[읽기를 목적으로 한 책명]**

| 번호 | 용어 | 책명(실록출처) |
|---|---|---|
| 1 | 지남(指南) | 『지리지남(地理指南)』(세종실록 권3, 세종1년(1419) 3월 9일), 『이학지남(吏學指南)』(세종실록 권22, 세종5년(1424) 10월 3일), 『전후한이학지남(前後漢吏學指南)』(성종실록 권282, 성종24년(1439) 9월 1일), 『역어지남(譯語指南)』(성종실록 권282, 성종24년(1493) 9월 1일) |
| 2 | 수지(須知) | 『동몽수지(童蒙須知)』(중종실록 권31, 중종12년(1517) 윤12월 14일), 『복약수지(服藥須知)』, 『행군수지(行軍須知)』 |
| 3 | 편록(編錄) | 『회갑편록(回甲錄)』(영조실록 권831, 영조30년(1754) 6월 28일) |
| 4 | 보감(寶鑑) | 『국조보감(國朝寶鑑)』(예종실록 권2, 예종즉위년(1468) 11월 28일), 『보감(寶鑑)』(정조실록 권21, 정조10년(1786) 3월 17일 |
| 5 | 요해(要解) | 『역학계몽요해(易學啓蒙要解)』(세조실록 권47, 세종14년(1468) 11월 28일), 『이서요해(二書要解)』(숙종실록 권61, 숙종44년(1718) 2월 26일) |
| 6 | 요결(要訣) | 『격몽요결(擊蒙要訣)』(선조수정실록 권20, 선조19년(1586) 10월 1일 |
| 7 | 초략(抄略) | 『소학초략(小學抄略)』(중종실록 권31, 중종13년(1518) 1월 20일), 『역대감계초략(歷代鑑戒抄略)』(영조실록 권100, 영조38년(1762) 11월 16일) |
| 8 | 계몽(啓蒙) | 『계몽(啓蒙)』, 『역학계몽(易學啟蒙)』(세조실록 권12, 세조4년(1458) 4월 18일), 『계몽전의(啓蒙傳疑)』(선조실록 권56, 선조9년(1576)4월 24일) |

실록에 보이는 읽기 목적의 서명에 등장하는 용어는 근대 이후에도 지속적으로 나타난다. 제임스 스카트가 한국어 학습을 위해 저술한 On Gale's Korean Grammatical Form의 또 다른 명칭이 『사과지남(辭課指南)』이었으며, 학제 도입 직후 존 프라이어의 서양 여러 나라의 예법을 소개한 『서례수지(西禮須知)』를 발행한 사실, 천주교계에서 1906년부터 『보감(寶鑑)』이라는 명칭의 잡지를 발행한 일, 중국에서 발행된 『만국공보』를 초략하여 『공보초략』을 편찬한 일 등은 이를 증명한다. 그뿐만 아니라 『명심보감』, 『계몽편』, 『동몽수지』 등은 아동용 수신서로서 일제강점기까지 지속적으로 발행되었다. 이와 같은 독서물은 그 자체가 '독서의 방법'이나 '태도'를 가르치기 위한 것이라기보다 학습자의 '수신' 또는 특정 분야의 필수 지식을 습득하기 위한 방편에서 저술된 것이 대부분이다. 이는 전통적인 교육의 목적이 '수기치인

(修己治人)'을 근본으로 하며, 교과 개념이 존재하지 않은 것도 하나의 요인이라 할 것이다.

근대의 교육은 국가주의의 이념 아래 교육 목적과 교과 및 학교급, 학년 개념 등이 도입되며, 교과에 필요한 도서 편찬이 이루어지는 점이 특징이다. 1895년 7월 19일 칙령 제145호로 공포된 '소학교령'은 이를 뒷받침하는 법령인데, 이에 따르면 그 당시 소학교는 "아동 신체의 발달을 살펴 국민교육의 기초와 그 생활상 필요한 보통 지식과 기능을 가르침을 본지로 삼음"(제1조)이라는 목표 아래 심상과의 '수신, 독서, 작문, 습자, 산술, 체조'를 기본으로 하고 '본국지리', '본국역사', '도화', '외국어', '재봉' 등을 가감하는 교과 운영 원칙(제8조)을 밝혔다. 또한 제15조에서 "소학교의 교과용서는 학부가 편찬한 것과 학부대신의 검정을 거친 것"을 사용하도록 규정하였다. 이 규정에 나타난 '교육 요지', '교과목', '교과서 사용' 등의 규정은 1899년 4월 4일 칙령 제11호의 '중학교령'과 학부령 제12호의 '중학교 규칙'에도 반영된다.

'독본'은 근대식 학제의 교과 운영 필요에 따라 개발된 새로운 형태의 독서물이었다. 그러나 학제 도입 당시 교과에 따른 교과서 개발이 이루어진 것으로 볼 수는 없는데, 이는 설정된 교과에서 사용하는 교과서를 분류한 예가 없기 때문이다. 예를 들어 1897년 학부에서 편찬한 『신정심상소학(新訂尋常小學)』에 소재한 '학부 편집국 개간 서적 정가표'에는 17종의 교과서명이 등장하는데 서명과 가격만 제시할 뿐 어느 교과에 사용하는지는 알 수 없다. 이 책들은 『만국지지』, 『조선지지』, 『여재촬요』, 『지구약론』, 『동국지도』(지리), 『만국약사』, 『조선역대사략 한문』, 『조선역사』(역사), 『근이산술』, 『간이사칙산술』(산술) 등과 같이 책명을 통해 교과를 추정할 수 있는 경우도 있으나,

『사민필지』, 『서례수지』, 『유몽휘편』, 『숙혜기략』 등은 특정 교과를
추정하기 어려운 교과서들이다. 물론 내용을 살펴볼 때 『사민필지』는
세계지지에 해당하며, 『서례수지』는 서양 예법, 『유몽휘편』과 『숙혜
기략』은 전통적인 수신서에 해당한다. 이 광고에 등장하는 독본은
『국민소학독본』과 『소학독본』 두 종인데, 『소학독본』은 '입지', '근성
(勤誠)', '무실(務實)', '수덕(修德)', '응세(應世)' 등과 같이 전통적인 『소
학』과 유사한 편제를 갖고 있다. 즉 근대의 독본은 '독서, 작문, 습자'
등의 언어 교과뿐만 아니라 '수신'과도 밀접한 관련을 맺고 있음을
알 수 있는데, 후대 휘문의숙(1906)에서 편찬한 『고등소학독본』이나
장지연(1908)이 편찬한 『여자독본』, 이원긍(1908)의 『초등여학독본』
등도 '독본'이라는 명칭을 사용했지만 수신에 필요한 항목이나 인물
전기 등을 중심으로 삼고 있기 때문이다. 『초등여학독본』의 '서문'에
서는 이 책의 편찬 목적이 여학도의 수신에 있음을 명시하고 있다.15)
물론 이 시기 수신 교과서를 모두 '독본'이라고 부른 것은 아니다.
이는 이화여대 한국문화연구원에서 번역 해제한 '근대 수신 교과서'
시리즈를 통해서도 확인할 수 있는데, 이 번역본을 참고할 경우 그
당시 대부분의 수신 교과서는 '수신서' 또는 '윤리학 교과서' 등의 명
칭을 사용하고 있다.16) 특히 휘문의숙 편집부에서는 『고등소학수신

---

15) 이원긍(1908), 『초등여학독본』, 보문사, '서(序)'. "現今에 風氣가 大開ᄒ고 女權이 釋放ᄒ민
女學이 男 學보담 急ᄒ니 入學之初에 修身을 宜先教之ᄒ야 德育으로 爲基ᄒ고 他日 學成에
智育과 體育이 相輔以行ᄒ면 女子界 進化가 將與男子로 同權矣리니".
16) 이화여자대학교 한국문화연구원(2011), 『근대수신교과서』 1~3, 소명출판. 이 번역본에는
안종화(1907)의 『초등윤리학교과서』, 유근(1908)의 『초등소학수신서』, 박정동(1909)의 『
초등수신서』, 이원긍(1908)의 『초등여학독본』, 노병선(1909)의 『녀자소학슈신셔』, 진희
성(1908)의 『보통교육 국민의범』, 휘문의숙 편집부(1906)의 『중등수신교과서』, 휘문의숙
편집부(1907)의 『고등소학수신서』, 휘문관(1910)의 『보통교과수신서』, 신해영(1908)의 『
윤리학교과서』가 포함되어 있다.

서』와『고등소학독본』을 별도로 편찬하여 수신용 교과서와 독본을 구분하고자 한 의도를 보이기도 한다.

이와 같은 흐름에서 교과명에 따른 근대의 교과서 편찬 실태를 보여주는 자료로 1915년 조선총독부의 '교과용도서 일람(敎科用圖書 一覽)'을 살펴볼 수 있다.[17] 이 자료는 교과서 통제를 목적으로 근대 이후 일제강점기 초기까지의 교과서를 '조선총독부 편찬 교과용도서', '조선총독부 검정 교과용도서', '검정 무효 및 검정 불허가 교과용도서', '조선총독부 인가 교과용도서', '불인가 도서'로 구분하여 발매하도록 규정한 자료이다. 그 가운데 '불인가 교과용도서'의 경우 교과목을 구분하고 해당 교과에 따른 교과서명을 제시하고 있는데, 그 가운데 '독본'이 들어 있는 교과는 다음과 같다.

[불인가 교과용도서의 '독본']

ㄱ. 국어(일본어):『농민독본』(橫井時敬, 讀賣新聞社)

ㄴ. 조선어:『고등소학독본』(휘문의숙편집부),『녀ᄌ독본』(장지연, 김상만서포)

ㄷ. 한문:『소학한문독본』(원영의),『보통교과 한문독본』(휘문관편집부),『고등한문독본』(박은식 저, 최창선)

ㄹ. 역사:『고등소학용 중국역사독본』(吳曾祺, 上海 商務印書館)』

이 자료에 나타난 교과 분류에 따른 독본 분포를 고려하면『농민독본』이나『중국역사독본』은 교과를 목표로 한 것인지 분명하지가 않

---

17) 조선총독부 편찬, 한국학연구소 해제(1975), 「교과용도서 일람」, 『한국학』 제5집, 한국학연구소, 57~81쪽.

다. 이는 비록 일본과 중국에서 발행된 독본이지만 '독본' 개념이 특정 교과로 한정되지 않음을 의미하는 셈이다. 즉 '독본'은 독자가 특정 분야의 지식을 쉽게 습득할 수 있도록 정제하여 편집한 독서물을 일컫는 셈이다.

이처럼 교과와 관련되어 나타난 독서물이지만, 교과 이외의 계몽적 대중 독서물로 의미가 확장되는 경향을 보인다. 그렇기 때문에 근대 독본의 범주를 설정할 때, '독본'이라는 명칭을 사용하지 않은 '수신용', '역사교육용' 독서물을 어떻게 처리할 것인가의 문제가 남는다. 예를 들어 『신정심상소학』(1897, 학부), 『초등소학』(1906, 국민교육회), 『신찬초등소학』(1909, 현채) 등과 같이 '소학'이라는 명칭을 사용한 교과서나 『유년필독』(1907, 현채), 『유년필독석의』(1907, 현채), 『부유독습』(1908, 강화석) 등과 같은 교과서는 수신과 역사교육을 목표로 저술된 출판물이다. 이와 같은 교과서는 소학도를 대상으로 한 『국민소학독본』, 여학도를 대상으로 한 『녀즈독본』이 존재하듯이, 자연스럽게 독본류 교재에 포함시킬 수 있다.

그러나 수신 교과서나 역사 교과서를 모두 독본에 포함시킬 수 있는가는 또 다른 문제가 된다. 예를 들어 학부 편찬(1896)의 『태서신사』나 『만국약사』 등의 교과서를 독본에 포함하기는 어려우며, 신해영(1908)의 『윤리학교과서』와 같이 윤리와 관련된 항목을 체계적으로 서술한 교과서를 독본이라고 부를 수 있을지는 논란의 여지가 있다. 왜냐하면 인물 전기나 일화를 중심으로 한 수신, 역사 교과서의 경우 '독본'으로 지칭하면서, 일반적인 수신 예법과 역사를 서술한 교과서는 독본의 범주에서 제외해야 하기 때문이다. 이와 같은 입장에서 교과를 중심으로 하는 교과서 연구와 읽기를 통한 대중 교화용 독서물을 연구하는 독본 연구는 일정한 차이를 보일 수 있다. 달리 말해 교과서 연구는 교육 제도와 교과 설치, 운영 과정에서 등장한 교과용 도서라는 차원에서 제도적인 연구에 관심을 기울이나, 독본 연구는 제도보다 특정 독자를 대상으로 한 계몽적·교화적 독서물이라는 입장에서 독본을 바라보기 때문이다.

## 3.2. 대중 교화물로서의 독본

'읽기'와 관련된 교과의 도서명으로 쓰인 '독본'이라는 명칭은 일제강점기 '일본어과(그 당시 국어)'와 '조선어과'의 교과서명으로 쓰였다. 이는 강진호·허재영(2011)의 『조선어독본』 영인 자료 및 김순전 외(2011b)의 '일본어독본' 번역 해제 자료 등을 통해 확인할 수 있다.[18] 그뿐만 아니라 광복 직후에도 『국문학고전독본』 등과 같이 다수의 독본 교과서가 출간되었으며, 조선어학회(1946)의 『초등국어교본』, 『중등국어교본』에 쓰인 '교본'이라는 명칭도 '독본'과 관련지어 쓰인 용어라고 볼 수 있다.

그러나 일제강점기의 독본류는 교과서뿐만 아니라 대중 계몽 차원에서 다양한 형태로 변화했다. 앞서 언급한 것처럼, 최남선(1917)의 『시문독본』이 출현한 이후, '시문(時文)', '문예(文藝)', '상식(常識)' 등을 표방한 독본류나, '청년(靑年)', '대중(大衆)', '농민(農民)', '부녀(婦女)', '어머니' 등 독자를 지칭한 독본류가 다양하게 나타났다. 이와 같은 독서물은 교재 형식으로 출간된 것도 있지만, 신문 연재물 형태로 발표된 것들도 적지 않다. 예를 들어 일제강점기 『동아일보』와 『조선

---

18) 강진호·허재영(2011), 『조선어독본』 1~5, 제이앤씨; 김순전 외(2011b), 『조선총독부 제1기 초등학교 일본어독본』 1~4, 제이앤씨. 이 두 자료에서는 일제강점기 조선어과와 일본어과 교과서 발행 실태 및 구체적인 자료를 체계화한 연구 성과물로 볼 수 있다.

일보』에 연재된 독본으로는 다음과 같은 것들이 발견된다.

**[일제강점기 동아일보·조선일보 '독본' 연재물]**

| 기간 | 횟수 | 신문 | 제목 | 필자 | 내용 |
|------|------|------|------|------|------|
| 1928.08.04 ~08.24 | 11 | 동아일보 | 세계동무들의 독본 | 고장환 | 세계 여러 나라의 아동독본 가운데 주요 이야기를 발췌 연재 |
| 1933.01.01 ~01.04 | 5 | 조선일보 | 현단계 국제정세: 세계대세 상식독본 | | 공황 중의 세계경제, 붕괴되어 가는 중화민국의 현세 등 세계 정세에 대한 5편의 기사 연재물 |
| 1933.09.01 ~09.17 | 10 | 동아일보 | 아동독본 | 이은상 | 강수, 구진천, 원효, 화랑, 사다함, 검군, 월명사, 향가, 이두와 설총, 최고운 등 사화와 역사지식 |
| 1933.10.12 ~10.28 | 12 | 동아일보 | 화장독본 | | (부인란)에 간략히 소개된 화장 관련 간편 지식 연재 |
| 1933.10.24 ~11.09 | 11 | 조선일보 | 젊은 어머니 독본 | 최영주 | 육아에 필요한 지식 연재 |
| 1937.03.21 ~03.26 | 6 | 조선일보 | 주부영양독본 | 김해라 | 영양학에 대한 기초 지식 및 영양식 |
| 1937.10.29 ~12.30 | 32 | 동아일보 | 새며누리 독본 | | 출가 후 여성의 몸가짐과 예법 |
| 1938.02.01 ~02.03 | 3 | 조선일보 | 어머니 의학 독본 | 문인주 | 유아병 헤르니아에 대한 기초 지식과 치료법 |
| 1938.03.11 ~03.19 | 7 | 조선일보 | 주부간호독본 | 이성숙 | 주부로서 간호에 필요한 지식 |
| 1938.04.08 ~07.18 | 23 | 동아일보 | 어머니독본 | 최상덕 | 육아 관련 상식 |
| 1939.07.06 ~09.25 | 38 | 동아일보 | 가정독본 | 이만규 | 어버이와 자식, 시모와 며느리, 딸의 가치, 여성미, 가정 및 결혼과 관련한 의식 및 윤리 |

이 표에 나타난 독본류는 '상식', '화장', '영양', '간호' 등과 같이 특정 분야를 목표로 한 것과 '아동', '새 며느리', '주부', '어머니'처럼 대상 독자를 고려한 독본으로 나눌 수 있다. 이뿐만 아니라『최근 영어회화 독본』(『동아일보』1922.4.9, 광고),『과학독본(科學讀本)』(『조선일보』1935.2.26, 기사),『경관독본(警官讀本)』(『동아일보』1923.5.9, 기사),

『부인독본(婦人讀本)』(『동아일보』 1924.2.24, 기사), 『농촌아동독본(農村兒童讀本)』(『조선일보』 1925.8.20, 기사), 『노동독본』(『동아일보』 1926.2.24, 기사), 『성인교육독본(成人教育讀本)』(『조선일보』 1929.9.24, 기사) 등과 같이, 현재 실물이 발견되지 않은 다수의 독본 광고 및 발행 기사가 나타난다.

이처럼 일제강점기 다양한 독본이 급증한 이유는 시급한 대중 계몽의 필요에 따른 것이라고 볼 수 있다. 이 시기 각종 계몽운동 단체에서는 '잡지 발행', '순회 강연', '독본 편찬' 등을 주요 사업으로 설정하고 있는데, 그 가운데 잡지와 독본은 독서물을 통한 대중 계몽의 효과적인 수단으로 인식되고 있었다. 다음 논설은 이를 뒷받침한다.

[勞動者教育運動의 一曙光—勞働讀本 編纂의 報를 듯고]

現代社會에 잇서서 大體上으로 말하면 支配階級 곳 知識階級이오 勞動階級 곳 無知階級이라 할 수 잇다. 이것은 支配階級이 有利한 生活條件을 踏襲할 샌 아니라 教育上 特權 밋 便宜도 專擅하고 잇슴으로 生活條件이 不利하게 된 勞動階級은 教育上 모든 機會 밋 便宜도 拒否되게 된 까닭이다. 그럼으로 <u>勞動階級이 經濟上 平等을 要求하기 爲하야 이르킨 勞動運動이 進捗되는 反面에는 반드시 그들의 教育運動이 업슬 수 업나니</u> 그것은 支配階級에서 自階級 獨特의 文化를 創造하려고 努力할 것이다. (…中略…) 初等 勞動者 教育運動이 이러나기는 낫스나 거긔에서 <u>使用되는 教科書는 大概 小學校 兒童에게 使用하는 普通學校 教科書샌이엇다.</u> 그런데 이미 成年期에 達하야 生活 意識 要求가 다르고 理性과 感情이 發達된 勞働者를 教育함에 言語를 習得하고 頭腦가 單純하야 理解力이 不足한 小學兒童의 教科로써 한다는 것은 實로 勞働者 教育의 功效를 默殺한 바이 多하엿다. 다시 말하면 그들에게 必要치 아니한 智識 그들이 要求치 안는 思想을 注入하게 된 까닭에 嚴正한 意味에

서 말하면 若干의 文字를 知하는 外에 學한 바 所得이 업다 하여도 過言이
아닌 狀態이엇다. 이것은 진실로 斯界에 留意하는 人士의 깁히 遺憾으로
알든 바로서 일즉 勞動共濟會 時代에 勞働讀本 編纂의 件을 決議 發表한 일이
잇섯스나 有耶無耶에 그 計劃이 胎中에 湮滅되고 말엇더니 이제 傳하는 바를
듯건대 在日本 朝鮮勞働總同盟에서 이미 前記의 目的에 副할 勞働讀本 發刊
의 計劃을 세워 널니 材料를 蒐集하고 編輯의 責任까지 分擔하야 그 計劃이
着着 進行 中에 잇다 한다. 이것은 朝鮮勞働者 敎育運動界에 잇서 一曙光이
라 아니할 수 업는 바이다.19)

이 사설은 1925년 재일본조선노동총연맹(在日本朝鮮勞働總聯盟)의『노
동독본』편찬 사업과 관련한 논설로, 독본 편찬이 노동운동과 대중
교화 차원에서 중요한 의미를 갖고 있음을 의미한다. 그 당시 이 단체
에서는 '노동자 및 농민 교양에 필요한 일반 재료', '사료·통계 문자·전
기적(傳奇的) 사실, 향토 전설', '경험담', '기타 자료' 등을 중심으로
독본 재료를 수집하고,20) 이를 바탕으로 독본을 편찬하기로 하였다.21)
이뿐만 아니라 조선농민사의 농민 계몽운동이나 언론사의 문자보급
운동 등의 구체적 실천 방안으로서 독본 편찬은 중요한 사업의 하나로
인식되었고, 대중 계몽의 목적에서 차이를 보일지라도 조선총독부의
지방 행정기관에서 발행한 각종 농민독본류도 근본적으로 독서물을
통한 대중 교화에 그 목적이 있었다.
　이처럼 독본이 계몽성을 띠며 교육과 밀접한 관련을 맺고 있음은

---

19)『조선일보』 1925.7.13, (사설)「勞動者敎育運動의 一曙光」.
20)『조선일보』 1925.7.10,「敎養運動의 第一步로 勞働讀本 發刊」.
21) 이 책은 1930년 조선교육협회에서『노동독본』(중앙인쇄관)이라는 제목으로 다시 출판하
　　였다. 현재 국립중앙도서관 디지털라이브러리에서 확인할 수 있다.

구자황·문혜윤(2009a)에서도 언급된 바 있다. 이에 따르면 "독본은 편찬자가 정수(精髓)라고 여기거나 모범이 될 만하다고 판단하는 글을 뽑아 묶은 책"이 독본이며, "태생적으로 계몽적 성격을 띠고", "읽기와 쓰기의 규율을 제공"하는 기능을 담당한다.[22] 이 점에서 일제강점기 대중 교화물로서의 독본 편찬이 활발해진 것은 본질적으로 그 당시 출판문화의 위축과 독서물의 빈곤을 극복하기 위한 방편이었을 것이다. 이는 1928년 새벗사의 『어린이독본』이 편찬될 당시, 어린이 교육과 독서물에 대한 신문 사설을 통해서도 확인할 수 있는데, 그 당시 어린이 독서물과 관련한 『동아일보』 1928년 3월 22일 사설에서는 어린이 독서가 이루어지지 않는 이유를 '아동 독서에 대한 인식 부족', '경제력 부족', '아동의 조선어 해득력 부족', '조선어로 이루어진 아동 독서물 부족', '존재하는 독서물이 두선추잡(杜選麤雜)하여 읽을 가치가 없음' 등 다섯 가지 요인을 제시하고, "아동 도서실에 비치될 조선문 서적이 불과 40종 미만"이라고 주장하였다.[23] 이와 같은 상황은 문예나 여성 교양 등 다른 분야도 비슷하다. 그렇기 때문에 『어린이독본』, 『문예독본』, 『어머니독본』, 『가정독본』 등의 독본류가 출현한 셈이다.[24]

이와 같은 배경에서 일제강점기 대중 교화 차원의 계몽적 교재 성격의 독서물을 좀 더 고찰해 볼 필요가 있다. 다시 말해 일제강점기에도 '독본'이라는 명칭을 사용하지는 않았지만, 독본류와 같이 특정

---

22) 구자황·문혜윤 편(2009a), 「독본이라는 근대의 창」, 『(새벗사 편집) 어린이독본』, 경진출판.

23) 『동아일보』 1928.3.22, 「어린이 敎育과 讀物」.

24) 그 경향은 광복 이후에도 이어져 『성인독본』(1948, 문교부 성인교육과), 『성인교육국사독본』(1947, 동명사), 『성교육독본』(1948, 문예서림), 『신랑신부의 위생독본』(1946, 조선생활개선협회), 『민족문화독본』(1946, 양주동) 등 다양한 분야의 독본 편찬으로 이어졌다.

분야의 주요 지식을 선별하여 과별 또는 장절식 편제를 한 다수의 독서물이 존재한다는 것이다. 그 가운데 일부는 '강좌(講座)'라는 형식을 띠고 있는데, '경제상식강좌'(1928.11.15~12.12, 『조선일보』 15회 연재), '조선역사강좌'(1928.11.30~1928.12.28, 문일평, 『조선일보』 21회 연재), '부인으로서 알아야 할 지상전기상식 강좌'(1937.08.19~8.27, 『동아일보』 6회 연재), '하기농촌부업강좌'(1938.7.2~9.4, 『동아일보』 39회 연재) 등과 같은 자료가 이에 해당한다. 특히 문일평(1928)의 연재물은 후대 『소년역사독본』으로 불렸고, 광복 직후 『상식조선역사』(1946, 조광사)라고 개제하였다. 엄밀히 말하면 '강좌'라는 형식의 독서물은 본질적으로 '강의'를 전제로 한 것이므로, 개념상 독본에 포함하기는 어렵다. 더욱이 1930년대 중반 이후 라디오가 본격화되면서 '강좌'의 상당수는 방송 원고로 탈바꿈하기도 하였다. 따라서 '강좌'라는 명칭의 독서물을 독본 범주에 포함하기는 어려우나, 일제강점기 독본을 분석할 때 계몽적 대중 독서물, 특히 교육과 관련을 맺고 있는 대중 독서물과의 관계도 소홀히 취급할 수는 없다.

## 4. 결론

이 글은 근대 이후 독본의 탄생과 개념 형성, 독본의 기능과 개념 변화, 독본의 유형과 특징을 개괄함으로써 근대식 학제 도입 이후 광복 직후까지 한국어교육에 많은 영향을 끼친 독본 변화사를 연구하는 기초로 삼기 위한 목적에서 출발했다. 독본은 말 그대로 읽어야 할 주요 자료를 모아놓은 책을 의미한다. 그러나 이 용어는 1881년 조준영의 『문부성소할목록』 이후에 출현한 용어이며, 근대식 학제 도입 직후 교과서를 편찬하면서 사용되기 시작한 용어이다. 처음 독본이 출현할 당시 교과서 편찬자는 '독본'을 '독서' 교과와 관련지어 편찬한 것으로 보이나, 1900년대 이후 이 명칭은 '독서', '국어'뿐만 아니라 '수신', '역사', '노동' 등 여러 분야의 읽기 교재로 의미가 확장되기 시작하였다. 이러한 흐름은 일제강점기 대중 교화 차원에서 분야별 또는 독자별 계몽서로 이어진 것으로 볼 수 있는데, 이 시기에는 교재뿐만 아니라 다수의 신문 연재물에서도 '독본'이라는 명칭을 사용한 예를 찾을 수 있다. 이와 같은 흐름에서 독본 연구를 체계화하기 위해서는 다음과 같은 점에 유의해야 할 것으로 보인다.

첫째, 독본의 개념 형성과 변화 과정과 관련하여, 전통적인 교육이나 독서문화와 독본 탄생 이후의 교과 교육 및 교과서와의 관계를 적절하게 서술해야 한다. 달리 말해 근대 이전 한국의 교육에서 '독본'이라는 용어를 사용한 예가 없지만, '독서산'의 기초 교육 차원에서 독본의 역할을 담당했던 다수의 독서물이 존재했고, '독본'(요미혼과 도쿠혼)이라는 용어를 사용했던 일본에서도 전통적인 교육과 교과서 제도를 도입한 근대 이후의 독본은 '읽기 활동'과 관련되며, '교과서'로서의 기능을 갖고 있다는 점에서 공통점이 있음을 확인할 수 있다.

둘째, '독본'이라는 명칭을 사용한 독본류는 근대 이후 교과서로부터 특정 분야와 관련된 대중 독서물로 의미가 확장된다. 그 가운데 '교과서로서의 독본'은 '독서'나 '국어' 등 특정 교과에만 적용되는 개념이 아니라 '수신', '외국어' 등 다양한 교과의 지식과 관련된 읽기 목적의 교재를 지칭하는 개념으로 쓰였다. 따라서 독본 연구는 이 용어를 사용한 교재뿐만 아니라 '읽기를 목적으로 중요 사실 및 지식을 발췌하여 편집한 교재'를 포함해야 한다. 즉 수신이나 역사 교과를 보충하기 위한 독서용 교재의 경우 독본의 범주에 포함된다.

셋째, 독본은 본질적으로 계몽성을 띠며, 교육과 밀접한 관련을 맺는다. 근대 독본의 탄생 이후 시대에 따라 계몽의 대상과 내용 또는 방향이 달라지며, 그에 따라 대중 교화물로서의 독본 유형도 큰 변화를 보인다. 일제강점기 대중, 청년, 농민을 대상으로 한 독본류 및 신문류에 산재한 다수의 독본은 계몽의식과 계몽운동의 변화 양상을 반영한다. 이와 같은 흐름은 광복 이후 편찬된 각종 성인독본류나 특정 분야의 지식 보급을 위해 편찬된 독본류에도 반영된다.

제 **2** 부

**근대의 교과서와 독본**

# 제1장 근대식 학제 도입 이전(1880~1894)의 학교와 교과서

## 1. 서론

이 연구는 개항 이후부터 1895년 '소학교령'이 발포(發布)되기까지 의 근대 학정 관련 자료 및 학교, 교과서 등을 대상으로, 근대 교육의 형성 과정을 살피는 데 목적이 있다. 이를 위해 이 연구에서는 크게 두 가지 문제를 집중적으로 살피고자 한다.

첫째는 개항 이후 근대식 학제 도입 이전(이하 '근대교육형성기'라고 명명함)까지 학정·학제 관련 사항을 정리하는 데 목표를 둔다. 이 문제 는 이만규(1947), 박득준(1989), 이광린(1969), 김경미(2009) 등에서 연 구된 바 있으나, 이 시기 근대 학정과 관련된 논의를 체계적으로 정리 한 것으로 보기는 어렵다. 또한 개항 직후 이루어진 조사시찰단(이른 바 신사유람단)의 보고서에 대한 허동현(2003)의 자료집과 이 시기 교육사 관련 자료를 엮은 국사편찬위원회(2011)의 자료집 등이 있으나, 개항부터 '소학교령'까지의 20년에 이르는 시기의 근대 교육 형성 과정에 대한 전반적인 논의가 이루어진 것은 아니다. 특히 '기기군물(機器軍物)'과 '어학교육(語學敎育)'은 근대 교육 형성 과정에서 가장 중요한 문제였던 것으로 보이는데, 이에 대한 심층적인 분석을 위해서는 근대 교육 형성 과정에 대한 객관적인 이해가 필수적이다. 이를 고려하여 이 연구에서는 일차적으로 이 시기(1880~1895)의 교육 관련 자료 및 근대 학교에 대한 체계적인 기술을 목표로 한다.

둘째는 근대 교육 형성 과정에서 등장하는 교과서와 관련된 자료의 정리이다. 이에 대해서는 박붕배(1987), 이종국(1991) 등의 선행 연구가 일부 있지만, 기초 자료조차 정리되지 않은 상태에 있다. 박붕배(1987)에서는 국어 교육의 전사(全史)를 기술하면서, '개화기의 교육'을 설정하고 이 시기를 다시 '민간 주도기(1800년대 전후의 천주교·개신교 전래~갑오개혁까지)', '정부 주도기 전기(1895~1905)', '정부 주도기 후기(1905~1910)'로 나누었다. 그러나 박붕배(1987)의 연구는 주로 정부 주도기에 초점을 맞추었기 때문에, 그 이전에 이루어진 근대 교육 형성 과정에 대해서는 기술된 바가 거의 없다. 이에 비해 이종국(1992)에서는 근대 교과용 도서의 성립과 발전 과정을 논하면서, 1883년부터 1910년 사이를 '한국의 근대 교과용도서 성립 과정'으로 설정하고 1882년의 지석영 상소문과 1883년 원산학사의 교과서에 대한 논의를 진행한 바 있다. 이종국(1992)의 논의에서는 원산학사의 교육과정과 『농정신편』에 대한 분석 등과 같은 성과가 있었으나 이 시기 근대 학교인 '동문학'이나 '육영공원', '배재학당' 등과 관련된 기술은 충분하지 않은 상태에 있다. 이처럼 이 분야에 대한 선행 연구가 존재함에도 근대 교육 형성 과정에 대한 체계적인 연구가 미진한 것은 사료(史料)의 부족과 교과서 실물의 부재에 기인한 것으로 보인다.

이 점에서 이 연구는 선행 연구를 바탕으로 1880~1895년까지의 교육 문제, 학제, 교과서와 관련된 문헌 자료를 수집하고 이를 기술하는 데 중점을 둔다. 이 연구에서 중점적으로 다룰 대상은 다음과 같다.

[대상 문헌]

ㄱ. 허동현(2003) 편집의 『조사시찰단 관계 자료집(朝士視察團關係資料集)』 5(조준영(趙準永)의 문부성소할목록(文部省所轄目錄),[1] 국학자료원.

ㄴ. 허동현(2003) 편집의 『조사시찰단 관계 자료집(朝士視察團關係資料集)』 13 (어윤중(魚允中)의 수문록(隨聞錄), 국학자료원.

ㄷ. 국사편찬위원회(1971)에서 편집한 한국사료총서 제6(어윤중(魚允中)의 『종정연표從政年表)』와 김윤식金允植)의 『음청사陰晴史)』), 탐구당

ㄹ. 관훈(寬勳)클럽 신영연구기금(信永研究基金)편집(1983)의 『한성순보(漢城旬報): 1883~1884』, 『한성주보漢城週報): 1886~1888』, 『한성순보·한성주보 번역판(漢城旬報·漢城週報飜譯版)』, 코리아헤럴드

ㅁ. 국사편찬위원회 편집(2011), 『한국근대사 기초 자료집 2 개화기의 교육』, 탐구당 문화원.

이 연구에서는 이상의 문헌에서 교육 관련 자료를 찾고, 해당 자료의 성격과 관련 국가별로 나누고, 각 자료에서 중점적으로 언급한 내용이 무엇인지를 기술하고자 한다.

---

1) 조준영의 『문부성소할목록』은 김경남·허재영 번역본(2019, 『지식 생산의 기반과 메커니즘』, 경진출판 부록), 최영화 번역(2021, 보고사) 등 2종의 번역본이 발행되었다.

## 2. 근대 교육 형성기의 학교와 교육 내용

### 2.1. 근대 교육 형성기의 주요 교육 과제

앞의 문헌을 대상으로 근대 교육 형성기의 주요 자료는 대략 50종이다. 이들 자료의 출처와 성격은 다음과 같다.

**[기초 자료]**

| 출처 | 성격 | | | 계 |
|---|---|---|---|---|
| | 기사 | 논설 | 보고 | |
| 고종실록(高宗實錄) | | 1 | 1 | 2 |
| 문부성소할목록(文部省所轄目錄) | | | 1 | 1 |
| 수문록(隨聞錄) | | | 1 | 1 |
| 한성순보(漢城旬報) | 13 | 3 | | 16 |
| 육영공원등록(育英公院謄錄) | | | 1 | 1 |
| 음청사(陰晴史) | 2 | | 1 | 3 |
| 일본외교문서(日本外交文書) | | 1 | | 1 |
| 조선시대 사찬 읍지38<br>: 함경도 덕원부지(咸鏡道 德源府誌) | | | 1 | 1 |
| 한성주보(漢城週報) | 15 | 7 | | 22 |
| 춘성지(春城誌) | | | 1 | 1 |
| 통리교섭통상사무아문장정<br>(統理交涉通商事務衙門章程) | | | 1 | 1 |
| 계 | 30 | 12 | 8 | 50 |

조사한 자료에서 조준영의 『문부성 소할 목록』은 시찰 보고서이며, 『수문록』은 견문 기록으로 여러 자료가 섞여 있다. 또한 『육영공원등록』이나 『통리교섭통상사무아문장정』은 정부 기관의 등록 문서에 해당하여, 『한성순보』와 『한성주보』등의 자료와는 성격상 동일하지 않다. 그럼에도 이들 자료를 종합하여 정리한 까닭은 근대 교육 형성기

의 교육 관련 자료가 많지 않기 때문이다. 달리 말해 이들 자료를 종합할 때, 이 시기의 교육 개혁의 방향과 이론의 근거를 확인할 수 있다는 뜻이다.

이러한 관점에서 이 시기 교육 개혁의 주요 과제가 무엇이었는지, 그리고 이들 과제를 해결하는 과정에서 어떤 영향을 받았는지 등을 살펴볼 수 있는데, 이를 위해 50종의 교육 관련 자료를 주제별로 살펴볼 필요가 있다.

**[근대 교육 형성기의 교육 관련 주제]**

| 주제 | | 편수 | 계 |
|---|---|---|---|
| 학제 | 일반 | 23 | 39 |
| | 전문학교 이상 | 4 | |
| | 대학 | 2 | |
| | 육영공원 | 2 | |
| | 중학 | 2 | |
| | 소학 | 3 | |
| | 외국어학교 | 3 | |
| 학과 | | 12 | 12 |
| 교과서 | | 2 | 2 |
| 학정 | | 2 | 2 |
| 서적 | | 1 | 1 |
| 기타 | | 8 | 8 |

(한 자료에 둘 이상의 주제가 들어 있을 경우 중복 분류함)[2]

중복 분류 결과 이 시기 교육 자료 가운데 가장 빈번히 등장하는 것은 학제와 관련된 것이었다. 이 시기 학제는 소학교, 중학교, 전문학

---

[2] 예를 들어 조준영의 『문부성 소할 목록』은 학제, 학과, 교과서와 관련된 사항이 모두 들어 있으므로 각 항목에서 모두 다루는 방식으로 분류하였다.

교(직공학교, 기예학교, 무비학교, 농업학교 등), 대학교 등의 학교 운영과
관련된 것으로, 근대식 학교가 존재하지 않는 상황에서 학제 운영의
필요성을 자각한 결과이다. 이러한 학제 속에는 학과에 관한 언급이
들어 있는 경우도 있는데, 그 가운데 12편 정도는 각급학교의 학제와
학과를 소개한 자료들이다. 기타의 자료는 교육 관련 자료이기는 하
지만 가십성 기사이거나 중요한 정보를 담고 있지 않은 것들이며,
교과서 관련 자료는 문부성 소할 목록 과 원산학사 관련 자료로, 선행
연구에서도 어느 정도 다루어진 것들이다. 학정 관련 자료 2편은『한
성주보』에 수록된 '논학정'과 지석영 상소문을 지칭한 것이며, 교과서
는 아니지만『음청사』에 등장하는 '회례전서목(回禮箋書目)'은 당시의
서적 유통이 교육 내용과 밀접한 관련을 맺고 있다는 판단 아래 별도
의 항목으로 두었다. 이를 바탕으로 이 시기 학제와 학교, 교과서 관련
문제를 좀 더 살펴본다.

## 2.2. 근대 교육 형성기의 학제·학과론

근대 교육 형성기의 교육 문제는 근본적으로 이용후생을 위한 학교
설립과 지식 보급을 주제로 하였다. 이러한 문제는『고종실록』19년
(1882) 8월 19일자에 실려 있는 지석영(池錫永)의 '시무책(時務策)'에서
찾아볼 수 있다.

[時務策][3]

---

3) 지석영(池錫永) 지음, 국사편찬위원회 편(2011),『한국근대사 기초 자료집 2: 개화기의
   교육』, 탐구당문화사.『고종실록』고종 19년(1882) 8월 29일. 번역문은 김경남·허재영
   (2019),「근대의 지식과 교육사 관련 자료」,『지식의 구조와 한중일 지식 지형 변화의

幼學池錫永疏略. 目下大政, 莫先於安民心. 何則, 我國僻在海左, 從來不曾外交, 故見聞不廣, 昧於時局. 交隣聯約, 俱不知爲何物. 見稍用意於外務者, 則動輒目之以染邪, 誹謗之睡辱之. 凡民之胥動而疑忌者, 不識時勢故也, 民若不安, 國安得治乎? 第伏念各國人士所著, 萬國公法, 朝鮮策略, 普法戰記, 博物新編, 格物入門, 格致彙編 等書 及 我國校理臣金玉均所輯 箕和近事, 前承旨朴泳教所撰 地球圖經, 進士臣安宗洙所譯 農政新編, 前縣令臣金景遂所錄, 公報抄略 等書, 皆足以開發拘曲, 瞭解時務者也. 伏願設置一院, 搜集上項諸書. 又購近日各國水車, 農器, 織組機, 火輪機, 兵器等貯之. 仍命行關各道每邑. 選文學聞望之爲一邑翹楚者. 儒吏各一人, 送赴該院. 使之觀其書籍. 深知世務, 有能倣樣造器, 盡其奧妙者, 銓其才能而收用, 又造器者, 許其專賣, 刊書者, 禁其飜刻, 則凡入院者, 無不欲先解器械之理, 深究時局之宜, 而莫不飜然而悟矣. 此人一悟則凡此人之子若孫及隣黨之素所敬服者, 率皆從風而化之矣. 玆豈非化民成俗之捷徑, 利用厚生之良法乎. 民旣解惑而安奠, 則凡自强禦侮之策, 具載於中國人所著 易言 一部書. 臣不感贅進焉. (유학 지석영 소략. 지금 큰 정치는 민심을 안정하는 것보다 우선할 것이 없습니다. 어찌하여 그런가 하면, 우리나라는 해좌(海左)에 편벽되이 위치하여, 종래 일찍이 외교를 하지 못했고, 그러므로 견문이 넓지 못하여, 시국에 어둡고, 교린 연약(交隣聯約)이 무엇인지 알지 못합니다. 외무에 대한 준비를 조금이라도 볼지면, 곧 염사(染邪)로써 첩목(輒目)을 동(動)하며, 그것을 비방하고, 욕되게 합니다. 무릇 백성이 모두 움직이며 의심하고 기피하는 것은 시세를 알지 못하는 까닭이니, 만약 백성이 불안하면 어찌 국가의 안전한 치세를 얻을 수 있겠습니까? 엎드려 생각건대, 각국 인사가 지은『만국공법(萬國公法)』,『조선책략(朝鮮策略)』,『보법전기(普法戰記)』,『박물신편(博物新編)』,『격물입문(格物入門)』,『격치휘편(格致

탐색』, 경진출판, 283~284쪽에서 옮김.

彙編)』등의 서적과 우리나라 교리 김옥균(我國校理臣金玉均)이 편집한『기화근사(箕和近事)』, 전 승지 박영교(前承旨朴泳敎)가 편찬한『지구도경(地球圖經)』, 진사 안종수(進士臣安宗洙)가 번역한『농정신편(農政新編)』, 전 현령 김경수(金景遂)가 지은『공보초략(公報抄略)』등의 서적은 모두 구곡(拘曲)을 개발하고, 시무를 밝게 이해하기에 족합니다. 엎드려 원하옵건대 한 원을 설치하여 위의 여러 서적을 수집하고, 또 근일 각국의 수차, 농기, 직조기, 화륜기, 병기 등을 구입하여 두고, 각 도와 모든 읍에 명하여 문학(文學)을 선별하고 듣게 하여 일읍의 교초(翹楚)가 되게 하옵소서. 유생 관리 각 1인을 이 원에 부임하도록 하여 기 서적을 보게 하옵고, 세무(世務)를 깊이 알게 하여 모방하여 기계를 만드는 데 능하게 하여 그 오묘한 것을 다하게 하고, 그 재능을 측정하여 수용하고 또 조기(造器)의 전매(專賣)를 허용하고 간행한 서적을 번각하지 못하도록 하면, 곧 이 원에 입학한 자가 기계의 이치를 선해(先解)하고자 하지 않음이 없을 것이니 시국의 마땅함을 깊이 탐구하면 뒤집힘이 없이 깨닫게 됩니다. 이 한 사람의 깨달음은 곧 무릇 그 사람의 자손이나 손자 이웃들의 존경을 받는 바가 될 것이며, 모두 이러한 풍속을 따르면 교화가 될 것입니다. 이것이 어찌 백성을 교화하여 풍속을 이루는 첩경이 되지 않으며, 이용후생의 양법이 되지 않겠습니까? 백성이 이미 의혹을 풀고 평안함을 정하는 일이니 곧 스스로 강해지며 모멸감을 막는 방책이 될 것이니, 중국인이 지은『이언(易言)』4) 일부의 글에 실려 있는 바이니, 신은 감히 번거롭게 진언하는 바입니다.)

---

4)『이언(易言)』은 청나라 사람인 기우생(杞憂生) 정관응(鄭觀應)의 저서로 알려져 있다. 그는 미국 선교사로부터 영어를 배운 뒤, 상해, 홍콩 등지에서 30년간 외국 상사와의 교역일을 맡아 보았던 사람으로, 서양인과의 교제 및 서양 문헌을 참고하여 이 책을 저술한 것으로 알려져 있다. 초판은 1871년 저술된 것으로 알려져 있는데, 광서 원년(1875) 왕도의 서문과 기우생의 자서가 붙어 있는 책이 출판되었으며, 1880년 수신사 김홍집이 일본에 갔다가 귀국하면서 황준헌으로부터 이 책을 기증받아 국내로 들여 온 뒤, 1883년 4권 4책으로 언해하였다.

이 시무책은 중국인이 지은 『이언(易言)』의 일부를 바탕으로 '원(院)의 설치', '서적구입', '시국탐구'를 방책으로 제시한 글이다. 여기서 '원(院)'은 일종의 학교이며, 구입을 촉구한 각종 서적은 이 시기 시급히 공부해야 할 지식들이다. 이들 지식은 '각국 인사가 지은책'으로 표현되었듯이 서구의 신지식에 해당하며, 중국인이 지은 책에 근거하여 시무책을 제시한 점을 고려할 때, 근대 교육 형성 과정에서 "서구지식(학제) → 중국(또는 일본 경유) → 우리나라에의 소개"로 이어지는 지식의 흐름을 추론해 낼 수 있다.

근대 교육 형성기의 서구 지식의 유통 과정에서 중국과 일본의 역할은 우리의 학제 형성과정에서 중요한 의미를 갖는 것으로 보인다. 흥미로운 점은 대체로 중국을 경유한 지식은 '기기군물(機器軍物)'이나 '이용후생(利用厚生)'과 관련을 맺는 것이 많은 데 비해, 일본을 경유한 지식은 서구의 학제를 모방한 일본의 학제에 관한 것이 많기 때문이다.[5]

이러한 차원에서 근대 교육 형성기의 학제 관련 지식은 '서구의 제도'에 근원을 둔 '일본식 학제'와 밀접한 관련을 맺고 있었던 것으로 보인다. 그 가운데 대표적인 것이 조준영의 『문부성소할목록(文部省所轄目錄)』에 소개된 일본의 학제이다. 이 자료는 허동현(2003)에서 본격적인 연구가 이루어졌는데, 이 보고서의 내용은 다음과 같다.

---

5) 참고로 조사 자료 50편 가운데 중국과 관련을 맺고 있는 자료가 8편, 일본과 관련을 맺고 있는 것이 4편이다. 중국과 관련된 것으로는 『음청사』에 나타나는 '수사국(水師局)', '수뢰국(水雷局)', '수사학당(水師學堂)' 등의 중국 각 기관 및 학교, 『한성순보』에 나타나는 중국 각 지역의 학교 설립 운동, 『한성주보』에 실린 왕작당 선생의 '광학교(廣學校)'(논설), '동문관대고제(同文館大考題)', '텐진무비학당 대고제(天津武備學堂大考題)'(대고제는 시험문제를 의미함) 등이 있으며, 일본과 관련된 것으로는 조준영의 『문부성소할목록』, 어윤중의 『수문록』에 수록된 '동경상법강습소약칙(東京商法講習所略則)', 『한성순보』의 '일본재필(日本載筆)'(일본의 대학18개 학과), '직공학교규칙(職工學校規則)' 등이 있다.

[『문부성소할목록』의 내용]

ㄱ. 文部省: 沿革, 職制, 事務章程, 經費, 學校誌畧, 敎育令

ㄴ. 大學法理文三學部: 記略, 編制及敎旨, 學科課程, 法學部, 理學部, 文學部,
   敎科細目, 規則

ㄷ. 大學豫備門: 沿革, 敎旨及課程, 敎科細目

ㄹ. 大學醫學部: 沿革, 通則, 豫科課程, 本科課程, 製藥學敎場規則, 製藥學本
   科課程, 醫學通學生學科課程, 製藥學通學生學科課程, 附病院規則

ㅁ. 師範學校: 沿革, 規則, 敎科細目, 入學規則, 附屬小學規則/小學規則

ㅂ. 女子師範學校: 規則, 本科課程, 入學規則, 附屬幼稚園規則(保育科目, 保育
   課程)

ㅅ. 外國語學校: 沿革, 校則, 別附課程(漢語朝鮮語學課程, 佛獨露語學課程)

ㅇ. 體操專習所: 規則, 敎則

ㅈ. 圖書館: 規則

ㅊ. 敎育博物部: 規則

ㅋ. 學士會院: 規則


조준영의 『문부성소할목록』은 개항 이후 일본의 교육 실태에 대한
최초의 보고서[6]로, 일본 문부성의 연혁과 학제를 체계적으로 소개하
였다. 당시 이 보고서가 우리의 교육 제도에 어떤 영향을 주었는지
구체적으로 확인할 수는 없으나, 보고서에 등장하는 일본의 '개성학
교(開成學校)'와 관련된 내용은 『한성순보』(이하 순보) 1884년 6월 14일
[제24호] '각국근사(各國近事)'의 '일본재필(日本載筆)'에도 등장한다. 다

---

6) 조사시찰단(속칭 신사유람단)은 1881년 4월 초부터 윤 7월까지 4개월여에 걸쳐 일본의
   문물제도를 시찰한 사행단(使行團)을 말한다. 이 시찰단은 총 64명으로 12명의 조사(朝士),
   27명의(隨員), 10명의 통사(通事), 13명의 하인(下人), 2명의 일본인 통역으로 구성되었다.

만 순보의 기사가 보고서를 참고했다는 단서는 찾을 수 없으므로,[7] 이 보고서가 당시의 교육 개혁에 직접적인 영향을 주었다고 단정하기는 어렵다. 그러나 보고서에 등장하는 일본 문부성의 연혁, 일본의 대학·사범학교·소학교·여자사범학교·유치원·외국어학교 등의 제도는 당시의 위정자나 지식인들에게 근대식 학제가 존재함으로 일깨우는 계기가 되었을 것으로 보인다.

일본의 학교 제도에 대한 소개는 조사의 한 사람이었던 어윤중의 『수문록(隨聞錄)』에도 등장한다. 이 문헌은 어윤중이 일본에서 보고 들은 것을 기록한 것으로, 일본의 개화 과정에 대한 그의 견해가 잘 나타나 있다. 특히 '일본변국선종군정시(日本變局先從軍政始)'는 말 그대로 '일본의 변국이 먼저 군정(軍政)을 따라 시작되었다'는 것으로 당시 일본의 기예 발달이 '군물제도(軍物制度)'와 밀접한 관련을 맺고 있었음을 주시한 것이다. 다음을 살펴보자.

[日本變局先從軍政始]

欲學外國技藝, 買澳機軍物, 不可不審, 外國教師之願, 雇者每多大奏欺人, 無所百學澳機軍物以有制及易傷無用者出言(?) 不如深悉外國情形而後擧公往復該國政府者公使而求之也. 日本已受其獎云. 日本現行政法·海軍用英制, 陸軍用獨逸·法蘭, 醫學·銃砲專用獨逸, 軍裝·服章參用魯國, 法律用佛, 鑛學用獨逸. 國有三黨, 曰國黨, 曰民黨, 曰中立黨. (…下略…)

이 기록에서 확인할 수 있듯이, 어윤중이 주목한 것은 일본이 도입

7) 이 기사는 『만국공보』 1876년 2월 12일(제8년 374권) 소재 '일본재필병도(日本載筆並圖)'를 기사원으로 하였다.

한 서구의 '기기군물'이다. 그가 믿고 있던 대로 당시의 일본은 영국 (정법, 해군), 독일(육군, 의학·총포, 광학), 프랑스(육군, 법률), 러시아(군 장·복장)의 기기군물을 도입한 상태였다. 이러한 기기군물에 대한 관 심은 어윤중뿐만 아니라 당시의 지식인들 혹은 위정자들에게 보편적 으로 나타나는 현상으로 보이는데, 그러한 움직임의 하나가 '영선사' 파견이었던 것으로 보인다. 영선사는 1881년 9월 26일 김윤식(金允植) 을 영선사로 하여 '무비자강책(武備自强策)'의 하나로 청나라에 파견했 던 사신단이다. 김윤식의 일기인 『음청사(陰晴史)』1881년(辛巳) 10월 25일 기사에 따르면 당시의 영선사에는 학도 25명과 공장(工匠) 13명 이 포함되었을 정도로, 기기군물에 대한 관심이 높았다.[8]

이러한 흐름에서 당시의 교육 개혁론은 무비자강이나 전문 지식이 '국태민안(國泰民安)'의 초석이 되며 이를 위해 서구·중국·일본의 문물 을 도입해야 한다는 입장을 취하고 있었음을 확인할 수 있다. 이 시기 에는 서양이나 일본의 '대학교', '전문학교(기예학교)', '중학교', '소학 교'와 관련된 지식이 다수 소개되었다. 그 중 조준영의 『문부성소할목 록』에서는 일본의 '대학 법학부, 이학부, 문학부', '대학 예비문', '대학 의학부', '사범학교', '부속 소학교', '여자사범학교', '부속 유치원', '외 국어학교 — 한어·조선어학 과정, 불·독·로어학 과정'의 학년별 교과

---

8) 金允植, 『陰晴史』辛巳 十月 二十五日: 派員·工匠·通事·隨從等名領選使: 金從事官: 尹泰駿, 官井: 白樂倫, 譯官: 崔性學, 醫院: 柳鍾喬, 伴倘: 朴泳鈺, 尹泰駒學徒: 高永喆, 李芯善, 朴台榮, 秦尙彦·尙澤高永鎰, 李熙民, 金光鍊 李昌烈, 金台善, 趙漢根, 趙台源, 安昱相, 安浚, 李章煥, 李南秀, 李瓆 崔圭漢, 安應龍[義州人], 朴永祚[義州人], 金聲[水柔人], 崔志亨[義州人], 金德鴻 [京城人], 鄭在圭[鐵山人], 金成孫[義州人], 工匠: 金元永, 河致淡, 皮三成, 韓得俊, 金聖元, 洪萬吉, 黃貴成, 張榮煥, 宋景和[義州人], 金興龍, 崔同順, 金泰賢, 朴奎性. 別遣堂上: 卞元奎, 堂下李根培. 通事: 鄭麟興, 李文熙, 崔志華. 隨從: 順得, 仁錫, 學甫, 善基, 萬吉, 根成, 龍成, 興福, 長孫, 在吉, 公祿, 千萬, 壽鳳, 學祚, 貞哲, 同伊, 仁石, 石伊, 漢傑. 右咨文所載, 共六十九 人, 此外學徒等私帶隨從, 以備使喚者, 亦多有之.

목과 교수 시간 등에 대해 상세한 보고를 하였다. 그 가운데 '부속 소학교'만을 소개하면 다음과 같다.

**[문부성 소할 목록의 소학교 학년별 교과목]**

| | 〈하등〉 |
|---|---|
| 8급 | 독서, 습자, 실물(實物), 수신, 괘화(罫畵), 창가, 체조 |
| 7급 | 독서, 습자, 실물(實物), 수신, 괘화(罫畵), 창가, 체조 |
| 6급 | 독서, 습자, 실물(實物), 산술, 수신, 괘화(罫畵), 창가, 체조 |
| 5급 | 독서, 습자, 실물(實物), 산술, 수신, 괘화(罫畵), 창가, 체조 |
| 4급 | 독서, 습자, 실물(實物), 산술, 수신, 괘화(罫畵), 창가, 체조 |
| 3급 | 독서, 습자, 실물(實物), 산술, 수신, 괘화(罫畵), 창가, 체조 |
| 2급 | 독서, 습자, 실물(實物), 산술, 수신, 괘화(罫畵), 창가, 체조 |
| 1급 | 독서, 습자, 실물(實物), 산술, 수신, 괘화(罫畵), 창가, 체조 |
| | 〈상등〉 |
| 8급 | 독서, 습자, 실물(實物), 산술, 지리, 수신, 괘화, 창가, 체조, 재봉 |
| 7급 | 독서, 습자, 실물(實物), 산술, 지리, 수신, 괘화, 창가, 체조, 재봉 |
| 6급 | 독서, 습자, 산술, 지리, 수신, 박물(博物), 괘화, 창가, 체조, 재봉, 수의과독서 |
| 5급 | 독서, 습자, 산술, 지리, 역사, 수신, 박물(博物), 괘화, 창가, 체조, 재봉, 수의과독서 |
| 4급 | 독서, 습자, 산술, 지리, 역사, 수신, 박물(博物), 괘화, 창가, 체조, 재봉, 수의과독서 |
| 3급 | 독서, 습자, 산술, 역사, 수신, 물리, 박물(博物), 괘화, 창가, 체조, 재봉, 수의과독서 |
| 2급 | 독서, 산술, 역사, 수신, 물리, 화학, 생리, 괘화, 창가, 체조, 재봉, 수의과독서 |
| 1급 | 독서, 산술, 수신, 물리, 화학, 생리, 괘화, 창가, 체조, 재봉, 수의과독서 |

조준영의 보고서 이후 일본의 학제에 대한 소개는 『한성순보』 1884년 6월 14일[제25호]의 '일본재필(日本載筆)'에서 찾아볼 수 있다. 이 기사는 일본의 '개성학교' 및 '학궁의 기기 관련 교과목'을 소개한 것으로[9] '도화(圖畵)' 등을 포함한 20개 교과를 소개하였다.[10]

---

9) 가타기리 요시오·기무라 하지메 외 지음, 이건상 옮김(2011), 『일본 교육의 역사』(논형)에
서는 일본의 개항 이후 막부에 의한 양학 교육 진흥책이 추진되었는데, 1856년 반쇼와게
고요[蠻書和解御用]를 모체로 반쇼시라베쇼[蕃書調所]가 설립되고, 이 학교의 명칭이
1863년 가이세이조[開成學校]로 꿔었다고 하였다. 이 학교에 대해서는 조준영의 보고서에

이러한 맥락에서 『한성주보』 제1호~제3호(1886.1.25/2.1/2.15)에 실린 '논학정(論學政)'이나 박영효의 '건백서(建白書)'[11]에 학제 및 교과론이 등장한 것도 주목할 만하다. 두 논설에 등장하는 학교 및 학과 관련 내용은 다음과 같다.

[근대 교육 형성기의 학제 및 교과론]
ㄱ. 논학정

| 유럽<br>소학교 | 학문(學文), 습자(習字), 가감승제(加減乘除), 지리초보(地理初步), 세계지략<br>(世界誌略), 물리초보(物理初步), 본국약사(本國史略), 각국약사(各國史略),<br>비례산(比例算), 이식산(利息算), 급수산(級數算), 인의학초보(仁義學初步),<br>농상공 등학 대의(農工商等學大意), 화학대의(畫學大意) |
|---|---|

---

도 비교적 자세히 설명되어 있는데, '문부성연혁'과 '학교지략'에서 동경 개성소를 '동교', 동경 의학교를 '남교'로 불렀다고 기술하였다. 『한성순보』 1886년 6월 14일의 기사에서는 언어를 중심으로 하는 '구관(舊官)'과 격물을 중심으로 하는 '학궁(學宮)'이 있다고 보도하고 학궁의 기예 관련 교과목을 소개하고 있다.

10) 이 기사는 『만국공보』 1876년 2월 12일, 19일 2회 걸쳐 연재된 것으로 『공보초략』에서도 확인할 수 있다. 20개의 교과는 다음과 같다. 1) 도화(圖畫): 幾何平面圖, 幾何立方形圖, 配景法, 畫法, 工業圖法, 機械圖畫造家圖, 製造物機械圖, 2) 수술초업(數術初業): 幾何學, 代數, 平面三角法, 對數, 弧三角, 幾何錐圓截面, 3) 고등수술(高等數術): 代數, 三角法, 平面代數幾何, 立法形代數幾何積分, 微分, 積分方程式, 4) 이학(理學): 動作理, 熱力理, 水理, 水熱理, 大氣論, 熱電氣, 幾何視學, 究理視學, 音聲學, 天文, 5) 화학(化學): 諸力理, 元素製法, 生質抱合理, 石炭絲質, 6) 측량평준법(測量平準法): 測量機械 幷 平準器用法, 實地測量平準法, 面積計算, 連鎖測量, 角計測量, 工業起建測量, 屬水工業測量, 7) 광물학(鑛物學): 鑛物分品, 礦物生質, 吹火筒, 製造工業要巖礦土壤論, 8) 지질학(地質學): 地球上萬有變更力, 巖石學, 古生學, 地脈學, 9) 조가(造家): 造家諸式, 造家用物品瓦磚, 下水管製造, 亞土和土入造石製造, 基礎布置諸式, 鐵或材木以堂屋築式, 磚瓦木材石弧門, 10) 공업경영(工業經營): 重學, 造營, 造營物品, 經營諸式, 物品强弱, 11) 기계경영(器械經營), 12) 기계제상합(機械諸相合), 13) 기계제력(機械諸力), 14) 기계운동(機械運動), 15) 동물제력(動物諸力): 人馬力, 筋力, 水力, 風力, 蒸氣力, 16) 조선제식(造船諸式): 大船艦搖動, 船艦抗拒力, 推進力, 17) 공업용제기계(工業用諸機械): 工業專課, 道路, 鐵路溝渠, 港灣, 沿槽, 橋梁複道造營, 18) 속수공업(屬水工業): 水勢, 水道, 濕地乾又乾地灌法, 船用機械術, 河川堤防諸式, 19) 굴광(掘礦): 掘礦諸式幷要用機械, 20) 용주(鎔鑄): 諸礦物性質, 礦物製造, 鎔鑄用機械.

11) 이 건의서는 1888년 작성된 것으로 '건백서'로 알려져 있다. 『日本外交文書』 第21卷(明治21年) 事項10 朝鮮國 關係 雜件, 문서번호106으로, 여기서는 국사편찬위원회 편찬(2011), 『한국 근대사 기초 자료집』 2(탐구당 문화원) 수록본을 참고하였다.

| 일본<br>직공학교 | 대수학(代數學), 대수용법(代數用法), 기하학(幾何學), 삼각술(三角術), 물리학(物理學), 화학(化學), 화학(畵學), 화법기하학(畵法幾何學) |
| --- | --- |
| | [화학공예] 무기화학(無機化學), 유기화학有有機化學), 분석화학(分析化學), 응용화학(應用化學), 중학(重學), 화학(畵學), 직공경제학(職工經濟學), 부기학(簿記學), 실지강습(實地講習), 수신학(修身學) |
| | [기계공예] 수학(數學), 물질강약론(物質强弱論), 수조공구론(手操工具論), 기교공구론(機巧工具論), 발동기론(發動機論), 중학(重學), 화학(畵學), 제조소용기계론(製造所用器械論), 공장용도(工場用圖), 직공경제학(職工經濟學), 부기학(簿記學), 수신학(修身學), 실지강습(實地講習) |

ㄴ. 박영효의 건백서

(…前略…) 一設小中學校使男女六歲以上皆就校受學事

一. 設壯年學校以漢文或以諺文譯政治財政內外法律歷史地理及算術理化
學大意等書. 教官人之少壯者. [此似湖堂古事, 而其益必大也]或徵壯年
之士于八道, 以敎之, 待其成業, 以科擧之法試之, 而擇用於文官.

一. 先敎人民以國史及國語國文事. [不敎國之歷史·文章, 而但敎淸國之歷史·文
章, 故人民以淸爲本而重之, 至有不知自國之典故者, 此可謂捨本取末也]


두 자료는 『문부성소할목록』의 보고서와는 달리 우리나라에 학제
를 도입하고 교과를 운영해야 한다는 논리를 담은 논설로, 본격적인
근대 교육론을 개진했다는 점에서 의미가 있다. 그러나 이러한 논리
가 당시의 정치·사회적인 상황 속에서 구체적으로 실현된 것은 아니
다. 이 점에서 근대 교육 형성기의 학교 및 교과 운영과 관련된 실태를
좀 더 실체적으로 파악할 필요가 있다.


## 2.3. 근대 교육 형성기의 학교와 교과

선행 연구 및 조사 자료를 바탕으로 할 때, 근대 교육 형성기에
설립되었던 학교를 연대순으로 정리하면 다음과 같다.

**[근대 교육 형성기의 학교]**

| 연도 | 학교명 | 비고 |
|------|--------|------|
| 1882 | 동문학 | 통리교섭통상사무아문(통변학교) |
| 1883 | 기기창 기술 전습반 | 기기창(병기 제작소)의 기술 전습반 |
| 1883 | 원산학사 | 원산의 사립학교 |
| 1884 | 부산학교 | 부산 지역 일본 거류민 학교 |
| 1885 | 배재학당 | 미국 북감리회 선교부 |
| 1886 | 육영공원 | 정부 |
| 1886 | 경신학교 | 미국 북장로회 선교부 |
| 1886 | 이화학당 | 미국 북감리회 여선교부[12] |
| 1887 | 경학원 | 성균관 한학 교육 개편 |
| 1887 | 연무공원 | 무관 양성 목적 |

이들 학교 중 '동문학'은 '통리교섭통상사무아문(統理交涉通商事務衛門)'에 설립한 것으로, '통사변통(通事變通)'을 목표로 한 학교이다. 학교의 명칭을 '동문학'으로 한 것은, 1863년 중국에서 외교관과 통역관 양성을 위해 설립한 '동문관'을 참조했기 때문으로 알려져 있는데[13] 『통리교섭통상사무아문장정(統理交涉通商事務衛門章程)』(이하 장정)에서도 이를 확인할 수 있다.[14] 이 장정에 따르면 동문학은 통역관 양성뿐만 아니라 '정치·이재의 도'를 가르침으로써 실무 관리를 양성하는 데 목표가 있었다. 다음을 살펴보자.

---

12) 이화80년사편찬위원회(1967), 『이화80년사』, 이화여자대학교 출판부, 43~46쪽. 이 책에는 1886년 스크랜톤 부인이 세 명의 학생을 가르친 사례가 기록되어 있다.

13) 이에 대해서는 이광린(1969), 김경미(2009)를 참고할 수 있다.

14) 이 장정은 서울대 규장각 도서번호 15323·15324으로, 국사편찬위원회(2011), 31~32쪽에 수록되어 있다. 그 가운데 제1조는 "一. 統理衙門之設專以講求時務參酌變通事有中外古今之別機有本末次第之宜無欲速而見小利無畏難而恤浮言凡利國利民之政一一謀定後動應請分設四司以專責成更仿照燕京設立同文學敎育人才俾收實用並請"라고 하였다.

[『장정』의 동문학 관련 사항]

(…前略…)

一. 設同文學, 掌培植人才, 非學校不出, 非考試不尊, 宜擇聰俊子弟, 自滿十五
歲者, 肄業其中先學外國語文次及政治理財之道, 各以其性之所近力之所優
分科考取以備任使倘有好學深思之士無論在官去官雖年逾旣壯亦不阻其往
肄 (…中略…)

一. 同文學宜廣備書籍講求有用之事督率敎習嚴課生徒, 以掌敎一員領之主事副
之再准駁民間刊布書籍, 並開設新聞報舘均歸本學節制. (…下略…)

　

기기창(機器廠)의 기술 전습반은 김윤식이 1883년 5월 서울 삼청동
북창에 기기창을 설치하면서 기술자 양성을 위해 설립한 기관이다.
여기서는 외국인 기술자 4명을 초빙하여 자연과학 기초 과목과 기계
학을 가르친 것으로 나타난다.[15]

원산학사(元山學舍)는 원산사(元山社)에서 설치한 사숙(私塾)으로 1885
년 발행된 『춘성지(春城誌)』에 따르면, 덕원 부사 정현석, 경략사 어윤
중 외 20여명과 상회소, 영국인 세무사 위래덕(魏來德) 등이 출연하여
설립한 학교로 알려져 있다.[16] 이종국(1992: 111)에 따르면 이 학교의

---

15) 이에 대해서는 박득준(1989), 『조선근대교육사』(한마당)에 간략한 언급이 있다. 박득준의
원작이 언제 쓰였는지는 확인할 수 없다. 김윤식의 『음청사(陰晴史)』 고종20년(1883) 사월
조(四月條)에는 "抄擇語學生, 敎習於同文學校, 諫洞從兄主爲掌敎, 學生爲四十餘人, 金佐郞明
均, 去月自天津回, 帶來天津工匠四人, 將設機器廠, 敎習製造之法, 遍看廠舍之基, 定於三淸洞
北倉. 中國人馬建常西還(학생을 선별하여 동문학교에서 교습하였는데 간동(諫洞) 종형이
장교(掌敎)가 되었으며 학생은 40여 인이었다. 좌랑 김명균(金明均)이 지난달 텐진에서
돌아왔는데, 텐진의 공장(工匠) 4인을 대동하고 장차 기기창(機器廠)을 설치하여 (기기)제
조법을 가르치고자 그 창사(廠舍)의 터를 둘러보아 삼청동 북창으로 정하였다. 중국인
마건상(馬建常)이 돌아갔다)."라고 하여 전습반 강사가 텐진 공장에서 일했던 기술자였음
을 밝히고 있다.

16) 이종국(1992: 106~118)에서는 이 학교에 관한 연구가 신용하(1980)의 「우리나라 최초의
근대학교」, 『문학과지성』 제5권 제1호(문학과지성사)를 통해 알려졌다고 밝히고, 이 학교

교육과정은 다음과 같다.

[원산학사의 교육과정]

ㄱ. 공통 필수 과목: 산수(算數), 격치(格致), 기기학(機器學), 농학(農學), 양잠(養蠶), 광물학(鑛物學), 만국공법(萬國公法), 지리(地理), 법률(法律), 외국어(外國語): 시무 해결에 긴요한 지식 습득과 실용 학문 습득.

ㄴ. 전공 필수 과목: 문예[경서(經書, 製述)], 무예[병서(兵書, 射擊術)]: 시무 해결에 긴요한 지식과 실용 학문 습득을 위한 기본 이론 및 실기 연마—이종국(1992)에서는 표로 나타냈으나 여기서는 표를 풀어서 제시함.

원산학사의 교과목은 전통적인 유학 중심의 교육에서 신지식을 중심으로 한 교육으로 전환되고 있음을 확인할 수 있다. 이는 김경미(2009: 81)에서 밝힌 것처럼, "유학을 근대사회에 맞게 재해석하여 역할을 담당할 근대지식인을 키우는 학교로 나아갈 가능성"을 보인다는 점에서 의미가 있다.[17]

부산학교는 『한성순보』 1884.10.9[제26호] 국내 사보에 실린 기사로,

---

의 '설립 동인(動因)', '설립 과정', '교육과정 및 교과용도서'에 대해 비교적 자세히 규명한 바 있다.

17) 김경미(2009: 81)에서는 "1882년 개화에 관한 상소를 보더라도 사숙 등에서 원산학사와 같이 새로운 서적을 읽히는 곳이 드물지 않았으리라 생각된다. 그렇지만 원산학사와 유사한 학교는 아직 발견되지 않고 있다. 또 이러한 학교가 좀 더 성장하여 근대 학교로 발전해 가는 모습을 추적해 내지도 못하고 있다."라고 기술한 바 있는데, 이는 상당히 타당한 논리로 판단된다. 이러한 차원에서 1888년 대계 이승희(李承熙)가 저술한 『몽어유훈(蒙語遺訓)』 목판본의 '일리생생제일(一理生生第一)', '만화산수제이(萬化散殊第二)', '명기착종제삼(名器錯綜第三)', '삼재회일제육장(三才會一第六章)' 등이 서구의 신지식과 밀접한 관련을 맺고 있음을 고려할 때, 정도의 차이는 있을지라도 근대 교육 형성기에 지방의 전통 교육 기관에서도 서구의 신지식과 관련된 교육이 이루어졌을 가능성을 짐작할 수 있다.

이 시기 부산 지역에 거주하는 일본인들이 거류민 자녀를 위해 학교를 설립했음을 보여준다.

[釜山學校]

我國釜山港租居日本商民議新設一學校令幼少男女皆就學於此云. 查該港自古多有日本商民故已設小學校令兒童就學雖無異於日本國內而高等學校未之設焉. 是以今設該校. 令教習英學漢學及日本學兼學第術而現今生徒合計爲三十餘人云. 右係釜山來信.

이 학교는 한국인을 위한 학교는 아니지만 부산 지역의 일본 거류민 학교라는 점에서 근대 교육 형성에 일정 부분 영향을 주었을 것으로 볼 수 있다. 이 학교는 '고등학교수준'으로 '영학, 한학, 일본학, 산술'을 기본 교과로 하였다. 배재학당은 1885년 6월 미국 북감리회 선교부에 의해 설립된 고등학교 수준의 사립학교로 "기독교인 양성과 국가의 인재를 배양하는 것"을 목표로 하였다. 이만규(1947)에 의하면 이 학교의 학과목은 '한문(경서, 사기), 영어, 천문, 지리, 생리, 수학, 수공(手工), 성경' 등이었고 과외로 연설회나 토론회와 같은 사상 발표회, 농구·축구·테니스 등의 스포츠 등이 있었다고 한다. 수업료 및 수유등절(受由等節), 시한등절(時限等節), 행동등절(行動等節), 방학과 벌목 등절(罰目等節)을 담은 24개 조항의 규칙을 두었다.[18] 육영공원은 1886년(고종 23년) 외국과의 교제에 필요한 어학 능력을 갖춘 관리 양성을 목적으로 설립되었다. 당시 내무부의 '육영공원학절목참작서(育英公院學節目參酌書)'[19]에 따르면 외국인 3인을 고용하여 교사로 임

---

18) 국사편찬위원회(2011)에서는 배재학당 규칙이 1890년에 만들어진 것으로 기술한 바 있다.

용하고 교육과 훈육을 전담하도록 하였으며, 좌원과 우원으로 나누어 좌원은 과거 급제자 출신 10명을 한정하여 학습하게 하고 우원은 15~20세의 재질총혜(才質聰慧)한 자를 선발하여 학습하도록 하였다.[20] 육영공원의 학과목은 『육영공원등록(育英公院謄錄)』의 '매일 학습 차례(每日學習次例)'와 '초학 졸업 후 소학제조(初學卒業後所學諸條)'를 통해 확인할 수 있는데 '매일 학습 차례'는 "1. 독서(讀書), 2. 습자(習字), 3. 학해자법(學解字法), 4. 산학(算學), 5. 사소습산법(寫所習算法), 6. 지리(地理), 7. 학문법(學文法)"으로 하며 '초학 졸업 후 소학제조'는 "1. 대산법(大算法), 2. 각국 언어(各國言語), 3. 제반 학법 첩경이각자(諸般學法捷徑易覺者), 4. 격치만물[의학, 농리, 지리, 천문, 기기](格致萬物[醫學, 農理, 地理, 天文, 機器]), 5. 각국 역사(各國歷史), 6. 정치와 각국 조약법 및 부국용병술, 금수초목(政治與各國條約法及富國用兵之術, 禽獸草木)"으로 이루어져 있다.

경신학교는 1886년 미국 북장로회 선교사였던 언더우드가 배재학당과 같은 시기에 기독교 선교를 목적으로 세운 학교이다. 고춘섭 편찬(1991: 111~147)의 『경신사(儆新史)』(경신중·고등학교)에 따르면 이 학교의 최초 명칭은 '언더우드 학당'이었으며 1893년 민로아학당, 1905년에 경신학교로 교명이 바뀌었다. 초기의 언더우드 학당은 고아원처럼 운영되어 정규적인 교과목이 있었는지 확인하기 어려우나 현

---

19) 『고종실록』 고종 23년(1886) 8월 1일. 이때 고용된 외국인은 헐버트, 길모어, 벙커 3인이었다.

20) 김경미(2009: 81~98)에서는 육영공원의 설립과 운영, 학원(學員) 분석, 교육과 과거제 등을 비교적 상세히 서술한 바 있다. 이에 따르면 육영공원은 동문학보다 높은 지위의 관리 양성을 목표로 했음을 알 수 있는데, 이는 『한성주보』 1886.8.30[제26호] 국내 기사의 '상유공록(上諭恭錄)'에 게재된 고종의 하교를 통해서도 확인할 수 있다. 이 하교에는 "내외아문의 당상관이나 당하관의 자서 제질 등 족척 가운데에서 감당할 만한 사람을 가려서 추천하도록 할 것을 분부"하는 내용이 담겨 있다. 또한 같은 해 9월23일 제8호의 '상유공록'에도 좌원과 우원의 충원 방법 및 고적 규제(考積規制)에 관한 하교가 실려 있다.

재 알려진 바로는 '국어, 한문, 영어, 산술, 지리, 과학, 음악, 성경, 체육, 번역, 교회사' 등의 여러 분야를 가르쳤던 것으로 보인다.

경학원은 1887년 성균관의 한학 교육을 개편하고자 하는 목적에서 설치되었다. 이만규(1947)에서는 경학원이 새 교육을 표방했으나 내용은 옛 교육을 그대로 가진 것이라고 설명한 바 있다. 이 점에서 교과 운영과 관련된 혁신적인 것을 찾기는 어렵다.[21]

연무공원(鍊武公院)은 1887년 12월 무관 양성을 위해 세운 학교로, 그 실체에 대해서는 자세히 알려진 바 없다. 다만 실록에서 이 학교의 설치와 관련된 기사를 찾을 수 있을 뿐이다.[22]

이화학당은 1886년 미국 북감리회 여선교부에서 세운 중학 과정의 여학교이다. 설립 주체가 배재학당과 같은 교파이며, 여학교라는 점에서 두 학교는 자매학교의 성격을 띤다. 교과목으로는 "성서, 영어·영문법, 산술, 언문(諺文), 창가(唱歌), 역사, 서법, 천자문, 동몽선습" 등이 있었던 것으로 알려져 있다.[23] 이상의 근대 교육 형성기의 각 학교와 교과 상황을 표로 정리하면 다음과 같다.

---

21) 경학원 설치에 관해서는 『고종실록』 고종24년(1887) 7월 20일을 참고할 수 있다. 이 자료는 국사편찬위원회 편(2011)에도 수록되어 있다.

22) 『고종실록』 고종24년(1887) 12월 25일에는 "敎曰有國之重務亦不宜虛徐也. 觥韋跗注之士, 必先諳鍊然後乃可整部伍而嚴軍容. 向者薦剡各人. 今將課日講習. 處所稱之以鍊武公院. 諸般應行規制. 自內務府. 商確成節目以入."이라고 하여 무관 양성을 목적으로 내무부에 연무공원을 설치하고 절목을 만들었음을 확인할 수 있다. 이 내용은 국사편찬위원회 편(2011)에도 수록되어 있다.

23) 이화80년사편찬위원회(1968), 『이화 80년사』, 이화여자대학교 출판부.

**[근대 교육 형성기의 학교 및 교과목]**

| 연도 | 학교명 | 교과목 |
|---|---|---|
| 1882 | 동문학 | 외국어(장어(長語)·단어(短語) 및 문장 해독·변통하는 법), 서양 필산(筆算) |
| 1883 | 원산학사 | 공통 필수: 산수(筭數), 격치(格致), 기기학(機器學), 농학(農學), 양잠(養蠶), 광물학(鑛物學), 만국공법(萬國公法), 지리(地理), 법률(法律), 외국어(外國語)<br>전공 필수: 경서 병서 |
| 1884 | 부산학교 | 영학, 한학, 일본학, 산술 |
| 1885 | 배재학당 | 한문(경서, 사기), 영어, 천문, 지리, 생리, 수학, 수공(手工), 성경 |
| 1886 | 육영공원 | 매일학습 차례: 1. 독서(讀書), 2. 습자(習字), 3. 학해자법(學解字法), 4. 산학(算學), 5. 사소습산법(寫所習算法), 6. 지리(地理), 7. 학문법(學文法)<br>초학 졸업 후 소학 제조: 1. 대산법(大算法), 2. 각국언어(各國言語), 3. 제반학법첩경이각자(諸般學法捷徑易覺者), 4. 격치만물[의학, 농리, 지리, 천문, 기기](格致萬物[醫學, 農理, 地理, 天文, 機器]), 5. 각국역사(各國歷史), 6. 정치와 각국조약법 및 부국용병술, 금수초목(政治與各國條約法及富國用兵之術, 禽獸草木) |
| 1886 | 경신학교 (언더우드학당) | '국어, 한문' 영어, 산술, 지리, 과학, 음악, 성경, 체육, 번역교회사' 등의 여러 분야 |
| 1886 | 이화학당 | 성서, 영어·영문법, 산술, 언문(諺文), 창가(唱歌), 역사, 서법, 천자문, 동몽선습 |
| 1887 | 경학원 | 성균관 한학 교육 개편 목적 |
| 1887 | 연무공원 | 무관 양성 목적 |

# 3. 근대 교육 형성기의 지식 유통과 교과서 문제

## 3.1. 일본과 중국의 교과서

근대 교육 형성기에 설립된 근대식 학교는 불과 10개 미만으로 확인된다. 이 점에서 이 시기 근대 교육은 전국민을 대상으로 한 체계적인 교육을 지향할 수 없었고, 개화의 충격을 임시방편으로 수용하는 양상을 보인 것으로 보인다. 그렇기 때문에 개항 이후 본격적인 근대식 학제가 도입되기까지는 20년 정도의 시간이 더 소요되었다. 그럼에도 이 시기 일본과 중국을 통해 들어온 서구의 신지식은 어떤 형태로든 우리나라의 교육에도 영향을 미쳤을 것이다. 이러한 영향은 크게 두 가지 차원에서 기술할 수 있다. 하나는 이 시기 일본과 중국을 거쳐 들어온 서적이나 교과서이며, 둘째는 국내에서 사용된 것으로 확인되는 교과서, 또는 한국인이 저술한 교과서 및 서적이다. 그런데 아직까지 이 두 과제에 대해서는 체계적인 연구가 거의 이루어지지 않은 것으로 보인다. 이 점에서 근대 교육 형성기의 문헌 자료에 산재하는 서적 및 교과서명을 정리하고, 10여 개 미만의 학교에서 사용되었을 것으로 추정되는 교재를 살펴보는 것은 중요한 의미를 갖는다.

먼저 이 시기 일본과 중국을 다녀온 사람들의 자료에 나타나는 서적 및 교과서류를 살펴볼 필요가 있다. 이러한 자료로는 조준영의 보고서, 김윤식의『음청사』등에 나타나는 서목이 있다. 조준영의 보고서(문부성 소할 목록)에는 각급 학교의 교과목과 함께, 해당 교과의 교과서명이 등장한다. 예를 들어 '대학법·리·문학부'의 경우는 25개 교과 338종의 교과서명이 등장한다.[24] 예를 들어 '영국법률' 교과에 사용하는 교과서명은 다음과 같다.

[대학 법·리·문학부의 '영국 법률' 교과에 사용하는 교과서명]

○ 法律緖篇: 巴辣克思頓或弗兒武及合土來著, 英國法律註釋

---

24) 교과별 제시된 교과서의 수(괄호 안의 숫자)는, 일본 고대 법률(10), 일본 현행 법률(0), 영국 법률(20), 불란서 법률(0), 분석 화학(7), 응용 화학(0), 유기 화학(1), 순정 급 응용 수학(32), 물리학(24), 성학(14), 식물학(40), 동물학(8), 토목공학(16), 기계공학(11), 도학(圖學)(0), 금석학 급 지질학(11), 야금 급 채광학(4), 철학(40), 정치학(10), 이재학(理財學)(17), 화문학(和文學)(28), 한문학(14), 사학(21), 영문학(12), 불란서 급 독일어(11)로 모두 338종이다.

○ 憲法: 特利著, 法律原論, 亞禍思著, 英國憲法, 利伯耳著, 自治論

○ 結約法: 西密斯著, 結約法, 勃洛克著, 結約法, 蘭克特兒著, 結約法·摘要判決錄

○ 不動産法: 巴辣克思頓著, 法律註釋, 維兼著, 不動産法

○ 刑法: 卑涉著, 刑法註釋

○ 私犯法: 弗婁喝著, 法律註釋

○ 賣買法: 蘭克特兒著, 賣買法·摘要判決錄

○ 衡平法: 伯燕著, 衡平法, 斯内兒著, 衡平法

○ 證據法: 斯知般著, 證據法, 伯斯特著, 證據法

○ 列國交際私法: 哈華兒頓著, 萬國私法

○ 列國交際公法: 哈伊頓著, 萬國公法

○ 法論: 豪斯丁著, 法論, 墨因著, 古代法律


이들 교과서 가운데 『만국공법』은 우리나라에서도 사용된 바 있는 데 저자명의 차자 표기를 고려하면 일본에서 사용된 책이 우리나라에 유입된 것으로 보이지는 않는다. 왜냐하면 우리나라에서 사용된 것은 미국 법학자 휘튼(Henry Wheaton, 惠頓, 1785~1848)의 『국제법 원리』를 미국인 선교사 윌리엄 마틴(William A. P. Martin, 丁韙良, 1827~1916)이 중국 동문관에서 한역한 것인데, 저자명 차자 표기가 일본의 교과서 는 '합이돈(合伊頓)'인데 비해 동문관 번역본은 '혜돈(惠頓)'이기 때문이 다. 이뿐만 아니라 조준영의 보고서에는 '대학 예비문'과 '대학 의학 부', '사범학교', '부속소학교', '여자사범학교', '외국어학교'의 교과세 목이 들어 있는데 '대학 예비문'과 '부속 소학교'의 세목에도 몇 종의 교과서명이 보인다. 대학 예비문에는 25종의 교과서명이 등장하며,25) '부속소학교'에서는 『소학독본』 권1~권7, 『독본』 권1~권5가 등장한

다. 가타기리 요시오·기무라 하지메 외 지음, 이건상 옮김(2011: 129)에
서는 1873년 일본 문부성에서 처음으로 『소학독본』 권1을 편찬했다
고 하였는데,26) 시기상으로 볼 때 이 보고서에 등장하는 독본과 동일
한 것일 가능성이 높다. 이처럼 근대 교육 형성기 서구식 학제를 도입
한 일본을 시찰한 결과 학제뿐만 아니라 교과서에 대한 관심도 높아
졌던 것으로 보인다. 이는 앞에서 살펴본 지석영의 상소문이나 『한성
주보』의 '논학정', 박영효의 '건백서' 등에서 지속적으로 학제와 서적
에 관한 논의가 포함되는 데서도 확인할 수 있다. 그럼에도 근대 교육
형성기의 각종 학교에서는 '교과'와 '교과서'에 대한 확고한 지식이
부족했던 것으로 보인다. 그렇기 때문에 각급 학교의 실정에 맞는
교과서를 편찬하기보다는 외국에서 사용하는 책을 수입하여 사용했
을 가능성이 높다. 특히 지석영의 상소문에 등장하는 『만국공법(萬國
公法)』, 『조선책략(朝鮮策略)』, 『보법전기(普法戰記)』, 『박물신편(博物新
編)』, 『격물입문(格物入門)』, 『격치휘편(格致彙編)』(이상 각국 인사가 지은
것) 등은 대체로 중국에서 간행된 책을 수입한 것으로 보인다.27) 특히

---

25) 대학 예비문의 교과서는 다음과 같은 것이 있다. (괄호 안의 숫자는 학년, 과목임.) 占弗兒
著, 『讀本』 권3, 권4(1년, 독방), 弗羅翁著, 『英國小文法書』(1년 영문법), 斯維頓著, 『萬國史畧』
(1년, 해석), 路敏遜著, 『實用算術書』(1년 수학), 『日本外史』(1년 화한서), 『由尼恩讀本』 권
4(2년 독방), 伯羅恩著, 『英國大文法書』(2년 영문법), 盧敏遜著, 『實用算術書』, 來土著, 『平面
幾何書』(2년 수학), 莫耳列著, 『自然地理書』(2년 지리학), 斯維頓著, 『萬國史略』(2년 사학),
『日本政記』(2년 화한서), 格賢勃著, 『英國作文及修辭書』(3년 수사), 來土著, 『平面幾何書』,
突土蕃太兒著, 『小代數書』(3년 수학), 弗利萬著, 『萬國史』(3년 사학), 巴苦斯列·由曼合撰,
『生理書』(3년 생물학), 『通鑑覽要』(3년 화한서), 譜太耳烏士著, 『掌中英國文學書』(4년 영문
학), 突土蕃太兒著, 『大代數書』(4년 수학), 斯丟亞土著, 『物理書』(4년 물리학), 盧斯杲著, 『化
學初步』(4년 화학), 仁可耳遜著, 『教科用動物書』(4년 생물학), 和塞土著, 『小理財書』(4년 이
재학).
26) 가타기리 요시오·기무라 하지메 외 지음, 이건상 옮김(2011: 129)에 따르면 이 교과서는
미국의 윌슨·리더를 번역한 것이라고 한다. 현재 이 독본의 번각본이 다수 발견되고 있으
며, 이와 관련한 연구도 지속되고 있다.
27) 이들 책이 중국을 경유한 것으로 보는 이유는 마틴의 『만국공법』과 마찬가지로, 『격물입

이 시기 지식 유통의 경로는 일본보다 중국에 치우쳐 있었던 것으로 보이는데, 그것은 전통적인 대중 외교의 결과 때문으로 보인다. 이러한 맥락에서 김윤식의 『음청사(陰晴史)』 1882년 4월 26일의 '남국제원(南局諸院)의 회례전(回禮箋)'[28]에 등장하는 '서목(書目)'은 중국에서 유통되던 기기 관련 지식수준을 보여준다고 할 수 있다. 이 서목에 등장하는 서적류는 다음과 같다.

[회례전에 등장하는 서목]

운규약지(運規約指)[1부계본計一本)], 지학천석(地學淺釋)[1부: 계8본(計八本)], 제화약법(製火藥法)[1부: 계1본(計一本)], 금석식별(金石識別)[1부: 계6본(計六本)], 기기발인(汽機發軔)[1부: 계4본(計四本)], 화학감원(化學鑑原)[1부: 계4본(計四本)], 기기신제(汽機新制)[1부: 계2본(計二本)], 화학분원(化學分原)[1부: 계2본(計二本)], 기기필이(汽機必以)[1부: 계6본(計六本)], 어풍요술(御風要術)[1부: 계6본(計六本)], 개매요법(開煤要法)[1부: 계2본(計二本)], 항법간법(航法簡法)[1부: 계2본(計二本)], 방해신편(防海新編)[1부: 계6본(計六本)], 서예지신속각(西藝知新續刻)[1부: 계6본(計六本)], 기상현진(器象顯眞)[1부: 계3본(計三本)], 궁성게요(營城揭要)[1부: 계6본(計六本)], 극로백조법(克虜伯操法)[1부: 계2본(計二本)], 영루도설(營壘圖說)[1부: 계1본(計一本)], 극로백조법克虜伯操法)[1부: 계3본(計三本)], 측후총담(測候叢談)[1부: 계2본(計二本)], 수사조련(水師操練)[1부: 계3본(計三本)], 평원지구도(平圓地球圖)[1부: 계6장(計十六張)], 대수표(代數術)[1부: 계6본(計六本)], 서국근사소휘(西國近史巢彙)[1부: 계6본(計十六本)], 행군측회

문』, 『격치휘편』 등이 이 시기 국내에 유입된 것으로 확인되기 때문이다.
28) 이 회례전은 영선사 일행이 기계 학습을 위해 남국(南局)을 방문한 뒤 그곳에 남았던 종사관 윤태준(尹泰駿: 윤치호의 아버지)이 보내온 것이다.

(行軍測繪)[1부: 계2본(計二本)], 열국세계정요(列國歲計政要)[1부: 계6본
(計六本)], 성학(聲學)[1부: 계2본(計二本)], 삼각정리(三角整理)[1부: 계6본
(計六本)], 야금록(冶金錄)[1부: 계2본(計二本)], 정광공정(井礦工程)[계2본
(計二本)], 해당집요海塘輯要)[1부: 계2본(計二本)], 격치계몽(格致啓蒙)[1
부: 계4본(計四本)], 사예편년표(四裔編年表)[1부: 계4본(計四本)], 수학리
(數學理)[1부: 계4본(計四本)], 격치계몽(格致啓蒙)[1부: 계4본(計四本)], 수
학리(數學理)[1부: 계4본(計四本)], 해도도설(海道圖說)[1부: 계10본(計十
本)], 수사초정(水師草程)[1부: 계16본(計十六本)], 폭약기요(爆藥紀要)[1부:
계1본(計一本)], 동방입견서(董方立遣書)[1부: 계1본(計一本)], 전학(電學)[1
부: 계6본(計六本)], 구수외록(九數外錄)[1부: 계1본(計一本)], 담천(談天)[1
부: 계4본(計四本)], 구고육술(句股六術)[1부: 계1본(計一本)], 동방교섭기
(東方交涉記)[1본: 계2본(計二本)], 개방표(開方表)[1부: 계1본(計一本)], 삼
재기요(三才紀要)[1부: 계1본(計一本)], 대수표(對數表)[1부: 계1본(計一本)],
산법통종(算法統宗)[1부: 계4본(計四本)], 현체대수표(弦切對數表)[1부: 계
1본(計一本)], 팔선간표(八綫簡表)[1부: 계1본(計一本)], 항성도표(恒星圖表)[1
부: 계1본(計一本)], 산학계몽(算學啓蒙)[1부: 계2본(計二本)], 팔선대수간
표(八綫對數簡表)[1부: 계1본(計一本)], 윤선포진輪船布陣)[1부: 계2본(計二
本)] ([ ]안은 책수)

그러나 이 '전'의 서목이 이 시기 우리나라에 모두 도입되었는지는
확인되지 않는다.29)

---

29) 예를 들어 이들 교과서나 서적명을 『집옥재 서적 목록(集玉齋書籍目錄)』이나 『집옥재 목
록 외서책(集玉齋目錄外書冊)』('집옥재'는 고종의 서재로 약4만 권의 장서를 소장했던 것
으로 알려져 있다. 서적 목록과 목록 외서책은 국립서울대학교 중앙도서관장 판을 1948년
2월에 등사하였다. 이 자료는 현재 국립중앙도서관의 디지털 열람실에서 확인할 수 있다.)
의 서명과 대조했을 때, 유사한 서명은 많지만 동일 서명이 발견되지 않는 점을 고려할

## 3.2. 근대 교육 형성기의 교과서

이러한 차원에서 근대 교육 형성기에 직접 사용되었던 교과서를 분석하는 일은 쉬운 일이 아니다. 그럼에도 일부 자료를 통해 이 시기 사용된 교과서의 성격을 분석해 낼 수 있다. 그 중 먼저 살펴볼 것은 지석영의 상소문에 등장하는 국내 인사가 지은 서적류이다. 이에 따르면 1880년대 초 국내 인사가 지은 책으로는 "김옥균(我國校理臣金玉均)이 편집한『기화근사(箕和近事)』, 박영교(前承旨朴泳敎)가 편찬한『지구도경(地球圖經)』, 안종수(進士臣安宗洙)가 번역한『농정신편(農政新編)』, 김경수(金景遂)가 지은『공보초략(公報抄略)』" 등이 있다. 『기화근사』는 현재 내용을 알 수 없는 책이며, 『지구도경』은 3책으로 구성된 필사본으로 '지구도법' 이하 지구 동서남북 반도(半圖)의 지도를 수록하고, 이어 '천문', '세계지리'를 소개하였다.[30]『농정신편』은 조사시찰단 수행원이었던 안종수가 '일본의 농학자 쓰다센(津田仙)'을 통해 네덜란드 농학자 호이브렌크의 '재배법을 접하고, 쓰다'의『농업삼사(農業三事)』등을 참고하여 편찬한 책으로, 1885년 초판, 1905년 박문사의 재판, 1931년 조선총독부 한글 번역판이 출간되었을 정도로 근대 농법에서 중요한 역할을 담당했던 문헌이다. 앞의 두 문헌과는 달리『농정신편』은 근대 교과서로서 널리 사용되었음을 확인할 수 있는데, 이는 원산학사의 '학사절목'의 '후(後)'에 이 책이 등장한다는 사실을 통해서도 증명된다. '학사절목'의 '후'에 나타나는 교과서명은 다음과 같다.

---

때, 근대 교육 형성기의 중국과 일본 서적이 우리나라에 어떤 영향을 주었는지 밝히는 데 어려움이 있다.

30) 이 책은 종로 도서관에 소장되어 있다.

[원산학사 '절목후'의 교과서명]

영지(瀛志) 六卷, 연방지(聯邦志) 二卷, 기기도설(奇器圖說) 二卷, 일본외국어학(日本外國語學) 一卷, 법리문(法理文) 一卷, 대학예비문(大學豫備門) 一卷, 영주지략(瀛環志畧) 十卷, 만국공법(萬國公法) 六卷, 심사(心史) 一卷, 농정신편(農政新編) 二卷

이 교과서 가운데『만국공법』은 이 시기 일본과 중국에서도 널리 사용된 교과서였다. 또한『법리문(法理文)』은 조준영의 보고서에 나타나듯이 일본의 대학 학제의 학부명과 동일하며,『대학예비문(大學豫備門)』도 마찬가지다. 이를 고려할 때 원산학사에서 사용했던 교과서류는 대체로 일본의 학제나 교과서의 영향을 받은 것으로 판단할 수 있다.

그런데 원산학사를 제외한 다른 학교의 교과서 사용 실태에 대한 자료는 거의 찾아볼 길이 없다. 그뿐만 아니라 원산학사에서 사용했다고 하는 교과서류에서도『영지』,『기기도설』,『만국공법』 등이 중국에서 간행된 서적과 동일한 것인지는 확인되지 않는다.31) 이를 고려하면 이 시기 교과서 가운데『농정신편』이나『공보초략』 등을 제외하면 그 실물이 확인되는 것은 극히 드물다. 이들 이외의 실물이 확인되는 교과서는 육영공원 교사였던 헐버트의『사민필지』가 있다. 이 점에서 근대 교육 형성기의 교과서는 개발·편찬보다는 당시 유통되던 서적을 그대로 사용했을 가능성을 제기할 수 있다. 왜냐하면『한성순

---

31)『기기도설』은 1868년 상해 제조총국 번역국의 '번역 서학서'에도 등장하나, 원산학사의 교과서가 이 책과 동일한 것인지 알 수 없다. 이와 관련한 연구로는 허재영(2019a),「근대 중국의 서학 수용과 한국에서의 번역 서양서 수용 양상: 제조총국 번역관과 광학회의 서학 관련 서적의 유통을 중심으로」,『어문학』144, 한국어문학회, 303~330쪽을 참고할 수 있다.

보』나 『한성주보』의 일부 기사를 참고할 때, 당시 중국이나 일본을 경유한 서양 서적이 국내에 유입된 경우는 비교적 많았던 것으로 보이기 때문이다.

[1880년대 서적 유입 실태]

ㄱ. 『한성순보』 1883.10.31.[제1호] 〈社告〉八月二十日本局奉聖諭特設一局自十月初一日始發刊旬報也. 然吾輩素才短識疎未能講貫一國之事務況乎能審天下之情形唯據各國新聞紙與古今圖書撮要集成稱窺一班而已. (…下略…)

ㄴ. 『한성순보』 1884.8.1.[제29호] '歷覽英國鐵廠記略'格致彙編第四年第五號云本館主人於八年前在英國歷覽製造各種鈗器之廠回華後撰述. (…下略…)

ㄷ. 『한성주보』 1886.2.15.[제3호] '新來書籍'德國領事卜君德樂素留心世務者也. 行捐貲由上海購求新譯西書送于外衙轉致本局者凡二百餘卷皆天文·地理·醫藥·筭數·萬國史記·各邦和約以至鳥獸·金石·電礦·煤冶, 鎗砲, 汽機, 水陸, 兵丁, 航海, 測候, 化學, 動物及列國歲計之增減五洲時局之推遷靡不晰載實爲我邦始有之書籍而亦係方今利用厚生之方也.苟有志經濟者來到本局一經繙閱則不無裨益於需世實用也.

이 자료를 통해 볼 때, 『고금도서활요집성』은 국내에서 활용된 책으로 보이며, 『격치휘편』은 중국에서 발행된 잡지를 지칭한 것으로 보인다.[32] 또한 독일 영사 부들러가 200여 권의 책을 외아문에 기증하여 박문국에서 뜻있는 지식인이 볼 수 있는 상황이었음도 짐작할 수 있다. 더욱이 〈사고〉에 나타나는 "然吾輩素才短識疎未能講貫一國之事

---

32) 『격치휘편』은 1874년 서양 선교사 존 프라이어(중국명 傅蘭雅)가 중심이 되어 발행한 월간 신문(잡지)이다. 국내에는 서울대 규장각에 일부가 소장되어 있다.

務況乎能審天下之情形(우리들은 평소 재주가 없고 지식이 소루하여 일국의 사무도 제대로 알지 못하거늘 더구나 천하의 정세를 어찌 알겠는가)"라는 표현과 마찬가지로 학제에 대한 깊은 인식과 운용 방식이 본격화되기 이전에 계획적으로 교과서를 편찬하는 일은 결코 쉽지 않은 일이었을 것으로 보인다. 이를 고려할 때 근대 교육 형성기는 학제 도입의 필요성을 인식하고, 극소수의 학교를 설립하여 운영하는 상황에 있었던 것으로 보이며, 10여 개 미만의 학교에서도 우리의 실정에 맞는 교과서를 개발하기보다는 당시 유통되던 중국이나 일본의 서적, 또는 일부 지식인들이 편찬한 서적을 교과서로 사용했을 가능성이 높다. 이점에서 이 시기는 학제의 필요성 인식, 소수 학교 설립, 다종의 지식유통이라는 상황에서 근대식 학제 도입과 본격적인 교과서 개발의 전 단계에 해당한다고 볼 수 있다.

## 4. 결론

이 연구는 근대식 학제 도입 이전의 학교 교육과 교과서 형성 과정을 연구하고자 한 목적에서 출발하였다. 이를 위해 이 연구에서는 근대 교육 형성기의 학교 및 교과서 관련 자료 50종을 수집·분석하였으며, 그 결과 1880년대에서 갑오개혁 직전까지 10여 개의 근대식 학교가 존재했음을 확인하였다. 특히 학제 도입 과정에서 1881년의 조사 시찰단에 의해 작성된 『문부성소할목록』이나 『한성순보』의 학교 관련 기사, 그리고 박영효의 '건백서' 등을 통해 근대 교육 형성 과정에서 학제와 학교, 교과서에 관한 다양한 논의가 진행되었음을 확인할 수 있다. 이 연구의 주요 내용을 정리하면 다음과 같다.

첫째, 근대 교육 형성기의 학제와 교과론은 학교 설립의 필요성과 지식 보급을 주제로 하였다. 특히 조준영의 『문부성소할목록』은 서구와 일본의 학제를 체계적으로 소개한 자료로 평가되는데, 이 보고서가 우리나라의 근대식 학제 확립 과정에서 바로 적용되지는 못했다. 또한 이 시기 대략 10여 개의 근대식 학교가 설립되었으며, 각 학교마다 설립 목적에 따른 교과를 운영하고 있었음을 확인할 수 있다.

둘째, 근대 교육 형성기의 지식 유통 및 교과서 발행과 관련하여 일본과 중국의 영향 관계를 살피고자 하였다. 특히 조준영 보고서의 교과 및 교과서명과 당시 유통되었던 일부 교과서명을 대비할 때, 이 시기 국내 유통된 대부분의 교과서는 일본보다는 중국에서 발행된 교과서가 더 많이 쓰였을 가능성을 제기할 수 있다. 예를 들어 만국공법류나 격치, 지리서 등은 중국에서 번역된 서적이 국내에 유통되었음을 확인할 수 있다. 이러한 차원에서 근대 교육 형성기의 학교와 교과서 연구는 이 시기 유통된 기초 자료를 발굴하는 문제가 시급하다. 예를 들어 이 시기 일본과 중국에서 간행된 도서명의 실체를 확인하는 작업이 필요하며, 순보나 주보 등에 보이는 각종 서적명을 정리하는 작업 또는 고종의 도서관 역할을 했던 집옥재의 서적 목록 등과 비교하는 작업 등이 진행될 필요가 있다.

# 제2장 학제 도입기의 교과서 변화

## 1. 근대식 학제와 교과

교과서는 '교과용 도서'의 준말이다. 학교 교육에서 교과가 존재하면 해당 교과에서 필요로 하는 교과서의 편찬과 보급은 필수적인 일로 인식된다.

근대계몽기 교과의 확립에 따른 교과서 개발은 정부의 주요 교육 정책 가운데 하나였을 뿐만 아니라 민간에서도 교육적, 경제적으로 중요한 의미를 지니는 사업이었다. 정부의 입장에서는 교육 제도를 확립하고 정부의 이념에 맞게 교육을 진행할 수 있는 주요한 수단이 교과서였으며, 민간의 경우도 지식인들의 주된 계몽 수단이었을 뿐만 아니라 경우에 따라서는 경제적 이득을 가져다 줄 수 있는 사업이었기 때문이다.

근대계몽기 교과서는 학제 도입기 학부에서 일부 교과서를 편찬한 뒤, 대부분의 교과서를 민간인이 개발한 점이 특징이다. 박붕배(1987)에서는 이를 '민간 주도기'라고 명명한 바 있다. 그러나 통감시대에 이르러서는 다시 학부가 교과서를 강력하게 통제하는데, 이는 식민 교육 정책의 한 방편이었다. 특히 수신, 국어, 국사 관련 교과서에 대한 통제는 더욱 강하게 이루어졌는데 그 이유는 이들 교과가 대부분 국가 이데올로기를 바탕으로 하기 때문이었다. 그렇기 때문에 수신 교과의 성격을 규명하고 해당 교과서를 발굴하여 보급하는 작업은 이 시기 교육 및 식민 정책을 이해하는 데 매우 중요한 의미를 지닌다.

우리나라에서 '학과' 또는 '교과'의 개념이 처음 제기된 것은 1885년 1월 25일 간행된 『한성주보』 제1호에 실린 '논학정(論學政)'이라는 논설로 볼 수 있다. 이 논설에서는 유럽의 소학교, 중학교, 대학교의 학과목을 소개하였다. 그 이후 1895년 '한성사범학교 규칙'과 '소학교령'에서는 공식적으로 교과에 대한 규정을 둔 바 있다.

근대식 학제 도입 이후 교과 설정의 근거가 되는 학제는 각급학교령에 따라 운영되었다. 소학교의 경우는 1895년 7월 19일 공포된 '소학교령'에 근거를 두었으며, '중학교령'은 1899년 8월 4일에 공포되었다. 사범학교의 경우는 1895년 4월 16일 공포된 '한성사범학교 관제'에 따라 운영되었다. 이들 학교령과 관제가 공포된 뒤에는 각급학교 교칙(또는 규칙)이 마련되었는데, 교과(또는 학과)에 대한 규정은 이들 규칙에서 설정하였다. 이 시기 각급 학교의 교과는 다음과 같다.

| 소학교(보통학교) | 중학교 | 사범학교 |
|---|---|---|
| 1895년 소학교 규칙<br>심상과: 修身, 讀書, 作文, 習字, 算術, 體操<br>고등과: 修身, 讀書, 作文, 習字, 算術, 本國地理, 本國歷史, 外國地理, 外國歷史, 理科, 圖畵, 體操 (裁縫), 外國語 | 1900년 중학교 규칙<br>심상과: 倫理, 讀書, 作文, 歷史地誌, 算術, 經濟, 博物, 物理, 化學, 圖畵, 外國語, 體操<br>고등과: 讀書, 算術, 經濟, 博物, 物理, 化學, 法律, 政治, 工業, 農業, 商業, 醫學, 測量, 體操 | 1895년 한성사범학교 규칙<br>본과: 修身, 敎育, 國文, 漢文, 歷史, 地理, 數學, 物理, 化學, 博物, 習字, 作文, 體操<br>속성과: 修身, 敎育, 國文, 漢文, 歷史, 地理, 數學, 理科, 習字, 作文, 體操 |

근대계몽기 초기의 학제는 을사늑약 이후인 통감시대에 이르러 변화한다. 1906년 8월에 공포된 '보통학교령', '고등학교령', '여자고등학교령'이 이에 해당하며, 이들 학교령에 따라 교과에 대한 규정도 달라진다. 두 시기 각급학교 규칙에 나타난 교과의 변화를 살펴보면 다음과 같다.

**[통감시대 각급학교 교과목]**

| 1906년 보통학교령 시행규칙 | 1906년 고등학교령 시행규칙 | 1906년 사범학교 시행 규칙 |
|---|---|---|
| 修身, 國語, 漢文, 日語, 算術, 地理, 歷史, 理科, 圖畵, 體操, 手藝, 唱歌, 手工, 農業, 商業 | 본과: 修身, 國語, 漢文, 日語, 歷史, 地理, 數學, 博物, 物理, 化學, 法制, 經濟, 圖畵, 音樂, 體操<br>예과 및 보습과: 본과에 준함 | 본과: 修身, 敎育, 國語, 漢文, 日語, 歷史, 地理, 數學, 物理化學, 博物, 圖畵, 體操, 音樂, 農業, 商業, 手工 |

## 2. 근대의 교과서의 변천

우리나라 교과서의 역사는 1895년 근대식 학제가 도입된 이후로부터 시작된다. 1895년학부 편찬의『국민소학독본』,『소학독본』이래, 통감시대의 교과용 도서 검정 규정 발포(1908), 일제강점기(1910~1945), 광복 이후의 과도기(1945~1955), 교육과정기(1955년 제1차 교육과정 공포~2007 개정 교육과정까지)의 교과서 변천사 연구를 위해서는 기초 자료 정리가 반드시 필요하다. 특히 근대계몽기(1895~1910)의 교과서 연구는 기초 자료의 확보가 쉽지 않은 상황이다.

기존의 자료 정리 업적 가운데 아세아문화사의 '개화기 교과서 총서'가 있고, 일부 국어과 교과서는 김민수·고영근·하동호 편(1977)의 '역대문법대계'(탑출판사)에 수록되어 있다. 아세아문화사 영인본이 수신, 국어, 역사 교과서를 대상으로 했다면, '역대문법대계'는 국어 교과서와 문법서를 대상으로 하였다. 두 자료집 모두 매우 방대한 분량이어서 국어사나 국어교육사 연구에 큰 도움을 주었다.

그렇지만 교과서를 통한 국어사 또는 국어교육사 연구에서 고려해야 할 점이 있다. 그것은 근대계몽기의 교과서 가운데 수신이나 국어과 이외의 교과서도 국어 연구에 큰 도움이 된다는 점이다. 특히 근대계몽기의 교과서는 국한문을 위주로 하였는데, 통감시대의 교과서 정책에 따라 교과서의 내용뿐만 아니라 사용 언어도 변화되기 시작한다. '한일통상협약(을사늑약)' 이후로 일본인들의 학정 잠식이 심해지면서 일문으로 된 교과서가 편찬되기 시작한다. 일본어과의 『보통학교 학도용 일어독본』(1907, 대창서관 인쇄)뿐만 아니라 『학부 편찬 이과서』(1908, 동경 삼성당서점 인쇄) 등이 그것이다. 1908년 '교과용 도서 검정 규정' 발포와 함께 이루어진 '교과용 도서 검정 조사 사업'은 정치, 사회, 교육적인 면을 기준으로 하여 교과서를 전면적으로 통제한 결과를 낳았다. 이를 고려할 때 근대계몽기 교과서의 변천은 통감시대를 기준으로 다음과 같이 변화했음을 알 수 있다.

[근대계몽기 교과서 변천사]

ㄱ. 제1기: 근대식 학제 도입에 따른 교과서 개발기
  • 학부 편찬의 교과서 출현

- 개인 저술의 비교적 자유로운 교과서 저술

ㄴ. 제2기: 통감시대 학정 잠식기의 교과서

- 일본인의 학부 간여 및 교과서 편찬 간섭
- 학부 편찬 교과서를 일본에서 발행함(국어독본, 수신서 등)
- 교과용 도서 검정 규정 발포와 교과서 검정 조사 사업 실행
- 일본문 교과서 편찬 발행(일어독본, 이과서)
- 검정 규정에 따른 검정 교과서의 내용 변질
- 기존의 교과서 가운데 국권회복이나 민지 계발과 무관한 교과서만 인정
- 기존의 교과서 가운데 국권회복이나 민지 계발 등이 들어 있을 경우 불인정 도서로 규정

이러한 흐름에서 통감시대의 '국어독본', '수신서', '일어독본' 등은 1910년 강제 병합 직후 조선총독부에 의해 정정본이 발행된다. 이 판본은 외형상의 독립 상태에서 서술된 '한국 관련 역사'나 '지리' 등의 단원을 삭제하고, 병합의 결과를 반영하지 못한 부분을 수정한 것으로, 대부분 통감시대의 교과서의 내용과 일치한다.

이 점에서 근대계몽기 교과서 변천사를 연구하고자 할 때, 기초 자료를 정확히 파악하는 일은 중요한 의미를 갖는다. 이를 고려하여 이번 자료집에서는 기존의 발굴·보급된 교과서 자료 목록을 제시하고, 아직까지 발굴·보급되지 않은 교과서를 묶고자 하였다.

## 3. 근대의 교과서 목록

근대계몽기 교과서 자료는 아세아문화사(1977)에서 영인 보급한 '개화기 교과서 총서'가 가장 널리 이용되었다. 이 총서의 목록은 다음과 같다.

[개화기 교과서 총서]

| 권수 | 연도 | 책명 | 과목 | 저자 | 편찬/출판 | 비고 |
|---|---|---|---|---|---|---|
| 1 | 1895 | 국민소학독본 | 국어 | 학부 | 학부 | 아세아영인본 |
| 1 | 1895 | 소학독본 | 국어 | 학부 | 학부 | 아세아영인본 |
| 1 | 1896 | 신정심상소학 | 국어 | 학부 | 학부 | 아세아영인본 |
| 2 | 1907 | 유년필독 | 국어 | 현채 | 휘문관 | 아세아영인본 |
| 2 | 1908 | 초등여학독본 | 국어 | 이원경 | 보문사 | 아세아영인본 |
| 2 | 미상 | 몽학필독 | 국어 | 최재학 | 보성관 추정 | 아세아영인본 |
| 2 | 1908 | 노동야학독본 | 국어 | 유길준 | 경성일보사 | 아세아영인본 |
| 3 | 1907 | 유년필독석의 | 국어 | 현채 | 휘문관 | 아세아영인본 |
| 4 | 1906 | 초등소학 | 국어 | 대한국민교육회 | 국민교육회 | 아세아영인본 |
| 4 | 1903 | 초목필지 | 국어 | 정윤수 | 보문사 | 아세아영인본 |
| 5 | 1906 | 고등소학독본 | 국어 | 휘문의숙 | 휘문의숙 | 아세아영인본 |
| 5 | 1908 | 최신초등소학 | 국어 | 정인호 | 우문관 | 아세아영인본 |
| 5 | 미상 | 초등소학 | 국어 | 보성관 | 보성관 | 아세아영인본 |
| 6 | 1906 | 국어독본 | 국어 | 학부 | 학부 | 아세아영인본 |
| 7 | 1909 | 신찬초등소학 | 국어 | 현채 | 일한인쇄 주식회사 | 아세아영인본 |
| 8 | 1908 | 여자독본 | 국어 | 장지연 | 광학서포 | 아세아영인본 |
| 8 | 1908 | 부유독습 | 국어 | 강화석 | 황성신문사 | 아세아영인본 |
| 9 | 미상 | 숙혜기략 | 수신 | 학부 | 학부 | 아세아영인본 |
| 9 | 1909 | 초등수신 | 수신 | 박정동 | 동문사 | 아세아영인본 |
| 9 | 1908 | 중등수신교과서 | 수신 | 휘문의숙 | 휘문관 | 아세아영인본 |
| 9 | 1908 | 고등소학수신서 | 수신 | 휘문의숙 | 휘문관 | 아세아영인본 |
| 9 | 1909 | 보통학교학도용수신서 | 수신 | 학부 | 삼성당서점 | 아세아영인본 |
| 10 | 1906 | 윤리학교과서 | 수신 | 신해영 | 보성관 | 아세아영인본 |

| 권수 | 연도 | 책명 | 과목 | 저자 | 편찬/출판 | 비고 |
|---|---|---|---|---|---|---|
| 10 | 1907 | 초등윤리학교과서 | 수신 | 안종화 | 휘문관 | 아세아영인본 |
| 10 | 1907 | 녀자소학슈신서 | 수신 | 노병희 | 우문관 | 아세아영인본 |
| 11 | 1895 | 조선역사 | 역사 | 학부 | 학부 | 아세아영인본 |
| 11 | 1895 | 조선역대사략 | 역사 | 학부 | 학부 | 아세아영인본 |
| 12 | 1899 | 동국역대사략 | 역사 | 학부 | 학부 | 아세아영인본 |
| 13 | 1899 | 대한역대사략 | 역사 | 학부 | 학부 | 아세아영인본 |
| 13 | 미상 | 조선역사10과 | 역사 | 학부 | 학부 | 아세아영인본 |
| 14 | 1899 | 보통학교동국역사 | 역사 | 현채 | 학부 | 아세아영인본 |
| 14 | 1908 | 초등대한역사 | 역사 | 정인호 | 우문관 | 아세아영인본 |
| 15 | 1905 | 역사집략 | 역사 | 김태영 | 학부 | 아세아영인본 |
| 16 | 1905 | 중등교과동국사략 | 역사 | 현채 | 일한인쇄 주식회사 | 아세아영인본 |
| 16 | 1909 | 초등본국역사 | 역사 | 안종화 | 광덕서포 | 아세아영인본 |
| 17 | 1905 | 대동역사 | 역사 | 최경환 | 미상 | 아세아영인본 |
| 17 | 1905 | 대동역사 | 역사 | 정교 | 미상 | 아세아영인본 |
| 17 | 1909 | 초등대동역사 | 역사 | 박정동 | 동문사 | 아세아영인본 |
| 18 | 1906 | 대동역사략 | 역사 | 국민교육회 | 미상 | 아세아영인본 |
| 18 | 1908 | 대한력사 | 역사 | 헐버트 오성근 | 미상 | 아세아영인본 |
| 19 | 1906 | 신정동국역사 | 역사 | 원영의 유근 | 휘문의숙 | 아세아영인본 |
| 19 | 미상 | 국조사 | 역사 | 원영의 | 필사 | 아세아영인본 |
| 20 | 1908 | 초등본국역사 | 역사 | 유근 | 김상만 | 아세아영인본 |
| 20 | 1908 | 초등대한역사 | 역사 | 조종만 | 한양서관 | 아세아영인본 |
| 20 | 1910 | 신찬초등역사 | 역사 | 유근 | 광덕서포 | 아세아영인본 |
| 20 | 1909 | 초등본국역사 | 역사 | 홍사단 | 동문관 | 아세아영인본 |
| 영인 | 1906 | 초등소학권3, 4 | 역사 | 학부 | 학부 | 박붕배영인 |

　　모두 20책으로 구성된 이 총서는 수신, 국어, 역사 관련 교과서들이
다. 이들 자료 이외에 국어 문법서의 경우는 김민수 외(1977)에 수록되
어 있다. 그러나 통감시대까지 발행된 교과서 가운데 아직까지 발굴·
보급되지 않은 자료도 상당히 많다. 이 점에서 1910년 학부에서 발표
한 '교과용 도서 일람표'는 근대계몽기 개발된 교과서의 대략적인 모
습을 보여준다는 점에서 의의가 있다. 그 가운데 학부 편찬 교과서는

다음과 같다.

**[통감시대 학부 편찬 교과서(1910년까지)와 병합 직후의 정정본]**

| 서명 | 책수 | 정가 | 용도 | 목적하는 학교 | 발굴·보급 과정 | 병합 직후 정정본 (1910~1912) |
|---|---|---|---|---|---|---|
| 수신서 | 4 | 매책 10전 | 학도용 | 보통학교 | 교과서 총서 | 국립중앙도서관 (디지털) |
| 국어독본 | 8 | 동 12전 | 동 | 동 | 교과서 총서 | 국립중앙도서관 (예약서고) 강진호·허재영 편 (1권 누락, 제이앤씨) |
| 일어독본 | 8 | 동 12전 | 동 | 동 | 국립중앙도서관 | 국립중앙도서관 (디지털, 1권 누락) |
| 한문독본 | 4 | 동 10전 | 동 | 동 | 국립중앙도서관 | 연구자 소장 |
| 이과서(일문) | 2 | 동 13전 | 동 | 동 | 국립중앙도서관 (피디에프) | 확인 안 됨 |
| 도화임본 | 4 | 동 8전 | 동 | 동 | 미발굴 | 확인 안 됨 |
| 습자첩 | 4 | 동 8전 | 동 | 동 | 미발굴 | 확인 안 됨 |
| 산술서 | 4 | 동 24전 | 교원용 | | 국립중앙도서관 | 확인 안 됨 |
| 보통교육 창가집 제1집 | 1 | 11전 | 학도학원병 교원용 | | 미발굴 | 확인 안 됨 |

＊'미발굴'은 현재 발굴·보급되지 않은 것을 말하며, '확인 안 됨'은 정정본 발행 여부를 알 수 없는 것임.

학부 편찬의 교과서와 함께 '검정 조사 사업'의 결과 검정된 교과서
는 모두 33종 47책이다. 검정 교과서의 목록은 다음과 같다.

**[통감시대 학부 검정 교과서]**

| 교과목 | 책명 | 책수 | 발행연원일 | 저작/발행자 | 발행소 | 발굴·보급 |
|---|---|---|---|---|---|---|
| 수신 | 초등수신 | 1 | 1909.07.20 | 박정동/ 김태옥 | 동문사 | 교과서 총서 |
| | 보통교과 수신서 | 1 | 1910.04.05 | 민대식 | 휘문관 | 국립중앙도서관 (예약서고) |
| 국어 | 초등국어어전 | 3 | 1909.03.20 | 김희상 | 유일서관 | 역대문법대계 |
| | 신찬 초등소학 | 6 | 1909.09.20 | 현채 | 현채 家 | 교과서 총서 |

| 교과목 | 책명 | 책수 | 발행연원일 | 저작/발행자 | 발행소 | 발굴·보급 |
|---|---|---|---|---|---|---|
| 한문 | 대동문수 | 1 | 1907.06.05 | 휘문의숙 편집부 | 휘문관 | 국립중앙도서관 (디지털) |
| | 자전석요 | 1 | 1909.07.30 | 지석영/ 고유상 | 진동서관 | 연구자 소장 |
| | 한문초보 | 4 | 1910.04.30 | 황한동/ 남흥우 | 광문당 | 미확인 |
| 지리 | 초등본국지리 | 1 | 1909.10.10 | 박정동/ 김상천 | 동문관 | 미확인 |
| | 초등만국지리 | 1 | 1909.02.22 | 안종화/ 휘문관 | 휘문관 | 국립중앙도서관, 연구자 소장 |
| | 신찬지문학 | 1 | 1907.07.15 | 민대식/ 휘문관 | 휘문관 | 국립중앙도서관 (예약서고) |
| | 초등대한지리 | 1 | 1910.03.15 | 안종화/ 안태형 | 광덕서관 | 미확인 |
| 역사 (동양사) | 초등본국역사 | 1 | 1909.12.10 | 안종화/ 안태형 | 광덕서관 | 연구자 소장 |
| | 초등대동역사 | 1 | 1909.08.20 | 박정동/ 김태옥 | 동문사 | 교과서 총서, 연구자 소장 |
| | 초등본국약사 | 2 | 1909.11.15 | 박정동/ 김상천 | 동문관 | 교과서 총서 |
| | 동양사교과서 | 1 | 1908.08.10 | 유옥겸 | 광한서림 | 국립중앙도서관 (마이크로 필름) |
| | 서양사교과서 | 1 | 1910.03.30 | 유옥겸 | 광한서림 | 국립중앙도서관 (예약서고) |
| | 신찬 초등역사 | 3 | 1904.04.07 | 유근/ 인태형 | 광덕서관 | 교과서 총서 |
| 산술 | 산술교과서 | 2 | 1908.07 | 이승교/ 박정수 | 문화당 | 국립중앙도서관 (예약서고), 연구자 소장 |
| 이과 (박물, 동식물) | 개정신선 이화학 | 1 | 1910.02.05 | 박정동/ 김상만 | 광학서포 | 미확인 |
| | 초등용 간명 물리교과서 | 1 | 1910.01.20 | 최재학 | 유일서관 | 미확인 |
| | 신찬 실험 이화학 교과서 | 1 | 1910.05.10 | 이관희 | 광한서림 | 미확인 |
| | 신찬 소박물학 | 1 | 1907.11.20 | 유성준, 김상천 | 회동서관 | 연구자 소장 |
| | 신편동물학 | 1 | 1908.06 | 신해용/ 고유상 | 회동서관 | 미확인 |
| | 초등식물학 | 1 | 1908.02.06 | 정인호 | 옥호서림 | 미확인 |
| | 중등광물계교과서 | 1 | 1907.08.31 | 민대식/ 휘문관 | 휘문관 | 미확인 |

| 교과목 | 책명 | 책수 | 발행연원일 | 저작/발행자 | 발행소 | 발굴·보급 |
|---|---|---|---|---|---|---|
| 생리<br>위생 | 중등생리위생학 | 1 | 1908.10.05 | 임경제/<br>휘문관 | 휘문관 | 미확인 |
| | 초등생리위생대요 | 1 | 1909.09.30 | 안종화/<br>안태형 | 광덕서관 | 미확인 |
| | 초등위생학교과서 | 1 | 1909.11.25 | 안종화/<br>김상만 | 광덕서관 | 미확인 |
| | 생리학초보 | 1 | 1910.02.04 | 안종화/<br>안애리 | 대한성서공회 | 미확인 |
| 농업<br>경제 | 농업대요 | 1 | 1910.03.07 | 이각종/<br>남궁준 | 유일서관 | 미확인 |
| | 최신경제교과서 | 1 | 1910.05.30 | 유승겸/<br>남궁준 | 유일서관 | 미확인 |
| 교육학 | 신찬보통교육학 | 1 | 1908.06 | 김상인 | 일한서방 | 미확인 |
| 체조 | 최신 체조교수서 | 1 | 1909.12.28 | 이기동/<br>모리야마 | 일한서방 | 미확인 |

또한 '교과서 검정 조사 사업'의 결과, 학부에서 인정한 교과서는
모두 40개 교과 305종에 이른다. 인정 교과서 가운데 상당수는 실업과
관련된 것들이어서 국어사나 국어교육사의 기초 자료로 사용하기는
어렵다. 이와 함께 학부에서는 불인가 교과용 도서(70종), 검정 무효
급 검정 불허가 교과용 도서(13종)의 목록도 제시한 바 있다.

# 제3장 광학회 서목과 (언역본) 『태서신사남요』

## 1. 서론

『태서신사남요(泰西新史攬要)』는 로버트 맥켄지(Robert Mackenzie, 한어명 馬懇西)가 1880년 영국에서 저술한『19세기: 역사(The 19th Century: A History)』(London, T. Nelsan and Sons)를, 티모시 리처드(Timothy Richard, 한어명 李提摩太)가 1895년 상해에서 번역한 것으로, 대한제국 건양 2년(1897년) 6월 학부에서 한문본과 언역본 2종을 발행하였다. 염수진 (2011)에 따르면 티모시 리처드가 번역한 책은 상해 미화서관(美華書館)에서 발행한 것으로 알려져 있는데, 학부에서 펴낸 책은 상해 광학회(廣學會)에서 인발(印發)하였다.

상해 광학회는 1887년(처음에는 '동문서회') 영국인 선교사들이 중심이 되어 상해에 창립된 단체였다. 이 단체는 태서신사 발행 전후 국내에서도 큰 관심을 끈 것으로 알려져 있는데, 이는『독립신문』1899년

2월 6일의 '광학회 스긔'에도 소개된 바 있다.

(1) 광학회 스긔

(…전략…) 상히에 흔 회가 잇스니 일홈은 광학회(廣學會)라. 원릭 교중 사룸들이 츌렴ᄒ야 창셜흔 지가 十二년즘 되엿ᄂ디 그 목격은 예수교의 도덕을 근본삼아 풍쇽을 불오 잡고 지식을 넓히ᄂ 일이라. 슈년릭에 구미 각국 사룸들의 보죠금이 근 二万원이오 셔칙 방믜흔 돈이 근 三万원이라 ᄒ니 그 ᄉ업의 셩취가 쇽ᄒ고 광대흠을 보겟도다. 광확회 ᄉ무에 각장 명예 잇ᄂ 사룸 즁에 미인 뎡위량(丁韋良)은 북경대학교 교쟝이오 공법회 통(公法會通) 등 셔칙을 번력ᄒ엿고, 미인 림낙지(林樂知)ᄂ 만국공보(万國 公報) 쥬필이오 즁동젼긔(中東戰記) 등 셔칙을 져슐ᄒ엿고, 영인 리졔마틱 (李提摩太)ᄂ 광학회 셔긔로 져슐흔 칙이 만흐나 대한에 만히 팔이기ᄂ 태셔신셔오 덕인 파벌 씨ᄂ ᄌ셔죠동(自西組東) 등 칙을 져슐ᄒ고 기외에 도 이 회에셔 번력 져슐ᄒ야 쳥국 젼국에 젼파ᄒᄂ 셔칙이 一년에 여러 十万권식일너라. (…하략…)

이 기사에 등장하는 뎡위량은 미국인 윌리엄 A. 파슨스 마틴(Willam A. Parsons Martin)으로『만국공법』을 저술하고,『공법회통』을 번역하 였으며, 임낙지는 미국인 선교사 영 존 알렌(Young Jon Allen)으로『중 동전기』를 저술하였다.

학부에서 편찬한『태서신사남요』는 상하 2책으로 '태서신사남요 역 본 서', '범례', '목차', '인지제명표(人地諸名表)', 24권으로 이루어진 본 문, 그리고 리처드의 '양민유법(養民有法)'이 함께 묶여 있다. 이와 함께 광고 형식의 '대조선 건양 이년 유월일 학부 편집국 서적 정가금표(大朝 鮮建陽二年六月 學部編輯局書籍定價金表)'와 '광학회 서목(廣學會書目)'이

들어 있는데, 학부 편집국 도서는 총 22종이며, 광학회 서목은 45종에 이른다.1) 이 가운데 『태서신사남요』(한문본, 언역본)와 『공법회통(公法會通)』은 광학회에서 발행한 것을 학부에서 교과용도서로 편찬한 것이어서, 이 시기 광학회가 한국 교육에 큰 영향을 미쳤음을 알 수 있다.

상해 광학회의 활동에 대해서는 시춘펑(史春風, 2005), 리지아제이(李家駒, 2007)을 비롯한 중국의 연구가 활발히 진행된 것으로 보이며, 국내에서도 윤영도(2005), 차배근(2005) 등의 연구 성과가 축적되어 있다. 윤영도(2005)에서는 『만국공법』을 중심으로 서구 지식의 중국어 번역이라는 차원에 연구를 진행하였으며, 차배근(2005)에서는 19세기 중국에서의 서학 이데올로기를 규명하는 차원에서 '광학회'와 『만국공법』을 다루었다. 『태서신사』에 대한 연구 성과는 충분하지 않은데, 국내의 연구로는 염수진(2011)의 '대한제국기 태서신사 편찬 과정과 영향 연구'가 유일해 보인다. 비록 석사 학위 논문이지만 이 논문에서는 티모시 리처드(李提摩太)의 한역본과 학부 인발 태서신사남요, 언역본, 1896년 고다 시게모토(幸田成友)가 일본에서 번역한 『십구세기사(十九世紀史)』(東京: 博文館) 등을 비교하고, 『독립신문』, 『황성신문』 등에 나타난 『태서신사』의 영향을 논의하였다. 이밖에 구희진(2004), 백옥경(2010) 등에서 교육적인 차원이나 저역술의 차원에서 이 책이 갖는 의미를 논의한 바도 있다. 이와 같이 한국 근대 지식 형성 및 보급 과정에서 중요한 의미를 갖는 '광학회'에 대한 연구는 충분하지 않다.

이 점에서 이 연구는 '광학회 서목'을 대상으로 우리나라에서의 근대 지식 수용 양상을 고찰하고, 학부에서 편찬한 『태서신사남요』와

---

1) '광학회 서목'이라는 용어는 광학회 창립 이후 이 단체에서 보급했던 책들을 말한다. 『만국공보』 1876년 당시에는 '미화서관 고백(美華書舘告白)'이라는 제목으로 서책 광고를 했으나, 1890년대 이후에는 '광학회 서목'이란 이름으로 광고를 했다.

『틔셔신사』(언역본의 명칭)를 대상으로 근대 지식의 수용 양상을 기술하는 데 목표를 둔다.


## 2. 광학회 서목과 근대 지식의 수용 양상

광학회 서목은 상해 광학회에서 판매한 서적 목록이다. 『태서신사남요』의 '학부 편집국 서적'에서 책명과 정가만 제시한 것과는 달리, 이 서목에는 다음과 같은 안내문이 실려 있다.

(2) 廣學會 書目

啓者西國經史子集 不計其數 現經西儒譯成華文者 亦復不少. 而以敎養各新法 大有關係於國 故多注意於此. 夫中國民數約共三四兆 每年生者較死者百人中必增一人 一年增三四百萬 十年之後必增至三四千萬 卽多兩省之人 如無新法以敎養之民必年困一年 生財敎民之道 其可不亟講哉. 查總稅務司赫公德 英前欽使威公妥瑪 以及敎中諸名士於三十年來 恒以借法自强之說 勸中國誠使及早仿行中國之興. 豈在他國之後. 今皇太后皇上 以及恭親王合肥 相國南皮 制軍咸知西學之可尙 西法之可行. 是以電報鐵路開鑛織布等 工作次第擧行. 倘將泰西各善法 盡取而行之. 每省每年至少增銀二千萬兩否 則地不加廣而民日加 多强弱之機在此 生死之機亦在此 本會開辦以來 專以著書爲事 玆將所著敎養要書數十種 錄其價目於後.

[번역] 서양 경사자집으로 깨우치고자 하는 것은 그 수를 헤아리기 어렵다. 현재 서양 학자들이 중국어로 번역한 책이 또한 적지 않다. 이로써 각 신법을 교양하여 나라에 관계되는 것이 많으니 그러므로 이에 많은 주의를 기울여야 한다. 대저 중국 인민 수가 대략 3~4조(억)로 매년 죽은 자에

비해 태어난 자를 비교하면 반드시 한 사람을 증가할 것이니 일 년에 삼사백 만이 증가하면 십년 뒤에는 반드시 삼사천만이 될 것이요, 곧 많은 지역의 사람이 신법으로 양민을 하지 않으면 백성들이 연연히 곤궁할 것이니, 생재(生財) 교민의 도로 가히 삼가 강론하지 않을 수 있겠는가. 총세무사 혁덕(赫德)[2], 영국 전 흠사 위타마(威妥瑪)[3]가 공덕을 밝히니, 지금까지 중국 제명사를 가르친 지 삼십 년 이래[4] 항상 자강설로써 일찍이 중국의 부흥책을 행할 것을 권하더니, 어찌 다른 나라에 뒤질 수 있겠는가. 금 황태후 황상께서 공친왕 합비(恭親王 合肥), 상국 남피(相國 南皮)로 군을 통제하고 서학을 가히 숭상하여 알게 하며, 서양법을 시행하게 하였다. 이로써 전보, 철로, 개광, 직포 등 공업이 차례로 실행되었으니, 당장 태서의 좋은 법을 다 취하여 행하게 하였다. 성마다 매년 증가한 것이 적어은 이천만 냥이 되지 않으니 땅이 넓어지지 않고 백성이 날로 늘지 않으니 강약의 기회가 이에 있으며, 생사의 기회가 또한 이에 있으니, 본회를 열어 힘쓴 이래로 오로지 저서를 위주로 하여 이에 교양(教養)에 필요한 서적이 수십 종이라. 그 값과 목록을 아래에 기록한다.

이 글은 광학회에서 발행한 책이 중국의 자강 부흥에 도움을 주는 신법(新法) 관련 서적들로, 양민을 가르치고 기르는 데 필요한 책임을 밝히고 있다. 이 글은 광학회에서 쓴 광고문으로 추정되는데 그 이유는 '본회를 열어'라는 표현이 들어 있을 뿐만 아니라 1903년의 '광학회

---

2) 혁공덕(赫公德, 로버트 하트, Robert Hart, 1835~1911): 영국인. 28세 대청 세무사로 임명되었으며 1887년 광학회의 전신인 '동문서회(同文書會)' 창립 당시 회장을 맡았다.
3) 위타마(威妥瑪, 토마스 웨이드, Thomas Francis Wade, 1818~1895): 영국의 외교가로 1862년부터 1882년까지 중국 주재 전권공사를 지냈다.
4) 이 서목에서 중국 명사를 가르친 지 30년이 지났다는 서술은 1840년대 상해에 설립된 영미 선교사들의 '중국 실용지식전파회(中國實用智識傳播會)'의 역사를 고려한 서술로 보인다.

서목' 광고문과 비교할 때 일부 문구만 차이가 있을 뿐 표현과 내용이 유사하기 때문이다.5)

『태서신사남요』의 '광학회 서목'에는 '계개(計開)'라는 이름 아래 총 45종의 서목과 정가가 제시되어 있다. 그 목록은 다음과 같다.

### (3) 광학회 서목

泰西新史攬要 八本一部(八本 一部, 二元), 中西年表圖(一元 五角), 古教彙參(三本 一部, 一元 四角), 自西徂東(五本 一部, 一元), 基督實錄(三本 一部, 一元), 格物探原(四本 一部, 一元), 時事新論(三本 一部, 六角), 幼學操身(三本 一部, 五角), 近代教士列傳(五角), 五彩天樂圖(三角 五分), 救世教益(三角), 治國要務(二角 五分), 列國變通興盛記(二角), 三十一國志要(二角), 性海淵源(二角), 正道啓蒙(一角 五分), 格致新機(一角), 生利分利之別(六分), 五大洲各國統屬全圖(五分 着色八分), 八星之一總論(五分), 華英讞案定章考(五分), 修水日以利通商議(五分), 百年一覽(五分), 傳教論旨(五分), 七國新學備要(三分), 中西四大政(三分), 五洲教務(三分), 農學新法(三分), 名公三序(三分), 女兒經(三分), 山東貧竇考(三分), 修命說(二分), 稅斂要例(二分), 中西互論(一分五), 救世有道(一分五), 中西各教人數圖(一分), 養民有法(一分), 機器之益(一分), 大國次第(一分), 萬國公報(每年 十二本, 一圓 二各 五分), 中西教會報(每年 十二本, 一圓), 歐洲八大 帝王傳(五分), 中東戰紀 本末(八本 一部, 一元 五角), 中東戰紀 續編(三本 一部, 三角), 文學興國策(二本 一部, 三角)

---

5) 1903년 서목은 주리히 대학(Zurich University) 백과사전 편찬실의 백과사전 데이터베이스 (http://kjc-sv006.kjc.uni-heidelberg.de:8080)를 참고할 수 있다. 주리히 대학은 독일 주리히에 위치한 대학으로 1833년 설립되었다. 여기에 인용한 백과사전 데이터베이스는 2010년부터 2012년까지 이 대학에서 작성한 100여 개의 백과사전 관련 작업 가운데 하나이다. 이 서목 광고에는 하트와 웨이드에 관한 내용이 들어있지 않을 뿐, 다른 내용과 표현은 『태서신사남요』와 유사하다. 이 서목에서는 총 211종의 책명이 등장한다.

以上 各書均在上海美華書館 格致書室 等處發售. 其餘各省教士售書坊 間有 代售 海主 學書 學劍 生養 平氏 手鈔 [起於癸巳夏 訖於甲午秋] (이상의 각 서적은 상해 미화서관 격치서실에 고루 갖추어 발매판다. 그 나머지 각 성의 교사는 책방에 와서 사거나 혹은 대신 살 수 있다. 상해 학서 학검 생양 평씨 기록[계사년 여름에 시작하여 갑오년 가을에 이름])

서목은 서명(書名)과 책의 구성, 정가를 표시했는데, 『만국공보』와 『중서교회보』는 매년 12본이 발행되므로 잡지 형태임을 확인할 수 있고, 그 밖의 서목은 삼본(三本)이나 이본(二本)으로 구성되었을지라 도 단일 부(部)로 구성되었음을 알 수 있다. 이 서적들은 상해 미화서 관(美華書館) 격치서실(格致書室)에서 발수(發售)하며, 다른 성의 서적 발매소에서도 판매한다고 하였다. 이처럼 발수처와 발행처, 또는 인 쇄소를 혼용한 까닭은 이 시기 서적 발행 체계가 분화되지 않았기 때문이다. 서목에는 저자와 발행처, 내용 등이 구체적으로 나타나지 않기 때문에, 각 서적의 저자, 발행처, 내용은 확인하기 위해서는 실물 을 살펴보아야 한다. 현재 소장처를 확인하여 내용을 고증할 수 있는 서적은 총 32종이다.

(4) 소장처가 확인된 서적

| 서목 | 편저자 | 연도 | 발행처 | 분야 | 내용 | 국내 소장 | 해외 소장(기타) |
|---|---|---|---|---|---|---|---|
| 性海淵源 | Ernst Faber (파버, 花之安) 撰 | 1895 | 美華書館 | 경서 | 중국 고전 | 국립중앙도서관 디지털라이브러리 | |
| 山東貧寠考 | 仲均安 譯, 張小棠 述 | 1897 | 廣學會 | 시무 | 시무 | 국립중앙도서관 고전운영실 | |
| 正道啓蒙 | William C. Burns (번스, 賓爲霖) | 1891 | 美華書館 | 종교 | 계몽 원리 | 서울대 규장각 | 漢語基督敎經典文庫集成. 十九世紀篇 3. 新北市: 橄欖出版有限公司, 2012 |

| 서목 | 편저자 | 연도 | 발행처 | 분야 | 내용 | 국내 소장 | 해외 소장(기타) |
|---|---|---|---|---|---|---|---|
| 格物探原 | Alexander Williamson (윌리엄슨, 韋廉臣) | 1876 | 美華書, 廣學會 | 과학 | 과학 이론 | 서울대 규장각, 熊野与(구마노야타에)訓点·奧野昌綱(오쿠노마사츠나)校訂本(1878)은 국립중앙도서관 디지털라이브러리 | 1880년 리흥장과 면담한 후 1881~1884년까지 매월 태원(太原)에 가서 보고회를 갖고 〈시보〉에 발표한 것을 모아 편찬 |
| 格致新機 | Timothy Richard (리처드, 李提摩太) | 1897 | 廣學會 | 과학 | 과학 이론 | 고려대도서관 (육당문고) | |
| 生利分利之別 | Timothy Richard (리처드, 李提摩太), 蔡爾康 | 1897 | 廣學會藏板, 商務印書館 | 과학 | 과학 이론 | 없음 | 코넬대학 |
| 八星之一總論 | Timothy Richard (리처드, 李提摩太) | 1891 | 廣學會 | 과학 | 천문학 (지구 위성) | 없음 | 서학 전파 목적: 후에 채이강이 편술하면서 〈칠국신학비요〉에 첨입함 |
| 農學新法 | 具德禮, Timothy Richard (리처드, 李提摩太) | 1897 | 廣學會 | 농학 | 농업 | 없음 | 캘리포니아 대학 소장 |
| 治國要務 | Alexander Williamson (윌리엄슨, 韋廉臣) 著 | 1895 | 美華書館 | 시무 | 시무 원리 | 경희대학교 도서관 | |
| 列國變通興盛記 | Timothy Richard (리처드, 李提摩太) | 1894 | 廣學會 | 시무 | 러시아, 일본, 인도, 미얀마, 베트남(안남)의 변법 역사 | 없음 | 홍콩 신학대학 |
| 華英讞案定章考 | Timothy Richard (리처드, 李提摩太) | 1891 | 廣學會 | 시무 | 시무 헌의 | 없음 | 바이두 문고6) |
| 修水日以利通商議 | Timothy Richard (리처드, 李提摩太) | 1891 | 廣學會 | 시무 | 통상 시무 | 없음 | 바이두 문고 |
| 養民有法 | Timothy Richard (리처드, 李提摩太) | 1895 | 廣學會 | 시무 | 변법 원리 | 태서신사남요 부록 | |
| 時事新論 | Timothy Richard (리처드, 李提摩太) | 1895 | 廣學會 | 시사 | 시사 논설 | 영남대 도서관, 한국학중앙연구원 장서각 | |
| 萬國公報 | 만국공보관, 알렌 주필 | 1896 ~ 1902 | 美華書館 | 시사 | 회보 | 국립중앙도서관 고전운영실 | |

---

6) 바이두 문고(Baidu, 白度)는 2000년 1월 18일 이후 중국에서 제공하는 웹서비스를 말한다. (http://en.wikipedia.org/wiki/Baidu)

| 서목 | 편저자 | 연도 | 발행처 | 분야 | 내용 | 국내 소장 | 해외 소장(기타) |
|---|---|---|---|---|---|---|---|
| 泰西新史攬要 八本一部 | Robert Mackenzie (맥켄지, 馬懇西), 蔡爾康編, Timothy Richard (리처드, 李提摩太) 譯 | 1895 | 廣學會 | 역사 | 19세기 유럽의 역사 | 국립중앙도서관 디지털라이브러리 | |
| 中西年表圖 | Timothy Richard (리처드, 李提摩太) 譯 | 1895 | 廣學會 | 역사 | 서양과 중국 역사 | 한미서적 편(2002), 〈중국학술 총서〉 제1편 1~50. 한미서적. | |
| 七國新學備要 | Timothy Richard (리처드, 李提摩太) | 1886 | 廣學會 | 역사 | 세계 지리 역사 정치 | 없음 | 바이두 문고 |
| 歐洲八大 帝王傳 | Timothy Richard (리처드, 李提摩太) | 1894 | 廣學會 | 역사 | 역사 | 국립중앙도서관 고전운영실 | |
| 中東戰紀 本末 | Young John Allen (알렌, 林樂知), 蔡爾康 共纂 | 1896 | 廣學會 | 역사 | 역사 | 국립중앙도서관 고전운영실, 현채(玄采)의 역술본도 있음 | |
| 中東戰紀 續編 | Young John Allen (알렌, 林樂知), 蔡爾康 共纂 | 1896 | 廣學會 | 역사 | 역사 | 국립중앙도서관 고전운영실 | |
| 中西四大政 | Timothy Richard (리처드, 李提摩太) | 1895 | 廣學會 | 정치 | 변법 원리 | 없음 | 홍콩신학대학 소장, 세계사, 지리, 사회, 정치 정황 소개 목적 |
| 大國次第 | Timothy Richard (리처드, 李提摩太) | 1888 | 廣學會 | 정치 | 변법 원리 | 없음 | 바이두 문고 |
| 古教彙參 | Alexander Williamson (윌리엄슨, 韋廉臣), 董樹棠, 奧野昌綱 | 1899 | 廣學會 | 종교 | 미확인 | 없음 | 바이두 문고 |
| 自西徂東 | Ernst Faber (파버, 花之安) 撰, 淸闕名 譯 | 1884, 1902 | 香港鉛印/ 上海廣學會 | 종교 | 서교 | 성균관대 존경각도서관, 한양대 중앙도서관 | |
| 基督實錄 | Alexander Williamson (윌리엄슨, 韋廉臣), 董樹棠 | 1882 | 飯島靜謙 | 종교 | 기독교 | 충남대 도서관 | |
| 近代教士列傳 | Timothy Richard (리처드, 李提摩太) 撰 | 1894 | 廣學會 | 종교 | 미확인 | 없음 | 일본 동양문고 |
| 救世教益 | Timothy Richard (리처드, 李提摩太) | 1895 | 廣學會 | 종교 | 종교 원리 | 원광대학교 도서관 | |
| 中西教會報 | E. T. Williams (윌리암스, 衛理) 編 | 1895 ~ 1896 | 廣學會 | 종교 | 회보 | 국립중앙도서관 고전운영실 | |

| 서목 | 편저자 | 연도 | 발행처 | 분야 | 내용 | 국내 소장 | 해외 소장(기타) |
|---|---|---|---|---|---|---|---|
| 五大洲各國統屬全圖 | Timothy Richard (리처드, 李提摩太) | 1897 | 廣學會 | 지지 | 세계지리역사정치 | 없음 | 바이두 문고 |
| 文學興國策 | Young John Allen (알렌, 林樂知) | 1896 | 廣學會 | 학문 | 학문 | 국립중앙도서관 고전운영실 | |

이 중 19종은 국내 각 도서관에 소장되어 있으며, 14종은 중국, 일본, 미국 등지의 도서관에 소장되어 있다.[7)]

이 서적들은 선교 목적뿐만 아니라 중국 고전, 서양 역사, 시사, 정치, 지리, 실업 등을 소개함으로써 중국을 계몽하고 변법(變法)을 건의하는 목적을 갖고 있었다. 이를 고려하여 광학회 서목을 내용별로 분류[8)]하면 다음과 같다.

(5) 내용별 분류

| 분야 | 해당 서목 | 종수 |
|---|---|---|
| 종교 | 古敎彙參, 自西徂, 基督實錄, 近代敎士列傳, 救世敎益, 傳敎論, 中西敎會報, 正道啓蒙 | 8 |
| 역사 | 泰西新史攬要, 中西年表圖, 七國新學備要, 歐洲八大帝王傳, 中東戰紀本末, 中東戰紀續編 | 6 |
| 시무 | 治國要務, 列國變通興盛記, 華英讞案定章考, 修水日以利通商議, 養民有法, 山東貧窶考 | 5 |

---

7) 국내 소장본은 연구자가 확인한 것만을 대상으로 하였기 때문에 여기에 정리하지 못한 소장본도 더 있을 수 있다. 현재까지 근대 계몽기 중국을 경유하여 들어온 서적에 대한 기초 조사가 충분하지 못한 상황이어서 광학회 서목의 국내 유입 상황을 파악하기는 어려우나, 이 시기 신문, 잡지의 역술(譯述) 자료를 참고할 때 『태서신사남요』에 소개된 광학회 서목의 서적들은 대부분 국내에 유입되었을 것으로 추정되기 때문이다. 또한 해외 소장본도 중국이나 영국, 프랑스, 독일 등을 전수 조사한 것이 아니어서 미확인본 13종을 포함하여 더 많은 소장본이 존재할 것으로 추정된다.

8) 분류 기준에서 '역사'와 '지지', '정치' 등의 경계가 명확한 것은 아니다. 예를 들어 『열국변통흥성기』는 러시아, 일본, 인도, 동남아의 변법 관련 서적으로 '시무'를 중심으로 한 것이지만, 역사 분야에서 다룰 수도 있다. 이처럼 중복 분류가 가능할 경우 저술자의 의도를 고려하여 한 분야로 처리하였다.

| 분야 | 해당 서목 | 종수 |
|------|-----------|------|
| 과학 | 格物探原, 格致新機, 生利分利之別, 八星之一總論 | 4 |
| 시사 | 時事新論, 萬國公報[9] | 2 |
| 정치 | 中西四大政, 大國次第 | 2 |
| 중국 고전 해석 | 性海淵源 | 1 |
| 지지 | 五大洲各國統屬全圖 | 1 |
| 학문 진흥책 | 文學興國策 | 1 |
| 농학 | 農學新法 | 1 |
| 계 | | 32 |

32종의 서적 가운데 가장 많은 비중을 차지하는 것은 종교 관련 서적이다. 이는 광학회가 영미계 선교사와 외국 영사를 중심으로 조직되었기 때문에 나타난 자연스러운 현상이다. 그럼에도 역사, 시무, 과학 관련 서적이 많이 발행된 까닭은 '광학회(廣學會)'라는 명칭에서 보듯이 '서구의 학문으로 중국을 넓힌다'는 취지를 반영한 것이라고 할 수 있다. 이는 미확인 도서도 비슷한 것으로 보이는데, 책명을 통해 짐작할 수 있듯이 『오주교무(五洲敎務)』, 『오채천락도(五彩天樂圖)』, 『구세유도(救世有道)』, 『중서각교인수도(中西各敎人數圖)』 등은 종교 관련 서적으로 보이고, 『기기지익(機器之益)』은 과학기술을, 『세렴요례(稅斂要例)』은 시무를 대상으로 한 서적으로 추정된다. 이러한 신지식을 바탕으로 한 양민(養民)·변법론(變法論)은 서세동점기 중국뿐만 아니라 우리나라에도 적지 않은 영향을 주었다.

광학회에서 발행한 서적 가운데 국내에 가장 많이 보급된 것은 『공법회통』과 『태서신사』이다. 『공법회통』은 『태서신사남요』의 광학회 서목에는 등장하지 않으나, 『독립신문』 1899년 2월 6일 '광학회 스긔'에서

---

9) 1868년 윌리엄슨(韋廉臣)과 알렌(林樂知)은 상해 묵해서관에서 『교회월보』를 발행하고, 1876년 회보의 명칭을 『만국공보』로 변경하였다. 이 잡지는 시사뿐만 아니라 역사, 지리, 격물 등의 다양한 글을 역술 게재하였다.

"광학회 ᄉ무에 각장 명예 잇ᄂ 사름 즁에 미인 뎡위량(丁韋良)은 북경대학교 교쟝이오 공법회통(公法會通) 등 셔칙을 번력ᄒ엿고"라고 기록했듯이, 학부 편찬 『공법회통』은 미국인 윌리엄 마틴의 역술본이었다.10) 이처럼 초기의 학부 편찬 교과서가 중국, 특히 광학회에서 발행한 것을 번간한 것이 많음은 다음 기사를 통해서도 확인할 수 있다.

(6) (…전략…) 우리나라에 이십여 년ᄂ로 경쟝쥬의를 인연ᄒ야 ᄂ란도 몃 번 잇셧고 법률도 곳쳐 보앗스나 오날ᄉ지도 칙 만들어 젼파ᄒᆯ 회샤라든지 공회를 지은 것이 업고, 년젼에 학부에셔 편집국을 셰워 대한ᄉ긔, 디지완, 심샹쇼학, 공법회통, 틱셔신ᄉ 등 칙권을 <u>쳥국셔 만든 ᄃᆡ로 번간ᄒ야 도로 한문을 ᄂᆞ고</u> 다만 틱셔신ᄉ를 국문으로 번역ᄒ엿스나 한문 모로는 이는 볼 슈 업시 만들엇고, 기외에 현칙 씨가 칙질이나 번역ᄒ 것이 ᄯᅩ한 국한문으로 셕거 만든 것이오 (…하략…)

—『뎨국신문』 1902.10.28

이 기사에서 밝혔듯이, 『공법회통』과 『태서신사남요』는 중국의 것을 번간한 교과서로, 근대 지식 형성과 보급 과정에서 중국을 경유하여 들어온 대표적인 서적이라고 할 수 있다. 마틴의 『공법회통』이 이 시기 국내의 다른 저서에 직접적인 영향을 주었는지는 명확하지 않으나 김효전(2008)에서 밝힌 바와 같이, 마틴의 『만국공법』은 조선

---

10) 학부 편찬 『공법회통』은 1896년 발행하였으며, 발행처는 미상이나 학부 편집국장 이경직(李庚稙)의 서문과 광서(光緒) 6년 왕문소(王文韶)의 서문, 같은 해 미국 정위량(鄭韙良)의 서문이 실려 있다. 정위량은 윌리엄 마틴(William Alexander Parsons Martin, 1827~1916)으로, 윤영도(2005), 김효전(2008) 등에서 밝힌 바와 같이 1864년 헨리 휘튼(Henry Wheaton, 1785~1848)의 「국제법 원리」를 중국어로 역술한 『만국공법』을 내었으며, 1880년 상해 미화서관에서 『공법회통』을 발행하였다. 이 판본은 현재 성균관대 존경각에 소장되어 있다.

에 직수입되었으며, 알렌이 중국어로 역술한『만국공법요략』은 대구 달성사(1903, 1906), 박정동(1907)에 의해 역술된 바 있다.11) 또한『태서 신사남요』는 언역본 발행뿐만 아니라 현채의『만국사기(萬國史記)』 (1905, 간행자 미상),『법란서신사(法蘭西新史)』(1906, 간행자 미상) 등에도 큰 영향을 미쳤다.12) 그뿐만 아니라『황성신문』의 논설에 등장하는 법률 의식이나 세계사 관련 지식 가운데 상당수는 광학회를 거쳐 국 내에 들어온 지식을 기반으로 한 것들로 보이는데, 이는 그만큼 광학 회 서적이 국내에 미친 영향이 큼을 의미한다.13)

## 3. 『태서신사』의 근대 지식 수용과 의미

광학회 서목 가운데『태서신사』는 번간 과정에서『공법회통』과는 달리 학부가 증보한 부분이 있다.14) 학부가 증보한 부분은『태서신사

---

11) 김효전(2008)에서는 윌리엄 마틴의『만국공법』과『공법회통』이 국내에 미친 영향을 규명 했는데, 이에 따르면 1906년 달성 광문사에서 번역한『만국공법요략』(현재 1903년 번역본 과 함께 고려대학교 도서관에 소장되어 있음)은 로렌(Thomas Joseph Lawrence, 勞麟賜, 1849~1919) 지음, 알렌(林樂知) 역술의 저서를 번역한 것이며, 박정동(朴晶東)의『국제공 법지』(1907, 鄭喜鎭 발행, 국립중앙도서관 디지털라이브러리 참고)도 이를 역술한 것으로 알려져 있다.

12) 염수진(2011)에서는『태서신사』와『만국사기』,『법란서신사』를 대조한 바 있다.

13) 『만국공보』와 관련된 기사는 이 시기 신문에 비교적 자주 등장한다. 예를 들어『협성회회 보』 1898년 3월 12일자 '내보'에도 '상해 미화서관'에서 만국공보를 발행함을 소개한 적이 있으며, 『황성신문』 1899년 11월 13일의 '사설(社說)'에서는 "且 近來 上海 蔡爾康 氏의 所譯亨 廣學會社 萬國公報를 閱覽亨즉 如公報新論 等 諸書를 初印亨 時에는 購讀亨는 者ㅣ 寥寥無幾亨야 申撤홈을 不免亨얏다가 十計年 後에 更히 發行亨되 猶四五年을 經亨고야 始稍稍廣佈亨야 報館 收入이 二十倍에 僅止亨즉 彼 淸國人士는 頑皮老骨이 痼結難化亨야 倣漫欺蔑(방만기멸)亨는 習氣로 昏夢을 未醒타가 畢竟 一敗塗地에 凌轢(능력)을 甘受亨 後에야 耳目이 稍開亨야 然亨거니와 (…중략…). 今에 本新聞은 刊行亨 지 十五月之間에 發售亨는 紙數가 十倍에 追(태)亨니 我韓이 漸漸 開明에 進步함을 推可驗할지라."라고 하여 광학회의『만국공보』처럼 우리나라에서도 신문을 통한 개명이 필요함을 역설한 바 있다.

남요』의 '범례'에 등장하는데 9개 항목으로 구성된 범례에서 증보 관련 항목은 세 개의 항이다.

(7) '범례'의 학부 증보 및 주석 원칙

一. 朝鮮 建陽 元年 丙申 卽 西曆 一千八百九十六年 而是書所紀年月 專從西歷 閱者 不免茫然 故檢査朝鮮 及 西國長曆每於年月下標明 我朝鮮年代庶易 於披攬也. [學部增補]

[번역] 조선 건양 원년 병신년 곧 서력 1896년에 이 책의 연월을 기록했는데, 오직 서양 역사만을 보기 때문에 아득함을 면하지 못하여, 조선 및 서양의 역사를 조사하여 모든 연월 아래에 밝혀, 우리 조선 연대로 피람(披覽)하는 데 쉽게 하였다. (학부에서 증보함)

一. 書中所述權度量衡 與 夫圜法地畝道里之屬 皆從西制 而博考中華今制 以證之亦注釋體也.

[번역] 책 속의 저울, 도량형 및 환법(圜法), 지묘(地畝), 도리(道里)는 모두 서양 제도를 따르고, 중국 현재의 제도를 널리 상고하여 주석으로 밝혔다.

一. 讀他國書莫苦於人地諸名 記憶不淸 且鈔胥偶譌 或有以一人而誤 作兩人一地而誤分兩地者. 故此書卒業而後 別作人地諸名合壁表一卷 以冠諸首書中 前後字樣偶有歧出者 卽注表中 庶幾循環瀏覽豁然貫通.

[번역] 다른 나라의 책을 읽을 때에는 인명과 지명보다 고통스러운 것이 없다. 기억하기 어렵거나, 혹은 한 사람이 바꾸어 놓은 것도 있고,

---

14) 『공법회통』은 마틴의 역술본을 그대로 번간했는데, 이는 이경직이 쓴 서문에서 "於是肆我 聖上 手握乾符勵精圖理確立自主之基 將以衣裳玉帛交於五洲之間 當此之時 上自廟廊大僚 下 至閭巷匹庶 思所以日進於開明 贊成一王之治則捨是書奚以哉 余以不才職忝學部欽體朝家敎育 之盛意 仍舊本而印出 此書廣布中外 使經世之士開卷瞭然益其智慮有所奮發而興起焉"이라고 한 데서도 확인할 수 있다. 여기서 구본은 기존의 역술본, 곧 마틴의 역술본을 의미한다.

두 사람이 한 지명을 두 지명처럼 잘못 나눈 것도 있다. 그러므로 이 책을 마친 이후 별도로 인지명표 한 권을 만들어서 머리 권 앞에 두고, 전후 자양(字樣)이 여러 갈래 짝이 있는 것은 곧 표 가운데 주석하여 두루 살펴 활연히 꿰뚫어 볼 수 있게 하였다.

이 항목에서는 서양 역사를 조사하여 연월 아래 조선 연대를 밝혀 쉽게 피람하도록 하였으며, 저울이나 도량형, 천문을 나타내는 환법(圜法), 토지를 측정하는 지묘(地畝), 거리를 나타내는 도리(道里)에 대해 서양과 중국을 상고하여 주석으로 밝히고, 서양인의 인명과 지명을 별도의 표로 작성하여 활용할 수 있도록 했음을 밝혔다. 이러한 증보는 독자의 이해를 돕기 위한 것이지만, 결과적으로 번간 또는 번역을 통한 지식 변용 모습을 보여준다. 이 점은 인지제명표 작성 이유를 통해서도 확인된다.

(8) 此下 國漢文 人地諸名表 盖 因漢字與西字字音 迥殊即如下文 第一段 歐羅巴以我音讀之 爲구라파矣 然而西洋元音則爲유롭 又第五段 太平洋我音 爲틔평양 而洋音파시웩씨 以此類 推其相謬誤可知 且파시웩씨之웩字 我國 元無此字 然盖西人每多脣齒並發聲 不得已另設諺字以便曉解 第八段英吉利之 잉그랜드之랜字 盖因其聲在란난之間 而且音節稍長 若但以我音란난辨之未 免大失本音耳. 大抵此冊乃淸人所譯 而槪取西音之相似而已. 然我國與淸國音 節又異 但隨其元本而讀之 即歐羅巴畢竟爲구라파 太平洋爲틔평양 英吉利爲 영길리而已. 玆另作名表以誌 建陽 二年 五月 學部 編輯局 增識

[번역] 이하 국한문 '인지제명표'는 모두 한자와 서양자 자음으로 인한 것이다. 아래의 글을 살펴보면 제1단의 '歐羅巴'는 아음(我音, 우리말)으로 읽으면 '구라파'이다. 그러나 서양의 원음은 곧 '유롭'이다. 제5단의 '太平

洋'은 아음은 '태평양'이 되나 서양음은 '파시픽씨'이다. 이상과 같은 유에서 서로 생겨난 오류를 가히 알 수 있다. 또 '파시픽씨'의 '픽' 자는 우리나라에는 원래 이 글자가 없다. 그러나 서양 사람들은 매번 순음과 치음을 아울러 소리 내는 경우가 많으니 부득이 언문자를 만들어서 뚜렷이 한 것이다. 제8단의 '英吉利 잉글랜드'의 '랜' 자는 '란'과 '난' 사이의 소리로 인한 것인데, 이 또한 음절이 매우 길다. 만약 단지 우리의 소리로 '란'과 '난'을 구분하지 않는다면, 본음을 크게 상실할 따름이다. 대저 이 책은 본래 청국 사람들이 번역한 것이므로, 대부분 서양음을 비슷하게 취했을 따름이다. 그러나 우리나라와 청국의 음절도 또한 서로 다르므로, 단지 그 원본을 따라 읽으니 곧 '歐羅巴'는 필경 '구라파', '太平洋'은 '틔평양', '英吉利'는 '영길리'가 될 따름이다. 이에 작명표를 지어 싣는다. 건양 2년 5월 학부 편집국 증보하여 알림

이 글에서는 서양의 인명과 지명 표기에서 '구라파(歐羅巴, 서양음)', '한자(漢字, 중국음)', '아음(我音, 우리나라)'의 차이로 인해 발행하는 문제로, 중국 사람들이 본래 서양음을 비슷하게 취해 읽었으나, 우리나라와 중국의 말도 다르기 때문에 원본을 따라 읽어야 함을 밝히고 있다.15) 이처럼 외국인과 지명 표기에 대한 규범이 없었을 때에는 표기상의 혼란이 불가피한데, 근대 계몽기의 지식 수용 과정에서는 중국이나 일본을 경유하여 보급된 신지식의 경우 이러한 혼란이 더 심할 수밖에 없었다.16) 이 점에서 『태서신사남요』의 인지제명표는

---

15) 이 원리는 현행 '외래어 표기법'의 원리와 같다. 현행 규범에서는 제1장 표기의 기본 원칙 제2항에서 "외래어의 1음운은 원칙적으로 1기호로 적는다."라고 규정하여, 표기의 기본 단위가 외래어의 음운에 있음을 밝혔다. 또한 인명 지명 표기에서도 원지음을 따르는 것을 원칙으로 하며, 동양의 인지명 표기에서도 과거의 중국인이나 역사 지명을 제외하면 원지음을 따르는 것을 원칙으로 하였다.

국어의 규범의 존재하지 않던 시대에 최초로 외래 인명·지명 표기의 표준화를 시도한 예라고 볼 수 있다. 이 표에서는 600여 개의 인지명을 출현하는 권수(卷數), 절, 국문 표기, 한자 표기, 구분(인명과 지명의 구분)으로 대조하였다. 이 인지제명표는 '범례'에서 밝힌 것처럼, 『태서신사남요』나 언역본 『틔셔신사』를 읽을 때 해당 인명과 지명을 대조하여 읽도록 한 것이다. 그렇기 때문에 두 책의 본문에서는 원지음이 드러나지 않는다. 더욱이 언역본은 '범례', '인지제명표'를 싣고 있지 않아서, 한문본의 수권(首卷)을 참고하지 않는다면, 인지명의 원지음을 이해할 수 없었다. 그뿐만 아니라 언역본은 '목록'(목차)에서 제시한 장절의 제목과 본문 장절의 제목이 일치하지 않는 부분도 매우 많은데,[17] 그 이유는 구체적으로 밝혀져 있지는 않지만 다수의 역자(譯者)가 번역 작업에 참여하였기 때문으로 추정된다.[18]

이와 같이 한문으로 이루어진 『태서신사남요』와 언역본 『틔셔신사』에는 독서 문화의 차원에서 큰 결함이 발견된다. 한문본은 일반 대중의 독서욕을 충족하는 데 한계가 있을 수밖에 없었으며, 국문본은

---

16) 한자 차자에 따른 외국 인지명 표기의 혼란은 『한성주보』 1886년 6월 31일(제22호)의 '스베인 사람 다르미아가 아드란짓그를 차진 속고'의 끝 부분에 "이상 고룽브스 짜 차진 사격과 속고 등 디명과 슈명과 산명과 인명을 한문으로 번역ᄒ면 고룽브스ᄂ 科倫布요 유로부ᄂ 歐羅巴요 예시아ᄂ 亞細亞요 아호리가ᄂ 亞非利加요 북아메리가ᄂ 北亞米利加요 아다란짓그ᄂ 太平洋이요 바시싯그ᄂ 大西洋이요 보르츠살은 葡萄牙요 (…중략…) 쎄쌔스진은 世巴斯陳이요 마르미아ᄂ 馬爾慕亞요 스다리렌는 守達里璉이요 마르기란도ᄂ 馬基蘭이라."라는 설명을 붙인 부분에서도 확인된다. 이뿐만 아니라 『뎨국신문』 1900년 11월 30일 잡보에서 "일젼에 통상약도를 뎡ᄒ랴고 나온 비국 젼권 대신 방갈 씨의 죠회를 인ᄒ야 (…중략…) 황셩신문의 긔지홀 것을 샹고ᄒ건듸 비국이란 나라ᄂ 영어로 벨지음이오, 한문으로 비리시라고도 ᄒ고 혹 흑빅이의라고도 ᄒᄂ듸 그 나라이 구라파 셔북방에 잇ᄂ듸"와 같이 국문, 한문, 영어 표기의 차이로 인한 혼란상을 기록한 자료도 발견된다.

17) 예를 들어 뎨일권 뉵졀의 경우 목록에서는 '법국셰ᄃ 빅셩을 학듸홈이라'로 번역하였으나 본문엣ᄂ '법국셰ᄃ 빅셩을 포학홈이라'로 번역하였다. 이처럼 목록과 본문이 다른 곳은 절 제목의 60%에 이른다.

18) 현재까지 언역본 『틔셔신사』의 번역에 참가했던 사람이나 번역 과정은 드러나지 않는다.

규범이 미비한 상태에서 띄어쓰기나 인지명 표기 등의 혼란이 있으므로, 독해하는 데 적지 않은 어려움이 따랐을 것으로 추정된다. 그럼에도 두 교과서는 중국어로 역술된 근대 지식이 우리나라에 수용됨으로써, 개화사상 또는 애국계몽사상을 함양하는 데 큰 역할을 담당하였다. 이는 두 교과서가 비록 '신사(新史)'라는 이름을 갖고 있었으나, 이 시기 '신사'의 의미가 그렇듯이, 단순히 역사적 사실을 흥미 위주로 전달하지 않고, 공의·교화(公議敎化), 치국(治國)·흥국(興國)의 도를 담고 있었기 때문이다. 이는 『태서신사남요』 '역본서(譯本序)'에서 천명한 취지와도 같다.

(9) 역본 서(譯本序)

(…전략…) 中國近年不體天心 不和異國 不敬善人 實有取敗之理 因冀幡於盡改其謬誤 凡華人所未者明於事理敏因應之才深思而博考之 具列其自於左.

[언역본] 대져 즁국이 근년에 텬심을 밧지 아니ᄒ고 타국을 화호치 아니ᄒ며 착ᄒᆫ 스름을 공경치 아니ᄒ야 위틱ᄒ고 픠흠을 즈취흠이니 오직 바라ᄂᆫ 바ᄂᆫ 구습을 곳치고 허믈을 씨다라 깁히 싱각ᄒ고 널니 상고ᄒ라. 그 량칙을 아릭 긔록ᄒ노라.

一. 知萬國今成一大局遇 事必合而公議 直如各省之服皇帝 各人之守王法 各業之聽同行 故雖分而各國而敎化不相歧視 關稅改從一律 此合而共便之道也. 各國旣無礙於他國 他國卽應仕其自由 不相鈐制 此分而各便之道也. 夫如是逆料異時 各國若有釁隙 可請他國公評曲直 有特强而出於戰者 天下共伐之當 永無戰禍矣. [언역본] 일은 만국이 이졔 한 큰 판국을 일우엇스니 만일 일을 당ᄒ면 반드시 합ᄒ야 공의흠이 각싱이 황뎨를 밧듬과 각인이 왕법을 쥰힝흠과 갓타야 교화를 셔로 달니 아지 말고 각항 셰젼을 한 법으로 쥰힝ᄒ면 이는 합ᄒ야 편안ᄒᆫ 도요 또 각국이 셔로 구익흠이

업스미 다 ᄌ유ᄌ직ᄒ야 타국의 금계흠을 밧지 아니ᄒ면 이ᄂ 난회여

각기 편안ᄒ 도l라. 대져 이갓치 나의 도리를 힝ᄒ다가 타국과 혼단이

잇거든 가이 각국을 쳥ᄒ야 곡직을 평논ᄒ되 만일 오히려 강ᄒ 거슬

밋고 견징을 일삼ᄂ ᄌl 잇거든 텬하l 다 이러 그 죄를 셩토ᄒ면

이ᄂ 영영이 병단이 업슬 거시오.

一. 知今日治國之道 僅有三大端. 泰西各國救世教一也. 中國儒教二也. 土耳基

等國回教三也. 而宰治之最廣者 實推救世教. 故五大洲各國 共合男女一千

五百兆人 受治於救世教者 九百餘兆. (…중략…) [언역본] 일은 금일 치국

ᄒᄂ 도l 겨우 세 가지 잇스니 틱셔 각국 구셰교와 중국 유교와 토이

기 등국의 회회교요 기즁 교화l 가장 너른 ᄌᄂ 구셰교l라. 그런

고로 오대쥬 각국 남녀 인구 합 십오만만너에[십오만만은 빅만씩 일쳔

오빅이라] 구셰교를 쥰힝ᄒᄂ ᄌl 구만만 여인이요 (…중략…)

一. 知今日興國之道 有斷不可少者四大端. 道德一也 學校二也 安民三也 養民四

也. 凡精於 四法者 其國自出人頭地 不精或不全者 不免瞠乎其後毫 不究心者

則愈在後矣. 夫行此四端者 分爲四支 古今一也. 東西一也 普偏三也 專門四

也. 今考泰西各國 不但生齒之數 歲有所增 且國富民安亦復日新月異 中國於

近五十年來 人不見增 財亦不見富 是故以富而言歐洲各國庫儲所入之款 每

年約合華銀二千八百兆兩 非剝民以奉上也 民富而君無不足也 中國歲入之

款 不過一百兆兩 若論回教各國則人旣歲有所減民之困苦 反歲有所增. [언

역본] 일은 금일에 홍국ᄒᄂ 도에 단연이 업지 못홀 ᄌl 네 가지니

도덕과 학교와 안민흠과 양민흠이니 므릇 이 네 법을 잘 힝ᄒᄂ ᄌᄂ

그 나라이 ᄌ연 타국에 웃듬이 되고 만일 그 법을 온젼이 힝치 아니ᄒ

ᄌᄂ ᄉ롬의 뒤가 되며 더욱이 조곰도 뉴심치 아니ᄒᄂ 나라ᄂ ᄯ 그

뒤에 잇슬지라. 이졔 틱셔 각국이 다만 인구가 년년이 더 느러갈 ᄲ

아니라 ᄯ 국가이 부요ᄒ고 인민이 편안ᄒ야 일신월셩ᄒ거ᄂᆯ 즁국은

오십년릭로 인구도 더흐지 아니흐고 직물도 부흐지 못흐니 만일 직물노 말흐면 구쥬 각국에 미년 셰입은 영금으로 칠만만 방이로디[일 방은 은젼 십원 가량이라] 이는 쥰민고퇵흠이 아니요 인민이 부요흐야 국용이 즈연 족흐며 즁국은 셰입이 불과 이쳔오빅만 방이요 지어 회교 각국은 인구ㅣ 년년이 감흐미 인민의 곤궁흠도 쏘흔 싸라 년년이 더흐니

이 세 가지 양책(良策)은 '공의(公議)'를 기반으로 하는 중국의 자주·부강(自主富强), '구세교(救世敎)'로 일컬어지는 서교 전파(西敎傳播), '도덕(道德), 학교(學校), 안민(安民), 양민(養民)'을 기본으로 하는 흥국(興國)의 도(道)를 제시하는 것을 의미하며, 그 구체적인 방책을 태서의 역사에서 찾고자 하였다. 따라서『태서신사남요』는 각국 역사를 기술하면서 '의회제도', '학교', '안민책', '양민법'과 관련된 내용을 강조하고 있다.19) 이 점에서 학부에서는『태서신사』두 종을 발행한 뒤, 각 학교에 보급하면서 일부 지역에는 주의하여 가르칠 문제를 훈령으로 보내기도 하였다.20) 그뿐만 아니라『황성신문』에서는『태서신사』를

---

19) 제1권과 제2권에서 의회민주주의 확립과 관련하여 나폴레옹 1세를 긍정적으로 평가한 것이나 제4권~제5권에서 영국의 의회제도 및 학교제도, 신보관을 자세히 기술한 것을 비롯하여, 제7권 민간공품(民間公稟), 제9권~제10권의 지치융성(郅治隆盛), 제10권 교화광행(敎化廣行), 제11권 선거(善擧), 제24권의 '회당(會黨)', '구주신정(歐洲新政)', '구주학교(歐洲學校)' 등을 독립된 권으로 편제한 것도 이를 반영하는 것이라고 볼 수 있다. 그뿐만 아니라 독립된 권은 아닐지라도 독일, 터키, 이탈리아, 미국 등의 역사를 설명하면서도 정치제도, 학교, 신보 등과 관련된 내용을 독립된 절로 서술하였다.

20) 염수진(2011)에서 논의한 바와 같이『황성신문』1898년 11월 9일자 '별보(別報)'에서는 학부에서 '평안남도 각 공립학교'에 훈령을 보내어『태서신사』를 읽고 대조할 문제를 보냈음을 기록하고 있다. 이 때 보낸 문제는 "1) 法國이 何故 大亂흐며 拿破崙 第一皇은 何如흔 英雄고. 2) 英國은 何以興盛흐야 世界 一等國이 되며 政治善不善이 我國에 比흐면 何如흐고. 隱諱치 말고 據實直書흠이 可홈. 3) 印度國은 何故로 英屬國이 되야 至今갓지 自主치 못흐는고. 4) 普法戰爭에 普國은 何以勝이며 法國은 何以敗오. 5) 奧地利 皇帝 飛蝶南은 何故 遜位흐며 今에는 其國 情形이 何如오. 6) 意太利國 史記 中 拿破螺師王 飛蝶南 第二가 其民을 暴虐흐다가 各國에게 見侮흐얏스니 其情形과 是非가 何如오. 7) 俄國이 政治

읽는 것에 대해 다음과 같은 의미를 부여하기도 하였다.

   (10) 論說

   夫士人이 史를 讀흠은 其治亂과 得失의 迹을 熟習ᄒᆞ얏다가 만일 事故가 前을 當ᄒᆞ면 或 法ᄒᆞ기도 ᄒᆞ며 或 戒ᄒᆞ기도 ᄒᆞ야 其操縱흠에 主張이 自有흠을 爲흠이라. 然ᄒᆞ나 海禁이 旣開흔 以後로 東洋 五千年 大局이 一變에 至ᄒᆞ야 史의 昔所謂是타 ᄒᆞ던 者ㅣ 今日에 或 非흠을 覺ᄒᆞ깃고 昔所謂非타 ᄒᆞ던 者ㅣ 今日에 或 是흠을 知ᄒᆞ깃슴은 其證을 可論흘지라. (…중략…) 然ᄒᆞ나 今에 一法이 幸有ᄒᆞ야 足히 써 醫흘지니 其法이 維何오 西士 李提摩太가 漢文으로 繙譯흔 泰西新史攬要 一書라 其爲書也ㅣ 文이 簡ᄒᆞ고 意가 緊흔즉 凡 我韓人이 此書를 先讀ᄒᆞ야 其拘墟의 見과 膠滯의 胸을 化ᄒᆞ면 坯흔 可히 先入의 主가 有흘지니 (…중략…) 然則 泰西新史란 者는 尺의 量이 有ᄒᆞ며 衡의 量이 有흔 者오 遺文古事란 者는 帛의 長短이 有ᄒᆞ며 物의 輕重이 有흔 者니 手에 此尺과 此衡이 無흘진딘 반다시 忽長忽短ᄒᆞ는 帛을 量ᄒᆞ며 忽輕忽重ᄒᆞ는 物을 權치 못흘지니라.

[번역] 대저 선비가 역사를 읽음은 치란과 득실의 자취를 익혔다가 만일 큰 일을 당하면 혹 본받기도 하고 혹 경계하기도 하여 그 조종을 주장함에 있음을 위함이다. 그러나 해외 교류를 금하던 것이 이미 열린 이후로 동양의 5천년 대국이 일변하여 역사에서 예전에 옳다고 하던 것이 지금은 혹 그릇됨을 깨달을 수 있고, 예전에 그르다고 하던 것이 금일에 혹 옳음을 알겠음을 그 증거를 가히 논할 수 있다. (…중략…) 그러나 지금 다행히

---

와 拓地흠과 所得 屬地國民을 何以待之며 其國과 深交흠이 何如흘고.(此는 我國略史를 熟覽ᄒᆞ고 條對흠이 可흠.) 8) 突厥國은 何如흔 國인고. 其政治 善不善을 言흠이 可흠. 9) 美國은 世界 中에 敎化와 各情形이 何如ᄒᆞ다 흘고. 10) 新政이 興흔 後 世界가 比前ᄒᆞ면 何如오. 11) 我大韓은 何政治를 用ᄒᆞ여야 世界 一等國이 되며 坯 舊習은 不改ᄒᆞ면 何境에 將至흘고. 昭昭明白히 著論흠이 可흠" 등 11개 항이다.

하나의 법이 있어 족히 치료할지니 그 법은 오직 무엇인가? 서양 선비 이제마태가 한문으로 번역한 태서신사남요라는 책 하나이다. 그 책의 문장이 간결하고 뜻이 깊은즉 우리 한국인은 이 책을 먼저 읽고 구허(拘墟)한 소견과 막힌 흉금을 변화하면 또한 가히 선입의 주가 있을 것이니 (···중략···) 그런즉 태서신사는 자로 헤아림이 있으며, 저울로 헤아림이 있고, 유문고사라는 것은 죽백에 장단이 있으며 사물의 경중이 있는 것이니 손에 이 자와 이 저울이 없다면 반드시 장단이 있는 죽백을 헤아리며 경중이 있는 물건을 잴 수가 없을 것이다.

—『황성신문』 1899.7.29, 논설

이 논설에서는 『태서신사남요』의 문장이 간결하고 뜻이 깊어 역사적인 면에서 유문고사(遺文古事)의 자와 저울 역할을 할 수 있다고 강조하고 있다. 이와 같이 광학회 서목에 등장하는 『태서신사남요』는 근대 서양 지식이 중국을 거쳐 우리나라에 수용되는 모습을 잘 보여준다. 역사 속에서 공의(公議)와 교화(敎化), 치국(治國)과 홍국(興國)의 도를 찾고, 이를 토대로 자주, 독립, 애국정신을 고취하고자 한 것은 서세동점의 기세가 극렬하던 1900년대의 시대 상황을 잘 반영한다. 그럼에도 『태서신사남요』는 일반 대중 독자가 읽을 수 없는 한문으로 번간되었기 때문에 대중 독자가 쉽게 접하기 어려운 교과서였다. 이 점은 당시 교과서 편술 상황을 비판한 다수의 논설에서도 확인된다.[21] 이 점에서 언역본 발행은 대중 독자를 대상으로 한 근대 지식의 수용과 보급에 적지 않은 영향을 끼쳤을 것으로 짐작된다.

---

21) 이 시기 교과서 및 어문 문제에 대해서는 허재영(2009a)에서 기초 자료를 정리한 바 있다.

## 4. 결론

이 논문은 『태서신사남요』 부록에 들어 있는 '광학회 서목'을 중심으로 근대 지식이 중국을 경유하여 우리나라에 수용·보급되는 모습을 살피는 데 목표를 두었다. 광고 성격의 광학회 서목에 교과서인 『태서신사남요』에 포함된 까닭은, 이 시기 광학회에서 발행한 서적 가운데 다수가 국내에 유입되었고, 그 가운데 일부 서적을 교과용도서로 번간했기 때문이다. 광학회 서목은 여러 차례 만들어졌는데, 『태서신사남요』에 들어 있는 것은 총 45종이다. 그런데 이 서목은 서목명과 정가만 소개되어 있기 때문에, 각 서적의 저자와 내용을 파악하기 위해서는 구체적인 문헌 수집을 해야 한다. 이를 고려하여 이 논문에서는 국내외서 확인할 수 있는 32종의 서적을 찾아 저자, 발행 연도, 발행처, 내용 등을 정리하였다. 이 글에서 논의한 바를 정리하면 다음과 같다.

첫째, 광학회 서목 가운데 가장 많은 비중을 차지하는 것은 종교 관련 서적이다. 이는 광학회가 영미계 선교사와 외국 영사를 중심으로 조직되었기 때문에 나타난 자연스러운 현상이다. 그럼에도 역사, 시무, 과학 관련 서적이 많이 발행된 까닭은 '광학회(廣學會)'라는 명칭에서 보듯이 '서구의 학문으로 중국을 넓힌다'는 취지를 반영한 것이라고 할 수 있다. 또한 광학회 서목 중 가장 널리 읽힌 것은 『공법회통』과 『태서신사』로 볼 수 있다. 『공법회통』은 『태서신사남요』의 광학회 서목에는 등장하지 않으나, 『독립신문』을 비롯한 다수 자료, 국내 소장본 등을 고려할 때 광학회 발행본임을 확인할 수 있다.

둘째, 『태서신사남요』는 『공법회통』과는 달리 번간에서 학부가 증보한 사항이 있다. 이 증보는 지식 보급 과정에서 자연스럽게 지식이 변용되는 모습을 보여준다. 특히 인지제명표를 작성한 것은 외국 지식 수용 과정에서 발생하는 언어적인 문제를 고민한 흔적을 충분히 보여준다. 내용적인 면에서 『태서신사남요』가 중시되었던 이유는 '역본 서(譯本序)'에 나타나듯이, 역사 속에서 공의(公議)와 교화(敎化), 치국(治國)과 흥국(興國)의 도를 찾고, 이를 토대로 자주, 독립, 애국정신을 고취하는 데 큰 도움을 주었기 때문이다.

이상과 같이 광학회 서목의 서적과 『태서신사남요』, 언역본 『틔셔신사』는 근대 지식 수용과 발전 과정에서 중요한 의미를 갖고 있다. 그러나 아직까지 광학회 서목에 등장하는 서적들이 근대 계몽기에 어느 정도 영향을 주었는지를 구체적으로 밝히는 작업은 충분하지 않으며, 『태서신사남요』의 텍스트 분석도 충분히 이루어지지는 않은 상태에 있다. 특히 언역본의 경우 목록과 본문의 제목이 상이할 때가 많으며, 번역 과정에서 『태서신사남요』를 발췌한 부분도 상당히 많기 때문에, 이에 대한 집중적인 분석도 필요하다. 이러한 작업은 후속 연구 과제로 남겨둔다.

# 제4장 조 헤버 존스(조원시)의
# 『국문독본』의 기능과 내용

## : 텍스트의 출처

## 1. 들어가기

조 헤버 존스(Goe. Haber Jones, 1867~1919, 한국명 趙元時)의 『국문독본』
은 근대 계몽기 교과서의 지식 유통 상황을 잘 보여주는 의미 있는
교과서이다. 이 독본은 1902년 5월 초판이 발행된 것으로 보이는데,
1903년 제3판, 1906년 제4판이 발행되었다. 이 교과서는 1909년 3월
20일 제1차 교과용 도서 조사가 이루어진 이후 '학부 불인가 교과용
도서'에 포함되었으며, 1910년 7월 학부에서 증보 5판으로 편찬한 '교
과용 도서 일람표'에서도 '국문독본(國文讀本), 조원시(趙元時), 미이미
(ミイミ) 교회, 基督紀元 千九百二年 初版, 基督紀元 千九百六年 四版'이
라고 기록한 것으로 볼 때, 4판까지 발행되었을 가능성이 높아 보인다.
이 독본은 1895년 근대식 학제 도입 직후 학부에서 『국민소학독본』,

『초등소학』, 『신정심상소학』 등과 같은 20여 종의 교과서를 발행한 이후, 처음으로 만들어진 순국문 독본이라는 점에서 의미가 있다. 비록 1895년 학부에서 편찬한 『태서신사언역본』이나 한문 부속문체(국한문 병용)의 『지구약론』 등과 같은 순국문 교과서가 존재하고, 1902년 학부에서 『서례수지(西禮須知)』를 중간하면서 언역본 『셔례슈지』를 펴내기도 했으나, 정부 차원이 아닌 민간인이 초급 학습자를 대상으로 순국문 독본을 발행한 것은 처음 있는 일로 볼 수 있다.

이 독본을 편찬한 조 헤버 존스(이하 조원시)는 1888년 아펜젤러 목사의 요청으로 미국에서 입경(入京)한 선교사이다. 이에 대해서는 한선현(1997)에서 비교적 상세히 고찰된 바 있으며, 기록상 다소의 차이는 있을지라도 기독교대한감리교교육국(1977), 정동제일교회역사편찬위원회(1977), 유동식(1994) 등의 자료를 근거로 할 때 이 해 5월경 입국한 것으로 추정할 수 있다. 한선현(1997)에서는 선교사로서 그의 행적을 비교적 상세히 고찰한 바 있는데, 이에 따르면 조원시는 입경 후 1888년부터 1891년까지 배재학당에서 수학을 가르쳤으며, 1891년에 선교회 서기로 임명된 후 1892년 제물포가 선교 거점지역으로 지정될 때 최초 주재 선교사로 파견되어 제물포와 강화 지역에서 선교 활동에 주력하였다. 이는 『국문독본』의 영문판 초판 서문(Preface to First Edition)이 1902년 5월 1일 제물포(Chemulpo)에서 쓰였음을 나타낸 데서도 확인할 수 있다.

조원시의 선교 활동에 대한 연구는 한선현(1997, 1998), 이환진(2010), 조혜라(2015) 등의 선행 연구가 있다. 이에 따르면 조원시는 1892년부터 1898년까지 올링거(F. Olinger, 1845~1919)와 함께 『The Korean Repository』의 주필로 활동하였으며, 1900년 12월 최초 한국어 월간지 『신학월보』를 창간하고 주필을 맡으면서 다수의 논설을 발표하였다. 또한 헐버트

(H. B. Hulbert, 1863~1947)가 편집자였던 『*The Korean Review*』의 주필을 맡았으며, 『*The Korean Methodist*』를 편집하고 간행하였다. 1903년 5월부터 3년간 신병 치료차 귀국하여 미국에 살면서 웨슬리안 대학에서 신학 박사학위를 받고, 1906년 여름에 다시 입경하여 '대한예수교총리사'로서 활동하였다. 이와 같이 조원시에 대한 선행 연구는 선교 활동 및 성경 번역과 관련 연구가 존재한다. 선행 연구에서 『국문독본』에 대한 관심은 서신혜(2012)에서 제기된 것으로 보이는데, 이 자료는 한국 초기 기독교 출판 서적을 소개하는 차원에서 조원시의 『초학언문』과 『국문독본』을 다루고 있다.

그런데 『국문독본』의 텍스트를 분석해 보면 『신정심상소학』, 『조선역사』 등과 같이 1895년 이후 학부에서 편찬한 독본, 역사 교과서에서 제재를 선정한 경우가 많고, 1906년 대한국민교육회에서 편찬한 『초등소학』, 『고등소학독본』 등과도 밀접한 관련을 맺고 있음을 확인할 수 있다. 이는 이 시기 독본류 교과서의 발행과 지식 유통 상황을 잘 보여주는 사례라고 할 수 있는데, 이 논문에서는 『국문독본』의 내용과 자료 선정에 나타난 특징을 중심으로 이 시기 교과서 지식의 유통 상황을 기술하고, 근대 복본으로서 『국문독본』의 가치를 논의하는 데 목표를 둔다.


## 2. 『국문독본』의 저술 동기

『국문독본』은 신연활자본(新鉛活字本)으로 21.5×15.0cm의 표지 포함 58쪽의 순국문 독본류 근대 교과서이다. 표지에는 『*THE Kuk-mun Tok-pon KOREAN FIRSR READER*』라는 책명과 함께 REV. GEO

HEBER JONES, Ph.D.(목사, 조 헤버 존스, 철학박사)이라는 필자가 표시되어 있다. 한글판 제목은 '국문독본'이며, '미이미교회책판'임을 표시하였다. 미이미 교회는 널리 알려진 바와 같이 미국 감리교 선교사들의 약칭인 'MEM(Methodist Episcopal Mission)'을 중국어 '美以美(메이이메이)'로 표기한 데서 비롯한 명칭이다.

책의 서문은 영문과 국문으로 쓰였는데, 영문 서문은 초판을 발행할 때 쓴 것이며, 국문 서문은 재판을 발행할 때 쓴 것이다. 이 점에서 두 서문은 다소의 차이가 있는데, 이를 살펴보면 다음과 같다.

(1) Preface to First Edition

With the rise of a new system of Education in Korea comes an urgent call for suitable textbooks. Under the old regime, when the native script was ignored and education was confined to Chinese, the old textbooks served very well. But changed conditions have prevailed since 1894 and a new national spirit has led the Koreans out along new lines of development. Especially has this been the case in education - the old school system being modified for the bester, a place being accorded the Korean script which was formerly denied. At first there were no text-books with which to being a study of the script, and to meet the need of a Primer, the Cho-hak Un-mun, was issued. It is now felt that the time is ripe to send forth a continuation of the Primer in the form of a First Reader, which with supplement the Primer and carry those who began their study with it deeper in to a knowledge of Korean. Originality is not claimed for the collection of stories herewith offered. Some of them have been taken from the Chinese readers already in use in the government schools for the study of Chinese, and some of them have been translated from western history. But the most of them have been gathered from the stories which circulate among the Koreans and which are familiar to them.

GEO. HABER JONES. Chemulpo, Korea May 1st, 1902.

[번역] 한국에서 새로운 교육 제도가 도입된 이후 이에 적합한 교과서에 대한 요구가 시급해지고 있다. 구시대의 체제 하에서, 고유한 사상이 무시되고 중국식으로 짜인 교육에는 낡은 교과서가 적합했다. 그러나 1894년 이후 상황이 바뀌고 새로운 국가사상이 한국인을 발전의 선상에 서게 하였다. 특히 교육에서는 낡은 학제가 좀 더 나은 학제로 변화해 가고 있으며, 예전에는 부정되었던 한국의 사상에 적합해지고 있다. 이러한 학습에 적합한 교과서가 전혀 없었을 때 처음으로 초급 학습자이 만난 『초학언문』은 큰 관심사가 되었다. 초학자용 학습서가 제4판까지 지속되어 초급 독자가 생겨났고, 초등용을 보완하고 배움을 좀 더 깊게 하고자 하는 사람들에게 적합한 교재가 필요함을 느끼게 되었다. 여기에 제공된 이야기들은 독창적인 것이 아니다. 일부는 기존에 정부의 학교에서 한문 독자들을 위해 사용했던 것이며, 일부는 서양의 역사를 번역하였다. 그러나 이들 이야기들은 대부분 한국인들 사이에 이미 널리 알려져 있고 친숙한 것들을 모은 것이다.

조 헤버 존스. 제물포. 1902.5.1.

초판 서문에서는 갑오개혁(1894) 이후의 학제 개편에 따른 교과서의 필요성, 고유 사상(native script)1)을 반영한 새로운 국가사상(national

---

1) 스크립트(script)는 학문 분야마다 다양하게 번역할 수 있으나, 여기서는 고유성을 나타내는 자료, 곧 사상을 의미하는 것으로 번역하였다.

sprit), 낡은 학제를 벗어난 한국 사상을 기르기 위한 노력으로『초학언문』을 발행하고, 초급용 독본인『국문독본』을 발행하게 된 과정을 서술하였다. 특히 정부에서 한문 독자를 위해 사용했던 자료와 서양 역사를 번역한 이야기를 중심으로 독본을 편찬했음을 밝혔는데, 이는 『국문독본』의 텍스트 선정 원리를 밝힌 것이라고 볼 수 있다. 국문 서문에서는 초판 서문에 등장하는 '고유 사상',『초학 언문』의 성격, 『국문독본』이라는 명칭을 사용하게 된 이유 등을 좀 더 자세히 밝혔다.

(2) 국문독본 서문[2]

(…전략…) 대한에 글 두 가지가 잇스니 하나혼 한문이오, 하나혼 국문이니 한문으로 말하게 데면 자양(字樣)이 긔묘하야 그림과 갓고 문리가 교책하야 비단문의 갓하니 진실노 문장 선배의 글이라. 사다리의 꼭닥이 되고, 국문으로 말하게 데면 자획은 간단하나 어음이 쪽쪽하며 문리가 천근(淺近)하나 쓰지 못할 배 업스니 가히 모든 리치를 가르칠 만하도다. 남녀로유(男女老幼) 간에 이 국문 사다리를 밟으면 능히 올나가지 못할 지식이 업고 쏘한 넘어지고 써러질 념려 업스리라. 일노 말매암아 국문을 힘써 숭상함이 한문 공부에 비교하면 가위 사반공배(事半功倍)요 모든 학문상에 유익한 리치를 다 배화 알 만한지라. 또 세상 풍속에 남자는 혹 학교에 드러가 교육 밧는 자가 잇스나 여자는 당초에 학문을 가르치지 안코 다만 천력(賤役)으로 부리기를 노비갓치 하며 문 밧긔 나지 못하게 하야 옥에 갓친 죄인과 갓치 하니 무삼 식견이 잇스리오. 학문이 업는 고로 의견이 몽매하야 첫재는 좁은 마음으로 매사를 잘 헤아릴 수 업고 둘재는 남의 어미되여

---

2)『국문독본』은 구절 단위로 띄어쓰기를 하였으나, 가독성을 위해 '한글 맞춤법' 띄어쓰기 규정을 고려하여 옮겼다. 또한 원문 자체는 순국문으로 되어 있으나, 의미 전달을 위해 일부 한자어의 한자를 괄호 속에 병기하였다.

자녀 훈계할 줄을 잘 알지 못하니 진실노 개탄한 일이라. 그런 고로 남녀 무론하고 어린 아희 초학을 위하야 책 일 편을 저술하엿스니 일홈은 초학 언문이라. 이 책은 언문 자획과 그 배호는 법과 아희 교육하는 법을 형성하 엿고 쏘 이번에 저술한 책 일홈은 국문독본이니 이 책은 지식의 유익한 뜻과 학문에 진보되는 말과 고금에 유명한 사람의 사긔(事記)를 대강 긔록 하엿스니 그 전 공부에 비하면 뜻이 조곰 깁고 문맥이 호번(浩繁)하니 거의 초학하는 자의게 차서가 될 듯하도다. 이 글을 잠심하여 보고 볼 쑨 아니라 쓰기도 하며 쓸 쑨 아니라 외오기도 하며 외올 쑨 아니라 리치를 궁구하면 초학자의 유익함이 잇쏠가 하노라. 주강생 一千九百三年 월 대미국선교사 조원시

국문 서문에서는 한문과 국문의 장점을 비교하고, 국문을 먼저 배 우고 한문을 나중에 배워야 한다는 차원에서『초학언문』을 짓고, 이 보다 조금 깊고 문맥이 호번(浩繁)한『국문독본』을 짓는 이유를 밝히 고 있다. 영문 초판 서문에 비해 텍스트 선정 원칙을 자세히 밝히지 않았으나, '학문에 진보되는 말'과 '고금의 유명한 사람의 사기'를 중 심으로 했음을 천명하였다.


## 3. 『국문독본』의 내용

국문독본은 모두 51개 공과(工課)로 구성되었는데, 대부분의 공과는 우화, 일화, 역사 이야기 등과 같이 이야기체 형식을 취하고 있는 점이 흥미롭다. 이처럼 이야기 형식을 취한 것은 초학자를 대상으로 흥미 를 부여하고, 그 속에서 교훈을 얻을 수 있도록 했기 때문으로 보인다.

각 공과의 제목과 문종,3) 주요 내용을 정리하면 다음과 같다.


(3) 『국문독본』의 각 공과 및 내용

| 번호 | 공과 | 제목 | 문종 | 내용 |
|---|---|---|---|---|
| 1 | 제일 공과 | 여호라 | 설명 | 여우의 생태 |
| 2 | 제이 공과 | 나모 리치라 | 설명 | 나무의 생태 |
| 3 | 제삼 공과 | 기름이라 | 설명 | 기름의 종류와 용도 |
| 4 | 제사 공과 | 술이라 | 논설 | 술의 폐단과 금주 |
| 5 | 제오 공과 | 소곰이라 | 설명 | 소금의 유용성 |
| 6 | 제륙 공과 | 달팽이라 | 설명 | 달팽이의 생태와 교훈 |
| 7 | 제칠 공과 | 누에라 | 논설 | 누에의 생태와 교훈 |
| 8 | 제팔 공과 | 호랑의 니야기라 | 우화 | 호가호위+호랑이의 지혜 |
| 9 | 제구 공과 | 인의례지신이라 | 설명 | 인의예지신의 가치 |
| 10 | 제십 공과 | 동모라 | 논설 | 친구를 가려 사귀는 이유 |
| 11 | 제십일 공과 | 소야도풍의 니야기라 | 일화 | 소야도풍의 인내와 학업 |
| 12 | 제십이 공과 | 단군의 니야기라 | 역사 | 단군사적(신화와 도읍) |
| 13 | 제십삼 공과 | 사마온공의 지혜 | 일화 | 사마온공의 지혜(독에 빠진 아이 구하기) |
| 14 | 제십사 공과 | 여호란 즘승과 괴의 니야기라 | 우화 | 여우가 괴를 비웃다가 사냥개에게 잡힌 이야기 |
| 15 | 제십오 공과 | 가마귀가 조개를 먹은 니야기라 | 우화 | 까마귀가 조갯살을 먹기 위해 지혜를 발휘함 |
| 16 | 제십륙 공과 | 무식한 사람이라 | 민담 | 힘들다고 직업을 자주 바꾸는 사람 |
| 17 | 제십칠 공과 | 거북과 뽕나모의 니야기라 | 우화 | 거북과 뽕나무가 말조심을 하지 않아서 죽게 된 이야기 |
| 18 | 제십팔 공과 | 조혼 나모와 울지 못하는 오리라 | 우화 | 나무가 곧아서 일찍 베히고 오리가 울지 못해 죽게 됨 |
| 19 | 제십구 공과 | 눈 먼 개고리 니야기라 | 우화 | 좌정관천 |
| 20 | 제이십 공과 | 산이 대답한 소래라 | 민담 | 메아리의 생리 |

3) 교과서 텍스트의 문종 정리 방식에 대해서는 윤여탁 외(2005)의 방식을 고려하였다. 이 책에서는 학부 편찬(1907)의 『보통학교 학도용 국어독본』 1~8을 대상으로, '어휘, 명사구, 단문, 실용문, 설명문, 설명적 논설, 이야기, 우화, 대화문, 편지글, 일화, 시, 속담'을 키워드로 분류하였다. 조원시(1902)의 『국문독본』에는 '설명문, 논설문, 일화, 우화, 역사 이야기'만 등장하므로, 이를 키워드로 분류하였다.

| 번호 | 공과 | 제목 | 문종 | 내용 |
|---|---|---|---|---|
| 21 | 제이십일 공과 | 사슴이 믈을 거울 삼음이라 | 우화 | 사슴이 못났다고 생각한 다리 덕분에 도망하다가 잘났다고 생각한 뿔 때문에 죽게된 이야기 |
| 22 | 제이십이 공과 | 왕상의 효심이라 | 일화 | 왕상의 효도 |
| 23 | 제이십삼공과 | 백이와 숙제의 충심이라 | 역사 | 백이숙제의 충 |
| 24 | 제이십사 공과 | 생각할 일이라 | 일화 | 난희가 동생 문지신에게 여우, 닭, 곡식을 옮겨야 하는 농부의 상황을 문제로 제시함 |
| 25 | 제이십오 공과 | 사시라 | 설명 | 사계절 설명 |
| 26 | 제이십륙 공과 | 맹자의 모친이 맹자를 가라친 말이라 | 일화 | 맹모삼천지교 |
| 27 | 제이십칠 공과 | 교군군의 니야기라 | 민담 | 게으른 교군꾼을 깨우친 주인의 이야기 |
| 28 | 제이십팔 공과 | 개암이와 비닭이가 은혜 갑혼 니야기라 | 우화 | 개미가 비둘기의 은혜를 갚음 |
| 29 | 제이십구 공과 | 라귀 니야기라 | 우화 | 사자의 탈을 쓴 나귀의 어리석음 |
| 30 | 제삼십 공과 | 지룡이와 귀쯔람이 니야기라 | 우화 | 외모만 욕심 낸 지렁이와 광명을 얻은 귀뚜라미 |
| 31 | 제삼십일 공과 | 일년에 달과 날이라 | 논설 | 새해맞이의 의미 |
| 32 | 제삼십이 공과 | 양생이라 | 논설 | 몸관리를 잘해야 하는 이유 |
| 33 | 제삼십삼 공과 | 사람의 마음을 회개식힌 저울이라 | 민담 | 친구에게 나누어줄 수박을 혼자 차지하려다가 저울 무게 때문에 욕심을 버려야 하는 아이 |
| 34 | 제삼십사 공과 | 쥐의 효심이라 | 우화 | 눈먼 쥐를 봉양하는 쥐 |
| 35 | 제삼십오 공과 | 새 되기를 원하는 문답이라 | 민담 | 꾀꼬리, 원앙새를 선택한 난희, 숙희에 비해 효도를 아는 까마귀가 되고 싶다고 대답한 정희 이야기 |
| 36 | 제삼십륙 공과 | 둑겁이와 파초가 문답한 말이라 | 우화 | 두꺼비가 파초를 부러워하다가 자신의 처지를 알게 됨 |
| 37 | 제삼십칠 공과 | 다람쥐 니야기라 | 우화 | 조삼모사의 고사 |
| 38 | 제삼십팔 공과 | 나나니 니야기라 | 우화 | 개미와 베짱이 고사 |
| 39 | 제삼십구 공과 | 박쥐 니야기라 | 우화 | 박쥐의 처세 |
| 40 | 제사십 공과 | 파리 니야기라 | 우화 | 욕심 많은 파리가 꿀 속에서 죽은 이야기 |
| 41 | 제사십일 공과 | 솔개 니야기라 | 우화 | 봉황의 뜻을 모르는 솔개의 어리석음 |
| 42 | 제사십이 공과 | 솔개와 조개 니야기라 | 우화 | 방휼지쟁의 고사 |
| 43 | 제사십삼 공과 | 리순신의 지혜라 | 역사 | 이순신의 지혜 |

| 번호 | 공과 | 제목 | 문종 | 내용 |
|---|---|---|---|---|
| 44 | 제사십사 공과 | 선생이 제자의 지혜를 본 니야기라 | 일화 | 학교를 가득 채울 방안에 대해 숙제를 낸 스승과 기름으로 불을 밝히고자 한 제자의 지혜 |
| 45 | 제사십오 공과 | 괴가 원숭의게 재판한 니야기라 | 우화 | 원숭이를 재판한 고양이 이야기 |
| 46 | 제사십륙 공과 | 아홉 구뷔 구실 쒼 니야기라 | 역사 | 박색을 타박하다가 여인으로부터 도움을 받아 양호의 난의 피해를 극복한 공자 이야기 |
| 47 | 제사십칠 공과 | 알푸래드의 사긔라 | 역사 | 영국 앨프레드 대왕의 사적 |
| 48 | 제사십팔 공과 | 긔자의 사긔라 | 역사 | 기자 사화 |
| 49 | 제사십구 공과 | 신라 시조 혁거세 사긔라 | 역사 | 혁거세 사화 |
| 50 | 제오십 공과 | 백제 시조 온조의 사긔라 | 역사 | 온조 사화 |
| 51 | 제오십일 공과 | 고구려 시조 주몽에 사긔라 | 역사 | 주몽 신화 |

문종별로 볼 때 동식물을 의인화한 교훈적 이야기인 우화(19개 공과)가 가장 많은 공과를 차지하며, 그 다음으로 역사 이야기(9개 공과), 설명문(7개 공과), 인물의 숨은 이야기인 일화(6개 공과), 교훈적 민담(5개 공과), 이야기체 논설문(5개 공과)으로 나타난다. 이처럼 이야기를 활용한 것은 흥미 속에서 교훈을 얻도록 하고자 한 의도에서 비롯된 것으로 보이는데, 이는 51개의 공과 가운데 3개 공과(제일 공과 여호라, 제이 공과 나모 리치라, 제이십오 공과 사시라)를 제외한 48개 공과에서는 교훈적인 요소를 진술하고 있는 데서도 확인할 수 있다.

각각의 공과에서 제시하고자 했던 주요 교훈은 분수를 아는 삶(8개 공과), 지혜로운 삶(7개 공과), 근면(3개 공과), 효도(3개 공과) 등이며, 이밖에도 개인의 신의, 겸손, 금욕, 말조심, 보은, 경쟁과 협동, 문명개화를 위한 교육과 구습 타파의 필요성, 친구 사귀기, 용기와 인내심, 처세 등의 수신과 관련된 공과가 많은 비중을 차지한다. 또한 역사 이야기의 경우 제43공과 '리순신의 지혜라', 제47공과 '알푸래드의 사긔라', 제48공과 '긔자의 사긔라', 제49공과 '신라 시조 혁거세의 사긔라', 제50공과 '백제 시조 온조의 사긔라', 제51공과 '고구려 시조 주몽의 사긔라'와 같은 제목을 사용하고 있지만, 그 내용은 전해오는 역사담이나 신화 등을 이야기체로 바꾼 것들이다.

일부 공과에서는 종교적 관점에서 교훈을 제공하고자 한 의도도 드러나는데, 예를 들어 제삼십이 공과 '양생이라'의 경우는 "양생의 제일 해됨은 세상에 헛된 영화와 쓸대업는 정욕을 탐하여 제 뜻슬 수고롭게 하며 마음을 불타는 것 갓치 하야 밤이면 잠을 일우지 못한 즉"이라거나 "하나님을 밋어 승봉하고 그 률법을 밤낮으로 잠잠이 생각한즉"과 같이 전도와 관련된 구체적인 내용이 진술된 것으로 보인다. 또한 제7공과 '누에라'에서는 "사람이 누에와 갓치 육신은 늙으면 죽어서 지하에 뭇치고, 령혼은 영생하는 마당에 나아가니 이 일노 그 리치를 가히 알지니라."라는 설명을 부가하였고, 제40공과 '파리 니야기라'에서는 "이 일을 본진대 세상 사람들이 근본 하나님씌 품부한 량심은 일코 소인의 행색을 본밧아 세상에 헛된 번화함과 육신의 부귀를 탐하야 정욕에 침륜하다가 능히 쌔닷지 못하고 필경 죽을 지경에 쌔지나니 엇지 지혜잇는 사람의 경계할 바 아니리오."라고 주장하였는데, '하나님 승봉', '률법', '령혼', '영생' 등은 기독교적 관점에서 교훈을 제시하고자 한 의도를 드러낸다. 그러나 각 공과마다 이야기 속에서 교훈을 찾고자 했기 때문에 종교적인 색채가 직접적으로 드러나는 경우는 많지 않다.[4]

---

[4] 『국문독본』 각 공과에 반영된 기독교 사상을 분석해 내는 일은 신학자의 몫이므로 여기서는 구체적인 논의는 삼가고자 한다. 예를 들어 제5공과 '소금이라'는 학부편찬(1895)의 『신정심상소학』 권2 제11과 '소곰이라'와 같은 내용이다. 그러나 소금의 가치를 논한 문장은 '마태복음' 제5장 13~16절을 근거로 한 기독교적 관점으로 해석할 가능성도 있는데, 여기서는 이러한 확대 해석은 피하고자 하였다.

## 4. 『국문독본』 텍스트의 출처와 교과서 지식 유통의 특징

『국문독본』의 초판 서문과 국문 서문에서 밝힌 바와 같이, 이 독본은 '기존의 정부의 학교에서 한문 독자를 위해 사용했던 것'과 '서양의 역사를 번역한 것'으로 '대부분 한국 사람들에게 널리 알려져 있어 친숙한 것'을 중심으로 텍스트를 선정하였다. 여기에 등장하는 '정부 학교에서 한문 독자를 위해 사용한 것'은 1895년 근대식 학제 도입 이후 학부에서 편찬한 교과서류를 의미하는 것으로 풀이할 수 있다.5)

『국문독본』의 각 공과에서 출처를 밝힌 공과는 제12공과 '단군의 니야기라'(『동국통감』, 『삼국유사』), 제46공과 '아홉 구뷔 구실 쐰 니야기라'(가어6)), 제50공과 '백제 시조 온조의 사긔라'(동극력사7)), 제51공과 '고구려 시조 주몽에 사긔라'(삼국유사)의 네 편뿐이다. 그러나 『국문독본』이 편찬되기 이전의 학부 편찬 교과서와 대조할 경우, 33개 공과의 텍스트는 출처를 확인할 수 있다. 출처가 확인되는 공과의 분포는 다음과 같다.

(4) 출처가 확인되는 텍스트 분포

| 출처 | 공과 수 |
|---|---|
| 신정심상소학 | 25 |
| 조선역사, 조선역대사략, 동국역대사략, 보통교과 동국사략, 삼국유사 | 5 |

---

5) 1895년 근대식 학제 도입 이후 학부 편찬 교과서 발행 상황에 대해서는 박붕배(1987), 이종국(1992) 등을 참고할 수 있다. 또한 허재영(2015: 17~19)에서는 『공법회통』, 『태서신사남요』의 서적 정가표를 근거로 1895년부터 1897년 사이에 24종의 교과용 도서가 편찬되었음을 구체적으로 밝힌 바 있다.

6) 가어는 『논어』에서 누락된 공자의 일화를 기록한 『공자가어』를 의미한다. 제46공과의 제목에서 "이 말은 가어에 잇나니라"라고 밝혔다.

7) 동극력사는 학부 편찬(1899)의 『동국역대사략(東國歷代史略)』을 의미하는 것으로 보인다.

| 출처 | 공과 수 |
|---|---|
| 공자가어 | 1 |
| 만국사략 | 1 |
| 삼강행실도 | 1 |
| 총합계 | 33 |

이 표에 나타나는 것과 같이, 『국문독본』이 가장 많이 참고한 학부 편찬 교과서는 『신정심상소학(新訂尋常小學)』(1895)이다. 이 교과서와 관련을 맺는 텍스트는 25개 공과에 이르는데, 이를 정리하면 다음과 같다.

(5) 『신정심상소학』을 참고한 텍스트

| 공과 | 제목 | 내용 | 신정심상소학 | 비교 |
|---|---|---|---|---|
| 제일 공과 | 여호라 | 여우의 생태 | 권2 제6과 | 동일 |
| 제이 공과 | 나모 리치라 | 나무의 생태 | 권2 제7과 | 동일 |
| 제삼 공과 | 기름이라 | 기름의 종류와 용도 | 권2 제8과 | 실용성 첨가 |
| 제오 공과 | 소곰이라 | 소금의 유용성 | 권2 제11과 | 교훈성 첨가 |
| 제륙 공과 | 달팽이라 | 달팽이의 생태와 교훈 | 권2 제24과 | 교훈성 첨가 |
| 제칠 공과 | 누에라 | 누에의 생태와 교훈 | 권2 제5과 | 종교성 첨가 |
| 제팔 공과 | 호랑의 니야기라 | 호가호위+호랑이의 지혜 | 권3 제6과 | 교훈성 첨가 |
| 제구 공과 | 인의례지신이라 | 인의예지신의 가치 | 권3 제9과 | 내용 확대 |
| 제십 공과 | 동모라 | 친구를 가려 사귀는 이유 | 권2 제10과 | 동일 |
| 제십일 공과 | 소야도풍의 니야기라 | 소야도풍의 인내와 학업 | 권2 제12과 | 동일 |
| 제십삼 공과 | 사마온공의 지혜 | 사마온공의 지혜 (독에 빠진 아이 구하기) | 권2 제18과 | 동일 |
| 제십사 공과 | 여호란 즘승과 괴의 니야기라 | 여우가 괴를 비웃다가 사냥개에게 잡힌 이야기 | 권2 제19과 | 동일 |
| 제십오 공과 | 가마귀가 조개를 먹은 니야기라 | 까마귀가 조갯살을 먹기 위해 지혜를 발휘함 | 권2 제25과 | 동일 |
| 제십륙 공과 | 무식한 사람이라 | 힘들다고 직업을 자주 바꾸는 사람 | 권2 제25~26과 | 동일 |
| 제이십 공과 | 산이 대답한 소래라 | 메아리의 생리 | 권2 제29~30과 | 동일 |

| 공과 | 제목 | 내용 | 신정심상소학 | 비교 |
|------|------|------|------------|------|
| 제이십일 공과 | 사슴이 물을 거울 삼음이라 | 사슴이 못났다고 생각한 다리 덕분에 도망하다가 잘났다고 생각한 뿔 때문에 죽게 된 이야기 | 권2 제31과 | 동일 |
| 제이십사 공과 | 생각할 일이라 | 난희가 동생 문지신에게 여우, 닭, 곡식을 옮겨야 하는 농부의 상황을 문제로 제시함 | 권2 제32과 | 동일 |
| 제이십오 공과 | 사시라 | 사계절 설명 | 권3 제25과 | 동일 |
| 제삼십일 공과 | 일년에 달과 날이라 | 새해맞이의 의미 | 권3 제26~27과 | 교훈성 첨가 |
| 제삼십이 공과 | 양생이라 | 몸관리를 잘해야 하는 이유 | 권3 제30과 | 종교성 첨가 |
| 제삼십삼 공과 | 사람의 마음을 회개식힌 저울이라 | 친구에게 나누어줄 수박을 혼자 차지하려다가 저울 무게 때문에 욕심을 버려야 하는 아이 | 권3 제8과 | 동일 |
| 제삼십사 공과 | 쥐의 효심이라 | 눈먼 쥐를 봉양하는 쥐 | 권3 제9과 | 동일 |
| 제삼십오 공과 | 새 되기를 원하는 문답이라 | 피꼬리, 원앙새를 선택한 난희, 숙희에 비해 효도를 아는 까마귀가 되고 싶다고 대답한 정희 이야기 | 권3 제13과 | 동일 |
| 제사십 공과 | 파리 니야기라 | 욕심 많은 파리가 꿀 속에서 죽은 이야기 | 권1 제25~26과 | 종교성 첨가 |
| 제사십이 공과 | 솔개와 조개 니야기라 | 방휼지쟁의 고사 | 권2 제25과 | 동일 |

　　25개 공과 가운데 17개 공과는 『신정심상소학』의 텍스트를 순국문체 이야기 형식으로 바꾸어 서술하였고, 8개 공과는 교훈성이나 종교성을 고려하여 내용을 확장하였다. 다음을 살펴보자.

(6) 동일한 내용의 텍스트

ㄱ. 여호의 모양은 개와 갓고 또 간사한 재조가 잇고 의심이 만한 즘승이니
　　그럼으로 간교한 재조가 잇고 의심이 만한 사람은 여호와 갓다 하니라.
　　여호의 귀와 코는 쇠족하며 눈은 밝으며 꾀리는 길고 숫하며 쌍에 구멍
　　을 파고 그 속에서 사나니 낫에는 숨어 단니고 밤에는 먹을 거슬 차지

러 나오나니 여호는 개고리며 쥐며 닭을 잘 먹으며 또 집오리며 나모
실과를 먹나니라. (『국문독본』제1공과 '여호라')

ㄴ. 여호는 그 形狀이 긔와 브스름ᄒ고 또 狡흔 才操가 잇는 짐승이올시다.
그러므로 간교흔 才操 잇는 ᄉ람을 여호 갓다 ᄒ옵늬다. 여호의 귀와
코는 쏐쪽ᄒ고 눈은 밝으며 쇼리는 길고 슛ᄒ며 ᄯᅡ에 구명을 파고 그
속에서 스니 낫에는 숨어 다니고 밤에는 먹을 거슬 ᄎ지라 나옵늬다.
여호는 닭이며 기구리며 쥐롤 잘 먹으며 또 집오리며 木實을 먹습늬다.
(『신정심상소학』권2 제6과 '여호라')


(6)의 텍스트는 국한문체로 쓰인 『신정심상소학』의 텍스트를 순국
문으로 바꾼 예이다. '形狀, 狡흔 才操, 木實'과 같은 한자를 '모양, 간교
한 재조, 나모 실과' 등의 한글로 표기한 점, 상대 높임 문장 종결
방식을 안 높임의 등급으로 바꾼 점만 차이가 있을 뿐, 내용은 동일하
다. 이와 같이 동일한 내용을 쉬운 문체로 바꾸어 편집한 까닭은 『국
문독본』서문에서 밝힌 것처럼 '국문 숭상'을 통해 지식을 보급하고자
했기 때문이다. 일부 텍스트에서는 내용을 부가하기도 하였는데, 다
음을 살펴보자.


(7) 내용을 부과한 텍스트

ㄱ. 달팽이라 하는 거슨 등에 한 껍질을 지고 잇스니 이는 몸을 감초는
집이니라. 달팽이가 잇다감 나올 째이면 연한 쌀 네슬 내나니 그 중에
긴 것 둘에 ᄭᅳᆺ헤는 눈이 잇고 쩍은 것 아래에는 입이 잇나니라. 달팽이
가 제 마음대로 그 쌀을 움지기도 하고 또 내여 느리기도 하니 이
버러지는 배를 붓치고 느릿느릿하게 단니며 또 집 우헤도 올나가니
급히는 단니지 못하니 일노 인하야 일 너무 천천히 하는 사람은 속담으

로 달팽이라 하나니라. 달팽이가 겨을이 되면 집에 들어 치운 째를 지내나니 또 집업는 달팽이도 잇스니 그런 고로 집업는 사람은 달팽이 갓다 하나니라. (『국문독본』 제6공과 '달팽이라')

ㄴ. 달팡이는 등에 흔 껍질을 가지고 잇스니 이는 몸을 감추는 집이오이다. 달팡이가 잇다감 나올 째 軟흔 쌀 넷슬 니니 그 中에서 긴 것 둘의 쯧테는 눈이 잇고 져른 것 둘의 아릭에는 입이 잇슴니다. 달팡이가 제 마음디로 그 쌀을 움치기도 흐며 또 내여 느리기도 흐니 이 버러지는 비를 붓치고 느릿느릿흐게 다니며 또 집 우에도 올나가나 急히는 다니지 못흐느이다. (달팽이 삽화) 달팡이는 겨을이 되면 집에 들어 치운 쩌를 지니옵느이다. (『신정심상소학』 권2 제24과 '달팡이라')

(7)의 텍스트는 달팽이에 대해 객관적으로 설명한 『신정심상소학』의 텍스트에 '일 너무 천천히 하는 사람', '집 없는 사람'을 비판한 해석을 부가하였다. 이와 같은 해석을 부가한 것도 초등 학습자에게 명시적인 교훈을 제시하고자 하는 저술자의 의도가 반영되었을 것이다. 8개 공과를 살펴볼 때 부가된 내용은 이야기에 대한 교훈적 해석 또는 기존의 소재와 관련을 맺는 새로운 이야기 등이 대부분이다. 이 또한 흥미 요소와 교훈 요소를 고려하여 텍스트를 변형한 사례라고 할 수 있다.[8]

또한 한국사와 관련된 '단군의 니야기', '긔자의 사긔', '신라 시조 혁거세' 등은 『조선역사(朝鮮歷史)』(1895), 『조선역대사략(朝鮮歷代史略)』

---

[8] 이처럼 동일 텍스트가 수록된 이유를 우화의 수용 차원으로 이해할 수도 있다. 김태준 (1981)에서 밝힌 바와 같이, 『신정심상소학』에 소재하는 우화 가운데 17편 이상은 이솝 우화를 수용한 것이며, 이들 우화는 『국문독본』에도 상당수 활용되었다. 그러나 우화의 수용 양상은 이 연구의 주제와 직접적인 관련이 없으므로 자세히 언급하지 않는다.

(1895), 『동국역대사략(東國歷代史略)』, 『보통교과 동국역사(普通教科東國歷史)』(1899, 현채 편집), 『삼국유사(三國遺事)』 등을 참고하여 역술한 것으로 판단된다.9) 이와 같은 텍스트를 선정한 것은 초판 서문에서 언급한 '고유 사상(native script)'과 '국가 정신(national sprit)'을 고취하는 데 필요했기 때문으로 보이는데, 일부 내용은 선교사의 관점에서 '믿을 수 없는 것'으로 재해석되기도 하였다.

(8) 한국사 관련 텍스트

ㄱ. 동국통감에 갈아대 동방에는 처음에 군장이 업더니 신인이 태백산 박달나모 아래에 나려오거늘 나라 사람이 세워 님군을 삼으니 이는 곳 단군이라 하며, 또 삼국유사에 갈아대 천신이 태백산 제단나모 아래에 강님하니 그 째에 한 곰이 천신의게 빌엇스니 사람되기를 원한대 드대여 녀인의 몸으로 환생하엿더니 그 녀인이 천신의 교접한 바 되어 아달을 아으니 이는 곳 단군의 소생이니라. 이에 단군이 나라 일홈을 조선이라 하니, 이 째는 요님군 무진년이라. 처음에 평양에 도읍하엿다가 상나라 무정 팔년 을미에 니르러 구원산10)으로 드러가 신이 되엿나니라. 이 세대에 조선을 상고하건대 예수 강생 전 이천이삼백 년일이라. 그 째에 우리 동방이 캄캄하야 열니지 못한 거슨 말하지 아니하야도 가히 알니로다. 론어에 아홉 오랑캐라 한 말은11) 우리 동방을 가리

---

9) 제50공과 '백제 시조 온조'에서는 '동극력사'를 참고했다고 밝혔으나, 다른 한국사 관련 공과에서는 이를 밝히지 않았다. 그런데 학부 편찬의 『조선역사』(국한문체), 『조선역대사략』(한문체), 『동국사략』(한문체), 『보통교과 동국사략』(국한문체) 등은 모두 편년체를 취하고 있고, 내용상 큰 차이도 없다. 제12공과 '단군의 니야기'에서는 『동국통감』과 『삼국유사』를 참고했음을 명시적으로 밝혔으며, '기자의 사긔', '신라 시조 혁거세' 등도 학부 편찬 교과서와 『삼국유사』를 모두 참고했을 것으로 추정된다.

10) 구원산: 구월산의 오식으로 판단되나 원문대로 옮겼다.

11) 이 진술은 논어를 텍스트로 참고했다기보다, '동이(東夷) 부족'에 대한 설명을 하기 위해

친 거시니 우리의 생각에는 상고브터 중고까지 아홉 종류가 퍼저 살며, 님군도 업고 어룬도 업슬 째에 타국에서 엇더한 사람이 온 거슬 보고, 인이라 하야 님군을 삼엇는가 하노라. 넷 사람 중에 혹은 닐아대 단군이 일천사십년 동안을 장수하며 한 나라를 누렷다 하고, 혹은 닐아대 일천사백팔십년 동안을 자자손손히 전하여 나려온 세대라 하니라. (제 12공과 '단군의 니야기라')

ㄴ. (…전략…) 하로는 왕이 비류물 가온대에 나모 닙사귀가 써나려 옴을 보고 그 상류에 사람이 잇는 줄 알고 산양하는 길에 차저가 비류국에 니라니, 그 나라 님군 송양이 갈아대 과인이 바다 모통이에 궁벽이 잇서 일직이 군자를 보지 못하엿더니 오날날 우연이 서로 맛나니 다행하도다. 그러나 군자는 어대로좃차 왓나뇨. 주몽이 대답하되 나는 천제 자로써 아모곳에 와 도읍하엿노라 하니, 송양이 갈아대 나는 여러 대를 이 싸에서 님군 노랏하매 쌍이 좁아 능히 용납할 수 업거니와 그대는 도읍한 지가 얼마 되지 못하니, 우리나라에 부용함이 가하니라 한 대, 주몽이 그 말을 듯고 분하야 말노 서로 닷토다가 쏘 활을 쏘아 재조를 시험하니 송양이 능히 이긔지 못하고, 그 이듬해에 와 항복하니 그 싸으로 다물도를 삼고 송양을 봉하야 님군을 삼으니라. 이 사긔는 가히 밋을 수 업시나 다만 삼국유사에 잇는 말을 긔록하노라. (제51공과 '고구려 시조 주몽의 사긔라')

『국문독본』에 등장하는 역사 텍스트는 모두 9편으로, 6편(단군, 기자, 이순신, 온조, 혁거세, 주몽)은 한국사와 관련을 맺고 있으며, 2편은 중국(백이숙제, 공자), 1편은 영국(앨프레드 대왕)의 역사 이야기이다.

---

인용한 것으로 볼 수 있다.

이처럼 한국사와 관련된 이야기를 다수 수록한 것은 학부 편찬의 교과서와 무관하지 않으며, 그 과정에서 『동국통감』이나 『삼국유사』를 참고한 것은 편년체 한문 중심의 학부 편찬 교과서가 초학용 교재로 적합하지 않다는 판단을 했기 때문이라고 볼 수 있다. 그렇기 때문에 기존의 교과서에서 기술한 사실(史實)에 이야기 요소를 가미하여 새로운 텍스트로 변환하고자 하였으며, 그 과정에서 선교사의 관점으로 이야기 요소를 재해석하고자 한 것으로 보인다.

『국문독본』은 이 시기 학부에서 편찬한 다수의 교과서를 토대로, 한국인에게 익숙해진 다수의 문헌을 참고하여 저술한 초학용 순국문 독본이다. 이 점에서 구체적으로 출처를 확인할 수 없을지라도 이 독본에 수록된 텍스트들은 이 시기 비교적 널리 알려진 것들이었을 가능성이 높은데, 예를 들어 제47공과의 '알푸레드의 사긔라'와 같은 경우도, 이 공과에 들어 있는 이야기가 등장하는 것은 아니지만, 학부 편찬(1895)의 『만국약사(萬國略史)』에서 확인할 수 있는 사실(史實)이다.12) 이 점에서 출처가 드러나지 않는 다수의 우화 텍스트도 이 시기 널리 알려진 우화를 바탕으로 재구성되었을 것임을 추론할 수 있다.

『국문독본』의 텍스트 가운데 다수는 근대 계몽기 다른 교과서에도 등장한다. 그 가운데 대표적인 공과는 다음과 같다.

---

12) 학부편찬(1895), 『만국약사』 제4편 제12장 '영길리(英吉利)'에 '에그버트', '알프레드'의 기사가 등장한다. 이뿐만 아니라 선교사 게일(J. S. Gale, 1863~1937)이 지은 『유몽천자(牖蒙千字)』 권3, 제10~11과에서도 '영군주대알부렛지중흥(英君主大알부렛之中興)'을 다루고 있다.

(9) 『국문독본』과 같은 제재를 다룬 후대의 교과서

| 공과 | 제목 | 텍스트 수록 교과서 |
|---|---|---|
| 제십구 공과 | 눈 먼 개고리 니야기라 | 대한국민교육회(1906), 『초등소학』 권6 제5과 |
| 제이십륙 공과 | 맹자의 모친이 맹자를 가라친 말이라 | 휘문의숙(1906), 『고등소학독본』 권1 제9과 |
| 제이십팔 공과 | 개암이와 비닭이가 은혜 갑흔 니야기라 | 대한국민교육회(1906), 『초등소학』 권6 제18과 |
| 제이십구 공과 | 라귀 니야기라 | 대한국민교육회(1906), 『초등소학』 권4, 『소년』 제2권 제10호(1909) 이솝 우화 |
| 제삼십팔 공과 | 나나니 니야기라 | 대한국민교육회(1906), 『초등소학』 권5 제27과 |
| 제삼십구 공과 | 박쥐 니야기라 | 대한국민교육회(1906), 『초등소학』 권5 제25과 |
| 제사십사 공과 | 선생이 제자의 지혜를 본 니야기라 | 휘문의숙(1906), 『고등소학독본』 권1 제20과 암실 |

(9)의 텍스트는 대한국민교육회(1906)의 『초등소학』과 휘문의숙(1906)의 『고등소학독본』에 산재하는 동일 내용의 텍스트들이다. 이들 텍스트는 『국문독본』에 처음 등장하는 것으로, 1895년 직후 학부 편찬의 독본류에서는 찾을 수 없다. 특히 대한국민교육회(1906)의 『초등소학』에 등장하는 텍스트는 『국문독본』과 내용 면에서 매우 유사하다.

(10) 대한국민교육회(1906)와의 텍스트 비교

ㄱ. 한 개고리가 우물 가온대에 살더니 바다에 사는 자라가 맛참 그 지경에 지나다가 우연히 그 우물 속에 드러갓나니라. 눈 먼 개고리가 우물 돌 우헤 안저 교만하게 뭇되, 네가 어대로 좃차 왓나뇨. 자라가 대답하되 바다로좃차 왓노라. 개고리가 한 번 우물을 두루 도라단니고 무러 왈, 바다도 이갓치 큰냐 한 대, 자라가 대답하되 이것보다 대단히 큰니라 하니, 개고리 쏘 한 번 우물 속에 드러갓다가 나와서 다시 문 왈, 바닷물도 이와 갓치 깁흐냐 하니, 자라가 대답하되 이보다 대단히 깁흐

니라. 개고리가 갈아대 그러면 네가 아모커나 바다가 크고 깁흔 거슬 말하라. 자라가 말하되 네가 우물 속에 잇스니 엇지 넓고 깁흔 거슬 알겟나뇨. 바다는 네가 평생 단여도 그 긋살 보지 못할 거시오, 네가 평생을 드러가도 그 밋슬 보지 못하리라. 개고리가 말하기를 너는 거짓 말노 네 처소를 자랑한다 하더라.

므릇 학식이 업고 소견이 좁은 사람은 다란 사람의 개명한 재조와 광대한 사업을 드르면 밋지 안코 거짓말한다 하니, 엇지 눈 먼 개고리와 다람이 잇사리오. (『국문독본』 제19공과 '눈 먼 개고리 니야기라')

ㄴ. 一蛙가 井中에셔 살더니 一日은 海에 잇ᄂᆞ 鼈이 지나다가 偶然히 此井에 入ᄒᆞ얏소. 蛙가 井石에 坐ᄒᆞ야 驕慢흔 모양으로 鼈에게 問ᄒᆞ되, 汝ᄂᆞ 어듸로셔 來ᄒᆞᄂᆞ냐 ᄒᆞ니 鼈이 答ᄒᆞ되 我ᄂᆞ 海로셔 來ᄒᆞ노라. 蛙가 井中을 두루 쮜여다니면셔 言ᄒᆞ되 海도 이럿케 大ᄒᆞ냐 ᄒᆞ얏소. 鼈이 笑ᄒᆞ면셔 對答ᄒᆞ되 井보다 極大ᄒᆞ다 ᄒᆞ니 蛙가 又言ᄒᆞ되 此보다 深ᄒᆞ냐 ᄒᆞ거늘 鼈이 答ᄒᆞ야 曰 汝의 才로ᄂᆞ 一生을 入去ᄒᆞ야도 底에 達치 못ᄒᆞ리라 ᄒᆞ니 蛙ᄂᆞ 鼈더러 그짓말 흔다고 책망ᄒᆞ얏소.

므릇 學識이 업ᄂᆞ 者ᄂᆞ 人의 廣大흔 事業과 開明흔 才智를 聞ᄒᆞ면 그짓말이라 稱ᄒᆞᄂᆞ니 엇지 此蛙와 다르리오. (대한국민교육회(1906), 『초등소학』 권6 제5과 無識흔 蛙)

이 자료에서는 『국문독본』의 순국문 텍스트를 국한문으로 바꾸어 진술한 점만 다를 뿐, 서사나 교훈 관련 문장의 의미가 동일하다. 이처럼 『국문독본』에 등장하는 일화나 우화가 다른 독본류의 텍스트가 되었다는 점에서, 근대 계몽기 교과서 텍스트의 영향 관계[13]를 살피

---

13) 근대 계몽기 교과서 텍스트의 영향 관계는 지식 보급을 최우선 과제로 생각했던 당시의

는 좋은 자료가 된다.


## 5. 나오기

이 글은 근대 계몽기 선교사였던 조원시(1902)『국문독본』의 내용과 자료 선정에 나타나는 특징을 중심으로 이 시기 교과서 지식의 유통 상황을 기술하고, 이 독본의 가치를 논하는 데 목표를 두었다. 『국문 독본』은 근대식 학제가 도입된 이후 개인 또는 민간단체에서 저술한 최초의 독본이며, 순국문으로 이루어진 최초의 읽기 목적 교재라는 점에서 국어 교육사에 적지 않은 영향을 준 교재이다. 이 글에서 논의 한 바를 정리하면 다음과 같다.

첫째, 『국문독본』의 저술 동기는 영문 초판 서문에서 밝힌 바와 같이, 학제 개편에 따른 교과서의 필요성, 고유 사상을 반영한 새로운 국가사상, 낡은 학제를 벗어난 한국 사상을 기르기 위한 노력으로 『초학언문』의 심화 단계에 해당하는 교재를 개발하고자 한 데서 비롯 되었다.

둘째, 『국문독본』은 서문과 51개 공과로 이루어져 있으며, 각 공과 는 대부분 일화, 우화, 민담, 역사 이야기 등의 형식을 취하고 있다. 이들 이야기에는 저자가 의도하는 교훈이 담겨 있는데, 각 이야기 속의 교훈은 '분수를 아는 삶, 지혜, 근면, 효도, 신의, 겸손, 금욕, 말조

---

상황을 고려하여 판단해야 할 몫이다. 특히 이 시기는 저작권 개념이 없었고, 서적 보급이 충분하지 않았기 때문에 타인의 저술을 무단으로 사용하는 사례도 많았다. 『국문독본』에 서 1895년 이후의 학부 교과서를 사용한 것이나, 『국문독본』 이후의 교과서가 이 독본의 텍스트를 활용한 것 등도 이 시기의 저술 문화에서는 자연스러운 현상 가운데 하나로 볼 수 있다.

심, 보은, 경쟁과 협동, 문명개화를 위한 교육의 필요성, 용기와 인내심, 친구 사귀기, 처세' 등과 같이 개인과 사회의 수신 윤리를 반영하였다. 또한 일부 공과에서는 종교 사상이 반영되기도 했는데 '하나님 승봉, 율법, 영혼과 영생' 등의 기독교적 관점이 반영되었다. 그러나 각 공과의 텍스트에서 종교적인 색채를 직접 드러내는 경우는 거의 없었다.

셋째, 『국문독본』의 텍스트 출처를 살펴본 결과 33개 공과는 1895년 근대식 학제 도입 이후 학부에서 편찬한 교과서를 대상으로 한 것으로 볼 수 있으며, 그 가운데 『신정심상소학』을 대상으로 한 텍스트가 매우 많았음을 확인할 수 있었다. 이는 학부 편찬 교과서가 대부분 국한문이나 한문으로 이루어져 있고 문장이나 어휘가 어렵기 때문에 초학자에게 적합하지 않다는 판단이 작용한 것이다. 또한 일부 텍스트는 이야기를 추가하거나 교훈을 재해석한 경우도 있었는데, 이 또한 초학용 교훈 중심의 독본을 개발하고자 했던 저자의 의도를 반영한 것이라고 볼 수 있다. 그뿐만 아니라 비록 선교사의 관점에서 역사 이야기를 재해석한 부분이 발견될지라도, 한국사 관련 공과가 다수 선정된 점은 고유 사상이나 국가 정신을 기르고자 하는 목적이 반영된 것으로 볼 수 있다.

넷째, 『국문독본』의 텍스트 가운데 일부는 대한국민교육회(1906)의 『초등소학』이나 휘문의숙(1906)의 『고등소학독본』 등에서도 찾아볼 수 있는데, 이는 이 시기 교과서 텍스트의 유동 상황을 보여준다. 이는 『국문독본』이 그 이후의 교과서 편찬에 어느 정도는 영향을 미쳤음을 의미하는 것으로 해석할 수 있는데, 텍스트의 중복 현상이 나타나는 이유는 저작권 확립되지 않았던 이 시대에 지식 보급을 최우선 과제로 생각했던 저술 문화와도 밀접한 관련을 맺는 것으로 볼 수 있다.

이 시기 교과서 텍스트의 영향 관계에 대한 깊이 있는 분석은 당시의 독본류 교과서 텍스트에 대한 전수 비교를 통해 해결할 문제이므로, 추후 연구에서 좀 더 구체적인 분석을 시행하고자 한다.

# 제5장 근대 지식 수용 과정에서 헐버트 시리즈 교과서의 의의

## 1. 서론

근대 계몽기 한국 교육사에서 헐버트(H. B. Hulbert, 1863~1949)의 역할을 매우 컸다. 헐버트는 윔즈(C. N. Weems, 1962)의 전기(chronology)에서 비교적 상세히 정리된 바와 같이, 1886년 언더우드의 요청에 의해 육영공원 교사가 된 뒤, 1890년 순국문 최초의 지리 교과서인 『ᄉᆞ민필지』를 비롯하여, 제국 중학교 교사를 거쳐 『대동기년(大東紀年)』, 『대한력ᄉ』 등의 교과서 개발에 이르기까지 한국 근대 교육사에서 매우 중요한 역할을 하였다. 이 점에서 그동안 학계에서 헐버트에 관한 다수의 연구가 축적되어 왔는데, 유성실(2019), 박태영(2014) 등의 종교 문제 관련 박사학위 논문, 장재용(2016), 전민호(2012), 김상민(2017) 등의 한국사 및 교육사와 관련된 논문, 장보웅(1970), 민현식(1999),

김재완(2001) 등의 『ᄉ민필지』와 관련된 논문, 이지영(2008), 이근영 (2011), 장회견(2016) 등의 언어학 또는 한역 관련 연구, 강철성(2009), 서신혜(2012), 권정화(2013), 서태열(2013), 오상학(2013) 등의 지리 교육 관련 연구, 전민호(2010), 김동진(2011), 최보영(2012), 황우선·김성해(2017) 등의 헐버트 생애와 교육 활동 전반에 관한 연구 등이 대표적이다. 그뿐만 아니라 최근에는 '헐버트 기념사업회'까지 조직되어 그의 생애와 활동에 대한 다양한 연구 및 기념 사업이 전개되고 있음도 주목할 만한 일이다.

그럼에도 이른바 '헐버트 시리즈'에 대해서는 다수의 학자가 그 존재를 언급하고 있음에도, 그 내용과 성격에 대한 심층적인 고찰이 없었다. 이 연구는 근대 지식의 수용과 보급이라는 차원에서 그동안 알려진 헐버트 시리즈(혹은 헐버트 교육 시리즈)의 발행 상황 및 특성, 의미를 고찰하는 데 목표를 둔다. 윔즈(1962)에 따르면 헐버트 시리즈는 그가 관립중학교(현 경기고등학교 전신으로 윔즈는 Imperial Middle School로 지칭함) 교사로 재직하던 중 그의 동료들과 계획한 교과서 시리즈를 말한다.

이 시리즈가 존재했다는 사실은 기존의 연구에서도 비교적 자주 언급된 바 있다. 그럼에도 현재까지 이 시리즈의 발행 상황이나 내용, 특징 및 의의에 대한 연구는 거의 이루어진 것이 없다. 예를 들어 허재영(2019)와 같이, 초판본과 한역본, 1906년 판과 1909년 판의 『ᄉ민필지』 판본을 규명하는 과정에서 윔즈의 논의가 다소 포함되어 있으나, 시리즈의 실물 전반에 관한 논의가 이루어진 논문은 찾아보기 어렵다. 그러나 근대 지식 수용과 국문 사상의 변천 과정이라는 차원에서 이 시리즈가 갖는 의미는 적지 않다. 따라서 이 연구에서는 헐버트 시리즈의 출현 과정과 발행 상황, 시리즈의 내용 및 지식 수용사 등을 자료 중심으로 살피고자 한다.


## 2. 헐버트 시리즈의 실체와 탄생 배경

윔즈(1962)의 설명대로 1906년 밀 부인(Mrs. E. H. Miller)[1]의 『초학디지』가 헐버트 시리즈 제1권으로 출간되었다.[2]

이 책의 속표지에는 ELEMENTARY GEOGRAPHY BY Mrs. E. H. MILLER이라는 책명과 저자명, KOREAN RELIGIOUS TRACT SOCIETY, HULBERT'S EDUCATIONAL SERIES, No. 1.이라는 간행 관련 사항이 밝혀져 있다. 책의 서문에서는 '쥬 강싱 일천구빅 륙년 십월'에 밀 부인이 서문을 쓴 것으로 밝혔으며, 1907년 제2판이 발행된 것으로 나타난다. 즉, 이 책은 헐버트 시리즈로 기획된 첫 번째 교과서인 셈이다. 이 책 이외에 1890년 헐버트가 쓴 『ᄉᆞ민필지』[3]의 1906년 판에 헐버트 시리즈 2라는 기록이 나타나고, 1907년 Mattie Henry Miller가 저술한 『미국ᄉᆞ긔』가 3번,[4] 1908년 W. M. BAIRD(한국명 裵緯良)의 『텬문략히』가 시리즈 4번, 1908년 Mrs. W. M. BAIRD(한국명 안애리)[5]

---

1) '밀 부인'이라는 표기는 『초학디지』 '셔문'의 표기를 따른 것임.
2) C. N. Weems(1962), "Profile of Homer Bezaleel Hulbert", *Hulbert's History of Korea* volume 1, Hillary House Publishers LTD, New York, p. 36.
3) 허재영(2019b), 『ᄉᆞ민필지(士民必知)에 나타난 어문 의식과 근대 지식의 변화, 『한국언어문학』 109, 한국언어문학회, 61~91쪽. 이 논문에서는 4종의 『ᄉᆞ민필지』에 대한 서지적 고찰을 통해, 초판 발행 연도를 1890년으로 추정하였다.
4) 박은미·민병희·이용삼(2016), 「대한제국 시기 천문학 교과서 비교」, 『천문학논총』 31(2), 한국천문학회, 21~34쪽.
5) Mrs. W. M. BAIRD는 숭실학당을 설립한 W. M. BAIRD 목사의 부인으로 본명은 Annie L. A. Baird이다.

가 번역한 『싱리학초권(生理學初卷)』이 5번으로 발행되었음을 확인할
수 있다.

이 시리즈가 몇 권까지 발행되었는지 확인할 수는 없으나 현재까지
알려진 바로는 총 15종이 간행된 것으로 추정된다(허재영, 2019b: 73).
다만 현재까지 판권을 통해 확인된 헐버트 시리즈는 위의 5종에 불과
한데, 시리즈에 관여했던 밀 부인의 또 다른 번역서인 『동물학』(1906,
대한예수교서회), 『식물학』(1909년 번역한 뒤 1913년 조선야소교서회에서
간행)은 판권을 확인할 수 없으나 간행처와 체제, 저역자를 고려할
때 헐버트 시리즈였을 것으로 추정되며, 시리즈의 다른 저작물은 확
인되지 않은 상태이다.

윔즈(1962)에 따르면 헐버트 시리즈는 이른바 '헐버트 스쿨(Hulbert's
School)'에서 계획한 것으로 알려져 있는데, 이 학교는 1905년 교사
양성을 위한 한국 정부의 대표적인 현대식 교육기관이라고 하였다.
명칭상의 차이 때문에 이 학교의 성격을 확정하기 어려운 점이 있지
만, 이 학교는 1897년 가을 '왕실 학교(Royal)'로 설립되어, 대한제국을
선포한 직후 '황실 보통학교(Imperial Normal School)'로 변경하고, 1900
년 '황실 중학교(Imperial Middle School)'로 변경하였다고 한다. 이에
대해 윔즈(1962)에서는 다음과 같이 설명하고 있다.

[헐버트 스쿨과 시리즈6)]

---

6) C. N. Weems(1962: 35~36). "Hulbert's School" was the principal modern-style institution
of the Korean Government's educational system through the Professor's service in it to 1905.
In the fall of 1897, within a few months of its inception, its style was automatically changed
from "Royal" to "Imperial Normal School" when the Kingdom of Choson proclaimed itself
the Empire of Taehan. In 1900 it was transformed into the "Imperial Middle School." At
least for its first three years this important experiment in education was in fact two institution
in one. The unsuspecting Principal found that, in addition to some thirty prospective teachers,

'헐버트 스쿨(Hulbert's School)'은 1905년 교사 양성을 위한 한국 정부의 대표적인 현대식 교육 기관이었다. 이 기관은 1897년 가을, 창립 몇 개월 만에 '왕실 학교'에서, 대한 제국이 선포되면서 '제국 보통학교'(황실 보통학교?)로 불렸으며, 1900년에 '제국 중학교'(관립중학교)로 바뀌었다.

최소한 3년 동안 교육에서 한 학교의 두 반에서 중요한 실험이 이루어졌다. 확고한 원칙은 1886년부터 1894년까지 전임자들과 같이 오직 영어 학습에만 관심이 있는 그가 책임져야 할 젊은 양반들인 30여 명 이상의 예비교사들이 있음을 발견했다. 이 두 가지 과업에서 그는 보통학과의 초기 교육과정을 수학과 지리학으로 한정했다.

1897~1898년 방문했던 아서(Archer)의 도움을 받아 문자 학습 과정에 사용하기 위해 원래의 지명 사전인 『ᄉ민필지(Sa'min P'ilchi)』를 개정했다. 그 결과는 헐버트(Hulbert)에게 일대 전환을 가져왔다. 젊은 교사들이 새로운 개념을 위해 뛰어난 재능을 보였을 때, 그는 보통 교육을 위한 노력을 발전시키기 위한 인력 자원이 되고 있음을 느꼈다. 그가 진행한 또 다른 단계—교과서 기획—는 속도가 느리기는 했지만, 실질적 효과가 있었다. 1905년 계획된 '헐버트 시리즈'의 첫 권으로 밀 부인(Mrs. E. Miller)

---

he was to be responsible for an even larger number of young *yangban*(兩班), who, like their predecessors of the years from 1886 to 1894, were concerned only with the learning of English. Faced with this double task, he limited the initial curriculum in the Normal Department to mathematics and geography.

In 1897~1898, with the assistance of the visiting Archer, he revised his original gazetteer, the *Sa'min P'ilchi*(사민필지) for use in the latter course. The response was exhilarating to Hulbert; as the young career teachers reached out with marked intelligence for new concepts he offere them he felt that the human resources for the general educational effort were finally being developed. Progress on the other phrase of his drive-the preparation of textbooks-was slower but substantial. The first volume of 'Hulbert's Educational Series, which was probably only one of several units in various fields drafted by 1905, was the *Ch'hak Chiji*(Elmentary Geography) written by Mrs. E. Miller under Professor Hulbert's editorship.

이 저술한 『초학지지(初學地誌)』(초등 지리학)7)가 헐버트의 편집 아래 출판되었다.

이 자료에 등장하는 '왕실학교', '제국 보통학교', '제국 중학교' 등의 명칭은 이 시기 관보, 신문 등에서 확인할 수 없는 명칭들이다. 다만 헐버트 기념 사업회의 '헐버트 약력'을 참고하면, 1897년 '제국 보통학교' 교장으로 임명되어 아이들을 가르치는 선생님을 배출했고, 이 때부터 1905년 사이에 헐버트 교육 시리즈를 계획한 것으로 기술하고 있다.8) 주목할 점은 『황성신문』 1898년 9월 17일자 '영사청유(英師請由)'9)나 『독립신문』 1899년 3월 11일자 '교스입셩'10) 등에서는 이 시기 헐버트가 재직했던 학교를 '사범학교'로 표현한 점이다. 이 시기 사범학교는 1895년 설립된 '한성사범학교(漢城師範學校)'를 지칭한 것으로, 1905년 국민교육회에서 사범학교를 설립하기까지 유일하게 존재했던 학교였다.11)

---

7) 밀 부인의 『초학디지』는 대한 광무 십일년 뎡미(구세주 강생 일천구빅칠년) 대한예수교서회 간인으로 출간되었다. 즉 1905년 헐버트 시리즈가 계획된 뒤, 1907년 출간된 것으로 볼 수 있다.

8) 헐버트 기념 사업회 홈페이지(http://www.hulbert.or.kr/about_hulbert) 참고.

9) 『황성신문』 1898.9.17. 영사청유(英師請由): 師範學教 英語 敎師헐벗트 氏가 十餘日前에 學部에 來하야 故國에 歸홀 事로 六個月 許由를 請하거늘 本部 協判 高永喜 氏가 答曰 三夏를 放學하얏다가 上學이 不遠하야 六個月을 虛度하면 今年에 學員은 廢止工夫라. 그딘가 外國敎師된 責任이 甚重하니 更思하라 하엿더니 宮内部에서 再昨日에 照會가 來하엿는딘 英語敎師헐벗트를 六個月 許由홀 事로 奉承勅敎하엿는지라. 學部에서 許由狀을 繕送하엿더니 同日 上午 三時에 發程하엿다더라.

10) 『독립신문』 1899.3.11. 교스 입셩: 스범학교 교스 미국 사름 헐벗트씨가 즈긔 나라로 쟉년에 갓다가 그젓긔 도라왓는딘 편안이 왕반 ㅎ엿다니 우리는 반갑게 치하 ㅎ노라.

11) 『황성신문』 1905.6.9. 勸告學校之設立. "에 試舉各國의 學校調查表ㅎ야 比較我韓現在官私立學校之數컨딘 我韓學校는 如左ㅎ니 小學校는 漢城에 官立小學校 九, 各地方에 公立小學校 五十二, 漢城에 高等小學校 一, 外國語學校 六, 醫學校 一, 農商工學校 一, 師範學校 一이오 其他 私立小學校 普通高等 倂五十四이니".

헐버트가 1897년 사범학교 교장이 되었다는 사실은 윔즈(1962)에서
도 기술된 바 있다. 윔즈의 헐버트 전기에서는 그 당시 고종이 신학제
도입과 활성화를 위해 '보통학교(사범학교)' 교장직과 교과서 시리즈
개발을 요청했다고 하였는데,[12] 이에 따르면 헐버트 시리즈가 배태된
시점은 1897년 전후라고 볼 수 있다. 이는 헐버트의 서신에서도 찾아
볼 수 있는데, 이 시기 헐버트가 보낸 편지에는 다음과 같은 내용이
들어 있다.

[헐버트 서신 속의 교과서 문제[13]]

ㄱ. 1896.12.13. 에드윈에게: 조선에 교과서가 공급되기까지는 어느 것도
  대규모로 이뤄질 수 없으며, 2년 동안 내 일은 수학, 역사, 문법과 같은
  수많은 기본적인 작품들을 조선어로 번역하는 것이 될 것인데, 시간의
  반은 그 일을 하면서 또 다른 반은 일반 학교를 감독하거나 지방 중심
  지에 학교를 개설하며 보내게 될 것 같다. 나는 영국, 프랑스, 러시아

---

12) C. N. Weems(1962: 35). When, in the spring of 1897, the King was ready to task the
bold step of training teachers for a proposed nation-wide school system, he turned to
Professor Hulbert as the man to organize and direct this new tradition-defying enterprise.
Probably the feature of this offer which was most appealing was the specific request that
the prospective Principal of the Normal School prepare and publish a series of school
textbooks. Having no basis for foreseeing that the shadows of reactionism would be crowding
in again within less than a year, and feeling that he was finally able to take a meaningful
part in a sound and promising campaign for the enlightenment of the people, he obtained
a release from the Methodist Mission and assumed the position of Principal. At the annual
meeting of the Mission in May 1897 his old associate, D. A. Bunker, now a Methodist
missionary and Head of the English Department at Pai Chai after his resignation from the
old Royal English School in 1894, was given the additional task of managing the Trilingual
Press as an interim assignment. Hulbert, although presumably yielding the management of
the Repository to Bunker, continued to contribute to that journal.

13) 이 서신은 독립기념관 원문정보시스템(www.i815.or.kr)에 탑재된 것을 단국대학교 일본
연구소 최보영 박사가 확보하여 제공한 것이다. 자료를 제공한 최보영 박사에게 감사의
뜻을 전한다.

학교(당시의 외국어학교: 연구자 주석)들을 간섭하지 않을 것인데, 그 것들은 어떤 의미에서 특수학교들이고, 물론 전국에 걸친 일반교육 계획에 포함되어 있지 않다. 나는 한자에 치우친 편견을 부수고 한글을 고양하기 위하여 꾸준히 노력할 것이다. 완전한 영어 단어 하나를 만드는 데에는 약 120 여개의 어려운 종류가 나올 수 있지만, 하나의 조선어 활자로는 980종류를 만들 수 있는데 거기서 필요한 건 40종 정도다. 그 이유는 비록 조선어 자모가 25자뿐이지만 그것들은 음절에서 하나의 삼각방식으로 결합하여 그 음절 속의 글자들은 분리될 수 없기 때문이다. 그래서 우리는 음절이 있는 만큼 많은 종류의 활자를 가지고 있어야 한다. (…하략…)

ㄴ. 1900.11.4. 부모님께 보낸 서신: 잉크가 말라서 연필로 써야겠군요. 우리는 모두 잘 지냅니다. 저는 두 군데의 한국 학교의 교과서를 발행하는 일에 열중하고 있습니다. 그것은 아주 많은 수요를 요구하는 일이지요. 저의 가이드북은 9월 10일까지는 발행되어야 하고 그 책은 모든 면으로 볼 때 1월이 되기 전까지 2000권 이상 팔릴 거라는 확신이 듭니다. 저는 또한 초급 지리학을 만들고 있습니다. 오늘 저는 한국인들을 위한 영어 학습 소책자의 원고를 시작했습니다. 그것은 방대한 수요를 충족시켜야 합니다. 이 곳의 대부분의 외국인들이 얼마나 저의 한국인들을 위한 일에 관심을 가지고 있는지를 보여주는 편지를 동봉하겠습니다. (…하략…)

ㄷ. 1905.8.20. 헨리에게 보낸 편지: 내 역사책들은 잘 팔리고 있고 그 판을 다 팔 수 있을 거라는 것에 확신한다. 중국의 현재 왕족의 역사가 나에게 돈을 가져 다 주고 있단다. 그 요구가 아주 대단하단다. 상하이에서 천 세트, 각각 다섯 볼륨을 인쇄해서 제판을 만들어 왔다. 천 세트는 여기에 있는 중간 상인에 의해 이야기 되었던 양이고 그들은 선불을

지급했단다. 오백 세트당 금화 350달러를 받을 수 있다. 한국에 있는 그 누구도 나를 상대로 이 영역에 들어올 수 없기 때문에 그것이 나에게 지속적인 수입처가 돼 줄 것 같다. 여러 해 전에 내가 만들었던 지명색인이 다시 크게 요구되고 있고 그래서 이천부를 새로 내놓을 작정이다. 그러면 그것이 선교 학교에서 배포된 시리즈 중에서 3번째로 많이 쓰여지는 시리즈가 되는 것이란다. 기초와 중간단계는 다른 작가가 쓴 것이다. 한국인들은 깨어나고 있고 책에 대한 요구가 일년 사이에 네 배로 뛰었단다. 지금처럼 나에게 큰 의욕이 있어본 적이 없는 듯 싶다. 이번 해에 다른 어떤 해보다 더 많고 뜻깊은 일을 해나갈 것이다.

이 서신들을 근거로 할 때, 헐버트 시리즈는 사범학교 교장 시절 본격화되었으며, 근대식 학제 도입 이후 각 학교에서 필요로 하는 근대식 교과서 보급의 필요성에서 비롯된 것이라고 할 수 있다. 특히 『스민필지』 이후 한국 문자로 된 교과서 개발이 중요함을 깨닫고, 지리학과 영어 학습을 위한 교과서 개발을 서둘러야 함을 자각했던 것으로 추정할 수 있다.

이러한 흐름에서 시리즈가 좀 더 구체화된 시점은 1902년 전후라고 할 수 있다. 이 또한 헐버트 서신에서 확인할 수 있는데, 1902년 3월 30일자 '헨리와 부모님'께 보낸 편지에는 "나는 한글로 된 교과서를 출판할 거국적인 계획에 착수하였다. 이 나라의 고관들 몇 명이 그 일을 원조해 주고 있으며, 재정을 확보할 단체를 결성할 계획이다. 우리는 12권의 특별한 책들의 목록을 가지고 있고, 지금 일반 서민을 위해 한국어로 그 책을 인쇄하고 있단다. 우리는 이 책들을 각각 5000부씩 인쇄할 생각이고, 자국 신문에 그 책에 대한 광고문을 낼 것이며,

제 때에 그것을 위한 자금을 모으기 위하여 아주 낮은 가격으로 팔 것이다. 이 책들은 일반적인 학교 교과서란다. 우리가 목표로 하는 것은 중국문자 대신에 한글을 보편화시키기 위한 것이지. (…하략…)14)" 이라는 내용이 구체적으로 드러난다. 이뿐만 아니라 1902년 8월 25일자 부모님께 보낸 편지에서는 "아처(Archer)는 저에게 편지를 써서 '한국의 역사'라는 책을 클라크(Clark)와 코(Co)에게 출판하도록 권하라고 하였습니다. 저는 오히려 그들에게 중국과 일본과 한국 역사를 시리즈로 자세히 쓸 것을 제안하는 것이 좋겠다고 생각하고 있습니다."라고 하여, 역사 시리즈까지 고안하고 있음을 밝히고 있다. 한국사에 대한 헐버트의 관심은 1903년 『대동기년(大東紀年)』의 편찬15)으로 나타났으나, 이 책은 상해 미화서관에서 연활자로 인출한 한문본이어서, 실제

---

14) 독립기념관 원문정보시스템 자료. 최보영 제공.

15) 『大東紀年』, 上海: 美華書館, 1906. 이 책은 5권 5책의 한문본으로 국립중앙도서관 디지털 라이브러리에서 검색할 수 있다. 권1은 '대조선국 전통지도(傳統之道)', '목차', '범례', 권1 의 태조 헌강왕부터 명종 공혜왕까지이며, 권2는 선조 소경왕부터 광해군, 권3은 인조 헌문왕부터 현종 창효왕, 권4는 숙종 원효왕부터 경종 선효왕, 권5는 정종 장효왕부터 을미년까지를 대상으로 하였다. 저자에 대한 정보가 밝혀져 있지 않기 때문에 헐버트가 저술한 것인지에 대해 논란이 있을 수 있으나, 『황성신문』 1903년 11월 30일자 논설 '서흘 법씨 소찬 대동기년(敍訖法氏所撰大東紀年)'에서는 "頃見大東紀年之刊行者하니 自高皇帝 開國元年으로 逮我大皇帝陛下御極三十二年히 凡五百四年之間에 政治文物을 具載於一部編 輯而本之以寶鑑會通하고 參之以燃藜靑野하며 雜取朝野之載하야 裒成一冊에 簡精節略者也 라. 聞其編纂之人則 乃美國博士 訖法氏所譯也니 蓋訖法氏之來寓韓土가 凡十有八年 而嘗雇 聘於育英公院하야 於敎育之務에 勤勞頗著하고 且住韓年久에 習諳本國事情而以其事業餘暇 로 廣購國史野乘之類하야 以國文飜譯而讀之하고 旣歲餘에 盡能融解貫通흥이 乃慨然曰 今 世界各國이 莫不有一代之史하야 以記一代之文獻이어늘 獨韓國은 公家正史난 秘藏石室而人 莫之窺하고 野史난 鋼病之偏黨하야 邪正을 難分하니 豈不爲文明之缺点歟아 하고 遂捐其家 貲而募輯是書하야 編旣完에 藏之巾箇者ㅣ 有年이라가 今年夏에 委囑於上海美華舘하야 遂 範鉛而印行焉이라 하니 訖君之爲我韓用心이 可謂廑矣라. 至其是非之辨과 訛疑之徵과 忌諱 之觸否난 未敢知必稱於權衡也니 此난 惟俟具眼者 公評이로딕 若夫訖法慈善敎化的普施同情 하야난 吾人之深謝不己者어니와 雖然이나 對我人士而言之컨딘 不能無遺憾於中하노니 韓 國歷史를 不能編刊於韓人之手하고 反借外士之譯佈하니 豈不爲大東文物之蚩點乎아."라고 하여 『대동기년』을 헐버트가 편찬한 것이라고 하였다.

그가 편찬한 것인지는 뚜렷하지 않으나16) 한국사에 대한 그의 관심은 『The History of Korea』(Seoul, Methodist Publishing House, 1905),17) 『The Passing of Korea』(New York, Doubleday, Page, 1906: 『대한제국멸망사』 신복룡 번역) 등과 같은 영문 출판물로 나타났고, 역사 교육과 관련하여 오성근과 함께 『대한력ᄉ』(발행지 불명, 순국문 역사 교과서로 속표지가 헐버트 시리즈의 다른 책과 동일한 형태임)를 편찬하기도 하였다.

이처럼 헐버트가 1897년 고종의 명에 따라 사범학교 교장으로 임명되면서 '교과서 시리즈' 출판이라는 요청을 받은 일, 1902년 관립중학교 교사로 근무하면서 동료들과 함께 한국에서 사용할 교과서 보급이 시급함을 인식하고 12종의 시리즈 개발을 계획한 것과 밀접한 관련이 있다. 또한 헐버트는 1903년 '황성기독교청년회' 창립 당시 자문위원회 의장으로 선출되고, 1904년 가을 부회장이 되었는데 이를 통해 교사 양성과 교육 보급에 힘쓰고자 하였다.18) 그는 YMCA의 설립 목적이 교육과 계몽, 설교에 두어야 한다고 주장하고,19) 한국에서 교육적으로 필요한 것은 보통교육을 위한 지식이며, 따라서 자연과학이나 수학 등의 서적이 필요하다고 주장하였다. 이는 『The Korea Review』 1904년 10월부터 12월까지 연재한 '한국에서의 교육적 요구(The Educational Needs of Korea)'에 잘 나타나 있다. 이 글은 한국에서 교육 보급을 위해 필요한 것이 무엇인지, 어떤 교과서가 필요한지 등을 역설한 논설이다.

---

16) 『황성신문』 1903.11.30. '廣告 本朝國史 大東紀年'. 이 광고에서는 "大韓開國以來 朝野史乘을 蒐輯參考ᄒ야 至于今上陛下三十二年乙未ᄭ지 純漢文으로 記載ᄒ야 名曰 大東紀年이라 ᄒ고 一帙 五冊을 上海美華書舘에셔 印出ᄒ야 每帙에 紙幣 一元二十五錢式(韓貨ᄂ 加計홈)에 發賣ᄒ오니 內外國僉君子ᄂ 長洞本人家로 來購ᄒ심을 切望 美國人 헐벗트 告白"이라고 하였는데, 이는 미화서관의 책을 헐버트가 구입하여 판매한다는 뜻으로 해석된다.

17) 이 책은 미시간 대학 도서관 DB로 국립중앙도서관 웹 정보 자료에서 검색할 수 있다.

18) 전택부(1978), 『한국 기독교청년회 운동사』, 정음사, 62~69쪽.

19) Editorial Comment(1903), *The Korea Review*, Vol. 3, April, pp. 163~165.

이처럼 헐버트 시리즈는 헐버트가 사범학교, 관립 중학교, 황성 기독교 청년회 등의 활동을 통해 계획한 보편 지식 보급용 순국문 교과서 시리즈라고 정의할 수 있다.


## 3. 헐버트 시리즈의 특징과 근대성

앞서 살펴본 것과 같이, 현재까지 확인된 헐버트 시리즈는 총 5종이 며, 여러 가지 기사를 종합해 볼 때 12종까지 발행되었을 가능성이 있다. 즉 제1권『초학디지』, 제2권『ᄉ민필지』개정판, 제3권『미국ᄉ 긔』, 제4권『텬문략히』, 제5권『싱리학 초권』이 그것이다. 또한 1906년 야소교서원(耶蘇敎書院)에서 발행한『동물학』,『식물학』, 1908년 헐버 트와 오성근이 편찬한『대한력ᄉ』등은 활자나 속표지 문양 등을 고려 할 때 시리즈의 일부로 편찬되었을 가능성이 높은 것으로 보인다.[20] 비록 전모를 밝힐 수는 없지만, 현재까지 확인된 헐버트 시리즈는 근대 지식 수용과 보급이라는 차원에서 매우 중요한 의미를 갖는다.
첫째는 시리즈에 포함된 근대 지식의 성격이다. 헐버트는 보편 교 육, 즉 교양 교육을 위한 전제로 근대 지식 보급을 위한 교과서의 필요성을 강조해 왔다. 이는『The Korea Review』1904년 10월부터

---

20) 헐버트 시리즈 교과서의 전모를 파악하기 힘든 이유는 시리즈 개발에 다수의 동료들이 참가했고, 시리즈와 관련한 언급을 종합적으로 정리한 문건이 발견되지 않으며, 헐버트 편찬 교과서가 통감 시대와 일제강점기 교과서 통제 정책에 따라 대부분 발매 금지 서적 이 되었기 때문이라고 볼 수 있다. 특히 상당수의 근대 교과서가 온전한 상태로 발견되지 않을 때가 많기 때문에,『동물학』,『식물학』,『대한력ᄉ』등과 같이 현재 보존본에서 시리 즈 표시를 확인하기 어렵지만, 표지나 별도의 속표지가 떨어져 나간 것일 수도 있으므로, 출판된 곳이나 속표지 문양, 활자 등이 기존의 시리즈와 같은 형태일 경우 시리즈의 일부 일 것으로 추정한 것이다.

12월의 'The Educational Needs of Korea'에 잘 나타나 있다.

[보편 교육을 위한 교과서]

ㄱ. 한국에서 교육은 항상 문학과 역사에 지나지 않았으며, 한국보다 중국에 대한 연구가 훨씬 더 많았다. 그것은 오늘날의 삶을 실질적으로 파악하지 못하고 자연의 비밀을 소개하지 못했으며, 미래를 보지 못하게 하였다.21)

ㄴ. 이것이 근래 창설된 기독교청년회가 도울 수 있는 방법 중의 하나이다. 최소한 한국인들이 결코 배운 적이 없는 지식의 일부를 엿볼 수 있도록, 강의 과정을 마련하였으며, 그것은 한국 젊은이들의 상상력을 자극하는 데 도움이 될 것이다. 한국인의 교육이 어떤 방향으로 진행되어야 하는지에 대한 의문이 제기되면, 자유교육(liberal education)을 위한 준비가 필요하다고 답할 것이며, 그것은 모든 방면의 지식을 확장하는 것이다. 그러나 무엇보다도 논리적 능력을 개발하는 데 중점을 두어야 한다고 생각한다. 자연 과학에 관한 책은 현재의 상태에서 이미 과도하게 개발된 단순한 기억력을 발휘할 수 있는 방대한 수의 지식을 제시하기보다 모든 과학의 기본 법칙에 특별한 주의를 기울여야 한다. 수학에 관한 책은 원리의 적용을 강조하고, 독창적 사고, 지적 창의력을 제공해야 한다.22)

---

21) The Educational Needs of Korea(1904), *The Korea Review*, Vol. 3, October. Education has always been, in Korea, merely literary and historical and there has been vastly more of the study of China than Korea. It included no practical grasp of the fact of today's life, gave no introduction to the secrets of nature, it never looked to the future.

22) The Educational Needs o Korea(1904), *The Korea Review*, Vol. 3, November. This is one of the ways in which the newly opened Young Men's Christian Association will help. Courses of lectures have been arranged which will at least give a glimpse into some of the fields of knowledge which the Koreans have never cultivated, and will help to stimulate the

이 인용문에서 확인할 수 있듯이, 헐버트는 한국의 전통적인 교육 방식과 내용을 벗어나 근대 지식을 보급할 수 있는 교과서가 필요함을 강조하고 있다. 특히 황성 기독교청년회의 창설과 함께, 청년 교육용 프로그램이 개발되고 있음을 알 수 있는데, 기존의 사범학교, 관립중학교 교사로서의 경험뿐만 아니라 청년회 활동을 위한 교과서의 필요성이 더 높아졌음은 자연스러운 일이다. 그는 이미 『ᄉ민필지』라는 순국문 지리 교과서를 편찬한 바 있는데, 이 시기에 이르러서는 지리, 역사뿐만 아니라 자연과학, 수학 등의 교과서를 통한 자유교육이 필요하다고 주장하였다. 이러한 그의 사상은 다수의 자연과학 관련 시리즈 교과서가 출현하는 배경이 되었다. 『초학디지』, 『싱리학초권』, 『텬문략히』의 서문은 이를 잘 반영한다.

[시리즈 자연과학 서문]

ㄱ. 『초학디지』 셔: (…전략…) 이러ᄒᆞᆷ으로 나라마다 디지를 ᄆᆞ들고 만국의 디지를 회집ᄒᆞ야 만국디지를 편집ᄒᆞ야 어려셔브터 텬하의 너른 강산을 동ᄂᆡ와 ᄀᆞᆺ치 구경ᄒᆞᆷ으로 ᄆᆞᄋᆞᆷ이 넓고 ᄯᅳᆺ이 커셔 셰계를 ᄒᆞᆫ 집안 ᄀᆞᆺ치 알거늘, 대한은 이와 ᄀᆞᆺᄒᆞᆫ 칙이 만치 못ᄒᆞᆷ으로 ᄆᆡ양 근심ᄒᆞᄂᆞᆫ 바이러니, 이에 감히 ᄒᆞᆫ 권의 만국디지를 편집ᄒᆞ야 대한 남녀로쇼로

imagination of the young Korean. If the question is raised as to what direction the education of Koreans should take we would reply that provision should be made for what is general denominated a liberal education, that is an intellectual expansion in all direction. But it seems to me that special emphasis should be laid upon those studies that will develop the logical faculty. Books on natural science should call special attention to the great laws underlying all science rather than present a vast number of minutiae which in the present state of thing would bring into exercise only the already over-developed faculty of mere memory. Books on mathematics should emphasize the application of principles and call out the well-nigh atrophied faculty of original thought, intellectual initiative.

호야곰 고로 보시고 넓이 아시기를 바라오니 문셰의 셔투름과 구어의
잘 되지 못흔 것은 용셔호고 보시오. 밀 부인. 구쥬 강싱 일쳔구빅륙년
십월.

ㄴ. 『싱리학 초권』 셔문: 하느님씌셔 사롬을 민드실 쩨에 민음과 령혼만
주실 뿐 아니오 민음과 령혼 잇슬 집도 주셧는디 이 집은 곳 사롬의
몸이라. 누구던지 퇴락흔 집에 살기를 원흐는 사롬이 어듸 잇스리오마
는 만일 그 민음과 령혼만 닥고 그 몸을 닥지 아니호면 이는 문허져
가는 집에 누우셔도 평안호다 흠과 깃흐니라. 그러나 사롬이 만일 어려
슬 쩨브터 예수를 밋어 령혼을 닥고 학문을 힘써 민음을 닥그며 싱리학
을 빙화 빙호는 디로 몸을 닥그면 온젼흔 사람이라 칭흘 수 잇느니라.
(…중략…) 원컨디 대한 잇는 모든 쳥년들은 다 하느님의 셩뎐이 거룩
흔 줄 알고 몸으로 흐는 모든 일에 부졍흔 거슬 버리고 졍결흔 뜻스로
만 힝호여셔 하느님을 영화롭게 흐기를 브르고 비옵느이다.

ㄷ. 『텬문략히』 셔문: 텬문학[혹 셩학]이란 거슨 히와 둘과 짜와 다른 힝셩
과 혜셩과 흥셩 깃흔 거슬 의론흔 거시니 미우 요긴호고 놉흔 공부이
라. 이 텬문학 중에 각 별의 샹거가 얼마 되는 것과 그 밧긔 여러 가지
알기 어려온 리치가 만흐니 (…중략…) 그런 경치를 볼 쩨에 민음이
즈연 감동호야 하느님을 공경호는 싱각도 나고 됴흔 셩픔디로 흐랴는
싱각도 싱기느니 이런 일을 싱각호면 하느님씌셔 우리의게 흐시랴는
말숨을 당신 민드신 별을 의지호야 그르치즌 줄 알지라. (…중략…)
이 칙은 본리 미국 텬문 박스 쓰틸이가 지은 칙인디 그 후에 한문으로
번역호여셔 중국학교에셔 유익호게 썼는디 지금은 다시 한문칙도 보
고 본문도 보고 또 그 후에 다른 칙도 비교호여 보고 민든 칙이니 한문
칙의 실슈흔 거슨 곳치랴고 힘썼느니라. 학싱들이 이 칙을 공부홀 쩨에
글만 외울 거시 아니오 속 리치를 알고 각각 즈긔 말노 지여 디답홀

거시니 딕답ᄒᄂᆞᆫ 법은 아모 대지 던지 혼 대지 말혼 후에 그림을 그리 면셔 ᄯᅳᆺ을 ᄌᆞ셰히 셜명홀 거시라. ᄯᅩ 날마다 공부혼 거슬 여러 사름 중에 ᄒᆞ니식 목판에 긔록ᄒᆞ면 작문ᄒᆞᄂᆞᆫ 딕와 습ᄌᆞᄒᆞᄂᆞᆫ 딕와 쳘ᄌᆞᄒᆞᄂᆞᆫ 딕 유익홀 거시오 디구와 다른 긔계롤 가지고 텬구가 엇더케 싱긴 거슬 분명히 ᄀᆞᄅ칠 수 잇ᄉᆞ되 뎨일 됴혼 방칙은 밤마다 별이 엇더케 도라ᄃᆞᆫ 니ᄂᆞᆫ 거슬 보ᄂᆞᆫ 거시 뎨일 유익ᄒᆞ니라. 하늘을 쳐다볼 ᄲᅢ에 각 셩좌가 엇더케 싱긴 거슬 알고, 여려 별이 혼가지로 싸홀 도라가ᄂᆞᆫ 것도 알 거시오, ᄯᅩ 아모 셩좌이나 다른 거슬 본 후에 그리ᄂᆞᆫ 거시 됴코, ᄯᅩ혼 여러 셩좌와 별을 본 후에 텬도(天圖)롤 그리ᄂᆞᆫ 거시 유익ᄒᆞ니라. 텬구 롤 헤아리ᄂᆞᆫ 딕 유익ᄒᆞ게 알 거ᄉᆞᆫ 텬구가 엇더케 싱긴 것과 경권 츠권 과 격도법과 디평계법을 ᄌᆞ셰히 알 거시오 그 후에ᄂᆞᆫ 황도딕에 잇ᄂᆞᆫ 셩좌와 북취셩에 잇ᄂᆞᆫ 셩좌들을 안 후에야 다른 별을 찻기 쉬울 거시 라. (…하략…)

시리즈 자연과학 관련 교과서는 대부분 헐버트의 '자유교육'을 위한 기초 지식 보급이라는 차원에서, 지리, 생리, 천문의 기초 지식을 쉽게 설명하는 데 중점을 두었다. 특히 이 교과서 지식들은 선교 활동과 연계하여 자연의 이치가 하나님의 뜻을 바탕으로 이루어진 것이라는 점을 강조하고, 성경 구절을 인용하여 이를 뒷받침하고자 하였다.23)

둘째는 지식 보급의 수단으로 순국문(언문)을 사용하고, 이를 위해 용어를 정리해야 한다는 주장을 펼친 점이다. 이는 헐버트가 육영공 원 교사 시절 편찬한 『ᄉᆞ민필지』에서 "ᄯᅩ 싱각건대 중국 글ᄉᆞᄌᆞ로는

---

23) 허재영(2018), 「지식 교류의 관점에서 본 한국에서의 『자서조동』 수용 양상」, 『아세아연구』 173, 고려대학교 아세아문제연구소, 9~31쪽. 이 논문에서는 선교사들이 생물학을 비롯한 자연과학 서적을 저술하는 목적에 대해 논의한 바 있다.

모든 사룸이 쌜니 알며 널니 볼 수가 업고 죠션 언문은 본국 글ㅅ쌘더러 션빅와 빅셩과 남녀가 널니 보고 알기 위오니 슬프다 죠션 언문이 즁국 글ㅅ즈에 비ᄒ야 크게 요긴ᄒ것마는 사룸들이 긴ᄒ 줄노 아지 아니ᄒ고 도로혀 업수히 넉이니 엇지 앗갑지 아니리오.”24)라고 한 정신을 계승한 것이다. 이 사상은 앞에서 살펴본 'The Educational Needs of Korea'에도 잘 나타난다.

[순국문 교과서와 용어 정리의 필요]

ㄱ. 한국어 알파벳은 영어 알파벳과 마찬가지로 거의 완벽하게 생각을 표현할 수 있지만, 과학 연구에 사용해야 할 많은 용어들이 현재까지 그들의 언어에 존재하지 않는다.25)

ㄴ. 한국인은 이 문체(한문체)를 많이 취했지만 한국인들이 이 스타일을 벗어나 우리가 하는 것처럼 대화를 인용 표지로 표현할 필요는 없다. 그러나 첫 번째로 필요한 것은 교과서이다. 그리고 이와 관련하여 한국에서 외국인과 한국인으로 구성된 한국교육협회(Korean Educational Association)라 불리는 명명법 위원회를 구성하고, 활동하고자 하는 것은 주목할 만하다. 각위원회는 특정 주제를 다루고 이러한 주제를 다루는 전문 용어와 관련된 임시 용어집을 만들어야 한다. 이것은 모든 학문 연구에서 표준으로 적용하기 위해 논의 및 수정을 거쳐 총회에 보고되어야 한다.26)

---

24) 죠션 육영공원 교ᄉ 헐벗, 『ᄉ민필지』, 간사지·연도 미상(1890년 추정본).

25) The Educational Needs of Korea(1904), *The Korea Review*, Vol. 3, October. The Korean alphabet is nearly perfect and is capable of expressing thought as well as the English alphabet, but a very large number of the terms that must be used in scientific works are not at present readily recognized by their sounds.

26) The Educational Needs of Korea(1904), *The Korea Review*, Vol. 3, October. The Korean

ㄷ. 따라서 한국인들은, 그들이 알파벳을 개발하고 사용하는 데 실패하면, 그들의 삶 자체가 완전히 희생될 것이라는 점을 인식할 때가 올 것이다. 왜냐하면 일반 교육이 아니라면 그들은 스스로 자신들의 현재 딜레마를 깨우치기 어렵기 때문이다.[27]

이 인용문에서는 국문 알파벳이 영문 알파벳 못지않게 생각을 표현하는 데 편리하나, 과학 연구와 관련한 용어(학술 용어 또는 전문 용어)가 정리되어야 한다고 주장한다. 사실 이러한 생각은 『독립신문』 창간호(1896.4.7) 논설에서 국문위주와 띄어쓰기를 주장하고, 같은 신문에 주시경(쥬상호라는 이름으로 발표)의 '국문론'(1897.9.25~28, 3회)에서 '말의 법식'과 '옥편(사전)'의 필요성을 강조한 것과도 같은 맥락이다. 특히 헐버트는 사범학교 재직 시절 배재학당 영어과 주임을 맡고 있던 벙커(D. A. Bunker)와 밀접한 관계를 맺고 그에게 『The Korea Repository』의 편집을 맡겼으며, 그로부터 삼문출판사(Trilingual Press)의 임시 업무를 위탁받기도 하였다.[28] 더욱이 1903년 창립된 YMCA가 배재학당 협성

---

native writing has taken on much of this stilted style, but there is no reason why the Koreans may noy break away from it and transcribe a conversation verbatim in quotation marks as we do. But the first need is text books. And in this connection it is encouraging to note than society has been formed of foreigners and Koreans called the Korean Educational Association, and it has gone to work in the right manner by appointing a large number of committees on nomenclature. Each committee take certain subjects and engages to make a tentative glossary of technical terms covering these subjects. These will be reported at a general meeting, discussed, revised and adopted as the standard to be used in all scientific works.

27) The Educational Needs o Korea(1904), *The Korea Review*, Vol. 3, November. So with the Koreans, the time will surely come when they acknowledge that the failure to develop and use their alphabet has cost them—perhaps life itself; for with the enlightenment that must have come from general education they never would have found themselves in their present dilemma.

28) C. N. Weems(1962: 35).

회와 기독청년회를 기반으로 하고 있다는 점에서, 헐버트의 국문 의식과 서재필, 주시경 등의 국문 의식은 같은 성격을 띤다고 볼 수 있다. 흥미로운 점은 '용어 정리'와 관련된 것인데, 위의 논설에서는 근대 지식 보급을 위해 용어를 만들거나 표준화해야 한다는 주장을 펼치고 있는 셈이다. 헐버트 시리즈 교과서가 이 시기 다른 교과서들에 비해 용어 대조표나 색인을 활용한 경우가 많은 것은, 용어 번역과 표준화의 필요성을 충족하고자 한 의도로 보인다. 예를 들어 『싱리학 초권』에서는 '싱리학 명목'이라는 제목 아래 '국문: 한문: 로마자: 출처' 순의 색인이 들어 있고, 『텬문략히』에는 '로마자: 국문: 한문'의 'List of Terms, English'와 'The Constellation', 인명표에 해당하는 'Name of Person Refered to.', '국문: 한자: 로마자'로 구성한 '명목(名目) List of Terms, Korean' 등 4종의 색인이 들어 있다. 이러한 체제는 헐버트 시리즈로 추정되는 1906년판 『동물학』과 1913년판 애니 베어드(安愛理)의 『식물학』도 마찬가지인데, 전자는 '국문: 한자: 로마자'의 '동물 명목'과 'Index'가 들어 있으며, 후자는 '국문: 한자: 로마자: 출처'의 '식물학 명목'이 들어 있다.

셋째, 헐버트 시리즈는 근대식 교과서로 '교수·학습 방법'을 고려한 교과서라는 점이 특징이다. 예를 들어 시리즈 1번 『초학디지』의 경우 절을 단위로 '뭇는 말'을 배열했는데, 데일쟝 데일 '방위와 거리'의 경우 "(一) ᄉ면이라 ᄒᆞᄂ 거슨 무어시뇨. (二) 히가 어ᄂ편에셔 쓰ᄂ뇨." 등과 같은 질문을 배열하였다. 시리즈 2번으로 출간된 『ᄉ민필지』의 경우 초판이나 한역판에서 이와 같은 배열이 없었음에도, 시리즈로 개정한 뒤 '뭇는 말'을 둔 점은 교수법을 고려한 결과라고 해석할 수 있다. 이처럼 교수법을 고려한 '질문' 설정은 초기 학부 편찬 순국문 교과서에서는 보이지 않던 방식이다. 예를 들어 1897년 학부 출판

『언역본 태서신사』나 『서례수지』 등에서도 '질문'은 보이지 않는다. 그렇기 때문에 학부에서는 1898년 훈령으로 공립소학교에 문제를 만들어 보내기도 하였다.[29] 그러나 '묻는 말'이 시리즈에 모두 포함된 것은 아니다. 애니 베어드의 『싱리학 초권』이나 또 하나의 시리즈로 추정되는 『식물학』[30]에는 '묻는 말'이 없고, 1906년 발행된 『동물학』에는 장별 '습문', 즉 익힘 문제가 들어 있다. 이와 같이 교과서에 익힘 문제를 두는 방식은 1906년 이후의 교과서에서 다수 적용되고 있는데, 그 시초가 헐버트 시리즈라고 할 수 있다. 이뿐만 아니라 헐버트 시리즈 교과서에는 학습과 관련한 언급이 서술된 경우도 있는데, 『텬문략히』 '셔문'의 경우 "이 칙은 본티 미국 텬문 박亽 쓰틸이가 지은 칙인티 그 후에 한문으로 번역ᄒ여셔 즁국학교에셔 유의ᄒ게 썼ᄂ티 지금은 다시 한문칙도 보고 본문도 보고 쏘 그 후에 다른 칙도 비교ᄒ여 보고 만든 칙이니 한문칙의 실슈ᄒ 거슨 곳치랴고 힘썻ᄂ니라. 학싱들이 이 칙을 공부홀 째에 글만 외울 거시 아니오 속 리치를 알고 각각 즈긔 말노 지여 티답홀 거시니 티답ᄒᄂ 법은 아모 대지 던지

<hr>

29) 『황성신문』 1898.3.8. 別報에서는 학부 훈령으로 당시의 교육 실태를 소개하고, 학부 설립이 얼마 되지 않아 교과서를 전부 준비하지 못했으므로 우선 『공법회통』 2질, 『태서신사국한문』 5질, 『서유견문』 1책, 『중일사략』 10책, 『아국약사(俄國略史)』 20책, 『심상소학』 10질, 『대한도』 2폭, 『소지구도』 5폭을 보내며, 학도들에게 강제로 한문을 전용할 필요가 없고, 국한문 교용이 가능하며 국문 전용도 불가하지 않으므로 오직 그 뜻에 부응하도록 의견을 창달하라는 훈령과 함께, 각 교재의 주의해야 할 사항을 '문제'를 만들어 보냈음을 보도하고 있다. 이처럼 학부가 1898년 공립소학교에 문제를 만들어 보낸 배경이 무엇인지는 알 수 없으나, 헐버트 약력을 종합해 볼 때 1897년 사범학교 교장이 된 후 황제로부터 근대식 학제에 맞는 교과서 편찬을 위임받은 헐버트가 일정한 역할을 했을 가능성도 있다.

30) 이 책은 1913년 야소교서회에서 발행한 것으로 서문이 쓰인 연대는 1909년이다. 서문에는 "이 칙은 미국 식물박亽 그레 씨의 마련ᄒ 거슬 번역ᄒ엿ᄂ티 쥬후 一쳔九빅九년에 중학 졸업싱 안국보(安國補) 씨의 도음을 만히 밧는 즁에 셔론싯지 지엇亽오니 이 칙 보시ᄂ 쳠위들이 그리아시읍 안익리 즈셔"라고 되어 있다.

혼 대지 말혼 후에 그림을 그리면셔 뜻슬 주셰히 셜명홀 거시라. 또 날마다 공부혼 거슬 여러 사롬 즁에 호니식 목판에 긔록호면 작문호 는 되와 습주호는 되와 쳘주호는 되 유익홀 거시오 디구와 다른 긔계 를 가지고 텬구가 엇더케 싱긴 거슬 분명히 ㄱ릭칠 수 잇스되 데일 됴혼 방칙은 밤마다 별이 엇더케 도라ᄃ니는 거슬 보는 거시 데일 유익ᄒ니라."라고 하여, '문답법', '상상하여 목판에 그림 그리기', '관 찰법' 등 유용한 학습법이 있음을 밝히고 있다.

이상과 같이, 헐버트 시리즈 교과서는 보통 교육을 위한 모든 분야 의 학문을 대상으로 한 점, 국문을 중시하고 용어의 표준화를 목표로 한 점, 근대식 교수법과 학습 방법을 반영하고자 한 점 등에서 그 이전의 교과서에서 보기 어려운 진보를 보인 점이 특징이라고 할 수 있다.


## 4. 결론

헐버트는 1886년 육영공원 교사로 한국에 온 뒤, 최초의 순국문 지리 교과서인 『ᄉ민필지』를 저술하고, 1897년 사범학교 교사를 거쳐 1905년까지 관립 중학교 교사, 1907년 헤이그 만국평화회의 참석 등 한국 근대사의 각 분야에서 빼놓을 수 없는 업적을 남긴 분이다. 영문 으로 된 『The Korean History』(1905), 『The Passing of Korea』(1906) 등의 역사서와 확실하지는 않지만 상해 미화서관에서 발행한 『대동긔년(大 東紀年)』, 제자인 오성근과 함께 편찬한 『대한력ᄉ』 등 한국사 연구에 도 큰 기여를 하였으며, 『The Korea Repository』 편집, 『The Korea Review』 창간, 미국 각지에서 한국 독립운동 지원 활동, 고종 황제의 위임을 받은 독립운동 자금 관리 등 수없이 많은 업적은 남겼다. 그렇기 때문에 최근 헐버트 연구가 활성화되고 기념 사업회가 결성되는 등 그에 대한 연구가 활발해지고 있는 것도 사실이다.

그럼에도 한국 근대 교육사 연구의 차원에서 헐버트의 업적과 헐버트 시리즈에 대한 관심은 충분하지 못한 편이라고 할 수 있다. 이 논문에서 언급한 것처럼 현재까지 헐버트 시리즈는 그 전모가 밝혀져 있지 않다. 그의 서신에 나타난 바와 같이 최소 12종의 시리즈가 계획되었을 것으로 추정되나 현재까지 확인된 것은 『초학디지』, 『ᄉ민필지』, 『미국ᄉ긔』, 『심리학 초권』, 『텬문략히』 등 5종에 불과하다. 판권 보존 여부가 불분명한 『동물학』, 『식물학』, 『대한력ᄉ』 등이 있으나 시리즈라고 단정할 수 없는 상황이므로, 전모를 밝히기 위해서는 추가로 자료 발굴이 이루어져야 한다.

이와 같은 한계에도 헐버트 시리즈에 대한 본 연구는 그의 시리즈가 '근대 지식 보급을 통한 보통 교육'을 지향한 점, 순국문 교과서로 문장뿐만 아니라 학술 용어의 표준화를 목표로 한 점, '뭇는 말'이나 학습법을 고려한 근대식 교과서라는 점 등을 밝혔다는 점에서 일정한 의미를 찾을 수 있다.

제 3 부

일제강점기 조선어 교과서와 독본

# 제1장 조선어 교과서와 식민 침탈 계획

## 1. 서론

이 글은 통감시대 학부에서 편찬한 『보통학교 학도용 국어독본』 이후 일제 강점 직후 제1차 교육령기 『보통학교 조선어급한문독본』에 이르기까지, 독본을 통해 진행된 식민지 교육 침탈의 실상을 객관적으로 기술하고, 그로부터 식민교육의 본질과 영향력을 규명하는 데 목표를 두고 있다.

근대식 학제 도입 이후 교과용 도서를 목적으로 개발된 독본(讀本)은 지식 보급의 수단일 뿐 아니라 정치·사회적 상황과 시대의식을 반영한다. 근대식 학제 도입은 국가주의 이데올로기를 바탕으로 교육의 목적과 내용을 국가가 전면적으로 통제하는 시스템이 도입되었음을 의미한다. 특히 1895년 학부 관제를 제정하고, 사범학교(한성사범), 소학교, 중학교령의 발포와 함께 각급 학교의 규칙을 제정하면서 교과용 도서에 관한 규정을 둠으로써, 교육에 대한 국가의 관리·감독이 체계화되기 시작했으며, 이 시스템은 국권 침탈과 국권 상실로 이어지는 과정에서 교육의 식민화에도 적지 않은 영향을 끼쳤다.

일제강점기 식민 교육의 본질에 대해서는 일찍이 박붕배(1987)에서 '동화 교육', '우민화 교육', '노예 교육'으로 정리한 바 있다. 동화 교육은 식민 지배와 함께 조선인의 일본인화를 의미하는 것이며, 우민화 교육은 피지배 조선인의 지식 수준을 낮춤으로써 궁극적으로 일본을 동경하고 식민 상황을 수용하도록 하는 교육인 셈이다. 이로부터 일제강점기의 조선인 교육은 강점 직후의 무단 통치, 헌병 정치를 기반으로 한 노예 상태에 이르도록 한 셈이다. 이와 같은 식민 교육의 기본 계획은 1895년 근대식 학제 도입 당시부터 시작된 것으로 볼 수 있는데, 그 근거는 이 시기 대표적 교과서인 『신정심상소학』 편찬에 일본인 보좌원 다카미 가메(高見龜)와 마사카와 마쓰지로(麻川松次郎)가 관여했음을 통해서도 확인할 수 있다. 보좌원의 역할이 무엇이었는지를 확인하기는 어려우나 적어도 교과서에 '독본(讀本)'이라는 명칭을 사용한 점이나, 과별 편제 방식 등은 일본 교과서 체제의 영향을 받은 것임은 부정하기 어렵다.

일제의 교과서 통제가 본격화된 것은 흔히 을사늑약이라 불리는 '한일협상조약' 체결 이후로 볼 수 있다. 허재영(2010)에서는 이 조약이 체결된 이후 본격적인 일본어 보급 정책이 실시되고 있으며 학부 관제 개편과 교과서 통제가 시작되고 있음을 밝혔는데, 그 과정에서 강제 병합을 전제로 한 교과서 편찬이 이루어졌음을 확인할 수 있다. 이 때 편찬된 대표적인 교과서가 『보통학교 학도용 국어독본』(이하 국어독본), 『보통학교 학도용 일어독본』과 일본문으로 편찬된 『이과서』이다. 이 가운데 국어독본은 강제 병합 직후 『보통학교 학도용 조선어독본』(이하 자구정정본 조선어독본)으로 명칭을 바꾸고 자구(字句)를 정정했으며, 일어독본은『보통학교 학도용 국어독본』으로 명칭을 바꾸었다. 이러한 흐름을 고려할 때, 이 독본은 자구 정정본뿐만 아니라 제1차 조선교육령기 보통학교의 조선어과 교과서의 토대를 이룬 것으로 볼 수 있다.

선행 연구를 살펴볼 때, 1977년 한국학문헌연구소에서 '한국개화기 교과서 총서' 자료집을 간행한 뒤, 강진호·허재영(2010)의 조선어독본에 대한 자료 발굴·복원이 이루어지고, 그에 따라 국어독본, 정정판, 조선어급한문독본에 대한 여러 편의 논문이 발표되었다. 국어독본에 대한 김혜련(2013), 김성기(2017a, b), 자구 정정판에 대한 천매화·정이붕(2018), 제1차 조선교육령기 보통학교 조선어급한문독본에 대한 김윤주(2011) 등을 참고할 수 있다. 다만 이들 연구에서는 교과서에 대한 일제의 식민 침탈 기획과 그 전개 과정이 상세히 나타나지는 않는다. 따라서 이 연구에서는 통감시대 학부의 통제를 받아 편찬된『보통학교 학도용 국어독본』(1907)과 그 당시 민간 교육단체였던 대한국민교육회에서 편찬한『초등소학』(1906~1907)의 과별 내용을 비교하여 국권 침탈기 국어교육(강점 이후 조선어과교육)의 성격을 규명하고, 이 독본이 자구 정정본과 제1차 조선교육령기『보통학교 조선어급한문독본』(이하 조선어급한문독본)의 과별 내용에 어떤 영향을 주었는지를 분석하는 데 중점을 둔다.

## 2. 보통학교 학도용 국어독본의 내용과 성격

### 2.1. 학정 잠식과 국어독본의 내용

강윤호(1977), 박붕배(1987), 허재영(2010) 등의 선행 연구에서 밝힌 바와 같이, 통감시대 교과서 정책은 강제 병합을 전제로 진행되었다. 이는 1906년 3월 21일 통감부에서 개최된 '시정 개선 제2회 협의회'에서 교과용 도서 편찬을 위해 일본인 다와라 마고이치(俵孫一)를 서기관으로 임명하고, 학부 참여관이었던 시데하라 타이라(幣原坦),[1] 도쿄 고등사범학교 교수 미쓰지 주조(三土忠造)를 교과서 편집 전담관으로 임용한 데서도 확인된다. 이처럼 교과서 편찬에 일본인의 참여뿐만 아니라 일본문으로 된 교과서 편찬이 진행되었는데, 그에 따라 보통학교에서 사용하는 『이과서』를 일본문으로 편찬하였다.[2]

총 8권으로 구성된 국어독본은 4권까지는 광무11년(1907) 2월 발행되었으며, 5~7권은 융희2년(1908) 3월에 발행되었다. 특히 주목할 점은 이들 교과서이 인쇄처인데, 1권은 학부 인쇄국에서 인쇄를 하였지만 2권부터는 대일본도서주식회사(大日本圖書株式會社)에서 인쇄함으로써 교과서 편찬부터 발행까지 철저히 식민화를 전제로 기획된 것임을 추론하게 한다.

---

[1] 시데하라 타이라(幣原坦, 1870~1953). 일부 논저에서는 '가네하라 히로시'로 잘못 적은 경우가 있다. 허재영(2010)에서도 '가네하라 히로시'로 적은 사례가 있는데, 이는 일본 인명 읽기의 오류이다. 또한 '시데하라 단'과 같이 표기한 경우도 있다.

[2] 『대한매일신보』(국한문), 1906.3.2, 論說, '論敎科書'. 이 시기 일본문 교과서 편찬은 일본어과뿐만 아니라 보통학교 전교과를 대상으로 계획되었으나, 한국인의 반발에 따라 『이과서』만 편찬되었다. 이는 『대한매일신보』(국한문), 1906.4.13. '敎科質辨'을 통해서도 확인된다.

이 독본의 1권은 한글 낱자와 어휘 학습, 짧은 문장 학습을 중심으로 구성되었으며, 2권부터 8권까지는 이 시기 다른 독본과 마찬가지로 과별(課別) 편제 방식을 취하고 있다. 따라서 2권부터 8권까지의 과별 내용과 문종을 분석할 경우, 이 독본을 통한 식민 침탈 계획을 좀 더 뚜렷이 규명할 수 있다. 과의 분포는 권마다 다소 차이가 있는데, 대략 22과로부터 26과로 편제되었으며, 7권이 발견되지 않은 상태이나 정정본을 참고할 경우 대략 162과로 구성된 것으로 추정된다.3)

이 연구에서는 2권부터 8권까지 총 162과를 내용(또는 주제)에 따라 '문명(과학, 위생, 자연)', '실업(경제)', '계몽(교훈)', '지리', '역사', '정서', '생활', '학업(교육)', '국가(언어)', '정치', '기타'로 나누었다. 예를 들어 '등화(燈火)'(6권 4과, 기술문명), '신선한 공기'(4권 17과, 위생), '우로(雨露)'(6권 22과, 자연과학) 등은 '문명 담론'으로 묶고, '농가의 겸업'(7권 8과, 실업), '석탄과 석유'(4권 19과, 경제) 등은 '실업(경제)'로 설정했다. 초등 교육용 교과서라는 점에서 '계몽(교훈)'은 범위 설정이 어려우나 '일촌의 모범'(7권 2과, 계몽), '욕심 많은 견(犬)'(2권 18과, 교훈) 등의 과와 같이 수신 또는 모범으로 삼아야 할 것을 강조한 과를 대상으로 하였으며, 자연 풍경이나 순수한 감성을 대상으로 한 것을 '정서' 분야로 설정하였다. '생활'은 '아가(我家)'(2권 10과, 가정생활)와 같은 과를 대상으로 하였으며, '학업(교육)'은 계몽 또는 교훈성을 포함하고 있을지라도 지식 계발의 중요성을 강조한 과를 대상으로 하였다. 이와 같은 분류 기준은 다소 연구자의 주관이 개입되어 있다고 볼 수 있으

---

3) 이 독본의 7권은 발견되지 않은 상태이나, 7권에 해당하는 자구 정정본은 20과로 구성되었다. 보통 자구 정정본에서 일부 과는 삭제되거나 첨가되었으므로, 국어독본 7권과 자구 정정본 조선어독본 7권 사이에도 삭제·첨가된 과가 있을 것으로 추정된다. 다만 이 연구에서 독본 과별 분석의 경우 7권은 자구 정정본을 대상으로 한 점을 밝힌다.

나, 과별 내용을 기준으로 할 때 어느 정도 설득력을 갖출 수 있다. 이와 함께 문종별 분류를 시도하였는데, '설명·논설문'(어떤 대상이나 사실에 대한 설명 또는 주장을 포함한 논설), '대화문'(대화를 사용하여 설명하거나 대화를 중심으로 한 서사적 사건 등), '서사'(일화, 우화, 사건을 제시한 뒤 주장을 덧붙인 것을 포함함), '시가', '전기'(인물 전기), '편지' 등으로 나누었다. 과별 내용(주제) 및 문종별 분포는 다음과 같다.

〈표 1〉 국어독본 2권~8권 과별 내용(주제)·문종별 분포

| 요소(분야) | 대화(서사, 설명) | 묘사(설명) | 서사(일화, 우화, 설명) | 설명(논설) | 시가 | 자료4) | 전기 | 중복5) | 편지 | 계(과) | 비율(%) |
|---|---|---|---|---|---|---|---|---|---|---|---|
| 문명(과학, 위생, 자연) | 5 | | 2 | 21 | 2 | | 2 | | | 32 | 19.8 |
| 실업(경제) | 1 | | | 18 | 1 | | | | 5 | 25 | 15.4 |
| 계몽(교훈) | | | 15 | 4 | 2 | 2 | | | | 22 | 13.9 |
| 지리 | | | | 20 | | | | | | 20 | 12.4 |
| 역사 | | | 2 | 12 | | | | 2 | | 16 | 9.9 |
| 정서 | | 2 | 2 | 1 | 5 | | | | 2 | 12 | 7.4 |
| 생활 | | | | 10 | | | | | 1 | 11 | 6.8 |
| 학업(교육) | | 2 | 2 | 4 | | | | | 2 | 10 | 6.2 |
| 기타 | | | | | | | | | 4 | 4 | 2.5 |
| 국가(언어) | | | | 2 | | 1 | | | | 3 | 1.9 |
| 정치 | | | | 3 | | | | | | 3 | 1.9 |
| 중복 | | | | | | | | 3 | | 3 | 1.9 |
| 계 | 6 | 4 | 23 | 95 | 10 | 3 | 4 | 3 | 14 | 162 | 100 |

이 표를 기준으로 할 때, 내용상 가장 많은 분포를 보이는 것은

---

4) 여기서 '자료'는 이언(俚諺, 속담) 또는 경전의 문구 등을 제시한 과를 의미한다.
5) '정직지리(正直之利)', '홍수(洪水)', '홍수한훤(洪水寒喧)' 세 과는 권3과 권4에 중복 편제되었다.

과학 문명(자연 현상, 위생 포함)과 관련된 것(32개 과, 19.8%), 실업(경제) 과 관련된 것(25개 과, 15.4%)이다. 과학 문명과 관련된 내용은 '기차', '정거장', '기차창', '철의 담화' 등과 같이 기계 문명과 관련된 것이나 '수(水)의 증발(蒸發)', '우로(雨露)', '효안(鼻眼: 사물을 보는 것과 동공의 역할)', '박테리아', '우(牛: 소의 신체 구조와 효용)' 등과 같은 자연현상의 일반적 원리를 설명한 것 등이 다수를 차지한다. 이와 같은 제재는 이 독본을 통해 문명 발전의 필요성을 일깨우고, 이를 바탕으로 일본 의 선진 문명에 대한 동경을 불러일으키는 데 유용했다. 실업과 경제 관련 제재는 '직업', '재목(材木)', '식물(食物)의 공효(功效)', '밀봉(蜜蜂)', '양잠(養蠶)', '폐물이용(廢物利用)' 등과 같이 직업과 근로, 조선 산업 발전의 필요성 등을 대상으로 한 것이 대부분이다.

'계몽 또는 교훈'을 주제로 한 제재(22개 과)는 '마(馬: 말이 꾀를 부리 다가 고생을 한 이야기)', '욕심 많은 견(犬)', '엽부(獵夫)와 원숭이(사냥꾼 이 원숭이 새끼를 죽여 시신을 집에 달아두었더니 어미 원숭이가 밤에 찾아 와 슬피 울었다는 이야기)' 등의 우화나 '훈련공효(訓練功效)', '순서(順序)' 등과 같은 제재를 의미한다. 계몽적인 제재 가운데 공부의 필요성 또는 교육과 관련된 것은 별도로 분류했는데, '동자'(童子: 독서와 학업 의 관계), '나자(懶者: 공부하지 않음을 경계함)', '공자와 맹자' 등이 이에 해당한다. 또한 정서 교육과 관련된 과(12개 과)로는 '사시(四時: 사계절 의 모습)', '산상조망(山上眺望: 산 위에서 마을을 바라봄)', '해빈(海濱: 바닷 가)' 등이 있으며, 일상생활과 관련된 것(11개 과)으로 '아가(我家: 우리 가정)', '우편국', '엽서와 봉함' 등을 이 부류에 포함시켰다.

주목할 점은 이 독본의 '지리'(20개 과), '역사'(16개 과), '정치' 관련 제재(3개 과)인데, 위의 '문명(과학)'이나 '실업(경제)' 관련 제재와 마찬 가지로, 국권 침탈기 식민화를 전제로 설정된 제재라고 할 수 있다.

'지리' 관련 제재는 각 지방의 교통기관, 개항지, 생산물을 중심으로 서술하는 방식을 취했으며, '역사' 관련 제재는 한국사 서술에서 일본과의 관련성을 부각하거나 '임나(任那)', '신공황후(神功皇后)' 등을 강조함으로써 은연 중 식민사관을 주입하도록 하였다. 더욱이 5권 제9과 '정치의 기관', 8권 제17과 '통감부', 제23과 '세계의 강국'에서는 통감부 설치의 정당성과 일본의 한국에 대한 시혜(施惠), 세계 강국으로서 일본의 지위 등을 강조함으로써 배일사상을 억제하고 일본에 협력하는 태도를 기를 수 있도록 하였다.

흥미로운 것은 국어독본의 문종별 분포인데, 이 독본은 전체 162과 가운데 95개 과가 설명 또는 논설 형태의 제재이다. 아동에게 흥미를 부여할 수 있는 일화·우화와 같은 서사물은23개 과에 불과하며, 대인관계를 직접 나타내는 편지 형식의 14개 과가 포함된 것도 다른 독본에서 찾아볼 수 없는 특징이라고 할 수 있다. 이처럼 논설 중심의 제재 선정은 이 독본이 아동의 정서 교육보다는 교훈과 이데올로기에 치중한 교재임을 의미하며, 다수의 편지를 제재로 삼은 것은 편지에 등장하는 사회 질서를 가르치고자 한 의도가 내포된 것으로 보인다. 이들 편지는 대부분 '경계자(敬啓者), 경복자(敬覆者), 배(拜), 배수(拜手), 배복(拜復), 좌하(座下), 상함(上函)' 등과 일상에서는 사용하지 않는 어휘들이 정형화된 형태로 나타난다. 이처럼 정형화된 편지 어휘는 사회 구조나 신분 질서를 반영한 것으로 보인다.6)

---

6) 전통적으로 편지 형식을 모아놓은 책으로는 『간독(簡牘)』, 『간찰(簡札)』, 『언간독(諺簡牘)』 등이 있다. 1908년 이후 일제강점기에는 '척독(尺牘)'이라는 명칭의 편지 서식 서적이 유행했는데, 척독류의 어휘는 일상어휘와는 큰 차이가 있다. 일상에서 쓰지 않는 어휘를 편지에서 형식적으로 쓰게 함으로써 은연 중 사회 구조와 신분 질서, 직업과 연령의 상하 등을 수용하는 태도를 주입한 것으로 볼 수 있다.

## 2.2. 국어독본 성격

국어독본이 학정 잠식 상태에서 강제 병합을 전제로 기획되었음은, 이 시기 대한국민교육회에서 편찬한 『초등소학』[7]의 제재와 문종을 비교할 경우 좀 더 명료해진다. 두 독본은 권별 구성이나 편제 방식이 매우 유사하다. 『소학독본』에서도 1권은 문자, 어휘, 문장을 제재로 삼고 있으며, 2권부터 8권까지는 총 191개 과로 편제되었다.[8] 국어독본과 『초등소학』의 내용(주제) 및 문종을 비교할 때 두드러진 차이는, 『초등소학』의 경우 계몽(교훈)을 주제로 한 제재(70개 과, 36.6.%)와 애국사상을 주제로 한 제재(29개 과, 15.1%)가 많은 비중을 차지한다는 사실이다. 물론 이 독본에서도 문명(과학, 위생, 자연의 원리) 관련 제재(29개 과, 15.1%)와 실업(경제) 관련 제재(16개 과, 8.4%)가 다수 포함되어 있다. 그러나 과학과 문명에 대한 서술 태도나 서술 방식(문종)은 큰 차이를 보이는데, 설명과 논설 위주의 국어독본과는 달리 『초등소학』은 아동의 흥미를 고려한 서사(56개 과, 29.3%)와 전기(13개 과, 6.5%)의 비중이 높다. 이를 고려할 때, 『초등소학』의 경우 국권 침탈기 애국계

---

7) 박치범·박수빈(2012), 『(국민교육회 저) 초등소학』(상·하), 경진출판.
8) 국어독본의 분석 기준을 적용하여 『초등소학』의 과별 내용(주제) 및 문종을 분류하면 다음과 같다.

| 요소(분야) | 대화 | 묘사 | 서사 | 설명 | 시가 | 전기 | 계(과) | 비율(%) |
|---|---|---|---|---|---|---|---|---|
| 계몽(교훈) | 3 | 1 | 43 | 20 | 1 | 2 | 70 | 36.6 |
| 문명(과학, 위생, 자연) | 2 | | 2 | 24 | | 1 | 29 | 15.1 |
| 애국 | 1 | | 2 | 9 | 2 | 2 | 16 | 8.4 |
| 실업(경제) | 1 | | | 15 | | | 16 | 8.4 |
| 역사 | | | 1 | 6 | | 8 | 15 | 7.9 |
| 생활 | 2 | | 1 | 11 | | | 14 | 7.3 |
| 정서 | | 8 | 3 | 1 | 1 | | 13 | 6.8 |
| 학업(교육) | | | 4 | 7 | 2 | | 12 | 6.3 |
| 정치 | | | | 3 | | | 3 | 1.6 |
| 지리 | | | | 3 | | | 3 | 1.6 |
| 계 | 9 | 9 | 56 | 99 | 6 | 13 | 191 | 100 |

몽운동의 한 방편으로 편찬된 독본이며, 국어독본은 학정 잠식 상태에서 식민 침탈 계획이 반영된 독본인 셈이다.

국어독본이 학정 잠식 상태의 식민 침탈 계획과 밀접한 관련이 있음은 두 교재에 등장하는 어휘 비교를 통해서도 확인할 수 있다. 예를 들어『초등소학』의 경우 '자주(自主), 자립(自立), 독립(獨立)' 등의 어휘가 빈번히 쓰이나, 국어독본에서는 '자주, 자립' 등의 표현을 찾아볼 수 없다. '독립'이라는 한국 고대사에서 삼국과 중국과의 관계를 설명하는 과정(5권 제22과 지나의 관계)에서 한 번 나타날 뿐이다.

국어독본이 식민 침탈과 밀접한 관련을 맺고 있음은 두 독본에 공통으로 나타나는 제재를 비교할 때 더욱 뚜렷해진다. 국어독본과 초등소학에는 총 35개 과의 중출 제재를 확인할 수 있는데, 이를 정리하면 다음과 같다.

〈표 2〉 국어독본과 초등소학의 공통 제재

| 보통학교 학도용 국어독본 | | | 국민교육회 초등 소학 | | |
|---|---|---|---|---|---|
| 권수 | 과 | 과명 | 권수 | 과 | 과명 |
| 권2 | 第三課 | 四時 | 권3 | 第一 | 四時 |
| | 第四課 | 鷄 | 권4 | 第二十六 | 鷄 |
| | 第十四課 | 郵便局 | 권8 | 第十九 | 郵便과 電信 |
| | 第十六課 | 汽車 | 권6 | 第九 | 汽車 |
| | 第十七課 | 停車場 | 권6 | 第十六 | 停車場 |
| | 第十九課 | 太陽力 | 권8 | 第二十二 | 太陽과 太陰 |
| | 第二十二課 | 米와 麥 | 권4 | 第十九 | 米 |
| 권3 | 第一課 | 草木生長 | 권6, 권7 | 第一, 第二 | 草木生長, 草木의 生長 及 繁殖 |
| | 第三課 | 英祖大王 仁德 | 권6 | 第十四 | 英祖朝의 聖德 |
| | 第四課 | 空氣 | 권7 | 第四 | 空氣 |
| | 第六課 | 時計 | 권2, 권5 | 第二十, 第十一 | 時計, 時計 보는 法 |
| | 第十一課 | 蝙蝠 | 권5 | 第二十五 | 蝙蝠 |

| 보통학교 학도용 국어독본 | | | 국민교육회 초등 소학 | | |
|---|---|---|---|---|---|
| 권수 | 과 | 과명 | 권수 | 과 | 과명 |
| 권3 | 第十三課 | 蓮花 | 권6 | 第二 | 蓮池의 蛙 |
| | 第十六課 | 職業 | 권4 | 第十 | 職業 |
| | | | 권7 | 第十六 | 人의 職業 |
| | 第十八課 | 開國紀元節 | 권6 | 第一 | 開國紀元節 |
| | 第二十課 | 鯨 | 권7 | 第二十二 | 鯨 |
| 권4 | 第七課 | 運動會 | 권20 | 第十九 | 運動 |
| | 第九課 | 雁 | 권2, 권3 | 第三, 第二十九 | 기력이, 雁 |
| | 第十一課 | 材木 | 권5 | 第二十二 | 材木 |
| | 第十三課 | 文德大勝 | 권5 | 第十六 | 乙支文德 |
| | 第十五課 | 漢城 | 권4 | 第二十五 | 漢陽 |
| | 第十九課 | 石炭과 石油 | 권7 | 第十八 | 石炭과 石油 |
| | 第二十課 | 平壤 | 권6 | 第二十四 | 平壤 |
| 권5 | 第八課 | 他人의 惡事 | 권5 | 第二十一 | 泰昌과 順吉 |
| | 第十三課 | 蜜蜂 | 권7 | 第十九 | 蜜蜂과 蛙 |
| | 第十四課 | 驟雨 | 권5 | 第四 | 驟雨 |
| | 第十七課 | 養蠶 | 권6 | 第二十三 | 養蠶 |
| | 第二十三課 | 井蛙의 所見 | 권6 | 第五 | 無識흔 蛙 |
| 권6 | 第三課 | 軍艦 | 권4 | 第四 | 軍艦 |
| | 第二十一課 | 水의 蒸發 | 권6 | 第十二 | 水의 去處 |
| | 第二十四課 | 百濟 高句麗의 衰亾 | 권8 | 第七 | 百濟의 略史 |
| | 第二十六課 | 鹽과 砂糖 | 권8 | 第一 | 鹽 及 砂糖 |
| 권7 | 第七課 | 虎 | 권3 | 第十八 | 호랑이와 거울 |
| 권8 | 第十三課 | 高麗가 亾흠 | 권7 | 第二十一 | 高句麗의 史 |

두 독본 2권부터 8권까지 과별 내용을 비교할 때, 국어독본의 경우 162개 과 가운데 35개 과가 중출되므로, 중출률은 21.6%이다.9) 권별, 내용(주제)별 중출 제재의 분포를 표로 나타내면 다음과 같다.

---

9) 두 독본 가운데 '지리'와 '역사' 관련 과(課)에서도 과명(課名)과 일부 내용의 차이가 있으나 유사점이 많다. 이를 포함한다면 중출률을 더 높아진다.

<표 3> 중출 제재의 권별·내용(주제)별 분포

| 서명(권수) | 실업 (경제) | 문명 (과학) | 교육 | 교훈 | 군국 | 생활 | 역사 | 정서 | 지리 | 계 |
|---|---|---|---|---|---|---|---|---|---|---|
| 2권 | | 3 | | | | 2 | | 2 | | 7 |
| 3권 | 2 | 4 | | 2 | | | 2 | | | 10 |
| 4권 | 2 | | 1 | | | | 1 | 1 | 2 | 7 |
| 5권 | 2 | | | 2 | | | | 1 | | 5 |
| 6권 | | 2 | | | 1 | | | | | 4 |
| 7권 | | 1 | | | | | | | | 1 |
| 8권 | | | | | | | | 1 | | 1 |
| 계 | 6 | 10 | 1 | 4 | 1 | 2 | 5 | 4 | 2 | 35 |

이 표에서 확인할 수 있듯이, 국어독본의 중출 제재는 문명(과학), 실업(경제), 역사, 교훈, 정서적인 제재 순으로 나타나며, 2권부터 6권에 비해 7~8권에서는 중출률이 극히 떨어진다. 이는 문명 담론과 실업의 중요성은 애국계몽운동이나 식민 계획에서 모두 제재로 활용될 수 있기 때문으로 보인다. 그러나 같은 제재일지라도 두 교재의 서술 내용과 방식은 큰 차이를 보인다. 그 가운데 하나로 '평양(平壤)'이라는 과를 비교해 보자.

['평양' 관련 제재 비교]

ㄱ. 국어독본 4권 제20과: 平壤은 우리 韓國에 ᄀ장 古都ㅣ라. 距今 三千年 前에 箕子가 支那로브터 來到ᄒ야 國都로 定ᄒ 곳이라. 其後에 國都ᄂ 各處로 옴겻스나 그러나 平壤은 恒常 西北의 第一 큰 都會로 傳來ᄒᄂ지 라. 現今도 平安南道 觀察府를 平壤城에 設置ᄒ엿ᄂ디 戶數가 七千이오 人口가 三萬餘ㅣ라. 그 宏大ᄒ이 京城에 버금ᄒᄂ도다. 平安南道에ᄂ 廣 潤ᄒ 平野가 잇고 大同江이 그 平野에 橫流ᄒᄂ디 土地가 肥沃ᄒ야 ᄌ못 農業에 適當ᄒ지라. 平壤은 大同江岸에 잇셔서 背山臨流ᄒ지라. 그 後面

의 山上에 登臨ᄒ야 平野를 俯瞰ᄒ면 風景이 絶勝ᄒ도다. 平壤은 漢城과 義州의 相半處에 잇셔셔 京義鐵道線 中에 重要ᄒ 停車場이 잇고 平壤으로브터 二十五里되는 下流處에 萬景臺라 ᄒ는 곳이 잇스니 汽船 等이 大同江으로 航行ᄒ야 萬景臺에 碇泊ᄒ는 故로 交通이 ᄯᅩᄒᆫ 甚히 便利ᄒᆫ 지라. 市街는 內城 中城 外城, 東北城 四區에 分ᄒ얏는듸 內城에는 周圍 二十里되는 外廓이 圍繞ᄒ고 其 四方에 城門이 잇고 居民 中에 富豪가 만코 ᄯᅩ 外國人도 多數히 居留ᄒ는 故로 壯大ᄒᆫ 家屋이 櫛比ᄒ니라.

ㄴ. 초등소학 6권 제24과: 平壤은 平安南道의 首府니 物色이 繁華ᄒ며 山川 이 佳麗ᄒ야 我國 內에 第一 名勝이라 稱ᄒᄂ니 府의 四面에 城을 築ᄒ 야 南으로 大同江을 臨ᄒ니 此江은 國內 五大江의 一이라. 江의 北岸을 沿ᄒ야 淸流壁과 牧丹峯이 有ᄒ니, 淸流壁은 削立ᄒᆫ 絶壁이 五里를 連ᄒ 야 碧水에 映흠이 上下 二壁을 成ᄒ고, 牧丹峯은 其形이 牧丹花와 如ᄒ 야 形容이 奇妙ᄒ니라. 又 江岸에 浮碧樓, 乙密臺, 鍊光亭, 永明寺의 勝地 가 有ᄒ니 風景이 極好흠으로 遊覽ᄒ는 人士가 極多ᄒ니라. 此府는 古時 에 檀君이 처음으로 城을 築ᄒ고 都를 定ᄒ야, 人民에게 居處 飮食ᄒ는 制度로써 敎ᄒ시니라. 檀君의 後에 箕子가 ᄯᅩ 此地에 都를 定ᄒ시며 其後에 高句麗가 ᄯᅩᄒᆫ 國都를 作ᄒ야 强盛을 致ᄒ니 如此히 數千年을 連ᄒ야 一國의 都城이 됨으로써 繁華흠이 國中에 有名ᄒ니 今에도 西京 이라 稱ᄒᄂ니라.

두 독본은 '평양'이라는 같은 과명(課名)을 사용하고 있으나, 국어독 본에서는 '기자 조선', '평안남도 관찰부', '배산임류', '경의철도와 정 거장', '기선 정박', '외국인 거류' 등을 내용으로 삼은데 비해, 초등소 학에서는 '오대강의 하나', '명승지', '단군 조선', '고구려 국도' 등을 강조함으로써 애국성을 일깨우고자 한다. 이와 같은 경향은 '직업(職

業)'과 관련된 제재에서도 뚜렷이 드러난다.


['직업' 관련 제재 비교]

ㄱ. 국어독본 3권 제16과 직업: 穀類와 菜蔬를 지음은 農夫의 職業이오
魚類를 잡음은 漁夫의 職業이니라. 農夫가 穀類와 菜蔬만 먹으면 身體가
弱ᄒ야 勞働이 充實치 못ᄒᄂ니 魚類ᄂ 甚히 味珍ᄒᄂ 每日 이것만 적
을 슈도 업ᄂ니라. 農夫ᄂ 所作ᄒ 穀類와 菜蔬를 먹고도 오히려 남으며
漁夫ᄂ 그 잡은 魚類의 十分의 一도 못 먹는도다. 그런 故로 漁夫ᄂ
魚類를 農夫에게 주고 그 대신에 穀類와 菜蔬를 밧ᄂ 故로 서로 穀類와
菜蔬와 魚類를 먹음을 엇ᄂ니라. 木手와 泥匠은 家屋을 建築ᄒᄂ 職業이
라. 農夫와 漁夫를 爲ᄒ야 家屋을 建築ᄒ고 그 대신에 穀類와 菜蔬와
魚類를 밧ᄂ 故로 農夫와 漁夫ᄂ 家屋 內에 住居홈을 엇고 木手와 泥匠
은 穀類와 菜蔬와 魚類를 먹음을 엇ᄂ니라. 이러ᄒ 즉 各項 職業에 不同
ᄒ 사름이 잇서 互相 扶助ᄒ야 利益을 엇ᄂ니라. 漁業에 工巧ᄒ 사름도
木手가 되면 壅卒ᄒ며 泥工에 透理를 得ᄒ 사름도 漁業을 ᄒ면 甚히
魯鈍ᄒ지라 故로 사름이 그 長技의 職業을 選擇ᄒᄂ도다.

ㄴ. 초등소학 4권 제10과: 人이 반닷히 職業이 잇ᄂ니 職業은 人이 生涯로
事를 ᄒᄂ 것이라. 此世에ᄂ 事가 만흔 故로 職業이 여러 가지로 난우엿
ᄂ이다. 木手가 家를 짓고 土工이 壁을 바르며 冶工은 鐵을 불니고 農夫
ᄂ 田을 갈고 商人은 물건을 買賣ᄒᄂ니 이것이 다 그 職業들이니라.
지금 여러 學員들이 工夫ᄒᄂ 것도 쏘흔 각히 職業이 되ᄂ니라. 이런
故로 人이 그 職業을 부지런히 힘쓰지 아니ᄒ면 살 슈가 업ᄂ니라.
富人도 職業을 힘쓰지 아니ᄒ면 貧人이 되고, 貧人도 職業을 힘쓰면
富人이 되ᄂ니라. 대져 貧ᄒ고 富ᄒ 것은 부지런ᄒ고 게으른ᄃᆡ 달녓ᄂ
니 여러 學員들은 貧人이 好흔가 富人이 好흔가. 人마다 其家를 富케

ㅎ면 其國이 반닷히 富ㅎㄴ니 國은 人이 뫼여셔 된 것이라.

ㄷ. 초등소학 7권 제16과 人의 職業: 人의 生活은 各其 職業을 務ㅎ야 其所
得으로써 衣食住 等을 備치 아니홈이 不可ㅎ니 假令 富人이 金錢을 만히
儲畜ㅎ얏슬지라도 手를 拱ㅎ고 優遊ㅎ야 日을 度홀진듸 其金錢은 漸散
ㅎ야 맛참내 貧人이 되거던 ㅎ물며 當初에 貧혼 者리오. 然혼則 人은
幼時로붓허 身分과 才能에 適合혼 職業을 學習ㅎ야 後日 長成홀 時에
應用홀 基本을 作홈이 可ㅎ니 古語에 云ㅎ되 幼에 學홈은 長에 行코져
홈이라 ㅎ니, 幼男幼女의 諸學徒아. 今日에 勤勉히 學ㅎ야 後日에 實行
ㅎ라. 時間은 再來치 아니ㅎㄴ니라. 家의 繁昌을 謀홈에ㄴ 各其 幼年의
兒童을 敎育ㅎ야 後日의 職業을 作케 홀지니 今日에 幼年은 將來의 長成
혼 人이라. 家와 國의 重任을 負荷홀 者니, 家의 繁昌은 卽 國의 繁昌이
라. 國은 家의 大혼 者니라. 然혼則 學生 諸子ㄴ 幼年으로 自處치 말고,
各其 兩肩上의 負혼 重荷를 深히 念홀지어다. 吾人은 무슨 職業이던지
各各 一心으로 勤勉ㅎ야 家가 富ㅎ면 國이 富ㅎ리니, 家國이 富ㅎ면
自己의 身도 또혼 榮貴홀지니라.


'직업' 관련 제재는 초등소학의 경우 두 개의 과가 있으며, 국어독본
은 한 개의 과가 있다. 초등소학에서는 직업의 의미를 '사람이 생계를
위해 하는 일'로 규정하고, 목수, 야공, 농부, 상인들이 국가를 위해
각자 부지런히 일을 해야 함을 역설한다. 또한 '인의 직업'에서도 직업
이 개인의 영귀뿐만 아니라 가(家)의 번창과 국(國)의 부(富)를 위해
힘써야 할 중하(重荷)라는 점을 강조한다. 이에 비해 국어독본의 '직업'
에서는 농부, 어부, 목수, 이장(泥匠)의 직업을 예시하고 '상호 부조'를
강조하는 데 그친다. 즉 초등소학이 애국사상을 전제로 한 설명이라
면, 국어독본은 실업과 경제적인 의미만을 강조한 설명인 셈이다.

## 3. 강제 병합과 조선어과 교과서

### 3.1. 강제 병합과 자구 정정판

일제의 교과서 통제는 식민 지배를 전제로 단계적이고 체계적으로 진행되어 왔다. 국어독본과 일본문 『이과서』 편찬뿐만 아니라 1908년 8월 28일에는 '교과용 도서 검정 규정'을 공포하고, 1909년에는 '교과용 도서 검사'를 진행함으로써 국권 침탈기 애국계몽사상을 반영한 교과서를 사용하지 못하도록 하였다.

이러한 흐름에서 강제 병합 직후 문부성에서는 조선 병합 사실을 반영하여 교과서의 자구 수정을 진행하였다.[10] 이에 따라 식민지 조선에서도 '교수상의 주의 및 자구 정정표'가 만들어졌는데, 이 작업은 내무부 장관 우사미 가쓰오(宇佐美勝夫)의 훈령과 학무국의 지침에 따른 것이었다. 이 훈령은 7항으로 구성된 '예언(例言)', '구학부 보통학교용 교과서 교수상의 주의'(수신서, 일어독본, 국어독본, 습자첩), '구학부 검정 급 인가 교과용 도서에 대한 교수상의 주의'(황실에 관한 것, 국호에 관한 것, 연호에 관한 것, 축제일에 관한 것, 제도에 관한 것, 구시(舊時) 일본과 조선에서 일어난 역사상 사실에 관한 것), '부록'(축제일 약해)으로 구성되었는데,[11] 그 가운데 국어독본 관련 사항은 〈표 4〉[12]와 같다.

---

10) 『매일신보』 1910.11.30, 國定敎科書. 文部省에셔는 敎科書 中에 使用ᄒ는 敎材로 其後에 多少 變更된 者ㅣ 有ᄒ야 日間 訂正의 通牒을 發ᄒ는듸 就中 重要흔 者는 地理 歷史 及 算術 敎科書라. 地理 歷史는 朝鮮을 合併흔 所以오 算術은 地物, 條令, 稅率 其他 人口 統計 等에 變更이 有흔 所이라 ᄒ더라.

11) 『매일신보』 1911.2.22~3.3.(총 7회 게재). 舊學部 編纂 普通學校 敎科書 幷 舊學部 檢定 及 認可의 敎科用圖書에 關흔 敎授上의 注意 幷 訂正表. 허재영(2009b), 『일제강점기 교과서 정책과 조선어과 교과서』, 경진출판, 190~203쪽 참고.

12) 이 표는 『매일신보』 1911.2.24~25 수록 기사를 대상으로 연구자가 만든 것임.

**〈표 4〉 교수상의 주의 및 자구 정정표(국어독본 관련)**

| 권 과 | 주의 및 정정 | 이유 |
|---|---|---|
| 1권 제31과 | 左의 各項에 依ᄒ야敎授ᄒᆯ지니라. | 一. 本課 第壹節 '우리나라 國旗ᄂᆞᆫ 태극과 팔괘를 그렷더라'를 刪除ᄒ고 第二節은 '우리나라 國旗ᄂᆞᆫ 히를 그렷더라'로 改ᄒᆯ 事.<br>二. 太極八卦의 旗ᄂᆞᆫ 舊韓國의 國旗 되엿스나 今에ᄂᆞᆫ 廢止된 事.<br>三. 朝鮮은 大日本帝國의 一部인 즉, 當然히 帝國의 國旗된 日章旗를 用ᄒᆯ 事. |
| 3권 제21과 개국기원절 | 本課ᄂᆞᆫ 敎授치 勿ᄒ고 此에 代ᄒ야 左의 事項을 敎授 ᄒᆯ지니라(祝祭日 略解 參照) | 一. 朝鮮人은 大日本帝國國民인즉, 當然히 帝國의 祝祭日을 尊守ᄒᆯ 事.<br>二. 帝國 祝祭日을 一 되ᄂᆞᆫ 紀元節은 大日本 帝國 最初의 天皇되시ᄂᆞᆫ 神武天皇의 御卽位 紀念의 祝日이니, 每年 二月 十一日인 事. 且 帝國 國民의 最히 紀憶ᄒᆯ 日이 되ᄂᆞᆫ 事.<br>三. 神武天皇은 帝國의 基를 開ᄒ신 이시니 其御卽位ᄂᆞᆫ 距今 二千五百七十年 以前이 되ᄂᆞᆫ 事. |
| 4권 제15과 한성 | 本課ᄂᆞᆫ 敎授치 勿ᄒ고 此에 代ᄒ야 左의 事項을 敎授 ᄒᆯ지니라. | 一. 漢城은 元來 韓國의 首都이나 韓國은 今에 朝鮮이라 稱ᄒ야 大日本帝國의 一部로 되얏ᄉᆞᆫ즉 漢城은 旣히 國都가 아닌 事.<br>二. 大日本帝國의 首府ᄂᆞᆫ 東京인 事.<br>三. 漢城은 京城이라 改稱된 事.<br>四. 京城에ᄂᆞᆫ 朝鮮總督府가 有ᄒ니 朝鮮總督은 天皇의 命을 奉ᄒ야 朝鮮의 一切 政務를 掌ᄒᆞᄂᆞᆫ 事. |
| 4권 제16과 건원절 | 本課ᄂᆞᆫ 敎授치 勿ᄒ고 此에 代ᄒ야 左의 事項을 敎授 ᄒᆯ지니라. | 一. 朝鮮人은 大日本帝國의 國民인 즉 當然히 帝國의 祝祭日을 遵守ᄒᆯ 事<br>二. 帝國 祝祭日의 一되ᄂᆞᆫ 天長節은 今上 陛下의 御誕降ᄒᆞᆸ신 嘉辰에 相當ᄒᆞᄂᆞᆫ 日이니 每年 十一月 三日인 事. 且 帝國 國民된 者ᄂᆞᆫ 特히 此日에 熱誠으로써 聖壽의 無疆을 奉祝ᄒᆯ 事<br>三. 今上陛下ᄂᆞᆫ 本年에 寶齡이 五十九가 되ᄋᆞᆸ신 事 |
| 5권 제9과 정치의 기관 | 本課ᄂᆞᆫ 敎授치 勿ᄒ고, 此에 代ᄒ야 左의 事項을 敎授 ᄒᆯ지니라. | 一. 朝鮮은 大日本帝國의 一部이니 天皇의 命을 奉ᄒ야 朝鮮總督이 此를 直轄ᄒᆞᄂᆞᆫ 事<br>二. 朝鮮總督의 政務를 行ᄒᆞᄂᆞᆫ 官衙ᄂᆞᆫ 朝鮮總督府라 稱ᄒ야 其內에 總務部, 內務部, 度支部, 農商工部, 司法府의 五部를 置ᄒ고 中樞院, 取調局, 鐵道局, 通信局, 專賣局, 臨時土地調査局 等이 此에 附屬ᄒᆯ 事<br>三. 朝鮮總督의 次에 政務總監이 有ᄒ야 總督府 全體의 事務를 統ᄒ야 此를 監督ᄒᆞᄂᆞᆫ 事<br>四. 朝鮮은 十三道에 分ᄒ이 舊時와 異ᄒ이 無ᄒ되 觀察使를 廢ᄒ야 道長官을 置ᄒ고 其官廳을 道廳이라 稱ᄒ이 되니라. 然이나 道廳所在地ᄂᆞᆫ 舊時 觀察道 所在地와 同ᄒ 事<br>五. 道ᄂᆞᆫ 數多의 府와 郡에 分ᄒ니 府ᄂᆞᆫ 京城, 仁川, 群山, 木浦, 大邱, 釜山, 馬山, 鎭南浦, 平壤, 義州, 元山, 淸津의 十二로 ᄒ고 郡은 全國을 通ᄒ야 三百十七로 된 事(舊漢城府ᄂᆞᆫ 道에 屬치 안이ᄒ고 其府尹은 地方長官의 首位에 在ᄒ더니 今回에 此를 廢ᄒ야 京城府로 ᄒ고 京畿道에 屬ᄒ이 되니라)<br>六. 府에ᄂᆞᆫ 府尹, 郡에ᄂᆞᆫ 郡守를 置ᄒ이 舊時와 無異ᄒ고 各府郡 |

| 권 과 | 주의 및 정정 | 이유 |
|---|---|---|
| | | 에는 面을 置ㅎ니 面長은 從來 人民의 選擧ㅎ는 바이더니, 今回에 改ㅎ야 道長官의 任命ㅎ는 官吏로 된 事<br>七. 新히 各道에 一名式의 參與官을 置ㅎ야 道長官의 諮問에 應ㅎ며 又는 臨時事務에 服케 ㅎ고 又 道, 府郡 管轄內에 居住ㅎ야 學識 名望이 有흔 者를 選拔ㅎ야 參事로 ㅎ고 道長官 又는 府尹, 郡守의 諮問에 應ㅎ는 바의 名譽職으로 흔 事<br>八. 各道에 慈惠醫院을 附屬ㅎ야 病傷者의 治療를 行ㅎ는 事<br>九. 各道에 警務部가 有ㅎ며 憲兵隊가 有ㅎ고 又 重要흔 個所에 警察署, 憲兵分隊가 有ㅎ야 各地方의 安寧秩序를 保ㅎ니 警務部와 警察署는 京城에 在흔 警務總監部가 此를 支配ㅎ고 憲兵隊 及 憲兵分隊는 同히 京城에 在흔 憲兵隊司令部가 此를 支配흘 事 |
| 8권 제17과 통감부 | | 本課는 敎授치 勿ㅎ고 此에 代ㅎ야 國語讀本 卷五 第九課 '政治의 機關'에 就ㅎ야 與흠과 同一의 注意 事項에 據ㅎ야 朝鮮總督府의 組織 及 地方制度의 大要를 敎授ㅎ고 又 理事廳의 廢止된 事도 附言흘지니라. |

'교수상 주의 및 정정표'에 제시한 정정 제재는 총 6개 과이며, 정정의 이유는 강제 병합에 따라 한국이 일본의 식민지가 되었다는 사실 때문이다. 따라서 한국의 독립을 전제로 한 제재는 교수하지 않거나 그와 관련된 내용을 바꾸어 가르치도록 한 셈이다.

자구 정정판 『보통학교 학도용 조선어독본』은 1911년 6월에 발행되어 1915년 『보통학교 조선어급한문독본』이 발행될 때까지 사용되었다. 이 독본은 국어독본의 편제에 따라 8권으로 구성되었으며, 정정 대상이 되었던 일부 제재를 삭제하거나 대용 제재를 추가하고, 조선인의 독립·자주와 관련된 문장 또는 어휘를 정정하는 형식을 취하였다. 각 권의 삭제된 과와 추가된 과, 편제 순서가 바뀐 제재를 표로 정리하면 다음과 같다.

<표 5> 정정판 조선어독본의 제재 변화

| 권수 | 국어독본 과수 | 조선어독본 과수 | 삭제된 과 | 추가된 과 | 순서 변경 |
|---|---|---|---|---|---|
| 2권 | 25 | 26 | 없음 | 第十九課 紀元節 (1과) | 제18과 慈心만흔 犬은 21 과로, 제19과 太陽曆은 제18과 순서를 바꿈 |
| 3권 | 23 | 22 | 제3과 영조대왕 인덕, 제10과 죽순생장, 제 12화 편복화, 제18과 개국기원절. (4과 삭제) | 第三課 汽車發着, 第四~第五課 病者 慰問(回答), 第六課 海底, 第七課 衣服 第十八課 天長節 (6 과 추가) | 제21과 정직지리(正直 之利)는 제22과 홍수, 제 23과 홍수한훤(洪水寒 喧) (이상 3과는 권4와 중 첩됨: 정정판에서는 권3 소재분을 삭제함) |
| 4권 | 22 | 19 | 제13과 문덕대승, 제 16과 건원절 (2과) | 없음 | 제4과, 제5과, 제14과, 제 15과 명칭 변경 |
| 5권 | 23 | 19 | 제1과 고대조선, 제7 과 삼한, 제12과 삼국 의 始起, 제22과 支那 의 關係 (4과 삭제) | 없음 | 제9과 정치의 관계 대신 정정판에서는 제7과 '조 선총독부 급 소속 관청' 으로 변경 |
| 6권 | 26 | 21 | 제1과 明君의 英斷, 제 2과 삼국과 일본, 제10 과 유교와 불교, 제17 과 수당의 내침, 제24 과 백제 고구려의 쇠 망 (5과) | 없음 | |
| 7권 | 미상 (20) | 20 | 미상 | 미상 | |
| 8권 | 23 | 19 | 제1과 미술공예의 발 달, 제7과 학술의 성쇠, 제13과 고려의 망함, 제17과 통감부 (4과) | 없음 | 제10과 지구상의 인인종 을 제1과로, 제2과 漂衣 를 제8과로 재구성 |
| 계 | 162 (추정) | 146과 | 19과 (162과에서 19 과 삭제) | 5과 (146과 가운데 5과 추가) | 자구 정정 및 편집 순서, 중복 과 삭제 등 |

이 표에 따르면 정정판 조선어독본에서 삭제된 국어독본의 제재는 총 19개 과(11.7%)에 이르며, 추가된 제재는 5개 과(3.4%)이다. 삭제된 과는 정정표에서 언급한 병합 관련 사실과 어긋난 제재와 조선인의 자긍심, 자주 정신 등을 고취할 가능성이 있는 제재가 중심을 이룬다. 예를 들어 3권 제10과 '죽순생장(竹筍生長)'은 '비가 온 뒤 매우 빠른 속도로 성장하는 죽순'과 관련된 내용으로, 시련을 이겨내는 죽순으

로 비추어질 가능성이 있다. '박쥐 이야기'로 널리 알려진 '편복화(蝙蝠話)'가 삭제되고 박쥐의 생태만 서술한 '편복(蝙蝠)'만 남은 것도 같은 이유로 추정된다.[13] 3권 제3과 '영조대왕 인덕', 4권 제13과 '문덕 대승'은 영조대왕과 을지문덕의 사적을 통해 조선인의 자주 의식을 고취할 염려가 있으므로 삭제한 셈이다. 이에 비해 추가된 제재는 '기원절', '천장절'과 같은 일본의 기념일과 관련된 것뿐만 아니라, '기차 발착', '해저' 등의 문명 지식 관련 제재가 중심을 이룬다.

이처럼 추가·삭제된 제재 이외에 국어독본의 내용과 표현을 정정한 경우도 다수 발견된다. 예를 들어 '정정표'에서 제시한 4권 제15과 '한성(漢城)'은 전체를 삭제하지 않고, '경성(京城)'으로 내용을 변경하였다.

['한성(漢城)' 대 '경성(京城)']]

ㄱ. 국어독본 4권 제15과 '한성': 漢城의 一名은 京城이니. 大韓帝國 皇帝陛下의 御都ᄒᆞ옵신 곳이오 內閣, 宮內府, 內部, 度支部, 學部, 農商工部 等 諸 官衙가 다 이곳에 잇ᄂᆞ지라. 漢城은 四面에 山岳이 圍繞ᄒᆞ고 山上에ᄂᆞ 城壁이 擁衛ᄒᆞᆫ지라 其 東西南北과 間方에 八門이 잇고 八門 中에 東西南北 四門은 ᄀᆞ장 宏大ᄒᆞᆫ 故로 이것을 四大門이라 稱ᄒᆞᄂᆞ니라. 停車場은 南大門과 西大門 外에 잇고 ᄯᅩ 四面에 山勢 巍嵬ᄒᆞ고 巖石이 磊磊(뇌뢰)ᄒᆞ야 風景이 甚히 아름답고 漢城 中央에ᄂᆞ 西으로브터 東으로 흐르ᄂᆞ 川水가 잇셔셔 城內 市街를 南北 二部에 分ᄒᆞ엿ᄂᆞ디 昌德宮, 景福宮은 川北에 잇고 慶運宮은 川南에 잇스니 皇帝陛下ᄭᆞ옵셔 昌德宮에

---

13) 국어독본 3권 제11과 '편복'은 박쥐의 생태와 관련된 제재이며, 제12과 '편복화'는 박쥐가 수류(獸類)와 조류(鳥類)의 전쟁에서 기회주의적인 태도를 보이다가 난처한 상황에 이르렀다는 이야기이다. 조선어독본에서는 '편복'만 남기고 '편복화'는 삭제하였다.

時御ᄒ신지라 景福宮 前에 大道가 잇스니 이것은 곳 六曹 압이라 各 官衙ᄂᆞᆫ 大槪 그 兩側에 잇고 諸外國人은 大槪 川南에 居住ᄒᆞᄂᆞᆫᄃᆡ 泥峴으로브터 南山麓 一帶之ᄂᆞᆫ 日本人의 居住地이니 現今 漢城內에 ᄀᆞ장 繁華ᄒᆞ 곳이니라. 漢城은 我國의 第一 큰 都會라 戶數가 大凡 四萬三千이오 人口가 二十萬이니라. 然이나 我國 家屋은 다 矮小ᄒᆞᆫ 故로 宮闕과 城門과 外國人의 家屋 外에ᄂᆞᆫ 壯麗ᄒᆞᆫ 家屋이 稀少ᄒᆞ더니 自今으로 層屋을 建築ᄒᆞᄂᆞᆫ 者ㅣ 만ᄒᆞ니라.

ㄴ. 정정판 조선어독본 4권 제14과 '경성': 京城은 朝鮮總督府의 所在地ㅣ니 舊時의 市街ᄂᆞᆫ 城壁으로써 圍ᄒᆞ고 此에 八門을 設ᄒᆞ얏스니, 東大門 及 南大門이 最히 宏壯ᄒᆞ더라. 東大門으로부터 西大門에 至ᄒᆞᄂᆞᆫ 一條의 大路가 有ᄒᆞᆫ지라. 此大路의 畧中央을 鐘路라 稱ᄒᆞ니 繁華ᄒᆞᆫ 區ㅣ라. 又 此處로부터 分岐ᄒᆞᄂᆞᆫ 一路가 有ᄒᆞ니 南大門을 經ᄒᆞ야 龍山에 達ᄒᆞ니라. 此等의 道路에ᄂᆞᆫ 皆電車의 便이 有ᄒᆞ더라. 龍山은 漢江 北岸에 在ᄒᆞ야 今에ᄂᆞᆫ 京城의 一部가 되엿스니, 朝鮮駐箚軍司令部의 所在地니라. 京城은 朝鮮 半島를 南北으로 貫ᄒᆞᆫ 鐵道의 中央에 位置ᄒᆞ얏스니 北은 京義線이 有ᄒᆞ야 新義州에 至ᄒᆞ고, 南은 京釜線이 有ᄒᆞ야 釜山에 通ᄒᆞ더라. 又 京城 仁川間의 鐵道ᄂᆞᆫ 龍山 附近, 永登浦에셔 京釜線과 分岐ᄒᆞ야 僅히 一時間 半으로 到達ᄒᆞᄂᆞ니라. 別로히 京城에셔 發ᄒᆞ야 鐵原을 經ᄒᆞ야 元山에 達ᄒᆞᄂᆞᆫ 鐵路가 有ᄒᆞ니 此를 京元線이라 云ᄒᆞᄂᆞ니라. [京元線은 現今 一部만 開通ᄒᆞ니라.] 京城 東南方에 南山이 有ᄒᆞ니 其 山頂에 登ᄒᆞ면 京城의 全景이 一目中에 在ᄒᆞ더라. 京城에ᄂᆞᆫ 官廳·學校·病院·銀行·會社 等의 壯麗ᄒᆞᆫ 建築이 多ᄒᆞ고 又 公園·電燈·電話·水道 等의 設備가 有ᄒᆞ니 實로 朝鮮 第一의 都會ㅣ라. 人口가 約二十七萬이니 其數로ᄂᆞᆫ 我國의 都會 中 第七位에 居ᄒᆞ더라.

정정판의 '경성'은 국어독본에서 서술한 '대한제국 황제폐하', '관아' 등에 대한 설명 대신 '조선총독부 소재지', '조선주차군 사령부 소재지' 등을 강조하고, 문명의 상징처럼 간주되었던 '철도(鐵道)' 관련 내용을 상세히 설명하였다. 정정판의 '아국 도회 중 제7위'는 식민 상황에서 일본의 통치력이 미치는 지역 전체에서 7위라는 의미를 갖는다.

정정판의 정정 대상은 내용뿐만 아니라 표현 전반에 걸쳐 진행되었다. 이러한 정정은 구개음화를 적용하거나 다소 난해한 어구를 좀 더 쉬운 어구로 바꾼 것 등, 언어적인 차원을 고려한 것도 있으나, 내용면으로 볼 때 식민 통치와 관련된 정정이 대부분을 차지한다. 본문에 등장하는 '아국(한국 지칭)'이라는 용어는 모두 삭제하거나 대용어를 사용했고, '청국(淸國)'은 모두 '지나(支那)'로 통일하였다. 특히 지리 관련 제재는 '경기, 충청, 전라, 경상, 황해, 강원, 함경, 평안도'의 8도 체제에서 '충청남북도, 전라남북도, 경상남북도, 함경남북도, 평안남북도'의 13도 체제에 따라 과를 편제했으며, 그 과정에서 '국(國), 전국(全國)'이라는 표현이 나타날 경우 이를 모두 다른 용어로 바꾸었는데, 이는 '국(國)'이라는 용어도 정정판에서 기피 어휘로 작용했다는 뜻이다.

## 3.2. 보통학교 조선어급한문독본

이 독본은 강제 병합 이후 제1차 조선교육령(1911.9.2)과 이에 따라 공포된 '보통학교 규칙'(1911.10.20)에 근거하여 편찬된 교과서이다. 제1차 조선교육령은 '조선에서의 조선인 교육'을 대상으로 한 규정[14]으로, 강점 직후 조선인 교육은 '보통학교, 고등보통학교, 여자고등보통학교'로 체계화됨을 의미한다. 이 교육령 제8조에서는 "보통학교는 아동에게 국민교육의 기초될 보통교육을 하는 바인즉, 신체의 발달에 유의하여, 국어를 교(敎)하며, 덕육을 시(施)하여 국민될 만한 성격을 양성하며, 그 생활에 필요한 보통의 지식 기능을 수(授)홈"이라고 하여, 보통학교의 교육이 '국어'로 불린 '일본어' 교육임을 명시하고 있다. 즉 강제 병합 이후 식민지 조선 공교육의 교수 용어는 일본어였던 셈이다.15) 이 교육령의 '보통학교 규칙' 제6조 교과목에서는 '수신, 국어, 조선어급한문, 산술, 이과, 창가, 체조, 도화, 수공, 재봉급수예, 농업초보, 상업초보' 등을 설정함으로써, 보통학교 교과목으로 남아 있던 '조선어'에 '한문'이 합쳐지게 되었다.

이 독본은 1915년 3월 1권과 2권 초판이 발행된 뒤, 1917년 3월 3권, 1918년 4권과 5권, 1921년 6권이 발행되었다. 이처럼 권마다 발행 연도가 다른 까닭은 보통학교 학제가 4년제로부터 점차 5년제, 6년제로 변화되었기 때문이다. 이 독본 1권은 앞의 국어독본, 정정판 조선어독본과 마찬가지로 낱자, 어휘, 문장을 대상으로 구성하고, 2권부터 6권까지는 '조선어부'와 '한문부'를 나누어 과별 편제 방식을 취하였다. 이를 표로 나타내면 다음과 같다.

---

14) 허재영(2011b), 『조선교육령과 교육정책 변화 자료』, 경진출판. 제1차 조선교육령 제1조에서는 "朝鮮의 朝鮮人 敎育은 本令에 依홈"이라고 규정되었다. 이는 식민지 조선에 재류하는 일본인은 이 교육령의 영향을 받지 않음을 의미한다. 그 후 제3차 조선교육령(1922. 2.4) 제1조에서는 "朝鮮에서의 敎育은 本令에 依홈"으로 바뀌었다.

15) 제1차 조선교육령 발포 당시 보통학교는 4년제로, 1~2학년은 주별 총 시수 26시간 가운데 '국어(일본어)' 10시간, '조선어급한문' 6시간이었으며, 3~4학년은 27시간 가운데 '국어' 10시간, '조선어급한문' 5시간이었다. 그 밖의 '수신, 산술, 이과, 창가, 체조, 도화, 수공, 재봉급수예, 농업초보, 상업초보'의 교수 용어는 일본어였다.

<표 6> 보통학교 조선어급한문독본 권별 과 수

| 권수 | 조선어 | 한문 | 계 |
|------|--------|------|-----|
| 2권 | 34 | 26 | 60 |
| 3권 | 30 | 20 | 50 |
| 4권 | 31 | 27 | 58 |
| 5권 | 30 | 26 | 56 |
| 6권 | 36 | 29 | 65 |
| 계 | 161 | 128 | 289 |

이 독본은 앞서 살펴본 국어독본이나 자구 정정판과는 달리 좀 더 체계화된 황민화(皇民化) 정책을 반영하고 있다. 이는 강제 병합 직후 제1차 교육령 제2조에서 "교육은 교육에 관한 칙어(勅語)의 취지에 기초하여 충량(忠良)한 국민을 양성함을 본의(本義)로 홈"이라고 한 교육 목적에 따른 것이다. 보통학교 규칙 제10조에서는, '조선어급한문' 교과의 요지를, "보통의 언어, 문장을 이회(理會)하여 일상의 응대를 하며, 용무를 변(辨)하는 능력을 득(得)케 하고, 겸하여 덕성의 함양에 자(資: 제공)함"이라고 규정했는데, 이 때 사용된 '덕성'은 교육령에서 사용한 '충량한 국민'으로서의 자질, 즉 황민으로서의 자질을 의미하는 셈이다.

이 독본에 수록된 조선어 및 한문 제재 289개 과를 국어독본 및 정정판 조선어독본 분류 방식에 따라 분류한 결과 다음과 같은 자료를 산출하였다.

<표 7> 조선어급한문독본의 내용(주제)·문종별 분포

| | 자료16)(격언) | 기타 | 논설 | 대화 | 묘사 | 서사 | 설명 | 시가 | 편지 | 계(과) | 비율(%) |
|------|------|------|------|------|------|------|------|------|------|--------|---------|
| 교훈 | 61 | 1 | 18 | | | 50 | 15 | 1 | | 145 | 50.1 |
| 실업(경제) | 2 | | 5 | 2 | | 3 | 25 | 2 | 2 | 41 | 14.2 |

| | 자료16)<br>(격언) | 기타 | 논설 | 대화 | 묘사 | 서사 | 설명 | 시가 | 편지 | 계(과) | 비율<br>(%) |
|---|---|---|---|---|---|---|---|---|---|---|---|
| 과학(문명,<br>위생) | | | 3 | 2 | 1 | | 13 | | 1 | 23 | 8.0 |
| 식민 | | 1 | 7 | 1 | | 6 | 6 | | | 21 | 7.3 |
| 지리 | | | | | | | 15 | | | 15 | 5.2 |
| 역사 | | | | | | 3 | 11 | | | 14 | 4.8 |
| 정서 | | | | | 3 | 3 | 1 | 5 | | 12 | 4.2 |
| 생활 | | | 1 | | | | 2 | | 7 | 11 | 3.8 |
| 언어 | | | | | | 1 | 2 | | 1 | 4 | 1.4 |
| 학업 | | | | | | | 1 | 1 | 1 | 3 | 1.0 |
| 계 | 63 | 2 | 34 | 5 | 4 | 69 | 91 | 9 | 12 | 289 | 100 |

　　내용별 분류에서 '교훈적 제재'는 개인의 수신, 근면, 순종, 정직, 탐욕 경계, 자연으로부터 얻는 교훈 등을 기준으로 한 것으로, 조선어부(朝鮮語部)의 '정와(井蛙)의 소견'(3권 3과), '흥부전'(3권 48~49과), '일가화목'(5권 31과) 등이 이에 해당한다. '실업(경제) 제재'는 산림의 중요성, 농업, 자연 이용 등과 관련된 것으로, '잠(蠶)'(3권 8과), '이앙(移秧)'(4권 9과), '직업'(4권 27과), '조선의 산업'(4권 29~30과) 등을 포함시켰다. '문명(과학, 위생) 관련 제재'는 과학 지식, 도로 개설, 위생 등을 다룬 것으로, '식물의 저장'(4권 16과), '효안'(4권 34과), '지구'(5권 10과), '종두'(4권 3과), '박테리아'(4권 14과), '수(水)와 인체'(6권 22과), '기차창'(6권 15과), '비행기와 비행선·기구'(6권 19과) 등이 포함된다. '식민 동화와 관련된 제재'에는 '검약, 저축, 일선동화, 황국 신민화, 식민 통치 수용' 등과 직접적인 관련을 맺는 제재로, '대일본제국'(2권 17과), '태랑(太郞=타로)과 기남(奇男)'(2권 27과) '우리우이와(瓜生岩: 일본 제생

---

16) 이 분류에서 자료는 고전을 준거로 한 것(논어, 맹자, 소학 등)과 이언(俚諺, 속담), 격언 등을 나타낸다.

회를 설립한 우리우이와의 행적. 청일전쟁 당시 군납자이자 전사자를 위문한 사람)'(3권 37과), '납세'(4권 55과) 등을 포함시켰다. '정서적인 제재'에 는 '표의(漂衣)'(4권 20과 시가), '사시경(四時景)'(5권 6과, 시가), '백토(白 兎: 토끼가 악어를 속여 바다를 건넌 이야기)'(6권 6~7과, 우화) 등과 같이, 시가와 우화 등과 같이 정서 순화가 좀 더 우세한 것으로 보이는 제재 를 대상으로 하였다. 그 밖에 '조선 지방의 지세(地勢)'(2권 33과), '경 성'(2권 45과), '해(海)'(2권 57과) 등과 같이 '지리'와 관련한 제재, '원(元) 과 일본(日本)'(5권 55과)과 같이 역사와 관련된 제재, 언어생활 및 학업 과 관련된 제재를 별도의 항목으로 설정하였다.17)

이와 같이, 내용별 분류를 할 경우, 가장 많은 비중을 차지하는 것은 '교훈적인 제재'(145개 과, 50.1%)이다. 이처럼 교훈적인 제재의 비중이 높은 것은, 이 독본에 포함된 한문 제재의 경우 대부분 고전을 준거로 한 교훈적인 제재가 많기 때문이다. 다음으로 실업(경제)과 관련된 제재(41개 과, 14.2%), 문명(과학, 위생) 관련 제재(23개 과, 8.0%)로 나타 나는데, 한문 제재에서도 일부 제재는 일본의 도시나 위생 관련 사항 을 대상으로 한 것들이 나타난다. 문종을 기준으로 할 때 '설명과 논 설'의 비중(125개 과, 43.3%)이 높으며, '서사'와 '대화체'(72개 과, 24.9%), 9개 과의 시가 및 12개 과의 편지가 포함되어 있다.

이와 같은 분포는 조선어부와 한문부를 나눌 경우 다소 차이가 발 생한다. 다음은 〈표 7〉에서 조선어부만을 대상으로 한 분류 결과이다.

---

17) 이와 같은 기준은 분류자에 따라 견해차가 발생할 수 있는데, '교훈적인 제재' 가운데 '근면', '정직', '순종'(충효)을 주제로 한 제재는 조선교육령의 교육 요지나 '조선어급한문' 교과의 요지를 고려한다면 '식민 동화 정책'과도 밀접한 관련을 맺는 것으로 규정할 수 있기 때문이다. 그뿐만 아니라 '문명(과학, 위생)', '지리', '역사' 관련 제재 역시 황민화를 반영한 내용이 다수 포함된다.

<표 8> 조선어부의 내용(주제)별·문종별 분포

| | 자료 | 기타 | 논설 | 대화 | 묘사 | 서사 | 설명 | 시가 | 편지 | 계(과) | 비율(%) |
|---|---|---|---|---|---|---|---|---|---|---|---|
| 교훈 | 7 | 1 | 11 | | | 27 | 11 | 1 | | 58 | 36.0 |
| 실업(경제) | | | 3 | 2 | | | 18 | 2 | 2 | 27 | 16.7 |
| 문명(과학, 위생) | | | 2 | 2 | 1 | 3 | 13 | | 1 | 22 | 13.7 |
| 식민 | | 1 | 6 | 1 | | 3 | | | | 16 | 9.9 |
| 지리 | | | | | | | 12 | | | 12 | 7.4 |
| 정서 | | | | | 2 | 3 | 1 | 5 | | 11 | 6.7 |
| 생활 | | | 1 | | | | 1 | 1 | 7 | 10 | 6.2 |
| 언어 | | | | | | | 1 | | 1 | 2 | 1.2 |
| 학업 | | | | | | 1 | | | 1 | 2 | 1.2 |
| 역사 | | | | | | | 1 | | | 1 | 1.0 |
| 계 | 7 | 2 | 23 | 5 | 3 | 37 | 63 | 9 | 12 | 161 | 100 |

조선어부로 한정할 경우 내용(주제)별 분포에서 '교훈 제재', '역사 제재'의 비중이 낮아지고, '실업(경제)', '문명(과학, 위생)', '식민 동화 정책' 제재의 비중이 높아진다. 일제강점기 실업 담론이나 문명 담론 은 본질적으로 식민주의와 밀접한 관련을 맺고 있음을 고려할 때, 이 독본에 수록된 대부분의 제재는 조선인을 대상으로 한 동화정책, 일제에 순응하는 인간, 즉 황국 신민화에 적합한 내용으로 구성되었 음을 확인할 수 있다.

주목할 점은 앞서 살펴본 국어독본 및 정정판과 조선어급한문독본 의 관계이다. 이 독본은 국어독본과 정정판 조선어독본에 수록했던 상당수의 제재를 일부 개정하여 다시 수록하였다. '조선어부'에 수록 된 중출 제재는 다음과 같다.

### 〈표 9〉 조선어급한문독본에 수록된 정정판 제재 목록

| 권수 | 중출 제재 | 중출 과 수 |
|---|---|---|
| 2권 | 7 桃花(정정 3-2),[18] 22 病者 慰問(정정 2-4~5과), 29 運動會(정정 4-8), 36 他人의 惡事(정정 5-6), 38 正直之利(정정 4-1), 40 海濱(정정 3-14), 41 蚌鷸之爭(정정 3-17), 42 京城(정정 4_14), 43 我家(1)(정정 2-10), 44 我家(2)(정정 2-11), 51 禁酒(정정 7-18), 55 玉姬의 慈善(정정 3-19)., 57 海(정정 3-6), 58 記誦(정정 7-1) | 14 |
| 3권 | 3 井蛙의 所見(정정 7-19), 7 금강석(정정 8-16), 8 鼺(정정 5- 12), 14 雨露(정정 6_18), 15 雨(정정 6-19), 17 소곰과 砂糖(정정 6_21), 19 철의 담화(1)(정정 6-10), 20 철의 담화(2)(정정 6-11), 22 梨를 贈與하는 書札(정정 6-14), 24 北部朝鮮(1)(정정 5 재구성), 25 北部朝鮮(2)(정정 5 재구성), 27 牛(정정 6-6), 29 燈火(정정 6-2), 32 中部朝鮮(1)(정정 6 재구성), 33 中部朝鮮(2)(정정 6 재구성), 44 남부조선(정정 6 재구성) | 16 |
| 4권 | 7 友人의 慈親喪을 弔慰함(정정 8-12~13), 9 移秧(정정 7-12), 12 廢物利用(정정 7-18), 18 與妹弟書(정정 8-4), 20 漂衣(정정 8-8), 23 猫와 虎(정정 7-7), 25 朝鮮의 行政官廳(정정 5-7), 27 職業(정정 3-16), 34 梟眼(정정 7-20), 38 軍艦(정정 6-1), 48 勸業模範場(정정 8-5) | 11 |
| 5권 | 17 害蟲 及 益蟲(정정 8-14~15), 25 會社(정정 8-11), 46 淡水와 鹹水(정정 7-3), 48 種子의 選擇(정정 8-9), 50 無益한 勞心(정정 6-4) | 5 |
| 6권 | 1 孔子와 孟子(정정 6-7), 11 新鮮한 空氣(정정 4-15), 13 山上眺望(정정 2-20), 15 汽車窓(정정 3-19), 17 陸地와 海洋(정정 8-18), 33 順序(정정 3-13), 37 愛親(정정 2-26), 40 雁(정정 4-9), 42 材木(정정 4-11), 46 晝夜(정정 2-15), 55 吾人의 衣服(정정 3-7) | 11 |
| 계 | | 57 |

이 표에 정리한 것과 같이, 조선어급한문독본 '조선어부'는 총 161개 과로, 정정판의 57개 과를 표기만 수정하거나 일부 내용을 재구성하여 수록하였다.(35.4%) 이 비율은 조선어부에 해당하는 것이므로, 강제 병합 직전 학부에서 편찬한 『보통학교 학도용 한문독본』(1910, 4권 4책)을 포함한다면 중출 비율은 더 높아진다.[19] 중출 제재 가운데 상당 수는 교훈(18개 과), 문명(과학)(8개 과), 실업(경제)(10개 과) 관련 제재이

---

18) 7 桃花(정정 3-2): 7은 과(課) 번호, 도화는 과명(課名), 괄호 안 '정정 3-2'는 정정판 3권 2과를 의미함.

19) 학부 편찬(1910) 『보통학교 학도용 한문독본』은 과별 편제이나 과명(課名)을 사용하지 않았기 때문에 평면적인 비교가 어렵다. 다만 한문독본에 수록된 고전 자료의 경우 상당 수가 조선어급한문독본 한문부에 실려 있음을 확인할 수 있다.

며, 지리 관련 제재(9개 과)는 일제강점기 당시의 조선과 만주 상황을 고려하여 '북부 조선', '중부 조선', '남부 조선'으로 재구성하였다. 이를 고려할 때, 통감시대 학정 잠식 상황에서 계획된 『보통학교 학도용 국어독본』이 강제 병합 직후 정정판을 거쳐, 일제강점기 보통학교의 조선어과 교육의 토대가 되었음을 확인할 수 있다. 물론 제1차 조선교육령기 『보통학교 조선어급한문독본』은 국어독본이나 정정판보다 더 정교한 식민 지배 질서를 강요하는 교과서이다. 이는 이 독본에서 원전으로 삼은 상당수의 자료가 일본 관련 자료라는 점을 통해서도 확인할 수 있다. 예를 들어 조선어부의 '대일본 제국'(2권 17과), '금상 천황폐하와 황후폐하'(3-1), '아라이하루세키(新井白石)'(3-5), '우리우이와(瓜生岩)'(3-5), '다기가구다이(瀧鶴臺)의 처'(4-53), '보안림'(6-24) 등이나 한문부의 '노기 대장 급 도고 대장(乃木大將 及 東郷大將)'(3-26), '아메노모리 호슈(雨森芳洲)'(4-22), '나가에도슈(中江藤樹)'(4-39), '다카쿠라 덴노(高倉天皇)'(5-36) 등은 식민 통치와 일본사 등과 직접적인 관련을 맺는다. 그뿐만 아니라 한문부의 '감저취종(甘藷取種)'(6-2: 조엄이 대마도에서 감자를 가져옴), '제주감자(濟州甘蔗)'(6-12: 신유한이 아메노모리호슈로부터 감자를 받아 제주에 심음), '신숙주(申叔舟)'(6-36: 신숙주가 여러 언어를 번역하고 일본의 풍속과 관제를 기록함), '후지산의명(富山宜名)'(6-56: 후지산이라는 이름이 붙은 연유. 조엄의 해유일기에서 취재) 등은 조선과 일본의 관계를 대상으로 한 제재이며, 과명(課名)을 사용하지 않은 제재 가운데 '벚꽃과 국화'(2-6), '후지산과 금강산'(2-18), '신무천황과 일본의 기원'(2-48) 등을 제재로 한 과(課)도 적지 않다.

이상의 논의를 종합할 때, 통감시대 학정 잠식 과정에서 출현한 『보통학교 학도용 국어독본』은 식민 지배를 전제로 한 교과서로 계획되었으며, 교과용 도서 검정 규정 및 교과서 조사 사업을 거쳐, 강점

직후 자구 정정판에서 식민 지배가 고스란히 반영된 교과서로 바뀐
뒤, 제1차 조선교육령기 『보통학교 조선어급한문독본』에 이르러 식
민지 조선에서의 황민화를 위한 교과서로 변화되었음을 확인할 수
있다.


## 4. 결론

이 논문은 일제강점기 조선어 교과서에 대한 식민 침탈 기획이 강
제 병합과 함께 이루어진 것이 아니라, 통감시대 학정 잠식기에 본격
적으로 이루어진 것이라는 점을 규명하기 위한 목적에서 출발했다.
일제는 1905년 을사늑약 체결 이후 교과서를 통한 식민 지배를 공고
히 하기 위한 목적에서 대한제국 학부를 통제하기 시작했고, 그 과정
에서 『보통학교 학도용 국어독본』이 편찬되었다. 이 독본은 강제 병
합 직후 자구 정정판을 거쳐, 제1차 조선교육령기 『보통학교 조선어
급한문독본』으로 이어졌는데, 이는 일제의 교과서에 대한 식민 침탈
이 매우 정교하게 진행되었음을 보여준다. 이 논문에서 논의한 내용
을 요약하면 다음과 같다.

첫째, 학정 잠식기 국어독본의 제재를 내용(주제)별로 분석한 결과
이 독본을 통해 '과학 문명', '실업 사상'을 주입하고, 일본의 선진 문명
에 대한 동경을 불러일으키는 데 중점을 둔 것으로 해석할 수 있다.
직업 의식과 근로 정신 고취, 조선 산업 발전의 필요성을 강조한 것도
두드러진 특징 가운데 하나이다. 또한 문종의 분포에서도 '서사물'을
중심으로 한 아동의 흥미 유발보다는 '설명'과 '논설'이 중심을 이룬다.

둘째, 이 독본과 대한국민교육회의 『초등소학』을 비교한 결과 35개

의 중출 제재를 발견할 수 있는데, 『초등소학』이 애국계몽사상을 바탕으로 교재를 편찬한 데 비해, 국어독본에서는 '애국' 관련 표현과 내용이 전혀 드러나지 않음을 확인할 수 있다.

셋째, 강제 병합 직후 조선총독부에서는 식민 지배 사실을 반영하여 국어독본의 내용을 정정한 『보통학교 학도용 조선어독본』을 발행한다. 정정판은 식민 지배 사실과 어긋나는 일부 제재를 삭제하고, 일본의 축제일이나 식민 지배와 관련한 사항을 추가했으며, '자주', '독립' 등과 관련된 표현 및 조선인의 독립사상을 환기할 수 있는 모든 표현을 삭제 또는 정정하였다. 그 과정에서 일부 제재는 편제 순서가 바뀐 경우도 있다.

넷째, 제1차 조선교육령기 『보통학교 조선어급한문독본』은 '조선어부'와 '한문부'로 구성되었는데, 제재의 내용(주제)별 분포에서는 교훈적인 제재, 실업(경제), 과학(문명, 위생) 제재가 다수를 차지하나, 그 내용은 본질적으로 식민 지배 정책과 밀접한 관련을 맺는다. 이 교과서도 국어독본을 바탕으로 한 정정판의 제재가 상당수 수용되었는데, 이는 학정 잠식기 국어독본이 식민지 조선에서의 교육 침탈을 전제로 계획된 것임을 의미한다.

이 연구는 일제의 교과서 침탈의 본질과 진행 과정을 체계화하는 데 기초가 될 수 있다. 식민 침탈을 위한 일제의 교육 정책은 강제 병합 이전부터 체계적이고 지속적으로 진행되어 왔다. 이는 보통학교뿐만 아니라 고등보통학교, 여자고등보통학교, 사립학교, 전문학교와 관련한 정책도 마찬가지이다. 제1차 조선교육령기 고등보통학교와 여자고등보통학교를 대상으로 한 『고등조선어급한문독본』이 편찬되었는데, 이 교과서는 조선어 교과서라기보다 한문 교과서에 가깝다. 이뿐만 아니라 제3차, 제4차, 제7차 조선교육령 개정과 함께 조선어과 교과서 개편이 이루어졌는데, 각 시기별 조선어과 교과서의 내용과 문종 분석 작업도 중요한 의미를 갖는다. 이 작업은 이 연구의 후속 과제가 될 것이다.

# 제2장 청년운동과 청년 독본

## 1. 서론

1970년대 한국 청년운동사의 체계를 수립하고자 했던 선우기성 (1973)에서는 청년운동사의 체계를 수립하면서, '한말의 구국운동이나 일제하의 독립운동은 워낙 그 범위가 넓기 때문에 다소 막연한 감'이 있다고 피력한 바 있다. 흥미로운 것은 한국 청년운동사와 관련한 초창기 연구물에 해당하는 이 저서의 대부분은 '한말의 구국운동', '독립운동과 청년운동', '국제 공산주의의 전략과 민족사상의 분열', '여명기의 청년운동', '청년운동의 제1, 2, 3기', '종교 청년운동' 등과 같이 한말(韓末)과 일제강점기의 청년운동을 기술하는 데 집중했다는 사실이다.

그 이후 한말과 일제강점기의 청년운동에 대한 연구는 역사학이나 문학사, 교육사 등 여러 학문 분야에서 비교적 많은 성과가 축적되어 왔다. 예를 들어 일제강점기의 청년운동과 관련된 김재영(2007), 박한용(2013) 등은 '형평운동'이나 '반제동맹'을 주제한 박사학위 논문이지만, 본질적으로 청년운동과 밀접한 관련을 맺고 있으며, 최배은(2013)과 같은 근대 청소년 소설 형성 과정에서도 문학적 차원에서 청년운동과 관련을 맺고 있다. 이뿐만 아니라 한국학술정보서비스에서 검색할 수 있는 '일제강점기 청년운동' 관련 연구물도 대략 120편 정도에 이르는데, 그 가운데 성주현(2008), 전갑생(2012), 황선희(2001), 심상훈(1996), 이동근(2007), 최배은(2011) 등은 일제강점기 청년운동의 대상으로 한 연구물로, 이 시기 지역별 또는 단체별 청년운동을 집중적으로 분석하고자 한 성과물이라고 할 수 있다. 또한 단행본으로 출간된 일제강점기 청년운동 대상 연구서 가운데 전택부(1975), 안호상(1982), 한국가톨릭노동청년회(1977) 등은 일제강점기 청년운동에 대한 초창기의 연구를 이은 성과물로 판단할 수 있으며, 강혜경(1995), 박철희(2009), 김형목(2009)와 같이 일제강점기 청년운동을 개괄한 연구물도 귀중한 성과로 판단할 수 있다.

그러나 일제강점기 청년운동에 대한 선행 연구는 대부분 청년운동의 형성과 전개 과정, 의의 분석 등과 같이 역사학적 관점에서 기술된 경우가 아니면 사상이나 문학적 차원의 접근이 대부분이어서 일제강점기 '청년 담론'이 갖고 있는 성격을 이해하는 데 한계가 있다. 좀 더 구체적으로 말하면 일제강점기의 청년 담론은 근대 계몽기(한말)의 '소년 담론'과 같이, 1920년대를 이끌어 간 시대 담론의 하나로 볼 수 있음에 비하여, 이에 대한 분석이 적절히 이루어지지 않았다는 뜻이다.

이러한 차원에서 최근의 독본(讀本) 연구는 주목할 만한 성과를 보이기 시작한다. '독본'은 근대식 학제가 도입된 이후 교과서 형태로 개발된 교육 자료를 의미한다. 근대 이후의 교과서로서 독본에 대한 관심은 강윤호(1973), 박붕배(1987), 이종국(1992) 등을 거쳐, 윤여탁 외(2005)의 『국어교육 100년사』로 이어진다. 독본 연구의 흐름은 주로 학제와 관련된 교과서를 중심으로 하였으나, 구자황(2004), 조정봉(2007) 등과 같이 최근의 독본 연구는 일제강점기 시문독본류(時文讀本類), 농민독본류(農民讀本類) 등의 대중 독본으로 확장되었다.

일제강점기의 '독본'은 학교교육뿐만 아니라 대중 계몽에서도 중요한 역할을 담당한 교재였다. 1916년 최남선이 처음으로 『시문독본』(신문관)을 편찬한 이래, 1920년대에 이르러서는 『어린이 독본』, 『농민독본』, 『노농독본』, 『청년독본』 등과 같이 다종의 독본이 등장하고 있음은 구자황(2004) 등에서 비교적 상세히 분석된 바 있다. 그뿐만 아니라 '독본'이라는 명사가 책명으로 사용되지는 않았을지라도 실질적으로 '독본'을 목표로 한 다수의 계몽서가 발행되고 있음도 확인할수 있다. 이 차원에서 일제강점기 청년운동의 성격을 이해하기 위해 '청년독본류'를 살펴보는 것은 의미 있는 일이다.

이 연구는 1920년대 초 청년사상과 청년운동의 특징을 기술하고, 청년 계몽 교재로서 안확(1920, 1921)의 『자각론』, 『개조론』(회동서관, 조선청년연합회, 한일서점 등에서 발행), 강하형(姜夏馨, 1923)의 『20세기 청년독본』(태화서관), 박준표(朴埈杓, 1923) 역(譯)의 『삼대 수양론(三大修養論)』(영창서관), 박준표(1923)의 『현대청년 수양독본(現代青年 修養讀本)』(영창서관)이 갖는 의미와 한계를 밝히는 데 목표를 둔다.

## 2. 일제강점기 청년사상과 청년 운동

### 2.1. 일제강점기 청년 담론

일제강점기 '청년 담론'이 등장하는 것은 근대 계몽기의 '소년사상'의 등장에 비추어 볼 때, 필연적인 결과이다. 김경남(2015)에서 밝힌 바와 같이, 근대 계몽기 『소년한반도』나 『소년』 잡지의 탄생은 '국가주의', '애국주의'를 기조로 한 진화·진보를 목표로 한 의식이었다. 진화론이 풍미했던 1900년대 초부터 1920년대까지의 사상 변화에서 '청년 담론'은 '소년 사상'을 전제로 한다.

근대 계몽기의 소년 사상은 한국뿐만 아니라 '노대국(老大國)'으로 인식되었던 중국에서도 널리 번져 있던 사상인데,[1] 이 사상은 한국의 경우 1910년 이후 점차 '청년 담론'으로 변화해 간다. 최남선이 1914년 『청춘』을 창간한 것도 이러한 흐름으로 이해할 수 있다. 그런데 『청춘』 제1호(1914.9)가 '어린이 꿈'으로 시작되듯이, 이 잡지의 청년 의식은 전대의 『소년』과 명확하게 구분되지 않는다. 비록 제2호(1914.10)에 '진화론(進化論)'을 소개하고 있지만, 그것은 과학 이론을 객관적으로 소개하는 정도에 불과하다. "진화론(進化論)이라 하는 이론(理論)은 금일(今日) 지구상(地球上)에 생활(生活)하는 동식물(動植物)이 최초(最初)

---

1) 근대 계몽기 소년 사상은 이탈리아의 독립 운동에 관심을 가졌던 양계초의 사상과도 밀접한 관련을 맺는다. 특히 양계초의 사상에 관심이 많았던 장지연은 1908년 양계초 (1902)의 『음빙실문집』(상해 광지서국)을 발췌하여 『중국혼(中國魂)』이라는 역술서를 펴 냈는데, 이 책 상권 가장 앞부분이 '소년 중국설(少年中國說)'이다. 본래 '소년중국설'은 양계초(1902)에서는 상권 '통론(通論)' 가운데 15번째의 글이었는데, 장지연 역술(1908)에 서는 이 글을 가장 앞부분에 번역하였다. 양계초의 '소년 중국설'이 이탈리아의 독립운동 가 '마치니'의 사상을 존숭(尊崇)하는 데서 출발했다는 사실은, 이 글의 전반적인 내용을 통해서도 쉽게 짐작할 수 있다.

부터 금일의 상태(狀態)로 잇슨 것이 안이오, 점차(漸次)로 되어 온 것이라 하는 것이니"로 시작되는 이 논문은, 에라스무스, 다윈, 라마르크 등의 학설을 바탕으로 '자연도태설', '계통발생설' 등을 학설의 하나로 소개하는 데 목적을 두었다. 이는 이 논문의 결론 부분을 통해 확인할 수 있다.

(1) 進化論

(…前略…) 그러나 우리는 進化論이라 하는 것이 아즉 完全한 理論이라고는 말할 수 업도다. 無論 動植物은 變化하여 온 것이오, 또 以後에도 變化하여 갈 것이며, 或 動植物이 元來 下等의 物로서 漸漸 高等의 物로 發達하여 온 것은 今日에 至하야 確實無疑한 것이니, 이것은 進化論이 우리에게 가르쳐 주는 바이나 그 變化가 엇더한 原因으로부터 來한 것인지, 또 此動植物의 特有한 生命이라 하는 것은 如何한 것인지, 엇더케 하야 生活力이 出現하엿나뇨 하는 等 問題에 對하여는 우리는 아즉 아모 것도 아는 것이 업도다. (…下略…)

―『청춘』 제2호(1914.10), '진화론'

잡지 『청춘』에서 확인할 수 있듯이, 1910년대의 '청년 담론'은 근대 계몽기 애국 계몽가들의 '소년 입지론'의 '지각'과 '기백'[2]과는 거리가 멀다. 결국 『청춘』은 그 자체로, 근대 계몽기의 '소년 입지'가 국권 상실 직후 성숙한 '청년'으로 성장하지 못한 상태였다고 볼 수 있는 셈이다.

---

2) 김경남(2015)에서는 『대한매일신보』 1908년 11월 22일의 논설을 참고로 이 시기 소년 입지론에서 '지각'과 '기백'이라는 요소가 강조되고 있음을 찾아낸 바 있다.

이러한 흐름에서 일제강점기 청년 담론은 1920년대에 본격화된다. 특히 3·1 운동 이후 이른바 '문화정치' 하에서 각종 청년 단체의 출현은 계몽운동의 주체이자 객체로서, 사회 지도자론으로 변화해 간다. 1920년 4월 1일 창간된 『동아일보』와 1920년 6월에 창간된 『개벽』은 청년 담론의 주된 장(場)이었다. 『동아일보』는 창간호의 '주지(主旨)'에서 '조선 민중의 표현 기관으로 자임', '민주주의 제창', '문화주의 제창'을 내세우며, 본격적인 민중운동을 주장하였고, 『개벽』도 창간사(創刊辭)에서 '세계 개조(改造)'와 '혁신(革新)'을 바탕으로 한 '개벽 운동'을 주장하였다. 이 두 매체는 창간 직후부터 '청년운동'을 본격적으로 다루기 시작했는데, 『동아일보』는 1920년 4월 12일부터 '지방통신란'을 두고, 각지의 청년회 활동을 보도하기 시작했다. 이 시기 청년회 활동은 1920년 5월 26일자 논설 '각지 청년회에 기(寄)하노라'에서 요약적으로 이해할 수 있는데, 그 가운데 일부를 살펴보자.

(2) 各地 靑年會에 寄하노라 -聯合을 要望
이 글을 各地 靑年會(名稱은 何如間)에 寄하는 동시에 이와 갓흔 組織 團體가 아즉 出現치 못한 地方靑年의게 寄하노니 前者에 대하야는 尤益 健全한 發達을 遂하기를 切願하며 後者에 대하야는 一日이라도 速히 이와 갓흔 組織下에 靑年이 團結하기를 熱望하노라. (…中略…) 靑年 중에도 老年을 不及하는 자 有하며 老年 중에도 靑年을 超越하는 자 有할지나 이는 오즉 特例에 不過하고 一般 大勢로 論할지면 靑年의게는 活潑한 生命力이 躍動하며 創造의 衝動과 將來의 希望이 充滿함이 맛치 春에 萬物이 勃然히 興함과 如하되, 老年에는 生命이 衰頹를 始하야 氣力이 無한지라. 오즉 將來 事爲의 希望이 稀薄하며 따라 過去를 回顧하야 成業을 樂하는 傾向이 有하니 맛치 秋는 收할 期라 落葉이 紛紛하야 萬象이 寂寞을 極하는 것과 如하도다. 故로 余는 云하되 社會의 動的 方面 進步勢力을 代表하는 자는 靑年이오, 靜的 方面 保守 勢力을 代表하는 자는 老年이라 하노라. (…下略…)

—『동아일보』 1920.5.26

이 논설에 나타난 바와 같이, 이 시기 전국 각지에는 우후죽순처럼 청년 단체가 탄생하였다. 1920년 『동아일보』에 소개된 각지 청년회 실태는 그 존재를 일일이 확인하기 어려울 정도로 많았으며[3], 이들 단체의 유래도 모두 확인하기는 어렵다. 이러한 상황에서 1920년 5월 26일자 논설은 각 청년단체의 연합을 주장하며, '친목', '수양', '지식교환', '체육증진', '공공사업'을 목표로 한 청년운동을 제창하고 있다.

『개벽』의 청년운동 담론도 『동아일보』와 크게 다르지 않다. 사회운동이자 해방운동의 차원에서 청년운동을 촉구하였다. 『개벽』은 제호(題號)가 상징하듯, '개조', '개혁', '진보'를 통한 신세계를 열어간다는 뜻을 담고 있다. 그렇기 때문에 청년을 중심으로 한 '신인물(新人物)' 양성을 다른 어느 매체보다도 강조하고 있다. 제2호(1920.7) 박달성(朴達成)의 '급격히 향상되는 조선 청년의 사상계'에서는 조선 청년의 과거, 현재, 미래를 진단하면서 "조선 청년도 이제부터는 실력주의를 가지며, 강력주의(强力主義)를 가지며, 자조주의(自助主義)를 가지며, 자아주의(自我主義)를 가진다."라고 선언한다. 제3호(1920.8) 이돈화(李敦化)의 '신시대와 신인물'은 제목 그대로 '개조를 통한 신인물 양성'의 필요성을 강조한 논설이다. 이 논설에서는 과거 영웅 숭배의 시대가

---

3) 1920년 한 해 동안 『동아일보』에 소개된 청년 단체가 존재했던 지역으로는 '연안, 안성, 영흥, 황주, 이천, 부산, 수원, 백천, 제주, 홍원, 의주, 마산, 진남포, 진영, 김천, 북진, 대구' 등 20여 곳에 이르며, 전국 규모의 단체로 '불교청년회', '기독교청년회', '수양청년회' 등이 있었다. 『동아일보』 1920년 6월 30일자 '전조선 청년회 연합기성회 조직' 관련 기사에 따르면 경성에도 70여 개의 단체가 있었다고 하였다.

평민주의 시대로 변모하였다고 주장하면서, 신인물이 갖추어야 할 조건은 '자주 자립의 인물', '실제적 인물', '세계적 지식을 통한 인물', '신념의 견고한 인물'이어야 한다고 주장한다. 물론 이러한 인물상은 이 시기 계몽을 주장하는 지식인들이 청년에게 바라는 인물상이다.

이러한 상황에서 '조선청년회연합기성회(朝鮮靑年會聯合期成會)', '불교청년회(佛敎靑年會)', '기독교청년연합회(基督敎靑年聯合會)' 등과 같은 청년 단체가 출현하였다. 청년 단체의 출현은 이 시기 청년 담론이 어떤 성격을 띠고 있는지 뚜렷이 보여준다. 그 가운데 대표적인 '조선청년회연합기성회'의 '주의·강령'을 살펴보면 다음과 같다.

(3) 主義 綱領

吾人은 世界 改造의 機運에 順應하야 各人의 天賦한 生命을 暢達하며 民族의 固有한 生榮을 發揮하기 爲하야 左의 綱領을 定함

一. 社會를 革新할 事 一. 世界에 智識을 廣求할 事

一. 健全한 思想으로 團結할 事 一. 德義를 尊重할 事

一. 健康을 增進할 事 一. 産業을 振興할 事

一. 世界 文化에 貢獻할 事

이 단체는 1920년 6월 28일 결성된 단체로 1924년 3월 2일 '조선청년총동맹(朝鮮靑年總同盟)'이 출현하는 배경이 되었다.[4] 기성회와 총동맹은 결성 배경과 시기상의 차이에 따라 취지·강령에서 다소의 차이를 보이나,[5] '개조', '개혁', '지식 광구(廣求)', '건전한 사상', '산업 진

---

4) '조선청년회연합기성회'와 '조선청년총동맹'에 대해서는 조찬석(1984)의 '1920년대 한국의 청년운동'을 참고할 수 있다.

5) '조선청년총동맹'은 '一. 大衆 本位인 新社會의 建設을 期圖함, 一. 朝鮮 民衆 解放運動의

홍', '문화에 공헌' 등을 표방하였다. 이러한 슬로건은 1920년대 청년 담론의 주요 내용에 해당하며, 그 바탕에는 진화론적 사고를 전제로 한 '개조론' 또는 '수양론(修養論)이 깔려 있다.

## 2.2. 개조론(改造論)과 수양론(修養論)

개조론은 말 그대로 기존의 조직이나 구조, 사물과 의식을 고쳐 다시 만드는 것을 의미한다. 김택호(2003)에서 개화기의 국가주의와 1920년대의 민족개조론의 관계를 고찰한 바 있듯이, 한국 사회에서 개조론은 근대 계몽기부터 본격적으로 등장한 사유 방식의 하나로 볼 수 있다. 엄밀히 말하면 개조 의식은 계몽 의식과 본질적으로 통하는 개념이라고 볼 수 있다. 대중의 의식을 깨우쳐 밝히고자 하는 계몽 의식은 자연스럽게 '개조론'으로 이어질 수 있는 셈이다. 그런데 한국 사회에서는 1920년대 본격적으로 '개조론'이 문제시되었다. 이 점은 한국의 개조론과 관련된 다수의 선행 연구를 통해서도 쉽게 증명할 수 있는데, 허수(2009)의 '제1차 세계대전 종전 후 개조론의 확산과 한국 지식인'이나 장규식(2009)의 '1920년대 개조론의 확산과 기독교 사회주의의 수용·정착'은 이 과정을 적절히 분석한 대표적인 논문이다. 이뿐만 아니라 김용달(1997), 최주한(2004, 2011), 오병수(2006), 박 슬기(2011) 등에서는 이광수의 민족개조론이나 『개벽』에 등장하는 개조론에 대해 다양한 관점의 분석을 시도하였고, 류시현(2009)에서는 안확의 개조론, 박만규(2016)에서는 도산 안창호의 개조론을 분석하였다.

---

先驅가 되기를 期함.'을 강령으로 천명하였다. 『동아일보』 1924.3.2.

개조론은 1920년대를 풍미했던 사회적 담론으로서, 당시에도 개조의 대상이나 성격에 대해서는 수많은 논란이 있었다. 『동아일보』 1921년 4월 28일자 유우근(柳友槿)의 '내적 개조론의 검토'에서는 당시 유행했던 개조론을 다음과 같이 제시하고 있다.

(4) 內的 改造論의 檢討

社會 改造에 對한 根本思想이 確立치 못한 까닭으로 因하야 改造를 主張하는 一部 識者의 間에도 互相 意見의 衝突이 生할 쑨 아니라, 此로 因하야 社會問題의 歸趨에 不少한 障碍를 與한다. 試하야 一部 論者의 改造說에 耳를 傾하면 彼等의 人心의 改造 - 精神의 改造 - 또는 內的 改造-를 주장한다고 말한다. 彼等의 엇더한 말로써 表示하든지 - 或은 人心의 改造라고 하든지 或은 精神의 改造라고 하든지 또는 內的 改造라고 하든지 또는 心性의 改造라고 하든지 또는 自我의 改造라고 하든지 그 歸着하는 結論은 '社會 改造의 根本意는 制度의 改造에 잇지 아니하고, 人心의 改造에 잇다.' 하는 것이다. 卽 彼等은 內的 改造論者로 自處한다. 그러나 동일한 內的 改造論者 중에도 或은 制度의 改造 - 物的 改造-의 先決問題로 人心의 改造 - 內的 改造를 주장하고, 或者는 制度의 改造 그것보다도 人心의 改造 그것이 社會 改造의 目的이라고 주장한다. 다시 말하면 前者는 現實 社會가 不完全한 것을 覺하고, 그 制度의 不完全한 原因이 그 社會를 構成한 各個人의 精神이 不完全함에 잇슬 쑨 아니라, 現代人의 精神이 制度의 改造를 欲求하리만한 程度까지 至치 못하엿슴으로 現實 社會制度를 改造하랴면 반듯이 먼저 現代 人心으로 하야금 制度의 改造를 欲求하도록 精神을 改造함이 必要하다기보다도 오히려 그것이 社會 改造의 中心問題이라고 主張하는 것이오, 後者는 現實 社會制度에 대하야서는 不完全삼을 覺함이 업고(其實은 沒批評으로 因한 것이지마는) 짜라서 現代의 起伏하는 모든 問題의 根底에 橫溢하는

人生苦, 社會苦, 時代苦 등은 제도의 罪가 아니라 한갓 人心의 罪라고 한다. 그러함으로 <u>制度의 改造를 云云하는 것보다도 人心의 改造를 主張할 뿐 아니라 社會制度 그것은 根本的으로 改造하지 못할 것으로 보는 동시에 制度 改造論者의 處地에 대하야는 積極的 反對의 態度를 取하는 것이다.</u> (…下略…)

—『동아일보』 1920.4.28

이 글에 따르면 당시의 개조론은 '인심 개조', '정신 개조', '내적 개조', '물적 개조', '사회 개조', '제도 개조', '자아 개조' 등 다양한 명칭으로 불리고 있었으며, 이를 종합하여 '내적 개조'라고 할 때, '정신 개조'보다 '사회제도 개조'가 더 중요하다고 믿는 개조론자와 '사회 제도 개조'는 불가능하며 '인심의 개조'만 가능하다고 주장하는 개조론자가 있었다고 정리할 수 있다. 당시 유우근은 계급론적 관점(階級論的 觀點)에서 제도 개혁이 선행되지 않는 내적 개조론은 오류(誤謬)이며, 사회 환경이 인류의 의식을 결정한다는 마르크스주의의 관점에서 '심적 개조'와 '물적 개조'를 구분하는 것은 무의미한 일이라는 주장을 논증하고자 하는 목적에서 '내적 개조론'을 검토하였는데, 이는 이 시기 개조론의 상당수가 사회 제도의 개혁보다 '개인의 의식 개조'를 주장하는 내적 개조론이 유행했음을 의미한다. 이와 같은 내적 개조론의 뿌리는 근대 계몽기 본격적으로 소개된 '자조론(自助論)'에서 그 유래를 찾을 수 있다. 예를 들어 1906년 창간된 『조양보(朝陽報)』 제1호~제3호에 연재된 '자조론'이나, 『소년』 제2권 제2호(1909.2)~제3호, 제9호에 수록된 스마일스의 '서절록(書節錄)'과 '용기론(勇氣論)', 『서우』 제12호(1907.12)~제14호의 '자치론' 등은 개인의 심성을 개조해야 한다는 주장과 맞닿아 있다.

일제강점기의 '개조론'과 관련된 논란은 『개벽』 제23호(1922.5)에 게재된 이광수의 '민족개조론'에서 비롯되었다. "나는 만흔 희망과 쓸는 정성(精誠)으로 이 글을 조선민족의 장래가 어쩌할가, 어찌하면 이 민족을 현재의 쇠퇴(衰頹)에서 건져 행복과 번영의 장래에 인도(引導)할가, 하는 것을 생각하는 형제와 자매에게 돌입니다."라고 시작하는 '병언(幷言)'의 서두와는 달리, 민족 개조론은 조선 민족 쇠퇴의 원인을 '이조(李朝)의 악정(惡政)'에서 찾고, 이 악정이 '허위(虛僞)', '빙공영사(憑公營私)'에서 비롯된 것이며, 민중의 '나타(懶惰)', '겁나(怯懦)', '신의와 사회성의 결핍(缺乏)'이라는 도덕성의 부족 때문이라고 매도한 데서 논쟁이 격화되었다. 이러한 논쟁의 일면은 『동아일보』 1922년 6월 4일자 최원순(崔元淳)의 기서(寄書)에서도 지적된 바 있는데, "(1) 소위 劣惡하다는 朝鮮 民族性은 엇더한 것을 意味하는가?, (2) 民族性 改造의 倫理的 根據가 무엇인가?, (3) 한 민족성이 優善하다 劣惡하다 判斷하는 그 標準이 어대 잇는가?, (4) 朝鮮人의 過去 變遷을 '다 無知蒙昧한 野蠻 人種이 自覺업시 推移하야 가는 變化와 갓흔 變化와다.' 하는 理由는 어대 잇는가?, (5) 民族 改造는 道德的일 것이라고 하는 말은 무엇을 가라치는가?"[6]라는 다섯 가지 질문을 제기하며, 이광수의 '개조론'을 비판한다. 오문석(2013)에서도 지적한 바와 같이, 1920년대 개조론은 '진화론'과 '문명론'의 영향 아래, 세계 대전 이후 자본주의 모순에 대한 지식인들의 집약된 반응의 하나였다. 특히 3·1 독립운동의 좌절에 따라 개조론이 더욱 고조(高調)되었는데, 이때의 개조론은 민족운동과 결합한 형태와 자본주의 모순이나 마르크스주

---

6) 『동아일보』 1922.6.3.~6.4. 在東京 崔元淳, 李春園에게 問하노라, - 民族改造論(開闢 五月號 所載)을 읽고.

의를 기반으로 한 사회개조론 등 다양한 형태를 띠고 있다.7) 이러한 상황에서 이광수의 '민족개조론'은 그 자체로서 식민 지배이데올로기의 변형된 형태, 곧 문명과 야만의 대립 구도에서 야만 상태를 벗어나기 위한 순응적 도덕 개조론을 제창한 것으로 판단할 수 있는 셈이다.

어떤 유형이든 개조론에서 주목할 사실은 '개조의 대상이 무엇인가?'라는 문제와 '어떻게 개조해야 하는가?'이다. '민족개조론'이나 '사회개조론'의 분화는 전자에 대한 사상적(思想的) 차이를 반영한 것으로 볼 수 있으며, 이에 따라 개조의 방법에 관한 논의도 달라진다. 기독교 사회주의 차원에서의 개조론은 민중적 기독교 또는 예수촌 건설 운동과 같이, 개인의 의식 개조보다 사회 제도를 개조하는 방향을 주장한 경우도 있고,8) 종교와 도덕성·윤리의식의 개조를 강조한 안확의 개조론,9) '협동'과 '단결'을 목표로 한 개인 수양의 차원을 강조한 도산 안창호의 개조론10) 등 개조 대상과 방법에 대한 논의는 동일하지 않다. 이러한 차이는 식민지 조선의 정치상황에서 기인한 점도 적지 않은데, 1920년대 식민 체제하에서 이광수 류의 민족개조론과 달리 사회제도의 개혁이나 정치적인 문제 등에 관한 논의가 자유롭지 못했음은 당연한 사실이다. 다음 논문도 이러한 상황을 대변한다.

---

7) 기존의 개조론 연구에서는 1920년대 개조론을 유형화한 사례가 없다. 다만 김형국(1999, 2001)에서는 '민족개조론'에 중점을 둔 연구가 이루어졌고, 장규식(2009)에서는 '기독교 사회주의'의 차원에서 개조론을 다루었다. 그러나 개조론의 유형화 가능성은 김형국(1999)에서도 찾아볼 수 있는데, 이 논문에서는 1919년부터 1921년까지의 개조론 수용 양상에서 논의해야 할 대상으로 '개조론이 일본 지배이데올로기의 변형된 내용', '한국 지식인들에게 수용된 개조론의 형태'를 제시하고 있다. 후자는 1920년대의 개조론의 유형과 밀접한 관련을 맺는다.

8) 이에 대해서는 장규식(2009)를 참고할 수 있다.

9) 안확의 개조론은 『자각론』, 『개조론』 등에서 구체화된다. 안확의 개조론과 관련된 연구로는 류시현(2009)를 참고할 수 있다.

10) 도산의 개조론은 이현주(2000), 박만규(2016) 등을 참고할 수 있다.

(5) 최정순(崔珵淳) '사회 개조의 사회학적 고찰'

(…전략…) 개인 심의가 사회 심의에 影響하며 社會心理가 社會制度에
影響하야 상호 影響的 關係에서 항상 變遷 變改하여 가는 其中에, 社會 進步
가 有하며 社會 幸福이 有하나니, 故로 進步的 理想的 個人이 당시대의 社會
制度에 대하야 항상 不滿을 感하는 것과 社會制度가 支配 數個人의 新理想
에 順應되도록 變改 又는 改革된 것은 社會 進步의 過程에서 起하는 必然的
現象이라고 云하겟도다. 社會 其物이 성질상으로 動的이며 進步的인 것이
制度의 變改 又는 廢止를 要求하며, 制度의 變改 又는 廢止가 社會 進步를
促進하며, 社會 幸福을 增進하나니라. (…中略…) 筆者는 如此히 重大한 意義
와 責任을 有한 現代 社會組織 特히 政治組織과 經濟組織이 如何한 弊害와
缺陷을 有하며, 웨 多大數의 生長을 促進함에는 너무 不公平하며, 웨 改造의
運命을 取치 아니치 못하겟다는 論에 대하야는 不幸히 玆에 公論할 自由를
有케 못하는 바이나, 然이나 하여간 從來 社會改造家 諸輩의 現代 社會組織
攻擊의 焦點이 國家의 越權行爲와 財産分配의 不公平에 在한 것을 發見할
時 讀者 諸賢의 先見的 想測이 必有할 줄 思惟하노라. 然則 吾人은 發見된
弊害와 缺陷을 除去 矯正하야서 吾人의 新理想에 順應되는 完全無缺한 制度
를 建設하려 할 것 가트면 즉 小數者의 生長을 本位로 하는 不公平한 制度를
改造하야서 萬人의 生長을 促進하는 理想的 制度를 建設하려 할 것 갓흐면,
如何한 順序와 如何한 方向을 取하여야 하겟는가? (…하략…)

—『동아일보』 1923.6.15~16


최정순의 논문에서 주목되는 것은 '현대 사회조직, 특히 정치조직
과 경제조직이 여하한 폐해와 결함'을 가지며 '생장 촉진에 불공평'하
여 개조해야 함에도 이를 논할 자유를 가지지 못했기 때문에, 제도
개조의 차원에서 '발견된 폐해와 결함'을 '제거·교정'하는 방안만을

논의한다는 것이다. 달리 말해 '정치·경제적인 문제'를 자유롭게 논의
할 수 없는 식민지 현실에서 '개조'의 방법은 '개인의 수양(修養)', '사
회도덕 함양' 등과 같은 '수양론'이나, 이를 주도하는 '청년 지도자론'
으로 귀결될 가능성이 높아지는 셈이다. 이러한 상황에서 1920년대
각 지역에서는 '수양회'를 표방한 청년단체가 활발하게 조직되었으
며,11) '자수(自修)', '자양(自養)'을 중심으로 한 '수양론'이 청년운동의
주된 이데올로기의 하나로 자리를 잡았다.12) 이러한 흐름에서 1920년
대 초에는 청년운동을 뒷받침하는 다수의 독본(讀本), 잡지(雜誌) 등이
출현한다.


## 3. 청년독본류의 특징

### 3.1. 청년독본류 발행과 특징

1920년대 청년독본류는 청년과 학생, 지식 계급을 대상으로 한 계
몽 담론의 연장선에서 출현하였다. 앞서 살펴본 바와 같이 1920년대
청년운동은 '개조론'이나 '수양론'을 근저로 하였는데, 이와 같은 차원
에서 안확(1920, 1921)의 『자각론』, 『개조론』(회동서관, 조선청년연합회,
한일서점 등에서 발행), 이광수(1923)의 『조선의 현재와 장래』(홍문당서

---

11) 1920년 『동아일보』에서 찾을 수 있는 '수양회'를 표방한 각 지역 청년단체로는 신풍, 김제,
    익산, 강계, 나주 등 30여 개에 이른다.
12) 이현주(2003), 조배원(2000), 정연욱(2013) 등과 같이, 일제강점기 수양론과 관련된 연구
    는 주로 '수양동우회'와 관련되어 있다. 수양동우회는 1926년 도산을 중심으로 조직된
    단체이나, 엄밀히 말하면 이 단체가 조직될 수 있었던 시대적 배경에는 개조론과 수양론
    을 중심으로 한 지도자론이 존재했다.

점), 강하영(1922)의 『20세기 청년독본』(태화서관), 박준표(1923)의 『현대청년수양독본』(영창서관), 박준표 번역(1923)의 『삼대수양론』(태화서관) 등이 대표적인 독본으로 볼 수 있다.

안확은 1900년대 서북 지방의 교육활동에 참여하고, 1910년 강제병합 직후 마산에 내려가 창신학교의 교사를 지내다가 1914년 일본 니혼대학에서 정치학을 공부한 학자이자 계몽운동가였다. 재일본 유학생학우회 기관지인 『학지광』에 '위인의 편영(片影)'(제3호), '금일 유학생은 하여(何如)', '조선어의 가치'(제4호), '조선의 미술'(제5호), '조선의 문학'(제6호) 등의 글을 남겼다. 3·1 운동 직후 1920년 6월 결성된 '조선청년회연합회기성회'의 발기인으로 활동하며, 1921년에는 이 단체의 기관지 『아성(我聲)』의 편집을 맡고, 1922년에는 신천지사(新天地社)의 편집인이 되었다. 안확은 『아성』13)에 '청년회의 사업', '조선문학사'(제1호), '정신의 정리', '세계문학관(조선문학사, 독일 문단의 사조, 노서아 문학, 불란서 문예, 영문단의 형세, 한문학과 其缺點)'(제2호) 등을 남겼다.14) 이와 같이 안확의 청년운동은 민족주의적, 종교적, 도덕적 색채를 강조한 청년운동이었으며, 이를 집약한 것이 『자각론』과 『개조론』이다.15)

---

13) 이 잡지가 통권 몇 호까지 발행되었는지는 확인되지 않는다. 다만 『동아일보』 1922년 12월 17일자 기사에서는 "조선 청년회련합회(朝鮮靑年會聯合會)에서는 그 회의의 주의와 사업을 선전하기 위하야 발행하든 긔관집자 아성(我聲)을 다시 신문지법에 의하야 발행을 계속하고저 방금 당국에 허가를 신청 중인대, 금번에 이 『아성』 잡지의 경영과 기타 문화운동을 실행하고 인쇄 영업을 경영하기 위하야 새로히 긔본금 오만원의 아성사(我聲社)를 설립하기로 방침을 명하고, 고주(股主)의 권유를 시작하얏는데 고주는 아못조록 각디방으로부터 다수한 인사를 망라하기 의하야 고금을 한 고에 오원으로 처음 내일 돈은 삼원식으로 명하얏다더라."라는 내용이 실려 있는데, 이를 통해 볼 때, 이 잡지는 1922년 후반기에 발행이 중지되었다가 1924년 신년호(『동아일보』 1923.12.23, '『아성』 신년호 청년련합회 발행 농촌 문데가 중심') 이후까지 발행된 것으로 추정된다.

14) 『아성(我聲)』 제1호~제4호는 현재 국립중앙도서관에 소장되어 있다.

『자각론』(1920, 회동서관)은 인생론과 가족주의, 도덕, 학문과 예술 등의 자각에 대한 논설로, '하늘의 道와 사람의 道의 區別, 人生의 本分 (1), 人生의 本分 (2), 善惡의 標準, 家族의 새로운 道德, 學者의 本領, 藝術 및 藝術家, 詩와 詩人, 새로운 生活' 등을 내용으로 하였다. 또한 『개조론』(1921, 한일서점)은 이 시기 문명·진화론적 차원의 민족 개조론과 문화운동을 주요 내용으로 하였는데, '序文, 前篇(서언, 민족성의 약점을 고칠 것, 윤리의 개조, 최근 나타난 여러 경향의 개조, 결론), 後篇(노동계급의 문제, 지식계급의 각오, 여성문제, 문화운동은 무엇인가, 경제생활의 개조)'으로 구성되었다.

이와 같이, 자각과 개조를 강조하는 시대 상황에서 계몽운동의 주역으로서 청년운동이 강조되었고, 이를 반영하는 다수의 청년독본이 등장하였다.

## 3.2. 수양론과 청년독본

강하영(1922)의 『20세기 청년독본』(태화서관)은 책명에 '일명 수양론(一名修養論)'이라는 제목이 붙어 있다.16) 이 책은 1922년(대정11년) 11월 10일 인쇄, 동년 11월 13일 발행된 청년 수양 교과서이다. 저작 겸 발행자는 강하형(姜夏馨), 인쇄자는 노기정(魯基禎), 발행소는 태화서관(太華書館)이다. 책 내용은 저작자의 자서, 범례, 차례, 20장의 본문, 부록으로 구성되어 있다. 이 책의 성격은 '범례'에 명시되어 있는

---

15) 『자각론』과 『개조론』은 한국국학진흥원 교육연구부(2004)의 『(자산 안확의) 자각론·개조론』(한국국학진흥원)을 참고할 수 있다.

16) 이 책은 연구자가 발굴하여 숙명여대 구자황 선생에게 제공한 바 있다. 구자황 선생은 이 책을 입력하고 해제(解題)한 바 있다. 이에 대해서는 구자황·문혜윤 편(2011), 『이십세기 청년독본』(근대독본총서 4, 경진출판)를 참고할 수 있다.

데, 이를 살펴보면 다음과 같다.


(6) 凡例[17]

一, 本 讀本은 現代 靑年의 思想과 危機를 洞察하야 靑年의 圓滿한 理想과 高尙한 修養에 普及]토록 編纂한 것이다.

一, 本 讀本은 特히 切實緊要한 二十章에 解明으로 簡易詳捷을 目的하야 自習自解에 必要토록 한 것이다.

一, 本 讀本은 修養에 關한 諸方面에 適材를 蒐集하야 靑年處世의 寶典이 되며 現代에 適當토록 有意한 것이라.

一, 本 讀本은 人類生活에 幸福과 高遠한 理想의 建設者되는 靑年의 立脚地를 開拓코자 한 것이라.

一, 附錄으로 座右銘과 修身要領과 東西格言은 靑年의 一日이라도 不可缺할 金訓이다. 靑年은 반다시 警箴을 삼어 實行躬踐하면 處世에 入門에 進路하엿다 하리로다.


'범례'에서 확인할 수 있듯이, 이 책은 철저히 청년의 수양을 목표로 한 것이다. 20장으로 구성된 책 내용은 '청년의 이상과 목표'(제1장 청년편, 제2장 청년의 전진편, 제3장 입지편), '처세와 생활'(제4장 처세편, 제5장 지기편, 제6장 생활편, 제7장 정육론), '청년의 희망과 활동'(제8장 희망편, 제9장 활동편, 제10장 노력편, 제11장 번민편, 제12장 실천편), '책임과 자각'(제13장 책임편, 제14장 자각편), '수양의 방법'(제15장 수양편, 제16장 자제편), '수양의 결과'(제17장 성공편, 제18장 행복편), '청년의 도덕과 행로'(제19장 도덕편, 제20장 청년의 행로) 등으로 구성되었다.

---

17) 강하형(1922), 『20세기 청년독본』, 태화서관, '범례'.

각 장의 이름이 암시하듯이, 강하영(1922)에서 강조하는 수양 덕목은 개인과 자아(自我)에 초점이 맞추어져 있다. 특히 제17장의 성공 담론이나 제18장의 행복 담론은 청년의 시대의식이나 사회적 책임과 같은 대승적 청년운동의 덕목과는 거리가 있다.

박준표(1923)의 『현대청년 수양독본』(영창서관)은 청년 수양을 강조하는 차원에서 강하영(1922)와 같은 계통의 청년독본류이다. 그러나 이 책은 당시의 시대사조(時代思潮)나 사상운동과 좀 더 긴밀한 관계를 맺고 있다. 이 점은 '범례'에서 "本書 二編 各章에는 <u>時代思潮에 思想을 編述하야 人類의 向上的 發展을 探求</u>하며 人生의 眞價를 發揮케 한 것이다."라고 밝힌 데서도 확인할 수 있다.[18] 이 책은 최문하(崔文夏)의 '서문', '범례', '자서', '제1편 수양론'(청년, 수양, 가정, 교훈, 습관, 자각, 생활1, 생활2, 천직, 인격, 면학, 학생, 노력, 운명, 재물, 성공, 학문, 직업, 향상, 책임, 행로 등 21장), '제2편 사상론'(시대, 교육, 문화, 문명, 역사1, 역사2, 문학, 희생, 개조, 사회, 노동, 종교, 경제, 봉사, 사상, 평등, 인성, 동권, 주의, 의식, 예술, 위기, 오류, 사조, 심미, 민족, 자유, 해방, 인생 등 25장)으로 구성되어 있다. 책의 각 장 제목에서 추론할 수 있듯이, 1920년대 전반기의 사회운동과 시대사조가 청년 수양론과 밀접한 관련을 맺고 있는데, 그 가운데 하나로 제2편 제15장 '주의(主義)'를 살펴보자.

(7) 第十五章 主義. 一. 一般 社會主義의 物質觀으로 重要한 點인 줄 안

---

18) 이처럼 시대사조를 좀 더 반영하게 된 까닭은 저자인 박준표의 사상에서 비롯된 것으로 보인다. 그의 생애에 대해 밝혀진 바는 없으나, 『동아일보』 1925년 9월 19일자 기사에서는 그가 '경성소년연맹회' 회원으로 토론 대회의 심판을 맡은 것으로 나타난다. 이를 반영하듯 박준표가 지은 『십분간 연설집』(1925, 박문서관), 『농촌청년의 활로』(1929, 삼광서림), 『실지응용 연설방법』(1934, 광한서림), 『청춘의 애인』(1931, 세창서관) 등의 저서가 발견된다.

다.[19]

　現代에 이르러 어느 國家, 어느 民族을 勿論하고 써들고 일어나는 思潮에
이 소씨알니즘(社會主義)처럼 世人의 耳目을 驚動하는 것은 업슬 것이다.
더욱 近日에 와서는 여러 가지 分派가 일어나서 가튼 國家社會主義, 共産主
義, 無政府主義, 볼세비즘, 산듸칼리즘, 길드 社會主義 等이 서로 名義가
다르게 되고 짜라서 手段 方法이 다르게 되엿다. 그러나 그 根本으로 말하
면 아 이 '소씨알니즘'에서 發源한 것이니, 나는 이에 一般 社會主義의 共通
되는 點과 差違되는 點을 들어 몃 바듸 陳述노써 紹介코저 한다. (…中略…)
나는 이 우에 無産階級의 覺醒을 말하엿거니와 짜라서 한말 하고저 한
바는 歐米社會는 일즉부터 科學의 機械가 發達되야 生産이 豐富하다는 말
이다. 저 電氣, 蒸氣, 모든 自然力이 사람으로 하여곰 奴隷에서 解放을 주엇
다 하는 말이다. 다시 말하면 모든 自然力의 利用에 짜라 勞働 能率이 增加
함으로 아즉도 完全한 狀態에는 못 이르럿다 하더라도 얼마씀 無産階級이
文化生活을 經營하게 되어 왓고 또 現今 經營하여 가는 過程에 잇다는 말이
다. 올타. 사람이 좀 더 高尙하고 怜悧한 生活을 지어가기를 바라려 하면,
먼저 工業上으로 보와서도 必要할 生産品을 製造하여야 할 줄 안다. 그럼으
로 나는 말하되, '소씨알니즘'이 完全히 行할 國家社會는 저 電氣, 蒸氣의
自然力을 充分히 應用하야 먼저 生産機關의 基礎를 充實히 하여야 할 줄
밋노니, 이것이 一般 社會主義의 物質觀으로 重要한 點인 줄 안다.


　(7)에서 알 수 있듯이, 저자는 사회주의를 긍정적으로 수용하는 태
도를 보인다. 그러나 저자가 주장하는 수양론은 사회주의의 계급사상
이 아니라 물질적 풍요를 목표로 하는 개조론에 한정된다. 달리 말해

---

19) 박준표(1923), 『현대 청년 수양독본』, 영창서관, 제2편 제15장.

사회주의의 그럴 듯한 이론도 '자연력의 이용'을 통한 '생산력 향상'으로 귀결된 셈이다.

이러한 차원에서 박준표 역(1923)의 『삼대 수양론』(태화서관)도 비슷한 경향을 보인다. 이 책은 '소국대학 교수(蘇國大學教授) 쫀 쌕랏기 원저(原著), 박준표 번역'으로 되어 있는데, 원저자인 '존 부라키'에 대해서는 밝혀진 바 없다. 책의 구성은 역자 서문, 제1장 지육론, 제2장 체육론, 제3장 덕육론으로 이루어져 있다. 역자의 서문은 다음과 같다.

(8) 序[20)

新文化의 曙光은 全世界에 새빗을 發하고 新警醒의 曉鐘은 全人類의 迷夢을 깨친다. 全世界 人類는 暗黑의 世에서 저 새빗의 曙光을 向하야 前進코자 한다. 오날까지 矛盾 撞着의 生活, 虛僞의 生活에 온갖 苦痛과 煩惱에서 버서나 眞理의 生活을 渴望하는 靑年아. 果然 現代 生活의 疲勞하엿다. 過去의 罪惡을 悔悟하고 痲痺하엿든 良心을 本性의 復歸케 하는 一條의 光明이 放하엿다. 不佞은 금일까지 평범에도 不及하고 拙劣에도 不伴하나마 多少의 頭腦와 觀察을 가지고 本書를 譯함에 至大한 光榮이라 한다. 勝利의 光榮冠을 엇고자 하는 靑年아, 讀하라! 吾人의 意力과 神聖을 是認하야 理想的 完美와 人格의 修養을 第一義로 삼엇다. 그리하야 道義를 謂하며 修養을 說하야 人類의 威嚴을 敎하야써 靑年의 榮譽를 唱導하야 人生 最高의 理想을 闡明하며, 新美한 光明를 心靈의 世界로 齎來하엿다. 靑年아. 偉大한 靈光의 感化의 醇合하라. 不佞은 本書를 譯함은 世의 知己로 庶幾에 至할 바 아니다. 此로 人하야 靑年의 活力을 養成함으로써 序를 詞한다. 癸未 三月

---

20) 소국대학 쫀 부랏기 著, 박준표 역(1923), 『삼대 수양론』, 태화서관, 서.

日 譯者 識.

역자 서문에 나타난 청년 담론은 '양심 회복', '이상적 완미', '인격 수양' 등과 같은 청년 수양의 필요성을 주장하는 내용으로 이루어져 있다. 본문은 제1장 '지육론(智育論)', 제2장 '체육론(體育論)', 제3장 '덕육론(德育論)'으로 구성되었으며, 지식을 함양하고 신체를 강건하게 하며 도덕적 관념으로 인생의 행로를 개척해야 한다는 논리를 담고 있다.

이러한 논리는 1920년대 내적 개조론에서 등장하는 전형적인 성공 담론을 바탕으로 한다. 이 담론은 본질적으로 '자아'와 '개성' 의식의 성장과 밀접한 관련을 맺는다. 특히 1910년대 식민지 상황에서 유학생이나 지식인들의 사유 방식으로 개인적 차원의 자의식과 개성을 중시하는 경향이 뚜렷했으며,[21] 개조론이 풍미한 1920년대에도 '개성', '자아', '도덕', '성공' 등의 용어는 지식인들의 상투어처럼 쓰였다. 특히 개조론적 성공 담론은 '수양(修養)=도덕적 실천=인격적 성공'이라는 등식을 만들어냈는데, 다음 논설은 이러한 의식을 집약적으로 나타낸다.

(9) 靑年과 成功[22]

(…前略…) 吾人은 現代 靑年의 가장 病弊가 되며 眩惑이 되는 成功이라는

---

[21] 이러한 경향은 재일본 조선유학생 학우회의 기관지인 『학지광』에서 빈번히 찾을 수 있다. 예를 들어 제3호(1914.12) 김영섭의 '理想的 人物의 實力과 修養', 제4호(1915.2) 문희천의 '我學友 思想界를 論함', 제5호(1915.5) 최승구의 '너를 혁명하라' 등과 같이, 1910년대 개조 사상을 반영한 다수의 논설에서는 '개인의 수양', '실력 양성', '도덕적 실천' 등을 강조하는 경향이 뚜렷하다.

[22] 『동아일보』 1922.4.7, '靑年과 成功'.

觀念을 正確히 하야 一般의 參考를 作코저 하노라. 대개 成功이라 하면 두 가지 意味가 잇스니 하나는 人格的 成功이요, 하나는 社會的 成功이라. 品性의 高潔, 知識의 該博, 意志의 勇敢이 完全한 資格을 成하야 何處에 立하든지, 何事에 對하든지 自信한 바 有하며, 自覺한 바 잇서 個性으로 充分히 天分을 發揮하는 것은 前者를 意味함이요, 財錢의 豊富, 榮爵의 高貴, 絶對의 美人을 가저 이 社會 모든 寵愛, 모든 幸福을 一身에 集注하야 羨仰의 標的이 되는 것은 後者를 意味함이라. 吾人은 於斯 二者에 何를 重히 하며, 何를 輕히 하며, 何를 先하며 何를 後할까. 熟考할 必要가 有하도다. 人生이 此世에 來하매 第一 先決問題가 무엇인가. (…中略…) 正當한 道理로 人格을 涵養하야 個性을 擴充하면, 地位를 不得하고 名聞이 無하다 할지라도 사람된 自體에 何等의 損傷이 無할 것이라. 自體의 完成을 務實치 아니하고 社會의 地位와 名聞만 探究하는 것은 竊盜 詐欺에 無異하도다. 吾人이 竊盜 詐欺에 대하야 嫉視하는 것은 資格으로 不顧하며 努力을 不取하고 他人의 勤勉을 橫隨하려 하는 所以라. 이러한 점에 잇서서 吾人은 靑年의게 대하야 몬저 人格的으로 成功하고 然後에 社會的으로 成功을 期待하라 하노니 흔히 世人이 成功이라 하면, 財色名으로만 看做하야 如何한 手段을 不擇하나 이는 靑年을 病毒케 하는 錯誤된 觀念이라. 主觀이 잇슨 後에 客觀이 잇스며 目的이 잇슨 後에 手段이 잇슬 것이라. 外物에 眩荒하야 人生의 貴重한 價値를 沒覺하며 不義한 成功을 思慕하는 것은 有爲靑年의 取치 아니할 바라 하노라.

이 논설에서는 '성공'을 '인격적 성공'과 '사회적 성공'으로 구분하고, '재전(財錢), 영작(榮爵), 미인(美人), 행복(幸福)'과 같은 사회적 성공보다 '품성(品性), 지식(知識), 의지(意志)'를 요소로 하는 인격적 성공을 추구해야 한다는 논리를 펼치고 있다. 이는 전형적인 '내적 개조론', '정신적 개조론'을 집약한 것이다. 박준표가 『삼대 수양론』을 번역한

것도, 이와 같은 내적 개조론의 논리에 가장 부합하는 책이었기 때문이라고 할 수 있다.[23]

## 4. 청년독본류의 의의와 한계

1920년대 청년 담론이 본격화되면서 등장한 청년독본류는 '수양론'이나 '사상'을 강조하는 차원으로 볼 때, 근대 계몽기 이후의 교과용 도서로 편찬된 독본이나 시문독본(時文讀本)과는 큰 차이가 있다. 교과용 독본이나 시문독본은 그 자체로서 학교교육과 사회교육의 교과서 역할을 담당했다. 이에 비해 청년독본류는 청년의 입지(立志), 도덕(道德), 실천 의지 등을 강조하는 수양서로서의 역할과 더 나아가 사회 지도자로서 청년의 책임을 일깨우는 역할을 담당했다. 수양의 본질은 자기 인식에 있으며, 자기 인식은 도덕과 실천 의지를 바탕으로 사회적 책임을 감당해야 한다는 것이 청년독본류의 주된 논지이다. 안확의 『자각론』, 『개조론』과 강하형의 『20세기 청년독본』, 박준표의 『현대청년 수양독본』, 『삼대 수양론』은 논조에서 다소의 차이가 있으나, 근본적으로 청년의 자기 개조를 통한 성공을 수양의 목표로 삼았다.

이 점은 1920년대 초의 청년독본류가 갖는 근본적인 한계이기도 하다. 대중성의 차원에서 청년독본류는 '문예물'과 같은 감성이나 흥

---

23) 철학 번역의 관점에서, 1920년대 『동아일보』에 러셀의 개조론이 빈번히 번역·등재된 것도 '내적 개조론'을 뒷받침하는 데 유용했기 때문으로 보인다. 러셀의 철학은 『동아일보』 1920년 7월 22일부터 8월 3일까지(11회) '社會 生長의 原理', 8월 4일부터 8월 12일까지(8회) '敎育에 對하여'(이상 두 편은 『社會改造의 原理』를 번역한 것임)라는 제목으로 연재되었으며, 1921년 7월 19일부터 8월 3일까지(12회) 東京 留學生 고영환(高永煥)의 기서(寄書)로 '럿셀 씨의 財産論과 感想'이 연재되었다.

미 요소가 전혀 드러나지 않기 때문에, 오직 연설적인 교훈성만을 추구하고 있으며, 사상적인 차원에서 식민지 상황의 시대 현실에 둔감하다. 비록 사회적 책임, 자유, 평등, 민족 등의 대아적(大我的) 담론이 다수 삽입되고(이를 반영하듯『현대청년 수양독본』제2편 제22장 '민족'의 끝 부분처럼, 독본 내용 가운데 일부가 당국의 저촉을 받아 삭제되기도 하였지만) 수양론은 본질적으로 민족 현실을 비관(悲觀)하고, 그러한 현실이 부정적인 민족성, 청년의 나타(懶惰)나 무자각(無自覺)에서 비롯되며, 도덕관념으로 수양해야 민족과 사회의 발전이 이루어질 수 있다는 신념으로 일관한다. 이 점에서 사회주의나 공산주의 이데올로기와 대립각을 세우고, 동맹휴학을 질타하며, 도덕 개조가 이루어지면 사회 진보가 저절로 이루어진다는 논리를 주입한다.

이러한 내용을 전제할 때, 1920년대 초 수양론을 기반으로 한 청년 독본류는 앞서 살펴본 유우근(1921)에서 검토하고자 한 전형적인 '내적 개조론'의 하나이다. 내적 개조는 청년의 내면을 개조(수양)하고, 이를 바탕으로 사회에 봉사하는 인물을 양성하는 것을 목표로 한다. 이러한 인물을 양성하는 중요한 수단이 '교육'이며, 학교교육이 충분하지 못한 상황에서 더 강조되어야 할 것이 사회교육이다. 그러나 청년 계몽을 목표로 한 내적 개조론은 본질적으로 식민지 시대 상황 속에서 진정한 사회개혁이나 민족운동을 대변하기에는 미흡한 점이 적지 않았다. 이러한 한계는 유우근(1921)에서 "(사회 교육 수단으로서 신문, 잡지, 공중 강연 등) 言論의 범위가 各種 制限 下에서 嚴密한 監視를 受할 쑨 아니라, 新聞, 雜誌의 經營 등이 資本家의 營利的 心理에서 버서나기 어려운 것은 또한 明白한 사실이니 이러한 環境 下에서 自由로운 言論을 보기 어려울 쑨 아니라 或 白沙 중에서 眞珠를 得하는 格으로, 耳를 可傾할 만한 說이 有하다 할지라도 이것이 一般 民衆에게 普及되지 못하고"라고 비판하고, "(공중 강연의 효과가 적은 것은) 言論의 自由가 局限된 緣故 以外에 講演者의 思想이 或 一般 聽講者에게 대하야 不知不覺 中에 積極的 惡影響을 及하는 事도 不少한 싸닭이니, 結局 社會敎育이라는 것도 社會改造論者—眞正한 意味로—의 處地로서 보면 그 結果가 비록 '마이나쓰'는 아니된다고 가정할지라도 '제로'에는 갓갑다고 斷定할 수 잇다."라는 진술에서도 충분히 파악할 수 있다.

1920년대 초 청년운동은 『동아일보』, 『개벽』에서 주창한 사상운동, 문화운동, 민족운동의 연장선에서 사회 개조를 목표로 한 운동이었으며, 조선 전 지역에 청년운동을 주도해 갈 각종 단체가 성립되었다. 이러한 배경에서 청년운동을 지도·교육하고자 발행된 각종 청년독본류는 본질적으로 개인의 자각, 도덕적 수양을 통한 사회 개조를 목표로 하였으나, 식민지 현실에서 사상의 자유나 독립 정신을 고취하는 데는 한계가 있었다.

# 제3장 농민독본류의 발행 실태와 내용

## 1. 서론

일제강점기 농촌 계몽운동은 식민지 농업 정책과 농민 계몽이라는
차원에서 혼종된 모습을 보인다. 이 점은 노동자를 대상으로 한 계몽
운동도 마찬가지인데, 이 혼종성은 농민과 노동자를 계몽하기 위한
독본(讀本) 교재에도 반영된다. 일제강점기 농민·노동자를 대상으로
한 독본은 문자 보급에 초점을 맞춘 경우가 많고, 야학 교재로 사용된
경우가 많았기 때문에 선행 연구에서는 '문자 보급 교재' 또는 '야학
교재'로 명명한 경우가 많다. 조정봉(2007)의 경우 『농민독본』과 『대
중독본』을 '야학 교재'의 관점에서 접근했고, 정진석(1999)에서는 동
아일보사와 조선일보사를 중심으로 한 '문자 보급 교재'에 초점을 맞
추어 자료를 복원하였다.

그러나 일제강점기의 농민·노동자용 독본은 이른바 문맹퇴치나 야

학만을 위해 만든 것은 아니다. 계몽 운동 및 문자 보급 자료 총서의 관점에서 『농민독본 및 갱생운동』 1~2를 펴낸 허재영(2012a)에서는 일제강점기 노동자나 농민을 대상으로 한 문자 보급 운동을 세 가지 유형으로 나눈 바 있다. 이에 따르면 '조선총독부나 각 지방 행정 기관, 또는 금융 조합 등의 운동', '농민 단체를 이끌었던 지식인들의 농촌 계몽 운동', '언론사의 문자 보급 운동'이 이 시기 농민·노동자 운동의 주된 흐름이라고 하였다. 이 구분은 어느 정도 신빙성을 갖고 있지만, 『농민독본』과 『노동독본』, 또는 『노농독본』(이하 농민독본류로 총칭)의 발행 실태를 조사해 보면, 세 가지 유형이 적합하다고 보기 어려운 점도 많다.

이 점에서 일제강점기 농민 운동, 노동 운동, 조선총독부의 농민·노동자 정책 등에 대해 좀 더 살펴볼 필요가 있다. 일반적으로 일제하의 농민 운동에 대해서는 소작쟁의를 비롯한 농민 항쟁에 초점을 맞춘 경우가 많다. 조동걸(1997)의 『일제하 한국 농민 운동사』(한길사), 조성운(2002)의 『일제하 농촌 사회와 농민운동』(혜안)을 비롯하여 다수의 논저에서는 각 지역에서 발생한 소작쟁의나 농민 분규에 초점을 맞추었다. 이에 비해 노영택(2010)의 『일제하의 민중교육운동사』(커뮤니케이션북스), 경북대학교(2006)의 『일제하 대구 경북지역 계몽운동』(영한) 등은 계몽운동에 초점을 맞추었으며, 김호일(1991)의 『일제하 학생운동』(독립기념관 한국독립운동사연구소), 한규무(1997)의 『일제하 한국 기독교 농촌운동』(한국 기독교사 연구소)과 같이 학생 운동이나 종교 운동의 차원에서 계몽운동을 연구한 사례도 있다.

이처럼 일제강점기의 농민·노동자 운동에 대한 다수의 연구가 진행되었음에도 현재까지 이 운동에 사용된 교재에 대한 연구는 충분히 이루어지지 않은 상태에 있다. 일제하 계몽운동 교재에 관한 선행 연구로는 조정봉(2007)의 '일제하 야학교재『農民讀本』과『大衆讀本』의 체제와 내용', 구자황(2010)의 '근대적 글쓰기의 형성과 글쓰기 장(場)의 재인식: 근대 독본의 성격과 위상(3): 1930년대 독본(讀本)의 교섭과 전변을 중심으로', 신용하(2005)의 '1930년대 문자보급운동과 브나로드 운동', 허재영(2004)의 '근대 계몽기 이후 문맹퇴치 및 계몽운동의 흐름', 송기섭(2007)의 '문자 보급과 언어 환경의 재현: '무정'과 '흙'의 경우' 등과 같은 학술지 소재 논문이 발견되며, 정진석(1999)의『문자보급운동교재』(LG상남언론재단), 허재영 편(2012)의『농민독본 및 갱생운동』1~2(역락) 등의 자료 복원 노력이 확인된다.

이처럼 일제강점기의 계몽 운동 교재에 대한 관심이 있었음에도 불구하고, 이 시기 계몽 독본류의 성격에 대한 고찰은 충분하지 않았는데, 그 이유는 농민독본류가 발행된 이유와 시대적 배경에 대한 논의가 충분하지 않았기 때문으로 보이며, 또한 이 시기에 발행된 독본 가운데 현재까지 실물을 확인하기 어려운 것들이 많았기 때문이다. 이 점에서 이 연구는『매일신보』와『동아일보』를 대상으로 이 시기 농민독본류의 발행 배경과 실태를 확인하고, 현재까지 발견된 농민독본류의 내용을 분석하는 데 목표를 둔다. 주지하다시피 일제강점기『매일신보』는 조선총독부의 시정 방침을 가장 잘 따른 신문이며,『동아일보』는 민중 계몽운동에 앞장섰던 신문이다. 그렇기 때문에 두 신문의 농민독본류 관련 기사를 살펴보면 전자의 경우 식민 정책과 관련된 독본류 기사가 충실한 데 비해, 후자는 민간 차원의 독본류 관련 기사가 많은 편이다.

## 2. 노농운동과 농민독본

### 2.1. 독본류 발행 배경

일제강점기 노동자·농민 문제가 본격적으로 제기된 것은 1920년대
부터이다. 이는 3.1운동 직후 이른바 문화정치의 영향으로 볼 수 있는
데, 이에 따라『동아일보』와『개벽』의 창간된 것과 밀접한 관련이
있다.『동아일보』에서는 창간 직후부터 '노동운동'이나 '농민운동'에
많은 관심을 기울였는데, 이는 1920년대 사회적으로 노동자·농민 문
제가 심각한 문제로 대두되었을 뿐만 아니라 서구 계몽철학의 유입,
사회주의 이데올로기의 보급 등과도 밀접한 관련이 있었던 것으로
보인다.[1] 이러한 흐름은 1920년부터 1925년까지『동아일보』에 연재
된 노동자·농민 문제 관련 논문에서도 확인할 수 있는데, 이 시기
연재된 논문으로는 다음과 같은 것들이 있다.

(1) 1920~1925년 사이『동아일보』에 연재된 노동자·농민 문제 관련 논문

| 일자 | 횟수 | 제목 | 필자 | 분야 |
|------|------|------|------|------|
| 1920.4.20~4.26 | 5회 | 노동운동의 경향과 노동의 진의 | 염상섭(廉想涉) | 노동 |
| 1920.5.5~5.8 | 4회 | 세계 노동운동의 방향 | 유진희(兪鎭熙) | 노동 |
| 1920.5.18~19 | 2회 | 노동운동과 윤리의식 | 철민생(鐵民生) | 노동 |
| 1921.3.21~3.29 | 7회 | 소작운동과 그 내용 검규 | 유진희 | 농민 |

---

1) 일제하의 문화운동을 기술한 조용만(1982)에서는 '기미독립운동으로부터 일제 만주사변
까지'의 문화운동에 대한 시대 개관에서 사이토 총독의 정치가 '민간 신문과 잡지류 발간
허가', '집회와 결사의 봉쇄 완화' 등으로 나타났는데, 이는 3.1 운동, 러시아 혁명에 따른
사상 변화 등의 배경이 있었음을 밝혔다. 그러나 이 시기의 문화정치는 본질적으로 '민족
분열을 통한 지배', '종속적 동화 정책 추진' 등을 특징으로 하고 있음은 한배호(1985)에서
도 밝힌 바 있다.

| 일자 | 횟수 | 제목 | 필자 | 분야 |
|---|---|---|---|---|
| 1921.12.19~12.26 | 6회 | 농업 노동운동의 국제화 | 변희용(卞熙瑢) | 노동 |
| 1922.7.31~8.5 | 5회 | 노동운동의 사회적 욕구 | 만오생(晚悟生) | 노동 |
| 1922.9.5~10.13 | 30회 | 농촌문제, 조선 사람은 농촌으로 | 이성환 | 농민 |
| 1923.8.30~9.6 | 8회 | 사회주의와 농업문제 | 남농(南農) | 농민 |
| 1923.11.8~11.14 | 7회 | 사회주의와 농민문제 | 남농(南農) | 농민 |
| 1923.11.28~11.30 | 3회 | 농촌문제 해결책 | 이성환 | 농민 |
| 1923.9.26~9.29 | 4회 | 무산계급과 노동운동 | 최창익(崔昌益) | 노동 |

논문의 제목에서 확인할 수 있듯이, 이 시기 노동자·농민 문제에
대한 접근 방식은 국제 사회주의 운동과 밀접한 관련이 있다. 염상섭,
유진희, 변희용, 남농, 최창익 등의 논문은 대부분 사회주의 운동 차원
에서 노동자·농민 문제를 다룬 논문이다. 다만 이성환의 '농촌문제
해결책'과 같은 논문은 조선 농민의 비참한 현실을 부각하면서, 농촌
계몽의 필요성을 역설한 논문이다. 이러한 차원에서 다음 논문은 이
시기 사회운동을 적절히 요약한 논문으로 볼 수 있다.

(2) 朝鮮社會運動 槪觀—過去 一年間의 社會相, 赤城山人

(…前略…) 朝鮮에서는 農村에서의 小作爭議, 都市에서의 同盟罷工(小作
爭議에 比하야 件數가 極少數)이 이러나므로 말미암아 漸次 社會運動이 少
數의 손에서 多數 無産 大衆의 實際運動이 되어간다. 混沌, 分裂, 紛亂의
渦中에서 彷徨하든 朝鮮의 社會運動도 勞農總同盟 及 靑年總同盟의 組織으
로 運動線의 整頓이 어느 程度까지 되엿다. 氣分運動에서 組織的 運動으로
의 方向 轉換은 過去 一年間 朝鮮社會運動의 한 자랑할 만한 事實이엇다.
이제 過去 一年間 朝鮮의 社會運動을 思想運動, 勞農運動, 靑年運動, 衡平運
動, 女性運動 及 學生運動으로 分하야 具體的으로 陳述하야 보자. (…下略…)

—『동아일보』 1925.1.1

이 논문에서는 조선의 사회운동으로 농민들의 소작쟁의, 도시 노동자의 동맹파업 등이 대표적이며, 전자가 중심을 이루고 있음을 밝혔다. 또한 이 시기 사회운동이 소수 사상가에서 무산 대중의 실제 운동으로 변화해 가고 있다고 진술하고, 사회운동은 '사상운동', '노농운동', '청년운동', '형평운동', '여성운동', '학생운동'의 6개 분야로 나누어 서술하였다.2) 이 가운데 노농운동은 다음과 같이 기술하고 있다.

### (3) 勞農運動

世界 社會運動 發達의 歷史를 飜하면 어느 나라를 勿論하고 無産階級이 經濟的 權力의 獲得을 爲하야 戰鬪하는 勞農運動—이것이 朝鮮과 가치 産業이 發達되지 못한 나라에서는 小作人을 中心으로 한 勞農運動이라는 이름을 가지게 된다. 朝鮮은 工業이 發達되지 못하야 都市의 工場 勞働者 團體는 極少數이고, 農村에 農民團體가 最多數임으로 勞農運動의 原動力은 곳 小作人組合에 잇다. (…中略…) 從來 朝鮮의 勞農運動은 勞農聯盟, 南鮮勞農同盟, 勞農大會의 三派로 分立하고 잇더니 昨年 四月에 三派는 解體되고 朝鮮勞農總同盟이 創立되엿다. 加盟團體가 百七十四個團이오 創立會에 出席한 代表者가 二百四十七人이엿나니 이제 그 綱領을 보면(綱領은 略) 以上 三個 綱領을 세우고, 創立總會가 긋난 後에 이어 臨時大會를 開하얏는대 同大會에서 討議된 問題도 勞働問題, 小作問題, 其他問題 等이엿다. 勞働問題에 對하야는 賃金 及 時間에 最低 一圓 及 最高 八時間制로 할 것과 勞働者 敎養에 關하야는 勞働夜學 及 講習 等을 開催할 것과, 小作問題에 對하야는 小作權

---

2) 사상운동은 '언론, 출판, 집회에 대한 탄압', '종교적인 문제' 등을 중심으로 기술하였으며, 청년운동은 '조선노농총동맹', '조선청년총동맹' 창립, 학생운동은 '조선학생연합회' 조직, 형평운동은 '백정계급과 같이 특수 계급에 해당하는 민중의 해방운동', 여성운동은 경성 고무 여공(女工)의 파업과 같이 여성 노동자 계급 운동 등을 중심으로 정리하였다.

保障과 小作料는 三割 以下로 定하고 東拓 移民 撤廢를 決意한 後, 其他 問題
에 入하야 反動勢力 及 妨害者에 關한 提案이 잇스매 臨席한 警官의 禁止를
當하얏다. (…下略…)

—『동아일보』 1925.1.1


이 글에 나타난 바와 같이, 이 시기 노농문제는 도시 노동자의 분화
가 충분히 이루어지지 않은 상태에서, 동맹파업보다 소작쟁의가 중심
을 이루었다. 1924년 조선노농총동맹이 결성되고, 이 대회에서 '노동
문제, 소작문제, 기타문제'가 논의되었으며, 노동문제에서는 최저임
금제, 8시간 노동제, 노동야학과 강습 등의 노동자 교양 문제 등이
토의되었다.

이와 같이 1920년대 전반기 민족운동, 사회주의 운동의 영향 아래
노동자·농민 교양의 차원에서 농민 계몽운동이 활발히 전개되기 시
작했는데, 『동아일보』에서는 이러한 운동의 성격을 다음과 같이 기술
하고 있다.


(4) 農閑期와 啓蒙運動
(…前略…) 現下 우리 社會의 土臺的 運動은 무엇무엇 하여도 要컨대 農民
의 啓蒙에 잇다고 아니할 수 업다. 勿論 이것만 現下 우리가 할 바라고
하는 것은 아니다. 그 外에도 經濟的으로 社會的으로 或 어느 意味의 政治的
으로 만하리라. 그러나 繼續하여야 하겟고 더욱히 堅實하게 꾸준하게 하여
야 할 일이 農村의 啓蒙運動이다. (…中略…) 現代 科學思想은 第二次나 第三
次로 미룬다 할지라도 二三個月의 努力이면 能히 活用할 수 잇는 朝鮮文을
解得하지 못하는 民衆이 多數이니 이것이아 엇지 남의게만 罪를 돌닐 수가
잇스랴. 아모리 經濟的으로 生活이 困窮하다 할지라도 이것은 地方에 잇는

靑年會나 其他 有志의 勇氣만 一步를 더 前進할 것 갓흐면 그대지 難事가 아닐 것이다. 全部를 文盲에서 救하기는 어려울는지 알 수 업스나 이 努力이 繼續만 하면 不遠한 將來에 多部分은 征服할 수 잇는 줄 믿는다. 近來 各地에서 勞働夜學이니 婦女講習이니 하야 蜂起되는 敎育熱은 分明히 이 時代的 要求에 相應되는 現象이다. (…下略…)

―『동아일보』 1925.11.3

이 시기 민중 계몽의 담론은 조선 사회의 토대 운동으로 농민 계몽을 우선시하였고, 이 계몽운동의 중심에 문맹퇴치론이 존재했다. 이를 위해 각 단체에서 '농민독본', '노동독본', '노농독본', '대중독본' 등과 같은 문맹퇴치용 교재를 편찬했는데, 이성환(1925)의 '현대농민독본'이나 이성환(1928)의 '문맹퇴치 농민독본'3)과 같이 농민잡지에 연재한 경우와 신명균(1928)의 『노동독본』(조선교육협회),4) 윤봉길의 『농민독본』,5) 이성환(1930)의 『농민독본』(전조선농민사), 김일대(1931)의 『대중독본』(조선농민사), 지창선(1937)의 『웅세농민독본』(웅세농도학원) 등이 알려져 있다. 그러나 이 시기 발행된 농민독본류 가운데 현재까지 확인되지 않고 있는 것들도 있는데, 장지영(1930)의 『노농독본』(활문사),6) 앞서 살펴본 '조선노동총연맹'에서 1925년 7월 이후 발행했을 것으로 추정되는 『노동독본』7)이 대표적이다. 『동아일보』에서

---

3) 이성환(1925)의 '현대농민독본'은 『조선농민』 1925년 12월~1926년 2월까지 연재되었으며, 이성환(1928)의 '문맹퇴치 농민독본'은 『조선농민』 1928년 1월~2월에 연재되었다. 이 자료는 허재영 편(2012), 『농민독본 및 갱생운동』 1(역락)에 수록되어 있다.

4) 이 독본에 대해서는 조정봉(2007)에서 권2~3을 분석한 바 있으며, 허재영 편(2012)에서는 권3만 수록하였다.

5) 이 자료는 발행 상황을 확인하기 어려우나 외솔회(1976)의 『나라사랑』 제25집에서 권2, 권3을 소개한 바 있다.

6) 조선일보사(1930)의 문자 보급 교재인 『한글원본』에 이 책에 대한 광고가 실려 있다.

는 이러한 농민독본류의 발행에 관해 지속적인 보도를 해 왔는데, 그 가운데 대표적인 것을 정리하면 다음과 같다.

(5) 『동아일보』 소재 농민독본류 관련 기사

| 연월일 | 제목 | 해당 단체(필자) | 책명 |
|---|---|---|---|
| 1925.07.10 | 勞働讀本 오는 십월 발간 | 조선노동총연맹 | 미발굴 |
| 1925.11.17 | 晋州靑聯 臨總決議 | | |
| 1926.02.21 | 階級的自覺인 光州衡平靑年會 | | |
| 1927.01.05 | 文盲退治의 實際的 方案 如何 (一) | | |
| 1927.01.01 | (현상논문) 農村振興策 如何 | | |
| 1929.02.01 | 勞働讀本 讀後感 | 조선교육협회 | 6권 중앙인쇄간 |
| 1929.12.14 | 近讀二三 | 申明均 著 朝鮮教育協會 發行 (이광수) | |
| 1929.09.12 | (귀농운동) 文盲退治篇 | | |
| 1930.02.28 | 農民讀本發行 朝鮮農民社 | 조선농민사 | 상중하 3권 |
| 1930.02.24 | 新農民讀本發行 | | |
| 1930.09.19 | 農民讀本 | 광고 | |
| 1931.08.22 | 第一回 브나로드 運動 | | |
| 1932.07.23 | 讀本을 編纂宣傳 데모 練習을 日課 | 죽산교원공산당사건 | 유인물로 추정 |
| 1933.06.25 | 農民讀本 警察部에 編纂 | 경기도 | 미발굴(경찰부) |
| 1934.07.01 | 民間側啓蒙運動 事實上 禁止 | | |
| 1937.10.08 ~12.04 | 農村文庫 經營論—그 必要와 方法에 對하야 | 姜辰國 논문 24회 | |

---

7) 『동아일보』 1925.07.10, 勞働讀本 오는 십월 발간. 동경에 본부를 둔 재일본 조선로동총연 맹(朝鮮勞働總聯盟)에서는 그 편집부를 주체로 한 로동독본 편찬 위원회를 조직하야 로동 독본을 발간하려고 여러 가지 준비를 하고 잇는 바, 이 독본은 무식한 조선 로농민의 교양을 주안(主眼)으로 하고 우선 그 데사집(第四輯)까지 발간하기로 하고 금년 십월말 일까지는 데일 이집을 발간할 것이라 하며 따라서 동 편찬 위원회와 밋 재일본 조선로동 총동맹에서는 이 독본의 발간에 대하야 조선 내지에 잇는 각 로동단체, 사상단체, 청년단 체 등과 밋 각 개인의 즉접 간접의 후원이 잇기를 요망한다 하며, 특히 해독본의 편찬에 필요한 재료도 만히 기송(寄送)하여 주기를 바란다 하며, 해발간 비용은 동아일보사에서 거두어 보낸 재외동포 위문금 중 일천오백원을 긔금으로 한다더라.

이 가운데 1932년 7월 23일자 '讀本을 編纂宣傳 데모 練習을 日課'라는 기사는 이른바 '죽산 공산당 교원 사건'에 참여했던 '죽산 농우학원' 교원들이 『농민독본』을 사용하여 선전 활동을 하였다는 기사이다. 이 기사에 등장하는 독본은 1932년 9월 2일 경기도 경찰부장이 작성한 '비밀결사 조선 공산당 경기도 전위동맹 준비회 검거에 관한 건'8)에 '별지 역문 제2호 농민독본'이라는 명칭하에 일본문으로 번역되어 있다. 이와 같이, 지금까지 알려진 민중 계몽용 농민독본류는 대략 10여 종에 이른다.

## 2.2. 농민독본류의 내용

선행 연구에서 농민독본류의 내용을 살펴본 사례로는 조정봉(2007), 허재영 편(2012) 등이 있다. 조정봉(2007)에서는 이성환(1930)의 『농민독본』을 대상으로 목차를 제시하고 주제별 분류를 하였다. 이 책은 『동아일보』 1930년 2월 28일 '農民讀本 發行, 朝鮮農民社'9)에서 밝힌 바와 같이, 총 90과로 구성되었다. 조정봉(2007)에 따르면 목차는 총 86과로 구성되었으며, 상편 22과, 중편 25과, 하편 35과이다. 상편에는 "서문, 제1~14과까지의 한글 낱자 교육, 제15과 양반과 농민, 제16과 노동신성, 제17과 지혜와 권세, 제18과 허식의 탈, 제19과 조혼의 폐, 제20과 자유, 제21과 평등, 제22과 권학문", 중편에는 "제1과 농민, 제2과 동무, 제3과 태양, 제4과 달, 제5과 책력, 제6과 작물과 풍토, 제7과 종자, 제8과 비료와 토양, 제9과 농가일기, 제10과 석탄과 석유,

---

8) 이 문서는 한국사데이터베이스에서 제공하는 국내 항일자료 경성지방법원 검사국 문서에 포함되어 있다.
9) 『동아일보』 1930.2.28, 農民讀本 發行 朝鮮農民社.

제11과 철과 유리, 제12과 전기, 제13과 고무, 제14과 도시와 전원, 제15과 농촌과 경제생활(1), 제16과 농촌과 경제생활(2), 제17과 시대와 구습, 제18과 민요, 제19과 나들이 가신 아부지에게, 제20과 농민야학을 권고함, 제21과 규율, 제22과~제24과 인체생리(1)~(3), 제25과~제27과 조선지리(1)~(3), 제28과~제29과 개인과 사회(1)~(2)"로 구성되었다. 하권은 "제1과 조선농민, 제2과 농민과 독립자영, 제3과 농민과 공동정신, 제4과 미신, 제5과 자연, 제6과 자본, 제7과 노동, 제8과 상품, 제9과~제10과 생산(1)~(2), 제11과 소비, 제12과 화폐, 제13과 기계와 사람, 제14과 분업, 제15과 임은(賃銀), 제16과 지세, 제17과 이자, 제18과 소작료, 제19과 잉여가치, 제20과 이윤, 제21과~제23과 소비조합(1)~(3), 제24과~제25과 농업금융(1)~(2), 제26과 정말(丁抹, 덴마크)의 농민, 제27과 단체생활, 제28과 권리와 의무, 제29과 사람의 역사, 제30과~제34과 조선의 역사(1)~(5), 제35과 조선의 신문명"으로 구성되었다. 목차에서 확인할 수 있듯이, 상권은 한글 낱자 학습과 구습 타파 등이 중심을 이루고 있고, 중권은 농민으로서의 일상생활, 하권은 계급적 관점에서의 경제생활과 경제 지식이 중심을 이루고 있다. 이러한 평가는 『동아일보』1930년 2월 28일의 기사에서도 확인할 수 있다.[10]

김일대(1931)은 3권으로 구성되었는데, 조정봉(2007)에서 권1과 권2

---

10) 『동아일보』1930.2.28, 앞의 기사. "시내 경운동(市內慶雲洞)에 잇는 조선농민사본부(朝鮮農民社本部)에서는 오년 전에 문맹퇴치용 농민독본(文盲退治用 農民讀本)을 발행하야 전조선 농촌에 분포하야 그 성적이 매우 량호하야 오든 바 이번에 그것을 정정 증보(訂正增補)하야 완전한 농민독본을 발행하기로 되어 이미 당국의 허가를 어덧고 방금 인쇄중인데 그 책의 내용을 보면, 총합 구십오 과목을 상중하 세 편에 난우어 농촌의 농한긔에 한 책을 쎼기에 적당하도록 되엇고, 특히 과학지식(科學知識)을 보급식히고 계급의식(階級意識)을 배양식히기에 적당한 재료를 배치하야 농민 로동자 계급(農民 勞働者階級)의 교과서로 가장 적당하게 되엿다."

의 체제와 내용을 분석한 바 있다. 이에 따르면 권1은 65과, 권2는 48과로 구성되었는데, 제목이 붙어 있는 과는 101개이다. 권1은 "제1 과~제10과 한글 익히기 관련 과, 제13과~제15과 말모음(1)~(3), 제16 과 글방물품, 제17과 달, 제18과 바람, 제19과 국화, 제20과~제21과 셈(1)~(2), 제22과 우리집, 제23과 농구, 제24과 이목구비, 제25과 곡식이름, 제26과 부업, 제27과 가을, 제28과 천도교, 제29과 친족, 제30 과 삼등 인력거, 제31과 일월년(日月年), 제32과 사계절, 제33과 번개 불, 제34과~제35과 전기(1)~(2), 제36과 조혼의 폐, 제37과 혼연(婚宴) 의 폐, 제38과 장제례(葬祭禮), 제39과~제40과 조선글(1)~(2), 제41과~ 제42과 미신(1)~(2), 제43과 지구 이야기, 제44과~제45과 조선의 위치 (1)~(2), 제46과 조선의 강산, 제47과~제48과 조선의 행정구역(1)~ (2), 제49과 항구, 제50과 성묘, 제51과 태양, 제52과 지구의 공자전(公 自轉), 제53과~제55과 사교(1)~(3), 제56과~제58과 백의(白衣)와 염색 의(染色衣)(1)~(3), 제59과~제61과 조선인의 성(姓)(1)~(3), 제62과~제 63과 공기(1)~(2), 제64과 기차와 기선, 제65과 각국인의 인사 방식"으 로 구성되었다. 목차에서 확인할 수 있듯이, 한글 낱자와 어휘 학습, 전통문화와 관련된 것들이 대부분이며, 일제강점기까지의 과학 지식, 조선 관련 지식 등이 중심을 이룬다. 권2는 "제1과 농업, 제2과 토지, 제3과 농산물, 제4과 지주와 소작인, 제5과 비료, 제6과 부업, 제7과 농민, 제8과 용기와 비겁, 제9과 공업, 제10과 자본, 제11과 원품료, 제12과 기계, 제13과 임은, 제14과 이윤, 제15과 가격, 제16과 노동자, 제17과 신성한 노동, 제18과 시대의 추이, 제19과 상업, 제20과 무역, 제21과 도매와 소매, 제22과 상품, 제23과 시장과 백화점, 제24과 공생 조합, 제25과 청년의 입지, 제26과 금융, 제27과 화폐, 제28과 공채, 제29과 채권, 제30과 향상심(向上心), 제31과 석탄, 제32과 석유, 제33

과 고무, 제34과 기압, 제35과 증기, 제36과 귀신, 제37과 음식물과
위생, 제38과 주택과 위생, 제39과 의복과 위생, 제40과~제43과 조선
지리(1)~(4), 제44과~제48과 조선역사(1)~(5)"로 구성되었다. 권2에
서는 농민과 노동자의 일상적인 생활, 계급적 관점에서의 토지 문제
와 노동 문제, 과학 상식, 조선 지리와 역사 등을 다루었다.

목차를 비교해 볼 때 이성환(1930)과 김일대(1931)에는 중복되는 것
들이 상당수 발견되는데,[11] 이는 이성환(1925, 1928, 1930)의 농민독본
류가 그만큼 영향력이 컸음을 의미하는 것으로 해석된다.

신명균(1928)의 『노동독본』은 총 3권으로 구성되어 있으나, 현재까
지 권1은 발견되지 않은 상태이다. 권2는 국립중앙도서관 소장본이
있으며, 권3은 허재영 편(2012)의 『농민독본 및 갱생운동』 1(역락)에
수록되어 있다. 권2는 총 29과로 "1. 종자, 2. 거름, 3~4. 하홍(1)~(2),
5. 소금과 사탕, 6. 참나무누에, 7. 목화, 8. 양생(養生), 9. 공기, 10.
버레의 농공업, 11. 린컨의 고학, 12. 분업, 13. 명절, 14. 화폐, 15.
일기, 16. 바다, 17. 밤, 18. 폐물이용, 19.~20. 키장사의 따님(1)~(2),
21. 편지, 22. 물의 변함, 23. 구리 주전자와 쇠 주전자, 24. 석탄 이야기,
25~26. 공주와 바보온달(1)~(2), 27~29. 조선지리(1)~(3)"으로 구성되
었고, 권3은 "(1과~5과 낙장) 6. 허생원, 7. 도량형, 8. 산업조합, 9. 에디
슨, 10. 전기, 11. 우리, 12. 고무, 13. 설씨 처녀, 14. 세계, 15. 수레와
배, 16. 대원군, 17. 별, 18. 태양, 19. 달, 20. 책력, 21. 장량(張良), 22~24.

---

11) 조정봉(2007)에서 확인한 바와 같이 23개 과가 중복되며, 비슷한 제목의 과는 6개 과이다.
   이처럼 중복이 많은 것은 이성환과 김일대가 모두 천도교계 계몽활동에 참여했던 인물이
   기 때문으로 추정된다. 또한 일제강점기까지 저작 개념이 뚜렷하지 않기 때문에 다른
   책을 편집하는 경우도 많았다. 조정봉(2007)에서는 저자 미상의 간도 용정 송옥서점(龍井
   松屋書店)에서 발행한 『농민독본』이 있는데, 이 책은 이성환의 『농민독본』과 내용이 같다
   고 하였다.

조선역사(1)~(3)"으로 구성되었다. 노동자를 대상으로 한 독본이지만 농민의 생활과 분업, 화폐 등과 관련된 평이한 내용으로 구성하였으며, '바보온달, 설씨 처녀' 등의 설화와 '조선역사'를 강조한 점이 특징이다. 이 책이 나온 뒤 『동아일보』 1929년 2월 1일자 송생(頌生)의 '노동독본 독후감'에서는 "文盲退治運動이 各地方에서 일어남에 딸하 適當한 敎材가 업서 苦痛이 만타 하더니 近者에 朝鮮敎育協會에서 勞働讀本 六種을 發刊한 것은 매우 時機에 適宜한 事業이라고 할 것이다. 同讀本은 朝鮮語讀本 三卷과 漢字初步, 算術書 及 科外讀本 等으로 成하얏는바, 이것이 單純히 文盲退治의 實際的 敎材로서의 要求를 酬應한다는 點에서 意義가 잇슬 쑨 아니라 그 敎材의 選擇 排列에 잇서서도 周到한 用意를 보이며, 朝鮮語法, 綴字法에 잇서서도 獨特한 見地를 가진 것이 눈에 씌운다."라고 하면서, '토'를 체언과 합쳐 한 단어로 잡은 점, '샤셔쇼, 쟈져죠' 등의 발음을 경성 현실음에 맞게 '사서소, 자저조'로 표기한 점, 글자를 배워 반절(反切)을 익히도록 한 귀납적 교수법을 적용한 점 등을 높이 평가하고, "敎材의 範圍에 잇서서는 科學擧事, 故事, 歷史, 地理, 風俗의 改良, 迷信의 打破 等을 適當히 配置하야 農家의 實際 生活에 適應하랴 한 努力"이 보인다고 서술하였다.[12] 또한 이광수는 "이것은 近來에 興旺하는 農民, 勞働者, 夜學, 冬期講習 等의 朝鮮語 敎材를 삼기 爲하야 만든 것이다. 그것이 全혀 營利를 써나 著者나 發行者의 犧牲 奉仕의 精神으로 된 것임은 말할 것도 업다. 이 冊을 닑을 째에 나는 첫 페지에서 긋 페지까지 '올치', '이러케 써야만 해', '참 용하군.' 이러한 自歎을 發하면서 닑엇다. 그 材料와 措辭가 정말 朝鮮인 것이 가장 깃벗다. 이 三卷만 배호고 나면 足히 新聞을

---

12) 『동아일보』 1929.2.1, 頌生, 勞働讀本 讀後感. 이 글의 필자인 송생은 주요한으로 추정된다.

넑을 수 잇슬 朝鮮語文과 同時에 常識을 어드리라 생각하도록 用意周到하게 編纂한 著者의 學識과 誠意와 苦心을 못내 感謝한다."[13]라고 평가한 바 있는데, '재료와 조사(措辭)'에서 조선적인 것이 많음은 편자 신명균의 민족 계몽의식이 반영된 결과로 보인다.

흥미로운 것은 1932년 '죽산 교원 공산당 사건'에 등장하는 『농민독본』이다. 앞서 설명한 바와 같이, 이 독본은 '국내 항일자료 경성지방법원 검사국 문서'에 일본문으로 번역되어 있는데, 『농민독본』과 『농민일어(農民日語)』 두 종류가 실려 있다. 『농민독본』은 총 8과가 번역되어 있는데, "제1과 신춘(新春), 제2과 삼봉(三鳳)의 족지(足指), 제3과 노동자와 농민, 제4과 우리 학원(學院), 제5과 사회의 도적, 제6과 단결, 제7과 추방당하는 죄수, 제8과 슬로건(표어)"로 구성되었으며, 『농민일어』는 "제1과 노동자, 제2과 세계의 주인"이 일본문으로 번역되었다. 과명(課名)에서 알 수 있듯이, 사회주의 사상을 기반으로 한 독본으로, 제8과의 슬로건에서는 "미래의 세계는 노동자 농민의 세계!, 저들이 증오하는 자에게 최후에 정당한 도를 밟아야 함을 알게 하라!, 노동하지 않는 자는 먹지도 말라!, 우리의 해방은 일치단결로부터!" 등과 같은 선전 문구로 이루어져 있다. 이 점에서 당시 경기도 경찰청에서는 죽산 농우회원을 검거하여 5명이 실형을 선고받았는데,[14] 이 사건 이후 경기도 경찰청이 자체적으로 농민독본을 편찬하고자 하였으며, 1934년 6월 25일 경기도 지방과에서 『경기도 농민독본』을 편찬한 후, 민간 차원의 농촌계몽운동은 더 이상 허용되지 않았다.[15]

---

13) 『동아일보』 1929.12.14, 近讀二三.

14) 『동아일보』 1933.8.4, 죽산 교원 공산당 사건 5명에 유죄 판결.

15) 『동아일보』 1934.7.1. 民間側啓蒙運動 事實上 禁止.

## 2.3. 언론사의 문자 보급 운동

1930년대 동아일보사와 조선일보사의 문자 보급 운동에 대해서는 노영택(1979), 신용하(2005) 등에서 비교적 자세히 규명된 바 있다. 또한 정진석(1999)에서는 이 시기 사용된 교재 가운데 『한글원본』(조선일보, 1930.7.10), 『문자 보급 교재』(조선일보, 1934.6.22, 1936.12.13), 『한글공부』(동아일보 이윤재 저, 1933.7.1), 『일용계수법』(동아일보 백남규 저, 1933.6.20), 『신철자 편람』(동아일보, 1933.4.1), 『한글마춤법 통일안』(동아일보, 1933.10.29)을 영인하였다.

조선일보사의 『한글원본』(1930)은 총 20과로 구성된 교재인데, 이 가운데 제목이 붙어 있는 과는 제19과~제20과의 '흥부'뿐이다. 다른 과는 한글 낱자 학습과 어휘, 짧은 문장으로 구성되어 있다. 이 책의 증보판인 『한글원본』(1934)에는 '한글 가르치는 이의 주의'라는 지침을 두고, 28과로 증보했는데, 제목이 붙어 있는 과는 없다. 이 지침은 단순히 교수 사항만을 정리한 것인데 그 내용은 다음과 같다.

(6) 한글 가르치는 이의 주의

一. 本敎材中첫머리에 있는 子母音과 本文은 한번에 理解시키려 하게 말고 講習하는 동안 敎授 처음이나 혹은 나종에 每日 練習을 시겨서 알도록 하고 單語와 文章을 主로 敎授하되 發音을 正確히 字劃의 先後를 分明히 할 것

一. 바침은 여기에 있는 일곱만을 主로 알도록 하고 다른것을 너무 탐내지 말고 다른 種類가 나올적마다 그 읽는법을 알릴 것.

一. 글자를 배우는데는 두가지 方面이 있으니 하나는 읽을줄만 아는것이오, 또 하나는 쓸줄까지 아는것이다. 勿論 이 두가지를 다 알아야 하겠

으나 짜른 동안 이것을 다 알수는 없는것이다. 主로 읽는것을 많이 하고 때로 쓰는 練習도 할것. 쓰는것은 되도록 單語를 떼쓰도록할것.

이와 같은 교수 지침을 둔 것은, 한글 학습의 효율성을 고려한 것으로 보인다. 또한 조선일보사 『문자보급교재』(1936)에서는 '교수상 주의', '한글 원본(음절표)', '발음 연습'을 두고, 10개 과를 두었는데, '1. 편지, 2. 우리집, 3. 물레방아, 4. 빨래, 5. 어촌, 6. 사철, 7. 가을, 8. 장마, 9. 우리 시골, 10. 홍부'로 구성하였다.

동아일보사 이윤재(1933)의 『한글공부』도 조선일보사의 교재와 유사한데, 총 12과의 내용 가운데 제목이 있는 과는 없다. 한글 낱자와 음절꼴 익히기, 단어와 문장 익히기를 내용으로 하였으며, 12과에서는 '재담, 속담, 노래, 이야기, 지리, 역사' 등을 간략히 제시하였다. 이 교재에는 '문맹타파가'가 들어 있는 점이 특징이다. 이처럼 언론사의 문자 보급 교재에서 앞의 농민독본류와 달리, 한글 낱자와 어휘, 문장만을 제시하고, 농민 계몽과 관련된 내용을 포함하지 않은 것은, 계몽운동에 대한 통제가 그만큼 심했기 때문으로 보인다. 다음 논설은 1930년대 브나로드 운동의 성격을 극명하게 보여준다.

(7) 啓蒙運動의 業績과 今年의 準備

(…前略…) (1) 학생(學生)들이 여름 동안 가갸와 123을 가르치는 것을 동아일보사(東亞日報社)에서는 브나로드 운동(運動)이라 하엿는데 이 명칭(名稱)은 로어(露語)이므로 만일(萬一)이라도 오해(誤解)받기 쉽고 또 알어듣기에 불편(不便)이 잇다고 하여 계몽운동(啓蒙運動)이라고 개명(改名)을 하기로 하엿다. (2) 처음부터 선언(宣言)한 바이지마는 사상운동(思想運動)이라든지 기타(其他) 어떠한 주의(主義) 선전(宣戰)의 수단(手段)으로써

이것을 이용(利用)하지 말고 이 계몽운동(啓蒙運動)은 언문과 수자(數字) 가르치는 것만에 끝이자는 것이다. 이는 이 운동(運動)의 철칙(鐵則)이다. (3) 지방(地方)에 따라 금지(禁止) 혹(或)은 인가(認可) 얻으라는 명령(命令) 이 당국(當局)으로부터 잇는데 이에 대(對)하야 상부(上部)와 교섭(交涉)하여 유감(遺憾) 없도록 하자는 것, (⋯중략⋯) 우리는 이 중(中)에서 깊이 이해(理解)해야 할 것은 정치(政治), 경제(經濟), 사상(思想) 이 모든 방면(方面)의 이야기는 일언(一言)도 말아야 한다. 설마 이야기한다고 해야 이해(理解)도 못할뿐더러, 큰 사업(事業)에 지장(持障)이 잇슬 것이다. 그리고 금지(禁止)에 대(對)하여는 지방(地方)과 개인(個人)을 따라 여러 가지 사정(事情)이 잇을 것이다. 그러나 지방(地方) 유지(有志)들의 지도(指導)를 구(求)하며 일하기 전(前)에 당국(當局)의 양해(諒解)를 구(求)하라. 그리고 각농촌(各農村)에 기성(旣成)된 진흥회(振興會), 교회(敎會) 같은 기관(機關)의 원조(援助)를 받어 단순(單純)히 글자만 가르치면 우리의 목적(目的)은 달(達)하리라고 믿는다. (⋯下略⋯)

—임병철, 「계몽운동의 업적과 금년의 준비」, 『신동아』 제7권 제7호, 1933.7

1933년에 쓰인 이 글에서는 브나로드 운동이 어떤 방식으로 전개되었는지를 극명하게 보여준다. 학생 계몽대에서는 정치적인 발언을 해서는 안 되며, 일하기 전 당국의 허가나 양해를 구하도록 하였다. 이를 고려한다면 문자 보급 교재에서 노동자·농민 문제를 포함하는 것은 사실상 불가능했음을 짐작할 수 있다.

## 3. 식민지 노농 정책을 반영한 농민독본류

### 3.1. 식민지 조선의 농업정책과 농민독본

일제강점기 민간단체나 언론사의 농민독본류가 1925년부터 1932년 사이에 편찬되었다면, 조선총독부나 지방 행정기관의 농민독본류는 대체로 1933년 이후에 발행되었다. 이는 식민지 농민 정책과 밀접한 관련을 맺는 것으로 보이는데, 이송순(2008)에서는 식민 통치기의 농정 변화를 '1910~1920년대의 농업 생산 증강 정책', '1930년대의 조선 농촌진흥운동'으로 나누어 기술한 바 있다.

1930년대는 식민지 농업 정책이 큰 변화를 가져온 시기이다. 특히 1920년대 말부터 1930년대 초에 불어 닥친 세계적 경제 대공황, 일제의 만주 침략 등으로 이어지는 시기에 조선 농민에 대한 통제를 강화하고, 산미증산을 위해 각종 '농촌진흥운동'을 전개하였음은 주지의 사실이다.[16]

이러한 흐름에서 조선총독부와 지방 행정기관의 농민독본류가 출현하는데, 『매일신보』의 기사를 참고하면 다음과 같은 사례가 나타난다.

(8) 『매일신보』의 농민독본류 관련 기사

| 연월일 | 제목 | 문종 | 관련 기관 | 저술 주체 |
|---|---|---|---|---|
| 1933.06.25 | 諺文農民讀本 | 기사 | 경기도 | 지방과 |
| 1933.08.19 | 農村振興資料 農民讀本發行 | 기사 | 경기도 | |

---

16) 일제하 농업 정책의 변화에 대해서는 한국사회사연구회 편(1987), 『한국근대 농촌사회와 일본제국주의』(문학과지성사); 장시원 외(1988), 『한국근대 농촌사회와 농민운동』(열음사); 홍성모(1989), 『한국근대 농촌사회의 변동과 지주층의 형성』(연세대학교 출판부) 등의 단행본을 참고할 수 있다.

| 연월일 | 제목 | 문종 | 관련 기관 | 저술 주체 |
|---|---|---|---|---|
| 1933.09.24 | 江華振興會本部農民讀本을 配付 | 기사 | 경기도 | |
| 1933.12.03 | 農民讀本發行 達城郡에서 | 기사 | 달성군 | |
| 1933.12.14 | 副業을 獎勵指導하고 農民讀本을 教授 安郡守 以下職員이 各里를 擔當 坡州郡의 振興運動 | 기사 | 경기도 | |
| 1934.01.13 | 農民算術讀本 京畿道에서 配布 | 기사 | 경기도 | 최병협 〈속수산술서〉 |
| 1934.02.02 | 農民讀本의 教授統一—경긔도에서 | 기사 | 경기도 | |
| 1934.02.05 | 道의 農民讀本 目下增刷中 | 기사 | 경기도 | |
| 1934.02.16 | 文盲農村에 燦然한 燈臺 경긔도의 농촌야학회 | 기사 | 경기도 | |
| 1934.07.04 | 農民讀本配附 咸北道文盲退治策 | 기사 | 함북 | |
| 1934.07.28 | 夜學教師講習 高陽郡에서 | 기사 | 함북 | |
| 1934.08.06 | 咸北農民讀本 十月頃에 配付 | 기사 | 함북 | |
| 1934.11.01 | 農民讀本 二千部 各村落에 配附 學校와 駐在所가 中心으로 指導 平北의 文盲退治策 | 기사 | 함북 | |
| 1934.12.03 | 咸北地方課編纂 農民讀本完成 農振은 먼저 文盲退治에서 | 기사 | 함북 | |
| 1935.09.01 | 平南農民讀本 九月末頃完成 | 기사 | 평남 | 교육회 |
| 1935.10.09 | 平南道 農民讀本 | 기사 | 평남 | |
| 1937.01.28 | 簡易農民讀本 忠北道서 配付 | 기사 | 충북 | |
| 1939.08.23 | 國語普及案—農民讀本出現—嶄新한 內容에 人氣 | 기사 | 총독부 | 학무국 |
| 1939.11.11 | 簡易農民讀本 忠北서 無料配付 | 기사 | 충북 | |
| 1943.05.09 | 增産의 秘訣인 農民讀本編纂 | 기사 | 황해도 | 岩田 농정과장 |
| 1943.08.12 | ″戰時農民讀本″ 黃海道에서農家에 增刊配布 | 기사 | 황해도 | |
| 1943.08.14 | 皇農의寶典 黃海道서農民讀本發刊 | 기사 | 황해도 | 우스이 지사 서문 |

이 표에서 확인할 수 있듯이, 1930년대 이후 경기도, 달성군, 함북, 평남, 충북, 황해도, 총독부 학무국 등에서 농민독본류를 발행했음을 알 수 있다. 이 가운데 경기도(1933)의 『농민독본』은 전국에 걸쳐 가장 많은 영향을 준 것으로 보이는데, 이에 대한 『매일신보』의 기사를 살펴보자.

(9) 『경기도 농민독본』 관련 기사

ㄱ. 農村振興資料 農民讀本發行: 농촌진흥교육자료(農村振興教育資料)로
서 경긔도 지방과(京畿道地方課)에서 일즉부터 편즙 중의 『경긔도 농
민독본』은 불원하야 인쇄되야서 二十一일브터 발행하게 되얏는대 이
독본은 도내 각부, 군, 읍, 면, 경찰서, 학교, 진흥회, 기타 관게 방면에
약 二만 부를 배부하고, 오는 동기(冬期)의 농한기(農閑期)에는 전긔
독본에 의하야 각 진흥회가 약 삼개월 간의 야학회를 개최할 게획도
잇서서 농촌 진흥상 유력한 자료가 될 것을 기대하고 잇다.

—『매일신보』 1933.8.19

ㄴ. 農民讀本의 敎授統一경긔도에서: 작년 여름 조선의 최초로 경긔도에서
발행한 농민독본(農民讀本)은 타도에도 상당이 보급되어 임의 총책수
七萬五千 부가 매절되엿스며 속속 수용 신입이 잇서 중쇄 중인데 동도
에서는 그 독본의 교수자로 하여금 각과 내용의 주안점을 일치하도록
하기 위하여 이번에 『경기도 농민독본 취급에 대하여』를 발행하여 도
내 각 관공서와 학교 금융조합과 각 진흥회에 무상으로 배부하기로
되엿다. 또는 이를 희망하는 자에게 룡산 한강통 길강 인쇄소(龍山 漢
江通 吉岡印刷所)에서 유상으로 배부할 터이라 한다.

—『매일신보』 1934.2.2

이 기사에 따르면 경기도의 농민독본은 7만 5천부 이상 발행되었으
며, 다른 도에도 상당히 파급되었음을 확인할 수 있다. 그렇기 때문에
『경기도 농민독본 취급에 대하여』라는 교수 지침서까지 발행했음을
알 수 있는데, 특히 농촌 진흥회를 중심으로 한 농민 계몽운동에 사용
되었음을 확인할 수 있다.

총독부와 지방 행정기관의 농민독본류 가운데 현재 확인된 것은

경기도 지방과(1933)의 『경기도 농민독본』,17) 충청북도(1937)의 『간이 농민독본』,18) 황해도(1943)의 『전시농민독본(戰時農民讀本)』19) 등이다. 이 외에 허재영(2012c)에 수록되어 있는 판권 미상의 『농촌진흥 조선 어독본』은 조선총독부 농촌진흥과에서 발행했을 가능성이 높다. 『동 아일보』 1937년 11월 13일자 '農閑期에 文盲打破'에서는 4만여 진흥회 를 중심으로 농촌 야학을 계획하고, 당시 농정과장이 조선어와 산술 을 필수 과목으로 하고, 시국 인식을 강조하기로 하였음을 밝혔다. 이에 따르면 총독부의 야학 정책은 1929년부터 시작되어 1937년 이후 산미증산책으로 더 강화되고 있음을 알 수 있는데, 당시 독본 교재 편찬 과정에서 편찬 기관이나 편찬 용도를 사용한 책명이 많은 점을 고려할 때, 『농촌진흥 조선어독본』의 편찬 주체는 총독부 농촌진흥과 였을 것으로 추정된다.20)

## 3.2. 농촌진흥운동 차원의 농민독본류의 내용과 특징

식민 통치하에서의 농촌 계몽운동의 성격을 잘 보여주는 자료가 경기도 지방과(1933)의 『경기도 농민독본』이다. 이 독본은 '경기도 각 부군 위치도(位置圖)', '범례', '교수상 주의할 일', 본문 60과, 부록으로 구성되었다.

---

17) 이 자료는 국립중앙도서관의 디지털라이브러리에서 확인할 수 있다.
18) 이 책은 허재영(2012c), 『농민독본 및 갱생운동』 1(역락)에 수록되어 있다.
19) 이 책은 국립중앙도서관의 디지털라이브러리에서 확인할 수 있다.
20) 허재영 편(2012)에서는 이 책을 '이문당' 발행으로 추정하면서 '조선총독부 농림국'의 지 원을 받는 단체가 편찬했을 것으로 추정했는데, 실제로 식민지 농정 차원에서 계몽운동을 주도했던 부서가 농촌진흥과였음을 고려한다면, 이 과에서 교재를 편찬했을 가능성이 더 높다.

'범례'에서는 이 책의 용도와 철자법의 특징, '교수상의 할 일'을
실은 이유 등을 밝혔는데, 그 주된 내용은 다음과 같다.


(10) 凡例

一. 本書는 普通學校에 就學하지 못한 農村 男女에게 簡易한 朝鮮語 綴字法
   을 教授하며, 農村振興에 對한 志操를 涵養하기 爲하야 編纂한 것이다.

二. 本書의 綴字法과 分別 表記法 及 句讀點. (…中略…)

三. 本書는 教授者의 興味를 中心으로 되도록 平易 簡單히 記述한 것이니,
   教授者는 別記(교수상의 할 일)을 熱讀하야 所期의 目的을 達함에 遺漏
   가 無케 하라.


이에 따르면 이 책은 '농촌진흥 운동'을 목표로 한 교재이며, 그
내용도 이를 뒷받침할 수 있도록 편성되었다. '교수상 주의할 일'은
12개 항목으로 구성되어 있는데, 그 가운데 주안점은 "각 과의 내용을
자세히 연구하시는 동시에 이 책 전체를 통하야 엇더엇더한 일이 중
요한 내용이 되어 잇는가를 생각하야 주서야 되겠습니다(2항). 각 과
의 내용 요점을 연구하신 뒤에 그것을 엇더한 방법으로 배우는 사람
들에게 철저 식히겟는가를 연구사실 것입니다(3항)."라는 조항에 드
러나듯이, 이른바 '농촌진흥의 지조 함양'을 강조하고 있다.

이 책은 "1~13. 철자법, 14. 우리아가, 15. 태산, 16. 우리집, 17. 공부,
18. 일주일, 19. 속담, 20. 큰힘, 21. 고마운 세상, 22. 나의 몸과 세상,
23. 직업, 24. 농사타령, 25. 서로 도움, 26. 가여운 일, 27. 벌네문답,
28. 진흥회만세, 29. 진흥회가, 30. 못쓸 것 업다, 31. 격언, 32. 동니자
랑, 33. 사대절, 34. 은사구료, 35. 세 가지 약속, 36. 우리 마을, 37.
청년의 책임, 38. 부인의 책임, 39. 세상 보배, 40. 농냥과 부채금, 41.

나의 땅, 42. 우리집 논, 43. 두 번 눈물, 44. 저 종소리, 45. 조선과 내지, 46. 나무, 47. 동요, 48. 귀신도 눈물을, 49. 청결, 50. 생각하야 볼 일, 51. 편지, 52. 우리 진흥회장, 53. 시조, 54. 자미잇는 생활, 55. 공덕심, 56. 살님살이 조사, 57. 일긔, 58. 가튼 인종, 59. 힘쓰라, 60. 심청, 부록"으로 구성되었다. 진흥회와 관련된 과가 많고, '사대절, 은사구료, 조선과 내지, 가튼 인종'과 같이, 황국 신민화, 동화 정책을 강요하는 내용이 많은 것도 지방 행정기관이 편찬한 독본의 특징이라 고 할 수 있다.

충청북도(1934)의 『간이 농민독본』도 경기도 지방과의 독본과 크게 다르지 않은데, '간이'라는 표현에 맞게 '범례'와 34과의 본문으로 구 성하였다. '범례'는 경기도의 독본과 크게 다르지 않은데, 이 교재도 '농촌 진흥의 지조를 함양'하는 데 목표를 두었다. 본문은 "1. 반절, 2. 된시옷, 3. 중중성, 4. 밧침, 5. 둘밧침, 6. 사대절, 7. 우리집, 8. 사시, 9. 보통농사, 10. 일년, 11. 소와 도야지, 12. 농가집 아해, 13. 양잠, 14. 우리 동리, 15. 거름, 16. 조석 인사, 17. 부업, 18. 속담, 19. 직업, 20. 함정에 빠진 호랑이, 21. 농사타령, 22. 물방아, 23. 갱생부락 문답, 24. 조선, 25. 농가갱생 오년계획, 26. 고마운 세상, 27. 수짜, 28. 한짜, 29. 한짜 읽는 법, 30. 가게부 쓰는 법, 31. 편지, 32. 생활개선, 33. 산술"로 구성되었다. '갱생운동'과 관련된 과가 많은 것이 특징이다.

황해도(1943)의 『전시농민독본』은 일본문·한자·조선문(이른바 일선 한) 부속 문체를 사용한 점이 특징이다. 이 독본은 전시 상황에서 '황 국농도(皇國農道)'를 기르기 위한 목적에서 편찬된 것이므로, 군국주의 일본의 이데올로기가 그대로 반영되어 있다. 이 책의 편찬에 대해 『매일신보』에서는 다음과 같이 보도한 바 있다.

(11) 『매일신보』의 보도

ㄱ. 戰時農民讀本 黃海道에서 農家에 增刊配布: 大東亞戰爭 決戰 下에 잇서서 總動員令의 國家的 使命은 至重하다. 그래서 黃海道에서는 食量의 增産 確保를 必期하고저, 道内 百五十萬 農業戰士로 하여금 '稻의 早期 密植', '粟 其他 田作物의 中耕 除草', '麥類의 適期 刈取', '繩叺의 增産', '自給 肥料의 增産', '秋穫의 徹底', '供出의 完全 遂行' 等等 이를 必行시켜 이에 大使命을 完遂케 하고 잇다. 이래서 百五十萬 農業 戰士로 하여금 皇國 農道의 體得 及 本道 農業 獎勵 事項의 理解上한 참고것 되게 하라고 『戰時農業讀本』을 最刊하야 이를 道内 各 農家에 配布한 바 잇섯다. 그런데 道에서는 쏘다시 小型 켓트用으로 『戰時農民讀本』 二萬部를 增刊하여 道内 各 愛國班長 쏘는 其他 部落에 背部할 터이다.

—『매일신보』 1943.8.12

ㄴ. 皇農의 寶典 黃海道서 農民讀本 發刊: 황해도에서는 도내 五十만 농민들을 위하야 『전시농민독본』을 얼마 전에 만드러서 도내 각 애국반, 학교, 연성도장 등 농민의 지도자들에게 배포하야 농민들의 황민화에 이바지하엿다. 이 독본은 먼저 국체의 본의와 대동아전쟁을 알기 쉽게 설명한 다음 황국농민도의 체득과 식량 증산에 필요한 여러 가지 실제 사항이며 근로 작업, 주택, 위생, 물자절약, 배급, 공출, 저축 등에 이르기까지 친절하게 이야기하엿다. 원문은 국어에 엽줄로 언문으로 뜻을 밧치어서 일반으로 하여금 이해하기에 편리하도록 하엿다. 특히 이 책은 우스이(碓井) 지사가 스스로 붓을 들어 원고를 만들엇다 한다.

—『매일신보』 1943.8.14

이 기사에 나타나듯이, 『전시농민독본』은 이른바 '황국 농도'를 기치로, 농민들의 황민화(皇民化)를 꾀하고자 한 독본이다. 조선어 말살

정책하에서도 식량 증산의 목표를 달성하기 위해 조선문을 부속한 점이 특징이며, 내용 또한 식량 증산을 위한 농법, 물자절약과 배급, 공출 등을 담고 있다. 우스이(碓井忠平) 도지사가 쓴 '서문'과 50과의 본문으로 구성되었다. 본문은 "제1 국체의 본의, 제2 대동아전쟁, 제3 식량의 증산, 제4 사토(四土), 제5 증미(增米), 제6 수도(水稻)의 종자, 제7 개량묘상(改良苗床), 제8 박파(薄播), 제9 묘대(苗代)의 수입(手入), 제10 조식(早植)과 밀식(密植), 제11 패발(稗拔), 제12 병충해의 구제(驅除), 제13 적기예취(適期刈取), 제14 전작(畑作)의 개량, 제15 속(粟), 제16 소맥(小麥), 제17 대두(大豆), 제18 감저(甘藷)와 마령서, 제19 면(棉), 제20 중경(中耕)과 제초, 제21 공지(空地)의 이용, 제22 잠업, 제23 승입(繩叺), 제24 가축, 제25 우(牛), 제26 돈(豚), 제27 토(兎)와 계(鷄), 제28 비료, 제29 시비(厩肥), 제30 퇴비, 제31 도고옥근즙(稻藁屋根葺, 볏집 이영)의 제한, 제32 분회(糞灰)의 폐지, 제33 변소개량, 제34 해(橺), 제35 이다찌 추(萩), 제36 연료, 제37 근로, 제38 부인의 취로(就勞), 제39 공동작업, 제40 작업복, 제41 식사, 제42 주택의 개선, 제43 위생, 제44 절약, 제45 물자의 배급, 제46 공정가격, 제47 공출, 제48 저축, 제49 황국 농민의 도, 제50 실천, 부 농가연중행사표"로 구성되었다. 각종 곡식 재배법과 농촌 위생, 물자절약, 공출, 황국 농민의 도 등을 강조한 군국주의 농민독본으로 일제강점기 말기의 식민 농정의 성격을 반영한다.


4. 결론

일제강점기 농민독본류는 식민 지배 정책과 계몽운동의 성격, 편찬 주체에 따라 다양한 모습을 보인다. 특히 민간단체의 농민독본류와는 달리 조선총독부나 지방 행정기관의 농민독본류는 식민지 농업 정책과 농촌진흥, 자력갱생정책, 황국 신민화 정책 등을 반영하는데, 이를 고려한다면 일제강점기의 농민 계몽운동도 그 자체로서의 혼종성과 굴절을 확인할 수 있다. 이 글에서 논의한 바를 정리하면 다음과 같다.

첫째, 1920년대 이후 활발했던 노농운동의 결과, 민간단체에서 노농 계몽의 차원에서 독본류 발행을 서둘렀다. 이성환(1925, 1928, 1930) 등이 대표적이며, 신명균(1928), 김일대(1931) 등과 같이 노동자·농민을 대상으로 조선어 해득과 노동자·농민이 알아야 할 상식을 내용으로 하는 독본류가 출현하였다. 민간단체의 독본류는 1932년 죽산 농우회 사건 이후 경기도 지방과에서 『경기도 농민독본』을 발행한 이후, 극도의 통제를 받았다. 죽산 농우회에서 사용한 것으로 알려진 『농민독본』은 다른 독본류와는 달리 사회주의 이데올로기가 반영된 내용이 많은 점도 특징이다.

둘째, 언론사의 문자 보급 운동은 조선일보사의 『한글원본』이나 동아일보사 이윤재의 『한글공부』와 같이, 한글 낱자를 중심으로 어휘, 문장을 익히는 데 중점을 두었다. 브나로드 운동으로 알려진 학생 계몽대의 활동은 식민 당국의 통제를 많이 받았기 때문에, 그 내용에서도 정치적인 것은 포함되지 않았다.

셋째, 식민지 농정과 관련하여 각 지방 행정기관에서 다수의 농민독본을 편찬하였다. 이러한 독본류는 농촌진흥운동, 자력갱생운동을 뒷받침하기 위한 것으로, 본질적으로 식량증산을 통한 식민 수탈에 기여하고자 하는 목적을 갖고 있었다. 특히 1943년 황해도에서 편찬한 『전시농민독본』은 일본문, 한문, 조선어를 병용한 문체를 사용하

여 '황국 농민의 도'를 주입하고, 이를 통한 식량증산, 물자절약, 공출
에 임하도록 하는 내용으로 구성하였다.

# 제4장 조선총독부 사회교육정책과 조선문 자료

## 1. 서론

일제강점기 독본 연구를 진행하면서 느끼는 당혹감 가운데 하나는 조선총독부를 비롯한 산하 행정기관, 또는 식민통치와 관련된 기관의 조선어 사용과 관련된 것에서 비롯된다. 예를 들어 1911년 대일본 농업장려회(大日本農業獎勵會)라는 기관에서는 조선문과 일본문을 섞어 쓴 『조선농사시교(朝鮮農事示教)』라는 책을 발행하였다. 이 책은 일본인 농학박사 이나가키 이츠베시(稲垣乙丙)와 농학사 사키사카 키사부로(向坂幾三郎)가 공저한 것으로, 제1편 총설 33장, 제2편 종예(種藝) 47장, 제3편 양축(養畜) 29장으로 구성되었는데, 본문에 사용된 문자는 한자와 일본어에 한글을 부속(附屬)한 형식이다. 이 책에서 저자들은 다음과 같이 책을 발행한 취지를 밝힌 바 있다.

[朝鮮農事示教發行趣旨]

夫 農業은 國家 富源의 要素가 되며 人民生活의 乳母와 갓흔지라. 苟 或 沙漠 不毛의 地에 國을 建ᄒ고 家를 築할진디 外侵을 不待하고 自然히 荒漠 無人의 境에 至ᄒᄂ 結果가 必有할지라. 古人 所謂 農者ᄂ 天下의 大本이라 흠이 엇지 達論이 아니리오.

我 帝國은 古來로 尊農主義가 有ᄒ얏ᄂ디 農業이 發達됨을 隨ᄒ야 人口가 增加ᄒ얏스며, 人口가 增加흠을 隨ᄒ야 商工業이 쏘흔 發達된지라. 然則 農業은 足食足民ᄒᄂ 國家 大事業이오 쏘흔 諸般 事業 中 主腦的 事業이라. 故로 歷代의 爲政者가 皆 其政策을 踏襲ᄒ야 蹟을 成흔 비라.

今에 我帝國이 旣히 朝鮮을 倂合ᄒ얏슨즉 朝鮮 八萬 餘哩의 方域으로써 膏油의 地를 作지 아니ᄒ면 不可ᄒ며 新附民 一千餘萬口로써 含哺鼓腹ᄒ고 擊壤歌를 唱케 ᄒ지 아니ᄒ면 不可ᄒ며, 쏘흔 帝國의 租稅 歲入을 增加케 ᄒ지 아니ᄒ면 不可흔지라. 然而 朝鮮은 地質이 甚美ᄒ고 且 土廣人稀ᄒ니 農業 發展의 前途는 多大흔 希望이 有흘 바이라. (…하략…)

이 취지에 따르면, 저자들은 식민지 조선의 농업 생산성 향상을 목표로 이 책을 편찬했음을 알 수 있는데, 주목할 점은 왜 이 책에 일본문과 조선문을 부속했는가에 있다. 이 책에는 그 당시 조선총독부 권업 모범장장(勸業模範場長) 혼다 고스케(本田幸介), 조선총독부 농무과장(農務課長) 나카무리 히코(中村彦)의 '서문(序文)'과 저자 이나가키 이츠베시(稻垣乙丙)의 '자서(自序)'가 들어 있다. 두 사람의 서문에서는 조선이 농업 발달을 위한 천혜의 조건을 갖고 있으나, 농업 기술이 발달하지 못하여 농촌이 쇠퇴했으므로 이 책을 통해 농업 발달을 기원한다는 내용이 들어 있으며, '자서'에는 "민인호(閔麟鎬), 윤태중(尹泰重), 윤병섭(尹丙燮) 세 사람이 언문을 추가하여 통속적으로 만든 수고를 함으로써 본서의 효용을 한층 높였다고 말할 수 있다."라는 진술이 들어 있다. 즉 식민지 농업 생산성을 높이기 위한 방책으로, 조선문을 사용한 사용한 농업 기술서가 발행되었다는 뜻이다.

이와 같은 차원에서 강제병합 직후부터 1938년 이후 이른바 '조선어 말살 정책'이 실시되던 때일지라도 식민 통치 차원에서 조선총독부 또는 산하 기관을 비롯한 다수의 단체에서 조선문으로 된 서적이 발행되었음을 확인할 수 있는데, 특히 1930년대의 경우 다수의 지방 행정기관에서 조선문 농민독본류를 편찬한 경우가 있고, 자력갱생운동이 강제되던 당시 언문판 『자력생생휘보』가 발행되기도 하였다.

일제강점기 식민지 조선에서의 언어정책은 동화를 목표로 한 '일본어 보급 정책'을 근간으로 한다. 학교교육의 경우 모든 교수 용어가 일본어로 강제되었고, 교과 및 교과서도 '조선어(급한문)'를 제외한 모든 것들이 일본어로 구성되었다. 이와 반대로 일본인 관리나 교원을 대상으로 한 '조선어 (장려) 정책'이 실시되었는데, 이는 식민통치를 담당하는 사람들의 조선어 능력 배양을 위한 것으로, 일본어 보급 효과가 높아지면서 '조선어 보급'은 '장려'에서 일반 정책의 하나, 더 나아가 굳이 실행하지 않아도 될 정책으로 변화해 갔다. 이와 같은 변화 양상은 조선총독부의 시정 방침이 1910년대 무단통치로부터 1920년대 이른바 문화정치로 변화해 가면서도, 총독부의 시정을 공포하는 『조선총독부 관보』의 언어 사용에서도 확인된다. 이 관보에서는 1910년대 주요 법령에 대한 '선역대조(鮮譯對照)'가 실렸으나, 1920년대에서는 조선문으로 번역한 자료가 점차 나타나지 않는다.

이처럼 일제강점기 일본어 보급 정책이 강행되고, 일정 부분 그 효과를 거두고 있었음에도 조선문으로 된 서적을 편찬하거나 보급한 사례가 적지 않은 데에는 식민지 농업 생산성 향상이나 농촌 통제 등과 같은 특수한 요인이 내재되어 있다. 이 글에서는 조선총독부의 사회정책의 특성과 이를 실행한 지방행정기관 및 각종 단체의 조선문 자료가 갖는 특징을 분석하는 데 목표를 둔다.

## 2. 조선총독부의 사회교육정책

### 2.1. 일제강점기 식민정책의 본질

축자적인 의미에서 식민지(植民地)는 자국의 국민을 옮겨 살게 하는 다른 지역을 의미한다. 식민주의의 본질을 연구한 위르겐 오스터 함 멜은 "식민화는 핵심적으로 영토 점령의 한 과정을 지칭하고, 식민지 는 정치·사회학적으로 특수한 인간들의 결합을 의미하며, 식민주의 는 하나의 지배 관계를 지칭한다."라고 풀이한 바 있다. 즉 인류의 역사에서 종족과 사회의 이주는 필수적인 현상이지만, 19세기 이후 특정 종족 전체가 이주하는 대규모의 이주는 나타나지 않으므로 정 치·경제적 목적에서 이루어지는 식민주의, 특히 제국을 건설하고자 하는 의도에서 비롯된 정복 전쟁 등이 일반적인 현상으로 대두되었다 는 뜻이다.[1] 이 책에 따르면 식민지의 특성은 '타문화 출신 종족에 의한 지배', 즉 문화적 타자성과 불법적 타자의 지배가 이루어지는 공간으로 서술되며, 이에 따라 "사회 전체가 자체의 역사 발전 기회를 박탈당하고 타인에 의해 조종되며, 식민자의 필요에 따라 경제적, 기 타 이해 관계에 종속된다."라고 주장한다. 또한 이 책에서는 식민주의

---

1) 위르겐 오스터 함멜 지음, 박은영·이유재 옮김(2006), 『식민주의』, 역사비평사.

와 밀접한 관련을 맺는 또 하나의 용어로 '제국주의'를 설정했는데, 이 용어는 "식민주의뿐만 아니라 자국의 이해관계를 제국적(帝國的)으로 규정하고 이를 무정부 상태인 국제 체제 내에서 전세계적으로 적용시키려하고 하는 제국 중심의 의지와 능력을 보이는 체제"라고 정의한다.2)

제국주의와 관련하여 에릭 홉스 봄은 1880년대를 '세계의 시대'로 규정하고, 보통 100주년이라는 용어가 19세기 후반의 발명품이라고 규정하고 있다. 그는 1789년 프랑스 대혁명을 기점으로 세계의 역사가 '혁명의 시대(1789~1848)', '자본의 시대(1848~1875)'를 거쳐 '제국의 시대(1875~1914)'로 이행되어 왔다고 서술한다. 여기서 말한 제국의 시대는 존 아트킨슨 홉슨(John A. Hobson)이 경멸적인 의미로 처음 사용한 '제국주의(Imperialism)'를 신조하는 이데올로기를 의미한다.3) 이론적인 차원에서 제국주의에 대한 학문적·정치적 관심이 본격적으로 제기된 것은 1900년대 초로 볼 수 있다. 홉슨의 『제국주의』라는 저서가 1902년 출간되었고, 그 이후 1917년 레닌의 제국주의가 발표되었다. 또한 제국주의와 밀접한 관련을 맺는 식민주의는 정치적인 면에서 더 많은 관심을 불러일으킨 주제였는데, 동북아에서도 1900년대 전후부터 일본제국주의의 팽창과 함께 식민 담론이 급증하고 있음은 아리가 나가오(有賀長雄, 1908)와 같은 식민주의나 보호국론 저서가 범람했던 사실을 통해서도 쉽게 증명할 수 있다.

---

2) 위르겐 오스터 함멜 지음, 박은영·이유재 옮김(2006: 34~36).
3) 에릭 홉스봄 지음, 김동택 옮김(1998), 『제국의 시대』, 한길사, 제1장 참고.

[보호국론서]

한국은 일본의 보호국이 되었고, 만주는 마땅히 청국의 위임에 의하여 일본이 통치하는 곳이 되었는데, 이는 극동문제에서 저자의 숙론(宿論)이 되었다. 저자는 일찍이 일청전쟁부터 귀국하여 다시 구주(歐洲)에 유학하게 되었는데, 당시 불란서에서는 마다카스카르의 원정에 기인하여 학자, 정치가들 사이에 보호국 논쟁이 일어났으며, 이와 관련하여 저서와 논문이 쌓여 산을 이루었다. 이로 인해 그 주요한 것을 사서 구하고, 이에 따라 한 권의 책을 저술하고자 하였다.[4]

이 책에서는 나라와 나라 사이에 보호 관계가 생기는 원인에 따라 보호국을 4종으로 나누어, 완전한 자주권을 갖고 문화 정도에 따라 필요한 것을 열국(列國)에 양도하는 제1보호국(호위적 보호국 또는 단순 보호국), 국가는 있으나 그 지역이 세계 교통의 요로(要路)로 필요에 의해 정치상 후견을 구하는 제2보호국(정치상 보호국, 진정 보호국, 국제 보호국), 특정한 강국이 문명 정도에 따라 저급한 일국을 병합하여 이권을 전제(專制)하는 제3보호국(독일 학자들이 일컫기를 행정상 보호국), 특정 강국이 해외의 미개한 토지를 식민지로 개척하고 세계적으로 승인받는 제4보호국(식민적 보호국)으로 설정하였다. 그는 각종 보호국 유형의 특징을 제시하면서 궁극적으로는 "일본의 신보호국이 된 한국의 지위에 적용하여, 일한 보호관계의 현재 및 장래를 판단하는 데 편리한 자료를 제공"하고자 이 책을 쓴다고 하였다.

---

4) 有賀長雄(1908),『保護國論』, 早稻田大學出版部. 保護國論序. 韓國は宜しく日本の保護國たるべし, 滿洲は當に淸國の委任に因り日本の統治する所たるべし, 是れ極東問題に於ける著者の宿論なり, 著者の曩に日淸戰役より歸朝して再び歐洲に遊ぶや, 當時佛蘭西に於てはマダカスカルの遠征に起因して學者政治家の間に保護國の論響起し, 之に關する著書論文は積し山を爲せり, 因て其の主要なるものを購求し, 之に依り一書を著さんと (…下略…).

일제의 식민 통치의 기본 방침은 1910년 8월 29일 강제병합과 함께 발포된 데라우치 마사요시(寺內正毅)의 유고(諭告)를 통해 확인된다.

[諭告]

(…前略…) 夫 疆域이 相接ᄒ며 休戚이 相倚ᄒ야 民情 亦有昆弟之誼者ㅣ 相合ᄒ야 一體를 成흠은 自然之理요 必至之勢라. 以是로 大日本國 天皇陛下 게ᄉ겨ᄂ 朝鮮의 安寧을 確實케 保障ᄒ시고 東洋의 平和를 永遠히 維持흠을 緊切케 體念ᄒ샤 前韓國 元首의 希望을 應ᄒ시고 其統治權의 讓與를 受諾ᄒ신 바ㅣ라. (…中略…) 朝鮮 民衆은 咸爲帝國臣民ᄒ야 被天皇陛下 撫育之化ᄒ고 永히 深仁厚德之惠澤에 浴흠이라. 殊히 忠順히 新政을 翼贊흘 賢良은 其功勞를 準ᄒ야 榮爵을 授ᄒ시고 (…中略…) 凡政之要ᄂ 生命 財産의 安固흠을 圖흠에 急務가 無ᄒ지라. 蓋히 殖産之法과 興業之途ᄂ 次此로 振作케 흠을 得흠이라. 從來 不逞之徒와 頑迷之輩가 出沒 遝迴ᄒ야 或 殺人命ᄒ며 或 掠財貨ᄒ며 或企非謀ᄒ며 或起騷擾흔 者ㅣ 有ᄒ니 以是로 帝國 軍隊ᄂ 各道 要處에 駐屯ᄒ야 時變에 備ᄒ며 憲兵 警官은 普亘都鄙ᄒ야 專혀 治安에 從事ᄒ고 又 各地에 法庭을 開ᄒ며 公平無私흔 審判을 下케 務흠은 本是 懲罰奸凶ᄒ여 芟除邪曲키를 爲흠이오 畢竟 國內 全般之安寧과 秩序를 維持ᄒ고 各人으로 ᄒ야곰 安其堵ᄒ야 營其業ᄒ며 治其産케 ᄒᄂ 듸 不外흠이라. (…下略…)5)

이 유고에는 일제의 식민 지배 논리와 1910년대 무단통치 방침이 요약적으로 천명되어 있다. 일제의 식민 지배는 그들의 표현대로 '강역이 서로 접해 있고, 편안함과 근심이 서로 의지하기 때문에 형제가 상합하는 것'이라고 미화되며, 병합은 강제로 이루어진 것이 아니라

---

5) 『朝鮮總督府 官報』 1910.8.29, 諭告.

'조선의 안녕과 동양 평화를 위해 통치권을 양여받은 것'이라는 논리를 적용한다. 그렇기 때문에 조선 지배는 식민 통치가 아니라 '제국 신민으로서 무육지화(撫育之化), 심인후덕(深仁厚德)의 혜택을 입는 것'이라고 주장한다. 이를 위한 통치 방침은 제국 군대가 각도 요처에 주둔하고, 헌병·경관이 전국의 치안을 담당한다는 것인데, 그 이유는 '불령한 무리들(不逞之徒)'과 '완미지배(頑迷之輩)'의 소요로부터 생명과 재산을 지키기 위한 것이라고 하였다.

이 유고는 1910년대 무단통치의 정당성을 강변하기 위한 것으로, 그들이 지키고자 한 생명·재산은 당연히 식민지 조선에 거주하는 일본인이었음은 물론이며, '무육'과 '인후덕'의 혜택이라는 논리는 앞선 시대의 보호국 논리를 강화한 식민 이데올로기였을 뿐이다. 이러한 논리는 1910년대 『매일신보』에서도 빈번히 찾아볼 수 있는데, 다음은 1911년 5월 5일 일본 정우회 대의사(代議士)였던 이노우에 가쿠고로(井上角五郎)의 담화 가운데 일부이다.


　　[朝鮮統治의 成功]

　余는 朝鮮과 不淺흔 關係가 有ᄒ니 明治 十七年브터 久히 京城에셔 卜住ᄒ얏고 且 京釜鐵道를 起工ᄒ던 것이 卅七年 頃인딕 余는 當時에는 監督ᄒ기 爲ᄒ야 渡來흔 事ㅣ 有흔지라. 故로 朝鮮의 當年 朝野의 名士 中에도 知友가 不少ᄒ더니 今回에 다시 朝鮮의 土地를 踏ᄒ고 爲先 喫驚흔 者는 新領土에 在흔 內地人의 發展이 想像 以外오 特히 釜山港은 海陸의 設備가 整頓흔 中 市街 等도 大히 膨脹ᄒ고 整頓흔딕 驚歎흠을 不勝ᄒ얏거니와 惟獨 釜山港쁜만 안이라 京釜線 到處에 內地人의 形影이 無所不在ᄒ야 主要 各驛은 勿論ᄒ고 寒村僻陬에 至ᄒ기신지 日本 家屋의 散在흠을 見ᄒ얏고 又 溫突 簷頭에 鯉幟를 揭ᄒ얏스니 此는 溫突 內에 必然 內地人이 居住흠이오 沿線

의 禿山赫陵은 十七年 頃에 余가 視察혼 當時보다 尤甚혼즉 此亦 豫想 以外
오 朝鮮併合에 全土가 極히 靜穩ᄒ다 ᄒ더니 今回 實地로 平穩無事홈을 目擊
ᄒ얏고 新政은 顯著히 普及ᄒ야 內地人의 移住者가 連續不絶ᄒ니 此地 産業
의 開發은 多言을 不須홀지로다.

　近來 總督政治에 對ᄒ야 意見이 百出ᄒ되 其中 尤甚혼 者ᄂ 惡罵를 放ᄒ
ᄂ 者섇지 有ᄒ나 此等 朝鮮의 現下의 狀態를 未解ᄒᄂ 者가 안이면 其眞相
을 不知ᄒ고 誤解홈에 基因홈이오 且 世間에셔ᄂ 往往히 武斷政治 言論壓制
을 唱ᄒᄂ 者ㅣ 有ᄒ니 抑武斷政治라 홈은 何也오. 朝鮮의 併合은 軍事上
必要혼 結果로 斷行된 것인즉 軍政을 施ᄒ야도 未爲不可ᄒ도다. 然而 朝鮮
이 今日과 如히 平穩無事혼 狀態를 持續홈은 總督政治의 一大 成功이오 寺內
總督이 안이면 能치 못홀 바이라. 警察制度의 普及은 新領土 統治上 가쟝
緊要혼 條件이니 現在에도 警察制度가 普及혼 結果로 朝鮮의 草賊은 其形影
을 遁秘홈이 안인가. 要컨디 彼等은 武斷의 意義를 了解치 못ᄒ고 徒然히
武斷政治를 排斥ᄒ야 武斷政治로써 非立憲的이라 홈은 其迂怪홈을 言키 難
ᄒ도다.6)


　이 담화에 언급되었듯이, 이노우에는 1883년 수신사 박영효의 건의
와 후쿠자와 유키치(福澤諭吉)의 추천으로 조선에 들어와 김윤식과 알
게 되면서, 외무아문의 고문이 되었다. 그는 박문국 설치와 『한성순보』,
『한성주보』 발행에도 관여했으며, 1890년 일본 제국의회 개설 당시
중의원에 당선되어 입헌정우회 소속으로 활동했다. 이 담화는 강제병
합 직후 정우회 대의사 자격으로 식민지 조선에 건너오면서 데라우치
(寺內) 총독의 통치 방침을 예찬한 인터뷰 기사이다. 이 기사에 나타나

---

6) 『매일신보』 1911.5.5, 朝鮮統治의 成功, 政友會 代議士 井上氏 談.

듯이, 강제병합 직후 일본의 식민통치 방침은 일본인을 위한 무단통치(武斷統治)이자 경찰제도(警察制度)를 기반으로 한 헌병정치였다. 이노우에는 '무단통치', '경찰제도', '언론 압박' 등이 일본인을 위한 '산업개발 성과'를 축적할 수 있고, 조선 전토가 '정온(靜穩)'할 수 있다는 점에서 데라우치의 공적이라고 평가한 셈이다.

무단통치와 헌병정치는 본질적으로 식민지 조선을 일본에 종속시키는 데 목적이 있었다. 그러나 일제는 조선의 식민화가 종속을 의미하는 것이 아니라 본질적으로는 일본 문명의 혜택을 베푸는 것이며, 이를 실천하기 위한 방편으로 '선인동화(鮮人同化)' 이데올로기를 표방했다. 그 예로 『매일신보』 1918년 8월 23일부터 25일까지 3회에 걸쳐 연재된 이노우에 엔료(井上圓了)의 '선인동화, 교육 만능주의'를 들 수 있다.

[내지 문명의 여택과 선인동화 문제]

△ 內地 文明의 餘澤: 本年 五月 下旬브터 七月 上旬서지 二個月間 朝鮮總督府의 囑託에 依ᄒ야 十三道를 一巡홀ᄉ 九十一個處에서 內地人 及 朝鮮人에 對ᄒ야 國民道德의 講演을 ᄒ고 兼ᄒ야 敎員 宗敎 等의 視察을 ᄒ얏ᄂ딘 余가 明治 三十九年에 비로소 渡鮮ᄒ얏던 當時와 對照ᄒ면 鷄林의 事物은 全然 別天地를 作홈과 如ᄒ 感이 有ᄒ더라. 如是 急速히 面目을 一觀이 有홈에 至ᄒ얏슴은 全然히 朝鮮의 倂合에 依ᄒ야 得ᄒ 內地 文明의 餘澤됨이 無疑ᄒ다. 倂合 以來 僅히 七回의 星霜을 經홈에 不過ᄒ 則 其日은 尙淺치 아니ᄒ다 謂치 아니치 못홀지오 如是 短歲月間으로ᄂ 實로 可驚ᄒ 長足의 進步라 ᄒ리다. 朝鮮의 倂合은 我明治의 維新에 比홀 것인딘 目下의 現狀은 明治 八年 頃과 對照ᄒ야 思考치 안이면 안되리라. 然面 或 点에ᄂ 今日 內地 以上의 것도 有ᄒ니 假令 鐵道의 廣軌, 驛絡의 廣 電化, 電燈, 水道의 設備, 自動車의 便利홈 等은 內地도 及치 못홀 바이

나 他点에는 尙今 頗히 幼稚홈이 明治 初年의 內地와 恰似흔 處도 有ㅎ더라. 此를 平均ㅎ야 見ㅎ면 明治 八年 頃보다도 幾少를 進흔 듯ㅎ나 然이나 此는 外面의 觀察이오 若 內面으로브터 觀ㅎ면 我 維新前에 類似ㅎ게도 싱각ㅎ겟다. 右等의 話는 省略ㅎ고 다만 茲에 <u>鮮人同化 問題</u>에 就ㅎ야 一言코져 ㅎ노라.

△ 鮮人同化 問題: 鮮人은 大槪 柔順ㅎ고 溫和흔 美風을 有ㅎ야 表面上으로는 我에 歸屬흔 듯이 뵈이나 裏面에는 如何흔지 倂合 以來 不過 七八年間에 到底히 彼로 ㅎ야곰 衷心으로 服從홈에 至치 못ㅎ얏스리라. 於是乎 如何히 ㅎ면 彼我間에 心底로브터 融和ㅎ게 흘가 ㅎ는 問題가 起흔다. 卽 <u>彼로 ㅎ야곰 速히 我와 同化케 ㅎ는 方法이 如何오 ㅎ는 問題라. 此點에 關ㅎ야는 余는 敎育萬能主義를 就코져</u> ㅎ노라. 于先 政治上에 在ㅎ야는 倂合 以來로 鮮人의 生命 財産이 如何히 安全ㅎ게 되고 文明의 惠澤이 如何흔 便利를 與ㅎ얏는가를 感得케 홈에 在ㅎ나 彼로 ㅎ야곰 能히 其恩을 知了케 홈에는 반다시 몬저 敎育에 依ㅎ야 一般의 智見을 盡ㅎ고 智眼을 開케 안이면 안 되리라.[7]


이노우에 엔료는 근대 일본의 불교 철학자로 일본 국수주의적 불교론을 주창했던 인물로 알려져 있다. 이 논설에서 그는 조선총독부의 촉탁으로 13도를 순시하고 일본인과 조선인에 대한 국민도덕 강연을 하면서, 조선 병합이 '내지 문명의 여택(餘澤)'이라고 강변한다. 이러한 논리는 데라우치의 유고와 크게 다르지 않다. 이 논설에서 이노우에 엔료는 동화의 주요 수단이 교육에 있음을 강조한다.

일제강점기 강압적 동화정책의 주요 수단이 교육에 있었음을 고려

---

7) 『매일신보』 1918.8.23, 鮮人同化(一).

할 때, 일본어 보급이 우선시된 것은 당연한 일이었다. 이러한 논리는 『매일신보』1917년 6월 5일~6일에 연대된 와타세 쓰네요시(渡賴常吉)의 '내선일체의 이상'이라는 논설에서도 확인된다. 그는 "조선 반도에 광휘(光輝) 있는 문명을 득(得)하려면 병합의 진목적(眞目的)이 달성되고, 조선의 동포도 일본이라 하는 중에서 일대 광명을 인(認)하여 공동(共同)히 진보 발전에 수(遂)함에 지(至)할 줄로 사(思)하노라."라고 하면서, "내선인(內鮮人)이 혼연일체가 될 수단 방법은 물론 각종이 유(有)하거니와 가령 기언어(其言語)를 수학(修學)하여 직접으로 간담(肝膽)을 토로함을 득(得)함에 지(至)하는 것도 기일(其一)"이라고 주장한다. 널리 알려진 바와 같이 와타세는 1900년대 조선에 건너와 경성학당(京城學堂)을 창설하고 일어잡지사를 운영했던 인물로, 병합 이전부터 식민지 언어동화에 관심을 기울였던 인물이다.8) 이와 같은 차원으로 볼 때, 식민지 조선에서 조선총독부를 비롯한 산하기관 또는 금융조합과 같은 단체에서 조선문으로 된 서적을 출판한 것은 흥미로운 일이라고 볼 수 있다.

## 2.2. 식민통치와 사회정책

강압적 동화를 근간으로 한 식민정책은 3.1독립운동 이후 이른바 '문화정치'라는 슬로건 아래 일정한 변화를 보인 것으로 나타난다. 물론 사이토 마코토(齋藤實)가 천명한 문화통치가 본질적으로 내선일치와 동화주의를 포기한 것은 아니나, 1920년대에 이르러 무단통치를

---

8) 한용진(2004), 「경성학당 연구」, 『한국교육사학』 26(2), 한국교육사학회, 267~293쪽; 허재영(2013), 「근대 계몽기 일본어 보급 정책과 경성학당의 독습일어잡지」, 『동양학』 53, 단국대학교 동양학연구원, 29~45쪽 참고.

통한 강압적 동화가 현실적으로 불가능하다는 논의는 일본 제국주의
자들 사이에서도 일부 제기된 것으로 보인다. 이러한 상황은 『동아일
보』 1926년 5월 29일부터 6월 5일까지 7회에 걸쳐 연재된 '조선통치관
(朝鮮統治觀)'이라는 소논문을 통해서도 확인된다. 이 논문은 도교 제
국대학 식민정책 연구자인 야나이하라 다다오(矢內原忠雄)가 『중앙공
론(中央公論)』 6월호에 발표한 것을 동아일보사에서 역재(譯載)한 것이
다. 이 논문은 서두에서 순종의 훙거(薨去)를 맞이하여 전국이 소요
직전에 휩싸였음을 지적하면서, 3.1 독립만세 사건으로 "총독부의 무
단정치에 대한 불신임은 명백히 폭로되었다. 데라우치 총독은 선의의
무단정치가였고, 하게사와(長谷川) 총독도 동일한 통치 방침이었다.
행정관리, 학교 교원 할 것 없이, 모두 제복 대검(制服帶劍)을 하여 사벨
의 위력하에 조선 13도는 정익(靜謐)할 줄만 알고 있었다."라고 비판한
다. 그는 이어서 "신통치 방침의 취지는, 문화적 제도의 혁신에 의해
조선인일 유도·제사(誘導制斯)하여 그 행복화익(幸福和益)의 증진을 도
모하는 일방, 장래 문화의 발달과 민력(民力)의 충실에 응(應)하여 정치
상, 사회상 대우에도 일본인과 동일히 취급할 구극(究極)의 목적을 달
(達)하려 함에 불외(不外)"라는 사이토의 시정 방침을 소개하면서, '일
선동치, 일선융화, 공존공영'이라는 표어가 과연 달성될 수 있는 목표
인가를 묻고 있다. 이 논설에서 야나이하라가 강조한 것은 조선인의
'참정권' 문제였지만, 식민지 통치정책을 '종속정책, 동화정책, 자주정
책'의 세 유형으로 구분한 것은 유의미한 접근 방식의 하나로 판단된
다. 이를 소개하면 다음과 같다.

[朝鮮統治觀]
　朝鮮 統治方針을 論함에 臨하야 余는 爲先 殖民地 統治政策에 關한 一般的

理論에 대하야 一言코저 한다. 그 理由는 實際 政策은 一般的 理論에 基礎하여야 할 것임으로섯다. 從來 殖民地 統治政策은 從屬政策, 同化政策 及 自主政策으로 分類할 수 잇는 바이, 各種 政策의 因果關係를 硏究하는 것이 亦是 朝鮮統治政策의 決定에 多少 參考가 될가 한다.

從屬主義의 統治政策이라 함은 殖民地를 全然 本國의 利益에 從屬식히는 것으로 住民의 利益은 全然 考慮치 안는다. 設使 考慮한다 하드라도 그는 다만 本國의 利益 範圍 內에서만이다. 그럼으로 殖民地에 대한 諸政策 決定에는 全然 住民을 參考식히지 안는 것이 原則이다. 如斯한 專制的 搾取의 政策은 十六 七八 世紀頃 歐洲 諸國이 殖民地에 대하야 取한 政策으로서 近代에 至하기까지 西班牙 及 葡萄牙도 이 政策을 取하겟고, 英國이 印度에 대하여서도, 和蘭이 지바에 대하야서도 亦是 이 政策을 取하엿다. 從屬政策의 結果는 반듯이 二種의 現象이 낫타나니 一은 原住民의 絶滅이오, 他 一은 反抗이다. 그 理由는 如斯한 政策에 대하야 悅服할 原住民은 하낫도 업슬 것이고, 設使 할 수 업시 屈服하는 者가 잇다 할지라도 그는 至極히 微弱한 것임으로써라, 그럼으로 滅盡치 아니할 程度의 多數한 原住民에 대하야의 從屬政策은 오즉 反抗을 일으킬 쑨이다. (…중략…)

從屬政策을 標榜치 안코 原住民의 保護發達을 統治의 方針으로 함에는 同化政策과 自主政策 二種이 有하니 前者는 植民地를 本國의 一部로 取扱하야 本國의 法制 風俗 言語를 普及식히며 雜婚을 勸獎하는 것으로, 要컨대 殖民地 社會 及 殖民地人의 本國化인 바 佛國은 그 重要한 殖民地에 대하야 同化政策을 試用하엿다. 特히 알제리는 地理上으로 佛國에 接近한 關係로 統治 制度上 本國의 延長主義를 取하야 알제리 各縣은 本國 各縣과 同樣으로 巴里議會에 대하야 議員을 選出하엿다. 그러나 佛國에서도 二十世紀 以來 소슐, 시제, 위니욘 等 諸學者가 同化政策 失敗論을 高調하야 알제리 原住民의 反亂이 頻發하는 原因 中 佛語敎育 强制가 其一이라고 하엿다. 그리하야

보앙카레 內閣 殖民大臣인 사로와 如한 實際家까지도 亦是 今後의 殖民地
統治政策은 同化政策을 바리고 自主 協同的 政策에 의하여야 할 것을 主張
하엿다.

同化政策 失敗 原因이 何在일가? 原住民이 悅服치 안는 까닭이다. 原住民
은 何故로 悅服치 안을가? 同化의 强制가 彼等에게 대하야는 곳 壓迫이
되고 마는 까닭이다. 卽 他人을 强혀 自己와 가치 맨들고저 함은 他人의
人格을 侮辱하는 것이며, 그 獨立을 侵害하는 것일 쑨 아니라 果然 他人을
自己에게 同化식힐 수 잇는가 하는 것이 疑問이다.9)


이 논문에 제시된 '종속정책', '동화정책', '자주정책'은 아리가 나가
오의 보호국 유형과 크게 다르지 않다. 종속정책은 원주민의 존재를
인정하지 않고 지배국에 종속시키는 정책을 의미하며, 동화정책은
피식민지를 본국의 일부로 간주하고자 하는 정책이다. 그런데 여기서
주목할 점은 야나이하라가 본 일본의 조선정책의 성격에 관한 것이
다. 본질적으로 그는 세 가지 유형의 정책 가운데 정치, 경제, 문화
전반에 걸쳐 종속정책과 동화정책이 성공을 거두기 어렵다는 점을
인식하고 있다. 그렇기 때문에 식민지 조선통치가 어떤 성격을 띠고
있는지를 판단하는 것은 중요한 문제의 한다. 그는 조선 통치 방침을
다음과 같이 비판한다.

[朝鮮統治觀]
朝鮮이 朝鮮人을 主로 한 社會인 事實을 認定한다 함은 統治政策 決定上
第一要件이다. 朝鮮을 全然 日本의 利益에만 服屬식히려고 하는 從屬政策은

---

9) 『동아일보』 1926.5.31~6.1, 朝鮮統治觀(3)~(4).

此 事實(朝鮮이 朝鮮人을 主한 社會인 事實) 勿視로 早晚 朝鮮人의 反抗을 受하게 될 것이다. 日本의 朝鮮 統治방침은 最初부터 露骨的으로 從屬政策을 表明하나 다름이 업섯든 바, 大正 八年의 革新 以來 明白히 朝鮮人 保護 教導의 方針이 宣言되엿다. 文化政治! 그 自體는 매우 조타. 그러나 共存共榮을 目的으로 한 文化政治가 口頭語가 되고 마지 안함에는 客觀的 保障이 必要하다. 그는 卽 朝鮮人의 參政으로 朝鮮統治는 그 어느 것이 朝鮮人의 社會經濟的 生活에 影響을 밋치지 안타는 것이 업다. 그러함에도 不拘하고 그 決定에 대하야 朝鮮人 그 自體에 何等의 參政權을 認定치 안하니 무엇으로써 共存共榮이 口頭語에 止치 안할 것을 保障할 수 잇슬가? 그는 맛치 勞動組合을 認定치 안는 資本家들이 말하는 共存共榮과 다른 것이 업다.[10]

야나이하라는 일본의 조선 통치방침이 최초부터 '노골적 종속정책'이었다고 단정한다. 이는 앞서 데라우치가 유고에서 밝힌 이데올로기나 이노우에 가쿠고로가 예찬했던 무단통치가 결국은 종속정치였음을 의미하는 셈이다. 그는 "조선이 조선인을 주로 하는 사회"라는 전제 아래, '공존공영', '문화정치' 등으로 포장된 동화정책도 참정권을 인정하지 않는 이상, 본질적으로 실현가능한 정책이 아니라고 규정한 셈이다.

그러나 1920년대 이후 일제의 식민정책에서도 조선인의 자주와 독립은 전제로 한 자주정책은 실현되지 않았다. 오히려 1930년대 만주 침략과 중일전쟁, 태평양 전쟁 등으로 이어지는 제국주의 침략정책은 식민지 조선을 식량 생산의 기지, 병참기지, 인력 동원의 장으로 활용하는 정책이 강화된 면이 있다. 이는 일제강점기 '식민주의'에 관한

---

10) 『동아일보』 1926.6.3, 朝鮮統治觀(6).

연구서에도 나타나는데, 예를 들어 1941년 도요게이자이신보(東洋經濟新報)에서 기획한 '현대일본문명사' 시리즈 제10권 호소카와 가로쿠(細川喜六)의 『식민사(植民史)』에 서술된 식민지 조선에 대한 관심은, 병합 이전과 이후의 정치, 경제적인 문제에 치중해 있고, 경제 문제의 핵심은 농촌상태와 공업 노동과 관련된 문제로 국한되었음을 확인할 수 있다.[11] 또 하나 흥미로운 자료는 1940년 초판 발행된 가와츠 센(河津暹)의 『식민과 식민정책(植民と植民政策)』에 들어 있는 '식민지의 대인정책(對人政策)'과 관련된 것이다. 이 책은 경제적 관점에서 식민주의를 연구한 책으로, 제1편 서론, 제2편 식민지 통치, 제3편 식민정책으로 구성되었다. 그 가운데 '식민정책'의 주요 과제로 '재정정책', '토지정책', '금융정책', '상업정책'과 함께 '대인정책'을 설정했는데, "식민지는 원칙적으로 토지가 비옥하여 농경에 적합하거나 광물 등이 풍부하여 소위 물적 자원이 풍부한 것을 원칙으로 한다."라고 하면서, 이를 이용하는 원주민이 적어 다수의 식민 이주자가 옮겨가 이를 이용할 필요가 있음을 전제로 대인정책이 수립되어야 한다고 설명한다. 결국 식민지의 본질 가운데 하나는 노동력 공급지이자 상품 소비처가 되는 셈이다. 이와 같은 차원에서 가와츠 센은 식민정책으로서 '선임금제(先賃金制)', '부역제도', '토지 국유제', '중세 부과(重稅賦課)' 등의 노예적 대인정책의 한계를 살피고, 식민지 이주 정책의 성공을 위한 대안으로 '식민지에 상당한 면적의 토지를 분여(分與)하는 문제', '이주에 필요한 비용을 공여하는 문제' 등을 거론하고 있다. 이와 같은

---

11) 細川喜六(1941), 『植民史』, 東洋經濟新報出版部, 第三篇 朝鮮. 이 책의 조선편은, 제1장 일한 병합 전의 조선, 제2장 일한병합부터 세계대전까지, 제3장 세계대전부터 만주사변까지, 제4장 만주사변 후의 조선경제, 제5장 재정 및 특수 금융기관, 제6장 농촌상태 및 공업노동, 제7장 조선의 통치상태로 구성되었다.

논의는 결국 식민지 피지배자를 위한 것이 아니라 지배정책의 하나로 식민주의를 다루고 있음을 의미한다. 비록 가와츠 센이, 식민정책 수립에서 '토착 인민과 식민자의 차등 문제', '토착 인민에 대한 노동 기회 제공', '토착 인민의 이익 보호', '토착 인민의 습관 법관념 인식', '토착 인민의 건강 보호 문제' 등을 거론하고 있지만, 그 또한 경제적 지배를 위한 최소한의 요건을 언급한 것에 불과하다.

　이와 같은 차원에서 일제강점기 식민정책은 강제병합 당시의 무단정치, 1920년대 문화정치, 1930년대 이후 병참기지화 정책 등 시대에 따른 차이가 있었을지라도 본질적으로는 종속적 동화정책을 포기한 적이 없으며, 무단통치나 일본어 보급 정책과 같은 강제적 동화정책의 한계가 노출될지라도 전면적인 조선인의 황국신민화를 포기한 적은 없다. 이와 같은 관점에서 조선사회에 대한 각종 정책이 입안되고, 그 과정에서 총독부의 지원을 받는 각종 사회교육 차원의 교화 사업이 진행되기도 하였다. 조선총독부 기관지 월간『조선(朝鮮)』제77호(1921.6)에서는 '사회교화사업호'라는 명칭을 붙이고 사회사업과 관련한 특집 기사를 게재하였는데, 이 특집에서 水野錬太郎은 "조선 일반 상황은 작년 소요 이래 그 변동이 극히 급격해졌으나 다행히 관민일치의 노력에 의해 이 곤란한 시기를 경화하고, 작년에는 국경 방면에서 강도류와 같은 폭행을 보는 것 이외에 전 조선 일반 민심이 안정되었으며, 치안도 확실히 유지되고 있다. 이미 이러한 상황에 도달한 이상 금후 관민이 함께 노력을 다하여 소위 문화적 시설 내용을 충실히 하고 있다."라고 하면서, 2회에 걸친 교육조사위원회 활동, 산업조사회 개최 등에서 사회사업의 필요성이 제기되었다고 밝힌 바 있다.[12] 여기서 말하는 사회교화사업이 무엇인지 구체적인 정의가 제시된 것은 아니지만, 그는 "근래 조선 각지에서 각 지방의 주요한 곳에

성행하는 사업", "각종 사회적 시설로 일반 민중의 복리를 위한 사업" 등을 포괄적으로 지칭하여 사회사업이라는 명칭을 사용하였다. 그러나 엄밀히 말하면 조선총독부의 사회교화사업은 민간의 사회사업, 특히 기존의 기독교 단체에서 행해왔던 사업 등에 대한 통제의 목적도 내포하고 있었던 것으로 보인다. 이 점에서 '사회사업'이라는 명목 하에 각 지방 행정기관을 동원한 사회교화사업이 진행된 것으로 추정할 수 있는데, 이는 『조선』 1922년 3월호 충청북도편 '사회교화사업일반'을 통해서도 확인된다.

[사회교화사업일반(社會敎化事業一班)]

갑. 도군을 중심으로 한 사회교화상의 시설

　(一) 사회교화사업 조사위원회의 설치

　　(1) 강습·강화 기타 지방 중심인물 육성에 관한 사항

　　(2) 유희·가요·통속 독물(讀物)·통속 연극·활동사진·환등 등의 이용에 관한 사항

　　(3) 조선에서의 습관·고례(古例) 및 역사에 관한 사항

　　(4) 간화회(懇話會)·청년회·기타 지방 교화에 관한 단체의 지도에 관한 사항

　　(5) 사회교육 및 지방개량 사업 자료 조사에 관한 사항

　　(6) 도서관 및 순회문고에 관한 사항

　　(7) 기타 본회의 목적상 필요하다고 인정되는 사항

　본 사업 조사상 필요하다고 인정될 때는 별도로 촉탁원을 두고 본회의 조사에 기초하여 축차(逐次) 적절한 시설을 계획하고 있음

---

12) 水野鍊太郎(1921), 「社會敎化事業に就いて」, 『朝鮮』 1921.6.(77號), 2~3쪽.

(二) 지방개량 필행 사항(必行事項)의 제정

대정 구년 칠월 훈령으로써 지방 개량에 관한 5필행 사항을 정하고, 일반 민중의 귀향(歸嚮)을 밝혀 이를 존중 실현을 도모하며, 지방의 실상과 민심의 추향을 고려하여 군에서 지방에 적용할 실행 세목을 정하고, 도에서 별도로 통첩으로써 그 표준을 지시함. 지금 다섯 가지 필행 사항 및 그것을 실행할 세목의 표준은 아래와 같음.

    (1) 한국 병합의 대의를 천명하고 신정부의 취지를 철저하게 할 일
       (…중략…. 이하 각 항목의 세부 설명은 연구자가 번역 입력하는 과정에서 생략함)

    (2) 공공적 정신을 함양할 일

    (3) 지식의 향상을 도모하고, 사상의 견실을 기약할 일

    (4) 인보해화(隣保諧和) 피차공제(彼此共濟)의 실현을 거행할 일

    (5) 근검역행(勤儉力行)의 미풍을 작흥(作興)하고 생도의 안정을 기약할 일

(三) 青年會 기타의 유사한 단체 지도

(四) 활동사진반의 설치

(五) 면직원(面職員)의 내지(內地) 우량 정촌(優良町村) 위탁(委託)

(六) 내지 관광단(內地觀光團) 장려

(七) 향교 재산의 이용

(八) 재향 군인회(在鄕軍人會)의 지도

을. 학교를 중심으로 한 교화상의 시설 (…중략…)

제일. 소학교를 중심으로 한 사회교화상의 시설

    (1) 본시설(本施設)의 취지

    (2) 본시설의 행사

    (3) 본회의 당사자 및 그 이해(心得)

[부기] 학교조합 간화회 규약(준칙)

제이. 보통학교를 중심으로 한 사회교화상의 시설

(一) 부락 순회강연

   (1) 본시설의 취지

   (2) 본시설 계획의 이유

   (3) 교화요강: 만사성실, 국법준수, 효제를 지켜 일가화합 근검 생산
      에 주력할 일 등

   (4) 교화방법

   (5) 시설 실시의 당사자

   (6) 순회 계절 및 횟수

(二) 부락 간담회 (…중략…)

(三) 보통 강습회(普通講習會) (…하략…)13)


  이 자료에 따르면 조선총독부의 사회교화사업은 3.1 독립운동 이후 사회 통제를 목적으로 지방행정기관을 통해 실행된 사업임을 확인할 수 있다. 이 사업은 1921년 7월 총독부 훈령에 따라 '반드시 수행해야 할 다섯 가지 사항'을 기준으로 삼고 있는데, 그 내용은 위에 제시한 것처럼 식민 통치를 확고하게 하기 위한 것들이다.

  '사회교화사업'은 때로 '민중교화사업'으로 불리기도 했는데, 이와 관련하여 『조선』 1922년 12월호~1923년 1월호에는 조선총독부 비서 과장 마츠무라 마츠모리(松村松盛)의 '민중교화운동'이라는 논문이 수록되어 있다. 이 논문에서는 기존 교육의 네 가지 결함을 지적하면서

---

13) 社會教化事業一班−忠淸北道 篇(1922), 『朝鮮』 1922.3, 朝鮮總督府, 195~207쪽. 일본문 기
   사로 연구자가 필요한 사항만을 번역하여 제시함.

교육이 문명 산파의 역할을 수행하기 위해서는 사회교육이 필요하다고 주장한다. 그는 사회교육은 "국가·공공단체 또는 개인이 사회 민중의 자질 향상을 직접 목적으로 하는 곳에서 이루어지는 교육"이라고 정의하면서 사회교육의 주체가 '국가, 공동단체 또는 사인(私人)'이라고 주장한다.14) 이와 같은 논리에서 일제강점기 사회교육 또는 민중교화는 조선총독부를 중심으로 한 식민 정부의 통제 아래서 지방행정기관 또는 관련 단체를 통해 광범위하게 실시되었음을 확인할 수 있다.

'조선사회사업협회'는 그러한 단체의 하나로 1923년부터 사회사업 강습회를 진행해 왔다. 이 단체는 조선총독부 내무국이 조직한 단체로, 사회문제와 사회정책뿐만 아니라 사상문제와 사회교화 전반에 걸친 통제 기구 역할을 담당했던 것으로 추정된다. 참고로 1935년 발행된 『사회사업 강습회 강연록(社會事業講習會講演錄)』에 실린 강연 자료를 소개하면 다음과 같다.

[강연록 목차]
開會の辭: 朝鮮總督府 學務局長 渡邊豊日子
社會問題と社會政策: 京城帝國大學 敎授 四方博
失業問題: 大阪 地方職業紹介 事務所 遊佐敏彦
思想問題: 京城帝國大學 敎授 速水 滉
朝鮮社會史: 京城帝國大學 敎授 秋葉 隆
社會事業一般: 財團法人 中央社會事業協會 專務理事 總務部長 原泰一
社會敎化: 京城帝國大學 敎授 松月秀雄

---

14) 松村松盛(1922), 「民衆敎化の運動」, 『朝鮮』 1922.12, 朝鮮總督府, 21~33쪽~1923.1, 14~28쪽 참조.

農村振興に關して: 朝鮮總督府 囑托 八尋生男

〈科外講演〉

滿洲に於ける朝鮮人問題: 朝鮮總督府 文書課長 安井誠一郎

朝鮮の小作慣習: 朝鮮總督府 林政課長 鹽田正洪

朝鮮の儀禮について: 朝鮮總督府 社會課長 嚴昌燮

朝鮮社會事業の槪要: 朝鮮總督府 社會課長 俞萬兼

이 책은 표지와 판권을 포함하여 577쪽에 이르는 방대한 일본어판 강연록으로, 강연 주제뿐만 아니라 강연자 가운데 엄홍섭과 유만겸을 제외하면 모두 일본인이라는 점에서 식민정책 수행 차원에서 진행된 강연회임을 확인할 수 있다. 이 단체의 활동과 관련하여 『동아일보』 1929년 10월 9일 '사회사업협회 회원을 강조(强募)'라는 기사에서는 다음과 같이 보도한 바 있다.

[사회사업협회 회원을 강모]

조선사회사업협회는 그 조직을 재단법인으로 변경하고 사회사업에 공헌이 잇는 사람을 널리 모집함에 당하야 그 사무소를 둔 총독부 내무국 사회과에서 각도 각군 각 부면으로 하야금 회원을 모집케 하얏든바 하급 관청에서는 례에 의하야 쌧쌧하게 명령을 바드면 그대로 실행만 하야 할 수 잇는 대로 회원을 남보다 만히 모집하는 것이 성적 발휘에 뎨일이라 하야 사회사업이 무엇인지 알지도 못하는 사람을 강권하야 입회금 삼원씩을 밧고 입회케 하며, 다방면 직원들 중 심한 자는 세금 부과시키듯 강권까지 함으로 사회사업이 돍이어 그 반대의 결과를 나케 하는 념려가 잇슴으로 총독부 내무국에서도 고소(苦笑)를 금치 못하는 현상이라더라.15)

이 단체는 처음 출현할 당시 총독부 내무국과 밀접한 관련을 맺고 있었으며 재단법인으로 변경한 뒤에도 지방 행정기관을 통해 회원을 모집했음을 알 수 있다. 주목할 사실은 이 단체의 주요 활동이 수재민 구호 또는 만주 지역 이민자 후원 등에 있었음을 확인할 수 있는데, 일본인을 대상으로 한 강연회 이외에 조선인을 위한 활동 사실이 드러나지는 않는다. 특히 『동아일보』 1934년 7월 19일자 '사회사업사무 담임자 회의 개최'라는 기사를 근거하면, 이 단체와 밀접한 관련을 맺는 각 도의 사회사업 사무 담임자들이 개최한 회의 내용이 "의례준칙(儀禮準則)에 관한 건, 사회사업 시설의 보조 신청에 관한 것, 조선사회사업협회의 확충에 관한 건, 광산 노동자 모집의 건, 공익 질옥(公益 質屋)의 경상비 및 차입 자금 이자 보조에 관한 건" 등[16]이었음을 고려할 때, 지방 행정기관의 보조를 받는 또 다른 식민통치 기구 역할을 담당했을 것임을 쉽게 추론할 수 있다.

## 3. 사회교육 차원의 독본류 교재와 언어 문제

### 3.1. 사회사업과 농촌진흥 관련 독본

일제강점기 '사회교화시설(社會敎化施設)'이라는 의미는 사회교화를 위한 수단을 의미할 경우가 많다. 예를 들어 조선총독부의 『조선』 1932년 10월호 하야시 시게키(林茂樹)의 '조선에서 사회교화 시설'이

---

15) 『동아일보』 1929.10.9, 사회사업협회 회원을 강조(强募).
16) 『동아일보』 1934.7.19, 사회사업사무 담임자 회의 개최.

라는 보고서에 따르면, 조선총독부와 산하 기관에서 실시한 사회교육의 주요 수단은 팸플릿, 강연 및 영화, 순회강연, 청년단 지도, 향약사업(鄉約事業) 조성 장려, 부인 교양 사업 장려, 체육운동 장려를 포함한다.[17] 이 보고서에서는 "사회교화라든가 사상선도(思想先導)는 지금 세상에 비추어 보나 조선 사정에 비추어 볼 때 가장 긴급한 사업으로, 총독부에서는 종래는 물론 그 방면에 상당한 노력을 기울여 왔다."라고 진술하고, "중앙과 지방이 상호 호응하여 제휴하는 것이 최선을 다하는 일"이라고 주장하였다. 이와 같은 주장은 『조선』 1923년 12월호 유만겸(俞萬兼)의 '사회교화와 청년지도(社會敎化と靑年指導)'에서도 확인되는데, 이 글에서는 "사회교화에 관한 시설에 대해, 종래 당국은 늘 주의를 해 왔다. 즉 학교를 중심으로 한 사회교육, 도서관 설립, 활동사진, 보통학교 졸업생 지도, 운동 경기 장려, 청년 훈련소 설치 등, 기타 각 방면에 걸쳐 상당한 시설 방법을 강구하고 (…중략…) 사회교화 시설에 관한 것은 이미 몇 차례 발표한 것과 같이, 총독부는 지방청(地方廳)과 서로 호응하고, 각종 계획을 수립하였는데"라고 진술하였다.[18] 이를 고려하면 일제강점기 이른바 사회교육 또는 사회교화정책은 총독부와 지방 행정기관이 합동으로 광범위하게 이루어진 통제 정책의 하나라고 볼 수 있는 셈이다. 유만겸의 보고서에 따르면 1932년 각 도 청년 단체는 일본인 단체 252개, 조선인 단체 1,247개, 단원수 일본인 1,499명, 조선인 9,829명에 이를 정도로 전면적인 통제가 이루어졌다고 볼 수 있다.

이와 같은 배경에서 조선총독부의 사회사업으로서 가장 중시되었

---

17) 林茂樹(1932), 「朝鮮に於ける社會敎化施設」, 『朝鮮』 1932.10, 朝鮮總督府, 8~11쪽.
18) 俞萬兼(1932), 「社會敎育と靑年誘導」, 『朝鮮』 1932.12, 朝鮮總督府, 13~16쪽.

던 분야의 하나가 농촌(후에 농산어촌)진흥정책이었다. 이는 앞서 언급한 『사회사업 강습회 강연록(社會事業講習會講演錄)』 마쓰즈키 히데오(松月秀雄)의 '사회교화'라는 강연록에서도 확인된다. 이 강연록은 '사회교화의 의의(사회교육의 의의, 사회교육의 객체에 따른 분류, 기본적 수단을 기준으로 한 분류, 조선에서의 사회교육 시설, 사회교육의 목표, 사회교화의 의의, 사회교화의 본질)', '내지에서의 사회교화 일례', '조선에서의 사회교화' 등으로 구성되었는데, 조선에서의 사회교화는 농촌진흥 문제가 가장 중요한 문제의 하나라고 보고 있다. 특히 농촌진흥 방책은 보통학교 졸업생 지도가 가장 중요한데, 농촌에서 태어나 농촌에서 교육받고 농촌에서 사는 사람들이 도회지를 동경하는 것은 그들에게 주어진 사명을 인식하지 못하는 것이라고 하면서 농촌 중견인물 양성의 필요를 역설하고 있다.[19]

조선 농업에 대한 일제의 관심은 식민지배 차원에서 매우 중요한 문제였다. 이는 조선총독부의 시정연보(施政年譜)를 통해서도 확인할 수 있는데, 이 연보가 발행되기 시작한 1908년판에서는 제10장 '산업' 가운데 제1절 '농업'을 두고, 그 당시 설치했던 '권업모범장, 원예모범장'이나 '원예재배사업, 인삼사업, 미간지 이용법' 등을 정리한 데 그쳤지만, 1913년판의 경우 제11장 '농업'을 별도로 편성하여 '농사개량 장려, 농산물 체증, 수리시설, 미작(米作), 잠업, 원잠종제조, 면화재배, 과수재배, 축산, 병충해 구축 예방, 권업모범장, 도종묘장, 동양척식주식회사' 등의 항목을 비교적 상세히 설명하였다.[20] 이처럼 시정연보에서 농업 관련 항목을 자세히 설명한 까닭은 식민지 조선에서의 농

---

19) 松月秀雄(1935), 「社會敎化」, 『社會事業講習會講演錄』, 朝鮮社會事業協會.
20) 朝鮮總督府(1915), 『朝鮮總督府施政年譜: 大正二年, 三年』, 朝鮮總督官房總務局印刷所.

업 생산성 향상이 식민 지배의 효과를 높이는 데 주요한 관건이 되었기 때문으로 추정된다. 이와 같은 차원에서 조선 농업 개선을 위한 서적이 발행되기도 했는데, 서론에서 언급한 이나가키 이츠베시(稻垣乙丙)와 사키사카 키사부로(向坂幾三郎)가 공저한 『조선농사시교(朝鮮農事示敎)』와 같은 것도 이에 해당한다. 이와 같은 유형의 서적으로 경상북도 내무부에서 편찬한 『잠업지남(蠶業指南)』과 같은 책자도 발견된다. 이 자료는 한자와 한글을 혼용하고 한글에 해당하는 부분은 일본문을 부속(附屬)했다는 점에서 이나가키의 책과 동일한 성격을 띤다. 이 책의 '서언(緖言)'을 살펴보면 다음과 같다.

[잠업지남 서언(緖言)]

一. 本書는 道立蠶業講習所 及 地方養蠶傳習所 卒業生 又는 共同稚蠶飼育所 敎師 等 專히 本 道內에셔 育蠶의 事에 從호는 者에 頒호기 爲호야 編述 혼 者이라.

一. 本書 所載의 事項은 何라도 本道를 中心으로 호야 本道에 適切혼 方法을 記述코자 혼 事에 昻호나 此가 硏究 調査의 機關 尙히 아직 備置 못호야 完璧域에 入키 能치 못홈은 編者의 遺憾혼 所이오나 將來 更히 適切혼 硏究 遺漏업시 調査를 遂호야 此가 增補 改訂에 吝치 안토록 할지라.

一. 本書 載혼 所主으로셔 骸骨的 事實을 基礎로 호야 苟히 贅文冗句에 涉함과 如혼 事項은 一切 此를 避호게 호야 此로써 讀者 亦 無趣枯骨를 嚙호는 感이 잇슬지라도 此를 施호야 悖치 안호고 此를 行호야 過치 안홈은 編者의 確信혼 所也라. 辛亥 一月 於達城之寓居 編者 誌[21]

---

21) 경상북도 내무부(1912), 『잠업지남』, 대구인쇄합자주식회사.

이 서언에 나타나듯이, 이 책자는 장업강습소, 지방 양잠전습소 졸업생 또는 공동 치잠 사육소의 교사들에게 반포하기 위해 편찬한 것으로, 양잠을 통한 생산성 향상을 고려했음을 알 수 있다. 이와 같은 차원에서 1910년대 무단통치기일지라도 조선문 계몽서가 발행된 사례를 찾아볼 수 있는데, 1911년 이원규(李元圭)가 편찬한 『노성인 강습용 목민집설(老成人 講習用 牧民集說)』이나 1916년 같은 저자가 계몽 목적으로 편찬한 『이상(이상(理想)』과 같은 경우이다. 전자는 "유년과 청년은 대개 학교에 입학하여 수료 등 각각 정한 바가 있으나 노인과 성인에 이르러는 연령이 적당함과 그렇지 않음을 기다리지 않는다."라고 하여, 성인용 강습서임을 명시하고 있다. 후자는 책명이 상징하는 바와 같이, 저자 스스로 이상향을 구축하기 위한 계몽 담론으로 전자와 내용상 큰 차이는 없다.[22]

이와 같은 흐름에서 1920년대 이후의 농촌정책은 그 시기 사회문제와 사상의 변화에 따른 농촌 통제 및 소위 각종 '진흥(振興)' 정책으로 변화해 간 것으로 볼 수 있다. 예를 들어 조선총독부의 『조선』 1924년 12월호 히로세 소(廣賴操)의 '조선 농촌 진흥책에 대하여'에서는 '농촌 진흥'과 '농촌구제'를 동일한 입장으로 다루면서도, 조선의 농촌은 일본 농촌의 쇠퇴 과정과 다른 면이 있지만, 일본 농촌 구제책을 응용하여 조선 농촌 진흥책을 제시한다고 하였다. 그는 농촌 진흥의 이유를 설명하면서 농촌 위미(萎靡)의 원인을 '농민의 과잉(過剩)', '기부금 남징(濫徵)', '학교의 남설(濫設)', '금융기관의 부족' 등을 제시한다. 여기서 농민의 과잉이라는 것은 산업 인구 가운데 농민이 차지하는 비중

---

22) 허재영 해제(2012a), 「근대 계몽기의 노동야학과 성인 강습」, 『농민독본 및 갱생운동 2』 (계몽운동 문자보급 자료총서6), 역락 참고.

이 높다는 것을 의미하며, '기부금 남징'은 농촌에서 담당하는 세금이나 그 밖의 지출이 과다함을 의미하고, '학교의 남설'은 농촌 출신 졸업자가 적절한 역할을 하지 못함을 의미한다.[23] 이와 같은 진단은 조선총독부의 농촌 정책의 본질이 식민통치를 위한 통제와 생산성 향상에 있었음을 직시한 것으로 볼 수는 없으나, 적어도 그 당시 농촌 현실의 피폐함을 지적한 것에서는 틀린 것이 없다. 그럼에도 그의 진단은 학교 졸업자 가운데 상당수가 '사회적 독소(毒素) 내지 무위도 식하는 무리'라고 표현했듯이, 식민지 농촌의 현실을 제대로 파악한 것은 아니다. 이러한 전제에서 그는 개인적인 차원에서 '농촌 청년 선도', '농촌을 대상으로 한 투자 및 자유경쟁', '마름(舍音) 문제 해결', '토지 정책으로서 소작 문제 해결', '토목 사업 진흥' 등을 제시한 바 있다.

1926년 1월 25일 공포된 '조선 농회령'은 식민지 조선 농촌 통제가 체계화되었음을 의미한다. 농회령은 일본의 각 부군도(府郡島)뿐만 아니라 조선의 각 지역에 농회를 설치하기 위한 법령이다. 이 법령은 총 13개 조로 구성되었으며, 시행령 31개 조로 구성되었다. 이 농회령의 주요 내용은 농회의 종류, 구역 및 명칭, 조직, 사업, 설립 수속 기관, 회원의 권리와 의무, 재무, 합병 및 분할 등 농회 조직과 관련된 것들이다. 그러나 농회가 식민 통치를 조직화하기 위한 수단이었음은 『동아일보』 1926년 2월 12일부터 16일까지 5회에 걸쳐 연재된 옥동인 (玉洞人)의 다음 논설을 통해서도 확인할 수 있다.

---

23) 廣賴操(1924), 「朝鮮の農村振興策について」, 『朝鮮』 1924.12, 朝鮮總督府, 119~124쪽.

[농회령의 정체-그 근본 정신은 安之?]

　朝鮮人에 對한 日本人의 統治策은 저 世界的으로 이름이 놉흔 佛國式의 所謂 統一主義의 同化政策이라. 合併 以來의 總督政治가 그로써 一貫하야 온 것은 누구나 다 알고 잇는 바이니 여긔에서 무엇을 새삼스럽게 長提할 것이 업지마는 最近에 이르거 所謂 '文化政治'라는 것은 第三代 齋藤 總督 以來 朝鮮 爲政者들의 입만 열면 吐露되는 一手販賣의 標語이다. 方今도 所謂 '文化政治'를 實施하는 중에 잇서 今後에도 이러한 文化政治가 얼마나 繼續 될는지 모른다. 그럼으로 그들의 꼴을 써날새 업시 보는 우리들은 '朝鮮의 政治가 文化的이라'는 爲政 當局者들의 놉히 廣告하는 소리를 귀가 압호도록 듣는다. 우리는 齋藤式 文化政策과 寺內式의 武斷政治 官權萬能政治가 實質에 잇서서 무엇이 다르다는 것을 그 어느 方面, 어느 點에서도 發見하지 못하엿다. 이에서 우리는 當局者의 巧智를 贊揚하지 안는다면 우리 自身의 無知를 罵하고 십다. 이러한 齋藤式의 文化政治가 着着 進行하는 중에 잇서 그 文化政治에 짜르는 새로운 政策의 나타남을 보게 되엿스니 卽 朝鮮의 副總督인 總監으로 近代 新帝國主義的 訓練이 相當히 깁흔 新政略家 下岡 氏가 朝鮮에 赴任하야 그의 所有한 巧智를 잇는 대로 發揮하려는 곳에서 나타나게 된 所謂 '産業 第一主義'의 政策이 곳 그것이엿다. 以來 農業 第一主義의 實行策으로 産業增殖策이 나타나고 日本帝國의 食糧問題를 그들의 사이에서 더욱 囂囂(효효)히 論議하게 하엿다. 이에 의하야 朝鮮人에게 밋치게 되는 影響의 엇더한 것은 別問題로 하고 日本人 當局者로서는 그 當然히 取할 만한 政策일 것이 아니라는 下岡 總監이 植民地 統治의 根本義를 잘 理解한 것이라 아니할 수 업다. (…중략…) 今般의 朝鮮 産業第一政策 産米增殖計劃이 이 生産率의 擴大를 促進하는 것임은 確實하다. 그러나 그것이 日本의 不足을 感하는 食糧問題를 解決하랴는 目的을 위한 手段임은 그들의 이미 公然히 議論하는 바이오 우리의 推理로도 判定하기에 不難한 事實이다.

이에서 最近에 發布된 産業組合令과 農會令이라는 枝葉에 問題로 드러가게 된다. 이것이 下岡 氏 獨特한 産業第一主義의 實行 法案인 同時에 朝鮮植民地 産業政策이 한 階段 步를 더 올나서 組織期에 入한 것이다. (…中略…)

原來 그 兩 法令은 本質에 잇서 社會的 及 自治的의 性質을 쯴 法令이라 그 時期의 目的을 到達하고 아니하는 것은 別問題로 하고 現代 資本主義 經濟組織의 弊害를 微溫的으로나마 改良하랴는 것임은 否認치 못할 것인가 한다. 卽 現代의 資本主義的 經濟組織은 資本과 勞働이 아주 分離된 社會이라 激烈한 自由競爭으로 말미아마 多額의 資本을 가지고 進步한 技術을 應用하며 精巧한 分業的 計劃에 의하야 大量으로 生産하고 大量으로 取引하야 그 競爭에 能히 抵抗할 만한 자들만 經濟的 勝利자가 되고 其他는 모다 劣敗者의 地位에 沒落하야 모든 社會的 害惡이 이로 말마아마 層生疊出하는 것은 누구나 밝게 觀察할 수 잇는 事實이다. (…중략…)

이에 本論題인 産業組令과 農會令 갓흔 것은 그 根本精神으로 보아 多少 社會的 色彩를 쯴 것이라고는 할 수 잇스나 그를 곳 社會政策的 施設이라고는 볼 수 업는 것이다. 그 內容된 바가 權利보다도 義務의 便에 主力을 두엇고 施惠는 물론 아니다. 施惠 그것이 잇서야 한다는 것은 아니지마는 發展할 수 업는 産業을 發展케 할 만한 條件은 하낫도 가지지 못한 것이다.24)

이 논설에서 옥동인은 일제의 식민 통치가 프랑스식 강력한 동화주의에 있고, 이는 데라우치 시대의 무단통치나 사이토 시대의 문화정치가 다르지 않다고 진단한다. 오히려 문화정치 아래에서 산업조합령과 농회령이 공포된 것은 식민지 조선의 식량기지화와 밀접한 관련을

---

24) 『동아일보』 1926.2.12~13, 옥동인(玉洞人), 농회령의 정체: 그 根本精神은 安之?(1)~(2).

맺고 있으며, 두 법령이 이를 조직적으로 실천하기 위한 교묘한 전략이라는 사실을 명료하게 언급하고 있다. 특히 주목할 점은 산업조합이나 농회와 같은 단체는 자본주의 체제하에서 노동자와 농민을 보호하는 단체가 되어야 하지만, 실제 식민 통치에서 두 법령이 의미하는 것은 '권리보다 의무를 강조하고', '산업 발전 조건은 전혀 없는' 시혜적 법령이 아니라는 점을 분명히 지적했다. 이와 관련하여 옥동인은 '농회의 종류에서 부군도(府郡島) 농회, 도농회(道農會), 조선농회(朝鮮農會) 세 종류의 농회 배치 방법이 매우 계통적이며', '조직에서 세농자(細農者)를 제외'한 점 등을 고려할 때, 조선 농민을 위한 것이 아니라 통제를 통해 식량문제를 해결하기 위한 방책이었음을 통렬하게 비판한다. 이러한 비판은 농회 사업으로 제시한 항목들을 살펴볼 때 더욱 뚜렷해진다.

[농회령의 정체-그 근본 정신은 安之?]
　農會의 事業으로는
一. 官廳과 協同하야 農業을 指導 獎勵하랴는 것이라. 技術員을 두고 菜種田畓 及 模範田畓을 設置하며 補助金을 交付하고 品評會, 共進會, 講習會, 講話를 開催하랴는 것이오
二. 農業者의 福利를 增進하랴는 것이라. 物品의 共同購入에 關한 斡旋, 農産品의 共同 販賣에 관한 斡旋, 副業의 獎勵, 小作 慣行의 改善, 地主舍音 小作人의 指導 敎養에 관한 것이며
三. 農業에 關한 事實을 硏究 調査하는 것이며
四. 農業에 關한 紛議를 調停 或은 仲裁하랴는 것 等이다.
以上 第三項까지는 農業의 改良과 發達을 目的한다는 在來의 郡農會의 事業과 다를 것이 업고 今後의 農會는 그 活動과 能率이 좀 더 놉하질가 한다.

小作 慣行의 改善, 地主 舍音, 小作人의 指導 教養에 관한 것이 問題다. 地主
會와 彷佛한 農會의 立場에서 不傾 不偏의 態度를 하지 못할 農會로써 무엇
이 改善이니 教養이니 하는 것은 반드시 一般 小作 農民의 利益에 背馳될
것이며 覺醒에 阻害되는 점이 만흘 것이다.25)

옥동인이 주목한 것은 농회 사업 가운데 '농업에 관한 분의를 조정
혹은 중재하는 것'의 문제점이다. 농회가 지주회와 마찬가지로 식민
통치를 위한 수단이자 농민 통제의 도구라는 점에서 분쟁을 공정하게
해결하지 않을 것이라는 점은 쉽게 예측된다. 그런데 여기서 더 주목
해야 할 사실은 농회 사업 네 가지 중 어느 하나도 농촌 통제에 무관한
것이 없다는 점이다. 각종 품평회, 공진회, 강습회, 강화뿐만 아니라
공동 구매나 판매, 부업 장려, 지주와 사음, 소작인 교양 등이 지방청
의 지도를 받는 농회를 통해 전면화되고 있다는 뜻이다.

이와 같은 맥락에서 1930년대 농촌진흥정책은 피폐한 농촌뿐만 아
니라 '농산어촌' 전반에 걸친 문제로 확장된다. 조선총독부 『조선』
1934년 1월호에는 농촌 진흥을 홍보하고, 농산어촌 진흥 정책에 대한
종합적인 보고서에 해당하는 '조선에서의 농산어촌 진흥운동의 전모'
라는 자료를 싣고 있다. 이 자료는 '제일 농산어촌 진흥운동의 특이
성', '제이 농산어촌 진흥운동의 기조(인문적 기조, 정치적 기조, 사상적
기조, 국제적 기조)', '제삼 농산어촌 진흥책 수립', '제사 농민 지도의
원칙', '제오 지방진흥위원회의 설치', '제육 농가경제 갱생 지도의 요
강', '제칠 계획 실생상의 근본적 착의(着意)', '제팔 제1기 지도 공작의
전모', '제구 제2기 지도 공작의 전모', '제십 지도 기술의 전망', '제십

---

25) 『동아일보』 1926.2.15, 옥동인(玉洞人), 농회령의 정체: 그 根本精神은 安之?(4).

일 천흥(天興)의 박차(拍車)', '제십이 총독의 말(言葉)'으로 구성되었다.26) 그 가운데 '농산어촌 진흥책 수립'은 '자력갱생운동'과 '진흥대책'으로 구성되었는데, 그 내용을 다음과 같이 구성하였다.

[農山漁村 振興策の樹立]

| | | | |
|---|---|---|---|
| 農村振興策 | 自力更生 | 心的 方面 | 農業本質の理解<br>農民道の闡明確守<br>農民の使命遵奉 |
| | | 物的 方面 | 生産の増收<br>餘剩勞力の消化<br>生産物の處理<br>生産費 遞減<br>生活費の節約 |
| | 振興對策 | 對策 樹立 | 食糧の自給自足<br>耕地面積の增加<br>林地の利用更生<br>經營資金の融通<br>負債の整理豫防<br>經營計畫の樹立<br>農民教育の普及刷新 |
| | | 對策 實行 | 指導機關の連絡統制<br>官公吏の緊張示範<br>土氣の鼓舞伸張<br>各種機關の普及整備<br>補助助成の更新<br>指導の基礎團體 |

이 표에 나타난 것처럼, 1930년대 농촌진흥책은 이른바 '자력갱생운동'으로 실행되었고, 자력갱생운동의 핵심 목표는 '농민도', '농민사명'이라는 슬로건 아래 '생산성 향상'을 목표로 하였음을 확인할수 있다. 또한 진흥 대책으로 제시한 것들도 대부분 식민지 조선 농촌의 피폐에 대한 근본 원인 규명 없이, 생산성을 높이기 위한 대책으로 채워졌음을 알 수 있는데, 이와 같은 경향은 일제의 만주 침략으로

---

26) 朝鮮總督府(1934), 「朝鮮に於ける 農山漁村振興策の樹立」, 『朝鮮』 1934.1, 朝鮮總督府, 4~70쪽.

인해 더욱 강화된 면이 있었다. 이 보고서에서 제시한 제1기 공작은 1932년 9월 농촌진흥위원회를 두고 도지사회의에서 그 시설에 대한 훈시를 한 것으로부터 출발한 것으로 설정했는데, 이때부터 『자력갱생휘보(自力更生彙報)』를 발행하고, 그 실적을 보도한 것으로 나타난다. 제2기 공작은 1933년 9월 '농가경제 갱생 계획에 관한 통첩' 발포와 함께 시작된 것으로 설명하고, 전 조선에서 2,500부락 7만 호를 선정하여 경제갱생을 촉진하도록 한다는 의미를 담고 있다. 이와 같은 차원에서 일제강점기 농촌진흥정책 가운데 '자력갱생운동', '모범촌 운동', '금융조합운동' 등은 식민지 조선 농촌의 생산성 향상뿐만 아니라 농민 통제와도 밀접한 관련을 갖는 정책으로 작용했음을 알 수 있다.

자력갱생운동은 1932년 일본 내무성에서 발의되어 일본뿐만 아니라 조선에까지 확대된 운동으로, 『동아일보』 1932년 7월 20일에서는 다음과 같은 기사를 싣고 있다.

[農村 自力更生: 主旨 徹底로 內務省 國民運動 企圖]

內務省은 政府의 農村 救濟事業과 倂行하야 一大 國民運動을 起하기로 決定하고 昭和七年度 追加 豫算으로서 約二十一萬圓을 大藏省에 要求하얏다. 右는 九月 初旬을 期하야 全國 一齊히 行할 터인데 山本 內相을 會長으로, 內務, 大藏, 農林, 商工, 文部 各省을 委員으로 中央委員會를, 地方은 知事를 會長으로 地方委員會를 組織하야 重大 時局의 救濟에 處하랴 한다.[27]

이 기사대로 자력갱생운동은 1932년 일제의 만주 침략 직후 '국민

---

27) 『동아일보』 1932.7.20.

총동원', '애국운동' 등의 슬로건과 함께 탄생한 운동의 하나다. 권병탁(1983)에서 살핀 것처럼, 이 운동은 군국주의화한 일본의 식민지배 강화 정책으로, 가혹한 국민총동원운동의 전단계 성격을 띤 것이었다.[28]

이와 같은 차원에서 자력갱생과 관련한 각종 강연과 강습이 있었고, 이를 뒷받침하기 위한 독본이 등장하기도 하였다. 그 가운데 하나가 1936년 조선총독부의 『농가갱생독본(農家更生讀本)』이다. 이 독본을 일본문으로 발행되었으며, 조선총독부 촉탁 오오히로 키오토코(大尋生男)가 강술(講述)한 것을 제국지방행정학회 조선본부에서 발행한 것이다. 이 책에는 다음과 같은 서문이 실려 있다.

[서문]

일. 본 강본은 농촌진흥회 중견인물 혹 군, 면, 기타 지도자 강습회용으로 편찬된 것으로 그 상황에 따라 적당한 장절을 사용할 수 있고, 또 기술 내용은 각 지방의 사정에 따라 취사 보완함으로써 완벽을 기할 수 있다.

일. 본 강본에서 농촌진흥회라는 것은 갱생 지도부락에 특설되어 있는 부락회를 가리키는 것으로, 이에서는 대략 농촌진흥회라고 칭한다.

일. 본 강본과 함께 총독부 간행의 농촌진흥 책자, 그 가운데 자력갱생휘보를 정독하도록 한다.[29]

---

28) 권병탁(1983), 「자력갱생운동(1932~1936)의 정체」, 『사회과학연구』 3(1), 영남대학교 사회과학연구소, 101~122쪽.

29) 朝鮮總督府(1936), 『農家更生讀本』, 帝國行政學會 朝鮮地部. [はしがき] 一. 本講本は農村振興會 中堅人物 或は郡, 面その他の指導者講習會用として編纂したのてから, その場合場合によつて適當の章節を使用せられたく, 又記述の内容は地方地方の事情に應じて取捨補修し以て完璧を期せられたし. 一. 本講本に農村振興會とあるのは, 更生指導部落に特設されてゐる部落會を指すのてあるをこ, には一概に農村振興會と稱してゐるのである. 一. 本講本と共に總督府刊行の農村振興關係冊子, 就中自力更生彙報を精讀せられたし.

이 서문에 밝힌 바와 같이, 이 독본은 중견인물 또는 지도자 강습회 용으로 편찬되었기 때문에 사용 언어도 일본문이며, 그 내용도 비교적 전문적이다. 이 책은 제1장 총설(농촌진흥운동에 관한 정무총감 통첩, 농촌진흥운동의 실태, 농가갱생 계획 실시의 요지, 농가갱생 계획의 수립 방침 및 요점, 농촌 진흥운동의 장래), 제2장 농가 현황 조사(조사 사항, 농가 현황 조사서의 취급, 조사상 유의할 점, 조사 방법), 제3장 농가갱생 5년 계획 수립, 제4장 갱생계획의 실행, 제5장 갱생지도 농가 및 갱생 지도 부락의 자주적 활동(자주적 활동의 촉진, 갱생계획 실행을 중심으로 한 계몽, 연중행사표의 작성, 중심인물과 오인조 활동, 농촌진흥회의 자주적 활동, 중견인물의 활동, 중견 청년의 활동), 제6장 농가갱생 계획 지도의 요체(要諦) 등으로 구성되었는데, 각 제목에서 추론할 수 있듯이 중견 인물 양성이라는 목표 아래 다분히 전문적인 내용을 포함하고 있다.

앞서 살펴본 바와 같이, 금융조합 활동은 농촌정책의 또 다른 주제를 이룬다. 이 점에서 조선총독부가 직접 관여한 것은 아니지만 1932년 조선금융조합연합회(朝鮮金融組合聯合會)에서는 무타구치 이히코(牟田口利彥)의 『금융조합독본(金融組合讀本)』을 편찬했다. 이 독본은 총 5장으로 구성되었으며, 그 내용은 금융조합의 연혁, 정신, 조직, 업무, 현황 등과 관련된 것으로 구성되어 있다.[30] 이 독본은 일본문으로 발행된 뒤 조선문으로 번역되었는데, 그만큼 농촌 문제에서 금융 문제가 중요한 의미를 갖고 있었기 때문으로 보인다. 『선문금융조합 독본(鮮文金融組合讀本)』이라는 명칭으로 간행된 이 번역본은 '조선금 융조합협회'라는 이름으로 간행되었는데, 일본문 독본을 편찬한 '조

---

30) 牟田口利彥(1932), 『金融組合讀本』, 朝鮮金融組合協聯合會. 第一章 金融組合のおこり, 第二章 金融組合精神, 第三章 金融組合の組織, 第四章 金融組合の業務, 第五章 金融組合の現況.

선금융조합연합회'와 동일한 단체로 추정된다. 이 번역본에는 다음과 같이 '책을 만든 목적'이 나타나 있다.

[이 책을 만든 目的]
　金融組合은 朝鮮에서 相當히 오랜 歷史를 가지고 잇습니다마는, 이에 對하야 國民의 理解가 적기 때문에 그 貴重한 使命을 充分히 達成치 못함은 참 遺憾으로 생각하는 바입니다.
　그래서 組合員은 勿論이오 一般 여러분에게도 金融組合이라는 것은 무엇인가, 거긔에 對한 精確한 認識을 가지시게 할 目的으로 이 책을 만들엇습니다.
　　昭和 七年 月 著者 씀[31]

이 독본은 일본문으로 된 것이든, 조선문으로 번역된 것이든 금융조합 활동을 통해 일본 제국주의의 식민통치 이데올로기를 수용하게 하는 데 목표가 있었다. 그렇기 때문에 제5장 금융조합의 현황에서는 "組合員 된 사람들은 제일 먼저 組合의 精神을 自覺하야 勤儉 力行하야 各自가 그 家業에 힘쓰고 借入金을 有效하게 使用하며, 克己 貯蓄을 勵行하야써 厚生의 길을 꾀하며, 自己의 運命은 自己의 손으로 開拓할 굳은 覺悟와 決心이 업서서는 안 될 것이다. 金融組合은 힘껏 勞働하며 힘껏 生産하는 者의 大同團結이다. 協同 自助 共存共榮의 精神, 그것이야말로 참으로 金融組合의 生命이며 原動力이다."라고 끝맺고 있다. 여기에 나타나는 '대동단결, 공존공영' 등은 일제강점기 동화정책 차원에서 지속되어 온 식민통치 이데올로기의 대표적인 슬로건이었다.

---

31) 牟田口利彦(1932), 『鮮文金融組合讀本』, 朝鮮金融組合協會.

## 3.2. 사회정책 차원의 조선어 독본과 조선문 사용 실태

앞서 설명한 것처럼, 1910년대 무단정치 아래에서도 다수의 조선문 계몽서나 일본문과 조선문을 부속한 형태의 농업서가 발행된 것처럼, 1920년대 이후에도 필요에 따라 조선문 휘보나 독본이 편찬된 사례가 적지 않다. 예를 들어 사회교화용 일본문 번역 자료, 강습·강연 자료, 식민지 농촌진흥운동 차원의 독본류, 언문판 자력갱생휘보 등이 대표적이다.

첫째, 사회교화용 일본문 번역 자료로 1934년 제국지방행정학회 조선본부에서 발행한 야마자키 노부키치(山崎延吉)의 『선역 농민도(鮮譯 農民道)』와 같은 자료를 들 수 있다. 야마자키는 1873년 이시카와 현(石川縣)에서 태어난 근대 일본의 농정가(農政家)이자 귀족원 의원, 제국농회 간사 등을 역임한 인물로, 농촌 자치 등에 관심을 기울였던 인물이다. 이 책은 '서언(緖言)'을 비롯하여 총 15장으로 구성되었는데, 그 내용을 살펴보면 다음과 같다.

[선역 농민도 목차]
第一章 緒言
第二章 使命에 覺醒된 自重
第三章 勞働 神聖에 覺醒할 일
第四章 堅固한 信念
第五章 共同 協助는 生産 眞理인 것을 깨달을 일
第六章 進步 進取는 農業 本來의 面目인 것을 깨달으라
第七章 感謝 報恩에 精進할 일
第八章 自由의 民이 됨에 覺醒할 것

第九章 皇國精神과 農民道

第十章 武士道와 農民道

第十一章 向上生活—農民道의 極致

第十二章 趣味에 살 일

第十三章 至上藝術로 悟得함

第十四章 地主와 農民道

第十五章 結論

　판권을 포함하여 87쪽으로 구성된 이 책자는 목차에서 확인할 수 있듯이, 식민지 농촌지배 이데올로기의 선전 책자로서의 성격을 띤다. 이 책의 '농민도(農民道)'는 '무사도(武士道)'나 '신사도(紳士道)'와 같이, '농민으로서 지켜야 할 도리와 사명감, 의무' 등을 포괄한 개념이다. 이 책 제2장에서는 '무사도'의 기본은 '자중(自重)'에 있고, '자중'은 "타인으로부터 모멸받지 않도록 스스로 경계하는 것", "타인으로부터 멸시를 당하지 않도록 주의하는 것", "타인으로부터 경멸시되지 않도록 노력하는 것"으로 규정하면서 농민의 사명도 무사의 사명과 동일하다고 주장한다. 그는 국가는 토지(국토, 영토)를 이용하고, 주권을 갖고 있으며(천황 주권론), 인적 요소(국민, 영토)에서 생활이 이어지는데, 그 바탕에 농민이 있다고 강변한다. 이는 전형적인 식민 제국주의 이데올로기로서, 제9장에서는 "우리 황국의 정신은 고래 대화혼(大和魂)이라 칭하야, 우리 대화민족(大和民族) 고유의 정신이다."라고 선언한다. 중국인이나 서양인과 대립하여 "일본인의 충용무열(忠勇武烈)의 정신은 교육으로 가르침도 아니오, 법률로 강제한 것도 아니오, 다만 모친이 젖먹일 때에 너어 준 것이다."라고 주장한다. 결국 '농민도'는 농민으로서 황국 신민이 되어야 한다는 주장을 되풀이한 데 지나지 않는다.

이와 같은 차원에서 일제강점기 조선문으로 된 식민 지배이데올로기 전파 서적은 비교적 다수가 발견된다. 예를 들어 1944년 조선유도연합회(朝鮮儒道聯合會)에서 발행한 기타 신로쿠(喜田新六)와 다카하시 도루(高橋亨)의 『국체명감(國體明鑑)』은 일제강점기 식민 지배정책으로서 '국체 이데올로기'를 효과적으로 전파하기 위한 수단으로 발행된 서적이다. 이 책은 '범례'에서 "본서는 원 경성제국대학 교수(元京城帝國大學 敎授) 후지츠카 치카시와 다카하시 도루(藤塚鄰氏及高橋亨 博士)의 엄밀한 감수하에 주로 원 경성제국대학 예과 교수 기타 신로쿠(喜田新六) 씨의 집필로 된 것이나, 상재(上梓)에 지(至)하기까지 전후 수개 성상(星霜)을 열(閱)하였기 때문에 결미장(結尾章)의 최근 기사는 다카하시 도루 박사가 직접 집필한 것"이라고 밝혔듯이, 다카하시 도루의 역할이 컸던 것으로 보인다. 또한 범례에서는 "본서의 번역은 원 조선총독부 사무관(元朝鮮總督府 事務官) 水田種秀 씨, 명륜 전문학교 교수(明倫專門學校敎授), 경학원 사성(經學院 司成) 안인식(安寅植) 씨, 조선총독부 촉탁(嘱託), 조선유도연합회 상무참사(常務參事) 平山太仁 씨의 수(手)에 의하야 성(成)한 것이다."라고 하여, 일본문 원본에 대한 조선문 번역서임을 명시하였다. 이 책의 저술과 번역 의도는 다카하시 도루가 쓴 서문에서 "아등 일본 국민으로서 아 국체(我國體)의 존엄함과 그 은혜(恩惠)의 망극함에 대한 감사 감격을 금일과 여(如)히 절실하게 느끼어짐은 이왕에 일찍 보지 못하든 바이다. 현재 우리 일본이 조국(肇國)의 대이상(大理想) 실현을 위하여 유사 이래의 웅위절대(雄偉絶大)한 사업에 종하사여, 월일월보(月一月步)로 혁혁한 성과를 거양(擧揚)하고 있는 까닭이다. 지나사변에 계속하여 대동아전쟁이야말로 국가의 존망이 달린 사업으로서, 지금의 일본 국민은 후세 자손 영원의 복지를 옹호하기 위하여 일억 일심(一億一心) 열탄열화(熱彈烈火)가 되어 경적격멸(勁敵擊滅) 국난극복(國難克服)에 매진하고 있는 것이다."라고 했듯이, 이른바 '국체'라는 미명하에 군국주의 일본의 침략정책을 옹호하고 식민 지배이데올로기를 주입하는 데 있었다.

이뿐만 아니라 강제병합 직후 미쿠니 야산시로(三國谷三四郎)가 교열한 『신찬 대일본제국사략(新撰大日本帝國史略)』(1913, 일한서방) 조선문판이 번역 출판되었고, 아오야기 쓰타타로(靑柳綱太郎)의 『이조 오백년사』(1912, 조선연구회), 『조선독립소요사』(1921, 조선독립소요사출판부) 등은 일본문과 조선문 번역판이 동시에 출판되기도 하였다. 또한 일본인 고이즈미 겐조로(岩瀨健三郎)의 『조선명륜록(朝鮮明倫錄)』(1924, 대동출판협회)과 같이 유교 이데올로기와 관련된 다수의 저작물이 조선문으로 출판되기도 했는데, 이러한 출판물은 대부분 역사 이데올로기나 식민 통치에 부합하는 유학사상과 관련된 것들로 볼 수 있다. 물론 일제강점기 일본어 보급 정책이 강압되는 상황에서도 중앙위생협회의 『위생대감』(1913)이나 광업조선사(鑛業朝鮮社)에서 발행한 월간잡지 『광업조선』(1938~40) 등은 시대를 가리지 않고, 조선문 사용을 금지하지 않았는데, 이 또한 식민지 언어정책에서 일본어 보급이 이루어지지 않은 상황의 정책 홍보나 통제의 필요에 따라 허용된 현상으로 볼 수 있을 것이다.

둘째, 사회교화와 농촌진흥 관련 강연·강습이 광범위하게 이루어지면서, 일본문을 이해하지 못하는 조선 농민과 부녀자를 대상으로 한 조선문 강연록이 발행되었다. 특히 '부인강습회' 또는 '부녀수양강습회' 등과 같은 명칭으로 다수의 강연이 이루어졌음은 각종 신문을 통해 확인할 수 있는데, 이러한 강습회는 조선총독부 지방청(地方廳)이 긴밀하게 관련되어 있다. 다음을 살펴보자.

[公州郡 主催의 農村 婦人講習會]

疲弊한 農村을 更生식키는 데는 婦女子도 가티 이러나야 所期의 事業을 이룬다 하야, 公州郡 當局에서는 農村 婦女指導에 努力을 드리든 中 오는 九月로 十一日까지 三日間은 또 講習會를 開催한다는 바 講習의 參席할 婦女子는 各面에서 二三人式 選拔하야 若 四十名을 召集하리라 하며, 講習이 긋난 뒤에는 聽講한 婦女로 各農村을 巡廻 座談會를 開催하고, 農村 婦女에게 新知識을 너어주리라는데 今般 講習會 場所와 講師는 아래와 갓다.

一. 場所: 公州公立普通學校

二. 講師: 郡職員 及 警察署長32)


이 기사에서 확인할 수 있듯이, 1930년대 각 지방에서 행해진 부인 강습회는 군직원 또는 경찰서장, 서기 등과 같이 지방행정기관의 책임하에 이루어진 경우가 많다. 그 과정에서 다수의 조선문 강연록이 출판되기도 했는데, 그 중 하나로 1933년 1월 부여군에서 발행한『민심작흥 자력갱생(民心作興 自力更生) 부인강습회 강화록(婦人講習會講話錄)』을 살펴볼 수 있다. 이 책은 저작자가 부여군수로 되어 있고, 홍산(鴻山) 인쇄소에서 발행한 것으로, 그 목차는 다음과 같다.

[목차]

첫째 부인(婦人)의 직책: 원군수

둘째 가업(家業)과 부인: 박스무주임

셋째 의복 음식 거처(衣服 飮食 居處)와 부인: 권주사

넷째 질삼 장려 염색 연구(紡織獎勵, 染色硏究)와 부인: 박긔수

---

32)『매일신보』1933.9.3.

다섯째 채련밧 매고 목화 각구기(蔬菜栽培, 棉田手入)와 부인: 리긔수

여섯째 뉘에를 치고 의복감 낫키(養蠶獎勵 衣服材料)와 부인: 송긔수

일곱째 나무졀약 불짓조심(燃料節約 火元用心)과 부인: 리주사

여돌째 나가는 것 거더 도야지 기르기(廢物利用 養豚獎勵)와 부인: 함긔수

아홉째 밀조주(密造酒)와 부인: 리군수

열째 가내 청결 세간 증돈(家內淸潔 道具整頓)

열한째 가게(家計)와 부인: 김재무주임

열두째 부인 좌담회 좌담의 방법: 권주사

열셋째 부록(附錄)[33]


이 목차에서 확인할 수 있듯이, 이 시기 부인강습의 주요 주제는 가업(家業), 의복·음식·거처, 길삼·염색, 채소·면화 재배, 양잠 등 부녀자의 부업(副業) 또는 부녀 노동과 관련된 것이 대부분이다. 즉 식민지 농촌 부녀의 노동력을 활용하기 위한 차원에서 부녀강습은 유용한 수단의 하나였으며, 그 효과를 높이기 위해 조선문을 활용할 수밖에 없었던 셈이다.

1935년 전후 발행된 것으로 추정되는 당진군의 강연록도 같은 맥락의 자료이다. 이 자료는 보존 상태가 좋지 않아서 표지와 판권을 확인할 수 없는데, 강연록 속에 당진군과 관련된 내용이 포함되어 있으므로, 이 지역에서 이루어진 강연회의 교재였을 것으로 추정된다.[34] 이 강연록의 목차는 다음과 같다.

---

33) 부여군(1933), 『민심작흥 자력갱생(民心作興 自力更生) 부인강습회 강화록(婦人講習會講話錄)』, 홍산인쇄소. (이 자료는 현재 국립중앙도서관 디지털도서관에서 열람할 수 있다.)

34) 허재영 해제(2012a), 『농민독본 및 갱생운동 2』(계몽운동 문자보급 자료총서6), 역락. 이 책에서는 '부인강습회 강연록'이라고 이름 붙였다.

[강연록 목차]

첫재 농촌 부인의 심득: 김군수

둘재 부인의 칙무: 교화주사 류영운

셋재 면작: 농회기수 박윤교

넷재 나무 절약과 불조심: 산업기수 류영찬

다섯재 양잠과 부인: 농회기수 박지풍

여섯재 축산과 농촌부인: 농회기수 리찬구

일곱재 거름과 퇴비: 농회기수 원용섭

여돌재 납세와 밀조쥬: 직무주임 한틔동

아홉재 부록

 

이 목차에서 알 수 있듯이, 이 강연은 농촌 부녀의 노동력과 밀접한 관련을 맺고 있다. 즉 '농촌진흥'에서 '갱생'이라는 말은 농촌 부녀의 노동력을 최대한 활용하는 방안을 의미한다. 강연록 '농촌 부인의 심득'에서 김군수는 "먼저번에 긔회사를 말삼할 쩍에 지금 극도로 곤궁하게 된 우리 조선 농촌을 깅싱식히고자 함에는 불가불 농촌 부인 여러분의 활동을 기다리야만 하겟다는 말삼과 이번에 이 부인 강습회를 열게 된 취지를 틔강 말삼하얏습니다만은 지금부터 다시 농촌 부인의 심득이라 하는 문뎨, 다시 말삼하면 농촌 부인이 알고 쏘한 쏙 실힝하여야 할 일 몃 가지에 틔하야 말삼하고자 합니다."라고 강연을 시작한다. 이 부분을 참고하면 부인 강습회는 여러 차례 지속적으로 진행되어 왔으며, 농촌 갱생은 부인의 활동, 즉 부인 노동과 밀접한 관련을 맺고 있고, 강습회의 취지가 그것과 관련되어 있다는 것을 확인할 수 있는 셈이다. 이 강연에서 김군수는 "농촌진흥이라, 자력깅싱이라 하는 운동이 싱긴 후로 더욱이 부인의 근로활동을 부리지지게 되엿습니다."라고 강조한다. 그는 이 강연에서 '남녀 동등의 근로', '근로에 편리한 의복', '버선 대신 양말 신는 문제', '미신 타파', '위생과 아동보호' 등이 부인으로서 해야 할 시급한 활동이라고 강조한다. 농회 기수 네 사람의 강연 주제는 위의 부여군과 마찬가지로 농촌 부인들의 부업과 밀접한 관련을 맺고 있다. 면작, 양잠, 축산, 퇴비 등 농업 생산성 향상을 위해 부인들이 직접 노동에 참여해야 함을 강조하는 셈이다.

강연회 자료뿐만 아니라, 조선총독부 지방청을 중심으로 한 농촌진흥정책에서 농업 생산성을 높이기 위한 조선문 서적 발행 사례는 1931년 조선총독부에서 발행한『농정신편(農政新編)』과 같은 책자를 통해서도 확인할 수 있다. 이 책은 1881년 조사시찰단 일원으로 일본에 다녀온 안종수(安宗洙)가 지은 책[35]을 번역한 것으로, 번역본은 제1장 토성론(土性論), 제2장 비료(肥料), 제3장 작물의 6종류로 구성되었다. 여기서 '토성(土性)'은 작물 재배와 관련된 토양의 성질을 의미하며, '비료'는 작물 성장을 도울 수 있는 각종 물질을 이용하는 방법, '작물의 6종류'는 '뿌리, 줄기, 껍질(皮), 잎, 꽃, 열매'의 성질을 의미한다. 흥미로운 것은 목차 앞에 제시한 조선총독부의 서문인데, 본래 이 책은 충북 괴산의 농사강습회 강연용으로 작성된 것이라고 하였다.

[序]

忠淸北道 槐山郡 佛頂面에 有名한 篤農家가 잇는데 그는 李泰浩라고 하는 이다. 李太祖의 長子 鎭安大君의 後裔로서 年齡은 이미 古稀를 지낫다. 少時

---

35) 안종수 저, 농촌진흥청 편(2002),『농정신편』, 농촌진흥청. 이 책은 권1 '토성변(土性辨)'과 '재배법', 권2 '분저법(糞苴法)', 권3 '육부경종(六部耕種)'으로 구성된 한문 서적이다.

에는 儒學을 배왓스며 또 東西古今의 歷史에 能通하다. 年來로 農事改良에 留意하야 만흔 硏究를 거듭하여 그의 抱負는 매우 豐富하다. 年前 槐山郡廳에서 農事講習會를 開催하엿슬 째에 氏도 또한 이를 聽講하엿섯다. 그런대 그 講習會의 所說이 氏가 多年 愛讀하든 〈農政新編〉과 類似한 點이 頗多하엿섯다. 그러하야서 그 冊을 發刊하야 널리 農家에 頒布하려고 하던 次에 昨冬 齋藤總督이 氏를 訪問하야 農事의 改良, 農村의 振興에 關한 그의 말을 듯고 感歎不已하엿섯다. 그 後 十餘日만에 氏로부터 本書의 內容을 審査케 하엿던 바, 農家에 參考가 될 만한 點이 不少함으로서 此를 飜譯하야 頒布하기로 한 것이다. 昭和 六年 五月 朝鮮總督府[36]

이 서문에 나타나듯이, 조선총독부에서 이 책을 번역 출판한 데는 '괴산 농촌강습회'와 밀접한 관련을 맺고 있다. 즉 안종수의 저작물이 그 당시 농업 생산성 향상에 직접 도움을 줄 수 있다고 판단했기 때문에 번역 보급에 착수한 셈이다.

셋째, 농촌진흥과 자력갱생운동은 필요에 따라 조선문 강연록이나 독본, 휘보를 발행하는 배경이 되었다. 조선총독부와 지방청의 조선문 농민독본에 대해서는 앞 장에서도 살펴본 바와 같이, 죽산 농민회 사건 이후 전면적인 통제하에 지방청이 편찬하면서『경기도 농민독본』,『충청북도 간이농민독본』등의 지방청 발행 농민독본류가 주를 이루기 시작했다.[37] 이는 농촌 계몽운동에 대한 통제 목적뿐만 아니

---

36) 조선총독부(1931),『농정신편』, 조선총독부.
37)『동아일보』1933.6.15. 농민독본 경찰부에 편찬. 조선의 문맹이 엄청나게 많다 함은 새로운 소리가 아니다. 특히 농촌의 그것은 더욱 참혹하다. 이 문맹으로 말미암아 당국에서 적극적으로 권장지도하는 농촌진흥운동에까지 지장이 적지 않다 하야 농한기를 틈타 가지고 농민야학 등의 개설을 꾀하고 이에 사용할 교과서를 경기도에서 편찬키로 하였다. 이 교과서는 조선문으로 〈농민독본〉이라 명명하야 이에 적당한 교재를 수집 편집 중인데

라, 총독부 중심의 농촌진흥정책 수행 차원이기도 하였다. 이러한 독본류의 명칭은 통일되어 있지 않은데 1931년 충청남도에서 발행한 『속성조선어독본(速成朝鮮語讀本)』은 '도 관내 약도(道管內略圖)'와 함께 '속성'을 목표로 제작된 독본이다. 이 독본의 '범례'는 다음과 같다.

[범례(凡例)]

一. 本書는 速成的으로 朝鮮語를 敎授하기 爲ㅎ야 編纂함

二. 母音 'ㅏ, ㅑ, ㅓ …… ㅡ ㅣ ·'는 '아, 야, 어 …… 으, 이, ㅇ'로 發音함

三. 子音 'ㄱ, ㄴ, ㄷ …… ㅍ, ㅎ'는 '그, 느, 드 …… 프, 호'로 發音함

四. 母音과 子音과 合하야 '가 行, 나 行 …… 하 行'이 된 것을 一般 學生으로 하야금 잘 理解케 함이 可함

五. 本書에는 漢字로 된 熟語는 歷史的 綴字法을 取하고 其他 純全한 朝鮮語는 表音的 綴字法을 取함

六. 第二課는 諺文 基本文字를 練習하기 爲하야, 名詞, 動詞, 形容詞, 副詞, 助動詞 等을 代表的으로 一語式 網羅하얏스되 表音的으로 揭載하얏스니 第四課 以後 敎授時에 適宜히 矯正 敎授하고 其他 類似語는 敎授者가 適宜히 應用 練習함이 可함

七. 第十課 以後에는 簡易한 漢字를 使用하얏스나 學生의 程度에 依하야 竝記한 諺文만 敎授하야도 無妨함

八. 本書는 三箇月間에 完了하도록 時間을 適當히 按分하야 敎授함이 可함

九. 本書 本頁에 算用 數字를 列記한 것은 學生의 參考에 供하기 爲함[38]

---

이것이 발단된 후에는 각지 농촌 진흥회에 배부하야 각 촌락 지도자들에게 분배케 한 후 문맹퇴치에 당케 하리라 한다.

38) 충청북도(1931), 『속성 조선어독본』, 조선인쇄주식회사.

이 범례는 교재의 구성 방침과 표기, 교수 관련 사항을 중심으로 이루어졌으며, 이 시기 조선어 연구와 문자 보급운동의 일반적 경향을 잘 반영하고 있다. 본문은 과명이 없는 제1과의 음절표로부터 제2과 연습, 제3과 철자법(밧침, 중성, 둘밧침과 된시옷의 순서로 구성), 제4과 말 부치기(一), 제5과 말부치기(二), 제6과 우리의 싱활(一), 제7과 우리의 싱활(二), 제8과 우리의 싱활(三), 제9과 우리의 싱활(4), 제10과 두 사람의 문답(問答), 제11과 가정통신(家庭通信), 제12과 상식(常識), 제13과 실행 제문제(實行諸問題), 제14과 격언(格言)과 함께 '승법구구가(乘法九九歌)' 등의 산술을 수록하였다. 이 교재가 농촌진흥운동과 밀접한 관련을 맺고 있음은 '격언'에서 "진흥회에셔 협뎡(協定)하는 일은 一一히 실힝(實行)할지며 동회(同會)의 월례회(月例會) 급(及) 총회(總會)에는 결석(缺席)치 말고 필(必)히 참석(參席)할지니라."라는 항목을 통해서도 확인할 수 있다.

이와 함께 일부 연구단체에서 농촌진흥을 표방하는 조선어독본을 간행하기도 했는데, 예를 들어 농촌진흥교육연구회(農村振興敎育研究會)라는 단체에서 편찬한『(농촌진흥) 조선어독본』(1936, 명문당), 국민교육연구회(國民敎育研究會)에서 펴낸『(농촌속습) 조선어독본』(일본문 국어독본과 조선문 조선어독본 2종) 등이 대표적이다.

『(농촌진흥) 조선어독본』은 상하 2책으로 상권 67과, 하권 49과로 구성된 전형적인 조선어독본에 해당한다. 상하권의 과별 구성은 다음과 같다.39)

---

39) 農村振興敎育研究會(1936),『(農村振興) 朝鮮語讀本』, 明文堂. 이 책 상권은 2021년 김한영에 의해 한국학술정보에서 복간되었으며, 하권은 허재영 해제(2012c), 앞의 책에서 표지와 판권 낙장본을 영인한 바 있다. 특히 하권의 경우 허재영(2012c)에서는 이문당에서 발행했을 것으로 추정한 바 있으나, 그 추정은 상권이 발견됨에 따라 수정되어야 한다.

[『(농촌진흥) 조선어독본』 상하권 내용]

| 권 | 과 |
|---|---|
| 상권 | 第一課 ㄱㄴ, 第二課 ㄷㄹ, 第三課 ㅁㅂㅅ, 第四課 ㅇㅈㅊ, 第五課 ㅋㅌㅍㅎ, 第六課 ㅏㅓ, 第七課 ㅣ(一), 第八課 ㅣ(二), 第九課 ㅣ(三), 第十課 ㄲㄸㅃㅆㅉ, 第十一課 바침(一), 第十二課 바침(二), 第十三課 소낙비, 第十四課 둘바침, 第十五課 봄, 第十六課 제비, 第十七課 달, 第十八課 일년, 第十九課 요일, 第二十課 사시, 第二十一課 큰힘, 第二十二課 속담, 第二十三課 우리들, 第二十四課 우편, 第二十五課 긔차, 第二十六課 해, 第二十七課 농사타령, 第二十八課 땀, 第二十九課 여름, 第三十課 조선, 第三十一課 십삼도, 第三十二課 우리 동리, 第三十三課 꽃닢, 第三十四課 폐물리용, 第三十五課 지구, 第三十六課 마을노래, 第三十七課 편지, 第三十八課 검약과 인색, 第三十九課 조선글, 第四十課 비행긔, 第四十一課 진흥회 만세, 第四十二課 진흥회가, 第四十三課 살님살이 조사, 第四十四課 일긔, 第四十五課 개미와 매미, 第四十六課 개미와 매미(二), 第四十七課 공, 第四十八課 조은 것과 그른 것, 第四十九課 동물과 식물, 第五十課 七夕 이야기(一), 第五十一課 七夕 이야기(二), 第五十五課 서울 동무에게, 第五十六課 저종 소래, 第五十七課 色衣, 第五十八課 李栗谷 先生, 第五十九課 자장歌, 第六十課 여우와 닭, 第六十一課 친절한 商店, 第六十二課 쥐의 의논, 第六十三課 儉約과 義損, 第六十四課 우리 집, 第六十五課 온돌, 第六十六課 韓石峯, 第六十七課 쌀과 콩 |
| 하권 | 第一課 時間, 第二課 붉은 山, 第三課 陽曆과 陰曆, 第四課 時調, 第五課 貯金, 第六課 職業, 第七課 슬기 잇는 裁判, 第八課 農作物의 種子, 第九課 衛生, 第十課 公衆衛生, 第十一課 村婦歌, 第十二課 鷄林, 第十三課 分業, 第十四課 매돌법(米突法), 第十五課 혹 뗀 이야기(一), 第十六課 혹 뗀 이야기(二), 第十七課 朝鮮의 大豆, 第十八課 朝鮮 青年歌, 第十九課 호랑이도 안다, 第二十課 文益漸, 第二十一課 朝鮮 地理, 第二十二課 四名節, 第二十三課 李退溪 先生, 第二十四課 영리한 少年, 第二十五課 俚言, 第二十六課 편지, 第二十七課 郵便爲替, 第二十八課 고무 이야기, 第二十九課 돈의 유래, 第三十課 太陽과 달, 第三十一課 金剛石, 第三十二課 李垣之의 孝誠, 第三十三課 나그네 새, 第三十四課 公德, 第三十五課 몸에 지닌 保證書, 第三十六課 動物의 保護色, 第三十七課 별 이야기, 第三十八課 水蒸氣, 第三十九課 중과 아전, 第四十課 間島, 第四十一課 品種의 改良, 第四十二課 實業, 第四十三課 商業, 第四十四課 明太, 第四十五課 進步하는 世上, 第四十六課 都會와 시골, 第四十七課 智慧 겨름, 第四十八課 釋王寺, 第四十九課 諺文의 制定 |

각 과의 제목에서 추론할 수 있듯이, 이 독본은 '농촌진흥운동'과 밀접한 관련을 맺고 있다. '폐물 이용, 검약과 인색, 살림살이 조사' 등은 부인강습회 등에서도 빈번히 제기되었던 주제들이며, '저금, 직업, 실업' 등은 농촌진흥의 중심 주제들이다. 비록 '시조', '혹 뗀 이야기' 등의 정서적인 제재가 없는 것은 아니지만, 이러한 제재들도 '근검' 또는 '욕심을 부리지 말 것'과 같은 교훈과 관련된 이야기들이다. '퇴계'와 '율곡'이 제재로 들어간 것은 율곡의 '향약'에 대한 관심이나 퇴계의 언행과 관련된 교훈을 제시하기 위한 목적에서 비롯된 것이

다. 하권 제40과 '간도(間島)'는 일제의 만주 침략의 정당성과 만주 이민 장려 등이 반영된 제재이다.

　국민교육연구회(國民敎育硏究會)의 '농촌속습(農村速習)' 교재는 일본문 『(농촌속습) 국어독본』, 조선문 『(농촌속습) 조선어독본』, 『(농촌속습) 산술서』(1937, 正文堂) 등 3종이 발행된 것으로 추정된다. 이 단체의 성격은 뚜렷하지 않으나, 일본문과 조선문 독본 내용을 비교했을 때, 전형적인 농촌진흥운동 목적의 독본이라고 할 수 있다. 두 종 독본의 목차는 다음과 같다.

[『(농촌속습) 국어독본』과 『(농촌속습) 조선어독본』의 목차]

| 독본 | 내용 |
|---|---|
| 농촌속습 국어독본 | 第一 片假名ト單語, 第二 單句ト單文, 第三 五十音圖, 第四 文章, 第五 市日, 第六 ヒノデ, 第七 クサトリ, 第八 カイモノ, 第九 ツキ, 第十 イシヒロイ, 第十一 友ダチ, 第十二 タネマキ, 第十三 山林, 第十四 ユウビン, 第十五 タコアゲ, 第十六 雪ダルマ, 第十七 トンダボウシ, 第十八 李栗谷, 第十九 野菜, 第二十 私ノ誕生日, 第二一 テツポウウチ, 第二二 ミギトヒダリ(平假名單語), 第二三 ニワトリ(平假名單語), 第二四 李退溪(平假名單語), 第二五 四方(平假名單語), 第二六 初穂(平假名單語), 第二七 農産物賣買(平假名單語), 第二八 お手つだい, 第二九 たいそう, 第三十 税金, 第三一 二宮尊德, 第三二 紙の日の丸, 第三三 アリ, 第三四 ふしぎなけだもの, 第三五 私の部落, 第三六 うみ, 第三七 手のゆび, 第三八 かげ, 第三九 新井白石, 第四十 なわない, 第四一 迷信, 第四二 訪問(一), 第四三 訪問(二), 第四四 なかよし, 第四五 大豆の粒選, 第四六 雪舟, 第四七 リコウナカササギ, 第四八 日記, 第四九 ことわざ, 第五十 日と風, 第五一 祝日, 第五二 朝鮮の役所, 第五三 挨拶, 附錄 生活用語 |
| 농촌속습 조선어독본 | ㄱㄴㄷㄹ, ㄷㅁㅂㅅㅇㅈ, ㅊㅋㅌㅍ, 四 쉬운 말, 五 쉬운 말, 六 ㅣ, ㄱ ㄲ ㄸ ㅆ ㅉ, 八 바침, 九 기러기, 十 봄노래, 第十一 요일, 第十二 일년, 第十三 제비, 第十四 소낙비, 第十五 사시, 第十六 우리들, 第十七 바람, 第十八 꽃쇠와 달, 第十九 소와 어리니, 第二十 五곡, 第二一 하라버지, 第二二 하나와 둘, 第二三 하날, 第二四 朝鮮, 第二五 일긔, 第二六 편지, 第二七 시내, 第二八 라-마, 第二九 진흥회, 第三十 눈썹 세는 밤, 第三一 色衣, 第三二 모내기, 第三三 공과 개미, 第三四 一白一黑, 第三五 一家再興, 第三六 빈대떡 한조각, 第三七 火재를 위문함, 第三八 率居, 第三九 말 못하는 勇士에, 第四十 自力更生 |

　두 종의 독본은 상관관계에 있지 않다. 일본어 사용자와 조선어 사용자를 구분하여 편찬한 것으로, 일본문 독본이 53과인데 비해 조

선어독본은 40과로 구성되었다. 특히 조선어독본에서는 '진흥회, 일가재흥, 자력갱생' 등과 같은 농촌진흥뿐만 아니라 '말 못하는 용사에'와 같은 군국주의화한 일본의 식민 통치를 정당화하는 제재를 포함시킨 점도 흥미롭다. 해당 제재는 다음과 같다.

[말 못하는 勇士에]

　가을은 되엿다 하드라도, 여름보다 더 더운 저녁이엿다. 洞里 진흥회장 朴先生이 다 모이라고 하기에 저녁밥도 채 먹지 못하고 빠른 거름으로 찾어갓다. 방안에 들어서니 洞里 사람이 二十名쯤 모엿다. 회장이 긔운 잇고 열 잇는 목소리로 다음과 같은 말을 하얏다.

　「여러분 新聞과 풍설로 아실 줄 압니다. 금년 七月경에 北京 옆에 잇는 支那軍人이 無故히 우리나라 軍人을 총으로 쏠 뿐 아니라, 上海에서는 우리나라 軍士를 죽이기까지 하얏습니다. 이러한 경우에도 우리나라는 평화적으로 이 事件의 결말을 짓고자 하얏스나, 支那軍人과 民衆이 다만 서양 사람의 도음이 잇슬 줄만 믿고, 모든 포악한 일을 만히 하얏습니다. 이대로 두면 우리나라의 명예가 손상될 뿐 아니라, 거긔에 잇는 우리나라 사람의 生命과 재산이 危險에지고, 東洋의 平和가 위태하게 되엿습니다. 이에 우리나라는 하날을 대신하야 못된 支那를 바로잡고, 東洋의 平和를 세우고자 軍兵을 支那로 보냇습니다. 우리나라 軍兵이 百三十度에 달하는 더운 땅에서 목숨을 바치고 못된 支那를 치고 잇습니다. 그 軍兵들이 얼마나 만흔 苦生을 하십닛가. 이 軍兵의 苦生이 업스면 우리는 하로라도 便安히 살 수 업습니다. 新聞을 보건대 軍人의 慰問으로 만은 金錢과 物品을 바쳐서 精誠의 一端을 나타내고 잇습니다. 이에 우리는 엇재서 잠잣고 잇슬 수 잇습닛가. 우리 洞里가 진흥회 설립 전보다는 生活이 낫다 할지라도 다 같치 金錢으로 精誠을 表示할 정도에 달하지 못하얏습니다. 그래서 우리는 오늘 저녁 모인 二十人이 各各 二十貫식의 馬草를 맨들어서 兵士를 태우고 달니는 말 못하는 勇士 卽 말의 食糧이라도 바치미 엇더합닛가.」 (…하략…)40)

이 제재에서 확인되듯이, 이 독본에는 중일전쟁의 정당성과 진흥회를 통한 농민 동원 방안을 홍보하는 내용을 담고 있다. 제39과에서는 "비상시에 여러 사람이 자각하여 총후(銃後: 후방)의 정성을 표시하는 중에도 군마에게 주는 마초의 헌납은 고맙기 한이 없다."라고 결론을 맺고 있다.

농촌진흥과 자력갱생운동이 광범위하게 진행되면서 조선문을 활용한 또 하나의 사례는 조선총독부에서 발행한 『(언문판) 자력갱생휘보』가 있다. 이 휘보는 1933년부터 일본문 월간 신문 형태로 발간되었는데, 창간호 발간사를 보면, "자력갱생에 관한 취지 방침, 통제 연락, 지도 방법, 기타 모범이 되는 자력갱생 실례 등에 관한 사항을 집록(集錄) 발간하여 본 운동에 기여하는 데" 목적을 둔다고 하였다.41) 이 휘보는 1933년 3월 창간되어 1935년 5월 제3종 우편물로 인가를 받았으며, 1941년 1월 제88호로 종간되었다.42) 이 휘보는 창간 당시부터 종간까지 일본문으로 간행되었는데, 일부는 조선문 부록을 수록하거나 독립된 '언문판'을 발행하기도 하였다. 다음은 이 휘보의 대표적인 조선문 부록과 언문판을 정리한 표이다.

---

40) 國民教育研究會(1937), 『(農村速習) 朝鮮語讀本』, 正文堂, 제39과.

41) 朝鮮總督府(1933), 『自力更生彙報』 創刊號, 1933.3.25.

42) 板垣竜太 監修(2006), 『自力更生彙報: 朝鮮総督府農業政策史料』 1~6, ゆまに書房. 이 자료집 권1에는 창간호(1933.3)~제23호(1935.7), 권2에는 제24호(1935.8)~제47호(1937.7), 권3에는 제48호(1937.9)~제54호(1938.3), 권4에는 제55호(1938.4)~제66호(1939.3), 권5에는 제67호(1934.4), 제78호(1940.3), 권6에는 제79호(1940.4)~제88호(1941.1)가 실려 있다.

# [자력갱생휘보의 조선문(언문판) 사용례]

| 권호수 | 발행연도 | 내용 | 소장처 |
|---|---|---|---|
| 제48호<br>부록 | 1937.09. | 一. <u>總督 諭告</u>의 要旨<br>二. 時局 進展에 對處할 農山漁村 振興運動의 使命 遂行에 關한 件<br>三. 時局 認識의 徹底와 農山漁村 振興運動의 强化<br>四. 婦人도 戰鬪員의 覺悟로써 힘잇게 家庭을 직히라<br>五. 朝鮮 婦人의 内房生活의 改善–非常的의 活動相을 말하는 座談會<br>六. 時局解說<br>七. 愛國美談 | 개인<br>소장 |
| 제56호<br>부록 | 1938.07. | 一. 農山漁民 報國의 要諦(農林課長 湯村辰二郎)<br>二. 長期戰과 銃後報國(綠旗聯盟)<br>三. 農作物 品種 改良의 이야기(總督府 農事試驗場 技師 和田滋穗)<br>四. 農山漁村 指導 體驗談(全南得*公立普通學校訓導 鄭台俊)<br>五. 농촌진흥운동과 농촌부인의 힘(京畿道 囑託 金秋菊) | 독립<br>기념관 |
| 제59호<br>부록 | 1938.08. | 一. 經濟戰 强調 週間 實施에 關한 <u>政務總監의 通牒</u>要旨<br>二. 經濟戰 康兆 週間 中 <u>農山漁民 啓導</u>에 關한 通牒<br>三. 貯蓄 報國의 途 (財務局長 水田直昌)<br>四. 江原道·中堅 靑年 講習會에서 演說한 <u>道知事의 訓旨</u><br>五. 무엇보다도 實行이 第一<br>六. 婦人의 銃後 임무<br>七. 消費節約에 對하야(金活蘭)<br>八. 慶尙南道의 成績– 奉仕 作業 實施 要項 | 개인<br>소장 |
| 제60호<br>부록 | 1938.09. | 一. 道産業部長 회의–席上에서 演述한 <u>南總督의 訓示 要旨</u><br>二. 農山漁民의 生業 報國 責務 遂行에 關한 <u>政務總監의 通牒</u>要旨<br>三. 貯蓄 報國의 途(二) (財務局長 水田直昌)<br>四. 鮮米의 品質 向上과 收量 增加를 期하는 澎湃한 <u>産米改良運動</u>(農林局米穀課 伊東廣)<br>五. 朝鮮의 生活改善에 對한 私見(三木弘)<br>六. 農家의 집신 신는 건 本來 自然의 生活이다(囑託 八尋生男) | 독립<br>기념관 |
| 제61호<br>부록 | 1938.10. | 一. 第二回 農山漁民 報國日과 <u>南總督의 訓話 要旨</u><br>二. 全鮮 地方 懇談會에서 演述한 湯村 農林局長 講演의 要旨<br>三. 地主 懇談會에 提出된 農村振興運動에 關한 協議 事項<br>四. 農山漁村 視察要錄(八尋生男)<br>五. 銃後 綿製品 節約의 理由는 이에 잇다(木棉에 대한 知識)(三德四水)<br>六. 勤勞美談 更生 靑年의 紹介<br>七. 寒肥는 엇재서 必要한가<br>八. 農業用語 | 독립<br>기념관 |
| 제63호<br>부록 | 1938.11. | 一. 藁工品 需給 調整 規則 發布에 對하야(湯村 農林局長)<br>二. <u>藁工品 需給 調整 規則</u><br>三. 農村振興運動의 狀況을 視察하고(二)(韓相龍)<br>四. 貯蓄과 共助共勵(閔載琪)<br>五. 非常時와 農村 婦人의 使命(리산라)<br>六. 長期戰의 問答(一) | 독립<br>기념관 |

| 권호수 | 발행연도 | 내용 | 소장처 |
|---|---|---|---|
| 제64호<br>(부록을<br>본 책에<br>합침) | 1939.01. | [일본문] 一. 血を以て歷史を綴る(朝鮮總督 南次郞)<br>二. 大使命に邁進せん(政務總監 大野綠一郞)<br>三. 生業保國以て生産力の擴充に貢獻せん(農務局長 湯村辰二郞)<br>四. 長期建設下の農村振興運動(農村振興課長 岸勇一)<br>五. 新春を迎へて(我農生 山崎延吉)<br>六. 藥工品の統制に就て<br>七. 零調貯蓄と部落の再生<br>八. 慶尙北道に於ける新なる農振運動の施設<br>九. 本年 最初の農村振興委員開催狀況<br>一0. 榮華脚本募集要項<br>[부록]<br>1. 鮮血로써 歷史를 綴함(朝鮮總督 南次郞)<br>2. 長期 建設下의 農村振興運動(農村振興課長 岸勇一) | 독립<br>기념관 |
| 언문판<br>제9호 | 1940.03. | 法話 죽엄을 알고 보면 生을 안다.<br>神社와 祭儀(續) (吉田貞治)<br>銃後 農村을 직히는 中堅人物, 그네들의 熱誠으로 드러낸 指導 實績<br>(江原 石鎭均 京畿 金泳錫)<br>戰時下 農村에 빗나는 更生人들의 이야기-우리집은 이러케 해서<br>更生하엿다(京畿 朴贊榮, 忠北 禹鐘福, 忠南 洪思中, 全北 宋琦環)<br>野生 藥草의 活用<br>(旱害克復 部落振興) 畫劇脚本<br>식목합시대 (대종생) | 개인<br>소장 |
| 언문판<br>12월호<br>(제18호) | 1940.12. | 一. 農山村 生産 報國指導方針에 關하야 政務總監의 通牒 要旨<br>一. 農山村 生産 報國指導方針에 對하야 大野 政務總監의 談話<br>一. 部落 生産 擴充 計畫에 關하야<br>一. 昭和十六年度의 가마니 需給 關係와 그 生産 擴充에 對하야(總督<br>府 技師 立山軍藏)<br>一. 農家의 責務는 점점 重大하게 되엿습니다(總督府 囑託 八尋生男)<br>一. 新體制와 農民의 使命(京畿道 囑託 崔鐘璿)<br>一. 新體制란 무엇 | 개인<br>소장 |

　이 표에서 확인되듯이, 이 휘보의 조선문 기사 가운데 상당수는 총독의 유고(諭告), 정무총감의 담화, 통첩 등과 관련되어 있다. 특히 중일전쟁 이후 조선문 부록이나 언문판이 발행된 점을 고려할 때, '자력갱생'이라는 슬로건 아래 식민통치를 강화하고자 하는 목적에서 일본어 문자 해득력을 갖추지 못한 농산어촌의 민중 동원 차원에서 조선문을 활용하고 있음을 확인할 수 있다. 이는 이 휘보의 발행 책임자였던 농촌진흥과장 기시 유이치(岸勇一)의 다음 논설을 통해서도

확인된다.

[長期 建設下의 農村振興運動]

이번의 聖戰이 漢口와 廣東을 陷落한 同時에 漸次 長期建設의 第四段階로
드러가 兵站基地인 半島의 地位가 이에 一層 重要性을 加하고 特히 軍需 及
食用 農林水産物의 生産에 從事하는 農山漁民의 任務가 더욱 加重되어 온 것
은 더 말할 것도 업는 바입니다.

本府에서는 事變 勃發 以來 此等 民衆에게 負荷된 重要 任務 遂行의 完璧을
期하기 爲하야 그의 基底를 삼을 農村振興運動의 擴充 强化에 一層 注力할
것은 勿論 時局 認識의 徹底와 皇國臣民이라는 自覺心의 喚起 强調 等 物心兩
面으로 各般의 施措를 講究하여 왓는데, 日常 糧食의 不足, 負債의 重壓 等
生活 不安으로 苦悶하는 者가 아즉도 不少한 此等 農山漁民間에도 報國의
赤誠이 湧然 漲溢하여서 獻金, 獻納 或은 農産物의 供出, 其他 出征 遺家族의
家業의 援助, 慰問 等에 許多 美談 佳話가 만하서 다들 皇國臣民으로서의
微衷을 披瀝하게 된 것은 周知하는 바오 이를 滿洲事變 當時의 實狀에 比較
하면 正히 隔世의 感이 잇는 同時에 그 因由하는 바가 過去 六年餘에 걸쳐서
農村振興運動의 素地 訓練에 쏘한 더브러 크게 힘이 잇슴은 自他가 다 갓치
確認하는 바입니다.[43]

기시 유이치의 논설은 농촌진흥운동의 목표가 '병참기지 조선'의
역할을 충실하게 하고, '황국신민화'를 위한 것임을 명시적으로 밝히
고 있다. 부록으로 언문판을 낸 이유를 명시하지는 않았지만, "일상
양식의 부족, 부채의 중압 등 생활 불안으로 고민"하는 농산어민, 즉

---

43) 岸勇一(1939), 『自力更生彙報』 第64號 附錄, 朝鮮總督府·鮮光印刷株式會社, 13쪽.

일상의 조선 민중을 대상으로 "헌금, 헌납, 농산물 공출, 출정 유가족 가업 원조, 위문" 등의 미담·가화(美談佳話)를 소개함으로써 농촌진흥 운동 훈련에 기여하고자 하는 데 있음을 뚜렷이 한 셈이다.

## 4. 결론

일제강점기 사회교육 차원에서 저작된 상당수의 독본류나 팸플릿은 일본문으로 작성되었다. 그럼에도 강제병합 직후부터 1940년대 초까지 조선문으로 된 다수의 사회교육 교재가 발견되는데 그 이유는 일본어 해득력이 없는 일반 민중을 대상으로 한 정책상의 필요에 의한 것이었다. 즉 일제강점기 언어정책의 기본은 일본어 보급 정책이었음에도 불구하고, 일반 조선 민중을 효율적으로 통치하기 위해서는 식민 통치에 관여하는 일본인을 대상으로 조선어 능력을 배양하거나 조선 민중이 읽을 수 있는 조선문 책자를 발행할 수밖에 없었던 것이다. 이는 『매일신보』와 같이 식민정책을 옹호하는 조선문 신문이 병합부터 광복 직전까지 발행된 것과 마찬가지다. 일제강점기 조선총독부와 지방청, 각종 단체에서 발행한 조선문 교재는 '강압적 동화정책', '병참기지화 정책' 등을 수행하기 위한 또 하나의 방편으로 출현한 것들이라고 볼 수 있는 셈이다. 이와 같은 관점에서 이 글에서 논의한 바를 정리하면 다음과 같다.

첫째, 일제강점기 식민정책의 기본 이데올로기는 강압적 동화정책에 있었다. 청일전쟁과 러일전쟁을 거치면서 다수의 일본인 학자들이 '보호국론', '식민지론'에 관심을 기울이면서, 식민정책으로서 '종속주의', '동화주의', '자유주의' 등을 언급하기도 했지만, 본질적으로 일제의 식민통치는 강압적 동화주의를 기조로 했으며, 이는 시대에 따라 무단통치·헌병정치, 문화정치, 병참기지화 정책 등 일정한 변화를 보였을지라도 본질적인 방침이 바뀐 것은 아니었다. 동화주의는 일본어 보급을 기본으로 하며, 학교교육을 비롯한 사회정책과 사회교육 전반의 통치 이데올로기로 작용했다.

둘째, 일제강점기 사회정책은 그들이 내세운 사회교화의 취지에 따라 다양하고 광범위하게 실행되었다. 이러한 정책은 '운동'이라는 용어를 사용했을지라도 본질적으로 조선총독부와 산하 지방청을 중심으로 이루어졌으며, 식민통치에 관여하는 다수의 단체도 이에 참여했다. 이른바 '사회교화사업' 또는 '민중교화사업'은 그 자체로 '조선인 통제'를 목표로 하였으며, 그 방법의 하나로 각종 강습회, 강연회, 교재 개발 등이 활용되었음을 확인할 수 있다.

셋째, 농촌진흥운동 또는 자력갱생운동은 사회사업의 대표적인 분야였다. 이는 식량 공급지이자 상품 소비처로서 조선 농촌의 농업 생산성 향상이 필요했기 때문으로 보이는데, 이를 위해 강제병합 직후부터 일본문과 조선문을 부속한 형태의 농업서가 발행된 데서도 확인할 수 있다. 1930년대 이후 병참기지로서 조선 농촌의 노동력, 식량 공급 등이 강조되면서 경기도, 충청북도, 충청남도 등을 비롯한 다수의 지방청에서 농민독본이나 조선어 독본을 발행했고, 조선금융조합에서도 조선문으로 된 금융조합 관련 독본을 발행한 바 있다.

넷째, 사회정책 차원의 조선어 독본이나 조선만으로 된 휘보 등은 일제강점기 강압적인 일본어 보급 정책이 실시되고, 학교에서 조선어 교육을 말살했을지라도, 사회정책 차원에서 조선 민중 통제 차원에서 조선문을 활용한 대표적인 사례가 될 것이다. 이 경향을 고려할 때, 일제강점기 언어문제는 정책적인 차원의 '일본어 보급', 식민통치를 위한 '조선어 능력 배양', 조선 민중 통제를 위한 '조선문 활용' 등 다차원적 구조를 갖고 있다는 결론을 얻을 수 있다. 이와 같은 구조는 다양한 자료 발굴과 정리, 개별 자료에 대한 해석과 종합 등의 과정을 거칠 때 좀 더 체계적인 연구가 가능할 것으로 판단된다.

# 제5장 일제강점기 교과서 비판 담론과 전개 양상

## 1. 서론

축자적인 의미에서 독본은 '읽기를 위한 모범적 텍스트를 모아놓은 책'이라고 할 수 있다. 정도의 차이는 있을지라도 전통적 교육에서 모범적 읽기를 위한 텍스트를 지칭하는 용어로 '지남(指南)', '초록(抄錄)', '수지(須知)'나 문자 해득의 기초를 위한 '자회(字會)' 등이 있었으나, 우리나라에서 읽기 활동을 포함한 교육용 텍스트를 지칭하는 용어로 '독본(讀本)'이 쓰인 시점은 1895년 『국민소학독본』이 출현한 이후이다.

근대 이후 일제강점기까지 한국에서의 교육사는 독본의 역사라고 해도 지나친 말이 아닐 정도로 이 시기 독본의 영향력은 매우 컸다. '독본'이 교과용 도서 명칭으로 사용된 것은 근대 일본의 문부성 제도가 확립되면서부터로 볼 수 있는데, 갑오개혁 당시 일본의 교육제도가 도입되면서 교과서로 '독본'이라는 명칭이 쓰이기 시작하였다. 이 용어는 본래 '소학독본', '국어독본', '일어독본'과 같이 읽기를 중심으로 한 교과의 교재명으로 사용되었으나, 한국어 학습서를 비롯한 기초 교재뿐만 아니라 각 분야의 필수 교양을 나타내는 읽기 자료로 의미가 확장되어 갔다. 이 점에서 독본 연구는 독본 텍스트의 탄생과 변화 과정뿐만 아니라 독본의 내용 구조 및 사회적 관계 등을 대상으로 진행되어 왔다.

일제강점기 독본 개념의 확장은 식민 시대 공교육이 제 기능을 수행하기 어려운 환경도 중요한 요인으로 작용한 것으로 볼 수 있다. 본래 이 시기 '독본'이라는 명칭은 학교 교육에서 '조선어과'와 '일본어과(그 당시 국어)'의 교과서 명칭으로 사용되었는데, 조선어 교육이 위축되면서 대중을 대상으로 한 다양한 독서물이 요구되었고, 그러한 독서물에 '독본'이라는 명칭이 붙기 시작했다. 『청년독본』, 『일본독본』, 『국민독본』 등과 같이, 언어 교과 이외의 독서물이 이를 증명하며, 신문·잡지에서도 '여행 독본', '화장 독본'이라는 연재 형식의 독서물이 나타나기도 하였다. 이러한 현상은 '독본'이 교육 활동과 지식 보급 차원에서 그만큼 중요한 역할을 담당했기 때문이다. 그렇기 때문에 일제강점기 독본 담론은 근본적으로 교과서 담론으로서의 성격을 띤다. 즉 교과서가 부족한 상황에서 독본의 필요성이 강조되고, 교과서의 내용 선정과 표현의 부적합성을 논할 경우 독본 비판론이 거세게 제기된다. 다만 일제강점기 독본 부족은 식민 시대 일본어 보급을 목표로 한 언어정책의 결과 조선어로 표현된 교과서 부족을 의미하며, 교과서 내용의 미흡이나 부적절성은 식민 지배에서 기인할 경우가 대부분이다. 이 점은 일제강점기 독본 담론이 갖는 본질적 한계에 속한다.

이를 전제로 이 글에서는 일제강점기 교과서 정책과 각 시기별 교과서 편찬 과정을 객관적으로 기술하고, 1920년대부터 1930년대 말까지『동아일보』,『조선일보』에 소재한 자료를 대상으로, 교과서와 조선어독본 비판 담론의 전개 양상과 내용을 분석하는 데 목표를 둔다.

## 2. 일제강점기 교과서 정책과 비판 담론의 성격

### 2.1. 일제강점기 교과서 정책

일제강점기 조선어독본은 식민 시대 교육 정책의 산물이다. 갑오개혁에 따른 근대식 학제 도입 이후 소학교, 사범학교, 중학교 등 각종 학교령이 공포되고 '교재' 또는 '교과서'라는 개념이 등장하면서 '독본'이라는 형태의 교과서가 출현했는데, 그 과정에서 일본의 학제가 적지않은 영향을 미쳤다. 더욱이 제국주의 일본의 팽창주의에 따라 조선의 단계별 식민화가 진행되었는데, 을사늑약과 통감부 설치 이후 조선에서의 식민화 교육을 철저히 준비하기 시작했다.[1] 이는 1908년 '교과용도서 검정 제도' 실시 및 그에 따른 교과서 조사 사업 등을 통해서도 확인할 수 있다.

일제강점기 교과서로서 조선어독본의 탄생은 통감 시대 학부 편찬의 독본에서 비롯된다. 박붕배(1987), 이종국(1992), 허재영(2010) 등에서 비교적 상세히 밝힌 바와 같이, 통감 시대 학부 편찬 독본은 편찬 주체가 학부일지라도 대부분 일본인의 통제에서 벗어나기 어려운 상

---

1) 허재영(2010),『통감시대 어문교육과 교과서 침탈의 역사』, 경진출판.

황이었다. 그렇기 때문에 『보통학교 학도용 국어독본』이나 『보통학교 학도용 일어독본』은 학부에서 편찬했을지라도 인쇄소는 일본이었으며, 심지어 『이과서』는 일본문으로 발행되었다. 여기서 주목할 점은 '국어독본'과 '일어독본'의 관계인데, 형식적으로 자주국인 '대한제국'에서는 '국어'가 '조선어'이지만, 강제 병합에 따라 국권이 상실될 경우 '국어'는 일본어로 바뀌게 된다. 즉 1907년 학부 편찬 교과서는 강제 병합을 전제로 개발된 셈인데, 강제 병합 직후 새로운 교과서가 편찬되기 전까지 이 두 교과서는 『보통학교 학도용 조선어독본』(국어독본 대신), 『보통학교 학도용 국어독본』(일어독본 대신)으로 책명을 바꾸고 '조선 독립'과 관련된 일부 자구(字句)를 정정하거나 내용을 삭제하는 방식으로 사용되었다.

이처럼 식민지 교육 기획은 강점에 따른 국어의 지위 변화, 강점 이후 식민 동화 정책을 목표로 한 일본문 교과서의 출판 등과 같은 방식으로 이루어졌는데, 그 과정에서 가장 중시한 교육 정책은 '일본어 보급'이었다. 이는 동경교육협회의 '조선교육방침'을 통해서도 확인할 수 있는데, 강점 직후 조선에서의 교육 방침은 '강점의 정당성', '일본어 보급', '교과서 편찬' 등 세 가지 항목을 중시하고 있다. 이 교육 방침은 교육회라는 개별 단체에서 제안한 것으로 보이지만, 실제로 식민지 조선에서의 교육 정책의 근본 방향과 일치한다.2) 강제 병합 이후 식민지 조선에서의 교육은 1911년 공포된 '조선교육령'에

---

2) 統監官房(1908), 『韓國施政年報: 明治三十九·四十年』, 高島活版所, 第十四章 教育. 이 시정 연보는 1908년에 메이지 39~40년, 1910년에 메이지 41년판이 출간되었으며, 강제 병합 이후 지속적으로 출간되었다. 1908년판 제14장에서는 갑오개혁 당시 '소학교령'을 비롯한 교육기관 설립이 이른바 '문명국'을 천명한 일본 제국주의의 영향 아래 이루어졌음을 보여주며, 1906년 기업자금(起業資金) 가운데 50만 원을 할당하여 임시 학교 확장 사업을 진행했다고 했는데, 이 또한 일본인의 참획(參畫)에 따라 이루어진 것으로 보고하였다.

따라 이루어졌는데, 이 교육령은 '조선에서의 조선인 교육'을 규정하기 위한 교육령이다. 이 교육령에서는 식민지 조선인에 대한 교육의 근본 취지(목적)가 '충량한 국민을 육성하는 것'에 있으며, 공교육을 '보통교육, 실업교육, 전문교육'으로 나누고, 각종 교육을 모두 '총독'의 통제를 받도록 규정하였다.

일제강점기 교육 기획의 출발점은 메이지 이후 확립된 국가주의 교육사상을 기반으로 한다. 1872년 '학제 포고서' 발포 이후, 1879년 교육령 공포, 1886년 학교령 공포 등을 거치면서 '국민교육제도'를 확립한 일본 제국주의는 '국체 정화(國體精華), 국법 준수(國法遵守), 의용 봉공(義勇奉公), 황운부익(皇運扶翼)'을 키워드로 하는 1890년 '교육 칙어(敎育勅語)'에 따라 일본 본토뿐만 아니라 식민지 교육에서도 '황도 이데올로기'를 기반으로 하는 국가주의를 실현하는 도구로 간주되었다.[3] 그 중 교과서 기획은 식민 동화정책의 핵심적인 수단이었다. 제국주의 일본은 강제 병합 전부터 철저한 교과서 침탈 정책을 수립하고, '교과용도서 검정 규정' 제정 및 '교과서 조사 사업' 등을 통한 교과서 통제뿐만 아니라, 식민 통치에 부합하는 새로운 교과서를 구상했다. 그 과정은 『매일신보』 1917년 6월 21일부터 7월 11일까지 연재된 오다 쇼고(小田省吾)의 기사에서도 잘 나타난다.[4] 이 기사에서는 1907년 학부의 교과서 편찬 과정에서 고조 주조(三土忠造: 1871~1948. 1902년부터 4년간 영국·인도 등에 유학한 뒤, 귀국하여 이토 히로부미의 초청에 따라 대한제국의 교육제도 조사에 참여했던 정치가)와 같은 참여

---

3) 이에 대해서는 기타가리 요시오·기무라 하지메 외 지음, 이건상 옮김(2011), 『일본교육의 역사』(논평); 한용진(2010), 『근대 이후 일본의 교육』(도서출판 문); 이권희(2013), 『근대 일본의 국민국가 형성과 교육』(케이포북스) 등을 참고할 수 있다.

4) 『매일신보』 1917.6.21, 小田省吾, '朝鮮의 敎科書(一)'.

관에게 촉탁하여 교과서 편찬을 맡겼음을 보여준다. 1907년 발행된
『보통학교 학도용 국어독본』과 『보통학교 학도용 일어독본』이 그의
지휘 아래 개발되었음은 틀림없다.

강제 병합에 따른 교과서 편찬은 1911년 8월 조선교육령 발포와
1912년 11월 각급 학교(보통학교, 고등보통학교, 여자고등보통학교) 규칙
제정에 근거하여 이루어졌으며, 보통학교 교과서는 모두 조선총독부
에서 발행하고, 일본인 학생들이 다니는 학교의 교과서는 문부성 학
제와 동일하게 운영하도록 하였다. 1922년 신교육령 발포 직후인
1923년 새로운 교과서 편찬을 앞둔 시점에서 오다 쇼고는 다음과 같
이 강제 병합 이후의 교과서를 정리한 바 있다.

(1) 新敎科書 編纂에 對하야: 編輯課長

當局에셔는 曩者에 開催한 敎科書調査委員會의 答申을 尊重하고 且 各學
校의 規定에 根據하야 尙實際의 必要에 鑑하야 (一) 普通學校의 敎科書는
全部 本府에셔 編纂할 事 (二) 高等普通學校 及 女子高等普通學校 程度의
敎科書는 目前에 必要로 認하는 修身, 國語, 朝鮮語, 漢文의 敎科書를 編纂할
事 (三) 實業學校에 對하야는 修身, 國語, 外 農業의 何部類와 如한 特히
朝鮮事情을 加味할 必要가 有한 學科의 敎科書만 編纂할 事 (四) 專門學校에
對하야는 從來 出版한 것은 暫時 그딕로 使用하더라도 別로 新히 敎科書를
編纂치 안이할 方針을 定하얏노라.

此方針으로써 昨年 二月 以來 實際의 編纂에 着手하기 始作하얏스나 印刷
製本 及 配本 等에 必要한 時日을 除減하고 昨年 十一月신지 約 十箇月間에
來 十二年度부터 使用케 하기로 完成한 것이 普通學校用은 十九種 三十二冊,
高等普通學校用은 四種 十冊, 女子高等普通學校用은 二種 七冊, 合計 二十五
種 四十九冊이라 하는도다. 右四十九冊은 最急을 要하는 것으로 認한 것이

오 元來 豫定 計畫이 全部가 안임은 勿論이라. 大體 六年制 普通學校의 教科書는 大正 十一年度와 十二年度에 完了하고 四年制 普通學校에 要하는 分도 同樣이오 五年制 普通學校에 要하는 分은 十三年度에 其編纂을 畢할 豫量이며 其他 中等 程度의 教科書, 實業學校의 教科書 等도 略同樣의 期間에는 成就하게 되리라고 思하노라. 本年度 編纂한 分은 則 來年度부터 新히 使用케 하는 것인디 就中 普通學校 兒童用 教科書와 如한 것은 旣히 東京에서도 全部 著本하야 龍山印刷所의 倉庫에 整然 疊積되야 잇는 터이라. 其供給에는 少毫도 支障이 無할 터이라. 只 普通學校 第一, 二學年用 修身 掛圖와 四年制 四學年用 理科書 教師用은 四月 以後의 供給이 되리라고 思하노라.[5]

이 기사에 따르면, 1923년 당시 조선총독부의 교과서는 보통학교용 19종 32책, 고등보통학교용 4종 10책, 여자고등보통학교용 2종 7책이 개발된 것으로 나타나며, 그 가운데 대표적인 것이 『고등조선어급한문독본』 4책, 『보통학교 조선어급한문독본』 6책이다. 이 두 종의 교과서는 조선어를 대상으로 한 것이지만, 실제로는 조선어 학습보다 한문(漢文)을 위주로 한 교과서라고 할 수 있다. 따라서 식민 이데올로기의 반영이라는 내용상의 문제뿐만 아니라 조선어의 비중이 극히 미약한 형식적인 문제를 포함한 교과서였다. 그렇기 때문에 개발 직후부터 이 교과서에 대한 조선인의 불만이 많았으며, 3.1운동 이후 '문화운동' 차원에서 이 교과서에 대한 비판이 격렬하게 제기되기 시작했다.

이러한 배경에서 신교육령(1922) 이후의 조선어과 교과서는 보통학교와 여자고등보통학교의 경우 '한문'을 제외한 『조선어독본』으로 편찬되었으며, 고등보통학교의 경우 『신편 고등조선어급한문독본』으

---

5) 『조선일보』 1923.2.21.

로 편찬되었다. 이 시기 교과서는 구교육령 당시 한문 위주였던 교과
서에서 조선어의 비중이 좀 더 높아진 것이기는 했으나, 실제 교육
현장에서 조선어 시간이 구교육령기보다 더 줄어들었고, 교육 내용에
서도 조선 현실을 반영한 것이라기보다 식민정책을 고려한 것들이
많았다. 이와 같은 상황에서 1929년 실업교육 강화를 표방했지만 실
제로 병참기지화를 전제로 한 교육령 개정이 이루어졌고, 1920년대
문화운동과 민족운동의 결과 '조선적인 것'을 부르짖는 분위기를 반
영하여 1933년 전후의 교과서 개편이 이루어졌다. 이 시기 『보통학교
조선어독본』과 남녀 고등보통학교를 대상으로 한 『중등교육 조선어
급한문독본』은 광복 직후 조선어학회에서 편찬한 『초등국어교본』,
『중등국어교본』의 토대가 되었다.[6] 그 후 1938년 개정교육령기 조선
어과가 수의과로 변경됨에 따라 『초등조선어독본』 두 권만 편찬되었
는데, 이는 조선어과 교육이 사라졌음을 의미한다. 이와 같은 흐름에
서 조선어과 교과서에 대한 비판 담론은 구교육령기 편찬 당시부터
1930년대 말까지 지속적으로 나타난다.

## 2.2. 교과서 비판 담론의 성격

강제 병합 직후 조선총독부는 통감시대 편찬한 『보통학교 학도용
국어독본』과 『일어독본』의 명칭을 『보통학교 학도용 조선어독본』,
『국어독본』으로 개정하고, 교과서의 내용 가운데 병합 사실과 어긋나
거나 조선인의 독립 의식과 조금이라도 관련이 있다고 생각되는 문구
를 수정하여 '자구 정정판' 교과서를 발행했다. 이 교과서는 1911년

---

6) 허재영(2009b), 『일제강점기 교과서 정책과 조선어과 교과서』, 경진출판.

‘조선교육령’(구교육령) 발포 직후 새로운 교과서가 편찬될 때까지 임시로 쓰였으며, 교육령 발포와 함께 교과서 편찬에 착수하여 1913년부터 보급하기 시작했다. 그 당시 교과서 편찬에서 대두된 주요 문제는 ‘일본어 가나 부속 문제(國語假名附)’, ‘언문 철자법 문제(諺文假名附)’ 등이었는데, 전자는 일본의 소학교에서 사용하는 ‘역사적 철자법’을 따르고, 후자는 ‘보통학교 조선어 교과’에만 해당하는 문제이므로 발음을 위주로 하는 별도의 철자법을 제정하였다고 서술한다. 이에 따른 교과서 편찬의 주요 방침은 다음과 같다.

(2) 敎科書 一般 方針

以上 國語 並 諺文의 假名附法을 決定홈과 共히 普通學校 敎科書에 關ᄒ 一般 方針을 定ᄒ야써 編纂의 根據로 홈. 左에 其 主要 條項을 示ᄒ건ᄃᆡ

一. 普通學校 敎科書ᄂᆞᆫ 朝鮮敎育令 並 普通學校規則에 根據ᄒ야 編纂ᄒᆯ 事.

二. 普通學校 敎科書ᄂᆞᆫ 朝鮮語及漢文讀本을 除ᄒᆫ 外에ᄂᆞᆫ 總히 國語로 記述ᄒᆯ 事. 但 一層 國語가 普及되기ᄭᅡ지 私立學校 生徒用에 充ᄒ기 爲ᄒ야 修身書, 農業書 等 特種에 限ᄒ야 別로히 朝鮮譯文을 作홈.

三. 內容은 敎科目이 異홈을 從ᄒ야 各各 特色을 有ᄒᆯ 것은 勿論이나 直接 國民性 養成에 關係가 有ᄒᆫ 敎科目에 在ᄒ야ᄂᆞᆫ 最히 左의 諸點을 爲主ᄒᆯ 事.

(1) 朝鮮은 內地 臺灣 等과 同樣으로 我國家의 一部인 事를 明白히 知得케 ᄒᆯ 事

(2) 我帝國은 萬世一系의 天皇이 此를 統治ᄒ시ᄂᆞᆫ 바를 知케 ᄒᆯ 事

(3) 我國이 今日과 如히 國力의 發展됨과 並히 朝鮮人이 大日本帝國臣民으로 外로ᄂᆞᆫ 世界 一等國의 人民과 肩을 比ᄒ고 內로ᄂᆞᆫ 幸福인 生活을 營홈을 得홈은 全혀 皇室의 恩澤에 由홈임을 印象케 ᄒ며 各其 本分을 守ᄒ야 皇室을 尊ᄒ며 國家에 盡忠ᄒᆯ 道를 知케 ᄒᆯ 事

(4) 實用 勤勉을 爲主ᄒᆞ야 空理空論을 避케 홀 事

四. 普通學校 敎科目 中 別로히 <u>地理 歷史科에 本邦 歷史 地理의 一斑을 授ᄒᆞ며 朝鮮語及漢文讀本 敎科 中에 朝鮮 地理의 槪要를 置ᄒᆞ기로 흠.</u>

五. 記述은 國語讀本 卷七, 八에 幾分 文語를 揭ᄒᆞ 外에 算術, 理科, 農業 等도 總히 日語로 홀 事.

六. 文章은 아모조록 平易叮嚀ᄒᆞ게 理解키 易ᄒᆞ며 常히 好感으로써 此를 運케 ᄒᆞ며 又 徒히 筆記補足의 弊가 無케 할 事.

七. 分量은 相當 學年의 文部省 著作 國定敎科書에 比ᄒᆞ야 稍히 多케 ᄒᆞ며 又 各課에 반다시 練習問題를 附ᄒᆞ야셔 練習 應用에 置重케 홀 事.

八. 旣히 前述흠과 如히 朝鮮에 在ᄒᆞ 諸學校 敎師ᄂᆞᆫ 僅少의 內地人을 除ᄒᆞ 外에 大多數가 皆朝鮮人 敎師이라. 敎育者될 만ᄒᆞ 學識 經驗이 少ᄒᆞ고 國語에 能ᄒᆞ며 本邦의 事情에 通ᄒᆞᄂᆞᆫ 者가 少흠으로 常히 此等 朝鮮人 敎師로 ᄒᆞ야곰 敎授上 相當 效果를 擧케 ᄒᆞ도록 留意홀 事.

九. 各卷首에 緖言을 附ᄒᆞ야 編纂의 要旨 取扱上의 注意를 記흠과 共히 卷末 에 附錄을 附ᄒᆞ야 生徒의 自學에 便케 홀 事. (…下略…)[7]

이 편찬 방침에 나타나듯이, 일제강점기에는 '조선어급한문'을 제 외한 모든 교과서는 일본문으로 편찬되었다. 비록 사립학교 생도용의 수신, 농업서 등에 예외적인 조선어 번역문을 쓸 수 있다고 하였으나, 총독부에서 이와 관련한 교과서를 개발한 예는 나타나지 않는다. 특 히 교과 가운데 '국민성 양성'과 관련된 교과서는 '내지(內地), 대만(臺 灣) 등과 마찬가지로 일본 국가의 일부라는 점을 명백히 알게 하고', '일본 제국은 만세일계의 천황이 통치하는 국가임을 알게 하며', '일본

---

7) 『매일신보』 1917.6.23.

의 국력 발전됨과 조선인이 대일본제국 신민이 되어 세계 일등 국민과 어깨를 나란히 하고 안으로 행복한 생활을 영위하는 것이 황실의 은택임을 알게 하며, 황실 존중과 국가에 진충할 방법을 알게 함', '실용 근면을 위주로 하여 공리공론을 피하게 함'을 내세워 내용상의 통제를 하고 있음을 명백히 하였다.

이와 같은 배경에서 1910년대 조선어과 교과서 비판 담론은 무단헌병정치의 특징상 신문·잡지 매체가 활발하게 활동하기 어려웠던 시대 상황에 비추어 볼 때, 총독부의 시정 정책을 옹호했던 『매일신보』에서만 일부 찾아볼 수 있다. 그러나 이 신문에 등장하는 비판 담론은 조선인의 교육 실태를 비판하고, 식민 동화주의에 따라 조선인 교육이 이루어져야 하며, 이를 반영한 일본어(국어) 보급을 위한 교과서 개발 등을 촉구하는 데 불과하다. 그러나 3.1 독립운동 이후 이른바 '문화정치' 시대에 이르러 문화운동을 표방한 『동아일보』, 개벽사의 『개벽』 창간을 필두로 교육문제와 교과서에 대한 비판 담론이 활발하게 이루어지고 있음을 확인할 수 있다. 특히 1920년대 중반 이후부터 1930년대에 걸쳐 문자보급운동을 주도했던 『동아일보』, 『조선일보』의 경우, 각급학교의 조선어독본이 갖고 있는 여러 가지 문제를 비판하는 기사와 사설을 게재하기도 하였다. 이를 고려하여 이 연구에서는 1920~30년대 말(폐간)까지 두 신문에 실린 교과서 관련 주요 자료를 정리하였다.[8] 이들 자료는 교과서 자체를 대상으로 한 것들도 있지만(교과서), 교육 문제 전반을 거론하면서 교과서를 포함한 경우(교육), 공교육용 조선어독본뿐만 아니라 각종 독본을 통해 조선어를 보급하

---

8) 자료 검색은 네이버 뉴스라이브러리(https://newslibrary.naver.com)에서 키워드 검색 방법을 사용했다.

거나 지식을 보급하고자 하는 경우(독본), 조선어 문제를 집중적으로 다루면서 교과서 문제를 포함한 경우(조선어) 등으로 나눌 수 있다. 조사한 자료를 표로 나타내면 다음과 같다.

[두 신문의 교과서 비판 자료 분포]

| 분야 \ 신문 | 동아일보 | 조선일보 | 계 |
|---|---|---|---|
| 교과서 | 37 | 17 | 54 |
| 교육 | 8 | 6 | 14 |
| 기타 | 1 | 1 | 2 |
| 독본 | 40 | 27 | 67 |
| 조선어 | 20 | 15 | 35 |
| 계 | 106 | 66 | 172 |

정리한 자료는 총 172종(연재물은 하나로 처리함)으로, 이들 자료 가운데는 독본 출판과 관련된 광고, 교과서나 교육 정책 비판 관련 개인 논설(논문), 신문사의 사설, 지식 보급용 독본 자료(연재물), 교과서 개정이나 출판과 관련된 기사 등이 있다. 자료의 성격에 따른 분포를 제시하면 다음과 같다.

[자료의 성격에 따른 분포]

| 분야 \ 성격 | 광고 | 기사 | 기타 | 논설 | 사설 | 자료 | 계 |
|---|---|---|---|---|---|---|---|
| 교과서 | | 36 | 3 | 6 | 8 | | 54 |
| 교육 | | 5 | | 6 | 3 | | 14 |
| 기타 | | | 1 | 1 | | | 2 |
| 독본 | 6 | 33 | 2 | 4 | 8 | 14 | 67 |
| 조선어 | | 17 | 2 | 11 | 3 | 2 | 36 |
| 계 | 6 | 91 | 8 | 28 | 22 | 15 | 172 |

자료 가운데 교과서 자체를 대상으로 한 자료(54건)는 대체로 교과서의 편찬, 개정, 보급 등과 관련된 것이며, 그 가운데 논설과 사설의 경우 교과서의 형식이나 철자법 문제, 조선어 교육을 소홀히 다루는 문제 등을 대상으로 한 것이 대부분이다. 교육 문제를 포괄적으로 비판한 자료(14건) 가운데 논설과 사설은 조선에서의 교육 실태를 비판하면서 조선어독본 문제를 함께 거론한 경우로 볼 수 있다. 독본 관련 자료(67건)는 지식 보급 차원에서 새로운 독본이 출간 예정이거나 출간된 사실을 객관적으로 소개하는 기사와 독본에 대한 비판 논설, 또는 지식 보급 차원의 연재물이 많은 비중을 차지한다. 조선어 문제를 중점적으로 다루면서 교과서 문제를 포함한 자료(36건)는 '문맹퇴치와 조선어 보급'이나, 맞춤법·철자법 등과 관련된 것들이 많은 비중을 차지한다. 조사 자료 가운데 교과서와 독본을 대상으로 한 자료는 121건이다. 이들 자료에는 '내용 관련 비판', '독본 소개 자료', '독본 비판 자료', '교과서(독본)에서 사용하는 조선어 문제(철자법, 문장 등)', '교과서 조사 및 편찬 과정 관련 자료', '조선어독본의 한자 오류 문제'가 포함되어 있다. 이를 표로 나타내면 다음과 같다.

[교과서, 독본 관련 자료의 주제별 분포]

| 담론 주제 \ 분야 | 교과서 | 독본 | 계 | 비율(%) |
|---|---|---|---|---|
| 내용 비판(교재의 적절성, 현실성) | 11 | | 11 | 9.09 |
| 대중독본 소개(노농, 농민, 청년 등) | | 63 | 63 | 52.89 |
| 대중독본 비판 관련 | 1 | 3 | 4 | 3.31 |
| 교과서의 조선어 문제(철자법, 문장) | 16 | | 16 | 13.22 |
| 교과서 조사 및 편찬 과정 소개 | 17 | | 17 | 14.05 |
| 조선어독본의 한자 오류 문제 | 9 | | 9 | 7.44 |
| 계 | 54 | 66 | 121 | 100 |

이 표에서 가장 많은 비중을 차지하는 것은 대중독본 관련 자료(67 건)들이다. 이는 각종 독본이 편찬될 경우 각 신문사마다 지식 보급 차원에서 그와 관련된 보도(63건)를 했기 때문인데, 실제 독본 교재를 비판 대상으로 삼은 경우(4건)는 많지 않다. 내용 비판의 경우 교과서 조사 및 편찬 과정과 관련한 비판, 또는 교수 용어로 일본어를 사용하는 것의 문제점 등을 포함한 것도 다수 존재하나, 교재의 적절성과 현실성이 부족함을 지적한 것은 '내용 비판'으로 처리하였다.

## 3. 교과서와 조선어독본 비판 담론의 내용과 그 의미

### 3.1. 교과서 조사 및 조선어독본 편찬·발행 과정

교과서 조사 사업과 편찬 과정, 보급 과정에서의 교과서 가격 문제 등을 비판한 다수의 기사와 자료(17건 14.7%)는 교육령 제정 및 개정과 밀접한 관련을 맺고 있다. 일제강점기 교과서 조사 사업은 교육령 제정과 개정이 이루어질 때마다 진행된 것으로 볼 수 있다. 1911년 구교육령 제정 당시에는 1908년 9월 1일 학부에서 제정한 '교과용도서 검정 규정'과 1912년 10월 20일 공포된 '사립학교 교과용도서에 관한 규칙(조선총독부령 제114호 사립학교규칙 제9~10조)'에 따라 그 당시 조선에서 사용되었던 교과서(일반 독서물도 포함)에 대한 전수 조사가 이루어졌고,[9] 1922년 신교육령 발포 당시에는 1921년부터 임시교육조사위원회와 교과서조사위원회를 구성하여 조선에서 사용되는

---

9) 한국학연구소(1975), 「교과용도서일람」, 『한국학』 5, 한국학연구소, 부록 1~84쪽.

교과서에 대한 조사를 진행하였다. 이러한 조사 사업은 1909년 검정 규정이 제정될 당시부터 교과서 통제를 목적으로 한 것이었으므로,10) 1910년대에는 이에 대한 비판 담론이 제기되기 어려웠다.

일제강점기 교과서 조사 및 조선어독본에 대한 비판 담론은 1920년 대 한글 신문과 잡지가 발행되면서부터 점진적으로 나타난다. 1910년 대의 경우 일본어 보급 정책과 동화주의에 따라 한글 언론 매체의 활동이 극히 제한적이었고, 그나마 존재하던 『매일신보』 등에서도 조선총독부의 시정 정책 비판이 허용되지 않았기 때문이다. 1920년대 초 교과서 정책 비판은 1922년 2월 4일 개정된 조선교육령(신교육령) 과 밀접한 관련을 맺고 있다. 이 교육령은 3.1 독립운동 이후 형식적으 로 민족 차별을 없앤다는 명분 아래 기존의 교육령에서 천명한 '주선 에서의 조선인 교육은 본령(本令)에 따른다.'라는 규정을 '조선에서의 교육은 본령(本令)에 따른다.'(제1조)라고 수정한 뒤, 조선인의 반발을 무마하는 차원에서 일본어 상용 여부를 기준으로 '국어(일어) 사용자 는 소학교령, 중학교령, 고등여학교령에 의거하고'(제2조), '국어를 상 용하지 아니하는 자는 보통학교령, 고등보통학교령, 여자고등보통학 교령에 따르도록'(제3조) 하였다.

조선교육령 및 각급학교령 개정은 실질적인 평등을 위한 것이 아니

---

10) 『대한매일신보』 1909.3.13~14, 教科用圖書 檢査 方針. 이 기사에서는 그 당시 교과서 통제 가 '정치적 방면'(한일관계 또는 양국친교를 저해하거나 비방하는 일이 없는지, 한국 국시 에 어긋나고 진서 안녕을 해치며 국리민복을 무시한 듯한 설이 없는지, 한국 고유한 국정 에 어긋난 듯한 기사가 없는지, 기교하고 편협한 애국심을 고취한 것이 없는지, 배일사상 을 고취하거나 한국인이 일본인 및 다른 외국인에 대한 악감정을 품게 하는 기사 및 어조가 없는지, 기타 언어와 논조가 시사평론에 편승한 것은 없는지), '사회적 방면'(음외 또는 풍속을 괴란케 할 듯한 언사 및 기사가 없는지, 사회주의와 기타 사회 평화를 해치는 듯한 기사가 없는지, 망탄무괴한 미신에 속한 듯한 기사가 없는지), '교육적 방면'(이는 체제 및 편술과 관련된 것임)의 세 가지 기준을 제시했는데, 이 가운데 '정치적 방면'과 '사회적 방면'은 교과서의 내용 통제 기준이라고 할 수 있다.

었으므로, 이를 실천하는 데 적지 않은 준비가 필요했다. 따라서 교육령 개정 직전부터 조선 교육과 관련한 비판 담론이 제기되기 시작했고, 각종 교육 관련 조사 및 교과서 조사가 진행되었다. 신교육령 발포 직전의 교육 조사는 1920년 12월 '임시교육조사위원회'를 구성하여 조선에서의 교육과 관련된 중요 사항을 조사·심의하는 기관으로 삼았는데, 『조선일보』 1920년 12월 23일자 기사에 '임시교육조사위원회 규정'이 실려 있다.11) 당시 위원 구성은 위원장으로 총독부 정무총감이었던 미즈노 렌타로(水野鍊太郎), 위원으로 백작 이완용, 법제국 참사관 바바 에이이치(馬場英一), 수원 농림전문학교장 하시모토 사고로(橋本左五郎) 등 18명이었는데, 이완용을 제외한 다른 사람은 모두 일본인이었다.12)

교과서 조사위원회는 임시교육조사위원회와 함께 신설된 기관으로 보통학교, 고등보통학교, 실업학교 등의 교과용 도서 편찬과 관련된 사항을 심의하는 역할을 담당했다. 『조선총독부 시정 연보(大正10年)』 제5장 교육 제22절 '학제'에 따르면 이 위원회의 주요 심의 내용은 다음과 같다.

(3) 교과서 조사위원회의 주요 심의 사항
일. 교과서용 국어 가나 표기법(國語假名遣), 언문철자법, 국문·조선문이 병기 및 조선역문(譯文)의 작성 등에 관한 것은 특별히 위원을 설치하여 조사할 일.

---

11) 『조선일보』 1920.12.23, 임시교육조사위원회 규정. 이 규정에 따르면 이 위원회는 조선 총독의 자문에 응하고, 조선에서의 교육과 관련된 중요 사항을 조사 심의하는 것을 목적으로 구성되었다.

12) 『조선일보』 1920.12.28, '임시교육조사위원 임명 발표'.

일. 교과용 도서의 재료는 한층 생도의 성정 취미에 적절한 것으로 선택할
　　일.

　일. 수신서는 실천적 행동의 권장을 요지로 할 일.(연구자 번역)13)


　　세 가지 주요 사항은 형식적인 면에서 교과서 편찬의 기본이 되는
표현·표기상의 문제뿐만 아니라 교과서의 내용과 취지를 식민정책에
부합하도록 하는 데 있었다. 『조선일보』 1920년 12월 23일자 '교과서
조사 위원'에 따르면 이 위원회는 미즈노(水野) 정무총감을 위원장으
로, 25명의 위원이 위촉되었는데, 그 가운데 조선인은 '어윤적(魚允迪),
신현필(申鉉弼), 임경재(任景宰)' 세 사람뿐이었다. 이처럼 일본인 중심
의 위원회 구성과 관련하여, 이규방(李奎昉)은 『조선일보』에서 조선인
이 거의 없음을 개탄하고, 조선어과 교과서로 한정하여 "조선어 소위
고등조선어급한문독본(高等朝鮮語及漢文讀本)에 있는 조선어 재료(朝鮮
語 材料)라 하는 것은 분량도 극소할 뿐 아니라 일어 재료(日語 材料)를
번역한 것이 대부분 그나마 초급 교과서의 가치가 없는 것"이라고
규정하고, "보통학교의 조선어급한문독본으로 말하면 아동에게 조선
어의 기초를 닦게 하여 조선어를 자유로, 또한 정확히 말하며 쓸 만한
지식을 얻게 함에 충분하도록 편찬해야 하겠거늘 현용 독본으로는
도저히 그 목적을 달성하기 불능하도다."라고 하였다. 그는 자신이
고등보통학교 사범과 생도를 가르친 경험을 토대로, 조선어독본은
전부 개조하지 않으면 안 되며, 조선어를 경시하지 말고 "금일(今日)에
요구하는 정확한 조선의 문(文)과 어(語)로써 음리(音理)와 어법(語法)
에 해당(該當)한 완전한 교과서를 편찬하여 전반도(全半島) 아동으로

---

13) 朝鮮總督府(1924), 『朝鮮總督府施政年譜: 大正十年·十一年』, 朝鮮印刷株式會社.

하여금 장차 정확한 기초를 닦게 하기를 바라는 바"라고 결론을 내렸다.14)

이와 같은 분위기에서 교과서조사위원회는 1921년 1월 12일부터 15일까지 회의를 개최하고, 3월 후속 작업으로 언문철자법 조사회를 구성했는데, 이들의 활동과 관련하여 1921년 4월 24~25일 부산 지역에서 '조선교육개선기성회'의 건의서 제출이 이루어졌다. 이 내용은 『동아일보』 1921년 4월 28일자 '교육개선기성(敎育改善期成)'에서 확인할 수 있다. 주요 건의 내용은 다음과 같다.

(4) 조선교육개선기성회의 건의서 주요 내용
(一) 朝鮮人 敎育은 固有의 民族性을 尊重하며 人類 共榮의 精神에 立脚하야 從來와 如한 無理解한 盲從主義와 殖民地敎育主義를 根本的으로 撤廢할 일
(二) 敎育費를 充分히 支出하야 實業學校, 專門學校는 充分한 數를 各地에 適當히, 男子高等普通學校는 各道 各二校 以上을, 女子高等普通學校 及 師範學校는 各道 各一校 以上, 普通學校는 一面一校 以上을 迅速히 設置할 事
(三) 普通學校의 敎科書는 國語讀本 外에는 全部 朝鮮語로써 編纂하며 同敎授用語는 國語讀本 敎授時 外에는 一切 朝鮮語를 使用케 할 事
(四) 私立學校에 對한 取締 方法을 改善하며 經營者 敎員 生徒에 對한 待遇는 官公立學校와 同一히 하야써 此의 獎勵 發達을 圖할 事
(五) 漢文書堂은 當然히 撤廢할 方針下에서 一面一校 制定時期까지는 應急적 改善을 圖할 事

---

14) 『조선일보』 1921.1.7, 이규방, 臨時敎育調査會와 敎科書調査會의 委員 任命 發表를 보고.

이 기성회의 건의안은 부산 지역 교육 관련자 천 수백 명의 연서로 작성되었다고 하는데, 강제 병합부터 1920년대까지 식민지 조선에서 의 교육 상황을 요약적으로 보여준다. 즉 일제강점기 조선인 교육은 '맹종주의', '식민지주의'에 입각하여 조선인 고유의 민족성이 무시되 었으며, 각 지역의 교육 보급 문제가 시급하고, 교과서와 교수용어가 '조선어과'를 제외하면 모두 일본어였으며, 사립학교에 대한 통제가 격심했다. 이와 같은 시대 상황에서 1920년대 이후 조선인을 중심으 로 한 다수의 교과서 연구회가 조직되기도 했는데, 예를 들어 1923년 4월 경성의 '보통학교 신교과서연구회',[15] 울산 동면 공립보통학교의 '교과서 연구회'[16]와 관련된 기사가 나타난다. 특히 조선어독본과 한 글은 밀접한 관련이 있으므로 1921년 재거된 '조선어연구회'(후에 조 선어학회)를 비롯하여 1928년 '조선어철자법연구회'[17] 등과 같은 단체 에서 조선어 철자법에 대한 비판 담론을 제기할 경우가 많았고, 1930 년 '중등한문교원회(中等漢文敎員會)'에서는 『신편고등조선어급한문 독본』에 사용된 한자 오류 문제를 집중적으로 제기하기도 하였다.[18]

---

15) 『동아일보』 1923.4.26, 普校 新敎科書硏究會. 이 연구회는 1923년 4월 27일부터 29일 경성 사범학교에서 '편집과장의 신교과서 편찬 방침과 경과 강화', '편수관의 신교과서 편찬 취의(趣意) 설명', '훈도(訓導)의 신교과서 연구 발표' 등을 주제로 한 회의를 진행하였다.

16) 『조선일보』 1923.6.27, 敎員敎科材料硏究. 이 기사에서는 울산 동면 남목리의 공립보통학 교에서 교원들이 '보충교수법'을 시행하고, 조선총독부의 교과서 개정에 따라 '교과연구 회'를 조직하여, '조선어'부터 순서대로 교원 모두가 상호 연구활동을 진행한다고 하였다. 이들이 목표로 한 것은 아동의 심리 발달에 적합한 교육 재료 개발과 응용이었다.

17) 『조선일보』 1928.11.2, 朝鮮語綴字法硏究會. 이 연구회는 조선총독부 학무국의 교과서 개 편에 따라 교과서의 재료 개선, 조선문 철자법 개선을 목표로 조직된 단체로 학무국 관리 들과 공립보통학교 교원으로 구성된 것으로 나타난다. 이를 고려하면 이 단체는 일본인 중심으로 구성되었을 것으로 추정되나, 주요 관심사가 교재의 적절성, 철자법 개선에 있었으므로 이들의 활동이 그 당시 민간의 조선인 학자들에게도 일정한 자극을 주었던 것으로 추정된다. 그렇기 때문에 이 날짜부터 '철자법 개정에 대한' 정열모(鄭烈模), 이상 춘(李常春) 등의 의견을 함께 게재하였다.

18) 『동아일보』 1930.2.28~3.9, 新編高等朝鮮語及漢文讀本 改編 要望件(1)~(10). 이 교정 의견

이와 같은 비판 담론은 1929년 교육령 개정과 함께 추진하고자 했던 조선어과 교과서 개편 작업에서 이른바 '좀 더 조선적인 것'을 담아야 한다는 논리로 이어졌고, 그 결과 1933년 이후의 조선어과 교과서에서 조선인의 글이 다수 포함되는 결과로 이어지기도 했다.

## 3.2. 조선어독본의 내용 비판

교재의 적절성이나 현실성과 관련한 비판은 조선어독본 관련 비판 자료와 대중독본의 내용 관련 비판을 포함한 자료는 내용 비판이라는 차원에서 주목할 필요가 있다(조선어독본 11건, 대중독본 4건 총 15건 12.40%). 예를 들어 다음과 같은 경우이다.

(5) 朝鮮心 朝鮮語=敎科書 改正의 眼目

敎科書의 改正을 위하야 當路에서 種種의 準備를 하는 중이라는 말이 新聞紙上에 보엿다. 참으로 字面과 가치 惡한 것을 改하야 善으로 就하고 謬한 것을 匡하야 正으로 歸한다 할진대 이는 實로 雙手를 擧하야 欣慶을 난호려 할 일이지마는 根本에 잇서서 相反한 指導 原理를 가지고 잇는 오늘날 그네의 써 改善이라 하는 것이 우리에게 도로혀 改惡이며 그네의 써 改正이라 하는 것이 우리에게 도로혀 改誤가 아닐지 모름을 생각하고, 쏘 근심하는 우리는 이 機會로써 今日 又 今後의 朝鮮人에게 課할 敎養書의 根本 方針에 대하야 一言을 禁치 못할 것이 잇다. (…중략…) 맨 몬저 朝鮮人

---

서는 '조선어부'의 문체(조선말과 합치되지 않는 한자 중심의 문체, 일본어 직역투의 문제, 순수한 조선어를 한자로 쓴 경우 등), 문장(건조한 문장만 나열함), 재료(이론이나 사실과 부합하지 않는 재료)를 포함하여 '한문부'의 한자 또는 한문 문장 오류 등을 비교적 방대하게 조사하여 작성한 문건으로 10회에 걸쳐 연재되었다.

本位의 教科書를 맨들라 하겟다. 시방의 敎科書란 것이 첫재 무엇에서 그릇 되엇느냐 하면 그것이 朝鮮人에게 쓸 것, 朝鮮人이 배홀 것이란 점을 忘却 하엿슴이다. 아니 故意로 無視한 것이다. 어대를 펴서 보든지 朝鮮精神, 朝鮮情調랄 것이 一體로 掃如하고 乃至 朝鮮知識이랄 것까지 不相應한 輕視 와 虐待下에 置하야 잇슴이야 말로 아모것보담 몬저 改正하여야 할 시방 敎科書의 惡處 缺點이다. 朝鮮人에게 압서는 모든 것은 毋論 朝鮮의 것이오 朝鮮적의 것이오 朝鮮人的의 것이니, 이는 더욱 生長期에 잇는 朝鮮人에게 잇서서 그 必要와 意義가 클 밧게 업는 일이다. 그런데 시방의 敎科書란 것은 어느편으로 보면 아모 것보담 이것을 업새기 업새기 爲主하야 만든 것이오 그 자랑 삼는 點도 도로혀 여긔 對한 用意의 周到와 여긔 關한 努力 의 其大함에 잇는 듯하니 이것이 어째서 朝鮮人으로 바다야 할 敎育일가. 어쩌자고 朝鮮人에게 이런 敎育을 식이자 하는가. (…중략…) 그 다음에는 朝鮮語主義의 敎科書를 만들라고 勸하겟다. 무엇이 不自然이라 하야도 제 天機에서 나오는 제 소리와 제 말을 억지로 막고 억지로 업새라는 것처럼 不自然 不合理한 것이 다시 업슬 것이다. 그런데 시방의 敎科書는 이로써 朝鮮人에게 强要하나니 이것만 하야도 식이는 이의 어리석음과 밧는 이의 설음이 크겟거늘 더욱 사람으로 一生의 基臺를 築成하는 重要한 時期를 知識的으로나 心性的으로나 아모 意義를 가지지 아니한 남의 말 한아를 배호기 爲하야 過去의 傳統과 現在의 要求와 將來의 準備에 必要不可缺할 온갖 學習의 時間을 犧牲식힌다는 일은 무론 人道的으로 顧慮까지 하여야 할 問題이다. (…중략…) 또 한가지는 朝鮮心 爲主의 敎科書를 만들라고 勸하겟다. 朝鮮人 敎育의 目標가 朝鮮人으로의 人格的 完成에 잇슬 것은 다만 理論上에서만 正當할 쑨 아니라 진실로 事勢上으로도 絶對 必要事에 屬하는 것이니 저네의 必要에 因하는 朝鮮人에게 對한 모든 要求도 朝鮮人 에게의 日本心 强要로써 滿足될 것이 아니라, 실상 朝鮮人의 正當한 朝鮮心

生長을 말미아마서만 비로소 成就할 것이다. (…하략…)19)

　이 사설은 신교육령 이후의 교과서 개정과 관련한 사설로, 이 시기 조선어독본이 갖고 있는 본질적인 문제를 정확히 짚어낸 대표적인 비판 자료이다. 일제의 교과서 통제는 1908년 9월 1일 공포된 '교과용 도서 검정 규정'부터 본격적으로 진행되었는데, 강제 병합 이후에는 조선어과를 제외한 모든 교과서가 일본문으로 편찬되었으므로, 향후 개정에서 '조선인 본위의 교과서', '조선어주의 교과서', '조선심 위주의 교과서'가 되어야 함을 역설한 셈이다. 이러한 비판은 조선어과뿐만 아니라 모든 교과서에 해당되는데, 일제강점기 교과서 통제는 일본문으로 편찬된 검정 교과서에도 폭넓게 적용되었음을 확인할 수 있다. 예를 들어『동아일보』1924년 1월 22일자 사설 '학무당국의 우(愚)를 소(笑)하노라'에서는 당시 문부성 검정 교과서 가운데 삼성당(三省堂) 발행 나카무라 큐시로(中村久四郎)가 저술한『외국역사교과서 동양지부(外國歷史敎科書 東洋之部)』등의 교과서에서 '조선 통치를 비난한 것' 또는 '조선의 법률에 위반되는 것'이 들어 있었기 때문에 불인가되었을 것이라고 비판하였다.

　교육 내용과 관련한 비판 가운데『동아일보』1927년 2월 8일부터 11일까지 연재된 밀양 김진국(金振國)의 '보교 교육내용(普校 敎育內容)'은 조선어독본뿐만 아니라 그 당시 교과서 전반에 관한 비판 담론을 포함하고 있는데, '보통교육의 결함'뿐만 아니라 '아동생활과 교재의 모순'을 비교적 자세히 논급하고 있다는 점에서 주목할 만하다.20) 그

---

19)『동아일보』1926.2.6, (사설) 朝鮮心 朝鮮語=敎科書 改正의 眼目.

20)『동아일보』1927.2.8~11, 密陽 金振國, '普校 敎育內容'(1)~(3).

는 당시 보통학교 교육이 '편찬 취지로부터 교재의 목적, 아동교육 교수 및 결과'까지 모두 문제가 심각하다고 지적하고, '수신', '역사', '조선어' 등 각 교과교육의 문제점을 비교적 상세하게 지적하고 있다. 그 가운데 '조선어 교과서'는 책 수로 볼 때 학년당 2권씩 편찬된 일본어에 비해 쪽수도 빈약하게 1책으로 편찬되었고, 이로 인해 고유한 언어를 빼앗긴 상태에 이르게 되었다고 지적한다. 더욱이 조선어 교과서는 한문과 혼합되어 이 교과서로 공부할지라도 졸업 후 잡지 하나를 똑똑히 읽을 수 없고, 조선문 편지 한 장도 변변히 쓰지 못하는 실정이라고 비판했다. 그는 일제강점기 교수 용어가 모두 일본어이기 때문에 어떤 교과목을 공부하더라도 결국은 일본어 공부에 불과하여 '시간을 빼고, 정력을 감퇴시키는 교육'밖에 되지 않는다고 비판한다. 이는 박붕배(1987)에서 일제강점기의 교육을 '동화 교육, 우민화 교육, 노예 교육'으로 규정한 것[21]을 실증적으로 보여주는 비판 담론이라고 할 수 있다.

이처럼 일제강점기 조선어 교육 또는 독본 비판 담론은 조선의 실정에 맞는 교육과 교과서 편찬을 요구하고 있으나,[22] 철자법 개정뿐만 아니라 '좀 더 조선적인 것'을 반영해야 한다는 주장에 따라 1933년에 이르러 개정되었다. 이와 관련하여 『조선일보』 1933년 1월 13일자

---

21) 박붕배(1987), 『한국국어교육전사』(상), 대한교과서주식회사.

22) 『조선일보』 1928.10.27, 教科書 改正은 朝鮮 中心. 이 기사에 따르면 조선총독부 학무국은 1929년 사용할 보통학교 교과서 개정을 위해 '교과서 개정 위원회'를 조직하고, 일본역사, 수신, 조선어 교과서 개정 작업을 진행한 것으로 나타난다. 역사의 경우 '풍신수길의 조선 정벌'에서 '정벌'이라는 용어가 불쾌감을 불러일으키므로 적절한 용어로 바꾸기로 했으며, 문체도 가급적 구어체로 변경한다고 하였다. 수신 교과서의 내용도 조선인의 선행 미담을 포함한다고 하였다. 그러나 조선어독본의 경우 철자법 개정 문제와 '좀 더 조선적인 교재'를 반영한 개정이 필요하다는 의견이 지속적으로 제기되어, 실제 개정은 1933년에 이르러 이루어졌다.

사설 '조선어 교과서 쇄신의 음미: 조선어교육의 합리화를 위하야'에서는 "종래의 고등보통학교용 조선어급한문독본은 그 중에 있는 한문이 너무 난삽하고 내용이 극히 몰취미(沒趣味)하고 언문철자법에도 시대에 맞지 않는 점이 많으므로, 한문은 평이하게 하여 약 1/4로 줄이고 조선어는 신철자법으로 하여 특히 그것을 외국문학 중의 명편(名篇)을 번역한 것과 조선의 문사 13명의 명작으로 볼 수 있는 기행문, 시, 소설, 소품, 수필 등으로써 채우리라 한다."라고 요약했다.23) 주목할 점은 이 사설에서 주장한 것처럼, 개정된 교과서가 실질적인 독서력 향상과 아동의 예술적 정조·심미적 능력 발양(發揚)을 위한 교과서로 개정되었다고 보기는 어렵고,24) 실제 교육현장에서 조선어과 교육이 더욱 위축되어 가는 상황에서 교과서 개정의 교육적 효과를 검증하기는 어려우나, 이 시기 편찬된 보통학교용 『조선어독본』 및 『중등교육 조선어급한문독본』이 광복 직후 조선어학회 편찬 『초등국어교본』과 『중등국어교본』의 토대가 되었다는 사실은 우연한 일이 아니다.25)

---

23) 『조선일보』 1933.1.13, (사설) 朝鮮語教科書 刷新의 吟味: 朝鮮語教育의 合理化를 爲하야.

24) 이와 같은 관점에서 문예를 중심으로 한 조선어교육의 필요성을 주장하는 논문도 다수 발표되었다. 그 중 『동아일보』 1929년 5월 2일부터 16일까지 9회에 걸쳐 연재된 정인섭의 '문예적 교육의 처지와 소감'은 학교에서의 극 교육을 금지시킨 것과 관련하여, 문예교육이 인격도야에 필요하며, 과학주의와 문예교육이 병행되어야 함을 강조하고, 공리주의를 견지하며 정서교육을 해야 한다는 주장을 담고 있다.

25) 허재영(2009b). 이 책의 제3장 '조선어과 교과서 편찬사'에서는 일제강점기 시대별 편찬된 조선어과 교과서의 제재를 분석하고, 선행 교과서와 개정된 교과서의 관련성을 분석하고, 제4장 '조선어과 교과서 이데올로기와 광복 이후의 교과서에 끼친 영향'에서는 일제강점기 조선어독본과 광복 이후 조선어학회의 교본의 내용 비교를 진행하였다. 이에 따르면 1946년 조선어학회에서 편찬한 『초등국어교본』은 전체 98과 가운데 59개 과(60.20%)가 『보통학교 조선어독본』과 겹치며, 『중등국어교본』은 전체 123과 가운데 45과(37.19%)가 겹친다.

## 3.3. 조선어와 한문·한자 문제 비판

교과서의 조선어 사용 문제와 관련된 비판은 주로 『조선어독본』의 철자법이나 비현실적인 문장 사용과 관련된 것이 주를 이룬다(16건 13.22%). '철자법' 문제는 1911년 조선어독본 편찬을 위해 '보통학교용 언문 철자법'을 제정한 이후, 1921년 철자법 조사 및 개정안, 1929년 개정안이 발표될 때마다 지속되었는데,[26] 이는 조선인에 의한 한글 통일이 이루어지기 전까지 어쩔 수 없이 제기될 수밖에 없는 문제였다.

먼저 1921년 신교육령 발포 직전의 조선어독본 편찬을 위한 철자법 논의를 살펴보자. 조선총독부에서는 1921년 3월 총독부 내에 '언문철자법조사위원회'를 구성하고, 이와 관련한 심의회를 개최하였다. 『조선일보』 1921년 4월 1일자 '언문철자법 조사회 심의 개요'에 따르면 그 당시 논의한 내용은 다음과 같은 네 가지 사항이었다.

(6) 諺文綴字法 調査會 審議 槪要

第一 普通學校에셔는 第一學年부터 第六學年식지 同一의 綴字法으로 ᄒᆞᄂᆞᆫ 可否

第二 普通學校用 諺文綴字法에 在ᄒᆞ야는 純粹ᄒᆞ 朝鮮語이나 漢字音이나 不拘ᄒᆞ고 表音的 綴字法으로써 表記ᄒᆞᄂᆞᆫ 可否

第三 高等普通學校 程度에 在ᄒᆞ야는 純粹ᄒᆞ 朝鮮語와 漢字音이나 不拘ᄒᆞ고 歷史的 綴字法으로 表記ᄒᆞᄂᆞᆫ 可否

---

26) 철자법 개정과 관련된 비판 담론은 별도의 조사가 필요하다. 현재 『매일신보』, 『동아일보』, 『조선일보』에 소재한 철자법 또는 한글 맞춤법과 관련된 기사, 논설, 보급 자료 등은 2천여 종이 넘는다. 여기서는 조선어독본의 철자법을 대상으로 한 자료로 한정하여 논의를 진행한다.

第四 改正案 逐條 審議.[27]

심의 내용을 참고하면 그 당시 조선어독본의 철자법은 학년마다 동일하지 않을 뿐만 아니라, 표음적 철자법(현실음대로 적음)과 역사적 철자법(두음법칙이나 구개음화 등이 적용되지 않은 상태의 표기법)이 혼용되었기 때문에 저학년과 고학년 독본에서 이를 구별하여 적용해야 한다는 논의가 중심을 이루었다. 그 가운데 제1안은 동일 철자법을 적용해야 한다는 결론을 얻었으며, 제2안과 제3안은 시급히 결정할 문제가 아니라고 결론짓고 제4안의 개정안(총독부 언문철자법 개정안)의 조항에 따른 심의가 이루어졌다. 특히 표음적 철자법과 역사적 철자법 논쟁과 함께 '종성 표기'의 적절성에 대한 이론적 차원의 논쟁이 심화되면서 의견 일치가 이루어지지 않았다고 했는데, 이는 제한적이기는 하지만 1920년대 한글 표기법 논쟁을 불러일으키는 요인으로 작용하기도 하였다. 흥미로운 것은 그 당시『매일신보』의 보도인데, 이 신문에서는 1921년 4월 1일부터 5일까지 5회에 걸쳐 편집과장 오다 쇼고(小田省吾)의 담화 내용을 상세히 보도하고, 김희상(金熙祥: 1921.4.15~17, 2회), 이원규(李源奎: 1921.4.21~22, 2회), 봉래산인(蓬萊山人: 1921.4.26~4.30, 6회) 등의 철자법 개정안에 대한 의견을 자세히 보도하고 있다. 조사위원회의 심의와 관련하여『조선일보』1921년 4월 2일자 기사에서는 "각조의 심의에는 각 위원들이 모두 학술에 입각하여 열성으로 토의하였으나 전부에 걸쳐 의견이 일치되지 않았다."라고 하면서 "이 조사에 의해 조선어에 관한 여러 문제 연구의 일보를 나아가게 하며, 장래 연구할

---

27)『조선일보』1921.4.1~4.2, 諺文綴字法 調査會 審議 槪要. 이 기사는『매일신보』1921년 4월 1일부터 4월 5일까지 4회에 걸쳐 연재되기도 하였다.

여지가 있음을 알게 되었다."라고 결론을 내린다.

이처럼 1920년대 교과서 편찬의 전제로써 철자법 조사가 이루어짐에 따라 각 신문 매체에서도 조선어 연구와 관련한 논문을 다수 연재하기도 했는데, 그 중 대표적인 것이 『동아일보』 1922년 8월 29일부터 9월 23일까지 22회에 걸쳐 연재된 최현배의 '우리말과 글에 대하야'이다. 이 연재물은 '제1장 우리말과 글의 과거(유래, 우리말과 글에 대한 우리 선조들의 태도, 우리말과 글에 대한 연구), 제2장 우리말과 글의 이제(現在: 우리말 발달에 대한 우리의 책임), 제3장 장래의 문제(문자 연구, 소리 연구, 어법 연구, 조선어교육을 합리적이고 충분히 할 것, 고어 연구, 표준어 사정, 자전 성립)' 등 그 당시 조선어 연구의 기반과 관련된 모든 문제를 포괄적으로 제시하고 있다.28) 또한 『매일신보』 1922년 8월 7일부터 13일까지 6회에 걸쳐 연재된 이필수(李弼秀)의 '조선미녹의 반성을 촉(促)하는 조선문자'도 이와 같은 흐름에서 유의미한 논문이라고 할 수 있다.29)

조선어독본의 철자법 문제는 1929년 실업교육을 강조하는 교육령 개정 과정에서도 지속되었다. 『동아일보』 1928년 9월 4일자 기사를 참고하면, 그 당시 총독부 학무국 편집과에서는 1923년 편찬된 조선어독본 개정을 위해 시학과 현헌(玄櫶), 편집과 이원규(李元圭) 등이

---

28) 이 연재물은 외솔 최현배가 발표한 최초의 논문으로 볼 수 있다. 외솔회와 연세대 출판문화원에서 발행한 2011년 『외솔전집』에는 이 글이 실려 있지 않으나, 2019년 외솔회에서 발행한 『외솔 최현배의 문학·논술·논문 전집』 권2에는 이 글이 포함되어 있다. 이 논문은 발표 연대나 내용으로 볼 때 외솔의 한국어 연구와 한국어 교육의 기틀을 보여주는 논문이라고 평가할 수 있다.

29) 허재영 엮음(2011), 『일본어 보급 및 조선어 정책 자료』, 경진출판. 이 책에서는 '1920년대 언문철자법 개정' 관련 『매일신보』, 『동아일보』에 소재한 주요 자료를 엮었다. 오다(小田省吾)의 담화, 김희상, 이원규, 이필수, 최현배 등의 기초 자료는 이 책에서 확인할 수 있다.

개정 초안을 만들고, 심의린(沈宜麟, 경성사범학교), 박영빈(朴永斌, 제2고보), 박승두(朴勝斗, 수송동보교), 이세정(李世楨, 진명여고보)를 중심으로 하는 심의위원회를 조직한 것으로 나타난다. 이로부터 독본 개정을 위한 철자법 개정 문제가 지속적으로 등장하였는데, 이와 같은 논의를 통해 1930년 2월 개정안이 공포되었다.30) 그러나 이 개정안을 독본에 적용하는 데는 적지 않은 문제가 있었는데, 그 이유는 이 철자법을 반대한 사람들이 조선총독부의 자문기관인 중추원에 문제를 제기하여 '중추원 수요회'가 이를 반대했기 때문이라고 한다. 이에 대해 그 당시 총독부 학무국 편집과에서는 '수요회'가 자문기관일 뿐 철자법을 문제 삼는 것은 '학문의 독립'을 침해하는 것이며 교과서 인쇄가 시급하므로, 개정안에 따른 교과서 인쇄를 한다는 방침을 내세웠다.31) 이 개정안은 1930년판 조선어독본뿐만 아니라 1933년 개정된 조선어독본류에도 반영되었으며, 1938년 이른바 '개정교육령' 이후 발행된 두 종의 『초등조선어독본』까지 이어졌다.32)

철자법을 중심으로 한 조선어 사용 비판 담론은 조선어독본에 쓰인 한자 문제에도 이어졌는데, 조선인을 중심으로 한 '중등교육 한문교원회(中等敎育漢文敎員會)'의 조선어독본의 한자 사용 문제를 비판한 자료가 발견된다(9건 7.44%). 『동아일보』 1930년 2월 13일자 '5책되는 독본 착오가 태반'이라는 기사에서는, 한문교원회 이승규(李昇圭), 이광종(李光鍾), 김승렬(金承烈), 황의돈(黃義敦)이 중심이 되어 1923년 이

---

30) 김민수·고영근·하동호(1977), 『역대한국어문법대계』 3~17, 탑출판사. 개정안에 참여한 사람은 일본인 니시무라(西村眞太郎), 오쿠라(小倉進平), 다카하시(高橋亨), 후지나미(藤波義貫)과 조선인 장지영, 이세정, 권덕규, 정열모, 최현배, 김상희, 심의린이었다.
31) 『조선일보』 1930.2.8, 朝鮮語學界 權威가 決定한 綴字改正原案.
32) 한글 통일의 관점에서 조선어학회의 '한글 맞춤법 통일안'이 제정·공포된 것은 1933년 10월 28일이었으나, 총독부의 조선어독본류에는 통일안이 반영되지 않았다.

후 편찬된 『신편 조선어급한문독본』의 한문부 오류를 '원문과 다른 것(18개), 현토 착오(192개), 식자 착오(植字錯誤, 38자), 주석 착오(18개), 중복된 과(3개 과), 역사 사실 착오(약간)' 등으로 나누어 조사한 것으로 나타난다.33) 이처럼 조선어 사용과 한문 오류에 대한 조사는 구체적인 사례를 중심으로 진행된 것이라는 점에서 교과서 비판의 진전된 면을 보여준다. 더욱이 이를 바탕으로 조선어독본 개정을 촉구하는 다수의 사설이 발표되었는데, 『조선일보』 1930년 2월 28일자 사설 '조선어 한문교과 문제 개정 정리의 필요'에서는 "조선인 자녀 교육에 대해 조선어문과 한문을 가장 조선어문의 문리(文理) 용례에 의해 정리 통일해야 하고, 교재 등도 조선인 자녀로 그 자연과 사회의 환경과 유서(由緖)에 합치되어야 하며", "형용사·부사·동사 등과 같은 실제 어음에서 순연한 조선의 고유어로 사용되는 것은 문체에서도 당연히 언문(조선어)에 의한 표현이 되어야 함"을 지적하면서, 궁극적으로 "후지산을 설명하되 백두산을 기록하지 않고, 역사가의 견지에서 근본이 명백하지 않은 기자(箕子)는 들어 있으나 을지문덕과 같은 사적을 모두 없애는 것" 등의 문제가 심각하다는 비판을 제기하였다. 또한 『동아일보』 같은 날짜의 사설에서도 조선어독본뿐만 아니라 '역사, 수신, 조선어급한문'의 결함을 지적하면서 "조선인에게 조선 역사를 알리게 하며, 조선인에게 조선어문을 가르치는 것은 세계 인류 공존의 원칙에도 합치된 일이며 당국이 언필칭 문화정치 정책에도 어그러짐이 없을 것"이라고 지적하고, 교과서 정정의 비용 때문에 개정하지 못한다는 학무국장의 담화를 변명이라고 비판한다.

---

33) 중등교육 한문교원회에서 조사한 『신편 고등조선어급한문독본』의 오류는 『동아일보』 1930년 2월 28일부터 3월 9일까지 10회에 걸쳐 연재되었다.

이처럼 철자법과 한문·한자 문제 비판은 개인적인 차원에서도 이루어졌는데, 『조선일보』 1930년 7월 20일~22일 2회에 걸쳐 게재된 홍원 김리균(金履均)의 '개정 보통학교 조선어독본의 착오'는 '철자법', '교재 선택', '교재 배열', '문법 및 문장'으로 구성된 대표적인 독본 비판에 해당한다. 그 가운데 '교재 선택'에서는 조선 가정에서 체습(體習)하기 어려운 혼정신성과 관련된 내용을 선정하거나, 실제 아동생활과 관련이 없는 내용 선정을 비판하였고, 교재 배열에서는 신출자 배정이 균형을 잃고 있음을 지적하였다.[34] 이러한 지적과 함께 『조선일보』 1930년 9월 1일자 '조선어 한문 독본에 백십 여 처가 착오'라는 사설에서는 "민중교육에 성의 없는 학무국: 그것도 교과서라고 내놓았나"라는 부제 아래 "우리는 결단코 학무국의 잘못을 들어 괴롭게 하자는 생각으로 그 요망을 한 것이 아니라 다만 학자적 량심으로 참아 잘못된 것을 전도양양한 그들에게 가르칠 수 업서서 정정을 요망한 것입니다. 그들이 잘못된 것을 깨닷고 정오를 한 이상 다만 이후 개편할 째는 좀 더 조선인 교육에 성의를 가지고 대하엿스면 합니다." 라는 사립학교 교사의 말을 인용하고 있다.

이처럼 조선어독본의 철자법, 한문·한자 사용 비판은 식민 통치하에서 제한적이기는 하지만 교과서의 형식적인 문제뿐만 아니라, 교육 내용 비판으로 확대되면서 일제강점기 조선어과를 지키고자 하는 노력으로 볼 수 있다. 다만 이와 같은 비판이 1930년대 중반에는 자취를 감추며, 1938년 개정교육령에 따라 단선학제가 운영되고 조선어과가

---

34) 개인적 차원의 독본 비판으로 『동아일보』 1931년 3월 12일부터 3월 29일까지 10회에 걸쳐 연재된 이갑(李鉀)의 '조선어독본의 어법적 착오', 10월 31일부터 11월 18일까지 12회에 걸쳐 연재된 길용진(吉龍鎭)의 '개정 보통학교 조선어독본에 대하야' 등도 주목할 만하다. 이갑의 논문은 주로 문장 표현과 관련된 비판이며, 길용진은 보통학교용 조선어독본 권1~2에 나타난 철자법과 표현·표기를 대상으로 한 것이다.

수의과로 바뀜에 따라 더 이상 유지되지 않았기 때문에 그 효과가 직접 나타났다고 보기는 어렵다. 그럼에도 1930년대 교과서 비판 담론은 농민운동이나 문자보급운동과 같은 대중 운동에 일정한 동력이 되었을 것으로 추정되며, '한글 맞춤법 통일안 제정'과 같은 조선어학회의 한글 운동에도 어느 정도 영향을 미치는 요인으로 작용했을 것이다.35)

## 4. 결론

이 논문은 일제강점기 조선어독본을 중심으로 한 교과서 비판 담론의 내용과 성격, 그 의미와 한계를 분석하는 데 목표를 두고 있다. 일제의 식민지 교육정책은 통감시대부터 본격적으로 추진되었으며, 교과서 통제는 1908년 9월 1일 공포된 '교과용도서 검정 규정'으로부터 출발한다. 강제 병합 직후 조선총독부는 통감시대 편찬한 교과서의 자구를 정정한 임시 교과서를 사용했으나, 1911년 조선교육령 공포에 따라 각급학교에서 조선어과를 제외한 모든 교과서를 일본문으로 편찬하기 시작했다. 조선어과 교과서는 한문을 합쳐 운영했으며, 이 교과용 도서 편찬을 위해 '보통학교용 언문철자법'을 제정하였다.

---

35) 조사 자료 가운데는 공교육 이외의 지식 보급 또는 계몽운동이나 식민지 지방행정 차원에서 저작된 독본 관련 정보를 소개하는 기사들이 비교적 많이 나타난다(64건 52.89%). 이러한 자료는 상당수가 대중 독자를 위한 독본 편찬의 필요성을 제기하거나(농민독본, 노농독본류), 신문에서 대중에게 보급하고자 하는 필수 지식을 '독본'이라는 명칭을 사용하여 연재하는 경우(가정독본, 간호독본, 며느리독본, 세계독본, 시골아씨독본, 아동독본, 어린이독본, 어머니독본, 의학독본, 주부영양독본, 화장독본)에 속한다. 이는 '독본'이라는 의미가 공교육의 읽기 교과서뿐만 아니라 대중적인 교육용 독서물로 확장되었음을 의미한다.

이러한 흐름에서 1920년대 교육령 개정에 따라 조선어과 교과서의 문제점이 제기되기 시작했으며, 문화운동과 함께 여러 신문 매체에서 조선어교육과 교과서 비판 담론이 일어나기 시작했다. 이 논문에서 논의한 내용을 정리하면 다음과 같다.

첫째, 일제강점기 교과서 정책과 비판 담론의 전개 양상에서는 기존의 연구 성과를 바탕으로 1910년대부터 1930년대 말까지의 교과서 정책과 조선어독본 편찬 양상을 개략적으로 기술하였다. 일제강점기 조선어과 교과서는 1913년 『보통학교 조선어급한문독본』, 『고등조선어급한문독본』을 비롯하여, 1923년 이후 『보통학교 조선어독본』, 『신편 고등조선어급한문독본』, 『여자고등조선어독본』이 편찬되었고, 1933년 이후 보통학교용 『조선어독본』, 남녀 고등보통학교용 『중등교육 조선어급한문독본』이 편찬되었으며, 1939년에는 조선어과가 수의과로 변경됨에 따라 『초등조선어독본』 두 권만 편찬되었다. 이러한 흐름에서 각 시대별 교과서, 특히 조선어독본의 비판 담론이 이어졌는데, 이 논문에서는 이와 관련한 171건의 신문 자료를 분석 대상으로 삼았다.

둘째, 교과서와 조선어독본 비판 담론의 내용과 그 의미에서는 '교과서 조사 및 조선어독본 편찬·발행 과정', '조선어독본 내용 비판', '조선어와 한문·한자 문제 비판'으로 나누고, 각 주제별 비판 자료의 내용과 그 의미, 한계를 기술하는 데 중점을 두었다. 편찬·발행 과정과 관련한 비판 담론은 주로 '교과서조사위원회'의 활동과 관련된 자료가 다수를 이루었으며, 위원회의 활동과 관련하여 조선에서의 조선어교육이 불합리하게 이루어지고 있음을 비판하는 다수의 의견이 제출되었음을 확인할 수 있다. 독본의 내용 비판과 관련된 자료는 상대적으로 적은 편이다. 이는 교과서의 내용 통제가 심하게 이루어지고 있음을 의미하나, 1920년대 말에는 조선어독본의 내용이 조선인 아동의 정서와 부합되어야 하며, 조선적인 것 또는 심미적, 문예적인 것이 포함되어야 한다는 주장이 제기되기도 하였다. 또한 조선어독본 비판 담론의 주를 이루는 것은 '철자법 개정'이나 '문장', '한자·한문' 사용과 관련된 것들이라고 볼 수 있는데, 이와 관련한 '중등교육 한문교원회'의 교과서 조사와 같은 작업이 이루어지기도 하였다.

이상의 논의 과정에서 일제강점기 조선어독본 비판 담론이 갖는 의미와 한계를 추론해 볼 수 있다. 식민 통치하에서 교과서 비판 담론은 극히 제한적일 수밖에 없다. '검정 규정'뿐만 아니라 각종 언론 통제하에서 비판 담론을 제기한다는 것 자체가 자연스러울 수 없기 때문이다. 그럼에도 1920년대부터 1930년대 말까지 조선어독본 비판 담론이 지속적으로 제기된 이유는 일제강점기 그만큼 조선어과 교육이 제대로 이루어지지 않았음을 반영한다. 이 점에서 조선어독본 비판 담론은 소극적인 입장에서 식민 체제를 전제로 한 조선어 유지 운동의 하나라고 규정할 수 있다. 또한 비판 담론을 통해 일제강점기 조선어 연구의 활성화, 더 나아가 조선어학회의 한글 통일 운동에도 일정한 영향을 미쳤다는 점에서 그 의미를 찾을 수 있다.

# 제 4 부

## 일제강점기 언어침탈과
## 광복 이후의 우리말 교과서

# 제1장 일제강점기 언어침탈과 우리말 순화운동

## 1. 시작하기

언어의 사회적 성질을 고려할 때, '제국주의' 또는 '식민주의'와 언어가 밀접한 관련을 맺는다는 사실은 쉽게 추론할 수 있다. 이 문제는 1974년 루이 장 칼베의 『식민주의와 언어학: 글로타파지의 경향 (*Linguistique et Colonialisme: petit traite de glottophagie*)』이라는 저서에서 흥미롭게 다루어진 적이 있는데, '글로파타지'는 '언어'와 '침식'을 합성하여 그가 만든 신조어이다. 이에 따르면 식민주의 언어는 '행정 언어와 상인 언어를 통한 지배 → 지배계급을 중심으로 한 이중언어 사용과 언어 분화 → 지배언어의 확산과 피지배 언어의 지위 격하'의 순서로 변화가 일어난다고 한다. 이와 같은 공식은 일제강점기 일본어와 조선어의 관계에서도 증명되는데, 식민 지배가 이루어지면서 행정과 법률, 교육에 대한 통제와 언어 지배가 확산되며, 지배계급을 중심으로 한 일본어 배우기가 활발해진다. 이는 일본 제국주의의 식민지를 대상으로 한 일본어 보급 정책뿐만 아니라 피지배 조선인의 계급 분화 및 언어 분화 현상이 나타남을 의미한다.

식민지 언어문제와 관련한 사회언어학적 접근은 언어 이데올로기 및 언어 권력과 밀접한 관련을 맺는다. 특히 이데올로기 문제에 관심을 기울이는 '언어사회학적 연구'는 언어 현상에 대한 거시적 분석을 목표로 한다는 점에서 '언어정책', '언어계획', '언어 소멸이나 소생' 등을 중점적으로 다룬다. 이러한 연구는 언어 자체보다 언어 환경에 좀 더 관심을 기울이는 방법으로 볼 수 있는데, 최근에 관심이 집중되는 소수 민족 문제, 양성 평등 문제, 모어와 외국어 교육 관련 문제, 언어의 시대적 변화와 공공성 문제 등이 중점적으로 다루어진다. 이와 같은 차원에서 이병혁 편저(1988) 『언어사회학 서설: 이데올로기와 언어』에서는 '언어공동체와 헤게모니', '자본주의 사회와 언어', '식민주의와 언어', '권력과 언어', '계급과 언어' 등의 논술을 편역하였고, 이를 바탕으로 이병혁(1992) 『한국 사회와 언어사회학』에서는 '사회 변동과 언어문화', '일제하의 언어생활', '방송언어', '은어', '언어변화의 측면에서 본 북한의 주체사상', '외래어가 국민의식에 미치는 영향', '매스컴과 말' 등을 광범위하게 다루기도 하였다. 또한 언어 이데올로기 차원에서 이연숙의 『국어라는 사상: 근대 일본의 언어인식』(2006 번역본)과 『말이라는 환영: 근대 일본의 언어 이데올로기』(2012 번역본)는 국내에 번역되면서 많은 연구자들에게 영향을 미쳤고, 일제강점기 언어 문제와 관련한 미쓰이 다카시(2002)의 『식민지 조선의 언어 지배 구조』, 이병근·송철의 외(2007) 『일제 식민지 시기 한국의 언어와 문학』, 고영진·김병문·조태린 편(2012) 『식민지 시기 전후의 언어 문제』 등도 주목할 만한 연구 성과에 해당한다. 이러한 흐름에서 최근에는 언어의 영향력과 관련한 이론 정립 차원에서 위르겐 하버마스의『소통행위이론(*Theorie des KommuniKativen Handelns Bd.*)』(1995 번역본)이나 노먼 페어클럽의『언어와 권력(*Language and Power*)』(2011 번역본)에서도 언어 권력 연구를 위한 흥미로운 이론을 제공한다.

이와 같이 사회언어학(특히 언어사회학)적 이론 발전에도 일제강점기 일본어에 의한 조선어 침탈 문제에 대한 연구 논문은 많지 않다. 언어정책에 대한 김민수(1975), 개화기와 미군정기 한글운동에 대한 이응호(1973, 1975), 열강의 식민지 언어 정책에 대한 이성연(1988)의 박사학위 논문, 한국 어문운동과 근대화를 주제로 한 고영근(1998), 일제강점기 어문정책과 어문생활을 주제로 한 허재영(2011a) 등의 선행 연구가 존재하지만, 이들 연구는 거시적 맥락의 정책이나 일본어 보급의 성격 등을 규명하는 데 초점을 맞추고 있다. 따라서 일제강점기 구체적인 언어침탈과 그에 대한 대응 방식에 대한 접근은 미흡한 상태다.

따라서 이 논문은 선행 연구를 바탕으로 식민지 언어침탈의 메커니즘을 규명하고 구체적인 침탈 현상을 기술하는 데 중점을 둔다. 또한 일본어의 침탈에 대한 그 당시 조선 지식인들의 대응 방식으로 싹트기 시작한 '국어정화운동'의 사회언어학적 의미를 규명하는 데 중점을 둔다.

## 2. 일제강점기 언어정책과 언어침탈의 메커니즘

### 2.1. 식민지 언어정책과 일본어 보급 정책의 본질

루이 장 칼베의 '글로토파지'의 개념을 일제강점기 언어생활에 적용한 이병혁(1993)에서는 "제국주의란 하나의 단순한 경제적 현상만은 아니다. 문화적 요소들, 보다 정확하게는 그 근간을 이루는 언어적 요소들에 관한 중요성, 즉 영토 확장을 정당화하기 위한 언어 이론과 민족이론의 중요성을 강조하지 않을 수 없다."[1]라고 하면서, 일제하의 언어침식을 '수직적 단계(1910~20)', '수평적 단계(1930~45)'로 나누고 '언어침식에 저항하는 세력들'을 간략하게 처리한 바 있다. 그 논문에서 사용한 '수직적 단계'는 점령과 지배가 이루어지는 과정을 의미하며, 수평적 단계는 일본어 보급의 성과가 수평적으로 확대된다는 점을 고려한 용어로 해석된다. 일제강점기 언어침식과 관련한 선행 연구가 극히 드문 상황에서 그 논문에서 사용한 용어의 적합성을 따지는 문제는 중요한 의미를 갖는다. 이보다 앞서 이병혁 편저(1988)에는 루이 장 칼베의 '식민주의와 언어'라는 논문이 번역·소개되어 있다. 칼베에 따르면 식민주의 언어는 '이름을 붙일 권리(명명에 따른 경멸) → 행정 언어와 상인 언어를 통한 지배 → 이중 언어와 분화 → 지배 언어의 확산과 피지배 언어의 지위 격하' 등으로 나타난다고 한다. 아마도 이병혁(1993)의 용어는 칼베의 이론을 두 언어(일본어와 한국어)의 관계, 언어 사용자의 변화 등을 고려하여 붙인 것으로 판단된다.

사전적 의미에서 '식민(植民)'은 "본국과는 다른 차별적 지배를 받고 있는 지역에 자국민이 영주할 목적으로 이주하여 경제적으로 개척하며 활동하는 일, 또는 그 이주민"을 뜻한다(표준국어대사전). 그런데 이 뜻대로라면 '식민'은 이주민의 차별을 철폐하고 개척하는 활동이 된다. 이에 비해 '식민주의'는 정치 분야의 용어로 "식민지 획득과

---

1) 이병혁(1993), 『한국사회와 언어사회학』, 나남출판, 47쪽.

유지를 지향하는 대외 정책. 경제적, 정치적인 세력을 국외의 영토로 확장하고 정치적 종속 관계를 통해 그 지역을 자국의 영토로 삼는 제국주의적 침략 정책을 이룬다."라고 풀이하였다. 달리 말해 '식민주의'는 '식민'과는 달리 '제국주의적 침략 정책'으로 규정한 셈이다. 흥미로운 것은 '식민'에 대한 사전적 풀이와는 별개로 '식민지', '식민정책' 등은 침략성을 주요 자질로 풀이한 점이다. 『표준국어대사전』의 '식민지'는 "정치적, 경제적으로 다른 나라에 예속되어 국가로서의 주권을 상실한 나라. 경제적으로는 식민지 보국에 대한 원료 공급지, 상품 시장, 자본 수출지의 기능을 하며, 정치적으로는 종속국이 된다."라고 풀이하고 있으며, '식민정책'은 "식민지 획득과 경영에 관한 정책. 식민지를 본국에 유익하게 이용하는 것을 목적으로 한다."라고 풀이하였다. 즉 축자적인 의미에서 '식민'은 말 그대로 '자국민을 타지역에 이주시키는 것'을 뜻하지만, '식민지를 개척하고 지배하는 차원'에서는 제국주의적 침략성이 전제된다는 뜻이다.

　근대의 정치학이 발전하는 과정에서 식민주의와 식민정책에 대한 관심은 제국주의와 밀접한 관련을 맺고 있다. 일제강점기 도쿄제국대학 법학교수였던 가와츠 스스무(河津暹, 1943)는 『식민과 식민정책』에서 '식민정책'은 "본국이 그 식민지에 대해 행하는 정책으로 국가로부터 시대에 따라 식민정책의 내용에 차이가 있다."라고 진술한다. 이 책은 경제 논리에 따라 식민지의 필요성, 식민지 통치 방식, 정책 문제 등을 설명한 개론서로 볼 수 있는데, 일본 제국주의의 식민 지배가 활발했던 시기에 저작된 것이므로, 식민지 조선에서의 지배를 합리화하는 이론적 근거를 제공할 수 있었던 것으로 보인다.[2] 근대 이후

---

2) 河津暹(1943), 『植民と植民政策』, 東京: 有斐閣, 2~6쪽.

일본인 학자들의 식민주의에 대한 관심은 일제의 침략정책이 구체화
되는 시점마다 활발했던 것으로 보이는데, 그 중 하나가 1900년대
'보호국론'이다. 예를 들어 아리가 나가오(有賀長雄, 1908)의 『보호국론』
은 식민 지배의 전단계로서 '보호국'의 개념과 유형, 보호국과 보호를
받는 국가의 관계, 보호국과 사법, 외교, 내정, 군사, 재정 등의 기본
문제를 설명하고 있다. 이 책에서는 서양인 학자들의 개념을 차용하
여 보호국을 '호위적 보호국(護衛的 保護國, 또는 단순 보호국), 후견적
보호국(後見的 保護國), 행정상 보호국(行政上 保護國), 식민적 보호국(植
民的 保護國)'으로 나누고, "일본의 신보호국이 된 한국의 지위에 적용
할, 공정하고 확실한 사리에 근거하여 일본 한국 보호관계의 현재
및 장래를 판단하는 데 필요한 자료를 제공하고자 하는 목적"에서
이 책을 지었다고 밝혔다.[3]

이처럼 식민주의는 제국주의 차원에서 새로운 영토를 개척하고,
그곳을 지배하고자 하는 이데올로기를 기반으로 삼고 있으며, 그것은
자국민의 식민으로 끝나는 것이 아니라 새로 지배하게 되는 국가(지
역)에 대한 전반적인 통치권을 행사하고자 하는 이데올로기라고 규정
할 수 있다.

식민정책은 본질적으로 식민지 본국에 유리하도록 식민지를 획득
하고 경영하는 데 목표를 두고 있다. 특히 일제의 식민지 조선 지배
정책은 박붕배(1987)에서 지적한 것처럼 '동화주의', '우민화정책'을
통한 '노예화'에 있었다.[4] 특히 다음 기사는 강제병합 직후 식민정책

---

3) 有賀長雄(1908), 『保護國論』, 東京: 早稻田大學出版部, 1~5쪽. 위의 가와츠 스스무는 식민
   의 유형을 '농업 식민, 재배 식민, 상업 식민'으로 구별한 바 있다. 이는 순수하게 경제적
   차원의 이주민 형태를 대상으로 한 것이다. 이에 비해 아리가 나가오는 정치적인 차원에
   서 '보호국'의 유형을 네 가지로 설정하고, 그 가운데 '식민지적 보호국'이 존재함을 강조
   하여, 장차 조선이 식민지로 변화될 것임을 암시한 것으로 볼 수 있다.

의 성격을 요약적으로 보여준다.

[朝鮮 統治의 成功]

내가 도쿄를 출발하기 전 데라우치 총독을 방문했더니, 총독은 오는 20일 경성으로 귀임할 예정인데 동행하는 것이 어떠냐 하였으나, 내는 부득이한 사정으로 대의사 시미즈 긴타로(淸水金太郞) 씨와 함께 출발하여 조선으로 건너왔다. (…중략…) 연안의 헐벗은 구릉은 17년 경 내가 본 당시보다 더욱 심한데 이 또한 예상했던 일이며, 조선 병합에 모든 지역이 극히 평온하다 하더니 지금 실제로 평온 무사함을 목격했고, 새로운 정치를 현저하게 보급하여 내지인 이주자가 이어 끊이지 않으니 이 지역의 산업 개발은 많은 말이 필요 없을 것이다. 근래 총독 정치에 대해 의견이 분분한데 그 가운데 더욱 심한 것은 악의적인 매도를 하는 자까지 있으나 이들은 조선의 현재 상태를 이해하지 못하는 자가 아니면, 그 진상을 알지 못하고 오해하는 데서 기인한 것이며 또 세간에서 왕왕 무단정치, 언론탄압을 주장하는 자가 있으니 생각건대, 무단정치(武斷政治)라 함은 무엇인가? 조선의 병합은 군사상 필요한 결과 단행된 것이므로 군정(軍政)을 실시하더라도 불가하지 않다. 그러나 조선이 오늘날과 같이 평온하고 무사한 상태를 지속하는 것은 총독 정치의 가장 큰 성공이요, 데라우치 총독이 아니면 능히 하지 못할 바다. 경찰제도(警察制度)의 보급은 신영토 통치상 가장 긴요한 조건이니 현재에도 경찰제도가 보급된 결과 조선의 초적(草賊: 의병 등, 연구자 주석)은 그 형상을 몰래 숨긴 것이 아닌가. 요컨대 저들은 무단(武斷)의 뜻을 이해하지 못하고, 쓸데없이 무단정치를 배척하여 무단정치를 비입헌적이라고 하는데 그 어리석고 괴이함은 말하기조차 어렵다. 신영토

---

4) 박붕배(1987), 『한국 국어교육전사』(상), 대한교과서주식회사.

의 언론 단속(言論取締)도 또한 통치상 극히 필요한 조건이니 무책임한 언론과
난폭하고 무분별한 논의는 유해무익하므로 도저히 단속하지 않을 수 없으
니 만약 교격(矯激=과격)한 논의를 주장하다가 금지와 방해를 받으면 언론
압박이라고 절규하는 자가 있으면 이는 자기의 얼굴에 침을 뱉는 것이므로
서로 국가의 이익과 득실을 고려하여 시비하는 말을 할 것이 아니다.[5]

이 대담 기사는 그 당시 정우회 대의사였던 이노우에 가코로(井上角
五郎)과의 대담을 옮긴 것으로, 그는 후쿠자와 유키치(福澤諭吉)의 제자
이자 갑신정변 직후 한국에 건너와『한성순보』와『한성주보』발행에
도 관여했던 인물로 알려져 있다. 이 기사에서 이노우에는 데라우치
의 식민 통치가 '무단정치', '경찰제도(헌병정치)'를 특징으로 하며, 그
것은 군사상의 필요나 초적(의병)의 발호를 막기 위한 효율적인 방책
이라고 칭찬한다. 여기서 그는 식민지 조선이 일본의 새로운 영토이
며, 조선이 식민화됨으로써 일본의 보호를 받을 수 있고, 그러한 조건
에서 조선이 발전할 수 있다는 논리를 펼친다. 이처럼 제국주의의
식민 지배는 자국의 이익을 위한 피지배 국가를 통치하는 데 있으며,
식민정책의 범위는 정치, 경제, 군사, 문화, 교육 전반에 걸쳐 이루어
진다. 이는 강제병합 직전인 1910년 4월 통감부에서 발행한『한국시
정연보』, 강제병합 이후 조선총독부에서 발행한『조선총독부 시정연
보』등을 통해서 확인할 수 있는데, 이들 시정연보는 통감부 또는
총독부에서 시행한 제반 정책을 포괄하고 있다. 예를 들어 1908~1909
년 시정연보의 경우 '협약 및 의정서, 통감부의 조직, 한국의 제도,

---

5)『매일신보』1911.5.5, 朝鮮 統治의 成功(滯京 中에 在흔 政友會 代議士 井上角五郎 氏 談).
본래 국한문 혼용이나 가독성을 높이기 위해 연구자가 번역하였음.

궁중 제도, 외국인 및 외국인 관계 사무, 사법(司法) 부 법제(法制), 경찰 (한국경찰, 일본경찰, 일한경찰 공조, 헌병), 치안, 재정 부 금융, 산업, 공공사업, 통신, 철도, 교육, 위생'등 총 15장으로 구성되어 있다.6) 강제 병합 직후부터 지속적으로 발행된 시정연보의 체제도 크게 다르 지 않다. 예를 들어 1914년 3월 발행된 조선총독부의 시정연보는 '중 앙행정, 지방행정, 사법, 치안, 재정, 금융, 관업(官業), 토목, 교통, 무역, 농업, 상공업, 임업, 광업, 수산업, 위생, 교육'등 17장으로 구성되었는 데, 행정기관과 치안, 산업 분야 등이 중심을 이룬다.7)

홍미로운 것은 1915년 3월에 발행된 '메이지 45년~다이쇼 원년 (1912)'에 해당하는 시정연보인데, 이때부터는 제17장 '교육' 부문에 '국어의 보급', 즉 일본어 보급이 나타나기 시작한다는 점이다. 그 내 용을 살펴보면 다음과 같다.

[국어의 보급]

국어의 보급은 국민성 도야상 극히 중요한 것으로 병합 이래 항상 그것을 실시하는 데 노력했으며, 특히 신학제 실시 이후는 더욱 여기에 기울였다. 오직 관공립학교에서는 그 중요한 것을 국어 교습에 두어 그 진보하는 모습이 있었으며 사립학교에서도 점차 국어 교수를 시작하여 내지인 교원 을 초빙 고용하는 일들이 일반적 경향임을 나타내며 (…중략…) 또한 일반 조선인에게는 시운(時運)의 진전(進展)에 따라 관공립학교에 대해 신뢰하는 생각이 두터워지며 더하여 내지인에 대한 감정이 점차 융화되고, 일면으로 신정(新政)의 보급과 내지인 증가에 따라 조선인의 생활상 국어의 필요가

---

6) 統監府(1910), 『韓國施政年譜』, 龍山印刷局 印刷.

7) 朝鮮總督府(1914), 『朝鮮總督府 施政年譜: 明治 四十四年』, 朝鮮總督府 官房 總務局 印刷所 印刷.

증가하게 되므로, 국어 습득에 대한 열의가 일반에게 왕성하게 일어나 그들이 있는 곳의 공사립학교를 중심으로 하고, 기타 경무 관헌 지방관리 또는 독지가 등에게 실시하도록 한 국어강습회 야학회 등이 도회나 시골 곳곳마다 개설됨을 보게 되었다. (…하략…)8)

이 연보에 나타난 바와 같이, 식민지 지배언어는 통치상의 필요뿐만 아니라 피지배 민중의 교육, 생활상의 필요에 의해 피지배 언어를 대체하는 중심 세력으로 등장한다. 더욱이 일제강점기 일본어 보급은 그 당시 일본인들이 갖고 있던 '국어 이데올로기'가 다른 식민 지배국가들보다 훨씬 강했던 것으로 나타나는데,9) 국어(일본어) 보급이 '국민성 도야', '내지인과의 융화' 등 동화정책의 가장 기본적인 요건임을 보여준다.10)

---

8) 朝鮮總督府(1914: 428). 第二百十一節 國語ノ普及. 國語ノ普及ハ國民性ノ陶冶上極メテ重要ナルヲ以テ併合以來常ニ之カ施設ニ努メ殊ニ新學制實施後ニ於テハ殊ニ力ヲ此ニ致シ獨リ官公立學校ニ於テ重キヲ國語ノ敎習ニ措キ其ノ進步者シキノモノアルノミナラス私立學校ニ於テモ漸次國語ノ敎授ヲ開始シ進テ内地人敎員ヲ聘用セムトスルノ趨向ヲ示シ (…中略…) 又一般朝鮮人ニ在リテモ時運ノ進展ニ伴ヒ官公立學校ニ對ス信賴ノ念益厚キヲ加ヘ内地人ニ對ス感情漸次融和セルト 一面新政ノ普及ト内地人增加ニ伴ヒ鮮人生活上國語ノ必要ヲ加ヘタルトニ因リ國語習得ニ對スル熱心一般ニ旺盛ヲ極メ所在ノ公私立學校ヲ中心トシ其ノ他警務官憲地方官吏又ハ篤志家等ニ於テ施設セル國語講習會夜學會等ノ如キ都鄙到ル處ニ見サル (…下略…).

9) 이연숙 지음, 고영진·임경화 옮김(2006), 『국어라는 사상』, 소명출판. 이 책에서는 근대 일본의 대표적인 언어학자인 우에다 카즈토시(上田萬年) 등의 국어(일본어) 이데올로기 형성 과정과 특징을 비교적 상세히 설명하고 있다.

10) 허재영(2010), 『통감시대 어문교육과 교과서 침탈의 역사』, 경진출판. 이 책에서는 일제강점기 일본어 보급 정책이 러일전쟁 이후 통감시대부터 본격적으로 나타남을 설명한 바 있다.

## 2.2. 일본어 보급 정책의 메커니즘

일제강점기 조선총독부(엄밀히 말하면 식민 본국인 일본제국주의)의 언어정책은 피지배 조선인을 대상으로 한 '일본어 보급 정책'과 식민 통치를 원활하게 하기 위한 목적에서 재조선 일본인(또는 조선과 관련을 맺는 일본인)을 대상으로 한 '조선어 정책'의 두 가지로 구별할 수 있다.[11] 특히 피지배 조선인을 대상으로 한 어문정책은 일본어 보급을 목표로 하였는데, 그 방안은 1910년 10월 '도쿄 제국교육회 조선교육부 주사위원회'에서 천명한 '조선교육방침'에서 구체화되었다.[12] 허재영(2011a)에서는 일제강점기 일본어 보급의 구체적인 방법으로 '학교교육', '각종 강습회', '사회교육', '신문·잡지를 활용한 방법' 등이 있었음을 제시하고, 그에 따른 구체적인 정책을 검증한 바 있는데,[13] 이와 같은 정책과는 별개로 식민지 언어침탈은 식민 지배라는

---

11) 허재영(2011a), 『일제강점기 어문정책과 어문생활』, 경진출판. 이 책에서는 일제강점기 어문정책으로 조선인을 대상으로 한 일본어 정책과 조선어 정책, 재조선 일본인을 대상으로 한 조선어 정책과 일본어 정책의 네 가지로 구별한 바 있다. 조선인을 대상으로 한 어문정책은 일본어 보급이 중심을 이루며, 일본인을 대상으로 한 정책은 일본어 보급의 효과가 본격적으로 나타나기 이전 '조선어 장려'에 초점을 맞추었으나, 그 효과가 널리 나타나는 시점에서는 굳이 조선어 장려를 할 필요가 없기 때문에 점차 장려라는 성격이 퇴색됨을 확인할 수 있다.

12) 『매일신보』 1910.10.13. 이 방침은 "1) 교육칙어의 취지를 보실(普實)케 하고 일본과 조선 간에는 종래로 특별한 관계가 있으므로 양국의 합병은 당연한 운명됨을 이해하게 하고, 일본의 신민(臣民)이 되어 문명 무대에 활약케 함에는 조선 인민의 발전상 막대한 이익되는 희망을 줄 것, 2) 일본어의 보급으로 급무를 삼아 이에 전력을 기울일 것이니 이를 실행함은 다음과 같음. ① 초등교육에는 언문 한문을 전폐하고 일본어를 사용할 일, ② 일본어 교습 학교에는 적당한 보조를 줄 일, ③ 사범학교를 증설하여 일본어에 숙달한 교원을 다수 양성할 일, ④ 각종학교, 전문학교에서도 일본문 교과서를 사용함으로써 원칙을 삼을 일, ⑤ 일본어로 관용어(官用語)를 삼을 일, ⑥ 일본문으로 된 가정 서류(家庭書類)의 보급할 방도를 강구할 일, 3) 교과서 편찬은 특히 중대한 것이므로 총독이 직할일 기관을 설치하여 이에 종사하게 할 일"의 세 가지 항목이 중심을 이룬다. 이 가운데 두 번째 항목에서 언급한 여섯 가지 항목은 일본어 보급의 구체적인 방안에 해당한다.

특별한 상황에서 발생하는 피지배 언어 화자들에게 미치는 지배언어의 영향력 강화의 결과를 반영한다. 이는 일종의 언어적 영향력을 의미하는 것으로, 노먼 페어클럽은 담화에 작용하는 영향력뿐만 아니라 상이한 문화 접촉에서 발생하는 영향력 등을 '언어 권력'으로 표현하기도 하였다.[14] 일제강점기 일본어의 영향력은 조선인에 대한 또 다른 권력의 하나였다. 허재영(2014)에서 밝힌 것처럼, 근대 이후 일제강점기 일본어 권력의 형성은 지식과 정보 유통의 필요성, 언어정책, 일상생활에서의 소통 능력과 관련된 다양한 요인이 작용한다.[15] 식민지배의 결과 군사적인 문제뿐만 아니라, '행정, 법률, 교육'을 통제하면서 지배언어인 일본어의 영향력이 절대적인 위상을 갖게 되며, 그 언어가 국가를 배경으로 한 '국어'의 지위를 차지한다. 이에 따라 피지배언어인 조선어는 제국주의의 입장에서 지역어의 하나로 간주되는 셈이다.

일제강점기 일본어 보급의 주요 메커니즘은 지배언어의 영향력을 극대화하여 피지배언어를 말살함으로써 식민지배를 공고화하는 데 특징이 있다. 이를 실현하는 구체적인 방안으로는 1) 식민 지배국 및 식민정부를 통한 정책적 접근법과 2) 일상의 언어생활에서 지배언어의 영향력 증대에 따른 피지배언어 화자들의 태도 변화를 유도하는 방법 두 가지로 나누어 살펴볼 수 있다.

정책적인 접근은 정치, 교육, 행정, 법률 등 제반 분야의 통치 방침과 밀접한 관련을 맺는다. 1911년 조선교육령 및 각종 학교 규칙 공포

---

13) 허재영(2011a: 38~46).
14) 노먼 페어클럽 지음, 김지홍 뒤침(2011), 『언어와 권력』, 경진출판, 104~109쪽.
15) 허재영(2014), 근대 계몽기 외국어 교육 실태와 일본어 권력 형성 과정 연구, 『동북아역사논총』 44, 동북아역사재단, 315~354쪽.

와 함께 모든 교수용어를 일본어로 한 것16)이나, 조선총독부에서 발행하는 『관보』에서 극히 예외적인 경우(즉 조선인이 꼭 알아야 할 주요 법령이나 규정 등을 국한문으로 번역한 '선역문(鮮譯文)'을 대조함)를 제외하면 대부분의 사항은 일본문으로 공포한 일 등이 이에 해당한다. 일제강점기 식민 지배언어의 권력화는 '교수용어', '행정 및 법률어', '관용어(官用語)'의 지배 형태로 나타난다. '교수용어'는 학교에서 사용하는 교수·학습과 관련된 제반 용어를 의미하며, '행정 및 법률어'는 각종 법령과 행정행위, 예를 들어 정부 차원의 고시, 행정구역의 개편과 그에 따른 명칭 부여 등을 포함한다. 그 결과 피지배 언어인 조선어에 일본어가 유입되며 그 자체가 언어침탈로 이어진다. 예를 들어 '행정 및 법률어'의 경우 각종 고시나 훈령에 사용되는 용어, 일본어를 기준으로 한 약재명, 임목명(林木名) 등에 대한 고시, 지방 행정구역 개편에 따른 동리명(洞里名) 등이 조선어에 바로 반영된다. 구체적으로 강제병합 직전인 1910년 6월 2일 농상공부 고시 제9호로 공포된 '산림국 급 임업사무소 공문서(山林局及林業事務所 公文書)의 수죽명(樹竹名)',17) 1911년 3월 30일 조선총독부령 제66호로 고시된 '양품 및 약품 영업 취체령 제13조에 따른 약품명'18) 등에 나타나는 일본어는 행정 행위 차원에서 조선인에게 절대적인 영향력을 행사한다. 물론 측량과 행정 구역 개편에 따른 지명 변개(變改)도 적지 않은 영향력을

---

16) 일제강점기 공교육의 경우 모든 교수용어는 일본어였으며, 조선어과를 제외한 모든 교과서를 일본문 교과서로 하였다.

17) 『舊韓國』官報』 제4694호, 융희4년(1910) 6월 2일, 內閣法制局官報課. 이 고시에는 조선의 수죽(樹竹)에 대한 '일본어, 한문, 조선어의 대조표(和韓漢名對照表)'가 들어 있으며, 이 표 속에는 고유종 102개, 외국종 10종의 수죽명이 나타난다.

18) 『朝鮮總督府官報』 제483호, 明治45年(1911) 4월 10일. 이 고시에는 그 당시 독약(毒藥), 수은 화합물과 그것을 바탕으로 만든 약품, 극약(劇藥)에 대한 조선어, 일본어의 대역이 나타난다.

갖고 있다. 널리 알려져 있듯이, 일본식 행정구역 단위의 하나인 '겐(縣)', '마치(町)', '초메(丁目)' 등은 한국식 한자음 '현', '정', '정목'으로 반영되든 또는 일본식 음인 '겐', '마치', '초메'가 반영되든 조선어 화자들에게 점진적으로 사용되기 시작했다.[19]

이러한 흐름에서 주목할 점 가운데 하나는 이른바 '관용어(官用語)'의 존재다. 관용어는 말 그대로 관에서 사용하는 용어로, 오늘날 '공공언어'의 식민지적 형태라고 볼 수 있다. 일제강점기 관용어는 '공용언어(公用言語)'로 불리거나 그와 관련된 문서를 '공문서(公文書)'라고 불렀다. 1941년 오오야 기이치(大宅義一)가 편찬한 『공문 기안의 기초지식(公文起案の基礎知識)』에 따르면, 일제강점기 조선총독부의 공문서 규정(1911년 3월 훈령 제36호) 공포 이후 모든 공문서는 일본문으로 작성된 것으로 나타난다. 이 책에서는 일본의 공문(公文) 역사를 '한자 수입 시대', '도쿠카와 시대', '메이지 시대' 등으로 세분하고, 공문서에 작용하는 '황실에 관한 경어(敬語)', '한자 상식',, '공문용자의 예', '공문 용어의 특이성' 등을 설명한 뒤, 구체적으로 '공문의 구성과 양식'을 제시하였다.[20] 이를 고려한다면, 조선의 공문서도 삼국시대 호적 단자로부터 조선시대 매매증서, 대한제국 당시의 공문 양식 등 한문, 국한문의 양식이 다수 존재했다고 볼 수 있으나, 일제강점기에 이르러 일본어로 된 공문서만이 그 효력을 유지하게 된 셈이다. 즉 이 시기 공문(公文)의 영향력은 문서의 양식뿐만 아니라 사용되는 용어 차원에서 조선어에 절대적인 영향력을 행사한 셈이다. 예를 들어 '황실 관련 용어'로 규정된 '어(御)'의 광범위한 사용 현상이나 황실 관련

---

19) 이는 광복 이후에도 상당 기간 영향을 미친 것으로 볼 수 있는데, 예를 들어 '본정통(本町-통: 혼마치)'이나 '이정목(二丁目: 니초메)' 등의 명칭이 이를 증명한다.

20) 大宅義一 編(1941), 『公文起案の基礎知識』, 朝鮮圖書出版株式會社.

용어의 보급, 공문에 사용되는 문자와 표현의 정형화, 공문 기안 양식의 엄격성 등이 일본인 관리와 일반 조선인의 언어적 계급화를 가져오고, 이로부터 관 지향적인 언어 태도가 형성되기도 한다.

일상 언어생활에서 지배언어의 영향력은 사회구조나 경제적 영향력 등 제반 요소가 저절로 반영된다. 그 중 의사소통 차원에서 인사말은 변화에 민감한 것으로 보이는데, 일제강점기 복잡한 인사말의 적절한 예는 이른바 '편지글'에서 확연히 나타난다. 이 시기에는 이른바 '척독류(尺牘類)'로 불리는 편지 쓰기 관련 책자가 범람했다. 척독의 전통은 조선시대 '간독(簡牘)'에서 비롯되는데, 조선시대에도 한문 편지를 쓰기 위한 '간독(簡牘)'이라는 명칭의 책자가 적지 않다. 이러한 유형의 책은 한글 편지에도 적용되는데, 이른바 『언간독』은 연대 미상이나 다수의 책자가 발견된다. 그 중 하나인 『징보(증보) 언간독』은 '아들의게 ᄒᆞᄂᆞᆫ 편지, 답장' 등 48편의 편지 양식이 정리되어 있다. 그런데 1900년대부터 본격화되기 시작한 척독류 서류는 시대와 사회구조의 변화에 따라 그 양식이 매우 많아졌을 뿐만 아니라, 같은 사람에게 쓰는 말일지라도 계절이나 달에 따라 표현을 달리하는 등 격식 분화가 극심해졌다. 예를 들어 1913년 남궁준(南宮濬)의 『신정 척독전서(新訂尺牘全書)』는 '서면례투(書面例套)', '서면구조식', '외봉예투(外封例套)' 등 편지가 갖추어야 할 형식적인 조건, '수시조사(隨時措辭)', '향당칭호(鄕黨稱號)', '위언류(慰唁類)', '문병류', '재난류', '절서류(節序類)', '유귀류(游貴類)', '기약류', '수행류', '면계류(勉戒類)', '학예류', '촉탁류', '간구류(干求類)', '차대류(借代類)', '궤유류(饋遺類)', '천인류(薦引類)' 등 상황에 따른 편지 서식을 30여 개의 항목으로 구분하였다. 물론 각 항목은 편지를 써야 할 구체적인 상황을 고려하여 다양한 언어적 표현과 예문을 제시하였다.[21] 이와 같은 양식과 어휘는 전통적으로 전래된 것도 있으나, 복잡한 한자 어휘와 일본식 표현은 일상 생활에 나타나는 일본어의 조선어 침식 과정을 보여준다고 볼 수 있다. 특히 남궁준의 책에는 '일선잠(日鮮械)'이라는 일본어 대조 편지 형식이 한 부분을 이루고 있는데, 여기에 실려 있는 일본식 표현은 언어침식 과정을 잘 드러낸다. 예를 들어 '서두식(書頭式)'으로 불리는 편지의 머리글에 '배정합니다(拜呈仕候), 배계합니다(拜啓仕候)', '답서 두식(答書頭式)'에 쓰이는 '배복합니다(拜復仕候)', '배견합니다(拜見仕候)' 등은 일본식 한자어를 한국음으로 읽는다고 하더라도 전통적으로 잘 사용하지 않던 표현이거나 일본어 편지에서 사용하는 용어를 옮겨온 경우다. 즉 '배정(拜呈), 배견(拜見)' 등은 일본음 '하이데이, 하이겐' 대신 '배정, 배견'을 사용할지라도 그 용어 자체가 조선어를 침식한 것으로 볼 수 있다. 또한 '사후(仕候)'는 전통적인 한국식 한자어로 사용된 예를 찾기 어려운 표현으로 일본어의 경우 '마무리'를 뜻하는 '츠가마츠리소로소로' 또는 '츠가마츠리소로', '츠가마츠리사후라' 등 복잡하게 읽히는 표현이다. 남궁준이 부속한 가나(假名, 가타가나)로는 '츠가마츠린후로후'여서 어떤 음이 일본식 음인지조차 판단하기 어려운데, 적어도 일제강점기 이들 표현의 한국식 한자음 표기(배정사후, 배견사후 등)가 쓰인 예를 발견하기는 어렵지 않다. 결국 도쿄 제국교육회 조선교육부 주사위원회'에서 천명한 '조선교육방침'에서 천명한 "일본문으로 된 가정 서류(家庭書類)의 보급할 방도를 강구할 일"이 실제 적용된 셈이다.

이와 같은 차원에서 일제강점기 일본어의 조선어 침탈 현상은 관용어뿐만 아니라 일상생활에서도 광범위하게 일어났고, 그것은 그 당시

---

21) 남궁준(1912), 『신정 척독전서(新訂尺牘全書)』, 유일서관.

교육을 받을 수 있었던 지배계급뿐만 아니라 일반인들의 언어 태도를 변화시키는 요인으로 작용했을 가능성이 높다. 달리 말해 일본어를 사용하는 것에 대한 부러움, 좀 더 나아가 일본어를 '국어'로 규정하거나 그 논리를 수용하는 태도를 갖게 되고, 그와 반대로 우리말과 글을 지역어의 하나인 '조선어'로 여기면서 멸시하는 태도를 보이게 됨을 의미한다.

## 3. 언어침탈의 대응 방식으로서 한국어 정화운동이 갖는 사회언어학적 의미

### 3.1. 일제강점기 한국어 문제와 언어정화의 개념

일제강점기 일본어의 한국어 침탈 현상에 대한 객관적인 조사 자료나 그와 관련한 심층적인 연구 사례를 찾는 것은 쉽지 않다. 그 이유는 일제강점기의 경우 식민지라는 시대 상황이 이에 대한 연구를 허용하지 않았으며, 광복 이후 '우리말 도로 찾기 운동' 등이 광범위하게 전개되었을지라도, 침탈 현상에 대한 객관적 연구를 기반으로 한 것이 아니었기 때문이다. 엄밀히 말하면 일본어의 한국어 침탈 연구는 한국어의 구조, 즉 '음운, 어휘, 문법'과 같은 층위를 고려하거나 언어 생활을 이루는 '말하기, 듣기, 읽기, 쓰기' 또는 구체적인 분야(정치, 경제, 사회, 교육 등)를 설정하여 진행해야 한다. 이를 고려할 때 일본어의 조선어 침탈에 대한 구체적인 연구 사례는 발견되지 않는다.[22]

---

22) 일제강점기 일본어의 영향과 관련하여 그 당시 편찬된 사전류의 어휘 분석 사례가 없는

그럼에도 일제강점기 『동아일보』, 『조선일보』 등에는 일본어의 조선어 침식과 관련된 다수의 논설, 기사가 나타난다.

첫째, 가장 빈번히 언급되는 것은 '신어(新語)' 및 어휘 침탈과 관련된 현상이다. 다음과 같은 기사가 대표적이다. 예를 들어 『동아일보』 1920년 5월 18일 어느 투고생의 '신술어에 대한 소감'은 외부에서 전래된 신술어의 영향력과 의미를 지적한 흥미로운 논설이다.

[신술어에 대한 소감]

近日 우리 朝鮮에서 流行하는 新術語가 하도 만흔 故로 如干 聰明으로는 ──히 記憶할 수 업스나 그 중 最大 勢力을 가지고 잇는 몃 말을 記錄하건대 同盟罷業이니 怠業이니 解放이니 改造이니 民本主義이니 過激思想이니 싼디가리줌이니 아날기줌이니 이러한 種類의 語이라. 이러한 말은 엇더한 地方에서 엇더한 事實이 잇서서 엇더케 實行되고 엇더케 流行됨인가. 朝鮮에서 唱道함인가 日本에서 發生함인가. 아니라 우랄 山 西便에서 實行되야 西伯利亞 大鐵道로 輸入되어 왓섯고 地中海 北便에서 實行되야 印度洋 航路를 經由하야 運入하야 온 舶來品語로다. (…中略…) 此新生 新術語의 流行과 事實의 實行이 吾人 人類 將來에 對하야 엇지 尋常하다 云하리오. 幸福의 生活과 不平의 生活이 此等 新術語의 意義를 學得하고 其學得한 바 原理를 事實의 依하야 努力함에 左右를 與하는 줄노 信하는 바로다.

이 논설은 '동맹파업, 태업, 해방, 개조, 민본주의, 과격사상, 싼디칼리즘, 아날리즘' 등의 신술어(신어)를 박래품으로 규정하고, 이들 신술

---

것은 아니다. 이와 관련하여 허재영(2013b), 「전문용어 사전의 관점에서 본 〈간명법률경제숙어사해〉」, 『한국사전학』 21, 한국사전학회, 303~324쪽 등이 있으나 이 또한 어휘 침탈 사례를 대상으로 한 것은 아니다.

어를 유행어의 일종으로 규정하였다. 그럼에도 이 논설에서는 이들 신술어가 인류 장래와 관련하여 행복과 불평의 의미를 내포하고 있으므로 그것을 학습해야 한다고 주장하였다. 이처럼 일제강점기 신문, 잡지에는 조선어에 없던 새로운 말들이 수입되거나 신어가 만들어질 경우 그것을 소개하는 경우가 적지 않았다.23) 이와 같은 배경에서 일제강점기 '신어(새말)'이 갖는 의미를 밝히고자 한 다수의 기사를 발견할 수 있다. 예를 들어 『동아일보』 1927년 5월 4일자 가람 이병기의 '(한글) 새말(新語)'가 이에 해당한다.

[새말(新語)]

새말은 새로 지어 쓰는 말이니 새말이 생기게 되는 까닭을 말하면, 사람의 살음살이에 날마다 달마다 어찌할 수 없이 생기는 <u>새 일, 새 물건을 딿아 새말도 생기는 것인데, 우리말체로 맨들어 쓰는 것, 또는 한ㅅ자(漢字)로나 한ㅅ자로 된 외국어(外國語)를 그대로 쓰는 것</u>의 두 가지가 있으니 우리말체로는 자동차를 뿡뿡이차라, 토메이토를 땅ㅅ김이라, 긔차를 불수레라, 하마차(荷馬車)를 짐마차라, 화물렬차(貨物列車)를 짐차라 하는 따위의 <u>통속적(通俗的)</u>으로 지어 쓰는 새말이 있고, 정음(正音)을 한글이라, 정음긔념일을 가갸날이라, 모음(母音)을 홀소리라, 자음(子音)을 닿소리라 하는 따위의 <u>학술적(學術的)</u>으로 지어 쓰는 새말이 있다.

이 따위는 곳 어찌할 수 없이 생기게 되는 새말이나 이 <u>새말들이 몯우 민중화하여 곳잘 써지고 아니 써지는 것은 그 말이 잘 되고 잘못되고가 그다지 상관이 없고, 한때 유행성(流行性)이나 또는 정치적 세력(政治的</u>

---

23) 박상진(2011), 「1920~30년대 대중잡지의 어휘 소개에 대하여」, 『한국학연구』 38, 고려대학교 한국학연구소, 129~173쪽; 허재영(2016), 「1930년대 〈신동아〉 소재 신어 자료의 특징 연구」, 『어문학』 133, 한국어문학회, 63~87쪽 등의 논문을 참고할 수 있다.

勢力)을 가지고 못 가지는 데 달렸을 것이다. 무론 이런 새말은 그 일 그 물건을 딿아 아니 생길 수 없는 말이니 잘 되었든 못 되었든 민중적으로 쓰게만 되면 그대로 굳어버릴 것이다. 그리고 또한 한ㅅ자(漢字)로는 인명(人名), 지명(地名) 새로 생기는 몬은 사물의 니름 따위는 아즉까지도 거의 다 한ㅅ자로 지어쓰며, 취급(取扱), 상징(象徵), 동경(憧憬), 용달(用達), 견적(見積), 면회(面會)라 하는 따위는 한ㅅ자의 음(音)만 취하여 쓰는 것이니 이 따위는 순우리말로 새로 지어 쓸 수가 없는 것도 아니지마는 습관(習慣) 형편(形便) 추세(趨勢) 또는 맹종적(盲從的) 모방적(模倣的)으로 한ㅅ자를 쓰게 되는 것이었다. 이뿐 아니라 외국어를 그대로 쓰는 것도 많으나 이건 새말이라 닐컷기보다도 그냥 외국어라 하여 자국어(自國語)로 화하는 족족 맞흠내 자국어로 칠 수밖게 없는 것이다. 그러나 우리는 지금 새말이나 외국어 따위를 아니 쓸 수 없지마는 쓰지 않아도 좋을 데까지 새말이나 외국어를 쓰다가 우리말을 없이는 것이 많다. 우리의 쓰든 말은 다 없이고 새말, 외국어로만 써도 못될 일은 없겠지마는 웨 쓰든 걸 아니 쓰고, 새것, 남의 것만 쓰려 하나. 오늘날의 문화(文化)가 하루아츰에 아니된 것임을 알면 언어(言語)도 그렇게 쉽게 되는 것이 아닌 줄을 알리라. 어찌 가졌든 것도 늘리지 못하면서 새것, 남의 것만 가지려 하나. 새것, 남의 것도 써야 할 것이야 말할 것도 없으나 맹종적(盲從的) 모방덕(模倣的)만으로는 그리 잘하는 노릇이 아닐 것이다. —가람24)

이 논설에서는 '새말(신어)'을 '새 일, 새 물건에 따라 새로 생겨난 말'로 규정하고, 새말의 유형을 '우리말체로 만든 것'과 '한자 또는 한자로 된 외국어를 그대로 쓰는 것' 두 가지로 나눈 뒤, '통속적으로

---

24) 『동아일보』 1927.5.4, 이병기, (한글) 새말(新語).

만든 것'과 '학술적으로 만든 것'을 구별하고 있다. 특히 새말이 만들어지는 과정에서 한자어의 침식 현상을 지적했는데, 여기에 언급된 것은 대부분 일본에서 사용되던 일본식 한자어들이다. 이병기는 본질적으로 새말과 관련하여 '맹종과 모방'을 비판함으로써 국어를 순화해야 한다는 의견을 피력한 셈이다.

둘째, 신어의 일종이라고 볼 수 있지만 외래어의 급증은 일제강점기 국어 정화의 논리적 배경과 밀접한 관련을 맺고 있다. 『조선일보』 1927년 7월 31일부터 8월 2일까지 18회에 걸쳐 연재된 정인섭의 논문 '번역예술의 유기적 기능'에서는 외래어 문제를 다음과 같이 논하고 있다.

[번역예술의 유기적 기능]
　外來語 借用은 特別히 理論化하지 안트라도 발서 常識으로라도 承認치 안흘 수 업는 狀態에 이를엇다. 英語에 外來語가 얼마나 잇는가 생각해 볼 것이며, 日本에 歐洲의 外來語가 얼마나 만흔가를 想像해 볼지니 더구나 文學上의 固有名詞가 他國에 잇서서 普通名詞로 化할 째, 그 根源的 語義를 써나서 混沌한 藝術的 役割을 다하는데도 言語의 變遷性과 流動性이 잇는 것이다. 朝鮮의 沙翁劇[25] 〈함레트〉를 完全히 輸入함으로서 朝鮮人의 文學的 範圍는 〈함레트〉란 性格을 增加하게 되는 것이요 狹隘한 傳記的 故鄕을 써난 〈함레트〉는 朝鮮에 와서 그의 普遍的 性格을 各自의 認識 範圍에 內包시킨다. 그리고 입센의 〈노라〉를 理解함으로서 우리는 朝鮮의 〈노라〉的 女性을 發見하고 그네의 眞正한 苦悶과 出家 後의 〈노라〉를 監視하려는 衝動을 늣기게 된다. 〈함레트〉는 英國의 〈함레트〉인 同時에 朝鮮의 〈함레트〉가

---

25) 사옹극(沙翁劇): 셰익스피어의 희곡.

되고, 엇던 友人에게 "여보게 자네는 함레트일세!" 불으지를 째 이 三文字가 意味하는 思想은 沙翁이 記述한 數百枚의 原稿보다 훨신 더 密接한 感動을 준다. 이와 가튼 固有名詞는 勿論이지마는 〈모단 걸〉을 엇더케 朝鮮語로서 譯할 수 잇스랴! 萬一 엇더한 新語로서 그의 全意를 傳할 수 잇다면 그러한 新語가 在來 朝鮮말에 업다 하더라도 그 妥當的 新語를 使用함에 무슨 躊躇가 잇스며 英文學을 譯할 째 英文體와 英語的 新語를 發明해 내는 데 무슨 矛盾이 잇고 獨文의 一作品을 朝鮮化하려 할 째 朝鮮에 업는 樣式을 傳播하기 위하야 外來語 그대로 또는 新句를 試用하는 데 무슨 非難이 잇스랴. 要件은 그 新語 性質이 原語와 合當하냐 또는 適切치 안느냐 하는 問題에 잇다. 海外文學에서는 日本의 彼女를 '그내'라고 使用한다. 이런 말을 創造하는 行動을 否認할 것이 아니다.26)

이 논문은 문학 발전을 위한 번역어 창출의 필요성을 강조한 논문으로, 번역어의 기능과 번역어 생성 원리를 논의 대상으로 삼은 글이다. 비록 외래어일지라도 번역의 타당성 또는 번역하기 어려운 표현을 수용하는 것은 어쩔 수 없는 일이며, 그를 대용한 신어를 만들 경우에도 원어와 합당 또는 적절한 용어를 만들어야 한다는 주장을 담고 있다.

이에 비해 『동아일보』 1931년 1월 1일 이극로의 '외래어 정화'는 국어 순화의 기본 원칙을 적절히 제시해 준다.

[외래어의 정화]
各民族의 文化는 交通發達을 딸아서 서로 融和되나니 거긔에 딸아서 오

---

26) 『조선일보』 1927.8.2, 정인섭, 번역 예술의 유기적 기능(8).

는 것은 곧 言語다. 그러므로 어떤 民族을 勿論하고 純全한 自國語만 가지고 쓰지는 못한다. 그러나 文化 强弱의 程度를 딿아서 外來語를 쓰는 程度도 各各 다른 것이다. 燦爛한 로마 文明은 라텐말로 하여금, 近世 佛蘭西 文明은 佛語로 하여금, 게르만 民族語와 슬라브 民族語를 壓倒하게 하엿다. 그러나 그 民族들은 自己 文化의 發達을 딿아서 外來語를 淨化하엿다. (…중략…) 朝鮮語는 本來 基礎가 서기 전에 漢文의 큰 中毒을 받아서 精神을 몯 차리게 되엇는데 거긔에다가 또 동에서 서에서 밀어오는 外來語야말로 朝鮮語에 雪上加霜格이 되엇다. 우리가 朝鮮語 整理에 努力하는 이때에 外來語 精華問題가 또한 큰 問題이다. 이것을 廣意的으로 말하면 漢文語 制限 問題도 들엇지만, 狹意的으로 말하면 漢文語밖에 오든 外來語 處理 問題다. 무엇이거나의 問題를 풀랴면 첫재로 外來語의 量을 줄이는 것이니 그 方法은 (一) 事大心이나 好奇心에서 外國語 使用을 좋아하는 무리의 마음자리를 바로잡게 하야 外來語 普及을 防止할 것이오, (二) 될 수 잇는 대로 外來語를 朝鮮語로 飜譯하야 쓰도록 힘슬 것이며, 둘재로 朝鮮말이 없어서 不得已하야 外來語를 쓴다면 그 말이 좇아온 그 國語音에 가장 가까운 朝鮮말소리로써 綴字를 一定케 統一시길 것이다. 그런데 西洋어가 日本語化한 것이 朝鮮에 들어와서 이미 널리 퍼진 것은 이를터면 '컵'을 '고뿌'라든지, '비어'를 '비루'라는 따위는 그대로 스려니와 이제 새로 들어오는 것은 이를터면 '택시'를 '다구시'라는 따위는 本音대로 스는 것이 옳다. 그러고 地名이나 人名같은 固有名詞는 될 수 잇는 데까지 本音대로 쓰도록 하여야 될 것이다. (…下略…)27)

이 논설에서는 외래어 유입을 언어사용 차원에서 자연스러운 것으

---

27) 『동아일보』 1931.1.1, 이극로, 외래어 정화.

로 규정하면서 외래어 정화가 문화 발전의 초석이 됨을 강조한 뒤, 외래어 정화의 기본 원칙을 천명하고 있다. 그 방침은 1) 외래어의 양을 줄이는 것(불필요한 외래어 보급 방지, 될 수 있는 대로 조선어로 번역하여 쓸 것), 2) 부득이할 경우 외래어 본음을 기준으로 일정하게 통일할 것이라는 두 가지다. 이 원칙은 그 후 조선어학회의 '외래어 표기법' 제정의 기본 원칙으로 자리잡았는데, 이 또한 외래어 침탈을 방어하기 위한 논리가 체계화되고 있음을 보여주는 셈이다.[28]

셋째, 일본어 침탈과 관련하여 조선어의 지위 문제와 관련한 다수의 담론이 발견된다. 『조선일보』 1921년 9월 15일부터 18일까지 3회에 걸쳐 연재된 이상수의 '언어 혼동치 마라'라는 논설은 '언어는 절대 불가결'이라는 소제목 아래 "자기 나라말은 무의미 중에서 친하게 하며, 정의를 두텁게 하는 것", "민족 전부가 멸망한 후 한 사람도 남지 않기 전에는 그 민족의 선천적 고유 언어가 멸망하지 않을 것"이라고 주장한다. 이를 전제로 '언어의 추세'에서는 "조선에서 일어 세력 같이, 세계에서 피정복자의 정치적 관계가 있거나 통치자 피치자 관계가 없는 피차 독립국일지라도 강자의 언어 세력이 굉장하다."라고 하면서 그 당시 조선에서의 일본어 영향력이 매우 컸음을 지적한다. 그는 일본의 경우도 영어의 영향력이 절대적이어서 "상품 회사의 간판, 게시 공문, 광고 상품까지 일일이 영문자를 사용하며, 지식 계급을 위시하여 학생, 노동자, 점원까지도 되지도 않는 (영어) 발음으로 반드시 몇 마디씩 영어를 섞어 쓴다."라고 한다. 이러한 현상은 일본어에 대한 조선인의 태도도 마찬가지인데, 재일유학생이 조선 남녀청년

---

28) 일제강점기 『동아일보』, 『조선일보』를 비롯하여 다수의 잡지에서 외래어 문제가 빈번히 논의되었다. 이들 자료는 그 당시 조선어 침탈 현상을 보여주는 중요한 자료들로, 별도의 자료 조사와 함께 연구를 진행하는 중에 있다.

에게 경고하는 충고문을 일본어로 쓴다든지, 방문객에게 "조선말은 못한다."하며 조선어 사용을 부끄러워하는 일 등이 제법 많다고 지적한다. 그는 당시 유학생의 말이 "우리말에 일본어와 영어를 삼분씩 섞어 씀으로써, 어느 말인지 모르는 잡종말을 조성한다."라고 하면서, "외국 풍토나 숙어, 과학상의 술어 같은 것은 어쩔 수 없지만, 외국어 혼용하는 것을 자랑하고, 그것이 지식계급의 표시인 것처럼 행동하는 것"은 큰 폐풍이라고 질타한다. 그는 이들의 심리상태를 다음과 같이 분석하고 있다.

[지식 계급에 고함]

英語를 自 아는 디로, 밋천 잇는 디로 흠부루 집어니며 번역도 달지 안코 괄호도 치지 안코 우리말과 한디 混用흔 大抵 이 筆者들은 무슨 主義를 가지고 엇더한 心理狀態를 가졋는지 常識的으로 解剖ᄒ여 보고자 ᄒ노라.

(一) 西洋文明을 輸入흠에 便利흠을 圖ᄒ기 爲ᄒ야 朝鮮말을 廢止ᄒ고 外國語를 直輸入해 올 宣傳的 豫算인가? 그러나 祖先 代代로 遵守해 온 半萬年 文明史를 가진 言語가 엇지 一朝一夕에 廢止되리오. 이는 絶對의 妄想이로다.

(二) 一般 讀者가 外國語 知識이 普及되여 그만흔 程度의 外國語는 넉넉히 알아볼 줄 想像ᄒ엿든가? 아니다. 現在 우리 社會에는 新聞 雜誌 購讀ᄒ는 자는 極히 少數에 지나지 못하며 單純한 우리말만 쓸지라도 勞働者와 婦女社會에셔는 알ᄋ보기가 어려운디 하물며 外國語를 混用ᄒ면 더욱 어려울 것은 明若觀火이다.

(三) 혼히 쓰는 핑게디로 飜譯ᄒᆯ 수가 업셧든가? 젹어도 文士오 藝術家로 붓디를 잡기 自己意思를 發表ᄒ는 筆者가 '려-부', '키쓰', '스윗트 홈' 갓흔 말을 飜譯할 수 업셧슬 理는 萬無ᄒᆯ 터이며

(四) 自己 藝術을 자랑ᄒᆞ느라고 쏘 外國語 ᄋᆞ는 程度를 發表키 爲ᄒᆞ야 ᄋᆞ는
되로 ᄭᅳ집어 늬여 썻는지도 알 수 업다. 萬一 그럴진듸 自然 寒心ᄒᆞ도
다. 그의 論文이나 記事가 一種 자랑쩌리이지 眞實ᄒᆞ 意思 發表는 못된
다. 大抵 자랑쩌리의 말이나 금은 外飾에 過度히 用意ᄒᆞ엿슴으로 內容
은 虛無ᄒᆞ다. 讀者가 일어로 筆者의 主義의 精神을 알아볼 수 업게
된다. 漢文을 崇尙하는 舊式 論文은 文體 華麗에 全注力을 흠으로 文意
를 損失ᄒᆞ고 近來의 言文一致ᄒᆞ 時文은 外國語를 混用ᄒᆞ며 美文化식히
랴고만 애를 서셔 骨子 업는 卽 意味를 몰나보도록 되엿도다.[29]


　이 논설은 1920년대 국어순화의 필요성을 논리적으로 제시한 흥미
로운 글이다. 유학생의 눈으로 분석한 무분별한 외국어(일본어) 남용
관련 네 가지 심리분석은 언어 정화가 필요한 이유를 적절히 제시한
것으로 볼 수 있으며, 이 시기 이미 '자국어 폐지'와 관련한 이데올로
기가 존재했음을 간접적으로 보여준다. 사실 근대 일본에서도 일본어
의 불완전성을 지적하며 '영어공용어론'이 대두된 적도 있었다.[30] 그
러나 일반 민중의 차원에서 자국어 전폐를 주장한 예는 찾을 수 없다.
그럼에도 식민지 시기 조선어 사용을 부끄러워하는 조선인이 존재했
다는 사실은 일본어를 비롯한 외국어의 영향력이 커질수록 조선어의
위상이 격하되어 갔음을 의미한다. 이 점에서 이상수는 '자국어를 독
립시켜라'라고 주장한다. 그는 "귀동냥으로 얻어들은 외국어를, 못
알아들을 자기 부모나 이웃 앞에서 쓰며, 붓대로 써 사회를 경성(警省)
시키는 문사 중에서도 독자가 알아보든지 못 알아보든지 자기 혼자

---

29) 『조선일보』, 1921.9.17, 東京에서 李相壽, 言語 混同치 마라(3).
30) 이연숙 지음, 고영진·임경화 역(2006), 「국어 이전의 일본어: 모리 아리노리와 바바 타쓰
　　이의 일본어론」, 25~47쪽 참고.

명문이요, 자기 혼자 미문으로 외국어를 자랑삼아 섞어 쓰는 것이야 말로 참 가소롭도다."라고 비판하면서, "세계에는 280여 방언(邦言: 나라말)이 있어, 공동으로 평화한 생활을 경영하기 곤란하므로 세계적 공통어 에스페란토가 생겼다. 현재 각국에서 열심히 연구하지만 이것도 자국어를 무시하려 함이 아니라, 자기의 말을 존중하며 정치적 세력 있는 타국어에 붙좇지 않으며, 언어에 강약의 차별이 없이 평화를 유지하려고 국경도 없고 소유주도 없는 에스페란토가 생겨났다."라고 주장한다. 즉 어떤 논리를 붙이더라도 외국어를 함부로 혼용하는 것은 큰 문제이며, 그렇기 때문에 '자국어를 독립시켜야 한다'라는 결론에 이른 것이다.

사회언어학적 관점에서 '자국어의 지위'와 관련한 문제는 흥미로운 연구 주제의 하나다. 이 점에서『동아일보』1922년 4월 1일 권덕규는 그 당시 어학을 연구(공부)하는 세 가지 입장(실용적 방면, 과학적 방면, 응용적 방면)을 제시하면서, 그 당시 외국인인들이 조선어를 연구하는 것을 보면, "자국어와 동계어의 관계, 또는 자국어의 세계에 대한 지위, 또는 각 시대 언어의 역사적 변천 등 모든 문제를 비교 연구"하는 경향이 있다고 지적하였다.31) 여기에 언급된 '자국어의 세계에 대한 지위'는 곧 언어적 영향력을 의미하는 것이다. 물론 권덕규가 그 당시 조선어의 세계어에 대한 지위를 연구한 것은 아니다. 일제강점기라는 시대 상황 속에서 조선어의 지위를 연구하는 일은 거의 불가능한 상태에 있었으므로, 이와 관련한 사회언어학적 연구가 존재했을 가능성이 극히 적다. 그럼에도『조선일보』1934년 3월 27일의 사설 '조선어의 지위와 생명'은 일제강점기 조선어의 지위 문제를 직설적으로 보

---

31)『동아일보』1922.4.1, 權悳奎, 朝鮮語 研究의 必要.

여준 흥미로운 논설로 판단된다. 이 논설에서는 "어떤 종교 집회에서 어느 선교사가, 조선어는 이대로 가면 얼마 아니하여 키친 랭귀지화 (廚房語化)하고 말리라 하는 말을 하였다는 것이 문제가 되어 회중(會 衆)의 격분을 샀다고 한다."라고 시작하고 있다. 여기서 말하는 '키친 랭귀지'는 관공서의 용어나 학술어, 심지어 사회생활에 필요한 언어 로 기능하지 못하고, 그 자체로 가정에서만 사용하는 언어로 변화될 것이라는 뜻이다. 이와 같은 표현은 일제강점기 조선어의 위상을 적 절히 보여준 것으로 볼 수 있는데, 이 논설에서는 "조선어문은 이미 관용(官用)의 지위를 잃었다."라고 하면서, "조선어는 일개 비공식 방 언(非公式 方言)의 지위에 있다. 현재의 조선어의 지위를 제도상으로 말하자면, 조선인 간에 사용되는 비공식 방언이다."라고 규정하였다. 이와 함께 이 사설에서는 "조선어가 이러한 지위에 있을 때 조선인의 조선인에 대한 태도는 어떠한가"라고 질문하면서, 다음과 같이 주장 한다.

[朝鮮語의 地位와 生命]
　글이라면 漢文을 생각하는 假明人 階級은 이믜 지나가는 遺物에 不過하 겟지마는 아직도 純朝鮮文으로 쓸 글을 或은 볼 것 업다 하고, 或은 보기 어렵다 하야 예수 敎의 書籍들도 차차 純한글에서 漢文 석배기로 逆轉하는 中이 오, 所謂 知識 階級과 學生層의 一部에서는 日用會話, 書簡文까지도 朝鮮語 文을 아니 쓰는 者가 업지 아니하고, 甚한 者는 新聞, 雜誌, 圖書에서도 朝鮮文으로 된 것을 아니보는 것을 자랑으로 아는 者가 업지 아니한 모양 이다. 이러한 점에서 朝鮮人은 장차 朝鮮語文을 버리려 함이 아닌가 하는 觀測 을 外國人에게 주는 모양이다. 그러타 하면 이 外國人에게 이러한 印象을 준 責任은 우리 朝鮮人 自身에게 잇다고 할 수박게 업지 아니한가. 우리는

그 外國人에게 책망을 우리 自身에게 돌리고, 그 外國人에게 언즈랴던 激憤의 痛鞭으로 우리 自身을 猛打할 것이 아닌가.32)

이 사설에서는 조선어에 대한 조선인의 태도가 전통적인 가명인(假明人: 사대주의자) 때의 한문 존숭을 비롯하여, 한글 중심이던 예수교 서적조차 한자 혼용으로 변화하는 과정에 있고, 지식인과 학생층에서 일용회화, 서간문까지 조선어를 사용하지 않는 경향이 있으며, 신문 잡지 도서의 조선문을 잘 보지 않는 것 등에 격분하고 있다. 이와 같은 상황에서 이 사설은 조선인 지도자, 조선어문 운동의 필요성을 적극적으로 옹호한다.33) 이러한 환경에서 일제강점기 조선인 가운데 '조선어를 국어'로 여기는 사람은 소수의 조선어 연구자(예를 들어 정열모, 최현배 등)들로 좁아져 간 것으로 판단된다.

넷째, 한자어, 일본어, 외래어 등의 제반 문제와 관련한 '국어순화' 이론이 등장한 것은 주목할 현상이다. 앞서 살핀 신어 및 어휘 침탈, 외래어 급증, 이와 관련한 조선어의 지위 문제 등은 조선어 연구자들로 하여금, 조선어의 통일(맞춤법, 표준어, 외래어 표기, 로마자 표기)뿐만 아니라 '조선어 정화(순화)'의 필요성을 이론화하는 배경으로 작용했다. 엄밀히 말하면 일제강점기 조선어 정화론은 조선어 통일 운동(그 당시는 한글운동으로 일컬을 경우가 많았음)과 불가분의 관련을 맺는다.34) 그러나 다수의 한글운동 담론은 조선어 통일을 더 중요한 문제

---

32) 『조선일보』 1934.3.27, (사설) 朝鮮語의 地位와 生命.
33) 『조선일보』 1936.2.17, (사설) 賤待받는 朝鮮語. 이 사설에서도 일본문 중심의 교과서, 기차 역명(驛名), 전보문 등에서의 조선어 무시, 조선 지명어의 변개 등을 구체적으로 언급하면서 동화정책에 따른 조선어 학대 문제를 신랄하게 비판한 바 있다.
34) 일제강점기 한글운동의 개념과 범위, 특징, 전개 과정 등에 대해서는 다수의 선행 연구가 있다. 그러나 국어정화운동 차원에서 이 문제는 별도의 서술이 필요하다.

로 설정하고 있기 때문에, 여기서는 일제강점기 국어정화를 중심으로
한 자료를 주요 대상으로 살펴본다.

일제강점기 정화운동에는 '국어정화' 또는 '국어순화' 등과 같이 '국
어'라는 용어를 덧붙여 사용할 수 없었다. 그 대신 안서 김억의'언어의
순수', 김선기의 '우리말 순대론(純代論)' 등과 같이 '순수', '순대' 또는
'정화(淨化, 精華)'라는 용어를 사용하였다.

안서 김억은 『동아일보』1931년 3월 29일부터 4월 4일까지 6회에
걸쳐 연재한 '언어의 순수를 위하여'에서, 그 당시 신문 잡지의 일본어
번역투 문장의 조선어 사용을 비판하고 있다. 예를 들어 인용문을
나타내는 조사 '라고'를 연발하는 것은 일본어 'ご'를 직역한 투라거
나, 마장구락부에서 "내가 먼저 올으고 말걸"이라는 표현의 '올으고'
가 日本말 '上がる'를 번역한 것이라는 등을 "조선말도 일본말도 아닌
혼혈어"로 규정한다. 이와 같은 표현은 '아시도 알부민'과 같은 약품
명을 한글로 적지 않고 아예 일본문으로 적거나, 인지명을 일본문으
로 적는 등 다양한 층위에서 나타난다는 것이다.35) 비록 논리적인
차원에서 국어순화론을 이론화한 것은 아니지만, 김억은 "언어란 몸
짓과 음조에 딸아 달라지는 것이어늘, 조선말도 아닌 반 더듬이 잡종
어로 어떻게 자기의 고유한 사상과 감정을 표현할 수 있겠습니까?"라
고 질문하면서, 조선어 순화의 필요성을 주장한다.36)

---

35) 『동아일보』 1931.3.29~4.4, 김억, 言語의 純粹를 爲하여(1)~(6). 이 논설은 순수한 조선어
사용을 위해 쓴 것으로, 일제강점기 일본어의 조선어 침탈 현상을 잘 보여준다. 그 당시
일본어 침식은 조선어의 어휘, 문법뿐만 아니라 말소리에도 나타나며, 이를 기반으로
한 일상의 문자생활에도 나타나는 셈이다.

36) 허재영(2012), 「안서 김억의 언어관과 한글 문법론」, 『인문과학연구』 35, 강원대학교 인문
과학연구소, 207~226쪽. 김억은 언어 연구가는 아니지만 언어와 관련한 다수의 논설을
남긴 바 있다. 또한 그는 에스페란토 연구자로 널리 알려져 있다.

김선기의 '조선어 순대론(純代論)'은『조선일보』1931년 10월 29일~30일 2회에 걸친 논문 형식의 순화론이다. 이 논문은 '머리말, 순화의 속뜻, 왜 순화하여야 하나, 어떻게 순화할까, 맺음말'의 형식으로 구성되었는데, 그는 순화의 개념을 "남의 나라말을 쓰지 않는 것"으로 규정하고, '생각과 감정을 나타내는 데에는 제나라 말이 가장 좋으며, 순수한 제나라 말이 가장 쉽고, 말 자체가 민족의 생명이며, 불순한 말은 그 나라 안에 유식·무식 두 계급의 구분을 의미하는 것'이기 때문에 제나라말을 순화해야 한다고 주장한다. 이와 함께 그는 순화의 두 가지 방법으로 '말을 사용하는 사람들의 자각(소극적 방법, 특히 한자어 안쓰기)'과 '우리말을 될 수 있는 대로 살려쓸 것(적극적 방법)'을 제안한다. 특히 적극적 방법으로 '학술어의 순화'와 '문학어의 발달'을 촉구하고 있는데, 이는 이 시기 어문운동, 특히 한글운동의 중심 이론의 하나를 이룬다.

## 3.2. 한국어 정화운동의 사회언어학적 의미

일제강점기 한국어(조선어, 우리말, 일부 조선어학자들의 경우 국어로 표현) 정화에 문제 제기와 개념 정립은 한국어 통일을 위한 연구 활동과 함께 '한글운동', '모어운동', '어문운동' 등의 우리말 운동을 활발하게 하는 요인이 되었다.

일제강점기 우리말 운동은 1920년대 문화운동 차원에서 본격화된 것으로 볼 수 있다. 세종대왕의 한글 창제 이후 조선 후기 한글 보급이 비교적 활발했고, 근대 이후 국문 연구와 한글 통일, 문자 보급을 위한 강습과 강연 등이 이루어졌다고 할지라도,[37] 강제병합 이후 식민 지배에 의한 조선어 침탈 상황에서 사회운동으로서 한글운동이 본격화된 것은 1921년 조선어연구회의 재건 이후로 볼 수 있다. 다만 이 시기 조선어연구회를 비롯하여, 다수의 연구자나 사회운동가들이 '한글운동'이라는 용어를 사용한 것으로 보이지는 않는다. 『동아일보』 1922년 8월 29일부터 9월 23일까지 22회에 걸쳐 연재된 최현배의 '우리말과 글에 대하여'에서도 '운동'이라는 용어는 '일본의 국자개량운동' 등과 같이 제한된 범위 내에서만 사용되었다. 그러나 1926년 이후 이른바 '문자보급운동', '한글보급운동'과 같은 용어가 빈번히 사용되기 시작했고, 1930년대에는 '한글운동', '모어운동', '어문운동' 등의 성격과 회고 등에 대한 논문이 발표되기 시작했다. 다음과 같은 논문이 대표적이다.

[동아일보, 조선일보 소재 한글운동 관련 대표적인 논문, 기사]

| 연월일 | 신문 | 문종 | 필자 | 제목 |
|---|---|---|---|---|
| 1931.01.01~02 | 조선일보 | 기사 | 장지영 | 한글 양대운동의 庚午一年 회고(2회) |
| 1932.10.29~11.02 | 동아일보 | 논문 | 이윤재 | 한글운동의 회고(4회) |
| 1932.10.29~30 | 동아일보 | 논문 | 이갑 | 한글운동의 현상과 전망(2회) |
| 1933.10.31~11.02 | 동아일보 | 논문 | 이윤재 | 모어운동개관(4회) |
| 1935.01.02 | 동아일보 | 논설 | 장혁주 | 어문운동과 문학 |
| 1935.02.22~03.01 | 조선일보 | 논문 | 최현배 | 한글運動 그 本質과 發展 |
| 1935.03.20~04.05 | 동아일보 | 논문 | 재불국 이용제 | 조선의 어문운동 |

이 표에 정리한 장지영의 '한글 양대운동의 경오, 1년 회고'는 한글의 필요성을 실리적 차원에서 역설한 논설로, 한글운동의 두 가지 방향을 '정리'와 '보급'으로 설정하였다. 그는 "한글은 구조가 과학적으로 되어, 배우기 쉽고 쓰기 편하며, 우리말에 맞추어 우리의 뜻을

---

37) 이에 대해서는 고영근(1998); 허재영(2009a), 『근대계몽기 어문정책과 국어교육』, 보고사 등 다수의 선행 연구가 있으므로 여기에서 별도로 논의하지 않는다.

나타냄이 매우 정확하고 적당하다."라는 전제 아래, 한글 정리와 보급의 필요성을 역설한다. 이 글은 제목에서 '회고'라는 표현이 들어 있듯이, 1930년의 보통학교 조선어독본 개정과 관련된 활동, 개정철자법보급 등과 함께 조선일보사의 문자보급반 활동을 소개하는 데 중점을둔 기사 중심의 논설문이다.

이윤재의 '한글운동의 회고'는 세종대왕의 한글 창제 이후 그 당시까지 우리말운동의 역사를 '정음시대(초창기)', '언문시대(침체기)', '국문시대(부흥기)', '한글시대(정리기)'로 나누어 서술한 논문으로, 이 시대 구분은 최현배(1937)『한글의 바른길』(조선어학회)에 실려 있는 '한글 운동의 유래'의 시대 구분과 동일하다는 점에서, 한글운동사에 대한 이윤재의 이론이 선구적이었음을 보여준다.[38] 특히 '한글시대'로명명된 주시경 이후의 한글운동(1901~1923)은 주시경의 국어문법 연구, 최남선 경영의 신문관과 조선광문회의 서적 출판 및 사전 편찬운동, 김두봉과 이상춘의 사전 편찬 관련 활동 등을 중점적으로 소개하면서, 궁극적으로 한글 정리와 보급의 중요성을 강조한다.

이갑의 '한글운동의 현상과 전망'은 "한글운동은 조선의 말과 글에관한 일체의 연구와 정리, 그것의 실시와 보급에 관한 모든 운동의총체"라고 규정하고, 이는 "민족문화의 중심운동"이라고 하였다. 이논문은 한글운동의 주요 내용을 1) 연구 정리와 사전 편찬, 2) 교육활동, 3) 저작 및 출판계, 4) 대중적 보급 운동으로 나누어 기술하고, "한글운동의 장래는 우리의 연구, 정리, 실행에 대한 과거의 경험과현재의 객관적 실정을 토대로 결정될 것"이라고 하면서 민중의 각성

---

38) 최현배(1937), 『한글의 바른길』, 조선어학회. 이 책에는 '한글운동의 유래', '문자와 문화', '한글 운동의 본질과 그 발전' 등 7편의 논문이 실려 있다. 그 가운데 '한글운동의 유래'는 언제 작성된 것인지 확인되지 않는다.

을 촉구하고 있다. 특히 이 글에서는 "한말과 한글을 사랑하고 보호하고 써 가지 않으면 안 될 것"이라고 하여, 글자로서의 우리말인 한글뿐만 아니라 음성언어로서의 우리말인 '한말'의 가치를 명시적으로 드러내고 있다.

최현배의 '한글운동 그 본질과 전개'는 한글운동이 일종의 시가정리(市街整理)와 마찬가지로 한글의 통일과 보급뿐만 아니라 정화운동과 밀접한 관련이 있음을 드러낸다. 이 논문에서는 '한글운동의 필요성'을 제기하면서 '한글은 오직 하나의 글'이며 과학적인 글로, 한글운동에 필요한 '강령(綱領)'과 함께 주요 활동분야를 체계적으로 설명하였다. 최현배가 제시한 한글운동의 강령은 '고유한 소리값(음가)대로 읽자', '말은 그 소리 나는 대로 적자', '낱말을 확립시키자', '줄기(어간)와 씨끝(어미)을 확립시키자' 등과 같이 한글을 과학적으로 적는 방법을 의미하며, 실천 분야에 해당하는 '한글운동의 전모'는 '연구', '통일', '보급'의 세 분야다. 이와 같은 차원에서 최현배는 우리말 정화의 차원에서 우리말을 연구하면서 우리말 학술어를 만들어 쓰는데 관심을 기울여 왔는데, 예를 들어 1928년『우리말본(유인본)』, 1929년『우리말본 첫째매』(연희전문학교 출판부), '조선어 품사 분류론' 등에서 이를 적용해 왔다. 특히 '품사 분류론'의 '남은말(餘論)'에서는 주시경의 학술어를 기반으로 자신이 갈말(학술어)을 새로 만든 이유가 "우리말본을 쉽게 하여 용이하게 이해되며 일반적으로 보급되도록 하려 함"에 있다고 밝힌 바 있다. 즉 "한자로 된 일본문법의 술어를 피하면서 될 수 있는 대로 우리말 설명을 우리말로 하고, 남의 문법 술어(갈말)을 그냥 쓰는 것은 위험한 일"이므로 새로운 학술어를 만들고자 했다는 뜻이다.[39] 이와 관련한 내용은『조선일보』1934년 9월 27일부터 10월 4일 7회 연재된 '조선어법의 술어론·갈말(술어) 연구는 시기상조라는 설'에서 비교적 상세히 설명한 바 있다. 이에 따르면 새로운 학술어는 우리말 연구를 자립시키며, 습관적으로 외래어를 사용하는 우유부단을 벗어나기 위한 방안이라고 주장하였다. 즉 새로운 학술어는 한글 운동의 하나이자 국어 정화운동의 하나인 셈이다.

장혁주의 '어문운동과 문학'은 조선어학회의 '한글맞춤법통일안' 발표 이후, 어학자들의 노력뿐만 아니라 민족 전체가 일상생활에서 통일된 규범을 실용하기까지 문필가의 노력이 필요함을 강조하기 위한 논설이며, 이용제의 '조선의 어문운동'은 프랑스 어문운동을 소개함으로써, 조선에서의 어문운동이 왜 필요하며 어떤 방향을 취해야 하는가를 제시하기 위한 의도를 갖고 있다.

이처럼 일제강점기 국어 정화운동은 어문운동의 하나이자 식민지 시기 외국어에 의한 자국어 침탈에 대한 저항 방식의 하나였다. 물론 이 시기 어문운동은 언어침탈에 대한 저항뿐만 아니라 한글 통일과 문자 보급이라는 시대적 과제를 포함한 것이므로, 정화운동보다 훨씬 활동 범주와 대상, 또는 목표가 넓다. 그럼에도 어문운동에 내재된 '학술어 다듬기', '우리말다운 우리말 사용' 등은 사회언어학적 관점으로 볼 때, 일제강점기 조선인의 한국어에 대한 인식과 태도 변화뿐만 아니라, 일제의 식민 지배가 이루어지는 지역의 한 언어이자 일본어의 동화 대상이었던 조선어를 한국인들의 국어로 인식시키는 데 중요한 역할을 해 온 것이 사실이다.

---

39) 최현배(1930), 「조선어 품사 분류론」, 『연희전문학교 문과연구집 제1집 조선어문연구』, 연희전문학교 출판부, 95~96쪽.

## 4. 마무리

이 글은 사회언어학적 관점에서 식민지 언어침탈의 메커니즘을 규명하고 일제강점기 조선어 침탈 현상과 그에 대한 저항방식으로서 국어정화운동이 갖는 사회언어학적 의미를 규명하고자 하는 의도에서 시작되었다. 사회언어학의 한 분야인 언어사회학의 입장에 따르면, 식민지 언어침탈 문제는 언어 이데올로기와 언어적 영향력, 즉 언어 권력과 밀접한 관련을 맺는다. 이에 대해 루이 장 칼베는 '글로타파지(언어침식)'라는 신조어를 만들고 언어침식의 단계와 그에 대한 대응 방식을 논의한 적이 있는데, 일제강점기 조선어 침탈 현상도 이와 같은 맥락에서 새로운 설명이 가능하다. 이 연구에서 논의한 내용을 요약하면 다음과 같다.

첫째, 식민지 언어정책과 일본어 보급 정책의 본질은 식민 지배의 목적인 '자국에 유리한 통치'를 전제로 한 것이며, 특히 일제강점기 일본어 보급 정책은 '국민성 도야', '내지인과의 융화'를 목표로 전면적이고 강압적으로 실시된 데 특징이 있다.

둘째, 일본어 보급 정책에 작용하는 주요 메커니즘은 식민 통치를 원활하게 하는 데 원리가 내재되어 있다. 이 점에서 식민통치를 직접 담당하는 일본인(관리, 헌병, 교원 등)을 대상으로 한 조선어 장려 정책과 조선인을 대상으로 하는 일본어 보급 정책은 본질상 큰 차이가 없으며, 일본어 보급이 강화될수록 조선어 장려의 필요성은 줄어든다. 또한 일본어 보급의 구체적인 방안은 '식민 지배국 및 식민정부를 통한 정책적 접근'과 '일상의 언어생활에서 지배언어의 영향력을 증대하는 방법'이 고려되었다고 볼 수 있는데, 식민 지배언어의 권력화에는 '교수용어, 행정 및 법률어, 관용어'의 일본어화, 공문서를 비롯한 공용언어 통제 등이 직접적인 영향을 미친다. 그 결과 피지배언어인 조선어의 침식 현상이 구체화되는데 행정기관을 통해 고시된 언어뿐만 아니라 일상생활의 고유명사, 지명 등이 조선어 화자들에게 번져나가기 시작한다. 이는 언어사용 차원뿐만 아니라 '국어에 대한 의식', '조선어의 지위', '조선어에 대한 조선인의 태도'를 결정하는 데도 중요한 요인으로 작용한다.

셋째, 일제강점기에는 식민지 언어침식 상황에서 한국어를 어떻게 정리하고 유지할 것인가와 관련하여 '언어정화'의 개념이 싹트기 시작했다. 특히 한국어 침식과 관련하여 '신어의 증가', '외래어의 범람' 등이 주요 문제로 대두되었으며, 이와 같은 상황에서 조선어의 지위와 식민지 시기 민족어에 대한 대우 등의 문제가 논의되기 시작했다. 흥미로운 것은 이 시기 조선어가 '키친 랭귀지(주방언어)'로 변할 것이라는 염려와 같이, 국어정화운동 차원에서 지배언어의 침탈에 따른 현실적 위상에 대한 언급이 자주 나타난다. 즉 '언어의 순수', '우리말 순대론(純代論)' 등은 그 자체로 국어정화(순화)운동일 뿐 아니라 사회운동의 하나로 인식된다.

넷째, 일제강점기 한국어 정화운동은 '한글운동', '모어운동', '어문운동' 등 여러 형태를 띠고 있으나 본질적으로 그 시대의 한글 통일과 보급을 비롯한 우리말 지키기, 예를 들어 새로운 학술어 생성 등과 같은 주제를 포함하고 있었다. 이러한 운동은 사회언어학적 관점에서 일제강점기 모어에 대한 화자의 인식과 태도 변화를 유발하며, 일본인에게는 조선어가 동화 대상의 언어이지만 조선인에게는 '국어'라는 인식을 유지하는 데 중요한 역할을 해 온 것으로 규정할 수 있다.

# 제2장 언어침탈에 대한 대응 방식으로서
# 최현배의 한국어 연구

## 1. 시작하기

사회언어학은 '언어와 사회의 관계에 대한 다양한 연구 분야들을 집합적으로 가리키는 명칭'이다. 한국사회언어학회(2012)의 『사회언어학사전』에 따르면, 사회언어학에는 '변이사회언어학', '언어사회학', '의사소통의 민족지학'이라는 주요 연구 갈래가 있다. 그 가운데 '언어사회학'은 '언어 및 언어 사용과 관련되는 여러 사회적 문제들'에 일차적 관심을 갖는 연구 분야로 '소수 민족의 언어 사멸과 동화, 안정적 이중 언어 사용의 발달, 신생국에서의 언어 표준화와 계획' 등과 관련된 이론적, 실용적 문제를 중점적으로 연구해 왔다. '언어사회학'이라는 용어는 사회언어학(sociolinguistics)이라는 용어가 정착되기 이전부터 쓰이기 시작한 용어였는데, 허재영(2022b)에서 서구의 '언어의 사회학(sociology of language)'이라는 개념이나 일제강점기인 1936년 일본인 학자 다나베스케도시(田邊壽利)의『언어사회학(言語社會學)』이라는 저서가 있었음을 밝힌 바와 같이, 언어 현상을 사회적 요인과 관련지어 해석하고자 하는 시도는 비교적 오랜 역사를 갖고 있음을 확인할 수 있다.

사회언어학과 언어사회학은 주된 관심을 어디에 두는가에 따라 연구 방향이나 방법에서 차이가 있을 수 있지만, 근본적으로 언어와 사회가 밀접한 관련을 맺고 있다는 본질에서는 큰 차이가 없다. 이와 같은 입장에서 특정 시대의 언어 연구도 사회적 요인 또는 상황과 밀접한 관련을 맺는 것은 자연스러운 일이다.

이 연구는 일제강점이 식민 지배언어에 의한 한국어 침탈 상황을 객관적으로 기술하고, 그에 대한 당시 한국어 연구자들의 태도 및 외솔 최현배의 대응 방식이 갖는 의미를 사회언어학적 관점에서 규명하고자 하는 목적을 갖고 있다.

외솔 최현배는 1910년 한성고등학교 입학 직후 주시경의 '조선어강습원'을 다니면서 우리말 연구에 관심을 기울인 이후 히로시마 고등사범을 졸업한 뒤, 귀국하여 공립고보 교원, 1919년 이후 교토 제국대학 철학과 졸업 등의 수학 과정을 거치면서 끊임없이 우리말 연구를 진행해 온 대표적인 국어학자다. '조선민족 갱생의 도'를 중심으로 한 그의 교육 철학이나『우리말본』을 비롯한 국어 연구의 성과는 일제강점기 국문 통일(맞춤법, 표준어, 외래어표기, 로마자표기)뿐만 아니라 언어학, 특히 한국어학 발전 과정에서 빼놓을 수 없는 중요한 저작들로 평가되어 왔다. 그렇기 때문에 외솔 서거 이후 그의 사상과 학문을 기념하기 위해 '외솔회'가 조직되었고, 2012년 그가 근무했던 연세대학교에서 외솔 전집 간행위원회를 조직하여 '외솔 전집' 28책을 묶어내기도 하였다. 그 후 2019년 외솔회에서는 그가 남긴 '문학, 논술, 논문' 등을 묶어 『외솔 최현배의 문학·논술·논문 전집』4책을 발행하기도 하였다.

최현배의 학문 세계는 주시경의 전통을 이은 우리말 학술 연구 방법, 한국어의 음운·어휘·문법에 대한 체계적·논리적인 분석, 한국어의 역사와 한글에 대한 언어학적·문자학적 접근 등 다차원적인 면에서 평가해야 할 것들이 많다. 그러나 선행 연구에서는 『조선민족 갱생의 도』를 비롯한 민족교육 사상과 『우리말본』, 『한글갈』을 중심으로 한 국어 연구 또는 한글운동 차원의 외솔 연구가 대부분이었다. 이를 고려하여 이 연구에서는 식민지 언어 침탈과 관련한 사회언어학적 관점에서 외솔의 대응 방식을 논의 대상으로 삼는다.

## 2. 식민주의 언어침탈과 조선어 연구에 대한 사회언어학적 접근

### 2.1. 식민주의 언어침탈과 언어침식의 사회언어학적 의미

식민지 언어문제와 관련한 사회언어학, 특히 언어 이데올로기와 영향력 문제를 연구한 루이 장 칼베는 '식민주의와 언어'라는 논문에서 피지배언어가 지배언어에 의해 잠식되어 가는 과정을 '글로타파지(glottophagie)'라고 하였다. 이 용어는 칼베가 만든 용어로 알려져 있는데, '언어'와 '침식'을 합성하여 만든 것이라고 한다. 그는 식민주의 언어침식이 '행정 언어와 상인 언어를 통한 지배 → 지배계급을 중심으로 한 이중언어 사용과 언어 분화 → 지배언어의 확산과 피지배 언어의 지위 격하'의 순서로 진행된다고 하였다.[1] 이 논리는 제국주의의 식민지 언어 침탈에 대한 일반적인 현상을 요약한 것으로 볼 수 있는데, 식민지에 대한 언어적 지배는 정치·경제적 지배를 공고히 하는 요인일 뿐 아니라 식민 통치를 원활하게 하는 주된 수단이 된다는 점에서, 제국주의 지배 논리의 한 축을 이루어왔다.

사회언어학적 관점에서 언어 사용의 사회적 요인을 고려한다면 칼베가 만든 '언어침식'은 피지배언어에 대한 지배언어의 영향력을 의미하는 것으로 규정할 수 있다. 여기서 '언어침탈'과 '언어침식'이라는 용어의 의미를 좀 더 명료하게 정의할 필요가 있다. 왜냐하면 '침탈'은 '침범하여 빼앗음'을 의미하는 데 비해, '침식'은 '외부의 영향으로 세력이나 범위가 줄어듦'을 의미하기 때문이다. 달리 말해 '언어침탈'이 제국주의 입장에서 피지배언어를 빼앗는 것을 의미한다면, '언어침식'은 피지배언어에 지배언어가 스며들거나 그로 인해 피지배언어의 세력과 범위가 줄어드는 현상(궁극적으로는 언어동화에 이를 경우도 있음)을 의미한다.

식민주의 언어에서 침탈의 문제는 본질적으로 식민 통치를 원활하게 하거나 공고하게 하기 위한 방책으로 이루어지는 '식민지 언어정책'과 밀접한 관련을 맺는다. 현재까지 제국주의 입장에서 식민지 언어지배 또는 침탈과 관련한 중점적인 연구, 또는 그것을 기반으로 한 보편 이론 연구가 어느 정도 진행되었는지 확인하기는 어렵지만, 이와 관련하여 한국에서는 일제강점기 어문정책에 대한 다양한 연구가 축적된 것을 확인할 수 있다.2) 이에 비해 언어침식은 식민지 시기

---

1) Louis Jean Calvet(1974), *Linguistique et Colonialisme-petit traite de glottophagie*, Paris Payot; 이병혁 편저(1988) 『언어사회학 서설: 이데올로기와 언어』, 까치, 제2부 '7. 식민주의와 언어'(김경일 옮김)에서 요약·재인용.

2) 언어정책에 대한 김민수(1975), 개화기와 미군정기 한글운동에 대한 이응호(1973, 1975), 열강의 식민지 언어정책에 대한 이성연(1988)의 박사학위논문, 한국 어문운동과 근대화

피지배언어 자체를 연구 대상으로 삼아야 한다는 점에서 언어침탈의 결과뿐만 아니라 피지배언어 사용 양상 또는 변화 과정을 객관화하는 작업이 선행되어야 한다.[3]

이와 같은 전제에서 일제강점기 일본어에 의한 조선어 침식을 연구하는 일은 연구 대상뿐만 아니라 방법론의 차원에서도 몇 가지 어려운 문제에 부딪힐 수 있다. 첫째는 일제강점기 조선어 사용 실태를 조사한 자료가 존재하지 않는다는 사실이다. 어문정책에 대한 다수의 선행 연구에서 확인할 수 있듯이, 일제강점기 어문정책은 조선인을 대상으로 한 '일본어 보급 정책', 식민 통치를 담당하는 일본인을 대상으로 한 '조선어 (장려) 정책'이 핵심을 이루며, 그 당시 식민지 조선에서의 언어 사용에 대한 공식적인 조사는 대부분 '조선인으로서 일어를 사용하는 자' 또는 '문맹퇴치와 문자 보급운동' 차원에서의 '문맹자 조사' 등으로 한정된다. 따라서 객관적 자료로서 식민지 시기 일본어에 의한 조선어 침식을 연구하기 위해서는 별도의 연구 자료(대상)를 확보해야 한다. 둘째는 언어침탈과 언어침식의 상관성에 대한 객관적 지표를 마련하는 일이 쉽지 않다는 데 있다. 일본어 보급 정책 실행의 결과 조선인으로서 일본어를 사용하는 사람들의 증가 현상이나 증가 속도를 추론하는 것은 문제가 없지만, 실제 조선어 침식이 어떻게 어느 수준으로 이루어졌는가를 규명하는 작업은 별도의 자료를 확보하기가 쉽지 않다는 뜻이다.

이와 같은 상황에서 일제강점기 조선어 침식 연구는 일본어 보급

---

를 주제로 한 고영근(1998), 일제강점기 어문정책과 어문생활을 주제로 한 허재영(2011a) 등을 참고할 수 있다.

3) 루이 장 칼베는 언어침식의 구성요소(요인)를 '경제적 요소', '법적 구성요소', '이데올로기적 요소'로 나누어 접근한 바 있다.

정책에 따른 조선어 침탈 현상과 관련된 간접 자료를 활용할 수밖에 없다. 예를 들어 법률·행정언어 지배, 교수 용어의 일본어화, 공용문서의 일본어화, 교과서 및 생활서식(편지글)의 일본어화는 그 당시 서적류에서 확인할 수 있고, 그에 따른 조선어 침식 현상은 시나 소설 등의 문학 작품류에서도 확인할 수 있다. 그뿐만 아니라 일제강점기 조선인의 모어와 일본어에 대한 태도, 조선어의 지위와 관련된 신문 사설 등은 언어침식의 결과 언어공동체 내부에서의 언어에 대한 태도를 추론하는 데 적절한 자료로 활용할 수 있다.4) 예를 들어 『조선일보』 1921년 9월 15일부터 17일까지 3회에 걸쳐 연재된 도쿄 유학생 이상수 기고문 '언어를 혼동치 마라'에서는 재일 유학생들이 무분별하게 영어와 일본어를 남용하는 것을 보고, "서양문명을 수입함에 편리함을 도모하기 위해 조선말을 폐지하고 외국어를 직수입해 올 선전적 예산인가?", "일반 독자가 외국어 지식이 보급되어 그 정도 외국어는 넉넉히 알아볼 줄로 예상하였는가?", "흔히 쓰는 핑계대로 (우리말로) 번역할 수가 없었든가?"라고 하면서, '러브, 키쓰, 스윗트 홈'과 같은 영어나 심지어 방문객이 조선말을 하면 못 알아들은 체하며, 일본말로 대화를 하는 태도 등을 비판하고 있다. 이와 같은 자료에서 기고자 이상수가 제시한 어휘나 표현은 그 자체로 일제강점기 일본어(여기서는 영어도 포함되었지만)의 조선어 침식 현상을 보여주는 것이다. 이러한 현상은 다음 사설에서도 확인된다.

---

4) 허재영(2024c), 「일제강점기 언어침탈과 한국어 순화운동의 사회언어학적 가치」, 『동북아문화학회 2024년 가을 학술대회 발표 자료집』, 동북아문화학회. (이 논문에서는 일제강점기 언어침탈이 조선어에 미친 영향을 '식민 지배국 및 식민정부를 통한 정책적 접근법'과 '일상의 언어생활에서 지배언어의 영향력 증대에 따른 피지배언어 화자들의 태도 변화를 유도하는 방법' 두 가지 차원으로 접근하고자 하였다.)

[賤待받는 朝鮮語]

　제곳에서 제말이 賤待밧기로 朝鮮語처럼 심함이 적은 것 갓다. 普通學校의 國語가 朝鮮語로 되어 잇지 안코 日本語로 되어 잇기 때문에 敎科書가 全部 日本語로 되어 잇는 것은 말할 것도 업고 敎授用語 其他에 朝鮮語가 使用되지 안는다. 그것은 그러타 하고라도 심하면 校外에서라도 朝鮮語를 쓰면 罰金을 밧는 制度를 쓰게 하는 學校가 잇다. 제 民族이 제 言語를 쓰는 것이 무엇이 낫브며 悠久한 歷史를 가진 朝鮮語를 왜 使用치 못한다 하는가.

　汽車를 타고 다니며 보드래도 停車場마다 驛名은 부르되 朝鮮語를 부르지 안코, 停車場 電報 取扱所에서 朝鮮文 電報를 取扱치 아는 것은 朝鮮語의 無視보다도 朝鮮人의 無視다. 文字를 알고 地理를 아는 사람에게는 ──히 驛名과 乘換 注意를 웨치지 안트래도 족하나 文字를 모르는 無智한 人民에게는 絶對의 必要事다. 내릴 곳을 몰라 헤매다가 나릴 곳을 지나는 例는 한두번이 아니오 乘換할 곳을 모르고 딴데서 승환하려는 無智한 사람이 만흔 것은 統計를 안 보아도 日常 目睹하는 바다. 日常生活에 不便과 繁雜을 冒하면서도 朝鮮語를 使用치 말라는 理由가 어데 잇는가.

　朝鮮의 地名을 非朝鮮的으로 곳침도 怪異하다. 地名은 그 땅에 사는 人民의 感情과 風俗에 알맞게 지은 것이오, 또 지을 것이다. 그런데 朝鮮 都市의 洞名을 朝鮮 情調와는 全然 밧지 안는 것으로 정하니 어찐 셈인가. 笠井町, 大和町, 櫻井町, 四軒町, 元町 等이다. 귀에 거슬리거니와 장차 京城府의 大擴張 計劃과 아울러 洞名, 里名을 全部 町으로 統一한다는 理由는 어데 잇는가. 本町, 旭町, 岡崎町 等은 日本 內地人이 만히 사는지라 어떠케 생각하면 그리 不自然할 것도 업겟지만, 從來 幾百年을 두고 불러온 嘉會洞, 苑洞, 安國洞, 樂園洞, 仁寺洞, 貞洞 等을 嘉會町, 苑西町, 安國町, 樂園町, 仁寺町, 貞洞町으로 불른다 하니 대처 어뎃 地名이 되는고. 町, 洞, 里를 한데로 統一하기 위함이라 하니 그 뜻은 조을지 모르나 洞만 잇든 곳에 町을 맨들 때에는 日本 內地人이 만이 산다는 理由 미테 不自然하지 안케 하려함이 아니엇스랴. 그러타면 現在에 와서 이 自然스러운 情調를 깨트릴 必要는 무엇이뇨.5)

이 사설에서는 일제강점기 교과서와 교수용어, 고유명사, 지명 등의 식민지 언어침탈 현상을 있는 그대로 나타내고 있다. 즉 식민지 지배언어에 의한 조선어 침탈이 구체적인 언어생활에 작용하고 있음을 나타내며, 이는 일제강점기 언어정책에 의한 조선어 천대, 즉 침탈을 의미하는 것이다. 이러한 차원에서 『조선일보』 1934년 3월 27일 '조선어의 지위와 생명'과 같은 사설에서는 그 시기 어느 선교사가 종교 집회에서 "조선어는 이대로 가면 얼마 아니하여 키친 랭귀지화(廚房語化)하고 말리라."라는 언급을 계기로 그 당시 조선어는 '일개 비공식 방언'의 지위로 격하되었으며, 그 상태로라면 주방어뿐만 아니라 장차 소멸될 위기에 처하게 될 수도 있음을 경고하고 있는데, 이는 식민지 언어침탈이 결과적으로 언어에 대한 태도나 일상생활에서의 언어침식으로 이어지고 있음을 의미한다.

## 2.2. 식민지 시기 조선어 연구의 사회언어학적 의미

루이 장 칼베는 '식민주의와 언어'에서 '언어침식에 대해 저항하는 세력들'과 관련한 별도의 언급을 하고 있다. 그는 '완전한 성공을 거둔 언어침식의 단계'는 "지배언어에 의한 피지배언어의 결정적 죽음"이

---

5) 『조선일보』 1936.02.17, (사설) 賤待받는 朝鮮語.

라고 하였다.6) 이러한 상태에 이른 언어는 '소멸된 언어의 몇몇 고고학적 흔적'만을 남기게 되는데, 완전한 침식에 이르기 전 이에 대해 저항하는 세력이 있기 마련이라고 하였다. 이때의 저항은 종교와 관련을 맺을 수도 있고, 민족의식과 관련을 맺을 수도 있다. 분명한 것은 칼베가 지적한 바와 같이, 언어침식은 그 자체로서 지배언어의 우월성에서 비롯된 것이 아니다. 그가 지적한 것처럼 경제적, 법적, 이데올로기적 요인에 따라 피지배언어가 강압되거나 피지배언어 화자들의 태도가 모어로부터 지배언어로 기울어져 가는 현상이 심화되는 것뿐이다.

이와 같은 차원에서 일제강점기 조선어 침식에 저항하는 방식의 하나로 '조선어 정화 운동'(때로는 한글운동, 국어순화운동 등)과 이를 뒷받침하기 위한 '조선어 연구'를 살펴볼 필요가 있다.

오늘날 우리가 사용하는 '국어순화운동' 또는 '국어정화운동'이라는 용어는 광복 이후에 등장한 용어다. 그 이유는 일제강점기 공식적으로 '국어'라는 용어는 일본어를 지칭하는 용어였으며, 우리말은 일반적으로 '조선어'로 불렸기 때문이다. 물론 여기서 일제강점기 조선인이 조선어를 국어로 생각하지 않았다는 뜻은 아니다. 예를 들어 정열모는 1927년 『한글(동인)』 제1권 제2호 '조선어연구의 정체는 무엇?'에서 조선인에게 국어는 조선어이며, 그것을 연구하는 것이 국어학이라는 논리를 전개했으며,7) 이와 같은 의식은 그 당시 조선어를 연구하는 대부분의 학자들이 공유하는 의식이었다. 또한 '조선어'에 '국어'라는 표현을 사용하는 대신 아예 '우리말', '우리글'을 사용하는

---

6) 이병혁 편저(1988: 158).

7) 정열모(1927), 「조선어연구의 정체는 무엇?」, 『한글(동인)』 제1권 제2호, 한글사, 2~5쪽.

경우도 많았으며, 우리글 대신 '한글'을 사용할 경우도 많았다. 특히 '한글'이라는 표현은 '운동'이라는 용어와 합쳐질 경우 문자언어의 개념뿐만 아니라 '우리말과 우리글에 대한 운동'을 포괄적으로 지칭할 경우도 많았다.8) 이와 같은 상황에서 일제강점기 국어순화운동은 '언어의 순수',9) '조선어 순대론(純代論)'10) 등과 같이 불렸으며, 그 가운데 '순화' 또는 '정화'라는 표현을 함께 사용하였다.

　이러한 흐름에서 주목할 점은 일제강점기 조선어 연구의 배경과 흐름에 관한 것이다. 선행 연구를 살펴볼 때 한국어학사 차원에서 일제강점기 국어 연구는 고영근(1995)에서와 같이, 한국어의 통일(규범화: 맞춤법, 표준어, 외래어표기, 로마자표기, 사전편찬)과 관련한 '실천성'에 주목하는 경우가 많다. 더욱이 유길준, 주시경 이후 성립된 근대의 한국어학이 일제강점기 실천적 과제로 한정하여 실천적 과제에 대한 성과에만 주목하는 경우가 적지 않다. 그런데 1920년대 이후 '조선어학(한국어학)'은 언어학과 국어학에 대한 개념 확립뿐만 아니라 다수의 역사비교언어학 또는 구조주의적 연구 성과가 축적되기 시작했으며, 한글 통일 과정은 이와 같은 학리가 종합되어 나타난 결과임을 주목할 필요가 있다. 특히 이 시기 조선어 연구는 일제강점기 언어침식에 대한 자각과 그에 대한 대응 방식이 내재되어 있다는 점에서 사회언어학적 관점에서의 재해석이 필요하다고 볼 수 있다.

---

8) 이는 『동아일보』 1932년 10월 29부터 11월 2일까지 연재된 이윤재의 '한글운동의 회고'(4회), 같은 신문 1932년 10월 29일~30일 이갑의 '한글운동의 현상과 전망'(2회), 같은 신문 1933년 10월 31일부터 11월 2일 연재된 이윤재의 '모어운동 개관'(4회), 『조선일보』 1935년 2월 22일부터 3월 1일까지 연재된 최현배의 '한글운동 그 본질과 발전'(7회), 『동아일보』 1935년 3월 20일부터 4월 5일까지 연재된 재불국(在佛國) 이용제의 '조선의 어문운동' 등에서 확인할 수 있다.

9) 『동아일보』 1931.3.29~4.4, 안서 김억, '언어의 순수를 위하여'(6회 연재).

10) 『조선일보』 1931.10.29~30, 김선기, '조선어 순대론'(2회).

## 3. 언어 침탈에 대한 외솔 최현배의 대응 방식

### 3.1. 외솔의 언어 의식과 한국어 연구

외솔 최현배는 1922년 『동아일보』에 22회에 걸쳐 '우리말과 글에 대하여'라는 강연 자료를 연재한 이후 『조선민족 갱생의 도』, 『우리말본』, 『한글갈』을 비롯한 28종의 교육사상 및 한국어 연구 관련 저서를 발표하였고, 1936년 『중등조선말본(고등말본)』, 『중등교육 조선어법』을 비롯한 14종의 말본(문법) 교과서를 집필하였다. 그뿐만 아니라 그가 남긴 논문과 논설은 확인된 것만 300여 편에 이른다.[11]

외솔의 우리말 연구에서 주목할 점은 양적인 면의 논저가 아니다. 그는 최초 발표 논문 '우리말과 글에 대하여'를 '우리글의 가로씨기'로 부터 시작한다. 여기서 가로쓰기는 세로쓰기에 대립하는 왼편으로부터 오른편으로의 문자생활을 의미하는데, 제목과는 달리 그는 "나는 이때까지 스스로 지은 글을 남에게 보아 달라고 박아낸 일이 한 번도 없었습니다."라고 하면서, "내용은 비록 완비치 못하나마 스스로 마지 못하는 책임감과 의무심으로 감히 이를 신문지상에 발표"한다고 밝혔다.[12] 이 논문은 제1장 '우리말과 글의 과거'(우리말과 글의 유래, 우리말과 글에 대한 과거 우리 조상들의 태도, 우리말과 글에 대한 연구—다른 나라 사람의 연구, 우리 사람의 우리말에 대한 연구), 제2장 '우리말과 글의 이제(現在)'(우리말의 발달에 대한 우리의 책임, 장래의 문제), 제3장 '문자의

---

11) 이는 연세대학교 외솔 최현배 전집 간행위원회(2012)의 전집 28책과 외솔회(2019)의 문학·논술·논문 전집 4종을 통해서도 어느 정도 확인된다. 허재영(2024a), 「외솔 최현배의 우리말 연구와 전집의 외솔학적 의미」, 『우리말글』 102, 우리말글학회, 37~68쪽.

12) 『동아일보』 1922.8.29, 최현배, 우리말과 글에 대하여(1): 우리글의 가로씨기.

연구'(좋은 글=문자론, 좋은 글씨=서체론, 다른 나라의 국자 개량 운동, 우리 글 가로쓰기, 끝맺음말=결론)로 구성되었는데, 여기서 논의한 우리말과 글과 관련된 문제는 외솔 평생의 연구 내용을 요약한 것으로 보아도 틀리지 않다.

외솔은 이 글에서 일제강점기 학교교육에서 조선어를 가르치지 못하고, 조선어 연구를 제대로 하지 못하는 상황을 지적하면서, "교수용어(조선어를 쓰지 못하고 일본어를 사용하는 교수용어)는 그러하거니와 방금 과정에 든 조선어조차 이치에 맞도록 바로 적지 못하고, 바로 가르치지 못합니다. 조선어라는 과정은 제일 천대와 경시를 받는 교과올시다."라고 지적한다. 이러한 상황에서 그는 '우리말 발달에 대한 우리의 책임'이라는 제목 아래, 발달된 언어(피어난 말)의 조건을 여섯 가지로 제시한다.


[우리말 발달에 대한 우리의 책임]

(一) 피어난(發達) 말은 그 낱말의 數가 만습니다. 이 낫말의 數가 만타 함은 곳 그 말을 말하는 民族의 文化가 發達되얏슴을 表하나이다. 우리 조선 사람들은 方今 東西南北이란 말조차 잃어버렷습니다. 이것은 우리말 이 純然하게 잘 發達되지 못함을 表함이요 또 우리 朝鮮文化가 支那文 化에 壓倒되얏슴을 表示하는 것이외다.

(二) 피어난(發達된) 말은 그 말 가온대에 다른 나라의 말이 만히 석기지 아니 합니다. 方今 우리들이 쓰는 조선말이란 것 가온대에는 아마도 半數나 漢語가 석겨 잇슬 것이외다. 우리말에 對하야는 아즉 그 仔細한 統計를 모르니까 여기 仔細히 말할 수 업습니다. 日本말도 純然하게 잘 發達되 지 못하얏습니다. 이는 古代의 日本文化가 朝鮮이나 支那보다 나젓슴 으로 朝鮮말 또는 漢語가 만히 들어갓습니다. 이제 〈言海〉라는 辭典에

적힌 統計를 들어서 參考해 들이나이다. 〈言海〉에 적힌 낫말(單語) 數가 三萬九千百三인대 그 中에 漢字에 關係 잇는 말이 一萬六千五百九十六이니 거의 全體의 二分의 一은 支那에서 빌려온 말이외다. 나는 싱각하건대 우리는 支那의 文學에 心醉하야 日本보다 더 甚하얏스니 아마도 漢語의 석긴 分數가 일본말보다 더 심할까 합니다.

(三) 피어난 말은 規則이 바르며 論理가 精密합니다. 이것은 쏘이취 말(獨逸語)과 다른 나라 말을 比較하여 보면 알 것이외다. 規則이 바르다 함은 그 말을 잘 다시렷슴을 意味함이오 論理가 精密하다 함은 곳 그 말의 主人의 頭腦가 論理的으로 緻密함을 表示합니다.

(四) 피어난 말은 統一이 잇슴니다. 統一이 업스면 到底히 잘 피어나지 못합니다. 또 國語의 統一은 그 國民의 社會的 政治的 生活으 向上과 團結에 큰 關係가 잇슴니다. 어느 나라 업시 各各 國語敎育에 큰 힘을 들이며 더구나 强大한 國家의 征服地의 敎育은 國語統一에 全力을 다하야 모든 犧牲을 앗기지 아니함은 이 째문이외다.

(五) 피어난(發達된) 말은 그 말을 말하는 사람의 數가 만습니다. 여러 사람이 쓰는 故로 저절로 發達되는 것이외다. 이는 또 말의 主人되는 國民의 勢力이 큼을 表示하나이다. 어느 나라의 말이든지 그 나라 사람이 旺盛하야 勢力이 잇스면 그 말도 저절로 勢力이 잇서 멀리 퍼지는 것이올시다. 오늘날 英語의 勢力이 이다지 크다는 것은 곳 英語를 말하는 國民의 勢力이 强大함을 말하는 것이올시다. 十餘年 前에는 英語를 말하는 사람의 數가 겨우 數千萬에 不過하든 것이 오늘은 十億이나 넘는다 합니다. 이와 反對로 殘敗한 國民의 말은 그 主人으로 더부러 함게 그 勢力이 줄어져 가는 것이외다.

(六) 피어난 말은 피어나지 못한 말을 이겨내는 힘이 잇습니다. 피어난 말의 所有者는 반듯이 文化上 쏘는 政治上으로 進步한 國民이니 그 말의

勢力이 그 所有者의 勢力과 正比例로 强大하고 피어나지 못한 말의 所有者는 文化上으로나 政治上으로 劣等의 國民이니 그 國語의 勢力도 劣합니다. 그럼으로 發達된 말이 發達되지 못한 말을 이겨내는(征服하는) 것입니다. 例컨대 '그리시아' 말과 '라틴말'이 유로파 모든 나라의 말에 影響을 주엇스며 日本말이 아니누 말을 이겨낸 것과 英語가 印度말을 이겨낸 것과 가튼 것입니다. 이만하면 言語의 發達이란 것이 어쩌한 것인가를 대강 짐작하섯슬 것이외다.13)

여기에 제시한 여섯 가지 조건은 일제강점기 조선어의 발달뿐만 아니라, 본질적으로 언어침탈과 일본어의 침식에 대한 저항적인 의미를 담고 있음을 확인할 수 있다. 외솔은 사회언어학 또는 언어사회학이라는 용어를 사용한 적은 없지만, '발달된 언어는 다른 말이 섞기지 않음'이라는 두 번째 조건과 '그 언어를 사용하는 화자의 수'(다섯 번째 조건), '피어나지 못한 말을 이겨내는 힘'(여섯 번째 조건) 등을 명료하게 제시함으로써 특정 언어에 미치는 언어 외적, 특히 언어사회학적 요인을 고려하고 있음을 밝히고 있다. 이와 같은 상황에서 외솔은 한국어의 '바르고 정밀한 규칙과 논리'(세 번째 조건), '한국어의 통일'(네 번째 조건)을 위해 식민지 시기 조선어 연구에 전념했던 셈이다.

외솔의 조선어 연구에서 특기할 점은 그가 제시한 방법론이다.14) 그는 씨가름(품사 분류)과 관련하여 빈번히 '분석적 방법'과 '종합적 방법'이라는 용어를 사용하였다. 그 중 하나가 『연희전문학교 문과연

---

13) 『동아일보』 1922.9.9, 최현배, 우리말과 글에 대하여(11).

14) 외솔의 우리말 연구 방법론에 대해서는 유현경(2022), 「외솔 최현배의 국어학 연구: 〈우리말본〉의 연구 방법론을 중심으로」, 『애산학보』 49, 애산학회, 17~45쪽; 김병문(2016), 「초기 국어문법에서의 품사 분류와 보조어간 설정에 관한 문제」, 『국어학』 77, 국어학회, 101~129쪽 등을 참고할 수 있다.

구집 제1집 조선어문연구』에 게재한 '조선어 품사 분류론'이다. 다음을 살펴보자.


[조선어 품사 분류론]

ㄱ. 周 스승님의 아홉 가지의 分類法이 비록 아모 理論的 說明은 없으되, '언'과 같은 것은 一種으로 잡은 것은 참 우리말의 性質을 깊이 생각하고 함이라 할 것이다. 그러나 나는 이 가름법이 넘어도 分析的임에 滿足할 수 없으므로, 이제 담에 綜合的 分類法을 施하고자 한다.(60쪽)

ㄴ. 씨(品詞)의 가름(分類)은 그 방법에서의 구실(役目, 職能), 곧 씨 서로의 關係와 월(文)을 만드는 作用의 關係를 주장(主)으로 삼고, 그에 따르는 形式과 意義를 붙힘(從)으로 삼아서, 이 네 가지가 서로 關係하는 狀態를 標準으로 삼아 決定하여야 한다.

말은 어떠한 것이든지 다 무슨 뜻과 꼴(形式)을 가졌다. 딸아 뜻으로만 가를 수도 잇으며, 꼴로만 가를 수도 잇다. 이 두 가지의 가름이 文法學에서 아조 必要 없는 것은 아니지마는, 그것만으로는 말법을 硏究할수가 없다. 말법의 硏究에 가장 必要한 것은 그 말이 말법에서 가지는 구실(役目, 職能)이다. 이 말법에서의 구실이란 것은 씨와 씨의 관계와 월을 만드는 作用의 關係 두 가지로 난혼다. (60쪽)

ㄷ. 西洋 文法을 본뜬 日本 文法에서 임자씨를 다시 갈라 이름씨(名詞), 대이름씨(代名詞), 셈씨(數詞)의 세 가지로 가르나, 우리말본에 잇어서는 周 스승님 및 그를 따르는 이들은 이를 가늘게 가르지 아니하는 것이 예사이다. 그 까닭은 우리말본에서는 그렇게 가르지 아니하드라도 그 말본(語法)을 풀이하기에 조끔도 거리낌이 없다는 것이다. 딴은 그렇다. 그렇지마는 먼저의 네 가지의 가름에서는 주장으로 말본에서의 구실로써 하엿으니, 이제 다시 그것을 뜻으로써 이렇게 세 가지로 가는 것이 다만 無妨한

일일 뿐만 아니라, 다른 것들도 또한 이모양으로 뜻으로써 가르지 아니
할 수 없게 되는 때문에, 다같이 이렇게, 가르는 것이 좋다고 생각한
다.(65쪽)

ㄹ. 풀이씨의 끝바꿈(活用)을 푸는 것은 흔하지 아니한 것이요, 더구나 周
時經 스승님의 가르침을 받은 이들의 大多數는 이러한 說明을 一種의
異端으로 보아 왔다. 이제 난즉 그 가르침 갈래의 한 사람으로서 이와
같이 끝바꿈(活用)을 말함은 그저 新奇를 좋아한다든지 또는 저 外國
사람들의 각기 제나라말에 맞후어서 풀이함을 턱없이 흉내내기를 좋
아함에서 나온 것이 아니라,15) 우리말의 가자가지를 남김없이 그 본
(法)을 풀이하랴는 여남은 해 동안의 애태움의 結果가 到底히 앞사람의
풀이법(說明法)에 滿足하지 몯한 때문이다.(69쪽)16)


이 논문에서 외솔이 말한 '종합적 방법'은 일상의 언어생활에서 의
사 전달의 최소 단위를 지나치게 쪼개지 않는 방법을 의미한다. 예를
들어 주시경의 '기난갈(품사론)'에서 '낱말'을 이르는 '기', '분류'를
의미하는 '난', '연구'를 의미하는 '갈' 등의 용어로부터,17) 품사 분류
에 쓰인 '임(임자말=이름씨, 명사), 엇(어떠함=어떻씨, 그림씨, 형용사), 움
(움직임=움직씨, 동사), 겻(곁에 쓰는 말=토씨, 조사), 잇(이어지는 말=이음

---

15) 1937년 〈우리말본〉에는 이러한 설명이 없음. '씨끝바꿈'에 대한 학설을 처음 제기한 것으
로 설명함. 유길준의 『대한문전』(1910, 유인본)에는 동사의 활용에 대한 설명이 들어 있으
므로, 이를 비교해 보아야 할 것임. "動詞는 其活用을 由ᄒᆞ야 現在 未來 過去의 三節 時期로
分ᄒᆞ니"(유인 14쪽). "此外에 各節分詞가 有ᄒᆞ니 分詞라 홈은 動詞로서 形容詞의 體를 有홈
을 云ᄒᆞ니라. 現在分詞 '가는'(此는 現在 作用을 形容詞體로 云홈이니 例則 '가는 사름'),
未來 分詞 '갈' (…하랴…)".

16) 최현배(1930), 「조선어의 품사 분류론」, 『연희전문학교 문과연구집 제1집 조선어문연구』,
연희전문학교 출판부, 59~69쪽.

17) 주시경(1910), 『국어문법』, 박문서관, 27~28쪽.

씨, 접속사), 언(엇더한 임기=명사를 나타내는 낱말 앞에 붙어 그 명사가 어떠하다는 것을 나타내는 말),18) 억(엇더하게 움직임을 나타내는 말=어찌씨, 부사 또는 부사형까지 포함), 놀(놀라 느끼어 나는 소리=느낌씨, 감탄사), 끗(한 말을 다 맞게 하는 기=종결형 어미)' 등의 개념이 분석적이어서 의사소통의 기본 단위인 낱말의 특성(성질)을 파악하는 데 어려움을 겪는다는 뜻이다. 엄밀히 말하면 외솔이 언급한 주시경 문법의 분석적 방법은 대상이 되는 '기'(낱말)를 지나치게 분석한 데서 오는 결함이라기보다 '기'의 개념과 특성을 명료하게 정리하지 않은 데서 비롯된 것이라고 볼 수 있다. 예를 들면 주시경의 '기의 분류'에 사용된 '언'은 '임(명사)을 나타내는 기(낱말) 앞에 쓰여 그 임이 어떠함을 나타내는 말'로, '기(낱말)'가 아닌 구조, 즉 '매김꼴(움직씨나 그림씨 줄기=동사·형용사 어간+매김씨끝=관형형어미)'와 같은 것까지 '기'에 포함되어 있으며, '억'은 '움(동사)이 어떠하게 움직인다는 것을 나타내는 개념'으로 '어찌씨(부사)'뿐만 아니라 '어찌꼴(부사형)'까지 포함되어 있다. 이처럼 '매김꼴, 어찌꼴'과 같은 구조를 '기'에 포함한 것은 외솔이 제시한 '풀이씨의 끝바꿈(활용)'이라는 개념이 명료하지 못한 데서 비롯된 것이다. 달리 말해 주시경의 '언'에 포함된 '큰, 적은' 등은 '크다, 적다'가 기(씨 또는 낱말)에 해당하며, 'ㄴ'은 씨끝(어미, 활용하는 부분)에 해당한다.

이와 관련하여 김병문(2016)에서는 외솔이 말한 '구실(役目, 職能) 곧

---

18) 주시경의 기난갈에서 '언'은 "엇더한 임기이라 이르는 여러 가지 기를 다 이름이라."라고 풀이한 뒤, 그 본(보기)으로 '이, 저, 그, 큰, 적은, 엇더한, 무슨, 이른, 착한, 귀한, 한, 두세' 등을 제시하였다. 이를 고려하면 '언'은 명사 앞에서 명사를 수식하는 여러 형태를 두루 포함한 것으로, 실제로는 매김씨(관형사, 지시 관형사, 수 관형사), 매김말(관형어: 동사/형용사+관형형어미의 구조)을 두루 포함한 개념이라고 볼 수 있다. 달리 말해 기난갈(씨가름)의 대상이 되는 '기(씨=낱말, 단어)'의 범주가 명료하지 않았음을 의미한다.

씨 서로의 관계'와 '월(文)을 만드는 작용'에 주목하여 전자를 '문법 단위의 분포적 특징'으로, 후자를 '통사론적 특성'으로 해석하고자 하였다.19) 이와 같은 해석은 주시경의 기난갈(1914년 『말의 소리』에서는 '씨난의 틀')에 제시된 '기(씨)'가 자립성을 기준으로 하는 '낱말(단어)'과 일치하지 않음을 의미한다. 따라서 외솔은 다음과 같이 '종합적 방법'에 대해 좀 더 구체적인 설명을 덧붙인다.

[종합적 설명법]
　나의 풀이법이 앞사람의 그것보다 낫음(優點)이 잇다는 것을 여기에 미리 다 낱낱이 말하지 아니하고, 차차 나오는 풀이를 딸아 들어나오는 機會가 잇을 적마다 조곰씩 조곰씩 말하고자 하거니와, 이제 한 말로 말하자면 앞사람의 풀이법은 分析的임에 對하야, 나의 풀이법은 綜合的임이 그 特色이니, 이것이 앞사람의 풀이법보다 낫은 點이라고 믿는다. 이제 다시 내가 이 綜合的 說明法을 取한 理由를 말하건대,
　(1) 말의 本性에 더 맞후기 爲함이다. 앞사람들은 이를터면 '붉다, 붉게, 붉은'의 '붉'과 '다, 게, 은'을 따로 갈라서 '붉'은 어떻씨(形容詞), '다, 게, 은'은 各各 '토'(助辭)라 하엿다. 그렇지마는 우리는 果然 '붉'이란 말을, '다, 게, 은'들과 따로 떼어서 理解할 수가 잇을가? '붉'은 決코 獨立할 힘이 없고,

---

19) 김병문(2016: 110~112). 이 논문에서는 주시경(1914) 『말의 소리』(신문관)의 '씨난의 틀'에 제시된 '임, 엇, 움, 겻, 잇, 긋'이라는 6개 분류를 대상으로 '임'을 제외한 다른 씨들은 자립성이 없음을 지적하면서, 주시경의 씨 설정이 불완전했음을 지적하고 있다. 이 지적은 타당한 것으로 볼 수 있는데, 엄밀히 말하면 주시경의 씨가름은 1910년 『국어문법』의 '기난갈'에서 좀 더 체계적으로 나타나며, 이때 제시한 기(씨)는 '임, 엇, 움, 겻, 잇, 언, 억, 놀, 끗' 등 9개이다. 그 가운데 '임'은 자립성을 갖고 있으며, '엇, 움'은 형용사와 동사의 어간(줄기) 부분만을 제시하였다. '언, 억'에 어미(씨끝) 결합형이 들어 있다는 사실과 '잇'에 여러 가지 토(조사와 어미)를 포함하고, '끗'에 종결어미(마침법 씨끝)를 제시한 것 등을 고려하면 '기(씨)'의 개념이 '자립성'과는 관련이 없었음을 확인할 수 있다.

늘 '다, 게, 은'과 같은 것들하고 어울러서 한 말 한 씨로 理解되나니, 이것을 따로 떼어서, 各各 獨立의 資格을 주는 것은 넘어도 分析的, 理論的, 語源的 說明이요, 決코 말 그 스스로의 本體를 그대로(如實히) 잡은 說明은 되지 못하는 것이다.[20] 그 편에 선 說明으로서 가장 들을 만한 說明은 洪起文 님의 說明이니, 그는 씨가름에서 씨끼리의 걸힘(關係)으로 보아서 씨를 네 가지로 가르되, 形容詞와 動詞는 토의 補佐를 받지 않고는 쓰히지 못하는 것이라 하야, 한 갈래를 지엇다.[21] 이는 우리말 갈래를 밝히 살핀 말이다. 그러나 이제 나로써 볼 것 같으면 이렇게 말하기보다는 한층 더 나아가서 所謂 토란 것과 形容詞 動詞를 서로 떼지 말고 한덩이 씨로 푸는 것이 더 適切하다고 생각한다. 이와 같이 綜合的으로 說明하는 것이 말의 本性을 理解하기에 맞으며, 딸아서 말의 發達에 有利하며, 글을 쓰기와 읽기에 便利하나니라.

(2) 앞사람의 分析的 說明에는 그 自體 안에서 周到하지 못한 것이 잇다. 곧 우에 든 여러 가지의 씨끝 가온데에서 '다, 는다, ㄴ다, 고, 으면, 지마는'은 勿論이요, 'ㄹ, 을, 는, 은, ㄴ'에까지 各各 獨立한 一個의 씨(單語)의 資格을 주엇으면서, '게, 음, ㅁ, 기'에 對하여는 獨立한 씨(單語)의 資格을 주지 아니하엿

---

20) 유길준의 '분사', '조동사'(동사 어미 밑에 붙어 의미를 실현하는 형태소, 즉 종결이나 높임 등을 실현하는 형태로를 '조동사'로 명명한 것으로 볼 수 있음) 등의 개념을 고려할 때, '분석적', '종합적' 방법이라는 설명은 이론, 어원 여부보다는 규칙성 여부로 판단하는 것이 합리적일 듯. 외솔의 설명은 씨끝바꿈(어미변화)을 통해 서술어의 기능을 체계화할 수 있다는 점에서 이전 설명에 비해 합리적이었음.

21) 홍기문(1927), 「조선문전요령」, 『현대평론』 제1권 제1호~제5호, 현대평론사(역대한국어 문법대계 1~38, 탑출판사). 홍기문은 품사분류의 주의할 점을 제시하고, 1차 시험으로 첨가어의 특성을 고려하여 '주요 부분과 첨가된 부분(토와 같은 것)'을 기준으로 (1) 完全한 一個語를 이루지 못하고 他語를 補佐해서만 쓰는 것(토), (2) 토의 補佐를 밧지 안코 쓰지 못하는 것(形容詞와 動詞), (3) 토의 補佐를 밧기도 하고 아니 밧고 獨立해 쓰기도 하는 것(名詞와 副詞), (4) 토와는 아조 沒關係한 것(感歎詞)로 나누고, 2차 시험으로 서양 문법과 같이 9품사(동사, 형용사, 부사, 감탄사, 格詞, 後系詞, 接續詞, 終結詞)로 나누었다. 두 가지 기준을 각각 제시했기 때문에 첫째 기준인 '토'는 둘째 기준에 포함된 '격사', '후계사' 등과 관련을 짓지만, 개념상 명료한 것은 아니다.

으니, 이는 그 分析的 理論 自體에 맞는 일이라 할 수가 없으며, 또 前後가 整齊한 풀이가 되지 몯한다. 그러므로 만약 分析的 說明法을 取할 것 같으면, '게, 음, ㅁ, 기'에까지 한 낱의 씨의 資格을 주어야 할 것이다.

(3) 綜合的 說明法은 말의 理解에 더 便宜함이다. 앞사람의 分析的 說明法은, 말의 綜合的 性質에 맞지 아니하기 때문에 알아보기에 不便하다. 보기를 들건대, '그러함 으로 어떠하 ㄴ 때 에 다르 ㄴ 씨 우 에 쓰히 ㄹ 지라도 그 뜻 은 거긔 에는 關係 없고'(李奎榮 『現今 朝鮮文典』 六○頁)과 같은 것이니(이것을 더 그 分析的 要素에 맞도록 하자면 '그러함'도 '그러하ㅁ'으로 곧 두 씨로 하여야 할 것이다.), 이것이 얼마나 읽기에 努力과 時間이 濫費될 뿐 아니라, 그 理解조차 明確치 몯한 것인지, 누구든지 한번만 읽어 보면 반드시 짐작할 것이다. 더구나 'ㄴ, ㄹ'과 같은 제홀로 소리조차 나지 몯하는 것에까지 한 낱의 씨의 資格을 주엇으니, 이것은 世界에도 類가 없는 極端의 分析的 說明이라 아니할 수 없는 것이다. 이제 이 보기를 나의 綜合的 說明에 依하여 지을 것 같으면 (한 씨를 한 單位로 하여서) '그러하므로 어떠한 때 에 다른 씨 우에 쓰힐지라도 그 뜻 은 거긔 에는 關係없고'로 되나니, 앞의것과 비겨보면, 얼마나 우리의 읽는 心理에 많은 便益을 주는가를 짐작할 것이다.

(4) 綜合的 說明은 말의 發達에 有利함이다. 말이 發達함에는 한가지의 말이 여러 가지의 뜻을 가지게 되는 일도 잇스며, 또 말이 조곰 그 꼴(形)을 바꾸어서 또 다른 말과 어울러서 딴 말을 일우는 일도 잇다. 그러한데 分析的 說明에만 따를 것 같으면 말이 겉꼴(外形)로 複雜해지는 發達을 일운 것들도 도로 다 語源으로 分析해 써야만 할 것이니, 이리해서는 말의 綜合的 發達을 助長하기는커녕 阻害할 것이다.(이러한 形式 (딸아 內容)의 綜合的 發達의 顯著한 例는 우리가 떠이춰말에서 볼 수가 잇다.) 嚴密히 首尾 整齊하게 分析的 說明을 직힐진대 '다른, 모든, 가즌, 구든, 얼음, 천천

히, 조곰'의 따위까지 두 씨로 갈라 써야 할 것이니, 이것이 얼마나 귀찮은 분석인가?[22]

(5) 도움움즉씨(補助動詞)[23]를 풀이함에 綜合的 說明法이 퍽 有利하다. 앞사람들은 우리말본에서 도움움즉씨를 풀이하지 아니하엿기 때문에, 그 研究가 아즉 말의 全野에 미치지 몯하고 말앗다. 이에 나는 앞사람이 아즉 開拓하지 몯한 이쪽 묵밭을 뒤지고자 한다. 그러함에는 꼭 綜合的 說明을 取하여야 便利하다.

(6) 일즉 周 스승님께서는 '다'와 함께 토(끝토)로 보던 '시, 앗, 겟'들을, 金枓奉 님은 토에서 떼어서 움즉씨에다가 붙이기 시작하엿다. 이제 나의 눈으로 이것을 볼 것 같으면, 이 金님의 풀이는 도저한 分析的 풀이에서 얼마콤 綜合的 풀이에로 한걸음을 옮긴 것이라 할 만하다. 그러나 그가 '다'까지를 움즉씨에데가 붙여서 함께 한 씨로 보지 아니하엿음은 아즉 때가 온전한 綜合으로의 길을 허락하지 아니한 때문이라 할 만하다.[24]


김병문(2016)에서 설명한 것처럼, 최현배의 '종합적 방법'은 주시경, 김두봉, 이규영 등을 비롯한 선행 연구에서 문법 형태소로 기능하는 대부분의 단위를 '씨'로 설정하고 그에 대한 씨가름(기난갈)을 하고자한 데 비해, 단어의 개념, 구조, 문장에서의 기능 등을 정교화한 방법임을 의미한다. 즉 (1)~(6)과 같이 외솔 이전의 선행 연구에서 독립된 씨의 자격을 부여한 여러 형태들이 그 자체로 '씨의 자격'을 갖기 어려운 것들이 많음을 논증한 것은, 외솔이 말한 '종합적'이라는 표현이

---

22) 이 부분의 설명을 참고하면, '종합적'이라는 용어는 '융합 관계를 고려한 분석'이라는 의미로도 해석된다.

23) 외솔의 '도움움즉씨(補助動詞)'는 파생접사(피동접사, 사동접사)류를 지칭함.

24) 최현배(1930: 69~72).

'문장과의 관계를 종합한'이라는 의미로 쓰였으며, 품사 분류의 경우 '씨의 자격'을 갖는 말만을 대상으로 해야 한다는 뜻이다. 물론 외솔은 이 논문 '씨의 뜻'에서 "대체 씨로써 일과 몬의 관념의 단위이라 하는 생각은 서양 문법에서 씨의 뜻매김을 그냥 받아 쓰는 것"이라고 하면서, "우리말에서 토가 그 직능으로 표시하는 말과 말과의 관계는 씨끝 (어미)의 변화로 말미암아 나타내는 것"이라고 하였다. 즉 외솔은 씨 (단어, 낱말)의 개념을 관념어(자립하여 사물을 나타내는 말)와 토(조사와 어미)를 포함한 개념으로 설정하고, 토의 경우 '걸림씨(토씨)'를 분류 대상으로 설정하였음을 확인할 수 있다.[25] 달리 말해 외솔의 품사 분류는 '자립하여 뜻을 갖는 최소의 언어 단위'로서 '관념어(생각씨)' 와 문장에서의 관계를 나타내는 '조사(토씨)'를 대상으로 하며, 분석적 방법이라고 지칭한 다수의 연구에서 제시한 '씨끝(어미)'은 '끝바꿈(활용)'으로 구별함으로써 품사 분류를 정교하게 하는 방법을 제시해 준 셈이다. 이와 같은 방법론의 발전은 일제강점기 조선어 연구의 정교 함뿐만 아니라 실천적 과제로서의 국어 통일(맞춤법 제정)에 기여했으며, 이는 결과적으로 식민지 언어침탈과 침식에 맞서는 중요한 이론 을 획득할 수 있었음을 의미한다.

## 3.2. 외솔의 우리말 다듬기

1929년 4월 『신생』 제2권 제3호~제5호에는 외솔의 '조선문학과 조

---

25) 일제강점기 외솔의 논문 가운데 『한글』 2권 5호(1934) '씨갈래(품사)', '씨끝 바꿈(어미활용)', 3권 5호(1935) '풀이씨의 줄기잡기에 관한 문제', 3권 6호(1935) '풀이씨의 으뜸꼴에 대하야', 4권 3호~4권 4호(1936) '토씨의 품사적 단위성에 대하야(1)~(2)' 등은 모두 씨의 개념 설정과 품사 분류에서 조사(토씨)를 포함해야 하는 논리와 관련된다.

선어'가 실려 있다. 이 논설에서 외솔은 우리말과 글로 된 문학의 필요
성을 역설하면서 이른바 '기형적 신외래어(新外來語)'라는 것을 제시하
고 있다.

[조선문학과 조선어]

　　편지 피봉에 받을이의 이름 알에 氏·貴下·座下…로 적는 대신에 '殿'으로
적는 것은 오늘의 大多數 人의 예사하는 것이어니와 甚한 것에 이르어서는
'樣'이라 적는 것이 없지 아니하다. 그러나 이따위는 다 제정신 없는 옛사람
이나 철없는 普通學校 卒業生들이 하는 것이니 저 折角, 度合, 場合, 挨拶,
相談 等 文字를 즐겨쓰는 것과 한가지의 戱悲劇이니 足히 들어 말할 것까지
도 없다 하겠지마는 또 差押, 控訴, 言渡, 相續 等 法律上 用語와 前場, 後場,
先限, 中限, 當限 等 期米場의 用語 같은 것은 오늘의 朝鮮으로서는 어쩔 수
없는 借用語가 안 되기 어렵다 하겠지마는 이밖에 日常 쓰는 말에까지 제것을
깜짝같이 잊어버리고 남의 것만 쓰는 일은 오늘의 一般 讀者라는 이가
다 하는 짓이니, 참 한숨지울 일이로다. '注意'가 '操心'을, '場合'가 '處所'를
대신한 것은 漢字의 原意로 보아서 그다지 큰 妄作이라 할 것은 없지마는
(그러나 그것도 우리의 말에 더 익은 것으로 말하면 勿論 앞의 것임은
勿論이다.) '取引'이 '去來'를 대신하며, '相場'이 '時勢'를 대신하며, '景氣'가
'세월'을 대신하는 따위는 참 얼이 없는 言語上－文化上 自己 否認의 亡狀이
라 아니할 수 없다. (…中略…) 純然한 조선말의 토까지에다가 外語를 얼이
없어 模倣하야 畢竟은 제의 固有한 토를 잊으랴 하니 어찌 言語上 文化上
自尊 自主의 精神이 없음을 痛嘆하지 아니하리오. 例를 들면 1. 被告에 通告,
2. 來日 前 十時까지 오너라와 같은 것이니 其中 1은 新聞 紙上에서 보는
것이오 2는 오늘의 日本 留學生, 普通學校 先生. 面事務所 事務員, 其他 一般
靑年 少年이 혼이 쓰는 말이다. 讀者 여러분 중에도 이런 말을 혹이 쓰신

일이 많을 줄로 안다. 이러한 말이 (토가) 어째서 틀렸는가? 먼저 1을 가지고 보건대 元來 '에'는 處所와 無生物에 쓰고, '에게'는 사람과 生物에게 쓰는 토인데 마침 日本말에서 이것을 區別하지 않고 다 'ニ'로 쓰는 고로[26] 日本말깨나 배혼 우리 조선 有識者들이 조곰도 反省없이 그저 통으로 삼키고 機械的으로 옮기는 것이다. 다음에 2를 가지고 보면 日本말의 'マデ'에는 두 가지가 있나니 한아는 어대까지 미치는 뜻을 表 하는 것이니 이 토가 쓰히는 대에는 반듯이 그 앞에 어대에서 始作하는 뜻을 表하는 토 'カラ'가 있음(그것이 文面에 들어나든지 혹은 省略된 形式으로 있든지 간에)을 要하나니 이런 'マデ'는 英語로는 Till에 當하고 조선말로는 '까지'에 當한 것이다. 그런데 'マデ'의 다른 한가지는 'マデニ'의 略된 것이니 이는 어대까지 미치기 前에의 뜻을 表하는 토이니 이는 흖이 時間의 制限을 表示함에 쓰는 것이다. 이런 'マデ'는 英語로는 By에 當하고 조선말은 '안으로'에 當한 것이다.[27]

이 논설에서 최현배가 제시한 편지 피봉의 '전(殿, −どの )', 좀 더 심한 '양(樣, さま)'으로 적는 것이나 '折脚(せっかく: 모처럼, 일부러), 度合(どあい, 정도), 場合(ばあい, 경우), 挨拶(あいさつ, 인사), 相談(そうだん, 상담)' 등이 널리 쓰이는 것은 일상어에서 조선어가 일본어에 침식당하는 현상을 보여준다. 특히 '셋가쿠, 도아이, 바아이, 아이사츠, 소우단'을 한국식 한자음 '절각, 도합, 장합, 애찰, 상당'으로 쓴다고 할지라도 기존에 존재하던 표현을 일본식 한자의 한국음으로 대용한 것이므로, 일제강점기 조선어의 변질을 가져온 것만은 틀림없다. '차압(差押,

---

26) 피식민지 언어의 문법 침탈의 사례.
27) 최현배(1929), 「조선문학과 조선어(3)」, 『신생』 제2권 제4호, 신생사, 14~15쪽.

さしおさえ, 현재 표준어는 압류), 공소(控訴, こうそ, 현재 표준어 항소), 언도(言渡: いいわたす【言い渡す】, 현재 한국어에 수용됨), 상속(相續, そうぞく, 현재 한국어에 수용됨)' 등은 일본식 법률어로 한국식 한자음으로 읽을 경우 한자어처럼 보이나 본질적으로는 일본의 법률용어다. '전장(前場, ぜんば, 증권 거래소에서 오전에 열리는 거래, 현재 수용됨), 후장(後場, ごば, 증권 거래소에서 오후에 열리는 거래, 현재 수용됨), 선한(先限, さきぎり 또는 せんぎり, 청산 거래에서 주식을 매매 계약 한 뒤, 다음 월말에 인수·인도하는 일. 현재 수용됨), 중한(中限, なかぎり 또는 ちゅうぎり, 청산 거래에서 대금과 현물의 교환을 계약한 달의 말일로 정하는 기한, 현재 수용됨), 당한(當限, とうぎり, 장기 청산 거래에서 결제 기일이 매매 계약을 한 그달의 말일인 것. 현재 수용됨)' 등은 경제 용어로 일본어에서 차용된 것이다. 물론 외솔은 법률, 경제 분야의 차용어에 대해 어쩔 수 없는 것이라는 판단을 하기도 한다. 그럼에도 '주의(注意, ちゅうい)'가 '조심(操心)'을 대용하며, '장합(場合, ばあい)'이 '처소'를 대신하고 있음을 지적하면서, '거래' 대신 '취인(取引, とりひき)', '시세(時勢)' 대신 '상장(相場, そうば)', '세월' 대신 '경기(景氣, げいき)'가 쓰이는 것은 '문화상 자기 부정의 망상'이라고 지적한다.

이와 같은 지적은 사회언어학적 차원에서 언어침식 현상을 논리적으로 분류하고 분석한 것은 아니지만, 언어침식이 음운, 어휘, 문법 분야 전반에 걸쳐 일어날 수 있음을 구체적으로 보여준다. 음운적인 면의 침식 사례를 예시하지는 않았지만, 편지 피봉의 '樣'과 같은 경우는 '사마'라는 일본음을 전제로 한 표현이 번져갔음을 의미하며, 어휘적인 면에서는 법률, 경제 분야(절각, 도합, 차압, 공소 등)를 비롯하여 일상생활에 이르기까지(편지 피봉 표현) 일본식 한자어 또는 일본식 지칭어 등이 조선어에 번져감을 보여준다. 또한 일본어 'カラ, マデ'를

직역한 형태의 조선어 문장이 번져감을 예시한 것은 언어침식이 문법 층위에서도 일어날 수 있음을 의미한다.

이와 같은 인식에서 외솔은 학술어(갈말)부터 우리말 다듬기에 힘썼다. 앞서 살펴본 바와 같이 외솔은 1922년『동아일보』'우리말과 글에 대하여'부터 '말갈(언어학), 썰어지는 말(고립어), 붓는 말(첨가어), 굽어지는 말(굴곡어)'와 같은 우리말 학술어를 만들어 썼는데, 이는 주시경의 전통을 계승한 것으로 가급적이면 한자어나 외래어 대신 고유어를 살려씀으로써 우리말을 보존하고 발전시키고자 한 것이다. 외솔의 학술어 다듬기는『우리말본』을 비롯한 그의 저서에 지속적으로 반영되었는데, 1930년 '조선어 품사 분류론'에서는 우리말 학술어를 만들어 쓴 의도를 다음과 같이 밝혔다.

[조선어 품사 분류론]

나의 씨가름이 전의 그것하고는 조곰 다름이 잇다. 그리하여 各 씨가 그 뜻이 서로 꼭 一致하지 몯한 것이 많이 생기엇다. 그러나 그 中心되는 뜻인즉, 그리 틀림이 없은즉, 그 全同하지 몯함이 나의 改稱의 理由가 되는 것은 아니다. 나의 이름고친 까닭은 따로 잇다. 이제 이를 말하여 둘 必要가 잇다.

周 스승님의 우리말본을 풀이하는 대에는 우리말로 그 學術語(갈말)을 삼아야 한다는 생각에 나는 全然히 贊成한다. 그리하야 전에 金枓奉님이 그『조선말본』을 起草하실 적에 될 수 잇는 대로 周 스승님의 쓰시던 術語(갈말)을 그대로 이어쓰는(襲用) 것이 좋겟다는 말을 부탁한 일까지 잇엇엇다. 그랫으면서도 이제 이렇게 고친 것은 무슨 까닭인가? 이는 다름이 아니다. 한말로 하면, 우리말본을 쉽게 하야 容易히 理解되며 一般的으로 普及되도록 하랴 함에서 나온 일이다.

世人이 흔히 조선말본을 어렵다 한다. 이런 世人의 생각에는 여러 가지의 誤解와 偏見과 非科學的 態度가 들어 잇음은 事實이다. (그러나 이것을 밝힘이 이 글월의 目的이 아닌즉, 여기에서는 그것을 辨明하랴고 아니한다.) 그러나 그렇다고 그 世人의 말에 조끔도 귀를 기우릴 必要가 없는 것은 아니다. 이러한 말에 對하여서도 그것을 치기 전에 먼저 스스로 反省하야 털끝만한 不利한 原因이라도 나에게도 잇는가를 찾아보는 것이 自說의 萬全을 期하는 眞實한 學的 態度일 것이다. 이러한 뜻으로 反求해 본즉, 周 스승님과 金 언니의 갈말(學術語) 가온대에 특히 씨의 이름이 확실히 不適當하다고 생각하엿다.

그이들은 꼭 한 낱내(單音節)의 소리로만 이름을 지엇다. 그렇게 하기 때문에 많은 억지의 짓을 하엿다. 그 때문에 그 이름이 넘어도 奇怪하고 서툴러서 도모지 親한 맛이 없다. 그러므로 누구든지 처엄으로 조선말본책을 對하면 먼저 그 넘어도 생소한 術語(갈말)에 그만 억정이 문허져서 '아이구! 어려워!' 하는 첫 印象을 받게 되는 것이다. 그리하여서 潜心하여 硏究해 보지도 않고, 그만 조선어의 문법은 어렵은 것이거니! 하는 誤解를 가지게 되는 일이 많은 줄로 안다. (그네들이 이러한 '어려워!'의 誤解를 가짐에는 여러 가지의 다른 重大한 잘못된 理由가 따로 잇지마는 그것은 여기에서 말하지 아니한다.) 아모리 그렇드라도 이러한 갈말(術語)이 必要上 全然 新造된 것이라면 어쩔 수 없다 하겟지마는, 實相인즉 그 말이 普通 쓰는 말에서 만든 것인 담에야, 무슨 必要로 이러한 奇怪 難解의 것을 만들어 낼 것인가? 親한 말에서 親한 것을 만들어 내어서 알아보기 쉽게 함이 得策이 아닌가? 더구나 씨의 이름을 한 낱내(單音節)로만 지어야 할 理由가 어대 잇을가? 우리말에서 事物의 이름(곧 이름씨)이 한 낱내로 된 것과 두 낱내 넘어로 된 것과가 어느 쪽이 더 많을지(이것도 硏究해 볼 만한 것이다.) 얼른 알 수 없을 만큼 各各 多數임이 事實이며, 또 人名과 地名이

大概 다 二字 또는 三字로 되엇음도 事實이다. 이는 부르기와 듣기에 二字 以上의 名稱이 區別되기 쉬운 때문이다.[28]

이 설명을 따르면, 외솔의 갈말(학술어)은 주시경의 전통을 따른 것으로, 주시경과 다른 점은 쉬운 학술어를 사용하여 우리말본(국어문법)을 쉽게 이해하고 널리 보급할 수 있도록 하기 위함이요, 주시경과 김두봉이 한 낱내(단음절)로 학술어를 지음으로써 세상 사람들이 수용하기 어려워했던 점을 고려하여 우리말의 일반적인 어휘 음절 수에 맞게 학술어를 다듬고자 했으며, 만든 말은 일상에서 보통으로 쓰는 말을 기준으로 하였다.[29] 이와 관련하여 외솔은 『조선일보』 1934년 9월 27일부터 10월 2일까지 7회에 걸쳐 연재된 '조선어법의 술어론─갈말(술어) 연구는 시기상조라는 설'에서 '조선말본의 학술어'와 관련된 자신의 견해를 체계적으로 밝힌 바 있다. 이 논문에서 그는 우리말본은 우리말의 특징을 적절히 풀어낼 수 있는 말본이어야 하며, 그것을 나타내는 데에는 '될 수 있는 대로 순 조선말'로 할 필요가 있다고 주장한다. 그 이유는 ① 조선말이 현재 살아있는 말이므로 스스로 말본을 풀이할 만한 기능을 갖게 해야 하며, ② 말은 어족의 다름, 국어의 다름을 따라 스스로 독특한 법이 있으므로 다른 나라 말본의 갈말을 무조건적으로 사용할 경우 그것을 제대로 풀어낼 수 없고(여기서 일본 문법과 서양문법 술어의 영향력 문제를 중점적으로 거론하였음), ③ 우리의 지력(知力)과 어휘로 우리 말본의 체계를 꾸며야 하며(이때 조선어 연구

---

28) 최현배(1930: 93~95).

29) 주시경의 학술어는 단음절 고유어로 이루어진 경우가 대부분이며, 김두봉도 그 용어를 따른 예가 많다. 이는 우리말과 글에 대한 주시경의 사상을 나타낸 것으로, 『조선일보』 1932년 3월 26일 권덕규의 '석농 선생과 역사언어'에서는 주시경 서거 당시 석농 유근이 그를 가리켜 '두루때벼리(周時經을 고유어로 풀어 놓은 말)'라고 불렸음을 보여준다.

와 관련한 서양인, 일본인의 연구 경향을 논하면서 그들의 연구가 조선어 어법을 제대로 반영하지 못함을 지적함), ④ 전통적으로 국명, 관명, 지명, 인명뿐만 아니라 일상어가 순 조선말에서 한자어로 변화하면서 한자어를 깨치기 쉽다고 생각하는 경향이 있으나 반드시 그렇지 않으며, ⑤ 외래어를 습관이라고 하여 못 고치는 우유부단을 벗어나야 하기 때문이라고 밝혔다. 이와 같은 논리는 사회언어학적 관점으로 볼 때, 한국어학이라는 한정된 분야일지라도 서양어와 일본어의 영향력 또는 그에 따른 조선어 침식을 자각한 것이며, 그에 대한 저항적 대응책을 제시한 것이라고 볼 수 있을 것이다.

이 논문에서 외솔은 "조선말본의 갈말(술어)을 어떻게 지을 것인가?"라는 물음 아래, '말본의 내용과 학문적 체계'에 따라 순 조선어를 중심으로 140여 개의 용어를 제시하고 있다. 이때 제시한 용어는 그가 『우리말본』이나 '조선어 품사 분류론'에서 사용했던 것들로 '월(文, 文章), 낱말(單語), 대중말(標準語), 말본(語法, 文法), 소리갈(音聲學), 홀소리(母音), 홑소리(子音), 흐린소리(濁音, 有聲音), 맑은소리(淸音), 거센소리(激音), 홑소리(單音), 거듭소리(重音, 複音), 섞김거듭닿소리(混成重子音) 덧거듭닿소리(次成重子音), 소리의 닮음(音의 同化), 홀소리고룸(母音同化)' 등과 같은 것들이다. 이와 함께 그는 자신이 만든 갈말(술어)은 앞사람들(주시경, 김두봉 등)이 한 음절로 지어 조선말의 구조에 어그러지거나 구별되지 않는 폐단을 고려하여 '보통의 말과 근사'하게 짓고자 하였다고 주장했다. 엄밀히 말하면 이때 '근사'라는 것은 음절 수뿐만 아니라 낱말만들기에서의 통사성이 고려될 수 있는 개념이다. 이 점에서 외솔의 '갈말'은 단음절 고유어를 벗어나 우리말 구조에 맞는 학술어를 만들고자 했다는 점에서 국어순화(정화) 운동의 단면을 적절히 보여준다.

그러나 근대 이후 일제강점기까지 고유어 학술어 만들기는 여러 가지 면에서 그 당시 한국어학자들에게 오해를 불러일으키기도 하였다. 이러한 오해는 일제강점기 조선어학회와 대립적인 의견을 갖고 있었던 조선어학연구회의 논리뿐만 아니라 비교적 중립적인 위치에 있었던 홍기문과 같은 경우에도 나타난다. 홍기문은『조선일보』1934년 10월 5일부터 10월 20일 11회에 걸쳐 연재된 '조선어 연구의 본령'에서 '외래어를 배척하고 고유어를 기반으로 한 신어 창조 경향'을 '도데이즘(어문민족주의)'이라고 비판한다. 그는 '언어과학과 인식 착오의 교정'이라는 제목 아래 도데이즘적 조선어 연구의 착오로 '① 외래어 청산: 일체의 외래어를 거부 또는 제거하자는 것, ② 신어 창조: 외래어를 청산키로 하고 그 적당한 대용 고유 조선어가 없을 경우 고유한 조선어를 가지고 신어를 만들자는 것, ③ 법칙 지상주의: 한 법칙을 만들어 놓고 그 법칙으로 모든 말을 명에하려는 것, ④ 언어 순화 몽상: 사유적 법칙을 기준으로 모든 말을 교정하여 놓고 그 교정한 말로 민중을 강제하려는 것, ⑤ 견강부회의 모방: 영어, 독어, 불어 내지 인도어, 파사어의 법칙을 본떠 조선어의 법칙을 이르려는 것'이라고 요약한다.30) 사실 홍기문의 조선어 연구는 그 당시 역사비교언어학과 구조주의를 조선어 연구에 접맥함으로써 조선어의 본질을 규명하는 데 적지 않은 기여를 하였다.31) 그러나 신술어로써 갈말(학술어) 만들기에 대한 홍기문의 비판은 맞춤법과 표준어를 정하는 이유를 고려하지 않거나32) 형태 음소 분석의 한계33) 등을 고려할 때, 적절

---

30) 『조선일보』, 1934.10.5~10.20, 홍기문, 조선어 연구의 본령(1)~(11).

31) 김병문(2015), 「과학으로서의 언어학이라는 난점: 1930년대 홍기문의 언어 연구 검토」, 『대동문화연구』 90, 성균관대학교 대동문화연구소, 459~492쪽; 허재영(2024b), 「일제강점기 비교: 역사언어학과 홍기문의 조선어 연구」, 『한국어문교육』 48, 고려대학교 한국어문교육연구소, 87~122쪽.

한 비판이라고 보기는 어렵다.

이와 같은 흐름에서 일제강점기 일상어와 학술어 전반에 걸쳐 조선어에 대한 일본어의 침식 현상과 그에 대한 외솔 최현배의 '우리말 다듬기', '갈말 만들기'라는 대응 방식이 갖는 특징을 살펴보고자 하였다. 엄밀히 말하면 외솔의 대응 방식은 '순 조선어'를 강조했을지라도, 그 자체로서 현실어와 괴리를 보인 것은 아니다. 특히 한자어 대신 '순 조선어'를 고집한 점은 홍기문식의 도데이즘으로 비칠 수도 있지만, 외솔이 주목한 것이 '일본식 한자어(樣, 度合, 挨拶과 같이 주로 일본음으로 읽는 한자어뿐만 아니라 前場, 中場, 後場과 같이 한국식 한자음으로 읽음으로써 일본식 한자어라는 의식보다 단순한 한자어라고 인식되기 쉬운 경제 용어 등)'라는 점을 고려한다면, 언어침식에 대응하는 외솔의 한국어 연구가 지향하는 바가 어떤 것이었을지가 명료해진다.

## 4. 남은 문제

일제강점기 식민지 언어정책에 따른 일본어의 한국어 침탈은 광범위한 일본어 보급 정책이 점진적인 효과를 나타내면서 일상에서의

---

32) 『조선일보』 1934.10.10, 홍기문, 조선어 연구의 본령(3). "조팝도 朝鮮語 조밥도 朝鮮語, 모도도 朝鮮語, 모다도 朝鮮語, 하야서도 朝鮮語, 해서도 朝鮮語. 다 가튼 朝鮮語에서 어느 하나를 取하고 어느 하나를 버린다는 것도 웃으운 소리려니와 無條件 자기네의 便宜를 딸아 이 말을 標準 삼느니 저 말을 標準 삼느니 하는 것도 웃으운 소리다."와 같은 표현을 참고할 수 있다.

33) 『조선일보』 1934.10.11, 홍기문, 조선어 연구의 본령(4). "'잡으니'를 '자브니'라고 쓰든지 '머거서'를 '먹어서'라고 쓰든지 그 記寫의 方法쯤이야 한 便宜의 問題에 不過하는 바로되 語幹과 語助의 結合이라거니 아니라거니 그 形態의 判定만은 어대까지 明確함을 要하는 것이다."와 같은 진술을 참고할 수 있다.

조선어 침식으로 이어졌음은 다양한 자료를 통해 쉽게 확인할 수 있다. 현재까지 침식 현상과 관련한 구체적인 데이터 구축이 이루어진 것은 아니나, 법률·행정·공문서의 일본어화, 일상의 인사말을 일본어로 하는 경우, 편지글에서 일본식 표현이 번진 사례, 일본어 어휘의 범람, 일본어식 번역문의 등장 등 다양한 층위에서 언어침식 데이터를 구축하는 것은 어려운 일이 아니다. 일제강점기 언어침식과 관련한 구체적인 자료들은 그 당시 조선어가 공용어(국어)로서의 지위를 잃고 점차 '키친 랭귀지화'하고 있음을 보여줄 뿐 아니라, 조선어에 대한 조선인의 태도도 일본어의 세력에 기울어질 경우가 많았음을 보여준다. 이 점에서 이 논문에서는 루이 장 칼베의 '글로타파지'라는 개념을 적용하여, 이 시기 일본어에 의한 조선어 침탈과 침식 현상, 그에 대한 외솔 최현배의 대응 방식이 갖는 의미를 규명하고자 하는 데 목표를 두고 출발했다.

일제강점기 외솔의 한국어 연구는 '우리말 발달의 책임'이라는 전제 아래 언어침식을 이겨내기 위한 주요 수단의 하나였다. 외솔의 한국어 연구는 한국어의 특징과 구조에 적합한 '종합적 연구 방법론'으로 구체화되었고, 그 과정에서 주시경 이후의 갈말(학술어) 만들기가 적용되었다. 외솔의 우리말 다듬기는 그가 남긴 다수의 논설에서 확인되듯이, 구체적인 우리말 침식 현상에 대응하기 위한 방책의 하나였다. '될 수 있는 대로 순 조선어로'라는 슬로건은 침식에 저항하는 주된 수단의 하나였다. 그럼에도 외솔의 우리말 다듬기는 우리말 어휘 구조(단음절 대신 일반적인 우리말 어휘의 음절 수)를 고려한 것일 뿐 아니라 '보통의 말과 근사한 말', 즉 일상어를 토대로 한 것이었다. 비록 그가 만든 갈말을 '순수한 고유어에서 찾은 신어'로 인식하여 비판하거나 배척한 사람들이 없던 것은 아니었지만, 그것은 외솔이 다듬고자 한 갈말이 '일본식 한자어'(일본음이 기준) 또는 우리말 구조에 맞지 않는 서양식 문법 용어였다는 점에서 타당성을 갖는다고 볼 수 있다.

　이와 같은 결론에서도 여러 가지 논의해야 할 문제가 남아 있다. 첫째는 광복 이후 외솔이 남긴 저작에서도 일제강점기 언어침식의 흔적을 보여주는 수많은 자료가 들어있다는 사실이다. 일제강점기 사회언어학적 관점에서 언어침식을 연구하기 위한 기초 작업의 하나로 광복 이후의 자료를 포함한 데이터를 구축하는 작업은 중요한 의미를 갖는다. 둘째는 사회언어학적 관점에서 '언어정화, 국어순화 운동'의 역사를 재구성하는 문제다. 엄밀히 말하면 순화는 '잡스러운 것을 걸러내는 작업'을 의미한다. 우리말에서 순화운동의 뿌리는 주시경으로부터 일제강점기 언어정화론(순대론)을 거쳐 지속되어 왔다. 그러나 순화운동의 역사와 관련한 연구 성과는 많지 않다. 셋째는 순화운동의 결과에 대한 사회언어학적 평가와 관련된 연구가 필요하다. 예를 들어 1946년 문교부에서 펴낸 『우리말도로찾기』에서 제시한 다듬은 말 가운데 상당수는 효력을 발휘하지 못했다. 아마도 그 주된 요인은 한자어에 대한 태도와 관련을 맺을 것으로 추측된다. 예를 들어 편지봉투에 쓰인 '양(樣)'은 일본음 '사마'로 읽을 경우 한국인에게 심한 저항을 불러일으킨다. 한국식 한자음 '양'으로 읽더라도 그 이전 이런 표현이 없었으므로 저항의 대상이 된다. 그러나 일본에서 많이 쓰던 '견문(見聞, けんぶん)' 대신 그 이전에 많이 쓰던 '문견(聞見)'으로 다듬어야 한다고 하면, 그 수용도는 현격히 떨어질 것이다. 그럼에도 외솔이 이와 같은 한자어를 다듬어야 한다고 생각한 것은, 일제강점기 어휘 침식 현상은 이 단어를 한국식 한자음 '견문'으로 인식하지 않고, 일본음 '겐분'으로 인식한 경우가 많았기 때문이다. 이와 같은 입장에서 한국어 순화운동 차원에서 한자어에 대한 새로운 접근이 필요해 보인다. 달리 말해 한자어는 본래 중국에서 만들어진 한자를 기본으로 한 어휘들이다. 즉 중국음의 어휘가 한국식으로 변음되어 일상·고착화될 경우, 그것을 거부하는 일은 쉽지 않다. 같은 이치로써 일본식 한자어 문제도 다차원적인 분석이 필요하다. 같은 한자일지라도 일본음으로 읽는 것과 그 표기에 대한 한국음으로 읽는 것은 수용과 저항의 정도가 매우 달라진다. 분명한 것은 '십분(十分, じゅうぶん, 충분), 대장부(大丈夫, だいじょうぶ, 틀림없이, 괜찮다)'처럼 기존의 한자어나 한자의 축자적 의미와는 전혀 다른 일본어의 경우 한국음인 '십분, 대장부'로 읽더라도 저항의 대상일 수밖에 없는 한자어들도 있지만, 일본음이나 중국음 대신 한국음으로 읽을 경우 자연스럽게 수용하는 단어들도 적지 않다. 일제강점기 언어침식과 외솔의 대응 방식에 대한 연구는 이와 같은 남은 과제를 해결하기 위한 기초 작업이 될 수 있을 것이다.

# 제3장 광복 이후의 국어문제와 우리말 교과서

## 1. 서론

일제의 패망으로 다소 급작스러운 광복을 맞이하게 된 한국은 이른바 미군정기라는 과도기의 정치 상황에 놓이게 되었다. 1945년 9월 7일 한국에 진주한 미군은 '태평양 미국 육군 총사령부 포고 제1호'로 '조선 주민에 포고함'이라는 포고문을 발표한다. 이 포고문 제5조에서는 "군정 기간 중 영어를 가지고 모든 목적(目的)에 사용하는 공용어(公用語)로 함. 영어와 조선어 또는 일본어 간에 해석 우(又)는 정의(定義)가 불명(不明), 또는 부동(不同)이 생(生)한 때는 영어를 기본으로 함."이라고 하여, 영어를 군정 기간의 공용어로 천명하였다. 이 포고문은 미국 육군대장 더글라스 맥아더의 이름으로 공포되었으며, 『군정청 관보』 1945년 9월 7일자에는 국한문과 일본문 두 종류가 실려 있다.

미군정기 교육정책은 1945년 9월 29일 군정청 법령 제6호와 일반명령 제4호 '각급학교 개학과 관련된 법령'(국한문, 일본문) 공포로부터 시작된다. 그 후 10월 16일 군정청 법령 제15호 '경성제대 명칭을 서울대학으로 변경'하는 문제와 '공자묘 명칭을 성균관으로 개정'하는 문제가 공포되었고, 10월 21일 군정청 학무 통첩 제352호 '학교의 설명과 지시'(일본문)가 시달되면서 광복 이후의 교육이 본격적으로 이루어졌다고 볼 수 있다. 군정청의 각종 법령과 명령, 통첩 등이 일본문으로 작성된 것처럼, 광복 직후의 교육은 일제강점기의 틀을 완전히 벗어날 수 없는 상태였다.

이와 같은 배경에서 광복 직후 교육문제에서 우선적으로 다루어야 할 문제는 일제강점기 식민교육을 극복하고 이를 대체할 새로운 교육 이념과 목표를 설정하는 문제, 교육 이념에 맞는 학제 도입, 학제에 따른 교육 내용의 선정과 교과서 편찬 등이라고 할 수 있다. 이와 같은 논의로써, 일제강점기 경성제국대학 조교수를 역임했던 식민지 지식인의 한 사람으로 볼 수 있는 신남철의 '조선 교육 건설상의 제문제'(『신천지』 1946년 11월호)와 같은 논문을 살펴볼 수 있다. 그는 교육에서 가장 중요한 문제는 '기본 방향'을 규정하는 문제라고 하면서, 일제강점기의 교육을 '왜제 노예교육(倭帝 奴隷教育)'으로 규정하였다. 그는 '조선 역사의 부인 개작(否認改作)', '인류학적 방법에 의한 종족적 열등감 주입', '지능 비교에 의한 열등감 주입', '노동 능력 우미성(優美性)의 증명', '세계사 발전에 대한 과학적 이해 파악을 허용치 않은 것', '문화적 후배(後輩) 의식의 강조' 등이 노예교육이었음을 증명하는 단서이며, 이로부터 해방된 조국 교육의 기본 방향으로서 '자유정신'과 '비판능력'을 배양하는 문제가 시급하다고 주장하였다.

[기본 방향의 구체적 전개]

그러면 이 自由의 精神과 批判 能力을 培養 啓發하여야 할 現在의 教育的 實情에 處하야 그것이 어느만치 實現되어 가고 있는가. 나는 그것에 대하야 遺憾이나마 '否'의 對答을 하지 않을 수 없다. 民主主義的 訓練을 위한 教育 活動이 必要하다면 批判의 能力을 啓培 涵養하는 精神과 活動을 正當한 것 으로 容認하고 있는가? 現文教 當局의 施策은 안타깝게도 이 점에 대하야 遺憾된 점이 있지나 않은가?

광복 직후 갑작스럽게 전개된 미군정기의 통치 방침은 식민지에서 해방된 조선의 현실을 제대로 인식하지 못한 상태에서 혼란스러운 모습을 띨 수밖에 없었다. 그렇기 때문에 정치적, 사회적 제반 문제가 급작스럽게 대두되고, 그 과정에서 교육문제에 대한 체계적인 토론의 장이 마련된 것도 아니었다. 이 점은 1945년부터 48년까지의 신문·잡 지 등에서 교육문제만을 집중적으로 다룬 사례가 다른 분야에 비해 많지 않고, 교육 관련 단체나 그들의 잡지가 다수 출현했음에도, 미군 정기로부터 정부 수립에 이르기까지 교육 문제를 체계적으로 해결하 고자 하는 담론 형성이 이루어지지 못했음을 통해서도 확인할 수 있 다. 이를 전제로 이 글에서는 미군정기로부터 정부 수립, 전시기(戰時 期)를 거쳐, 교육과정이 제정되는 기간의 국어문제와 교과서 담론을 살피는 데 목표를 둔다.

## 2. 미군정기와 정부 수립기 교육정책과 교과서

### 2.1. 미군정기와 정부 수립기 교육정책

국어교육의 역사와 관련한 박붕배(1987), 윤여탁 외(2005) 등에서 다룬 것처럼, 미군정기의 교육은 말 그대로 '과도기'적 성격을 띤다. 1943년 3월 8일 조선총독부의 '중등학교령 발포'에 따른 이른바 '통합 교육령'은 말 그대로 전시체제의 교육령이었으며, 일제의 패망 직전 1945년 7월 1일 이른바 '전시교육령'은 식민지 조선에서의 교육 중단을 의미하는 교육령이었다. 이와 같은 흐름에서 1945년 8월 15일 일제의 패망과 함께 강압적으로 실시되던 조선에서의 교육은 미군정이라는 새로운 통치 체제가 등장했지만, 군정청에서 조선 교육 방침이나 긴급히 필요한 교육문제에 대한 기본 인식조차 확립되지 못한 상태에서 혼란기에 접어들었다고 볼 수 있다.

미군정이 시작될 당시 군정청 학무과에는 리카르드(Earl N. Lockard) 대위 한 사람만이 소속되어 있었던 것으로 알려져 있다. 군정청 내에 조선 교육 문제를 다룰 만한 인력이 없었으므로, 군정청의 교육행정은 임시방편이었으며, 그 과정에서 민간 단체의 역할에 의존했던 것으로 보인다. 이응호(1975)에서는 이 당시의 상황을 '미군의 학무국 접수', '미군정청 교육 부분 자문 기관'으로 정리한 바 있는데, 이에 따르면 리카르드는 1945년 9월 12일 총독부 학무국장으로부터 당시 교육제도에 대한 보고를 받고, 교육계 인사를 만나기 시작했다고 한다.

그 후 군정청 학무국에서는 '당면한 교육 방침'을 결정하고 '신조선 교육 체제 확립'을 천명했는데, 『매일신보』 1945년 9월 22일자 '조선 새 교육 제일보' 기사를 참고하면 다음과 같다.

[朝鮮 새 教育 第一步: 被壓迫 觀念, 黨爭, 事大思想을 一掃]

壓迫 搾取와 欺瞞으로 一貫되엿든 日本帝國主義의 朝鮮에 대한 奴隷教育의 殘滓를 根本的으로 또 火急히 根絶식히는 것은 自由 獨立에서 國家建設에로 邁進되고 잇는 오늘 緊喫한 課題이엿는데 軍政廳 學務 當局에서는 于先 當面한 教育 方針을 決定하고 新朝鮮教育體制 確立의 第一步를 내드듸게 되엿다. 그 骨子는 (一) 小心翼翼하여 遲疑逡巡하는 被壓迫的 觀念을 一掃하고 (二) 事大思想과 黨爭이 民族自決의 機能을 喪失케 한다는 점을 教育方針의 核心으로 하며, (三) 從來 日本人 教育 乃至 共學이엿든 教育機關은 우리 朝鮮人 教育을 위하야 全部 開放하고 (四) 外地 留學生을 爲始하야 出征, 應懲學徒의 適當한 編入 等인데 그 要旨는 다음과 갓다.

〈一般 方針〉

一. 教育制度와 法規는 今後 實施해 나갈 教育精神에 抵觸되지 않는 한 當分間 現實대로 하되 日本主義的 色彩에 관한 一切의 事項을 抹殺함

二. 平和와 秩序를 當面의 教育目標로 함

三. 官公立學校는 全部 朝鮮人 教育機關으로 함

四. 學校의 新設 擴充은 認可를 必要로 하되 從來의 制限을 撤廢함

五. 外地學校에 在學中이던 學徒는 本人의 希望에 의하여 同 程度 學校의 相當學科 學年에 學力檢定 後 編入할 수 있도록 함

六. 出陣學徒 及 應徵學徒는 學校長의 裁定으로 適當한 學年으로 編入할 수 있도록 함

七. 中等學校 以上의 共學이었던 各學校 一學年 중 日本人 學徒의 在籍數 以内의 人員 學徒를 九月末 한으로 增募하되 특히 師範學校의 人員 確保에 留意함

〈教育上 留意할 點〉

一. 平和와 秩序의 護持뿐이 朝鮮의 將來를 光明으로 引導하는 것이오 鬪爭

과 混亂에 國家百年의 大計를 그릇친다는 것을 敎育의 全面을 통하여 徹底케 함

二. 公論에 의하여 正當한 民意를 發揚하고 政治的 責任을 公擔함으로서 自由를 享有할 수 있는 公民的 資質을 積極的으로 鍊成하고 政治的 愚昧가 暴力을 誘發하고 暴力이 中心한 民意를 窒息케 하는 것을 自覺시킬 것

三. 利己的 觀念을 一掃하여 奉公精神에 徹底케 하고 특히 公德과 公法을 絶對 遵守하는 精神을 慣習化하게 할 것

四. 小心翼翼하여 遲疑逡巡하는 被壓迫的 觀念을 一掃하고 明朗豁達한 大國民的 襟度를 所持하고 積極 進就하여 自由自黨의 精神을 涵養할 것

五. 我國過去의 歷史와 文化가 爀爀한 光彩를 發揮하였던 것을 回想하여 世界에 貢獻할 新文化 創造의 意欲을 旺盛케 함과 同時에 近世의 事大思想과 黨爭에 民族自決의 機能을 喪失케 하였음을 確認하여 前轍을 不履할 覺悟를 새롭게 할 것

六. 敎育을 實踐的으로 하여 空理空論에 떨어지지 말도록 하고 生活의 實際에 適合한 知識機能을 反復 練習케하여 應用自在케 하고 勤勞를 愛好하고 興業治産의 志操를 굳게 할 것

七. 藝能을 重視하여 醇良溫雅한 品性을 陶冶할 것

八. 體育을 積極的으로 奬勵하여 强健한 氣宇를 涵養할 것[1]

이 기사를 참고하면 미군정기 학무 당국은 '일본색 말살'을 전제로 한 '교육제도와 법규'에 대한 현상 유지 정책과 '질서와 평화 유지'를 가장 중요한 문제로 인식하고, 이를 뒷받침하는 데 주력한 것으로 보인다.

---

1) 『매일신보』 1945.9.22.

미군정의 학무 정책은 조선인을 위촉하여 주요 업무를 맡기는 형식으로 진행되었음을 확인할 수 있는데, 그 중 대표적인 것이 1945년 9월 16일 16명으로 조직된 '한국교육위원회(The Korean Committee on Education)'이다. 이와 관련하여 『매일신보』 1945년 9월 29일자 기사에서는 다음과 같이 보도하고 있다.

> [學務政策을 再編成－朝鮮人 敎育委員 選定]
> 二十九日 軍政廳 學務局長 라카드 大尉가 發表한 바에 의하면 公立中等學校 及 一部의 公立專門學校는 道 學務課나 軍政廳 學務局에 開校請願을 하여야 한다. 學務局 再編成에 當하야 七人의 朝鮮人 敎育委員이 選定되엿는데 이들은 學務政策 運營 方針 及 任命 等을 學務局長에게 建議하게 될 터인바 委員들은 崔奎東, 玄相允, 金性達, 金活蘭, 白樂濬, 白南圭, 兪億兼 諸氏다. 그리고 새로 發令한 八人의 朝鮮人 奉職者 中 重要한 四人은 局長 顧問 金性洙, 學務課長 吳天錫, 社會敎育課長 崔承萬, 編修課長 崔鉉培 氏인데 初等學校用 國語敎科書는 方今 印刷 中이다.[2]

이 기사에 따르면, 조선교육위원회는 7명으로 구성되었으며, 김성수(학무국장 고문), 오천석(학무과장), 최승만(사회교육과장), 최현배(편수과장) 등의 조선인이 학무국 직원으로 발령을 받았다. 이응호(1975)에 따르면 이 위원회는 다소 인원 변동이 있었던 것으로 보이며 각 위원이 중점적으로 연구한 분야가 존재했던 것으로 보인다. 예를 들어 김성달(초등교육), 현상윤(중등교육), 전문교육(유억겸), 교육 전반(백낙준), 여자교육(김활란), 김성수(고등교육, 후에 백남훈으로 교체), 윤일선(의학교

---

2) 『매일신보』 1945.9.29.

육), 조백현(농업교육), 정인보(학계 대표) 등이 이에 해당한다.3)

일종의 자문 또는 건의 기관인 '조선교육위원회'의 활동과 함께 1945년 다수의 신문 기사에서 확인할 수 있는 것은 '교육심사위원회'의 활동이다. 『자유신문』 1945년 10월 26일자 기사를 참고해 보자.

[국정교과서 편찬 협회]
一文建서 學術敎育團體를 招請
　신국가 건설에 중대 화제의 하나인 교육대책에 관하야 현재 군정청 학무국 내에 설치된 교육심사위원회(敎育審査委員會)에서 몇 분의 편수 관리로 하여금 각학교에 사용될 국정교과서(國定敎科書)를 편찬 중에 있으며, 문화건설중앙협의회에서도 누차 교과서 제재의 제공을 요청한 바 있었으나 이 문제의 중대성에 감하여 보수적 독단적 방침을 일척하고 학술(學術) 문화(文化) 교육(敎育) 각 단체의 합의적 검토에 의한 기본 방침을 수립하고저 二九일 오후 三시 문화건설중앙협의회관(韓靑 빌딩 四層)에서 회합을 가지려 하는데 의안과 단체는 다음과 갓다.
　議案
一. 敎育審査委員會에 대한 對策
二. 國定敎科書 編纂에 關한 件
　出席 團體
朝鮮學術院, 朝鮮語學會, 朝鮮地理學會, 震檀學會, 社會科學硏究所, 朝鮮敎育革新同盟, 朝鮮社會敎育協會, 朝鮮新聞記者會, 英語學會, 朝鮮文學建設本部4)

---

3) 이응호(1975), 『미군정기 한글운동사』, 성청사.
4) 『자유신문』 1945.10.26. 이 신문은 1945년 10월 5일 창간되었으므로, 9월 군정청 활동에 대해서는 확인할 수 없다.

이 기사에 등장하는 '조선교육심사위원회'가 언제 조직되었는지는 확인되지 않으나, 위의 '한국교육위원회'를 이처럼 불렀을 가능성이 높다. 이 위원회의 조직과 활동에 대해서는『조선일보』1945년 11월 24일~25일자 '각계의 권위를 위촉코 새 교육제도 설치에'라는 기사를 참고할 수 있다. 이에 따르면 군정청 학무국은 1945년 11월, 6개 분과의 '조선교육심사위원회'를 두고 한국 교육 전반에 관한 심사를 진행한 것으로 알려져 있는데, 이 기사에서는 위원회를 확대하여 9개 분과를 두기로 했음을 보도하고 있다. 이 기사를 근거로 한 위원회의 구성과 활동 내역을 표로 정리하면 다음 표5)와 같다.

**[조선교육심사위원회]**

| 분과 | 심사 내용 | 위원 구성 |
|---|---|---|
| 제1분과 | 교육 목적 | 安在鴻, 河敬德, 白樂濬, 鄭寅普, 金活蘭, 洪鼎植 |
| 제2분과 | 교육제도에 대하야 연구하는 동시에 학교 명칭, 종류, 정도(程度) 및 학교 사이의 상호 관계와 학습 수, 입학 년령 등, 의무교육제도와 그 실시 방법 一년간의 학기수(學期數), 매학기의 시업(始業)과 종업 시일(終業時日) 그리고 앞으로 새로 설립될 학교의 기준과 종래에 잇든 학교의 지위 향상, 남녀공학 문제 | 金俊淵, 金元圭, 李勳求, 李寅牟, 兪億兼, 에렛 海軍少佐, 吳天錫 |
| 제3분과 | 군정청 도 시(市) 군(郡)의 교육관계 관리인건(人件)을 연구하여 그들의 지위 조직 권한 각 학교와의 관계, 교원의 임명과 해면, 일체의 재정(財政) 관계, 사립학교 통할 규율, 학생과 교원의 자격, 수업료와 장학금(獎學金) 제도, 입학시험, 一九四六년도에 입학할 학령 아동과 외국 유학생 보호, 교복 문제, 교육에 종사할 유위한 인물의 등용 방법 등 | 崔斗善, 崔奎東, 玄相允, 李卯黙, 白南薰, 그랜드 大尉, 司空桓 |
| 제4분과 | 초등교육의 학과목, 교수 방법, 학급 편성, 의무교육 | 李浩盛, 李揆白, 李康元, 李克魯, 멜렌 中尉, 李承來, 鄭錫潤 |
| 제5분과 | 중등학교의 학과목, 교수 방법, 학급 편성 | 趙東植, 高鳳景, 李坪奎, 宋錫夏, 徐元出, 비스코 中尉, 李興鐘 |

---

5) 『조선일보』1945.11.24.

| 분과 | 심사 내용 | 위원 구성 |
|---|---|---|
| 제6분과 | 실업교육의 학과목, 교수 방법, 학급 편성, 학과 결정, 산업 방면 실습 심사 | 張勉, 趙伯顯, 李奎載, 鄭文基, 朴 璟烈, 로데스 大尉, 로리트쎈 中尉, 李敬善 |
| 제7분과 | 고등교육. 전문대학의 정의(定義), 고등교육기관의 학칙 규정, 남녀공학, 대학 전문의 자치 문제, 학과 교원의 소질 향상, 고등교육의 일반 공용(公用) 연구 기관 설치, 학위 수여, 과학교육진흥, 외국 류학생 알선 등 | 張德秀, 張利郁, 金엘마, 愼冀範, 孫貞圭, 화레 大尉, 후 |
| 제8분과 | 교원들의 훈련, 사범학교 각학과, 학급 일정, 장학금 의무교육 실시에 따르는 사범학교 설치, 사범대학 고등사범학교 설치, 교원의 재교육, 교원의 자격 결정 | 趙炳玉, 白南雲, 俞鎭午, 크로후 쓰 中尉, 金性洙, 朴鍾鴻, 헥타 中尉 |
| 제9분과 | 교과서를 주로 연구하되 교과서 준비위원 문제, 교과 서 검사에 관한 제도, 표준 출판 배부 방법, 교과서의 한문 폐지문제, 교과서의 무료 제공 등을 각각 토의 결정 | 趙鍾萬, 趙允朝, 金星泰, 皮天得, 웰쓰 大尉, 崔鉉培 |

이 표에 제시된 것처럼, 군정청 조선 교육 방침에서 가장 기본이 되는 것은 '교육 이념'과 관련된 것이었다. 이와 관련하여 『동아일보』 1945년 12월 14일 '독립 자존의 기풍—신교육 이념 확립'이라는 기사 를 참고할 수 있는데, 당시 10개 분과위원회에서는 3회에 걸쳐 심의회 를 진행하고, 조선교육의 근본 이념으로 '홍익인간', '민주국가 공민 양성' 등을 천명한 것으로 확인된다.

[獨立自尊의 氣風: 新敎育의 理念 確立]
　새로운 교육제도의 수립을 위하여 미군정 학무국으로부터 위촉된 十個 교 육분과위원회에서는 압서 제이회 교육심의회를 열고 교육제도만을 정하엿 는데 十三일 하오 二시 제삼회 교육심의회 본회의가 군정청 제일회의실에 서 열리엇다. 이번에는 교육의 근본 정신에 대하야 안재홍(安在鴻) 씨가 소학교 교수 요목에 대하야, 이극로(李克魯) 씨가 현행 제도에 대한 임시적 조치에 대하야, 유억겸(俞億兼) 씨가 제일 제이 분과위원회 위원 자격으로

설명을 한 다음, 동五시까지 신중 토의 설명을 학무국에 건의하엿는데 이 안은 미구에 학무국장 명의로 결정되어 실행에 옮길 것이다. 교육의 이렴은 홍익인간(弘益人間)의 건국 사상에 맞는 민주국가의 공민(公民) 양성에 중점을 두는데 바탕을 삼고, 곳 현 제도에서 신제도로 전이하여 신교육을 실시하며 한 학년도 두 학기로 나누기로 한 것이 새로운데, 제의 교육의 근본 방침 수립 내용은 다음과 갓다.

◇ 朝鮮敎育의 根本 精神과 方針 樹立: 弘益人間의 建國 以上에 基하여 愛國 精神이 透徹한 民主國家의 公民을 養成함을 敎育의 根本 理念으로 함. 右 理念 貫徹을 위하여 左記 敎育 方針을 樹立함

一. 民族的 獨立 自尊의 氣風과 國際 協助의 精神이 具全한 國民의 品性을 陶冶함

二. 實踐躬行과 勤勞精神을 强調하고 社會生活에 對한 各員의 忠實한 責任感과 相互愛助의 公德心을 發揮케 하여 健全한 個性의 發達을 期함

三. 固有文化를 昂揚하고 科學과 技術의 發展을 圖하여 人類文化에 功獻을 期함

四. 優生과 體育에 關한 知識과 理想을 學得케 하여 國民 體育 本位의 向上을 圖하며 堅忍不拔의 氣魄을 涵養함

五. 崇高한 藝術의 鑑賞 創作을 高調하여 醇厚圓滿한 人格을 養成함[6]

이 기사에 나타난 것처럼 군정청에서는 자문기관으로 '교육분과위원회'를 두고, '교육심사위원회 회의'를 거쳐 조선 교육의 이념을 정한 것으로 알려져 있는데, 그 과정에서 '홍익인간'이라는 교육 이념과

---

6) 『동아일보』 1945.12.14. 『자유신문』 1945년 12월 22일 '조선교육의 근본 이념, 완전 인격의 공민 양성'도 같은 내용의 기사이다.

'교수 요목'에 대한 논의가 이루어진 것으로 확인된다.

## 2.2. 미군정기 교수요목과 교과서

미군정기 교육 이념과 정책 수립이 과도기적 성격을 띠고 있었듯이, 교과서 편찬이나 교육과정 제정 등의 과제 또한 군정청 스스로 해결할 수 있는 과제는 아니었다. 이응호(1973)에서 밝힌 것처럼, 군정청에서 조선어학회와 진단학회 등에 교과서 집필을 긴급히 위촉한 것도 이와 같은 시대 상황에서 기인한 것이었다. 그 가운데 우리말 교과서와 공민과 교과서는 조선어학회에서 담당했는데, 조선어학회 교과서 가운데 가장 먼저 편찬된 것은 『한글 첫걸음』이었다. 이 교과서는 1945년 11월 6일 발행된 것으로 저작자는 조선어학회, 발행자는 군정청 학무국, 인쇄자 및 발행자는 조선교학도서주식회사였다. 『한글학회 50년사』에 따르면 이 교재 편찬은 미군정이 실시되기 직전인 1945년 8월 25일 조선어학회 긴급총회에서 결정된 사항으로, 9월 초 '국어교과서 편찬위원회'를 둔 뒤 각급학교 국어교과서 편찬에 착수하면서 응급대책으로 각급학교 각 학년 공용의 교재 편찬 차원에서 출현한 교재였다.7) 이 교재는 '주의', 한글 자모, 한글 낱자를 모아 음절을 구성하는 방법 및 받침 쓰는 법(一부터 三十五), '자장노래, 속담, 여우와 닭, 고향 하늘, 우리나라, 우리의 할 일' 등 총 41과로 구성된 한글 학습의 기초에 해당하는 교재이다. 이와 함께 조선어학회 교과

---

7) 한글학회(1970), 『한글학회 50년사』, 선일인쇄주식회사. 당시 교과서 편찬 위원으로는 이희승, 이태종, 장지영, 이호성, 윤성용, 이숭녕, 정인승, 윤재천, 윤복영(이상 집필), 방종현, 이세정, 양주동, 조병희, 주재중(심사), 이극로, 최현배, 김윤경, 김병제, 조윤제, 이은상 (이상 위원) 등이 활동했다.

서 편찬위원회에서는 『초등국어교본』(상권)을 편찬하여 군정청 학무국에 제공했는데, 당시 군정청의 교과서 정책의 특징을 보여주는 사례에 해당한다. 이와 관련하여 『자유신문』 1945년 11월 21일에서는 다음과 같이 보도한 바 있다.

[해방된 한글 빗내자! 자랑할 교본이 나왓다]
 감사, 감격으로 주고 밧는 반포식
 귀하다 우리 한글—世宗께서 펴신 우리의 국문이 三十六년간의 한동안 악독한 일본 정치 아래 몹시 탄압되엇스나 八·一五 이후 드듸어 힘찬 호흡과 함께 우리말책이 완성되어 뜻 깁흔 반포식(頒布式)을 거행하게 되엇다. 이 〈국어교본반포식〉은 二十일 오후 두시 군정청 제일회의실에서 군정장관 아놀드 소장과 락하드 학무국장, 조선어학회 회원 다수 입회와 내외국 기자단의 참석으로 엄숙히 거행되엇는데 먼저 학무국 편수과장 崔鉉培 씨로부터, "三十六년간 몹쓸 일본 제국주의로 탄압을 밧든 우리의 말이 연합국의 조선 해방 선언으로 인하야 마침내 활기 잇는 새출발을 하게 된 그 깃붐도 크거니와 우리의 말본(敎本)을 만들기에 고상하신 관계 각 방면의 수고에 감사르 듸린다."는 인사를 겸한 그 동안의 말본 편찬의 경과를 보고하고, 八·一五 이후 조선어학회 회원 여러분의 불철주야로 된 노력의 결정으로 된 '한글 첫 걸음' 일권, '초등국어교본' 상권의 두 책을 군정장관에게 헌납하엿다. (···하략···)8)

 이 기사에서 알 수 있듯이, 군정청의 교과서 정책은 위원회를 조직하고 민간이나 학술 단체에 위촉하여 그 결과를 제공받는 형식이었

---

8) 『자유신문』 1945.11.21.

다. 앞서 언급한 '문화건설중앙협의회'에 참석했던 다수의 단체들이 이와 관련한 업무를 수행했던 것으로 보이는데, 국어과의 경우 조선 어학회, 국사과의 경우 진단학회에서 교과서 편찬을 담당했으며, 조선지리학회 회원이었던 덕성여자중학교 교유 오준영(吳駿榮)은 중등 사회생활과(中等社會生活科)『이웃나라』, 『먼나라』(1947, 동방문화사)와 같은 사회과 교과서를 편찬하기도 하였다.

미군정기 교과서 발행의 근거가 되는 교육과정은 이른바 '교수요목'이었다. 교수 요목 제정은 교육 이념과 목표 설정, 초·중등교육의 목표와 내용 연구가 전제되어야 한다. 이와 관련하여 앞서 언급한 군정청 자문기관 '교육분과위원회'의 활동이 있었고, 1946년 2월 21일 '교수요목제정위원회'가 구성되었다. 이에 따라 1946년 9월 〈과학〉, 〈국어〉, 〈실업과〉, 〈사회〉, 〈산수〉, 〈영어〉 교과의 교수요목이 공포되었다.9)

미군정기 교수요목은 정부 수립기에도 거의 변화없이 적용된 것으로 추정된다. 국가교육과정 정보센터의 교육과정 원문 및 해설 자료실을 참고할 경우, 제1차 교육과정 이전의 교육과정 관련 문서에서는 위에 언급한 1945년 9월의 일반명령 제4호, 군정청 법령 제6호(교육의 조치), 1945년 10월의 학무통첩 제352호 학교에 대한 설명과 지시(영문), 1946년 9월의 초·중등학교 교수요목 이외에 다른 자료가 등장하지 않는다. 이를 고려하면 정부 수립기 '교육법' 제정과 시행령 공포 등이 이루어졌을지라도, 교수요목을 수정하여 운영한 것으로 보이지는 않는다. 다만 『경향신문』 1949년 3월 3일자 '새 교수요목 제정—신

---

9) 이에 대해서는 한국교육과정평가원 홈페이지 '교육과정 원문 및 해설서'(https://ncic.re.kr/new/mobile.dwn.ogf.inventoryList.do)를 참고할 수 있다.

학년도에 실시'에 따르면, 정부 수립과 함께 새로운 교수요목 제정 움직임이 없었던 것은 아니다.

[새 교수요목 제정: 신학년도에 실시]

문교부에서 현재 사용하고 있는 교수요목(敎授要目)은 미군정 시대와 과정시대 때 제정한 것으로 이번 대한민국 정부 수립을 계기로 새로운 교수요목을 이번 구월 안으로 제정하여 발포하고 채용하기로 하는데 한편 민주주의, 민족주의를 원측으로 함은 좋으나 정권이 갈릴 때마다 전폭적으로 교수요목이 바뀌는 것은 실제 교육상 다대한 혼란과 지장이 있지 않을까 하는 기우를 일반 교육자들은 갖고 있다 한다.10)

이 기사에 따르면 정부 수립 직후 새로운 교수요목의 필요성에 제기되고, 그에 따라 9월 중 새로운 교수요목 제정이 이루어질 것이라고 하였다. 그러나 정부 수립에 따라 제정된 교수요목은 존재하지 않으며, 1951년 '6-3-3제'의 실시 이후 1954년 '문교부령 제35호, 국민학교·중학교·고등학교·사범학교 교육과정 시간 배당 기준령'이 공포되었다. 이 규정의 총칙은 다음과 같다.

[교육과정 시간 배당 기준령 제1장 총칙]

第一條 本令은 國民學校, 中學校, 高等學校 및 師範學校(以下 各 學校라 한다)의 教育課程時間配當基準을 定함을 目的으로 한다.

第二條 本令에서 教育課程이라 함은 各學校의 教科目 및 其他教育活動의 編制를 말한다.

---

10) 『경향신문』 1949.3.3.

第三條 本令에서 各學校의 總授業時間數와 各敎科目 및 其他敎育活動에 對한 時間數配當을 함에 있어서는 年을 單位로 하고 每週 平均授業時間量을 參考로 表示한다.

第四條 各學校長은 本令에 規定된 時間配當基準에 依하여 各學校의 實情에 符合하는 年間計劃, 學期計劃, 季節計劃, 週間計劃 및 日課表를 作成하여야 한다.

第五條 二部授業 또는 事情으로 因하여 本令에 規定된 授業時間數를 確保하기 어려운 境遇에는 公私立의 國民學校, 中學校와 高等學校에 있어서는 特別市敎育委員會 敎育監 또는 道知事의 認可를, 師範學校와 其他國立學校에 있어서는 文敎部長官의 認可를 받아 그 時間數를 減少할 수 있다. 但, 本令에 規定된 最低 總授業時間數의 三分의 二를 低下할 수 없다. (…下略…)[11]

이 규정은 교육 목표와 내용, 교수·학습 방법 등과 관련된 규정이 아니라 시간 배당에 관한 것이므로, 정부 수립 이후 교육과정 제정은 1955년 제1차 교육과정 이후에 이루어진 것으로 볼 수 있다.

이와 같은 흐름에서 광복 이후의 교과서는 군정청 위촉과 정부 수립 이후의 국정교과서, 개인 저작의 검인정 교과서로 구별해 볼 수 있다. 군정청 학무과(학무국) 위촉의 교과서는 조선어학회의 『한글 첫걸음』(1945.11), 『초등국어교본』(상중하, 1946.1), 『초등공민』(1~2학년용, 3~4학년용, 5~6학년용 3권, 1945.12), 『한글교수지침』(1946.1), 『중등국어교본』(상중하, 1946.1~47.1), 진단학회의 『국사교본』(1945.10) 등이

---

11) 한국교육과정평가원 홈페이지 '교육과정 원문 및 해설서'(https://ncic.re.kr/new/mobile.dwn.ogf.inventoryList.do).

있었으며, 학무국을 문교부로 개편하면서 다수의 국정교과서 편찬이 이루어졌다. 이응호(1973)를 참고하면 1948년 6월 30일까지 군정청 문교부가 발행한 교과서는 54종 정도로 확인되는데, 국어과의 경우 상중하로 구성되었던 『초등국어교본』을 학년 학기별로 나누어 『초등국어』 1-1부터 6-2로 재구성하고, 『중등국어』도 학년별 1~3으로 재구성하였다.12)

   교과서 검인정은 1946년 7월 10일 군정청 문교부 사무 분장 규정이 이루어진 이후 진행된 것으로 볼 수 있는데,13) 해당 규정 제9조에서는 편수국의 업무로 '교수요목 결정에 관한 사항', '교과용 및 일반 도서 편찬에 관한 사항', '교과용 참고 도서 편찬에 관한 사항'뿐만 아니라 '교과서, 교구 및 학용품 검정 및 인가에 관한 사항'이 규정되어 있었기 때문이다. 이와 같은 배경에서 『동아일보』 1947년 2월 14일 '한글로 못된 교과서, 문교부서 인가 금지'라는 기사에서는 "중등학교 교과서 검정규정에 의하여 해방 이후 세 가지의 중등학교 교과서와 여섯 가지의 임시교과서가 인가되었는데, 금후로는 한글을 쓰지 않은 교과서는 절대로 인가 않을 방침이라고 문교부에서 十三일 발표하였다."라는 내용을 보도한 바 있다. 또한 이 시기 전진성(1948)에 따르면

---

12) 이응호(1973: 305). 이 책에서는 조선통신사(1947)의 『1948년 조선연감』을 근거 자료로 삼았다. 미군정 이후 제1차 교육과정 이전의 중등 국정교과서 자료는 허재영 해제(2011), 『건국 과도기의 국정 중등교과서』 1~8, 역락을 참고할 수 있다. 이 책에서 밝힌 바와 같이, 미군정기로부터 제1차 교육과정 제정 이전의 국정교과서는 총 5회에 걸쳐 발행된 바 있다. 제1회는 군정청 학무과의 위촉에 의해 발행되었으며, 제2회는 군정청 문교부로의 조직 개편 이후, 제3회는 정부 수립 직후, 제4회는 전시기 운크라 지원에 의해, 제5회는 전후 발행이 이에 해당한다. 현재까지 중등 국정교과서의 전모는 확인된 상태이나, 5회에 걸쳐 발행된 초등 국어교과서는 박붕배(2003), 『침략기의 교과서』(국어교육연구소)에서 일부 제시한 것 이외에 기초 자료가 체계적으로 정리된 바 없다.

13) 군정청 학무국을 문교부로 승격한 것은 1946년 3월이었으며, 사무 분장 규정이 제정된 것은 1946년 7월 10일이었다. 이상은 허재영 해제(2011: 18~19) 참고.

미군정기 3년간 검정 신청 교과서는 총 334건, 검인정된 교과서는 174건, 검인정이 되지 않은 교과서는 161건이라고 하였는데,[14] 이처럼 불인정된 교과서가 많은 것은 그 원인이 너무 급속히 다량의 간행이 요구된 결과 교과서 내용에서 조잡한 것들이 많았기 때문이라고 하였다.

교과서 검인정은 정부 수립 이후 강화되었는데, 그 이유는 교과서의 내용과 체재가 조악하여 교과서로서 기능을 하지 못할 경우가 많았기 때문으로 판단된다. 다음을 살펴보자.

[교육을 좀먹는 出版 謀利]
　　粗惡한 教科書 氾濫: 文教 當局者 傍觀은 不當

　해방 후 출판의 자유를 이용하여 부정한 내용과 체재를 가진 교과서가 거리에 범람(氾濫)하여 뜻있는 인사들로 하여금 눈살을 찌푸리게 하고 있거니와 배우는 이들의 모범이 되어야만 할 교과서를 그 체재는 불문에 부치드래도 그 내용만큼은 감독 당국에서 철저히 검토 조사하여야 하겠거늘, 문교 당국에서 지난 팔월 일일까지 교과서용으로 검정 인가한 것은 각 과목을 총합하여 겨우 二十八종밖에 안 되는데 무슨 부장 추천이다 무슨 국장 추천이다 하여 실질로 서점에 나와 있는 것과 또 현재 학교에서 사용하고 있는 것 중에는 검정을 받지 않은 것만 하여도 상당한 숫자를 보이고 있는 요즈음 감동 당국의 이에 대한 수수방관(袖手傍觀)의 태도에 항간에서는 물의가 분분하고 있다. 어느 출판사에서는 학교 당국과 결탁하여 무인가 교과서를 학교에 맥겨 그의 이익을 반분하는 등 심상하여야

---

14) 전진성(1948), 「교과서 검인정에 대하여」, 『새교육』 1948년 12월호, 대한교육연합회, 44~45쪽.

할 학원에서 교과서를 에워싸고 불미한 행동이 횡행하고 있음으로 관계 당국의 이에 대한 선처 또한 긴급을 요하는 바 있다.15)

교과서 검인정은 교과용 도서로서 교과서의 질적 향상과 원활한 보급 등 여러 가지 차원에서 진행된 교육정책의 하나이다. 이 점에서 정부 수립 후 문교부의 주요 정책 가운데 하나로 등장했는데, 그 과정에서 검인정이 교과 외적인 문제(정치 또는 친일문제)와도 관련될 수 있었음을 보여준다.

[檢定 없는 敎科書 學園서 使用 禁止시킨다]
　安 文敎長官 記者에 言明
　문교장관 안호상(安浩相) 씨는 학제 수정안을 중심으로 교육 당면문제에 대하여 기자와 다음과 같은 문답을 하였다.
(問) 최근 항간에 교과서 문제를 싸고 말이 많은데 앞으로 이는 어떻게 될 것인가?
(答) 각 도 학무국장 회의에서 최(崔南善), 이(李光洙) 등 양씨의 저서는 교과서로 쓰지 못하게 하였으며, 이외의 책도 문교부의 검정을 받아야 교과서로 사용할 수 있을 것이다.
(問) 의무교육령 실시에 따를 미취학 아동 문제는?
(答) 오개년 계획으로 완성시키려 하나 시설 등 여러 가지 문제로 어려울 것이나 서당(書堂)이나 큰집을 이용하면 원만하게 될 것이다. (…下略…)16)

---

15) 『동아일보』 1948.9.8.
16) 『경향신문』 1948.10.10.

이 대담 기사에서 확인되듯이, 정부 수립 직후 문교부에서는 친일 문제와 관련하여 최남선과 이광수의 저서를 교과서로 사용하지 못하게 할 방침을 정했음을 확인할 수 있다.17) 이와 같은 맥락에서 『관보』 1949년 11월 2일자 '문교부 검인정 허가 도서 일람표'에는 두 사람의 저작물을 찾아볼 수 없다. 이 일람표에는 1949년 8월분 10종, 9월분 추가 33종, 10월분 추가 20종 등 총 63종의 검인정 허가 도서명이 제시되어 있다.18) 흥미로운 것은 '국어' 교과와 같이 국정교과서를 사용해야 하는 교과의 경우, 미군정기에는 개인 저작물의 교과서(예를 들어 김병제의 『신편중등국어』, 이극로·정인승의 『국어』, 이숭녕·방종현의 『중등국어』 등)가 더 이상 발행되지 않았고, 검인정을 사용할 수 있는 '작문', '문법', '옛글', '한문' 등은 검인정된 교과서만을 사용하게 되었다.

## 3. 미군정기로부터 정부 수립기까지의 우리말 교과서

### 3.1. 국어 문제와 국어교육 담론

광복 직후 교육문제에서 가장 빈번히 등장한 문제는 '국어란 무엇인가?'와 '국어 회복'의 문제였다. 이는 일제강점기 우리말과 글을 자유롭게 사용할 수 없는 상황에서 '국어'라는 용어가 '일본어'를 뜻하는 말로 강제되었기 때문에 생겨난 문제였다.

---

17) 『조선일보』 1948.10.12. 교과서와 풍기 취체 등—학제 최후 결정. 이 기사에서는 '사용 금지 교과서'로 최남선의 『중등국사』, 『중등본위 중등동양사』, 『동양본위 중등서양사』, 『조선역사지도』, 『성인교육 국사독본』, 『쉽고 빠른 조선역사』, 『국민조선역사』, 이광수의 『문장독본』을 명기하였다.

18) 『관보』 제210호, 대한민국 공보처, 1949.11.2.

개념상으로 볼 때 '국어'는 '한 나라의 말'을 의미한다. 이 점에서 국가를 상실한 일제강점기의 우리말과 글을 '국어'로 지칭하는 것은 쉽지 않은 일이었다. 이 시기 우리말과 글을 지칭하는 용어는 '조선문', '국문', '한글', '우리말과 글', '국어', '언문' 등 통일된 원칙이 없었다. 특히 강제병합 직후 『매일신보』 1910년 10월 11일 '국문의 필요'에 등장하는 '국문' 개념은 우리글(한글)을 지칭하나 1911년 2월 23일 '국어 연구의 필요'는 일본어를 지칭하는 개념이었다. 그러나 경우에 따라 '우리말과 글'을 '조선어' 대신 '국어'로 지칭한 사례도 없지 않다. 예를 들어 『(동인) 한글』 제1권 제2호부터 제6호에 연재된 정열모(鄭烈模)의 '조선어 연구의 정체는 무엇?', '언어와 문자', '조선어 문법론' 등에서는 '국어와 국어학'의 대상을 우리말과 글로 규정하고 있다.

[國語學의 性質]

國語學은 國語의 現象 全體를 硏究의 對象으로 하는 學問이다. 國語에 대한 자세한 說明은 이 담 機會로 밀거니와 爲先 쉽게 말하자면 앞서 註에 보인 바와 같이 어느 組織알에 統一된 言語의 集團을 國語이라 하는 것이니, 假令 言語學的 意味로 朝鮮에서 國語이라고 할 것 같으면 그것은 朝鮮ㅅ사람이 쓰던 말, 쓰는 말 全部를 가르치는 것이 된다. 또 다시 말하면 現在의 朝鮮ㅅ사람이 쓰고 있는 말만이 國語인 것은 안이다. 過去의 朝鮮ㅅ사람이 쓰던 말도 모다 싸잡히게 되는 것이다. 몇 千年된 옛말이라도 적어도 朝鮮 疆域에서 쓰이고 또 朝鮮ㅅ사람이 쓰던 말이고 보면 그것은 역시 朝鮮의 國語인 것이다. 이와 같이 생각하여 가면 國語學의 對象이 되는 國語는 모든 時代의 國語인 것을 알 것이다. 그와 同時에 國語의 方所的 關係도 自然히 알어질 것이다. 옛적 慶州, 扶餘, 平壤에 살던 사람들의 말, 곳 過去의 王城地의 말이나 지금의 서울말, 곳 現在의 標準語로 認定되는 말 같은 것만이 國語學의

對象이 되는 것은 안이다.19)

정열모의 사례에서 확인되듯이, 일제강점기 한국인 조선어학자들
은 '조선의 국어'는 '조선어'라는 인식을 갖고 있었다. 다만 자신들의
글에서 '국어'라는 용어를 사용하는 대신 '조선어'를 쓰거나 '우리말'
또는 문자를 지칭하는 '한글'을 '우리의 말과 글'이라는 의미로 폭넓게
사용하는 경향이 뚜렷했다.

앞서 살핀 바와 같이, 일제의 패망과 함께 시작된 미군정에서 처음
에 공용어로 영어를 제시했지만, 그것은 군정청의 행정상 필요에 의
한 것일 뿐, 그 자체가 광복된 한국인에게 공용어로 작용할 수는 없었
다. 그러나 광복 직후 우리말과 글에 대한 통일된 의식이 작용한 것은
아니었기 때문에 광복 직후의 조선어학회(1949년 10월 2일 정기총회에
서 '한글학회'로 개칭)의 『한글』에 나타난 우리말과 글을 지칭하는 표현
에도 '우리말, 국어, 조선어, 나라말' 등 다양한 용어가 등장한다. 다음
을 살펴보자.

[우리말글과 국어]

ㄱ. 정열모, '우리말': 민족이란 것은 말이 같고, 피ㅅ줄이 같고 살음살이가
  함께 된 사람끼리의 덩어리를 가리켜 이름이니, 민족과 말씀과는 난몸
  과 피돌금과 같은 상관이 있어 마치 피돌금이 멎으면 난몸이 죽는 것과
  같이 말씀이 없어지면 민족도 사라지고 마는 것이다. (…하략…)

  —『한글』 제11권 제1호(통권 94호), 1946.4

ㄴ. 김병제, '국어와 민족의식': 사람은 누구나 제 母語를 예삐 여기며 愛著

---

19) 정열모(1927), 「朝鮮語 研究의 正體는 무엇?(二)」, 『동인한글』 1~3호, 신소년사, 3쪽.

心을 가지고 있다. 數千年 동안 우리들의 할아버지와 할머니에게서 전해 내려온 우리말, 東西南北도 채 區別하지 못하던 어릴 적부터 배워 온 우리 母語, 이 얼마나 정답고 사랑스러운 母語인가? (…중략…) 固有 한 母語의 固執과 國語運動은 民族的 感情을 鼓吹하며, 民族意識을 統一 한다는 것은 이것을 억누르고 抹殺하려는 그들의 뜻도 마찬가지였다 는 것은 本會 會員을 기어이 公判으로 붙이게 하였던 것이다. 그러나 우리의 國語問題는 過去, 日本 政府의 所謂 國語政策에 대한 鬪爭으로 그친 것이 아니다. 이 땅에 解放의 종소리가 울린 지 이미 半年이 가까 웠건만 아직도 日本 帝國主義의 殘滓 勢力은 完全히 물러가지 않았다. 길거리에서나 電車 안에서나 飮食店 같은 데서 부르는 呼稱이며 用語이 며가 無意識的 過誤라고 생각하기 어려운 現象이 아직도 持續되고 있으 니, 이 얼마나 寒心한 일인가. 우리는 무엇보다도 이러한 不純한 觀念부 터 芟除하지 않으면 안 될 것이요, 그 다음으로는 새로운 立場에서 確固 한 國語政策을 樹立함과 동시에 緊急한 當面 問題로서 標準語의 普及, 綴字法 統一案의 徹底한 實行, 標準 語法의 制定, 學術을 떠난 外來語 外來 文字의 防止와 함께 國語의 純化運動, 國語 辭典의 完成 등으로 國語 敎育의 힘찬 發展을 促成함으로써 國民文學의 健全한 發展을 期할 수 있을 것이다.

—『한글』 제11권 제1호(통권 94호), 1946.4

ㄷ. 이탁, '언어의 발달 계단상으로 본 조선어의 지위': 言語의 高度를 評定 함에는 그 標準을 여러 가지로 달리할 수 있을 것이니, 그 外形美의 高度를 評定하려면 聲韻의 流暢하고 아니함을 標準으로 할 것이요, 그 表現力의 高度를 評定하려면 語彙의 豊富하고 아니함을 標準으로 할 것이요, 이 論題와 같이 그 發達 階段上의 高度를 評定하려면 그 構造 形態의 合理하고 아니함을 標準으로 할 것이다. (…중략…) 우리는 우리

國語의 本質이 優秀함만 자랑하고 安心할 것은 아니다. 琢磨를 加하지 않은 寶玉과 準繩을 받지 못한 杞梓는 名匠의 精工을 거친 凡石과 常材보다도 그 效用 價値가 적은 것이다.

　　　　　　　　　　　　　　　　—『한글』제11권 제2호(통권 95호), 1946.5

ㄹ. 장지영, '나랏말을 깨끗이 하자': 구미 열국은 자기네가 고대문화를 이어받고 이를 발전하기 위하여 자기네 말에 없는 것을 옛 말에서 끌어 쓰고, 이를 소화하여 자기네 말에 기워 채운 것이니 이는 자주적 발달이어니와 우리는 일본에게 나라를 빼앗기고 민족의 말과 문화가 말살을 당하여 잔학한 동화정책 밑에서 우리 어미말을 버려 가면서 일어를 국어로 쓰게 된 것이니 이는 패망한 자의 굴복적 퇴보이었던 것이다. 이 어찌 같이 말할 것이랴? 우리말 가운데 한 마디라도 일본말이 남아 있는 동안에는 곧 일본 정신이 우리에게 한 토막 남아 있다는 표징이 되는 것이다.

　　　　　　　—『한글』제11권 제5호(1946.11), 제12권 제2호(통권 101호, 1947.5)


　　1945년부터 1947년 사이 조선어학회『한글』에 수록된 다수의 논문에서는 '우리말글'에 해당하는 용어로 '우리말', '민족 말씀(민족어)', '국어', '조선어', '나라말', '모어', '어미말' 등 다양하다. 이 가운데 '우리말(글)'과 '조선어'는 개별 언어로서 우리말을 지칭하는 표현이며, '민족 말씀(민족어)', '국어', '어미말(모어)' 등은 우리말에 대한 우리의 표현으로서 '한국어'를 지칭한다. 특히 '국어'라는 개념은 국가주의를 기본으로 할 때, 특정 국가 내에서의 공용어를 지칭할 경우가 많으며, 일제강점기 정치적인 이유에서 일본어가 '국어'로 강제된 역사를 갖고 있으므로, 실제 이 용어를 널리 사용할지라도 그에 대한 개념 규정이 다시 이루어져야 함은 시대적인 과제였다.

광복 직후 '국어'의 개념과 관련된 문제에 가장 많은 관심을 기울인 사람은 일석 이희승이었다. 그는 '국어의 개념', 또는 '국어교육'과 관련한 다수의 논문을 발표했는데, 『신천지』 창간호(1946.1)부터 제6호(1946.7)에 실린 '국어강좌'가 대표적이다. 이 강좌는 3회로 구성되었는데, 제1회 '언어와 민족'(창간호), 제2회 '국어란 무엇인가'(제3호), 제3회 '국어의 본질'(제6호)이 그것이다. 그 가운데 주요 내용을 살펴보자.

[언어와 민족]

　말이란 本來 우리가 생각하는 바 意思를 相對者에게 傳達하는 手段입니다. 그러기에 言語는 '思想을 交換하는 符牒이라'고 定義를 내린 사람도 있습니다. 그러나 言語는 우리의 思想(생각)을 交換하는 道具에만 그치지는 않습니다. 이밖에 우리의 感情을 疏通식히는 큰 役割을 하고 있습니다. 感情이 疏通되면 彼此間에 親熟한 交分이 생기고 깊은 理解가 成立됩니다. (…중략…) 그러므로 한 種類의 共通한 言語를 使用하는 團體는 利害關係 以外에 感情的으로도 굳은 團結力이 생기어 偉大한 勢力의 덩어리가 됩니다. 다시 말하면 言語는 함 개의 民族을 이룬 成員 새의 거멀못이 됩니다. 한 개의 民族은 血統이 같고 共通되는 歷史를 가지고 風俗 習慣이 같고 生活 感情이 類似하다는 여러 가지 要件이 具備되어야 하겠지마는 그 중에서도 同一한 言語를 가졌다는 것이 무엇보다 顯著한 特徵입니다.[20]

평범한 논리처럼 보이지만, 이 강좌에서 일석은 '언어는 의사소통의 부첩'이라는 정의를 사용하고, 민족과 언어가 불가분의 관계에 있

---

20) 이희승(1946c), 「언어와 민족」, 『신천지』 창간호(1946.1), 서울신문사, 183~185쪽.

음을 강조하고자 하였다. 그는 "한 민족의 융체(隆替)와 그 언어의 성쇠(盛衰)는 서로 표리(表裏)가 되고 서로 인과(因果)가 되어 불가분의 긴밀한 관계를 가지고 있는 것을 알고, 해방 전의 우리말의 참담한 상태를 돌아볼 때 우리는 몸서리가 처지는 것을 금할 수 없습니다."라고 진술한다. 제2강 '국어란 무엇인가'는 일반 언어에 비해 개별 언어로서 국어의 개념을 제시하고자 한 강좌에 해당한다. 그 주요 내용을 요약하면 다음과 같다.

[국어란 무엇인가]

一. 國語는 言語다. 이 命題는 너머도 平凡하여 도리어 우수운 점이 없지 아니하나 그러나 國語가 무엇인지를 알려면 위선 言語의 一般 性質을 檢討하여볼 必要가 잇습니다. 各種 言語는 各各 그 言語의 特殊性을 가지고 있습니다마는 그와 同時에 各種 言語에 共通되는 一般性도 가지고 있습니다. (…中略…)

二. 國語는 一種의 具體的 言語다. 以上에서는 言語의 一般的 暑疾을 抽象的으로 考察하여 보았으나 그러나 이러한 抽象的 言語는 결코 國語가 될 수 없습니다. 國語는 어떠한 民族이나 社會가 現實的으로 使用하고 있는 具體的 言語가 아니어서는 안 됩니다. 國語도 言語의 境遇와 마찬가지로 사람이 가진 것이지마는 그러나 現實的으로 어떤 사람이 가졌나, 中國語는 漢族이 가지고 있고, 佛蘭西語는 프랑쓰族이 가지고 있습니다. 마찬가지로 우리나라 國語는 우리 朝鮮 民族이 가지고 있으며, 朝鮮 民族만이 가진 것입니다. (…중략…)

三. 國語는 國家를 背景으로 한다. 어떠한 한 社會나 民族이 現實로 使用하고 있는 具體的 言語라 할지라도 아즉 國語란 이름을 붙일 수는 없습니다. 國語라 하면 반드시 한 國家를 背景으로 하여, 그 國民의 大多數의

通用語가 되는 同時에 國家 統治上 公式語가 되는 것을 意味합니다. 여기에 通用語라 하는 것은 그 國民의 大多數가 理解하는 말을 이름이요 公式語라 함은 政治上 公用語 또는 國民 敎育上 標準으로 삼은 말을 意味하는 것입니다. (…중략…)

四. 國語는 標準語라야 한다. 한 나라 안에 單一한 言語가 使用된다 할지라도 그 言語는 各地方을 通하야 꼭 均一하지는 못한 것이 普通입니다. 即 地方的 差異가 多少 있어서 그것을 方言이라고 일컷습니다. 한 國家의 國語로는 이 地方的 差異를 그대로 放任하여서는 안 됩니다. 言語가 國民을 團結시키고 또 國內의 政治와 文化에 큰 影響을 끼치는 것은 以上에서 이미 理解되었으리라 생각됩니다. (…하략…)21)

일석의 '국어 개념'은 한국어로 한정된 개념이 아니라 본질적으로 일반 언어로서의 국어를 의미한다. 그는 '국어는 언어다'라는 명제에서 언어의 일반적인 성질을 (1) 언어는 사람만이 가진 것이다, (2) 언어의 내면에는 사상이 포함되었다, (3) 언어의 형식은 음성이다, (4) 언어의 사회성, (5) 언어의 역사성으로 나누어 설명하고, '국어는 일종의 구체적 언어다'라는 명제에서는 국어가 성립되기 위한 전제로 그 언어를 사용하는 민족이 전제됨을 설명하고자 하였다. 그러나 민족어와 국어가 동일 개념이 될 수 없음은 '국어'가 '국가'를 전제로 한 개념이라는 논리로 확장된다. 그렇기 때문에 일석은 '국어는 국가를 배경으로 한다'라고 하였으며, 그 국가의 공식적 통용어로서의 기능을 강조하기 위해 '표준어라야 한다'는 조건을 부가한 셈이다. 이와 같은 논리는 광복 직후 '국어 회복' 차원에서 정치적 현실과 국민의

21) 이희승(1946a), 「국어란 무엇인가」, 『신천지』 제1권 제3호(1946.4), 서울신문사, 141~146쪽.

언어의식을 고려할 때 자연스럽게 도출될 수 있는 논리의 하나였던 것으로 판단된다. 일석은 이를 바탕으로 제3강 '국어의 본질'에서는 우리말이 갖고 있는 특징을 설명하고자 했는데, 이 강좌에서는 "국어의 본질을 말하려면 우선 일반 언어로서의 본질과 국어로서의 특질을 양면으로부터 고찰하여 보지 않으면 안 되리라 생각한다."라고 하면서 그 중 국어(개별언어로서 한국어)의 특질을 한정하여 살핀다고 하였다. 아쉬운 것은 『신천지』에 연재된 일석의 '국어강좌'가 제3회 이후 이어지지 않은 데 있는데, 제3회 강좌가 '음운이 풍부하다'는 데 그쳤으므로,[22] 후속 강좌는 어휘나 문법을 계획했던 것이 아닐까 추정할 뿐이다.

이와 같은 '국어'의 개념이 그 당시 모든 학자들에게 통용된 것은 아니다. 흥미로운 것은 광복 직후 대다수의 한국어학자들이나 우리말과 글에 관심을 기울였던 사람들이 자연스럽게 '국어, 조선어, 우리말과 글, 민족어, 모어' 등의 용어를 동의어처럼 무비판적으로 사용한 경향이 있지만, 엄밀히 말해 '국어'라는 용어가 국가주의 이데올로기를 표상하는 '한 국가의 언어(또는 공용어)'로 인식된 것은 근대 일본의 어문민족주의와 일제강점기 어문교육의 영향이 컸다. 물론 이병기(2016) '국어는 근대적 기본 개념어인가', 허재영(2022a) '개념사 연구 방법과 국어교육' 등에서 확인되듯이, '국어'라는 용어가 근대 이전부터 쓰이지 않은 것은 아니지만, 그러한 표현이 국가주의 이데올로기와 결합한 것은 근대 일본의 어문민족주의 연구 경향에서 두드러졌다. 비록 1910년 강제병합 이전, 한국에서도 '국문'이라는 용어가 널리 쓰였고, 이와 함께 '국어'라는 용어가 쓰인 예가 적지 않지만, 이 용어

---

22) 이희승(1946b), 「국어의 본질(一)」, 『신천지』 제1권 제6호(1946.7), 서울신문사, 163~167쪽.

자체도 일본어에 의해 침식된 한국어의 모습을 보여준다는 견해가 존재하기도 했던 것이다. 다음은 이러한 예에 해당한다.

> [현하 교육 소평(小評)]
>
> 긏트로 本 小評에 잇서서는 별로 緊하지 안타고도 하겟스나 筆者가 늣기는 바이나 敎育에 關係 잇는 것임으로 設問하야 노려고 하는 것은 '國語'라는 用語 問題다. 筆者가 寡聞한 탓인지는 모르나 日本을 除하고는 自己 나라말을 國語라고 부르는 나라가 업는 듯하다. 中國도 이런 말을 쓰지 안는 模樣이며 美國에도 '머더 랭귀지'(母國語)란 말이 잇기는 하나 이 말은 우리가 朝鮮語를 國語라고 쓰는 것과 갓치 쓰는 것은 안이다. 愛國心에 잇서서 결코 他國民에 뒤지지 안는 獨逸人도 역시 獨逸語를 國語라고 하지 안는다. 日人의 唐突하고도 지나친 愛國心과 國粹 精神이 빚어낸 '國語'라는 말은 倭色을 掃蕩하려는 現下에 잇서서 더구나 漢字를 廢止하고 한글을 그리고 우리말을 쓰자고 하는 이 때에 오히려 쓰고 있는 것은 理解하기 어려운 일이다. '國語'라는 말을 써야만 愛國心이 생기는 것은 결코 안이다. 朝鮮語라고 해서야 안 될 理由가 어듸 잇는가? (1947.8.2. 필자 고대 교수)[23]

이 논설에서는 '국어'라는 용어가 일제의 애국심과 국수정신이 빚어낸 용어라고 단정하고, 우리말을 굳이 '국어'라는 용어에 얽어맬 필요는 없다고 주장한다.

이처럼 광복 직후는 '국어'라는 개념에 대한 천착보다는 일제강점기 빼앗긴 우리말과 글을 되찾는 입장에서의 '국어 회복'이 중요한 문제로 간주되었다. 이는 광복 직후 가장 시급하게 여겼던 국어 문제

---

23) 『조선일보』 1947.8.19, 이종우, 現下 敎育 小評(하).

가 '우리말 도로 찾기'와 '한자 안 쓰기'였음을 통해서도 확인할 수 있다. 이는 이응호(1975)에서도 확인할 수 있는데, 미군정기 한글 운동사에서 가장 먼저 기술한 문제는 '거족적이었던 우리말 도로 찾기 운동'이었다. 우리말을 도로 찾아야 하는 당위 논리는 '우리말 우리글이 받은 일제의 학대', '우리말에 침투된 일본말의 상황'을 고려할 때, '자주 독립 준비와 우리말 생활 현실에 대한 반성'이 필요하다는 것이었으며, 이를 위해 각종 용어를 제정하거나 통일하는 운동, 학술어의 제정, 왜색말 없애기 등이 활발하게 전개되었음을 확인할 수 있다. '한자 안 쓰기'는 실용적인 차원에서 어려운 한자 대신 쉬운 한글만을 써야 한다는 논리를 배경으로 할 뿐 아니라, 문자생활에서 전통적인 중국의 영향력을 배제하고 일제강점기 일본어의 세력으로부터 벗어날 수 있는 방편이라는 점에서 광복 직후 대표적인 국어 문제로 간주되었다. 이와 같은 차원에서 다음 논설은 미군정기로부터 정부 수립 전후에 이르기까지 국어정책을 논의한 대표적인 논설로 볼 수 있다.

[미군정기로부터 정부 수립 전후의 국어정책 논설]

ㄱ. 신영철, '국어와 민족—국어정책을 강화하라': 우리 國語運動의 歷史的 飛躍을 위해 다음 몇 가지를 提唱한다. 첫째 官公吏의 國語教育이니 政治의 責任者인 官公吏가 國語에 無識해서는 國家의 羞恥다. 現今 進行 中인 國語教育을 一層 大規模의 義務으로 實施해야 한다. 告示, 公文, 布告, 畫報 등에 바른 國文이 적혀야 한다. 外國人에게 國文을 바로 쓰라는 忠告!를 받는 官公吏들은 우리의 歷史的 悲哀를 씻기 위해 奮發해야 한다. 둘째, 出版物 綴字法의 統制. 國語 綴字法을 實施 안 하는 出版物은 許可하지 말아야 한다. 또 國語統一運動에 協力 안 하는 出版物은 一切 禁止하는 法的 措置를 할 것이다. 解放 三年이란 세월을 두고 제 國語

綴字法도 實施 못하는 文化機關이란 그 誠意의 皆無를 指摘하지 않을 수 없다. 셋째, 成人敎育의 法的 强化. 文盲者는 成人敎育을 받도록 法的으로 義務를 지우고 國文 모르는 사람은 國民의 特權을 制限할 것. 넷째. 橫書 出版의 實施. 當面의 急務는 우선 國語의 橫書다. 世界 二百餘種 國語가 모두 橫書인데 홀로 우리만 縱書하는 落後生活을 固執할 必要가 없다.

—『동아일보』 1947.10.9

ㄴ. 최현배, '국어정책의 으뜸된 문제': 국어정책의 으뜸되는 문제는 무엇일까? 첫째 우리말을 깨끗이 하여야 한다. 해방으로 말미암아 우리는 잃었던 우리말을 도로 찾게 되었다. 그러나 우리말은 근 사십년 동안의 압박으로 말미암아 깨끗하지 못한 티가 많이 섞이어 있다. 우리는 이 일본말의 더러운 때를 깨끗이 씻어버리지 않으면 안 된다. (…중략…) 둘째로 한자쓰기를 그만두고 우리 한글만으로 우리의 글자생활의 온낮(全面)을 덮도록 할 것이다. 일본 침략의 사십년 동안에 우리는 반만년래에 일찍 겪지 못한 치욕과 착취를 당하다가 이제 그 쇠사슬은 벗어버리고 자유의 국민이 되어 자유스런 자기 문화를 세우고자 하는 마당에 있다. (…중략…) 셋째 한글을 가로글씨로 만들어야 한다. 한글이 과학적 조직을 가져옴은 온 세상이 다 인정하는 바인즉, 이러한 훌륭한 한글을 가장 과학적으로 이용하지 않으면 안 된다. 가로글씨는 씨기, 박기, 보기, 읽기에 두루 유리하여 막대한 이익을 민족의 생활과 문화의 발전에 가져오게 될 것이다.

—『경향신문』 1948.5.23

이 두 편의 논설에서 제기된 '관공리의 국어교육', '철자법 통제(맞춤법 보급)', '성인교육 강화'(문맹퇴치), '가로쓰기 문제', '우리말을 깨끗이 하는 문제(국어정화)' 등은 광복 직후부터 정부 수립에 이르기까지 중요하게 다루어졌던 국어 문제들이다.

이와 같은 흐름에서 광복 직후 '국어교육'의 성격을 좀 더 살펴볼 필요가 있다. 광복 직후 국어 회복과 함께 국어교육의 중요성에 대한 논의는 다차원적으로 진행되었다. 예를 들어 이호성(1946)은 『한글』 제11권 제1호(통권 94호, 속간호) '여러 문제와 교육자의 가질 태도'에서 다음과 같이 주장한다.

[여러 문제와 교육자의 가질 태도]

국어교육이 모든 교육의 기초가 됨은 다시 말할 필요도 없습니다. 어느 학자를 물론하고 국어를 바로 지도하여 나아가야 할 것은 이 전환기에 있어서 더욱 필요한 일입니다. 따라서 모든 사회에서 선생의 여기에 대한 역량을 주목하며, 부형 편에서 선생의 국어지식이 천박함을 비웃는 편이 많이 있습니다. 이것은 과도기에 있어서 면하지 못할 사례입니다마는, 그렇다고 그대로 나갔다면, 이것은 큰 문제입니다. 선생이 생도에게 뒤떨어지어, 그 위신이 없어질 뿐 아니라, 이것은 우리 교육의 근본을 어지럽게 하기 쉬운 문제입니다. (…중략…) 그러면 현재에 어떠한 문제가 있나, 여기에 대하여 참고로 간단히 말씀하겠습니다.24)

이호성은 이 논설에서 국어교육의 성격을 '모든 교육의 기초', 즉 기초 교과이자 도구 교과로 규정한다. 민주주의는 이 시기 교육 이념 가운데 가장 기본적이고 중요한 것으로 다루어졌으므로, 국어교육이

---

24) 이호성(1946), 「여러 가지 문제와 교육자의 가질 태도」, 『한글』 제11권 제1호(통권 94호, 속간호), 한글사, 30~34쪽.

민주주의를 이루는 기초가 된다는 논리는 자연스럽게 도출될 수 있다. 이러한 차원에서 이호성은 현재 국어교육의 문제를 (1) 교수법의 문제, (2) 철자법 문제, (3) 표준어 문제, (4) 한자 폐지 문제 등 네 가지로 정리한 바 있다.25) 이와 같은 맥락에서 최근학(1947b)의『민주주의 국어교육』에서는 '과거 교육에서 개혁해야 할 점'(주입식 교육, 이지적 교육, 과정표에 구속된 교육, 경험과 이해에 바탕을 두지 못한 교육)을 지적하고 '생활 중심 학습'을 강조하며, '국어과 교수 요목'을 통한 각 영역(읽기, 듣기, 말하기, 작문)의 교수법을 제시하기도 하였다.26) 이뿐만 아니라 한자 안 쓰기와 밀접한 관련을 맺는 논설이지만, 홍웅선(1949)에서도 한자를 안 쓰는 것이 민주주의 민족교육과 국어교육이 지향해야 할 바라고 강조한다.27)

모든 교육은 의도적이고 계획적이어야 한다는 말과 같이, 광복 직후 국어교육은 '교수요목'에서 제시한 '교수 요지', '교수 방침', '교수 사항', '교수상의 주의'가 명료해야 한다. 이 점에서 1948년 조직된 서울시교육회 기관지『교육』창간호에는 서울 덕수공립국민학교의 국어교육과 관련한 사항이 기재되어 있다. 이 자료에 나타난 '국어교육의 목표'를 살펴보면 다음과 같다.

---

25) 이호성은 민주주의 교수법과 관련하여 단행본을 발행하기도 하였다. 이호성(1947),『민주주의 국어 교수법 강화』, 문교사.

26) 최근학(1947b),『민주주의 국어교육』, 금룡도서문구.

27) 홍웅선(1949),「민주주의 민족교육과 국어교육」,『새교육』제2권 제1호(1949.2), 72~74쪽. 現下 우리나라 教育이 民主主義 民族교육을 指向하고 있으며 그 結果 國民은 누구나 다 敎育을 받아야 하겠다. 우리는 世宗大王의 이러한 성스러운 정신을 國語敎育에 具現하여야 할 것이다.

[국어교육의 목표]

一. 言語의 本質的 考察: 國語敎育의 目標를 세움에는 먼저 國語 그 自體의 土臺인 言語의 本質的 考察이 必要할 것이다. 言語의 本質을 要約하면 다음과 같다고 본다.

　(1) 言語는 自己의 思想 感情을 他人에게 傳하고, 他人의 思想 感情을 받아들이는 말하자면 人間 思想 感情의 交流 作用을 하는 器官이다.

　(2) 言語는 社會的 所産인 社會的 文化材이요, 國民文化의 生命 母體라고 도 할 수 있을 것이다.

二. 國語敎育의 目的: 言語는 人間 思想 感情의 交流 作用이라 하였으니, 國語는 國民 思想 感情의 交流 作用이라 함은 두말할 必要도 없다. 그러면 國語敎育의 目的이란 果然 어떠해야 할까. 列記해 보고자 한다.

　(1) 國語 表現力을 陶冶하여 言語 文字로써 말하고자 하는 바를 充分히 發表할 能力을 갖게 하도록

　(2) 自己의 表現을 適切 遺憾없이 하는 同時에 他人이 表現한 바를 精確히 理解하도록

　(3) 恒常 高尙하고 品位있는 말을 使用하는 習慣을 養成하여 高潔한 人格을 涵養하도록

　(4) 國語 國文을 通하여 優雅한 情緒를 陶冶하도록

三. 國語敎育의 諸問題: 國語敎育의 主要한 課題라 생각되는 바를 아래 列記해 본다.

　(1) 國語敎育의 知的 方向

　ㄱ. 綴字法 卽 表記法에 대한 充分한 指導가 必要하다.

　ㄴ. 單語니 文章의 意味를 精確하고 明晰하게 把握하도록 힘써야 하겠다.

　ㄷ. 言語의 本質과 機能에 대한 理解를 充分하게 하도록 힘써야 하겠다.

　(2) 國語敎育의 情的 方向

ㄱ. 言語나 文章에 대할 때에 그 藝術的 香氣를 充分히 享受할 힘을 길러
　줄 것

ㄴ. 言語나 文章을 通하여 自己의 美意識을 充分히 表現할 힘을 길러줄 것

四. 敎師의 態度: 國語敎育에 있어서 敎師의 根本的 態度는 (1) 國語 時間을
兒童이 즐겨 맞게 興味 가득한 時間으로 綴字法 指導나 文章 構成의
探究 같은 無味하게 흐르기 쉬운 것이라도 變化 있고 재미나게 方法을
연구할 것, (2) 多方面으로 充分한 準備를 할 것, (3) 敎師의 言語는 標準
語로 品位 있게, (4) 敎師 自體가 國語에 대한 素養을 깊게 하도록 努力할
것, (5) 具體的이고 自然的이며 創造的일 것. (…하략…)[28]


　이 자료는 정부 수립 직전, 덕수공립국민학교의 사례를 중심으로
국어과 교육의 목표, 내용, 교수·학습 방법(여기서는 교사의 태도) 등을
간략히 제시한 자료이다. 이 자료에 나타나듯이 광복 직후의 국어과
교육은 '언어교육', '사회적 의사소통교육', '문화교육'을 표방했으며,
주요 분야는 '표현'과 '이해', '정서 함양'에 있었다. 이는 미군정기
제정된 '교수요목'과도 크게 어긋나지 않는다. 그러나 미군정기의 '교
수요목'에서 천명한 추상적인 교수 요지나 교수 방침뿐만 아니라, 교
수 사항에서도 여러 가지 혼란이 쉽게 해결된 것은 아니었다. 예를
들어 국민학교 '교수사항'이 '읽기, 말하기, 듣기, 짓기, 쓰기'의 5영역
으로 구성된 것이나 중학교 '교수사항'에서 '읽기, 말하기, 짓기, 쓰기,
문법, 국문학사'의 6영역으로 구성된 것에서 확인되듯이, 초등교육에
서는 문학 영역이 나타나지 않고, 중등교육에서는 '국문학사'가 문학
교육을 대신하고 있다. 이와 같은 문제는 본질적으로 광복 직후 '국어

---

28) 서울시교육회(1948), 「국어교육: 서울 덕수공립국민학교」, 『교육』 창간호(1948.2), 90~91쪽.

문제', '국어정책'뿐만 아니라 '국어과 교육'(넓게는 국어교육 전반)에 대한 연구와 논의가 충분하지 못했기 때문에 나타난 현상이다. 이 점에서 광복 직후 '국어교육'(교과와 사회교육 전반)에 관한 논설, 논문 을 좀 더 살펴볼 필요가 있다.

광복 직후 국어교육과 관련한 이론화 작업은 일석 이희승이 제기한 다수의 논문을 참고할 수 있다. 앞서 살펴본 것처럼 일석은 '국어의 개념'과 '본질'에 대한 몇 편의 논문뿐만 아니라 '국어교육'과 관련한 다수의 논문을 발표했는데, 『조선교육』 창간호(1947.4) '국어교육의 당면 문제', 『새교육』 제5호(1949.5) '국어교육의 몇 가지 문제' 등이 대표적이다.


[국어교육의 당면 문제]

一. 言語의 本質 (…중략…)

二. 國語敎育: 敎育이 社會的 事象의 한가지요, 또 그 實踐 方法이 敎育者와 被敎育者 사이에서 傳達을 주로 하는 行事이므로, 傳達의 主要한 手段이 되는 言語를 無視하고 敎育을 實行할 수는 없다. 그런데 言語는 社會的 存在요 또 社會의 公有物이라 하였다. 그러면 그 社會란 대체 무엇을 가리키는 것인가.

(1) 國家와 國語 (…중략…)

(2) 國語敎育의 目的: 言語는 個人의 體驗을 表現 傳達 形成하는 機能을 가졌다고 하였다. 마찬가지로 國語는 國民의 體驗을 表現 傳達 形成 하는 것이다. 但 이 境遇의 體驗이라는 것은 國民의 思想, 感情, 知識 전체를 包括하는 것이므로 結局 文化를 意味하게 된다. 이 文化를 表現 傳達 形成하는 根本 條件으로서 國語의 地位는 매우 重大하다. 이와 같이 重大한 國語를 社會의 意義 卽 自然에만 放任할 수는 없다.

社會란 것은 不謹愼하고 無節制하기 쉬운 存在다. 그러므로 우리는 國語에 대하여 適當한 啓導와 洗練을 가하지 않을 수 없다. 그리고 이 啓導와 洗鍊이라는 것도 全然 어느 個人의 自由意思에 맡길 수가 없다. (…중략…) 國語는 國民精神의 表現이므로 國民文化와 國民道德의 育成에 盡力하여야 할 것이요, 國語敎育으로서 어린이나 學生의 理知力 啓導에만 偏重할 것이 아니다. 國語 國文을 通하여 高潔한 情緖를 陶冶하도록 十分 留意하지 않으면 안 되리가 생각한다. 그리하여 國語敎育의 究極 目的은 國民的 體驗 卽 國民文化를 充分히 陶冶 向上시키어 國民으로서의 名譽와 幸福을 누릴 뿐 아니라, 나아가서는 人類文化에의 貢獻을 期하는 데 있다고 생각한다.

(3) 國語敎育의 主體: 事實에 있어서 國語敎育을 行하는 主體는 다음이 세 가지가 있다고 볼 수 있다. (가정, 사회, 학교)

(4) 國語敎育의 諸問題: 學校에서 行할 國語敎育의 主要한 課題는 무엇인가. 그것을 말하기 전에 먼저 國語敎育 一般에 대한 몇 가지 問題를 提示하려 한다. (통일문제, 순화문제, 평이화 문제, 풍부화 문제)

(5) 國語科 指導 問題: 이 위에서 가장 期待를 많이 가졌다고 한 學校의 國語敎育에 대하여 若干 생각하려 한다. 재작년 八·一五 直後에는 우리 國民의 老少男女를 勿論하고 國語에 대한 知識慾과 愛護熱이 가장 高調되어 火炎과 같이 올랐었다. 그러나 요사이는 그러한 氣勢를 볼 수 없으며, 學生의 動向도 國語 時間을 싫어하는 傾向이 보인다고 한다. 참으로 憂慮할 現象이요 寒心한 노릇이다. 그 原因이야 複雜多端하여 쉽다리 指摘하기 어렵겠지마는 나는 그 指導 方法에도 적지 않은 關係가 있으리라고 생각된다. 우리는 이 방면에 대하여 많은 研究를 쌓아야 할 것이다. 대단히 簡單하고 素朴하나마 同業者의 적은 參考 材料로 다음과 같은 試案을 披瀝하여 보려 한다.(국어 지도의

과학적 방면, 국어 지도의 예술적 방면, 국어 표현력의 도야)29)

이 논문은 국어교육이 언어에 대한 이해를 바탕으로 하며, 국어교육의 주체가 학교뿐만 아니라 가정과 사회교육도 존재함을 뚜렷이 제시한다. (4)에서 언급한 '통일, 순화, 평이화, 풍부화' 문제는 광복 직후 국어 문제에서 빈번히 다루었던 주제들이며, 이를 바탕으로 (5)의 국어과 교육과 관련된 문제를 제기한 셈이다. 이 논문에서 언급한 국어과 지도에서 일석은 '과학적 방법'으로 '표기법 지도, 해석의 문제, 문법 지도' 등 언어학적 지식을 응용하는 문제를 제시했으며, '예술적 방면'에서는 '이해와 감상을 통한 미적 진리 탐구'를 제시했다. '표현력 도야'의 경우 '동기 부여, 자연스러운 표현력 함양, 실천적 지도' 등을 제시했는데, 이는 교수·학습 방법과도 밀접한 관련을 맺는다.

이와 같은 견지에서 광복 직후 국어교육과 관련한 비판과 제언을 주제로 한 다수의 논설, 논문을 찾아볼 수 있는데, 예를 들어 정인승 (1947) '국어 교수에 참고될 몇 가지'에서는 "어느 나라를 물론하고 학교교육에서 국어를 가장 중요한 학과로 함은, 다름이 아니라 모든 다른 학과의 교육이 국어를 통하여서 되기 때문이며, 국민으로서의 생활 전반이 국어를 통하여서 되는 것이기 때문이다."라는 전제 아래, 국어교육의 방향으로서 '학생들에게 국어 정신을 길러 줄 일', '학생들에게 국문 연구의 열의를 일깨워 줄 일', '국어 공부에 흥미를 가지게 할 일', '순 국문으로 쓰는 습관을 가지게 할 일'을 제언한 바 있고,30)

---

29) 이희승(1947), 「국어교육의 당면문제」, 『조선교육』 창간호(1947.4), 조선교육연구회, 33~42쪽. 인용문에서 '二. 國語敎育' (3)~(5)의 괄호 안에 제시한 항목은, 상세한 설명을 생략하고 항목만 열거하였음.

30) 정인승(1947), 「국어 교수에 참고될 몇 가지」, 『조선교육』 제1권 제2호(1947년 6월호), 조선교육연구회, 6~9쪽.

이숭녕(1947)에서는 "오늘날 교수 과목 중 가장 중망(衆望)을 받고 잇는 것은 과학과목과 국어과일 것이니, 환경의 제약도 있거니와 해방 후 삼년째 들어와 과연 생각하던 성과를 얻었는가의 의심이 없을 수 없는 일"이라고 하면서, '중등학교 이상 국어과 수업의 흥미 상실(입시가 아니면 공부하지 않을 것)', '교원의 질적 문제', '교과서의 질적 향상 문제' 등이 시급한 문제라고 지적한 바 있다.31) 이뿐만 아니라 이 시기 국어교육 문제와 관련한 다수의 논문에서는 그 당시 대표적인 국어문제의 하나였던 '한자 문제'가 빈번히 다루어지고 있으며, 국어과 교수·학습에 관한 실천적 연구도 다수 등장한다. 예를 들어 조윤제(1947) '국어교육에 있어서의 한자 문제',32) 조연현(1949) '국어교육과 문화'33) 등은 교과서에서 한자 전면 폐지와 관련하여 '문화교육 차원'의 한자 교육이 필요함을 주장한 논문이며, 이와 대척점에서 정태진(1947) '민주주의와 국어문제: 특히 한문 글자 안쓰기 문제에 대하여'34)나 정인승(1949) '나라글과 나라힘'35) 등은 교과서에서 한자를 사용하지 않는 것이 타당하다는 논리를 펼친다.36) 국어과의 교수·학습에 대한 실천적 연구 논문도 다수 발견되는데, 한상철(1947) '바른말 지도상의 유의점',37) 양미리(1947) '어린이의 바른말 지도'38)와 같은 말하기 관련

---

31) 이숭녕(1947), 「국어교육계의 과제」, 『조선교육』 제1권 제2호(1947년 6월호), 조선교육연구회, 48~52쪽.

32) 조윤제(1947), 「국어교육에 있어서의 한자문제」, 『조선교육』 제1권 제2호(1947년 6월호), 조선교육연구회, 68~75쪽.

33) 조연현(1949), 「국어교육과 문학」, 『조선교육』 3~4호(1949.6), 조선교육연구회, 17~28쪽.

34) 정태진(1947), 「민주주의와 국어문제: 특히 한문 글자 안쓰기 문제에 대하여」, 『백민』 1947년 9월호(통권 10호), 38~39쪽.

35) 정인승(1949), 「나라글과 나라힘」, 『새교육』 제2권 제2호(제5호), 대한교육연합회, 2~6쪽.

36) 이 시기 한자 전폐와 관련한 문제는 국어 문제 가운데 가장 중요한 문제의 하나였으므로, 상당수의 신문, 잡지에서는 이와 관련한 특집을 마련하고 있다. 이들 자료는 추후 다시 정리하여 발표한다.

논의나 최근학(1947a) '국어교육을 중심으로 독서력 향상',39) 한갑수 (1949) '낭독법 지도의 연구',40) 최태호(1949) '읽기의 가치와 지도'41) 등의 읽기 지도 등을 들 수 있다. 이와 같은 흐름에서 광복 직후부터 정부 수립에 이르기까지 국어교육의 대표적인 문제가 '국어교육의 이념과 목표 설정', '국어교육의 내용 구성', '교수·학습 방법', '교원 양성', '교과서 편찬' 등 다양한 형태로 나타났음을 확인할 수 있으며, 그 중 하나로 교과서 문제는 국어교육의 내용 문제뿐만 아니라 그 당시 대표적인 국어문제의 하나였던 한자 문제와 맞물려 다양한 담론 을 산출하고 있음을 확인할 수 있다.

## 3.2. 국어교육의 교재와 교과서 담론

광복 직후 교과서 문제는 시급히 해결해야 할 문제였다. 광복 직후 의 교과서 문제에서도 국어 문제로 제기된 '우리말 도로 찾기', '한자 안 쓰기' 등은 가장 시급한 문제로 인식되었다. 이는 다음과 같은 신문 기사를 통해서도 확인된다.

---

37) 한상철(1947), 「바른말 지도상의 유의점」, 『조선교육』 제1권 제2호(1947년 6월호), 조선교 육연구회, 41~45쪽.

38) 양미리(1947), 「어린이의 바른말 지도」, 『조선교육』 제1권 제5호(1947년 9월호), 조선교육 연구회, 61~63쪽.

39) 최근학(1947a), 「국어교육을 중심으로 독서력 양성」, 『조선교육』 제1권 제5호(1947년 9월 호), 조선교육연구회, 50~51쪽.

40) 한갑수(1949), 「낭독법 지도의 연구」, 『새교육』 제2권 제2호(제5호), 대한교육연합회, 32~ 39쪽.

41) 최태호(1949), 「읽기의 가치와 지도」, 『새교육』 제2권 제2호(제5호), 대한교육연합회, 46~ 51쪽.

[교과서에서 왜색 용어 말살]

조선이 해방된 후 벌서 일년이 지난 오늘에도 소학 중학은 물론 심지어 대학에서도 아직까지도 일본 잔재의 용어가 씌워지고 있다. 소위 내선일체라는 동화정책(同化政策)을 쓰기 위해서 가장 빠르고 갓가운 실현 방법으로 왜정은 이를 학교 교과서에 노예적인 용어를 써서 순진한 학도들을 마비시켜 왔는데, 비록 조선이 해방되었다 하여도 사십년에 가까운 왜정 밑에서 교육받은 학도들이니만큼 일조일석에 우리말을 차저낼 수는 없으리라고 군정청 문교부 편수국에서는 우리말을 바로잡는 선결 방법으로 초등, 중등 교과서의 용어부터 참다운 우리 조선말로 개혁하기로 하였다. 그래서 다음과 같은 이십일 과목에 걸쳐서 이 길의 권위자를 망라하여 학술용어 제정위원회(學術用語制定委員會)를 조직하고 각기 담당 부문을 연구한 후 이를 종합해서 새로 맨드는 교과서부터는 완전히 일본 잔재 용어를 말살하야 건실한 우리말을 이 교과서에서 배우게 되었다. 公民倫理, 敎育, 地理 人名 地名, 數學, 物象, 生物, 體育, 音樂, 美術, 習字, 手工, 農業, 工業, 水産學, 商業, 社會學, 心理學, 哲學, 家事, 裁縫, 言語科學[42]

이 기사에서 언급한 '왜색 용어'는 우리말 도로 찾기 차원에서 일제 강점기 우리말에 스며든 일본말을 의미한다. 앞서 살펴본 바와 같이, 미군정청에서는 1945년 11월 자문기관으로 '조선교육심사위원회'를 구성하고, 이 위원회를 중심으로 일상어를 대상으로 한 '우리말 도로 찾기' 정책을 전개했고, 전문 용어와 관련하여 '학술용어 제정 위원회'를 구성했다. 이 위원회는 1946년 4월 처음 조직되어[43] 여름까지 22개

---

42) 『조선일보』 1946.11.20.

43) 『조선일보』 1946.4.5, 言語 科學 分科委員會 設置. 조선교육계에서 일본 색채를 업새기 위한 언어과학 총위원회(言語科學總委員會)에서는 다음과 같은 二十一개의 분과위원회를

분과위원회로 나뉘어 활동한 것으로 확인되는데, 『한글학회 50년사』에서는 미군정 당시 이 위원회의 통일 사업이 뜻처럼 진행되지는 않았다고 기술한 바 있다.[44] 그럼에도 용어 제정과 통일은 국어 회복 차원에서 중요한 문제의 하나로 인식되었고, 교과서에서도 이를 반영하고자 하는 노력이 있었음을 의미한다. 또 하나의 주요 문제인 '한자 안 쓰기'와 관련해서는 『동아일보』 1947년 2월 14일 '한글로 못 된 교과서 문교부에서 인가 금지'와 같은 기사를 참고할 수 있다.[45]

이와 같은 원칙에서 당시 조선어학회가 편찬하여 군정청에 제공한 『초등국어교본』을 살펴보면, '우리말 도로 찾기'의 순화된 용어를 사용하고 꼭 필요한 경우에만 한자를 부속하고자 한 예를 확인할 수 있다. 예를 들어 『초등국어교본』 하권 제14과 '도회와 시골'에서는 "문견을 넓히고, 기능을 배우려면 도회지가 좋으며"라고 서술했는데, 이 문장에 쓰인 '문견'은 『우리말 도로 찾기』에서 일본식 한자말 '견문' 대신 찾아 써야 할 전통적 한자말에 해당한다. 제15과 '김정호'에서 '황해도(黃海道), 김정호(金正浩), 읍도(邑圖), 규장각(奎章閣)' 등의 고유명사에 한자를 부속한 것 등도 이 원칙을 지키고자 한 것이라고 볼 수 있다. 이는 『중등국어교본』도 마찬가지였는데, 중권(3~4학년용) 제7과 '공중과 위생'에서 각종 질병 이름을 일본식 표기 대신 외래어

---

설치하엿는데, 군정청 유(兪) 문교부장은 四일 이에 대하야 각 위원회에서는 통일된 조선 교과서와 학술어 제정 및 특수한 조선문화에 대한 조직적 지도를 하게 될 것이라고 말하엿다. 分科委員會의 名稱: 公民, 地理, 歷史, 數學, 科學, 生物, 體操, 音樂, 美術, 習字, 手工, 農業, 水産學, 商業, 社會, 工業, 心理學, 家事, 裁縫, 言語科學.

44) 한글학회(1970: 247).

45) 『동아일보』 1947.2.14, 동아일보, 한글로 못 된 교과서 문교부에서 인가 금지. "중등학교 교과서 검정 규정에 의하여 해방 이후 세 가지의 중등학교 교과서와 여섯 가지의 임시 교과서가 인가되었는데, 금후로는 한글을 쓰지 않은 교과서는 절대로 인가 않을 방침이라고 문교부에서 십삼일 발표하였다."

표기법을 지켜 사용한 것이나, '집합체(集合體), 부액(扶腋)' 등의 한자어에 한자를 부속한 것 등을 통해서도 확인된다. 이와 같은 원칙은 군정청에서 개정한 『국어』(12책), 『중등국어』(3책)도 동일하게 지켜졌다. 또한 산술과의 경우 기존의 『산술』이라는 교과서 이름 대신 『셈본』을 사용했는데, 이는 용어 제정 운동의 결과로 볼 수 있다.

이와 같은 차원에서 미군정기 교과서의 용어 사용이나, 한자 안 쓰기에 대한 비판적 견해도 다수 등장했다. 예를 들어 『조선일보』 1947년 3월 23일 기사도 그 중 하나이다.

[알기 어려운 新制 國文 用語: 文教部 編纂 教科書에 관한 批判]

해방 이후 이저버린 우리말을 다시 찾는 동시에 세계에 자랑할 만한 우리 한글로서 세계 문화에 공헌하자는 취지로 일종의 한글 정화(淨化) 운동이 전개되어 지금까지 불러오든 말을 고쳐서 례를 들어 말하면 '평균(平均)'을 '고른수', '직경(直徑)', '반경(半徑)'을 '지름 또는 반지름', '대각선(對角線)'을 '맞선', '산술(算術)'을 '셈본', '사사오입(四捨五入)'을 '반올림' 등으로 불으고 있어 국민학교 교과서에 이러한 새로운 조선말을 쓰고 있는데, 이는 잃어버렸든 우리말을 다시 찾는다는 의미에서 그 이상은 좋다 하겠으나 급작히 상용화(常用化)한 한자를 일시에 어려운 우리말로 고쳐 부른다는 것은 문화의 급속한 발전상 고려의 여지가 있다고 보지 않을 수 없다. 여기에 이러한 상용 언어를 우리말로 고쳐 부르는 데 대하여 각계 인사의 의견을 드러보기로 하자.[46]

이 기사에서 주요섭은 '성도 고칠 것인가'라는 제목 아래, 몇 사람의

---

46) 『조선일보』 1947.3.23.

독단과 고집을 배격해야 한다고 주장하면서 굳이 '세모꼴(三角形)', '덧셈(加算)' 등의 용어를 고칠 필요가 없다고 주장하며, 물리과 대학 교수 최윤식은 용어 개정의 필요성은 인정하면서도 고친 말이 이해하기 어렵거나 어색한 것이 많다고 비판하였다. 당시 외솔 최현배는 이와 같은 용어 제정이 각계의 권위자들의 의견을 종합한 것이라는 해명을 하였으나, 한자어 가운데 우리말로 상용화된 것을 굳이 고칠 필요가 없다는 의견도 상당수 있었다. '한자 안 쓰기'에 대해서는 폐지 필연성을 인정하면서도 사회적인 시비가 끊이지 않았다.

[漢字 全廢 是非]

지난 二日 學務局 教育審議會에서는 그동안 論議되여 오든 漢字 廢止案을 採擇하기로 되어 學務當局으로서도 더욱 愼重한 檢討를 加한 다음 態度를 決定하리라고 하는바 그 實施 如何는 우리의 文化 建設 途上에 적지 안흔 影響을 끼칠 것으로 자못 注目되거니와 듯건대 教育 審議會 안에서도 漢字 廢止 反對論이 相當히 擡頭하야 激論을 展開한 끗에 從多數決로 이를 決定하엿다고 하는 만큼 問題는 결코 圓滿치 안흠을 想像케 한다. (…中略…) 漢字 廢止論은 漢字의 數가 너모 만코 너무 번그러워서 배우기에 여간 精力을 消費하지 안는다는 條件이 가장 傾聽할 理由이고, 그 外 中國文化의 後進性을 漢字에 돌리거나 또는 우리의 '한글'을 지나치게 崇拜하는 偏見에서 생기는 傾向에 대하야는 一考할 餘地가 잇지 아니할가. (…중략…) 오늘날 이미 朝鮮語의 一部로 된 漢文 熟語까지 人爲的으로 無理하게 우리말로 改變하여 보자는 '한글' 學者의 固執에 대하야 우리는 一言 警告를 發하고저 한다. 言語는 決斷코 言語 自體만의 改變으로 言語가 되는 것이 아니요, 社會 全般의 變革에 따라 比較的 다른 分野보다 緩漫히 發展 改革되는 것이니 아무리 新奇가 조타고 하드라도 人間生活의 慣習과 密接한 關係를 가진

言語까지 하로 아침에 突變시킬 수 잇스리라고 밋는다면 이보다 더 憂慮할 妄想은 업다.47)

이 사설은 학무국 교육심의위원회에서 한자 폐지를 결정한 뒤, 그 문제점을 비판하고자 쓴 것이다. 주목할 점은 한자 폐지의 당위성에 대해서는 그 당시 언론이나 사회 전반이 동의하면서도 '한자 문제'를 '용어 문제'와 뒤섞은 점이다. 달리 말해 새로운 용어 제정에서 고유어를 살려 쓰거나 새로 만든 말을 '한자'에 대립하는 용어로 규정하고, 이와 같은 용어 제정이 '한글 숭배'에서 비롯된다는 논리를 펼친 셈이다. 엄밀히 말하면 '고유어 용어' 문제는 '우리말을 존중하는 뜻'에서 비롯된 것이며, '한자를 폐지하는 것'은 '우리글(한글)'로 쉽게 의사소통을 하자는 뜻이다. 이와 같은 관점에서 문화적 전통이나 학문 연구 차원에서 한자를 쉽게 버릴 수 없다는 역사학자나 국학자들의 논쟁이 없었던 것은 아니지만,48) 교과서의 경우 한글을 전용하되 한자를 부속하거나 병용하는 체제를 취함으로써 이 문제를 해결하고자 하였다.

광복 이후 미군정기와 정부 수립기를 거치면서 등장한 교과서 담론에서 용어와 한자 문제 이외에도 수많은 문제가 대두되었다. 다음을 살펴보자.

[과정 시책의 회고: 교육편]

**過政 施策의 回顧: 民主教育 漸進, 施設 人材에 刷新의 未治**: 국가건설에

---

47) 『조선일보』 1946.3.15, (사설) 한자전폐시비.

48) 조윤제(1946), 「國語와 國語教育」, 『조선교육』 제1권 제1호(1946.12), 조선교육연구회, 7~29쪽; 조연현(1949), 「國語教育과 文學」, 『조선교육』 3~4호(1949.6), 17~28쪽 등을 참고할 수 있다.

가장 중요한 것의 하나는 국민들의 교육 교화문제가 아닐 수 없다. 우리나라 교육문제는 四十년간 왜정의 억압(抑壓) 아래서 맥(脈)을 잃고 빈사(瀕死) 지경에 빠져 있었든 만큼 해방 후 그의 자주 발전에는 크나큰 기대를 가젓고 또 일반의 관심도 이에 따라 컸다고 하겠다. 군정하 문교부에서는 남한 교육의 특수성에 유의(留意)하여 민주교육이란 대기치(大旗幟)를 내걸고 첫째 우리나라 국어를 도로 찾자는 이념 아래 의무교육제 실시와 성인교육을 추진하여 문맹퇴치에 힘써 와 큰 성과를 거두고 있다는 것은 누구나 다 확인하는 바이다.

**國民校 增設이 當面한 問題**: 그러나 이와 같이 향학열이 늘은 관계로 학교 수도 많은 확충을 보고 의무교육도 착착 진행을 보았다 하겠으나 아직 적령(適齡) 아동의 二할은 수용치 못하고 있어 이를 위하여는 九백의 국민교를 더 증설할 것이 요망되고 있다. 그러나 이에 병행치 않는 문제는 예산문제라 하겠는데, 현재 一년 예산 十七억원 가지고는 도저히 이에 충당할 수 없고 적어도 三十억원은 있어야 충분한 계획 달성을 보게 될 것으로 앞으로의 국고 보조가 극히 주목된다 하겠다.

다음은 국어문제와 교과서 문제이다. 과정 문교부에서는 문맹(文盲) 최치를 꾀하고 〈한글〉 강습회, 간이학교 설치 등 기회를 노치지 않고 노력한 보람이 있어 문맹자의 七할을 모다 우리의 글을 이해하게 되었다는 것은 있지 못할 공적이라 아니할 수 없다. 그러나 여기에 묵과할 수 없는 문제가 있다. 그것은 〈한글 맞춤법〉의 통일이라는 것이다. 표준어라는 조선어학회(朝鮮語學會)의 맞춤법이라 하여도 학설이 구구하여 어느 것을 쪼츠면 좋을지 그 선부(善否)를 선택하는 데 당황하는 것이 누구나 〈한글맞춤법〉에 뜻을 둔 인사들의 고충일 것이다.

**發達된 國語는 文法에 正確**: "문법이 정확한 국어가 제일 발달된 국어이다."라는 말은 혼이 듣는 말이거니와 앞으로 새 문교부에서는 이 점에 유의

(留意)하여 국민들이 안심하고 쓸 수 있는 맞춤법을 통일 제정(制定)하야 해마다 변하는 철자 내용에 학동들이 당황치 않도록 해야 할 것이다.

**教科書의 刷新 增刊:** 교재는 해방 후 사계의 권위자들이 그간 많은 애로 (隘路)를 극복하고 구수(鳩首) 제정하여 훌륭한 교과서를 맨들었다는 것은 가상(嘉賞)치 않을 수 없으나 앞으로는 좀더 연구를 거듭하여 배우는 사람 들에게 좀더 신뢰(信賴)감을 줄 만한 권위있는 체재와 내용을 갖출 것이 요청된다. 그런데 이 교재는 도회지의 학생들은 얻어볼 수도 있지만 지방 학생들은 교과서조차 얻어볼 수 없는 딱한 사정에 있다는 것을 당국자들은 아는지 모르는지? (…하략…)49)

이 기사에 나타난 것처럼, 광복 이후 교육 문제는 '성인 교육과 문맹 퇴치', '학교 증설 필요', '국어 문제'와 '교과서 문제' 등 다양하다. 특히 교과서 문제는 사용 문자와 문법뿐만 아니라 내용적인 면에서도 적지 않은 문제가 내재되어 있었다. 특히 문자 문제의 경우 광복 직후 대표적인 국어 문제였던 '한자 안 쓰기'와 관련하여 교과서에서 한자 를 어떻게 처리할 것인가라는 논쟁으로 이어졌고, 내용적인 면에서 일제강점기 독본의 문제점을 극복했는가라는 논의가 나타나기도 하 였다. 다음을 참고해 보자.

[교과서에 대한 잡감]

解放된 지 벌서 三年이 지난 오늘날 文敎部 敎科로써 일컬을 만한 程度 로 各 國民學校에서 두루 쓰이게 된 것이 卽 國語科에서 말하면 〈한글첫걸 음〉, 〈국어교본〉 또 따로 敎授자의 參考用으로 〈한글 敎授指針〉이 있었다.

---

49) 『동아일보』 1948.8.8, 과정 시책(過政施策)의 회고: 교육편.

그러나 이 따위는 모든 正式 敎科書가 나올 때까지의 우리 敎育界의 急한 要求에 이바지하려는 臨時 조치로 日帝時代의 所謂 〈朝鮮語讀本〉에서 그 折半에 가까운 敎材를 따왔기 때문에 그 內容에 있어 그다지 보잘것이 없었을뿐더러 그 사이 맞춤법에 있어서도 統一案에 몇 가지 重要한 改正을 보게 되어 더욱 그 內容이 좀더 充實하고 淸新하며 또 새로운 綴字法에 依據한 우리의 새 敎科書의 出現이 크게 期待되었었다. 그러나 그 사이 文敎部의 順調로움에 참다운 우리의 敎科書를 가젓다는 感激과 반가운 또 內容에 대한 興味에 끌려 틈틈이 처음부터 끝까지 보이기는 中 語法上 綴字上 몇 가지 前과 다른 점이 눈에 띄었고 또 敎科書의 活字가 잘 안 보이며 또 敎科書의 묶음이 中心이 되지 않고 한 페지는 반뿐이 活字가 안 보이며 兒童 心理에 맞지 않는 敎科書로써, 더부러 심한 데는 印刷도 않고 白紙로 묶어놓은 것까지 보인다. 解放 前 帝國時代에서도 이런 敎科書는 아직 못 보앗는데 獨立된 오늘에 이런 敎科書를 대하는 것은 참으로 부끄러운 일이다. (*陽學校 一敎員)50)

'잡감' 형식의 글이지만, 이 글에서는 광복 직후 교과서의 문제점이 잘 나타나 있다. 『초등국어교본』과 『중등국어교본』이 일제강점기 『조선어독본』을 답습한 것51)이라거나, 맞춤법 문제, 교과서 활자나 체제 문제 등이 대표적이다. 이러한 비판은 조선어학회의 교본에 대한 유열의 비판과 정인승의 답변을 통해서도 확인된다. 『한글』 제11권 제3호(1946.7)에 실린 유열의 '〈초등국어교본〉과 〈한글 첫걸음〉을 읽고'에서는 '글자 모양, 숫자에서만 한자를 남겨 놓은 이유, 띄어쓰기, 사

---

50) 『동아일보』 1948.11.28.

51) 허재영(2009b), 『일제강점기 교과서 정책과 조선어과 교과서』, 경진출판. 이 책 제4장에서 광복 이후의 교본이 일제강점기 독본 제재를 그대로 사용한 예를 중점적으로 비교하였다.

이 시옷, 한자어, 맞춤법, 홀로 이름씨(고유명사) 사용, 대중말' 등을 기준으로 두 교재를 비판하고 있으며, 정인승에서는 이 비판에 대해 답변한다.[52] 이러한 문제는 비단 국어 교과서에만 해당된 문제는 아니다. 그 당시 발행된 교과서의 경우 국어과 국정 교과서에서도 적지 않은 오탈자가 발견되는데, 광복 직후 시급히 편찬된 교과서일수록 그와 같은 문제가 더 심했던 것으로 볼 수 있다.

이와 같은 논의에서도 국어 교재의 내용과 범위에 관한 논의가 활발해진 것은 주목할 현상이다. 그 중 대표적인 것으로 국어 교재에서 '문학적 제재'와 관련된 것을 들 수 있다. 다음을 살펴보자.

[국어교육의 몇 가지 문제]

**國語敎材**: 國語는 文學的 敎材가 中心이 되어야 하리라고 생각된다. 從來의 國語 敎科書 編纂의 方針을 보면, 公民, 實業, 科學, 文學 등 學校에서 가르치고 있는 各 敎科目에 대하여 어떠한 均衡된 比率로써 材料를 蒐集하는 것을 보았으나, 이것에 대하여는 再檢討 再認識할 必要가 있다고 생각한다. 本來 敎育의 目的이 國民으로서의 有爲有能한 人物을 養成하는 데 있다고 생각한다. 이 國民이란 말은 매우 意味深長하고 含蓄이 있어서 '國民精神을 體得한 사람', '國家 理念에 透徹한 사람'을 뜻하는 것이 아닌가 한다. 그저 知的으로 有爲有能만 한다면, 그리하여 德育面에 遜色이 있어서 人格的으로 圓熟하지 못하고 國民的으로 自覺이 缺如하다면, 그러한 사람은 個人的으로 利己的으로 有爲有能할는지 모르나 人間的으로 乃至 國民的으로는 아무 貢獻도 期待할 수 없을 것이므로, 百害無益한 人物이 되고 말

---

52) 유열(1946), 「〈한글 첫걸음〉과 〈초등국어교본〉을 읽고」, 『한글』 제11권 제3호, 한글사, 27~29쪽; 정인승(1946), 「〈국어교본〉에 관한 유열 님의 감상 말씀을 받고」, 『한글』 제11권 제3호, 한글사, 30~34쪽.

것이다. 그러므로 아무리 科學 萬能을 부르짖는 現代에 있어서라도, 主知敎育에 치우친다면, 우리 民族으로서 國家로서의 앞날이 憂慮할 結果에 이르게 되지 않을가, 미리부터 매우 念慮하여 마지 않는 바다. (…중략…)

解釋과 鑑賞: 國語敎育에 科學的인 面과 文學的인 面의 두 가지가 있다는 것은 나의 持論이다. 이 두 가지를 兼하지 않으면 國語敎育은 圓滿히 遂行할 수 없을 것이다. 科學的 面은 敎材의 語句나 文章의 意味, 綴字法, 發音, 文法 等 國語의 知識面에 대한 檢討다. 國語敎育에 있어서는 이 過程을 반드시 밟고 넘어가야 할 것이다. 그러나 여기에만 그치고 만다면 그야말로 수박 겉 핥기요 隔靴搔癢이다. 다음 순서로는 그 敎材를 文學的으로 吟味하여 보아야 할 것이다. 知的 敎材에 있어서도 文句의 解釋만으로는 그 內容을 理解할 수 없을 것이다. 더군다나 우리의 情緖를 주로 한 文學的 作品에 있어서는 그 內容의 吟味가 또한 絶對로 必要하다. 國語敎材의 語句 註釋, 綴字法, 發音, 文法 등의 科學的인 面은 解釋이라 이르고, 그 內容의 文學的 吟味를 鑑賞이라 일컫는다. 國語敎育은 이 解釋과 鑑賞이 항상 步調를 같이 하여 나가지 않으면 所期의 目的을 達할 수 없을 것이다.[53]

이 논문에서 이희승은 국어교육의 재료를 과학적인 면과 문학적인 면으로 나누고, 문학이 국어교육의 중심을 이루어야 한다고 주장했다. 이는 당시 국어 문제나 국어교육, 교과서 비판 등이 용어, 한자, 맞춤법, 가로쓰기 등과 관련되어 있음을 고려할 때, 국어교육의 본질에서 감상과 해석을 통한 정서교육이 포함되어야 함을 주장한 것이라고 할 수 있다. 이와 같은 주장이 교과서 분석을 바탕으로 한 실증적인

---

53) 이희승(1949), 「국어교육의 몇 가지 문제」, 『새교육』 제2권 제2호(제5호, 1949.3), 대한교육연합회, 13~19쪽.

것은 아니나 『초등국어교본』이나 『중등국어교본』 교재의 대부분이 수필이나 논설을 중심으로 한 것을 고려할 때 타당성이 높은 것으로 보인다. 물론 이들 교본에는 고시조, 현대시, 전기문 등 문학적 요소를 포함한 것들도 다수 들어 있다. 그럼에도 문학적 다양성의 차원에서 문학 작품이 풍부하게 다루어진 것은 아니다. 더욱이 앞서 살펴본 바와 같이, 교수요목에서 중등 국어과 교수 영역으로 '문학' 대신 '국문학사'가 포함된 것을 볼 때, 교과서에서 본질적인 문학교육보다 문학사 중심의 지적 교육이 실행된 것으로 판단할 수 있다.

이처럼 미군정기로부터 정부 수립, 전시와 전후에 이르기까지 교과서 담론은 그 당시 '국어문제'와 직접적인 관련을 맺는 문제를 중심으로 진행되어 왔으며, 교과서의 내용이나 단원 구성 방식 등 국어 교과와 관련을 맺는 다차원적인 분석이 진행된 사례는 많지 않음을 확인할 수 있다. 비록 이 시기 이호성의 『민주주의 국어 교수법 강화』나 최근학의 『민주주의 국어교육』과 같은 단행본 연구서가 나타나기도 했지만, 체계적 연구 차원으로 본다면, 제1차 교육과정 제정 이후인 1957년 김성배의 『신국어교육론』이 출간된 이후부터 국어과 연구가 본격화된 것으로 판단할 수 있다. 이 연구서는 제1부 '이론편'에서, '국어교육의 반성', '국어교육의 기본 문제', '국어교육의 목표', '국어과 학습 지도법의 원리' 등을 다루었고, 제2편 '실제편'에서 '국어과 학습 지도의 실제'(말하기, 듣기, 쓰기, 읽기, 문법, 작문, 고전학습, 한자 및 한문, 단원 학습, 언어교육과 문학교육), '국어과 학습 지도안 작성법', '국어과의 평가' 등을 다루었다. 제3부 '참고편'에서는 '국어교육 연구 문제', '국어교육과 타교과', '교과서 문제' 등을 제시했다. 그 가운데 '국어교육의 반성'에 제시된 15가지 사항은 광복 이후 교육과정 제정까지의 국어과 교육의 문제점을 정리한 것으로, 그 당시 국어교육 담론의 주요 내용을 망라한 것으로 볼 수 있다.


[국어교육의 반성]

 1. 해방 후 초중고등학교에 있어서 그들에게 종합적이고 전인적인 국어 생활의 교육(읽기, 듣기, 쓰기, 말하기)을 일관성 있게 철저히 실시하지 못하였다는 점.

 2. 해방 후 교육 제도의 빈번한 변경, 개혁으로 인하여 일관성 있는 교육을 하지 못하였다는 점.

 3. 현재까지 중고등학교에 있어서의 국어교육의 목적, 목표 등이 명문화되지 않고, 따라서 구체적이고 세밀한 국어과 과정(課程)의 제정을 보지 못하였으며, 또 각학교에 있어서는 그러한 방면에 정력을 기울여 요목, 세목 같은 안(案)도 마련하지 않고 그저 국어교육이란 명목만을 내걸고 있었다는 점.

 4. 해방 후 우리 교육계는 영위(營爲)하고 실천할—광범한 민주주의적인 교육의 실천—일이 너무나 많아서, 오로지 국어교육에만 정력을 기울이지 못하였다는 사실.

 5. 해방 후부터 2~3년간 초중등학교에서 실시한 한글 전용 교육, 한자 폐지 교육과, 극단으로 들어간 용어의 개조와 철자법과 아울러, 어려운 문법 지도의 시종(始終)으로 말미암아, 학생들의 국어에 대한 인식과 흥미를 돋구지 못하고, 도리어 자기 것을 버리고 남의 것만을 배우려는 왜곡된 방향으로 흘러가게 되었다는 사실.

 6. 교과서 및 부교재의 빈약, 부족과 과도 배본(過度 配本)의 지연 등으로 말미암아 정상적인 수업을 실천하지 못한 사실.

 7. 각학교의 경영자(주로 학교장)의 국어교육에 대한 이해와 인식과 열의 부족에서 온 사실. (…중략…)

8. 교직원들의 국어 실력(최소한 기본적인 면)의 부족과 국어과 사명의 인식 부족에서 온 사실. (…중략…)

9. 각종 상급학교의 입시 문제의 영향. (…중략…)

10. 종래의 국어교육이 형식적인 교육이었다는 사실. (…중략…)

11. 국어 교사 수의 부족과 국어 수업 시간의 부족 및 교사의 잡무가 많은 데에서 나타난 사실. (…중략…)

12. 해방 후 각 대학에서 졸업시킨 국어국문학과 졸업생(국어과 교사)의 질이 좋지 못하였다는 점.

13. 학생들의 독서생활 지도를 철저히 교육적으로 못하였다는 사실.

14. 언어교육의 본질에 대한 인식 부족과 그의 종합적 지도의 빈약에서 온 사실.

15. 물밀듯이 들어오는 외래 사상에 휩쓸리고, 특히 육이오 동란 후 민심, 민생의 극심한 변동, 혼란, 황량 등으로 곤(困)하여 불순 불미한 국어생활을 하게 되었다.54)

위의 열다섯 항목 가운데 교과서와 직접적인 관련을 맺는 것은 5~6번에 불과하지만, 교재론과 교사론을 비롯한 국어교육의 문제점을 명료하게 제시한 것은, 광복 이후 국어과 교육 문제와 교과서 발전을 위한 연구의 기틀을 제공해 준 것으로 평가된다.

---

54) 김성배(1957), 『신국어교육론』, 대한교과서주식회사.

# 4. 결론

이 글은 미군정기로부터 정부 수립, 전시와 전후의 국어문제와 교과서 담론을 살피는 데 중점을 두었다. 군정 체제로부터 출발한 광복 이후의 국어교육은 그 당시 시급했던 '우리말 도로 찾기', '한자 안 쓰기', '맞춤법 보급' 등 적지 않은 국어문제와 함께, 국어교육의 이념과 내용뿐만 아니라 교과서 문제 등과 같이 수많은 문제가 한꺼번에 돌출되는 시기였다. 군정 실시와 관련하여 한국에서의 어문문제나 교육정책에 대한 준비가 없던 상태에서, 다양한 문제를 해결하기 위한 방안을 마련하는 일은 쉬운 일이 아니었다. 그렇기 때문에 군정 실시와 함께 공문서의 공용어를 영문으로 하고, 군정청 관보를 영어와 일본문으로 발행하기도 하였다.

이 시기 빼앗겼던 우리말을 도로 찾는 문제와 우리말로 교육을 실행하는 문제는 가장 중요한 문제의 하나가 되었다. '우리말 도로 찾기'는 일상의 언어 표현뿐만 아니라 일제강점기에 침식되었던 왜색 한국어를 바로 잡는 일, 다양한 분야의 전문어와 학술어를 우리말로 다듬는 일 등이 포함되었다. 이와 관련하여 군정청의 위촉으로 설립된 '조선교육위원회'(교육심사위원회), '용어제정위원회'의 활동은 우리말 교육을 위한 기본적인 활동이었던 셈이다.

미군정기 조선어학회의 『한글 첫걸음』, 『초등국어교본』, 『초등공민』, 『중등국어교본』, 『중등공민』 등의 교과서 편찬이나 군정청의 '교수요목' 제정 등은 이 시기 우리말 교육의 역사에서 중요한 사안으로 다루어질 수밖에 없다. 왜냐하면 이와 같은 일들은 일제의 패망과 준비되지 않은 상태에서의 우리말 교육의 기본이 되는 교육과정, 교과서 문제를 해결하고자 하는 출발점이 되었기 때문이다. 이들 교과서는 군정청 문교부, 정부 수립 이후의 국어과 교과서로 이어지며, '교수요목'은 1955년 제1차 교육과정이 제정되기 전까지 국어과 교육의 준거로 활용되었다. 그럼에도 이 시기 교과서나 '교수요목'은 그 당시 국어문제와 국어교육의 당면 문제를 해결하는 데는 한계가 뚜렷했다. 특히 교본 가운데 상당수의 제재는 일제강점기『조선어독본』을 바탕으로 한 것이며, '용어, 한자, 맞춤법, 가로쓰기' 등 형식적인 문제 해결에 집중하여, 국어교육의 내용을 이루는 제재 문제와 관련한 연구와 해결 노력을 기울이지는 못했다. '교수요목'에서도 우리말 교육의 목표(교수 요지)를 충분히 드러낸 것으로 보기 어렵고, '교수 사항'(국어과의 영역)을 체계적으로 구성하지 못했다. 이러한 한계는 본질적으로 미군정기와 정부 수립기의 '과도기적' 성격에서 비롯된 것이다. 따라서 이 시기 신문, 잡지 등을 통해 발표된 우리말 교육과 관련한 다수의 논문은 우리말 교육과 교과서 발전 차원에서 중요하게 다루어져야 할 것으로 판단된다. 이 시기 국어교육 교재와 교과서의 제재 문제와 관련한 비판적 담론이 활발하지 못했던 것이 사실이나 '용어 문제', '맞춤법', '한자 안 쓰기' 등과는 별개로 우리말 교육에서 문학적 제재를 폭넓게 사용해야 한다는 의견이나 '민주주의 국어 교수'를 주장한 이론서 등이 주목되는 것도 그러한 까닭이다.

참고문헌

가타기리 요시오·기무라 하지메 지음, 이건상 옮김(2011), 『일본 교육의 역사』, 논형.

강윤호(1973), 『개화기의 교과서』, 을유문화사.

강진호 편역(2009), 『국민소학독본』, 경진출판.

강진호(2012), 「국어 교과서의 탄생과 근대 민족주의: 국민소학독본(1895)을 중심으로」, 『상허학보』 36, 상허학회, 257~293쪽.

강진호(2015), 『근대 국어 교과서를 읽는다』, 경진출판.

강진호·허재영 편(2010), 『조선어독본』 1~5, 제이앤씨.

강철성(2009), 「사민필지의 내용 분석: 자연지리를 중심으로」, 『한국지형학회지』 16(3), 한국지형학회, 67~75쪽.

강혜경(1995), 『한국 근현대 청년운동사』, 풀빛

강화석 지음, 강영미 편역(2012), 『부유독습』, 경진출판.

게일 지음, 허재영 주해(2018), 『주해 유몽천자』, 경진출판.

경기도 경찰청(1932), 「비밀결사 조선공산당 경기도 전위동맹 준비회 검거에 관한 것」, 『국내항일자료 경성지방법원 검사국 문서』(국사편찬위원회, 한국사데이터베이스).

경기도 지방과(1933), 『경기도 농민독본』, 경기도.

경북대학교(2006), 『일제하 대구 경북지역 계몽운동』, 영한.

경상북도 내무부(1912), 『잠업지남』, 대구인쇄합자주식회사.

고영근(1998), 『한국 어문운동과 근대화』, 탑출판사.

고영진·김병문·조태린 편(2012), 『식민지 시기 전후의 언어 문제』, 소명출판.

고춘섭 편찬(1991), 『경신사(儆新史)』, 경신중·고등학교.

관훈클럽 신영연구기금(1983), 『한성순보』, 『한성주보』, 『한성순보·주보 번역판』, 코리아헤럴드.

구자황(2004), 「'독본(讀本)'을 통해 본 근대적 텍스트의 형성과 변화」, 『상허학보』 13, 상허학회, 213~244쪽.

구자황(2008), 「근대 독본문화사 연구 서설」, 『한민족어문학』 53, 한민족어문학회, 1~40쪽.

구자황(2010), 「근대 독본의 성격과 위상: 1930년대 독본(讀本)의 교섭과 전변을 중심으로」, 『반교어문연구』 29, 반교어문학회, 5~32쪽.

구자황(2014), 『근대 독본 문화사 연구』, 글누림.

구자황·문혜윤 편역(2009a), 「독본이라는 근대의 창」, 『(새벗사 편집) 어린이독본』, 경진출판.

구자황·문혜윤 편역(2009b), 『(최남선 찬) 시문독본』(근대독본총서1), 경진출판.

구희진(2004), 「한국 근대개혁기의 교육론과 교육개편」, 서울대학교 박사논문.

국립중앙도서관(1982), 『한국 교과서 목록』, 국립중앙도서관.

國民敎育硏究會(1937), 『(農村速習) 朝鮮語讀本』, 正文堂.

국민교육회(1906), 『초등소학』, 국민교육회.

국사편찬위원회(2011), 『한국근대사 기초 자료집 2: 개화기의 교육』, 탐구당문화원.

권병탁(1983), 「자력갱생운동(1932~1936)의 정체」, 『사회과학연구』 3(1), 영남대 사회과학연구소, 101~122쪽.

권정화(2013), 「헐버트의 사민필지와 미국 근대 지리교육의 굴절된 투영성」,

『사회과학교육연구』 15, 한국교원대 사회과학교육연구소, 1~15쪽.

김경남(2014), 「근대 계몽기 여자 교육 담론과 수신·독본 텍스트의 내용 변화」, 『한국언어문학』 89, 한국언어문학회, 149~171쪽.

김경남(2015), 「소년 사상의 형성과 〈소년〉 소재 기행문의 시대의식」, 『우리말글』 66, 우리말글학회, 241~266쪽.

김경남·김세종·허재영·윤지원·김정희(2019), 『지식의 구조와 한중일 지식 지형 변화의 탐색』, 경진출판.

김경미(2009), 『한국 근대 교육의 형성』, 혜안.

김동진(2011), 「개화 초창기 한글문화 자강 활동에서 헐버트 박사의 역할과 업적」, 『한국어정보학』 13, 한국어정보학회, 1~15쪽.

김만곤(1979), 「국민소학독본 그 출현의 배경에 대하여」, 『국어문학』 20, 국어문학회, 293~316쪽.

김민수(1975), 『국어정책론』, 탑출판사.

김민수·고영근·하동호(1977), 『역대한국어문법대계』 3~17, 탑출판사.

김병문(2015), 「과학으로서의 언어학이라는 난점: 1930년대 홍기문의 언어 연구 검토」, 『대동문화연구』 90, 성균관대학교 대동문화연구소, 459~492쪽.

김병문(2016), 「초기 국어문법에서의 품사 분류와 보조어간 설정에 관한 문제」, 『국어학』 77, 국어학회, 101~129쪽.

김병제(1946), 「국어와 민족의식」, 『한글』 제11권 제1호(통권 94호), 한글사, 4~5쪽.

김상민(2007), 「개화·일제기 한국 관련 서양 문헌에 나타난 한국 인식 양태 연구」, 명지대학교 박사논문.

김성기(2017a), 「1910년대 보통학교용 조선어과 교과서의 내용과 성격에 대한 연구」, 국민대학교 박사논문.

김성기(2017b), 「보통학교 학도용 국어독본(1907)의 내용과 특성」, 『어문학논

총』36, 국민대학교 어문학연구소, 29~40쪽.

김성배(1957), 『신국어교육론』, 대한교과서주식회사.

김순전 외 번역 해제(2011), 『조선총독부 제1기 초등학교 일본어독본』 1~4, 제이앤씨.

김순전 외(2011a), 『보통학교 국어독본』 상·하, 제이앤씨.

김순전 외(2011b), 『초등학교 일본어독본(제1기)』 1~4, 제이앤씨.

김순전 외(2013), 『조선총독부 편찬 초등국어독본 원문』 상·중·하, 제이앤씨.

김순전 외(2014), 『조선총독부 편찬 제3기 보통학교 국어독본 원문』 상·중·하, 제이앤씨.

김순전·박장경·김현석(2013), 『조선총독부편찬 보통학교 국어독본 제2기 한글 번역』 1~5, 제이앤씨.

김시덕(2004), 「에도 후기 요미혼(각본)의 임진왜란 서술 양상에 대하여: 상주· 충주 전투 기사 분석을 중심으로」, 『한일군사문화연구』 2, 한일군사문화 학회, 173~189쪽.

김용달(1997), 「春園의 「민족개조론」의 비판적 고찰」, 『도산사상연구』 4, 도산 사상연구회, 290~310쪽.

김윤주(2011), 「일제강점기 『조선어독본』과 『국어독본』의 비교: 제1차 교육령 기 보통학교 1~2학년 교과서를 중심으로」, 『우리어문연구』 41, 우리어 문학회, 137~166쪽.

김재영(2007), 「일제강점기 형평운동의 지역적 전개」, 전남대학교 박사논문.

김재현(2012), 「한성순보 주보 서유견문에 나타난 철학 개념」, 『개념과 소통』 권9, 한림과학원 149~181쪽.

김제완(2001), 「사민필지에 대한 소고」, 『문화역사지리』 13, 한국문화역사지리 학회, 199~210쪽.

김태준(1981), 「이솝우화의 수용과 개화기 교과서」, 『한국학보』 7(3), 일지사,

107~135쪽.

김택호(2003), 「개화기의 국가주의와 1920년대 민족개조론의 관계 연구」, 『한국문예비평연구』 13, 한국현대문예비평학회, 269~287쪽.

김형국(1999), 「1919~1921년 한국 지식인들의 개조론에 대한 인식과 수용에 대하여」, 『충남사학』 11, 충남대학교 사학회, 119~145쪽.

김형국(2001), 「1920년대 초 民族改造論 검토」, 『한국근현대사연구』 19, 한국근현대사학회, 187~206쪽.

김형목(2009), 『교육운동』, 독립기념관 한국독립운동사연구소.

김혜련(2011), 『일제강점기 조선어과 교과서와 조선인』, 역락.

김혜련(2013), 「근대 언어와 매체의 다층성: 국정(國定) 국어 교과서의 정치학 『보통학교 학도용 국어독본』(학부 편찬, 1907)을 중심으로」, 『반교어문연구』 35, 반교어문학회, 65~95쪽.

김호일(1991), 『일제하 학생운동』, 독립기념관 한국독립운동사연구소.

김효전(2008), 「번역과 근대한국: 법학과 국가학 문헌을 중심으로」, 『개념과 소통』 1, 한림과학원, 25~78쪽.

나광호(1982), 「조선농민사: 그 발전 과정과 사업활동」, 『협동조합경영연구』 5, 농업대학교 협동조합경영연구소, 101~141쪽.

남궁준(1912), 『신정 척독전서(新訂尺牘全書)』, 유일서관.

노먼 페어클럽 지음, 김지홍 뒤침(2011), 『언어와 권력(Language and Power)』, 경진출판.

노영택(1978), 『일제하의 민중교육운동』, 탐구당.

노영택(1979), 「일제하 농민계몽운동의 연구」, 『역사교육』 26, 역사교육학회, 69~101쪽.

노영택(2010), 『일제하의 민중교육운동사』, 커뮤니케이션북스.

농촌진흥교육연구회(1936), 『(農村振興)朝鮮語讀本』, 明文堂.

대한민국 문교부 국사편찬위원회(1971), 『음청사(김윤식)·종정연표(어윤중)』, 국사편찬위원회.

류시현(2009), 「1910~1920년대 전반기 안확의 '개조론'과 조선 문화 연구」, 『역사문제연구』 21, 역사문제연구소, 45~75쪽.

류양선(1998), 「조선농민사의 농민시 연구」, 『진단학보』 76, 진단학회, 283~311쪽.

문세영(1938), 『조선어사전』, 영창서관.

미쓰이 다카시 지음, 임경화·고영진 옮김(2002), 『식민지 조선의 언어 지배 구조』, 소명출판.

민현식(1999), 「개화기 한글본 사민필지에 대하여」, 『국어교육』 100, 한국국어교육연구회, 357~391쪽.

밀 부인(1906), 『동물학』, 간행지 미상(대한예수교서회 추정), 1906.

밀 부인(Mrs. E. H. Miller, 1906), 『초학디지』, 대한예수교서회, 1906.

박득준(1989), 『조선근대교육사』, 한마당(이 책은 북한연구자료선 15로 초판이 언제 발행되었는지를 확인할 수 없음).

박만규(2016), 「도산 안창호의 개혁사상과 민족개조론」, 『역사학연구』 61, 호남사학회, 227~253쪽.

박붕배 편(2003), 『침략기의 교과서』, 국어교육연구소.

박붕배(1987), 『국어교육전사』(상·중·하), 대한교과서주식회사.

박상진(2011), 「1920~30년대 대중잡지의 어휘 소개에 대하여」, 『한국학연구』 38, 고려대학교 한국학연구소, 129~173쪽.

박선영(2015), 「조선어독본 근대적 공간 개념 형성과 감각의 공유」, 『동화와번역』 29, 건국대학교 동화와번역연구소, 15~39쪽.

박성래(2003), 「중국근대의 서양어 통역사」, 『국제지역연구』 7(1), 한국외국어대학교 국제지역연구센터, 353~382쪽.

박성진(1997), 「1920년대 전반기 사회진화론의 변형과 민족개조론」, 『한국민족운동사연구』 17, 한국민족운동사학회, 5~64쪽.

박슬기(2011), 「이광수의 개조론과 기독교 윤리」, 『한국현대문학연구』 35, 한국
현대문학회, 69~93쪽.

박은미·민병희·이용삼(2016), 「대한제국 시기 천문학 교과서 비교」, 『천문학논
총』 31(2), 한국천문학회, 21~34쪽.

박철희(2009), 『청년운동』, 독립기념관 한국독립운동사연구소.

박치범·박수빈 편(2012), 『(국민교육회 저) 초등소학』 상·하, 경진출판.

박태영(2014), 「구한말과 일제 식민 통치 시대의 북미 선교사들의 정교 분리
연구」, 숭실대학교 박사논문.

박한용(2013), 「일제강점기 조선 반제동맹 연구」, 고려대학교 박사논문.

박환(2005), 『식민지 시대 한인 아나키즘 운동사』, 선인.

배수찬(2009), 「일제강점기 국어교육의 식민지 근대성 연구 서설: 보통학교
국어독본을 중심으로」, 『한국언어문화』 39, 한국언어문화학회, 5~30쪽.

배위량(W. M. BAIRD, 1906), 『텬문략히』, Pyong Yang Union Christian College.

백낙준(1973), 『한국 개신교사』, 연세대학교 출판부.

백옥경(2010), 「한말 세계사 저역술서에 나타난 세계 인식」, 『한국사상사학』
35, 한국사상사학회, 173~210쪽.

부여군(1933), 『민심작흥 자력갱생(民心作興 自力更生) 부인강습회 강화록(婦
人講習會講話錄)』, 홍산인쇄소.

서신혜(2012), 「지리교과서 〈민필지(士民必知)와 초학디지(初學地誌)」, 『문헌
과 해석』 61, 태학사, 90~108쪽.

서울시교육회(1948), 「국어교육: 서울 덕수공립국민학교」, 『교육』 창간호(1948.
2), 90~91쪽.

선우기성(1973), 『한국청년운동사』, 금문사.

성주현(2008), 「일제강점기 천도교청년당의 대중화운동」, 『한국독립운동사연

구』30, 독립기념관 한국독립운동연구소, 257~297쪽.

소요한(2015), 「한국 근대교육 선구자 아펜젤러(13): 근현대 출판의 산실」, 『국민일보』, 2015.2.10.

송기섭(2007), 「문자 보급과 언어 환경의 재현: '무정'과 '흙'의 경우」, 『우리말글』39, 우리말글학회, 117~138쪽.

신용하(2005), 「1930년대 문자보급운동과 브나로드 운동」, 『한국학보』31, 일지사, 95~132쪽.

심상훈(1996), 「1920년대 안동지역의 청년운동」, 『안동사학』2(1), 안동대학교 사학회, 109~164쪽.

심상훈(2001), 「일제강점기 의성지역의 청년운동과 성격」, 『조선사연구』21, 조선사연구회, 115~138쪽.

안애리(1908), 『식물학』, 조선야소교서회.

안애리(Mrs. W. M. BAIRD, 1908), 『싱리학 초권』, Pyong Yang Union Academi.

岸勇一(1939), 『自力更生彙報』第64號 附錄, 朝鮮總督府·鮮光印刷株式會社.

안종수 지음, 농촌진흥정 편(2002), 『농정신편』, 농촌진흥청.

안호상(1982), 『청년과 민족운동』, 탑영출판사.

양미리(1947), 「어린이의 바른말 지도」, 『조선교육』제1권 제5호(1947년 9월호), 조선교육연구회, 61~63쪽.

양일모(2004), 「근대 중국의 서양학문 수용과 번역」, 『시대와 철학』15(2), 한국철학사상연구회, 119~152쪽

에릭 홉스봄 지음, 김동택 옮김(1998), 『제국의 시대』, 한길사.

연세대학교 외술 전집 간행위원회(2012), 『외술 최현배 전집』1~27, 연세대학교 출판문화원.

염수진(2011), 「대한제국기 태서신사 편찬 과정과 영향 연구」, 고려대학교 석사논문.

오문석(2013), 「1차 대선 이후 개조론의 문학사적 의미」, 『인문학연구』 46, 조선 대학교 인문학연구소, 299~323쪽.

오병수(2006), 「『개벽』의 개조론과 동아시아적 시공의식(時空意識): 중국의 『해 방여개조』와 비교를 중심으로」, 『사림』 26, 수선사학회, 227~261쪽.

외솔회 엮고 옮김(2019), 『외솔 최현배의 문학·논술·논문 전집』 1~4, 채륜.

외솔회·연세대 출판문화원(2011), 『외솔전집』 1~4, 연세대학교 출판문화원.

위르겐 오스터 함멜 지음, 박은영·이유재 옮김(2006), 『식민주의』, 역사비평사.

위르겐 하버마스 지음, 서규환·심광섭·노진철·김기웅·최문규 역(1995), 『소통 행위이론(Theorie des KommuniKativen Handelns Bd.)』, 의암출판.

유길준(1907), 『노동야학독본』, 경성일보사.

유길준 지음, 조윤정 편역(2012), 『노동야학독본』, 경진출판.

유길준(1910), 『대한문전』(유인본).

兪萬兼(1932), 「社會教育と青年誘導」, 『朝鮮』 1932.12, 朝鮮總督府, 13~16쪽.

유성실(2019), 「H. B. 헐버트 선교사의 통전적 선교가 한국 근대 교육과 사회문 화 발전에 끼친 영향」, 한세대학교 박사논문.

유열(1946), 「〈한글 첫걸음〉과 〈초등국어교본〉을 읽고」, 『한글』 11(3), 한글사, 27~29쪽.

유현경(2022), 「외솔 최현배의 국어학 연구: 〈우리말본〉의 연구 방법론을 중심 으로」, 『애산학보』 49, 애산학회, 17~45쪽.

윤금선(2017), 「농도학원의 교육활동과 농민독본 연구」, 『어문연구』 92, 어문연 구학회, 349~386쪽.

윤여탁 외(2005), 『국어교육 100년사』, 서울대학교 출판부.

윤영도(2005), 「중국 근대 초기 서학 번역 연구 만국공법을 중심으로」, 연세대 학교 박사논문.

윤치부(2002), 「국민소학독본의 국어 교과서적 구성 양상과 그 의미」, 『논문집』

31, 제주대학교, 17~39쪽.

이광린(1969), 『한국개화사연구』, 일조각.

이광순(1987), 「조선농민지(朝鮮農民誌)의 내력(來歷)」, 『농민·조선농민』(영인본), 삼문사.

이권희(2013), 『근대 일본의 국민국가 형성과 교육』, 케이포북스.

이동근(2007), 「일제강점기 수원청년동맹의 활동과 인물」, 『한국민족운동사연구』 51, 한국민족운동사학회, 189~230쪽.

이만규(1948), 『조선교육사』(1991, 거름출판사).

이병근·송철의 외(2007), 『일제 식민지 시기 한국의 언어와 문학』, 서울대학교 출판부.

이병기(2016), 「국어는 근대적 기본 개념어인가」, 『인문논총』 72, 서울대학교 인문학연구원, 133~164쪽.

이병혁 편저(1988), 『언어사회학 서설: 이데올로기와 언어』, 까치.

이병혁(1992), 『한국 사회와 언어사회학』, 나남출판.

이성연(1988), 「열강의 식민지 언어정책에 관한 연구」, 전남대학교 박사논문.

이성환(1930), 『농민독본』(전조선농민사판), 신소년사.

이송순(2008), 「일제하 식민 농정과 조선 농업, 농민 연구의 현황과 과제」, 『쌀 삶문명연구』 1, 쌀삶문명연구원, 113~134쪽.

이숭녕(1947), 「국어교육계의 과제」, 『조선교육』 제1권 제2호(1947년 6월호), 조선교육연구회, 48~52쪽.

이승희(1888), 『몽어유훈』(방각본).

이안구(2020), 「개화기 독본류 교과서의 국어학적 연구」, 서울대학교 박사논문.

이연숙 지음, 고영진·임경화 역(2006), 『국어라는 사상: 근대 일본의 언어인식』, 소명출판.

이연숙 지음, 이재봉·사이키 카쓰히로 옮김(2012), 『말이라는 환영: 근대 일본의 언어 이데올로기』, 심산.

이원궁(1908), 『초등여학독본』, 보문사.

이응호(1973), 『개화기 한글운동사』, 성청사.

이응호(1975), 『미군정기 한글운동사』, 성청사.

이정찬(2015), 「근대 전환기 국어(조선어) 독본과 근대적 문학 교육의 형성」, 『문학교육학』 46, 한국문학교육학회, 221~248쪽.

이종국(1992), 『한국의 교과서: 근대 교과용 도서의 성립과 발전』, 대한교과서 주식회사.

이탁(1946), 「언어의 발달 계단상으로 본 조선어의 지위」, 『한글』 제11권 제2호 (통권 95호), 한글사, 2~11쪽.

이현주(2003), 「일제하 수양동우회의 민족운동론과 신간회」, 『정신문화연구』 26(3), 한국학중앙연구원, 185~209쪽.

이호성(1946), 「여러 가지 문제와 교육자의 가질 태도」, 『한글』 제11권 제1호(통 권 94호, 속간호), 한글사, 30~34쪽.

이호성(1947), 『민주주의 국어 교수법 강화』, 문교사.

이화80년편찬위원회(1968), 『이화 80년사』, 이화여자대학교 출판부.

이화여자대학교 한국문화연구원(2011), 『근대수신교과서』 1~3, 소명출판.

이환진(2010), 「존스(조원시)의 『구약공부』(1893) 룻기 번역 분석」, 『신학과 세계』 67, 감리교신학대학, 7~93쪽.

이희승(1946a), 「국어란 무엇인가」, 『신천지』 제1권 제3호(1946.4), 서울신문사, 141~146쪽.

이희승(1946b), 「국어의 본질(一)」, 『신천지』 제1권 제6호(1946.7), 서울신문사, 163~167쪽.

이희승(1946c), 「언어와 민족」, 『신천지』 창간호(1946.1), 서울신문사, 183~185쪽.

이희승(1947), 「국어교육의 당면문제」, 『조선교육』 창간호(1947.4), 조선교육연구회, 33~42쪽.

이희승(1949), 「국어교육의 몇 가지 문제」, 『새교육』 제2권 제2호(제5호, 1949.3), 대한교육연합회, 13~19쪽.

임상석(2018), 『식민지 한자권과 한국의 문자 교체: 국한문독본과 총독부 조선 어급한문독본 비교 연구』, 소명출판.

임순영(2016), 「국어 교과서의 형성과 교과교육론: 중등교육조선어급한문독본 과 중등국어교본을 중심으로」, 고려대학교 박사논문.

임혜영(2012), 「『ᄉ민필지』의 내용과 '묻는 말' 분석」, 동국대학교 석사논문.

장규식(2009), 「1920년대 개조론의 확산과 기독교사회주의의 수용·정착」, 『역 사문제연구』 21, 역사문제연구소, 111~136쪽.

장시원 외(1988), 『한국근대 농촌사회와 농민운동』, 열음사.

장지연(1908), 『녀ᄌ독본』, 광학서포.

장지연 지음, 문혜윤 편역(2012), 『여자독본』, 경진출판.

장지영(1946), 「나랏말을 깨끗이 하자(1)」, 『한글』 11(5), 한글사, 22~27쪽.

장지영(1947), 「나랏말을 깨끗이 하자(2)」, 『한글』 12(2), 한글사, 37~48쪽.

장회견(2016), 「한역본 사민필지의 번역 양상에 대한 연구」, 『한국문화』 76, 서울대학교 규장각 한국학연구원, 105~126쪽.

전갑생(2012), 「1920년대 거제지역 청년운동 연구」, 『한국독립운동사연구』 41, 독립기념관 한국독립운동연구소, 157~202쪽.

전민호(2010), 「헐버트(H. B. Hulbert)의 활동과 교육사상 고찰」, 『한국교육학연 구』 16, 안암교육학회, 5~23쪽.

전민호(2012), 「개화기 학교 교육 개혁에 관한 연구」, 고려대학교 박사논문.

전용호(2005), 「근대 지식 개념의 형성과 국민소학독본」, 『우리어문연구』 25, 우리어문학회, 243~264쪽.

전진성(1948), 「교과서 검인정에 대하여」, 『새교육』 1948년 12월호, 대한교육연합회, 44~45쪽.

전택부(1978), 『한국 기독교청년회 운동사』, 정음사.

정연욱(2013), 「1920년대 한일 이상주의 문화운동의 딜레마에 대한 일고찰: 수양동우회와 아타라시키 무라의 비교 분석을 통하여」, 『일본어교육』 65, 한국일본어교육학회, 185~196쪽.

정열모(1927), 「朝鮮語 研究의 正體는 무엇?(二)」, 『동인한글』 1~3호, 신소년사, 3쪽.

정열모(1946), 「우리말」, 『한글』 제11권 제1호(통권 94호), 한글사, 3쪽.

정인승(1946), 「〈국어교본〉에 관한 유열 님의 감상 말씀을 받고」, 『한글』 제11권 제3호, 한글사, 30~34쪽.

정인승(1947), 「국어 교수에 참고될 몇 가지」, 『조선교육』 제1권 제2호(1947년 6월호), 조선교육연구회, 6~9쪽.

정인승(1949), 「나라글과 나라힘」, 『새교육』 제2권 제2호(제5호), 대한교육연합회, 2~6쪽.

정진석(1999), 『문자보급운동교재』, LG상남언론재단.

정태진(1947), 「민주주의와 국어문제: 특히 한문 글자 안쓰기 문제에 대하여」, 『백민』 1947년 9월호(통권 10호), 38~39쪽.

정혜정(2001), 「日帝下 天道敎 農民敎育運動」, 『한국민족운동사연구』 29, 한국민족운동사학회, 101~131쪽.

조동걸(1997), 『일제하 한국 농민 운동사』, 한길사.

조배원(2000), 「수양동우회 연구: 조직 변화와 운동론을 중심으로」, 『도산사상연구』 6, 도산사상연구회, 137~161쪽.

조선어학회(1947), 『우리말큰사전』 1~2, 을유문화사.

조선총독부(1931), 『농정신편』, 조선총독부.

조선총독부 발행, 한국학연구소(1975), 「교과용도서 일람(1915)」, 『한국학』 제5

집(1975년 봄), 57~81쪽.

조성운(2002), 『일제하 농촌 사회와 농민운동』, 혜안.

조연현(1949), 「국어교육과 문학」, 『조선교육』 3~4호(1949.6), 조선교육연구회, 17~28쪽.

조용만(1982), 『일제하의 문화운동』, 현음사.

조윤제(1946), 「國語와 國語敎育」, 『조선교육』 제1권 제1호(1946.12), 조선교육연구회, 7~29쪽.

조윤제(1947), 「국어교육에 있어서의 한자문제」, 『조선교육』 제1권 제2호(1947년 6월호), 조선교육연구회, 68~75쪽.

조정봉(2007), 「일제하 야학 교재 『農民讀本』과 『大衆讀本』의 체제와 내용」, 『정신문화연구』 30(4), 한국학중앙연구원, 63~87쪽.

조찬석(1984), 「1920년대 한국의 청년운동」, 『논문집』 18(2), 인천교육대학교, 233~258쪽.

조혜라(2015), 「내한선교사 존스(George H. Jones)의 신학 패러다임의 변화와 요인 연구: 신학월보를 중심으로」, 연세대학교 석사논문.

존 프라이어 지음, 허재영 엮음(2015), 『서례수지』, 경진출판.

주봉로(1990), 「1920년대 조선농민사의 농민사회교육 활동에 관한 연구」, 단국대학교 박사논문.

주시경(1910), 『국어문법』, 박문서관.

차배근(2005), 「19세기 말 중국의 西學과 이데올로기」, 『중국현대문학』 33, 중국현대문학회, 1~27쪽.

천매화·정이붕(2018), 「일제강점기 교과서에 나타난 중국 형상 고찰: 『조선어독본』과 『정정보통학교학도용국어독본』을 중심으로」, 『한국어교육연구』 13, 한국어교육연구소, 146~173쪽.

최근학(1947a), 「국어교육을 중심으로 독서력 양성」, 『조선교육』 제1권 제5호

(1947년 9월호), 조선교육연구회, 50~51쪽.

최근학(1947b), 『민주주의 국어교육』, 금룡도서문구.

최배은(2011), 「근대 청소년 담론 연구」, 『한국어와 문화』 10, 숙명여자대학교 한국어문화연구소, 123~170쪽.

최배은(2013), 「한국 근대 청소년소설의 형성과 이념 연구」, 숙명여자대학교 박사논문.

최보영(2012), 「育英公院의 설립과 운영실태 再考察」, 『한국독립운동사연구』 42, 독립기념관 한국독립운동연구소, 287~319쪽.

최영철·허재영(2014), 「개항 이후 학제 도입 이전까지의 한국 근대 학문론과 어문 문제」, 『인문과학연구』 40, 강원대학교 인문과학연구소, 159~181쪽.

최주한(2004), 「改造論과 근대적 개인: 1920년대 초반 〈開闢〉지를 중심으로」, 『어문연구』 32(4), 한국어문교육연구회, 307~326쪽.

최주한(2011), 「민족개조론과 相愛의 윤리학」, 『서강인문논총』 30, 서강대학교 인문과학연구소, 295~335쪽.

최태호(1949), 「읽기의 가치와 지도」, 『새교육』 제2권 제2호(제5호), 대한교육 연합회, 46~51쪽.

최현배(1929), 「조선문학과 조선어(3)」, 『신생』 제2권 제4호, 신생사, 14~15쪽.

최현배(1930), 「조선어의 품사 분류론」, 『연희전문학교 문과연구집 제1집 조선 어문연구』, 연희전문학교 출판부.

최현배(1937), 『한글의 바른길』, 조선어학회.

충청북도(1931), 『속성 조선어독본』, 조선인쇄주식회사.

충청북도(1934), 『간이농민독본』, 충청북도.

파리외방전교회·펠릭스 클레르 리델 지음, 이은령·김영주·윤애선 옮김(2014), 『현대 한국어로 보는 한불자전』, 소명출판.

하상일(1990), 「구한말 초등용 교과서의 분석」, 효성여자대학교 박사논문.

학부 편찬(1895), 『국민소학독본』, 학부.

학부 편찬(1897), 『신정심상소학』, 학부.

학부 편찬(1907), 『이과서(理科書)』, 東京: 三省堂書店.

학부 편찬(1910), 『보통학교 학도용 한문독본』(국립중앙도서관 디지털라이브
　　　러리).

한갑수(1949), 「낭독법 지도의 연구」, 『새교육』 제2권 제2호(제5호), 대한교육
　　　연합회, 32~39쪽.

한국가톨릭노동청년회(1977), 『가톨릭 노동 청년운동의 지침』, 한국가톨릭노
　　　동청년회.

한국교과서연구재단(2001), 『한말 및 일제강점기의 교과서 목록 수집 조사』,
　　　한국교과서연구재단.

한국사회사연구회 편(1987), 『한국근대 농촌사회와 일본제국주의』, 문학과지
　　　성사.

한국사회언어학회(2012), 『사회언어학사전』, 소통.

한국학문헌연구소(1977), 『한국개화기교과서총서』 1~10, 아세아문화사.

한국학연구소(1975), 「교과용도서일람」, 『한국학』 5, 한국학연구소, 부록 1~84쪽.

한규무(1997), 『일제하 한국 기독교 농촌운동』, 한국기독교사연구소.

한글학회(1970), 『한글학회 50년사』, 선일인쇄주식회사.

한상철(1947), 「바른말 지도상의 유의점」, 『조선교육』 제1권 제2호(1947년 6월
　　　호), 조선교육연구회, 41~45쪽.

한선현(1997), 「초기 한국 선교사 George Heber Jones(조원시)에 관한 연구: 초
　　　기 한국(1887~1909년)에서의 선교사역과 신학사상을 중심으로」, 서울
　　　신학대학교 석사논문.

한용진(2004), 「경성학당 연구」, 『한국교육사학』 26(2), 한국교육사학회,
　　　267~293쪽.

한용진(2010), 『근대 이후 일본의 교육』, 도서출판 문.

허동현 편(2003), 『조사시찰단 관계 자료집』 1~14, 국학자료원.

허수(2009), 「제1차 세계대전 종전 후 개조론의 확산과 한국 지식인」, 『한국근현대사연구』 50, 한국근현대사학회, 37~54쪽.

허재영 엮음(2011), 『일본어 보급 및 조선어 정책 자료』, 경진출판.

허재영 엮음(2016), 『(조 헤버 존스 저) 국문독본』, 경진출판.

허재영 엮음(2017), 『근대 계몽기 학술 잡지의 학문 분야별 자료: 부록』, 경진출판.

허재영 편(2012), 『계몽운동과 문자보급 자료』, 역락.

허재영 편(2013), 『근대 계몽기의 교육학 연구와 교과서』, 지식과교양.

허재영 해제(2012a), 『농민독본 및 갱생운동 2』(계몽운동 문자보급 자료총서6), 역락.

허재영 해제(2012b), 『근대 계몽기의 노동야학과 성인 강습』, 역락.

허재영(2004), 「근대 계몽기 이후 문맹퇴치 및 계몽운동의 흐름」, 『국어교육연구』 13, 서울대학교 국어교육연구소, 577~605쪽.

허재영(2009a), 『근대계몽기 어문정책과 국어교육』, 보고사.

허재영(2009b), 『일제강점기 교과서 정책과 조선어과 교과서』, 경진출판.

허재영(2010), 『통감시대 어문교육과 교과서 침탈의 역사』, 경진출판.

허재영(2011a), 『일제강점기 어문정책과 어문생활』, 경진출판.

허재영(2011b), 『조선교육령과 교육정책 변화 자료』, 경진출판.

허재영(2012), 「안서 김억의 언어관과 한글 문법론」, 『인문과학연구』 35, 강원대학교 인문과학연구소, 207~226쪽.

허재영(2013a), 「근대 계몽기 일본어 보급 정책과 경성학당의 독습일어잡지」, 『동양학』 53, 단국대학교 동양학연구원, 29~45쪽.

허재영(2013b), 「전문용어 사전의 관점에서 본 〈간명법률경제숙어사해〉」, 『한국사전학』 21, 한국사전학회, 303~324쪽

허재영(2014), 「근대 계몽기 외국어 교육 실태와 일본어 권력 형성 과정 연구」,
『동북아역사논총』 44, 동북아역사재단, 315~354쪽.

허재영(2015), 「근대 계몽기 지식 유통의 특징과 역술 문헌에 대하여」, 『어문논집』 63, 중앙어문학회, 7~36쪽.

허재영(2016a), 「일제강점기 농민독본류의 발행 실태와 내용」, 『국어교육연구』 61, 국어교육학회, 27~56쪽.

허재영(2016b), 「1930년대 〈신동아〉 소재 신어 자료의 특징 연구」, 『어문학』 133, 한국어문학회, 63~87쪽.

허재영(2018), 「지식 교류의 관점에서 본 한국에서의 『자서조동』 수용 양상」, 『아세아연구』 173, 고려대학교 아세아문제연구소, 9~31쪽.

허재영(2019a), 「근대 중국의 서학 수용과 한국에서의 번역 서양서 수용 양상: 제조총국 번역관과 광학회의 서학 관련 서적의 유통을 중심으로」, 『어문학』 144, 한국어문학회, 303~330쪽.

허재영(2019b), 「『ᄉᆞ민필지(士民必知)에 나타난 어문 의식과 근대 지식의 변화」, 『한국언어문학』 109, 한국언어문학회, 61~91쪽.

허재영(2022a), 「개념사 연구 방법과 국어교육」, 『어문연구』 50(1)(통권 193호), 한국어문교육연구회, 189~216쪽.

허재영(2022b), 「사회언어학 발달 과정과 역사사회언어학 개념 정립을 위한 시도」, 『사회언어학』 30(3), 한국사회언어학회, 295~316쪽.

허재영(2024a), 「외솔 최현배의 우리말 연구와 전집의 외솔학적 의미」, 『우리말글』 102, 우리말글학회, 37~68쪽.

허재영(2024b), 「일제강점기 비교: 역사언어학과 홍기문의 조선어 연구」, 『한국어문교육』 48, 고려대학교 한국어문교육연구소, 87~122쪽.

허재영(2024c), 「일제강점기 언어침탈과 한국어 순화운동의 사회언어학적 가치」, 『동북아문화학회 2024년 가을 학술대회 발표 자료집』, 동북아문화학회.

힐버트(1906), 『大東紀年』, 上海: 美華書館.

헨리 밀러(Mattie Henry Miller, 1907), 『미국ㅅ긔』, 대한예수교서회, 1907.

현채(1907), 『유년필독석의』, 경성일보사.

현채(1907), 『유년필독』, 경성일보사.

현채 지음, 박인영·최석재 편역(2012), 『신찬초등소학』, 경진출판.

홍기문(1927), 「조선문전요령」, 『현대평론』 제1권 제1호~제5호, 현대평론사(역 대한국어문법대계 1~38, 탑출판사).

홍성모(1989), 『한국 근대 농촌사회의 변동과 지주층의 형성』, 연세대학교 출판부.

홍성준(2016), 「바킨 요미혼에 나타난 교훈성과 서민 교화적 태도」, 『일본사상』 31, 한국일본사상사학회, 267~290쪽.

홍웅선(1949), 「민주주의 민족교육과 국어교육」, 『새교육』 제2권 제1호(1949년 2월), 72~74쪽.

황선희(2001), 「일제강점기 천도교 청년운동의 종합적 연구: 천도교청년회」, 『한국민족운동사연구』 28, 한국민족운동사학회, 317~321쪽.

황해도(1943), 『전시농민독본』, 황해도.

휘문의숙(1906), 『고등소학독본』, 휘문의숙.


廣賴操(1924), 「朝鮮の農村振興策について」, 『朝鮮』 1924.12, 朝鮮總督府, 119~124쪽.

近藤杢(1938), 『支那學藝大辭彙』, 東京: 立命館出版部.

大槻文彦(1908), 『言海』, 東京: 大阪寶文館.

大宅義一 編(1941), 『公文起案の基礎知識』, 朝鮮圖書出版株式會社.

稻垣乙丙·向坂幾三郎(1912), 『朝鮮農事示敎』, 大日本農業獎勵會.

梁啓超(1904), 『飮氷室文集』, 上海: 廣智書局.

李家駒(2007), 「商務印書館與近代知識文化的傳播」, 香港中文大學.

林茂樹(1932), 「朝鮮に於ける社會敎化施設」, 『朝鮮』 1932.10, 朝鮮總督府, 8~11쪽.

牟田口利彦(1932), 『金融組合讀本』, 朝鮮金融組合協聯合會.

牟田口利彦(1932), 『鮮文金融組合讀本』, 朝鮮金融組合協會.

史春風(2006), 『商務印書館與中國近代文化』, 北京: 北京大 出版部.

社會敎化事業一班-忠淸北道 篇(1922), 『朝鮮』 1922.3, 朝鮮總督府, 195~207쪽.

細川喜六(1941), 『植民史』, 東洋經濟新報出版部.

松月秀雄(1935), 「社會敎化」, 『社會事業講習會講演錄』, 朝鮮社會事業協會.

松村松盛(1922), 「民衆敎化の運動」, 『朝鮮』 1922.12, 朝鮮總督府, 21~33쪽; 『朝鮮』 1923.1, 14~28쪽.

水野錬太郎(1921), 「社會敎化事業に就いて」, 『朝鮮』 1921.6(77號), 2~3쪽.

神田乃武 外(1912), 『模範英和辭典』, 東京: 三省堂.

楊洲松(2000), 『敎育大辭書』, 中國: 國家敎育硏究院辭書.

有賀長雄(1908), 『保護國論』, 東京: 早稻田大學出版部.

長谷川誠也(1933), 『新修百科新辭典』, 東京: 博文館.

田邊壽利(1936), 『言語社會學』, 時潮社.

朝鮮總督府(1910), 『敎科用圖書一覽』, 朝鮮總督府.

朝鮮總督府(1914), 『朝鮮總督府 施政年譜: 明治 四十四年』, 朝鮮總督府 官房 總務局 印刷所 印刷.

朝鮮總督府(1915), 『朝鮮總督府施政年譜: 大正二年, 三年』, 朝鮮總督官房總務局 印刷所.

朝鮮總督府(1924), 『朝鮮總督府施政年譜: 大正十年·十一年』, 朝鮮印刷株式會社.

朝鮮總督府(1933), 『自力更生彙報』 創刊號, 1933.3.25.

朝鮮總督府(1934), 「朝鮮に於ける農山漁村振興策の樹立」, 『朝鮮』 1934.1, 朝鮮總督府, 4~70쪽.

朝鮮總督府(1936), 『農家更生讀本』, 帝國行政學會 朝鮮地部.

統監官房(1908), 『韓國施政年報: 明治三十九·四十年』, 高島活版所.

統監府(1910), 『韓國施政年譜』, 龍山印刷局 印刷.

板垣竜太 監修(2006), 『自力更生彙報: 朝鮮総督府農業政策史料』1~6, ゆまに書房.

河津暹(1943), 『植民と植民政策』, 東京: 有斐閣.

學部(1895), 『泰西新史』, 『新訂尋常小學』, 『公法會通』, 『태셔신사언역』, 學部.

學部(1902), 『西禮須知』, 『셔례슈지』, 學部.

白度文庫(2010), 西學東漸與 晚淸社會, 白度(Baidu)文庫.
(http://en.wikipedia.org/wiki/Baidu).


C. N. Weems(1962), "Profile of Homer Bezaleel Hulbert", *Hulbert's History of Korea* volume 1, Hillary House Publishers LTD, New York.

Homer B. Hulbert A. M. F. G. S. Editor(1901~1906), *The Korea Review* 1~6, RAS Korea Reprint Series Kyung-in Publishing Co.

Homer B. Hulbert, J. S. Gale, etc.(1895~1898), *The Korea Repository* 1~5, The Trilingual Press.

James S. Gale(1897), *A Korean-English Dictionary*(韓英字典), Kelly & Walsh, Yokohama.

James S. Gale(1931), *The Unabridged Korean Dictionary*(韓英大字典), 조선예수교서회.

Louis Jean Calvet(1974), *Linguistique et Colonialisme-petit traite de glottophagie*, Paris Payot.

Money, Weight and Measure(1871), *English-Japanese Pronouncing Dictionary*(和譯英辭林), American Presbyterian Mission Press, Sanghai.

**[ 지은이 허재영 ]**

단국대학교 교육대학원 국어교육 전공 교수

국어 문법사를 전공하고, 국어 교육사 및 한국어 교육사, 근현대 한중일 지식 교류사 등을 중점적으로 연구해 왔다.

『우리말 연구와 문법교육의 역사』(2008, 보고사), 『일제강점기 교과서 정책과 조선어과 교과서』(2009, 경진출판), 『통감시대 어문교육과 교과서 침탈의 역사』(2010, 경진출판), 『일제강점기 어문정책과 어문생활』(2011, 경진출판), 『한국 근대의 학문론과 어문교육』(2013, 지식과교양) 등의 저서가 있으며, 한국학중앙연구원 근대 총서 개발 책임자로 『한국 근현대 지식 유통 과정과 학문 형성·발전』(2019, 경진출판) 외 7종의 총서 개발, 한국연구재단 인문한국플러스 지원 사업 단장으로 『지식 생산의 기반과 메커니즘』(2019, 경진출판) 외 10종의 총서 개발을 진행하였다. 우리말 교과서와 독본 연구, 지식 교류 차원에서 다수의 자료를 발굴하고 주해하는 작업을 진행하였으며, 그 과정에서 『주해 유몽천자』(2018, 경진출판) 등의 주해 및 번역 작업을 진행하기도 하였다. 2022년 7월부터 2024년 6월까지 단국대학교 교육대학원장을 역임하였고, 2023년 1월부터 2024년 12월까지 한국사회언어학회 회장을 맡았다. 국립국어원의 '중앙 행정기관의 전문용어 개선 지원 및 순화어 정비 연구' 등 용역 사업을 맡아 진행하였으며, 한국의 언어정책과 사회언어학에 대한 다수의 논문을 발표하기도 하였다.

**근현대 독본류의 분포와 우리말 교과서 연구**

ⓒ 허재영, 2024

**1판 1쇄 인쇄**_2024년 12월 15일
**1판 1쇄 발행**_2024년 12월 25일

**지은이**_허재영
**펴낸이**_양정섭

**펴낸곳**_경진출판
　　　　**등록**_제2010-000004호
　　　　**이메일**_mykyungjin@daum.net
　　　　**스마트스토어**_https://smartstore.naver.com/kyungjinpub
　　　　**사업장주소**_서울특별시 금천구 시흥대로 57길17(시흥동, 영광빌딩), 203호
　　　　**전화**_070-7550-7776　**팩스**_02-806-7282

**값** 30,000원
ISBN 979-11-93985-42-7 93370